Dictionary of
English Word Images

英語語義
イメージ辞典

政村秀實
Masamura Hidemi
【英文校閲】
Paulus Pimomo

大修館書店

まえがき

　近年著しい発展をとげている多くの英語の辞典の中で，敢えて個人が英語辞典を著す時，何か強烈な特徴を持たないかぎり，屋上屋を架することになるだろう．
　私家版と銘打って甘える手もあろうが，広く一般の読者の期待に応えようとするならば，独りよがりの情報・説明を提供する訳にはいかない．ならば，この辞典が存在に値する特徴は何かと問われるならば，それは「イメージが満ち溢れているから」だと答えよう．ことばの意味の真の理解は，イメージに尽きるという筆者の信念をぶつけて，native speaker のもつイメージに近づき，凌ごうという意気込みで始まった英語の表現と単語との付き合いは，もう 20 年にもなろうかと思う．
　学習者が英語という言語に挑戦する時，多大な努力にもかかわらず結果は報われない場合が多いが，日英両言語間の性格の相違が大きいことを考えれば，これは無理からぬ話でもある．よく言われることだが，何年かけてもまともな会話ができないとか，英文レターが書けないなどという事態は，時間的にも金銭的にも大変な浪費である．この点で，本辞典への投資を後悔することはまずなかろうと思う．英語と長く接してきた読者でも，各ページに幾つもの，これまでどこにも説かれることのなかった知見を発見されるであろう．しかもそれらは語の根幹に関することであって，奇をてらうものではない．
　この辞典はイメージの獲得に照準を合わせたもので，訳語，品詞，語法など単語の意味・情報を網羅的に記述している訳ではない．各語の，記述の構成の原則，記述の狙いは次の通りである．

①見出し語
②発音記号

③定訳
　一般的に通用している訳語
④原義　原で表わす．
　語を構成する原義を提示する．
⑤イメージ　イメージで表わす．
　原義をなぞってイメージを描くことを原則としている．イメージにしては理屈っぽい感じがすることも多いはずである．しかし，理屈が納得できるとその語の正体はそのままあなたの腑に落ちる経験をされるであろう．従来の辞書の語源欄は読者の心にイメージを描くための橋渡しをほとんどしていないので，この辞典の最大の存在理由は，原義を読み解いたイメージの提供にあると言える．
⑥解説　解で表わす．
　イメージを描くための補強的情報である．論証はされないが，音から感じられるイメージだとか，語呂合わせ的なことば遊びの要素も，逸脱しない範囲で随所に入れてある．
⑦派生語，関連語　それぞれ，派，関で表わす．
　必要に応じて各語を構成する原義を簡潔に説いているのも本辞典の特色である．
⑧例文　例で表わす．
　精選された例文によって語義の獲得を補強する．全例文について，Paulus Pimomo 氏（Central Washington 大学教授，英文学）のチェックと助言を得たものである．同氏のほか絶えず数名の native speaker に informant になってもらうことができた．
　そのほか，随所に◇を配し，やはりイメージを描くことをもくろんだ補強説明・解説を加えている．

　構成は以上のようにいたって簡潔で，すべてイメージの獲得に照準をあてたものである．

　以上の意図を理解・認識しつつ本書をひもといていかれるならば，英語の世界を構成する基本的かつ重要な英単語のネットワークのほぼ全貌（見出語約 3000 語，派生語，関連語約 4000 語，総計約 7000 語）が短時日のうちに獲得できよう．ここまでたどり着けたらもう英語の世界で確実に独り立ちでき，その大海を独力で自由に泳ぐための準備が備わったと言えるだろう．愉しく，魅力に溢れた英語の世界を訪

ね，英語によるコミュニケーションを広く深く体験するために，よい旅立ちの支度をして欲しいと切に願う次第である．

　最後に，この辞典の実現には内外の多くの方々からの援助・激励があった．中でも調査のための滞米の機会を与えていただいた広島県および県立広島女子大学，たえず貴重な助言と資料を提供してくださった河上道生広島女子大学名誉教授，英文の校閲と提示に惜しみなく時間を割いてくれた親友 Paulus Pimomo 氏，出版の機会を与えていただいた大修館書店と編集に関わって下さった飯塚利昭編集課長，表記・校正に大変な尽力をいただいた志村英雄氏には記して深甚の感謝をささげる．

2002 年 3 月 15 日

著　者

英語語義イメージ辞典

a [ə; éi]
1つの
原 1つ
イメージ ある輪郭を持った1つの物・行為・事柄
解 たまたま目の前に存在する1つの物あるいは事として捉えられるものについて言う．a は元来は an であった．母音の前では今でも an (たとえば an apple) が用いられる．つまり，a があって an が生まれたのではないということ．ちなみに，a apple と言わないのは単に発音しにくいからそのまま残っただけの話．an から生まれたものに one(1つ)があるのは音の類似性からも理解できよう．
例 I found a letter on the desk. 机の上に手紙があった．◇〈たまたまあった1通の手紙〉 / Take a look at this. これ見て．〈ひと動作〉 / Birds of a feather flock together. 同じ羽を持った鳥仲間で群がる．◇〈同じ〉の意味合いが生まれるのは日本語でも「表現は異なるが内容は1つだ（⇨同じだ）」などと言うのと同じである．

abandon [əbǽndən]
諦める，棄てる
原 命令(bandon)のまま(a)
イメージ 天命に任せる⇨なりゆきに任せる⇨自分では何もしない⇨投げ出す
解 命令の最たるものは「天命（⇨変えようにも変えられない）」に他ならない．
派 abandonment 放棄
関 ban 禁止する / contraband 密輸の（⇨反して＋命令に）
例 After her only son died, she abandoned herself to grief. 一人息子を亡くして彼女は悲嘆にくれた（⇨悲嘆に身をまかせる）． / The affairs of the district were abandoned to the invaders. その地方の政治は侵略者達の手にわたった． / He confessed to killing the boy and abandoning the body. 彼は少年を殺して死体を棄てた（⇨そのままにした）ことを自供した． / He suddenly had no income, so his daughter had to abandon her college education. 彼は突然収入を絶たれ，娘は大学教育を途中で諦めねばならなかった．

abbreviate [əbríːvieit]
短縮する，省略する
原 短く(abbrevi)する(ate)
イメージ （表現を）短縮する
解 brief(手短な，ブリーフ)が綴りの中に潜んでいる．
派 abbreviation 省略
関 abridge 短縮する
例 This is an abbreviated version of the article he published last month. これは彼が先月発表した記事の要約である． / February is abbreviated to Feb. February は Feb と略される．

abdicate [ǽbdikeit]
放棄する，退位する
原 止める(ab) 公言する(dicate)
イメージ はっきり止めると公言する／放棄する
解 dicate には〈ことばで強く宣言する〉イメージがある．
派 abdication 退位，放棄
関 diction ことば遣い / dictionary 辞書(⇨ことば遣いの本)
例 Alexander became king when his father was forced to abdicate. アレキサンダーは父親が退位を余儀なくされた時王位に即いた．

abduct [əbdʌ́kt]
誘拐する
原 外へ(ab) 導く(duct)
イメージ （外へ引き出す）⇨遠くへ連れ去る，誘拐する
解 duct には〈引っぱる〉イメージがある．
派 abduction 誘拐
関 duct 導管 / duke 公爵(⇨導く人) /

oviduct 卵管(⇨ 卵+引く) / aqueduct 水路(⇨水+引く)
例 The police arrested an unemployed man suspected of abducting and detaining a middle school girl. 警察は女子中学生を誘拐、監禁した容疑で無職の男を逮捕した.

abet [əbét]
そそのかす
原 餌(bet) へ(a)
イメージ (甘い)餌でつる
解 -bet は bait(餌)と音も似ている.
派 abetment 煽動, そそのかし
例 The boy's theft was abetted by his bad company. その少年は不良仲間にそそのかされて窃盗を働いた.

abhor [əbhɔ́:r]
忌み嫌う
原 離れる(ab) 恐怖(hor)
イメージ (嫌なものに)ぞっとして後ずさりする)⇨〈嫌で〉目をそむける⇨見るのも嫌だ
解 horror(ホラー, 恐怖, 激しい嫌悪)が綴りの中に潜んでいる.
派 abhorrence 嫌悪, abhorrent 大嫌いな
関 horrid 忌まわしい
例 I abhor any form of cruelty to animals. 動物虐待はどんなものでも大嫌いだ.

abide [əbáid]
がまんする, 従う
原 に(a) とどまる(bide)
イメージ じっととどまる⇨がまんする
解 abide by に「守る, 従う」の意味が生まれるのは〈~のそばに(by)とどまる(abide)〉⇨〈逃げずに受ける⇨従う〉から.
派 abiding 長続きする / abode 居住
例 You must abide by the rules. 規則に従わなければいけない. / We love a peaceful and law-abiding society. 平和で法を遵守する社会を愛する. / Millions of poor children around the world abide in tenements, hovels, and shacks. 世界中の何百万もの貧しい子供達はスラムのアパート, 物置き小屋, 掘っ建て小屋に住んでいる. / Mountaineers have an abiding love for nature. 登山家は自然に対して変わらぬ愛着を持っているものだ.

abject [ǽbdʒekt]
惨めな, 悲惨な
原 外へ(ab) 投げる(ject)
イメージ (みんな投げ出す)⇨惨め, お手上げ状態
派 abjection 惨めな状態
関 inject 注射する(⇨中に+射する) / reject 拒絶する(⇨返す+投げる)
例 Usurious landowners reduced the peasantry to abject poverty. 地主による高利の貸付が小作農を赤貧へ陥れた.

abjure [æbdʒúər]
放棄する
原 離れる(ab) 誓って(jure)
イメージ 信仰・信念を捨てることを誓う
解 jure は〈誓う〉の意があるので, 法律関係用語によく潜んでいる : jury 陪審員(⇨法のもとで誓った人達) / jurist 法律家 / adjure 厳しく命ずる(⇨誓わせる) / perjure 偽証する(⇨反して+誓いに)
例 Pressure from the authorities caused him to abjure his heretical opinions. 権威筋からの圧力で彼は自分の異説を放棄するはめになった.

able [éibl]
できる, 有能な
原 持つ
イメージ (持てる)⇨力を持っている
解 habit(習慣)も原義に〈持つ〉の意がある(そういえば綴りが似ている). 〈できる〉や〈習慣〉はかなり抽象概念であるが, 〈持つ〉がそれらの具体的概念として初めにあったというのは納得できる.
派 ability 能力 / ably うまく
例 Humpbacks are able to descend to amazing depths. ザトウクジラは驚くべき深さまで潜る能力がある. / He was an unusually able statesman. 彼は並外れてできる政治家だった. / He has the ability to carry on a lively conversation. 彼は生きのいい会話を運ぶ能力がある.

abnormal [æbnɔ́:rml]
普通でない
原 基準(normal) から離れた(ab)
イメージ 基準から外れた⇨異常な, 一風変わった

解 ノルマ(norm)とは一定の基準のこと．
派 abnormality 異常，奇形
関 normal 普通の
例 He has an abnormal interest in little girls. 彼は幼女に異常に興味を持っている． / More and more bear cubs are being born with abnormalities. 奇型で生まれてくる熊の子がだんだん増えてきている．

aboard [əbɔ́:rd]
(船，列車，バス，飛行機)に乗って
原 甲板(board) へ(a)
イメージ 甲板へ乗り込む⇨船に乗り込む⇨乗り物に乗り込む
解 一昔前のバスや汽車や船はみな床は板張りであった．そのことを想像できればこの語は容易に体感できる．飛行機の搭乗券を boarding card と言うことも納得できる．
例 Charles Darwin was aboard the Beagle on a surveying expedition in the Pacific. チャールズ・ダーウィンは太平洋の探検のときビーグル号に乗っていた．

abolish [əbáliʃ]
廃止する
原 破壊する
イメージ 法によって制度を崩す，みじんもなくする
解 音がいかにも破裂してこっぱみじんにしてしまう感じがする．
派 abolition 廃止
例 Slavery was abolished in the US in 1865. アメリカの奴隷制度は 1865 年に廃止された． / Bad laws and unjust systems should be abolished. 悪法律や不公平な制度は廃止されるべきだ． / They campaigned for the abolition of apartheid. 彼らはアパルトヘイト制度の廃止運動を行った．

abominable [əbáminəbl]
憎むべき
原 離れる(ab) 縁起の悪い(ominable)
イメージ (縁起が悪いから離れる)⇨忌み嫌うほどの
派 abominate 忌み嫌う
関 omen 縁起，前兆 / ominous 不吉な
例 Prisoners were forced to work seven days a week in abominable conditions. 捕虜達はひどい条件下で休みなしで労働をしいられた．

aborigine [æbərídʒəni]
先住民
原 生まれ / 初め(origine) から(ab)
イメージ 初めから住んでいる人達
解 オーストリアの先住民を指すことが多い．オリジナル(original)が綴りの中に潜んでいる．
派 aboriginal その土地に元からいる
例 The word, aborigine, comes from the Latin phrase "ab origine," meaning from the beginning. Aborigine はラテン語で初めからの意味を持つ ab origine に由来している．

abort [əbɔ́:rt]
中止する
原 生まれ(ort) 外れる(ab)
イメージ (生まれそびれる)⇨(そのまま進行すると不都合が起きるので)中断する，中絶する
解 -ort は origin 源(⇨ものごとが生まれる)，orient 東(⇨太陽の上がる / 生まれる方向)などと関連がある．
派 abortion 中絶 / abortionist 堕胎医 / abortive うまくいかない
例 The captain aborted the takeoff because the aircraft's No. 2 engine developed trouble. 機長は第 2 エンジンに異状が発生したので離陸を中止した． / I'm 15 years old and pregnant. I don't know whether to abort or to have the baby. 私は 15 歳で妊娠しています．赤ちゃん堕ろすか産むかで迷っています． / She had an abortion. 彼女は中絶した．◇have a miscarriage(流産する)

abound [əbáund]
満ちている
原 溢れ(ound) 出る(ab)
イメージ なみなみと溢れる
解 -ound に〈波のうねり〉のイメージがある．
派 abundant 豊富な / abundance 多量
関 inundate 水浸しにする / undulate うねる，波打つ
例 This movie abounds in quick witted conversation. この映画は気のきいたしゃれた会話がいっぱいある． / British influence still abounds in Sin-

gapore. 英国の影響がまだシンガポールにはたくさん溢れている. / The country abounds (= is abundant) in natural resources. その国は天然資源が豊かにある.

about [əbáut]
~について, ~の周りに, ほぼ
[原] 外(out) 側(b) に(a)
[イメージ] 周りをとりまく, 周囲にぐるりとある, 周りにあちこち
[例] What is your speech about? 君のスピーチは何についてですか. ◇スピーチの関わり / There is something strange about his behavior. 彼のふるまいにはどこか奇妙なところがある. ◇雰囲気 / It's about 5 o'clock. 5時頃だ. ◇時刻のあたり / That's about right. 君の言ったことは大体正しい. ◇実体の周り⇨大体 / It's about time. そろそろ時間だ. ◇時刻の近く / We are about to start. そろそろ出発します. ◇雰囲気になっている

above [əbʌ́v]
~の上方に
[原] 越えて(ove) 上(a) に(b)
[イメージ] ~の上にある, よりすぐれて上位にある
[解] over にイメージが似ているのは-ove の綴りの共通からもうかがえる. 違いは, over は対象を〈面的に覆う・かぶさる〉イメージがあるが, above は対象に対して〈点的に距離をおいて上に位置する〉イメージである.
[例] His grade is above average. 彼の成績は平均より上だ. / The sun rose above the horizon. 太陽が地平線に上った. / We have a house above the town. 町より高いところに私達の家があります. / The balloon is flying 500 feet above sea level. 気球は海抜500フィートのところを飛んでいる.

abreast [əbrést]
横に並んで
[原] 胸を並べる(breast) ように(a)
[イメージ] 胸(肩)を並べて
[解] -breast に〈欧米人の胸をぐいと張って歩く〉姿勢を連想しないと感覚にしくい. 胸の位置がどこにあるかが進度の基準となる. 100メートル競走のゴールの場面をイメージするのもよいだろう. 日本語では「肩を並べて」と言うが発想は同じ.
[例] The soldiers marched two abreast. 兵隊は二列になって行進した. / I have somehow managed to keep abreast with the times. どうにか時勢に遅れずについて行っている. / I've not managed to keep abreast of the latest computer technology. / 最新のコンピュータ技術にはついて行けません.

abroad [əbrɔ́ːd]
外国に, 外に
[原] 広いところ(broad) へ(a)
[イメージ] 戸外の広いところへ⇨国外へ
[解] 元々は戸外の意味で用いられていたが, 現代では〈外国に〉の意味で用いる.
[関] broad 広い
[例] He lived abroad for many years. 彼は外国に長く暮らした. / He has just returned from abroad. 彼は外国から帰ったところだ. / There is clearly some spirit and determination abroad. 確かに意気込みが感じられる(⇨気が身体から外に出ている).

abrupt [əbrʌ́pt]
急な, 不意の
[原] 外へ(ab) 割れる(rupt)
[イメージ] (平穏が急に破られる)⇨予測しないことがふいに起こる, 突発
[解] -rupt は〈壊れる〉の感じ. 平穏が壊れる(break)と異常事態が発生する(out) : break out (勃発する)
[派] abruptly 出し抜けに
[関] rupture 破裂
[例] The serial came to an abrupt end. その連載記事は突然終わった. / The car made an abrupt turn (=turned around abruptly). 車は突然方向を変えた. / Abrupt decline in the stock market happens periodically. 株の急落は周期的に起こる. / Flowing water drops abruptly, almost vertically in a waterfall. 滝では川の流れが突然ほとんど垂直に落下する.

absent [ǽbsənt]
いない, ぼんやりした
[原] 離れて(ab) いる(sent)
[イメージ] 離れたところにいる⇨(しかるべき所に)いない・存在しない / 気がこもっていない⇨うつろな

解 -sent はラテン語の esse(＝be)からの派生で〈いる・存在する〉の意味合いがある．present 出席している(⇨前に＋いる) / essence 本質・実在

派 absence 不在，欠如 / absentee 欠席者 / absenteeism 無断欠勤

例 He is absent from school today. 彼は今日学校に来ていない． / "Mr. Green is wanted on the phone."—"He is absent today." グリーンさんに電話です―今日は休んでいますよ． / I was quite absent from his mind. 私のことは彼の念頭にはまるでなかった． / He gave me an absent look. 彼はぽかんとして私を見た． / I just didn't notice the absence of electricity until it got dark. 暗くなるまで電気が来ていないことに気づかなかった．

absolute [ǽbsəlu:t]
絶対の

原 離れて(ab) 解かれた(solute)

イメージ (一切の縛り)から解き放たれて⇨躊躇のない

派 absolutely きっぱり，まったく

関 solve 解く / absolve 免除する(⇨解いて＋放す) / dissolve 分解する・解散する(⇨ばらばらに＋溶く) / resolute 断固とした・躊躇のない(⇨再び＋(しがらみを)ほどく)

例 I have absolute trust in what he says (＝I trust his opinion absolutely). 彼の意見には全幅の信頼(⇨躊躇のない信頼)を寄せている． / His work is absolutely impeccable. 彼の仕事はまったく非の打ちどころがない． / "Don't you agree?"—"Absolutely!" 賛成なの？―もちろん．

absolve [əbzɑ́lv]
免除する

原 から(ab) ほどく(solve)

イメージ (縛り・重圧)から解放する

派 absolution 免除，放免

関 solve 解く

例 The captain was absolved from all responsibility for the shipwreck. 船長には遭難の責任はすべてないとされた．

absorb [əbsɔ́:rb]
吸いとる

原 吸い(sorb) とる(ab)

イメージ ものを吸い込む / (気持ちを吸い込む)⇨心を奪う

解 absorb は材質の吸収性によって吸い込むが，suck(⇨ suck)は気圧を下げて吸い込むの意．

解 -s- の響きには液体を吸う時の音が感じられる：-sorb(吸う)，suck(吸う)，sip(すっと飲む)，slurp(すする)，syrup(シロップ)，soup(スープ)，sob(すすりなく)．

派 absorption 吸収，没頭 / absorptive 吸収力のある / absorbing 心を奪う

例 Sweat is absorbed into cotton (＝Cotton absorbs sweat). 木綿は汗を吸い取る． / She is absorbed in computer programming. 彼女はプログラミングに没頭している．

abstain [əbstéin]
止める，控える

原 遠くに(abs) 保つ(tain)

イメージ (快楽から)離れて身をおく，距離をおく，自発的に遠ざける / (投票を)控える，棄権する

派 abstention 棄権(⇨投票を控える) / abstinent 禁欲的な

関 maintain 維持する(⇨手に＋持つ) / retain 保持する(⇨奥に＋持つ) / sustain 支える(⇨下から＋持つ)

例 The alcoholic needs to recognize his illness and abstain from alcohol. アル中患者は自分の病気を自覚しアルコールを止める必要がある． / I am going to abstain from voting. 投票を棄権するつもりだ．

abstract [ǽbstrækt]
抜き取る，抽象的な

原 外へ(abs) 引く(tract)

イメージ (具体物からエッセンス)を引き出す⇨(形が見えなくなる)抽象的

派 abstraction 抽象

関 tractor トラクター(⇨牽引する車)⇨トラックは truck(原義は〈輪〉)と綴る．

例 The doctor could abstract some medicines from the sap. 博士は樹液から薬の成分を抽出することができた． / His story is too abstract to be understood by children. 彼の話は子供には抽象的すぎて分からない． / I just submitted an abstract of my project to the publisher. 企画のさわりを出版社に提出

した.

abstruse [əbstrúːs]
難解な,深遠な
[原] 遠くへ(abs) 押した(truse)
[イメージ] (遠くへ押し込めた)⇨隠れて見えにくい⇨奥深い⇨難解な
[関] thrust 押す / intrude 押しつける(⇨中へ+押す)
[例] You're not the only one who finds Einstein's theory of relativity abstruse (=hard to understand). アインシュタインの相対性理論は難解だと思うのはあなたに限らない.

absurd [əbsə́ːrd]
不合理な,ばかげた
[原] 外れる(ab) 響く(surd)
[イメージ] (響きの狂った)⇨調子外れの⇨常識外れな
[解] -surd は sound(音),sonant(響く)と同系語.
[派] absurdity ばからしさ
[例] Leaving a hundred dollar tip after a dinner would be absurd. レストランで100ドルものチップをおいたとしたらばかげている.

abundant [əbʌ́ndənt]
豊富な,たくさんな
[原] 溢れ(undant) 出る(ab)
[イメージ] 溢れ出るほどたくさん
[解] undant は〈溢れる波〉のイメージを持つ:inundate 殺到する(⇨大水のように溢れている),redundant 冗長な,不要な(⇨再び+溢れるほどある)
[派] abundance 豊富 / abundantly 溢れるほどに
[例] Rock is abundant in this area. このあたりは岩が多い. / Abundant reserves of coal, oil, natural gas have been exploited in this district. この地方では豊かな石炭,石油,天然ガスの資源が開発されている.

abuse [əbjúːz]
乱用,乱用する
[原] 外れて(ab) 用いる(use)
[イメージ] (本来の道から)外れてひどい扱いをする.
[解] 「ひどい」は「酷い」だが,元来は「非道い」で,これは abuse の発想〈本来の道から外れる〉と同じ.
[派] abusive 口汚ない(⇨ことば遣いが悪い)
[関] misuse 誤用する(⇨間違って+使う)
[例] Some bureaucrats abuse their privileges. 官僚の中には特権を乱用する者もいる. / He roundly abused his men. 彼は部下をひどくなじった. ◇「〜にひどいことを言う」の意でよく用いる. / I suspect that the mayor abused his authority. 市長は職権を乱用したのではないかと思う. / There are no laws punishing people who abuse animals here. 動物虐待を罰する法律がこの国にはない.

abyss [əbís]
奈落の底
[原] 底(byss) 無し(a)
[イメージ] 底知れぬ深い穴
[派] abysmal 奈落の,ひどい
[例] Some writers sank into an abyss of post-war despair in the 1920s. 作家の中には1920年代に大戦後の絶望の淵に沈んだものがいる. / Human beings have lost their way in the abyss, from which they cannot escape. 人間は深みに道を失い,そこから逃げ出せない.

accept [əksépt]
受け取る,認める
[原] へ(ac) 取る(cept)
[イメージ] (しばらく考えて後頷いて)受け入れる
[解] receive は〈(物理的に)受け取る〉
[派] acceptable 受諾できる / acceptance 容認
[例] He accepted the responsibility for bankruptcy and resigned. 彼は倒産の責任を受け入れて(取って)辞任した. / She accepted his proposal of marriage. 彼女は彼の結婚申し込みを受け入れた.

access [ǽkses]
接近,近づく手段
[原] へ(ac) 行く(cess)
[イメージ] (目標へ)たどり着く道,情報のあるところへ赴く
[派] accessible たどり着ける
[解] -cess は〈行く〉の感じ:recess 休憩(⇨奥に+行く),process 過程(⇨前へ+行く),excess 過多(⇨行き+すぎ),abscess 腫物(⇨(膿となって)出て

(abs)＋行く(cess)）.
例 Fukuoka can be accessed by air, Shinkansen, and road. 福岡は空路，新幹線，および陸路で行ける． / There was no access to the interior of Africa then. 当時，アフリカ奥地への進入路はなかった． / Can we access information about your college from a computer? コンピュータであなたの大学の情報が見られますか．

accident [ǽksidənt]
事故，偶然
原 に(ac) 落ちる(cadet)
イメージ 降って湧くのは〈偶然〉と〈事故〉
解 astrology(占星術)は現代でも根強い信仰があるが，古来，人の運命は星による(⇨天から降りかかる)と信じられてきた．
派 accidental 偶然の / accidentally 偶然に
関 Occident 西洋(⇨太陽が落ちる地域) / incident 事件(⇨降って＋来る) / coincident 同時に起こる(⇨共に＋降って来る)
例 I met her by accident. 彼女に偶然出会った． / He had an accident at work. 彼は仕事中事故にあった． / It is no accident that Megumi grew up to become a particularly neat and methodical adult. めぐみがとりわけきれいずきで几帳面な大人になったのは偶然ではない． / An accident happened during the trip. 旅行中事故が起こった．◇accident は外的要因による事故だが，incident は内から起こる(付随的)事件について言う：Some strange incidents happened during our trip. 旅行中妙なことがいくつか起こった．

acclaim [əkléim]
歓呼して迎える
原 へ(ac) 叫ぶ(claim)
イメージ （歓呼の声をかける）⇨力を認めて歓迎する
派 acclamation 大歓迎
例 The generals returning from a victorious battle were acclaimed by the crowd. 凱旋将軍は群衆に歓呼して迎えられた．

acclimate [ǽklimeit]
環境に慣らす
原 に(ac) 気候(climate)
イメージ 新しい環境(気候，風土，環境)に慣れさせる
解 climate は〈気候⇨風土⇨取り囲む環境〉の意味合いを持つ．
派 acclimation 順応
例 She has no trouble getting acclimated to the new situation. 彼女は難なく新しい環境に馴染む．

accommodate [əkάmədeit]
適応させる，収容する
原 と(ac) 一緒に(com) 合わせる(modate)
イメージ （受け入れるために）主体が対象の大きさや特徴に合わせる
解 accommodate は「好意的な」とか「親切な」とかの訳語がどの辞書にもあるが，なぜそういう意味になるのか accommodate の定訳からは連想し難い．これは，〈相手の要求を受け入れる⇨好意的〉と意味が発展するからである．accommodation に「融通」の意があるのも〈相手に合わせる〉意味合いがあるからである．
派 accommodating 親切な，お人好しの / accommodation 宿泊設備，調整，融通，調節
関 mode 方式(⇨尺度を合わせている) / model 模型(⇨尺度＋小さな) / moderate 節度ある(⇨尺度を＋合わせた)
例 Humans evolved a large skull to accommodate a big brain. 人間は大きな脳を入れておくために大きな頭蓋骨を発達させた． / You have to accommodate your desires to your income. 稼ぎに合わせて欲望を満たすべきだよ． / Be modest, but don't be too accommodating. 慎みは大切だが(ハイハイと相手に合わせすぎて)人の言いなりになったらだめだよ．

accompany [əkʌ́mpəni]
同伴する，伴奏する
原 供(company) に(ac)なる
イメージ お供する，伴う
解 A accompanies B において主役は B であり，従うのは A である．(⇨例文)
派 accompaniment 伴奏
関 company 交際 / companion 仲間
例 Let me accompany you to the sta-

tion. 駅までお供しましょう。◇you が主で me が従。/ The picture accompanying the article was taken on Mt. Rokko in Kobe. 記事に付けてある写真は神戸の六甲山で撮ったものです。◇article が主で、picture が従。/ She sang and I accompanied (=to my accompaniment). 彼女が歌い、僕が伴奏した。◇she が主で、I が従。/ Unaccompanied children won't be admitted. 親の同伴してない子供は入れません。◇children が主で、言外に暗示される parents が従。/ Thunder accompanies lightning. 稲妻が光ると雷鳴が起こる。◇lightning が主で thunder が従。/ Fame and recognition have often accompanied their success. 成功するとしばしば名が売れ評価が高まる。◇success が主で、fame and recognition が従。

accomplish [əkάmpliʃ]
完成する
原 完成(complish) へ(ac)
イメージ 努力を重ねて仕事を成し遂げる
解 complete 完全な(◯しっかり+重ねる)が綴りの中に潜んでいる。
派 accomplishment 努力の末に身につけた芸
例 Nothing was accomplished in the research. 研究の成果はゼロだ。/ Flower arrangement is an accomplishment Japanese women try to master before marriage. 生け花は日本の女性が結婚前に身につけようとするたしなみの1つです。

accord [əkɔ́:rd]
調和させる、一致させる
原 へ(ac) 心(cord)
イメージ (心を～へ合わせる)⇒調和する・一致する
派 according 一致して / accordingly それに応じて
関 record 記録する(◯再び+心へ)◇これは remind(思い出させる)と発想が同じ / concord 調和(◯同じ+心) / discord 仲たがい(◯合わず+心が)
例 The unemployment figures published recently don't accord with the facts. 最近発表された失業率の数字は実際とずれている。/ I helped him of my own accord. 自発的に(◯自分の心に従って)彼を援助した。/ Leonardo da Vinci studied nature and designed his art accordingly. レオナルド・ダ・ビンチは自然を観察し、それに倣って作品を設計した。

account [əkáunt]
説明、理由、価値、考慮、計算、利益
原 数え(count) あげる(ac)
イメージ ちゃんと数えあげる⇒(勘定⇒説明⇒評価⇒利益)
解 account の意味の広さは count の他動詞用法〈数を数える〉+自動詞用法〈大切である◯数に入る〉に由来している。
派 accountable 説明の義務がある、説明できる / accountant 会計士
例 The theory of evolution disagrees with the Biblical account of the Creation. 進化論は聖書の創世記の記述と行き違う。/ I am deeply grateful for the trouble you took on my account. 私のために面倒を見てくださったことをとても感謝しています。/ The deputy mayor failed to account for the balance due. 助役は残高不足の説明ができなかった。

accumulate [əkjú:mjəleit]
積み重ねる
原 に(ac) 積み重ねる(cumulate)
イメージ どんどん積み重ねる
解 cumulus clouds は積雲のこと。入道雲なら towering cumulus clouds と言う。a cumulative deficit は「累積赤字」の意。
派 accumulation 蓄積 / accumulative 累積の
例 Her accumulated resentment has burst into anger against the unjust system. 不公平な制度に彼女のうっぷんが爆発した。/ A scientist tries to accumulate enough evidence to prove his / her hypothesis. 科学者は自分の仮説を証明するために十分な証拠を集めようとする。/ Marked changes are the result of the slow accumulation of small variations over long periods of time, representing many generations. はっきりした変化は何世代にもなる長期

間にわたる小さな変化のゆっくりとした積み重ねの結果である．

accurate [ǽkjərət]
正確である
原 へ(ac) 注意(cure) を向けた(ate)
イメージ (注意が向いている)⇨(注意が行き届いて)細かなところまで正確である．
解 cure(治療する)とcare(注意する)は同系語である．
派 accuracy 正確さ
関 procure 周旋する(⇨～のために＋世話する) / curious 好奇心のある(⇨注意が一杯)
例 Bookkeeping must be accurate and orderly. 簿記は正確で整頓されていなければならない． / "Quote sparingly and accurately," the teacher advised her students.「引用は手際よく正確にしなさい」と先生は生徒にアドバイスした． / The teacher said that answers would be marked for neatness and accuracy. 教師は解答は簡潔性と正確さで採点すると言った．

accuse [əkjúːz]
告訴する，非難する
原 向けて(ac) 責める(cuse)
イメージ 不手際をした人の非を責める
解 -cuse には音的に厳しさが感じられる(〈糾〉に似ている)
派 the accused 被告(⇨訴えられた者) / accuser 告発人 / accusation 告発/accusingly 責めるように
関 excuse 許す(⇨外す＋責めを)
例 They accused him of murder (= He was accused of murder). 彼を殺人で訴えた． / He looked at me accusingly. 彼は責めるような目つきで私をにらんだ． / Will the accused please stand. 被告は起立してください．

accustom [əkʌ́stəm]
慣らす
原 へ(ac) 習慣(custom)
イメージ 習慣づける⇨慣れる，馴れる
派 accustomed 慣れた
関 custom 習慣
例 The authorities tried to accustom the public to the socialist movement's agenda. 政府当局は大衆を社会主義運動の目的に馴染ませようとした． / It took a while for us to get accustomed to the bright sun in Guam. グアムの明るい太陽に慣れるには少しかかった．

ache [éik]
痛む，痛み
原 あっ痛！
イメージ 痛む
解 「あっ痛！」も ah! や ouch! も ache に音が似ている．
関 backache 腰痛 / headache 頭痛 / toothache 歯痛
例 Muscles and joints may ache during influenza. インフルエンザにかかると筋肉や関節が痛むことがよくある． / An aching foot prevented the sprinter from participating the 100m race. その選手は足の痛みのために100メートル競走に出場できなかった．

achieve [ətʃíːv]
達成する
原 (頂)へ(a) 達する(chieve)
イメージ 苦労して頂に到達する
解 関連語に chief(チーフ，長)，chef (コック(長))がある．
派 achievement 達成
例 He worked harder in order to achieve his objectives. 彼は目標を達成するためにうんと頑張った． / I felt a great sense of achievement upon completing the marathon. マラソンを完走した時やったぞという感慨が湧いた．

acid [ǽsid]
酸っぱい，辛辣な，酸
原 尖った・鋭い
イメージ (舌に鋭い)酸味のある
解 ac には〈鋭い・尖った・酸っぱい〉感じがある：acute 鋭い / acrid 辛辣な，acumen 鋭い眼識 / acupuncture 鍼(はり)治療 / acne(尖ったぶつぶつの)にきび / acme 絶頂
派 acidify 酸化する / acidity 酸度
例 When dissolved in water, acids have a sour taste. 水に溶けると酸はすっぱい味がする．

acknowledge [əknɑ́lidʒ]
認める，感謝する
原 へ(ac) 理解(knowledge)
イメージ (理解に至る)⇨認める⇨感謝する
解 〈よく分かる⇨ありがたく思う〉の

過程は appreciate〈価値が分かる⇨ありがたく思う〉と同じである.
派 acknowledgment 承認, 謝意
関 knowledge 知識, 認識
例 The Olympic champion acknowledged his strength and speed have diminished significantly since his victory four years ago. オリンピックチャンピオンが4年前の優勝以来, 自分の体力とスピードが目に見えて落ちてきたことを認めた. / When you write a book you are expected to acknowledge those who helped you along the way. 本を書くとその過程で助けてもらった人に(謝辞を書いて)お礼を言うのが通例になっている.

acquaint [əkwéint]
知らせる
原 へ(ac) 知られた(quaint)
イメージ 知らせる, 知り合いにさせる
派 acquaintance 知人, 交遊
例 I acquainted the lawyer with the facts. 弁護士に事実を教えた. / We've long been acquainted with each other. 私達は長い間の知り合いです. / He is acquainted with my father (= an acquaintance of my father). 彼は父と知り合いです.

acquire [əkwáiər]
得る, 習得する
原 を(ac) 求める(quire)
イメージ (反復や努力の末)獲得する◊get より硬い語
解 原義「求める」と意味「得る」の間に距離があるが, 日本語でも, 同じ現象がある：回答を求める(⇨得ようとする) 本を求める(⇨入手する)
派 acquired 後天的な / acquisition 習得 / acquisitive 得ようとする
関 quest 探求(⇨真理などを求める) / question 質問(⇨答えを求める) / query 疑念(⇨真実を求める)
例 He managed to acquire a ticket for the World Cup final. 彼はワールド・カップの決勝戦の切符をやっと手に入れた. ◊並の試合の切符なら get を用いるだろう. / He has acquired a taste for nattou. 彼は納豆の味が分かるようになった.

acquit [əkwít]
放免する
原 やすらぎ(quit) へ(ac)
イメージ 解放してほっとさせる
解 quit(止める), quiet(静かな)は同系語.
派 acquittal 免除 / acquittance 返済完了
例 He was acquitted of manslaughter charge. 彼は殺人の罪から放免された. / When questioned about his role in the incident he acquitted himself rather well. 彼はその件についてどういう役割をしたか聞かれたが, 結構うまく対応できた. ◊ acquit oneself ふるまう(⇨自己を緊張からほどいて活動させる)

acrid [ǽkrid]
辛い, 辛辣な
原 尖った
イメージ (とげのように)刺すような
解 ac-は〈尖った〉感じを生む：acid 酸っぱい, 辛辣な / acute 急激な
例 It is hard to get along with the chief; he has an acrid disposition. 部長とうまくやって行くのは大変だ. 彼は人に厳しい性格だから.

across [əkrɔ́s]
横切って, 横切ったところに.
原 横切っ(cross) て(a)
イメージ 横切って, 横切ったところに
解 cross の原義は十字(⇨一方が他方を横切っている)で横切る対象は平面(e. g. 道路, 川面).
関 cross 十字；横切る
例 He walked across the street. 彼は通りを渡った. / He lives across the street from the library. 彼は図書館の通りの向かい側に住んでいる. / The stream is ten feet across. その小川は幅10フィートです. ◊= wide / The seat across the table was occupied by the Empress. テーブルの向かい側には皇后がおられた. / A woman sat across from me at my table. 1人の婦人が私のテーブルの反対側に腰掛けた. / Getting your point across smoothly can be quite a challenge at times. 要点をスムーズに相手に伝えるのはとても難しい時がある.

act [ǽkt]
行為, (劇の)幕, 条例；行う, 演じる,

作用する
[原] 行う
[イメージ] 働きをする；働き(⇨単発的, 個別的)
[解] action は(繰り返す)行為(⇨総体的)
[派] active 活動的な / activity 活動 / acting 代理の ◇ acting が「代理の, 臨時の」の意になるのは, たとえば長嶋氏が監督なら Mr. Nagashima is the manager. であり, これを Mr. Nagashima acts as the manager. とは言わない(act は単発的行為について言うから). つまりある役を演ずるときの act は臨時で勤めていることになる. Mr. Hara acts as the manager (＝is the acting manager) (原氏が代理監督だ). さらに, Her getting angry was just an act. (彼女の怒りは見せかけにすぎない)においては act とは〈刹那の演技〉で本物でないことを示唆している.
[例] A talisman is thought to act as a charm to avert evil. お守りは魔除けになると考えられている. / The forest fire was an act of God. その森林火災は神の業(天災)だった. / He was caught in the act (of shoplifting). 彼は(万引きの)現行犯で捕まった. / People in high places sometimes have the urge to abuse their power, but some never act on the impulse. 地位の高い者は時に権力を勝手に使いたい気になるが, 決して衝動に負けない者もいる. / Your average sex act uses up 150 calories. 人の平均的性行為では 150 キロカロリー消耗する. / Both armies are in action. 両軍は交戦中だ. / I regret what happened to us and I take full responsibility for my actions. 私達の間に起こったことを反省し, 私は自分の行動について全面的責任をとります. / She is sexually active. 彼女は性関係がお盛んだ.

actually [ǽktʃuəli]
実際には, 現に
[原] 実際の行為(actual) は(ly)
[イメージ] (ところが)実際のところは
[例] His advice was given with good intention, but it was actually counterproductive. 彼のアドバイスは好意からだったが, 実のところ逆効果だった.

acute [əkjúːt]
鋭い, 急性の, 尖った
[原] 先の尖った
[イメージ] (針のように尖った)⇨鋭い
[解] ac- は音的にも如何にも鋭い. 鍼(はり)治療のことを acupuncture(針+刺す)と言う. 具体的鋭さの時は sharp を用いて, this knife is sharp. のように言う.
[派] acutely 鋭く / acuteness 鋭さ
[関] acumen 鋭い洞察力 / cute 抜け目のない(⇨鋭い) / acid 酸っぱい
[例] Dogs have an acute sense of smell. 犬は鋭い嗅覚を持っている. / She suffered from acute appendicitis. 彼女は急性虫垂炎を患った. ◇刺すような痛みはみな急性である.

adamant [ǽdmənt]
断固とした
[原] 壊れ(damant) ない(a)
[イメージ] 決心が堅くて譲らない
[解] a- は〈〜がない〉を表わす. ダイヤモンド diamond(⇨壊れない石)は語頭の a- が消失してできたもので元は異綴同義の語である.
[派] adamantly 断固として
[例] They urged the mayor to remain in office, but he was adamant on resigning. 強く留任を促したが, 市長は頑として聞き入れなかった.

adapt [ədǽpt]
適合させる, 改造する
[原] に(ad) 合わせる(apt)
[イメージ] 現状に加減を加えて新しい状況に合わせる
[派] adaptation 適応 / adapter アダプター(⇨電圧などを機械の設定条件に合わせる器具)
[関] apt 〜し勝ちな(⇨〜に合わせる)
[例] She adapts novels for the screen. 彼女は小説を映画用に脚色する. / Some of his novels have been adapted as films. 彼の小説のいくつかは映画になっている. / I couldn't adapt to being my junior's subordinate at work. 後輩の部下になって働くのは耐えられなかった. / People tend to adapt to their illnesses or disabilities. 人間は病気や障害には順応するものだ.

add [ǽd]

加える
[原] 加える
[イメージ] 既にあるものに新しくものを加える / 既に言ったことばに新しくことばを加える
[解] ad-は〈付加，方向〉を表わす接頭辞である．-d は元々は do であるので，〈do(する)を加える〉〉とイメージできる(〈追加〉をイメージする要領は ad+d と視覚化して理解するとよい)．
[派] addition 追加，足し算 / additional 追加される / additive 添加物
[例] She added more sugar to her tea. 彼女は紅茶にまた砂糖を入れた． / The tambourine adds rhythm to music. タンバリンは音楽にリズムをつける． / Field glasses and camera can add much to the pleasure of a trip. 双眼鏡とカメラは旅の楽しみを大いに増やしてくれる． / Is there anything you'd like to add? 他に付け加えることはありますか． / "I was very pleased with the result," she added. 「結果に満足しています」と彼女は付け加えて言った.

addict [ədíkt]
中毒患者；中毒させる
[原] へ向けて(ad) 言う(dict)
[イメージ] ことばで人をある方へ向かわせる⇨のめり込ませる
[解] あることばを繰り返し言いつけることによって一定の行為の習慣化へとコントロールすること(マインドコントロール・中毒症状)を思わせる．「宗教はアヘンだ」とする考え方の底流にあるのはこのこと，つまり〈説教(ことばの繰り返し)⇨信仰(思い込み / 思考的中毒)〉なる図式である．
[派] addiction 常用癖 / addicted 中毒した / addictive 習慣になりやすい
[関] dictate 口述する / dictation 書き取り(⇨言って書かせる) / dictator 独裁者(⇨言いつけて煽動する人) / diction 言い回し / dictionary 辞書 / dictum 意見 / verdict 評決
[例] He has been a computer addict (= has been addicted to the computer) since he was 11. 彼は11歳の時からコンピュータ中毒にかかっています． / She is absolutely addicted to pachinko (=is an absolute pachinko addict). 彼女は完璧なパチンコ中毒だ． / His addiction to drugs ruined his career. 彼は薬づけになって人生を棒にふった．

address [ədrés]
演説する，宛先を書く
[原] へ(ad) 向ける(dress)
[イメージ] (ことば・気持ち・郵便物を)まっすぐ相手に差し向ける
[解] -dress は direct(導く)と同系語．dr- には〈引っぱる〉意味合いがある．
[例] She addressed her remarks to the nation (=she gave an address to the nation). 彼女は国民に向けて演説した． / Are you addressing the question to me? あなたは私に向けて質問しているのですか． / They launched a clumsy, evasive campaign rather than addressing the charges. 彼らは非難に本気で取り組まず(⇨気持ちを真っ直ぐに向けず)，下手な逃げ腰のキャンペーンを張った． / This letter is addressed to you. この手紙はあなた宛ですよ． / Write down your name and address. 名前と住所を書いて下さい． / ◇address とは〈メールを差し向ける所〉のこと．

adept [ədépt]
熟練した
[原] へ(ad) 到達した(ept)
[イメージ] 非常に熟練している
[例] My brother is adept at computer graphics. 弟はコンピュータによる図形処理がうまい．

adequate [ǽdikwət]
適切な，十分な
[原] に(ad) 等しい(equate)
[イメージ] (必要に)等しい⇨必要にかなう⇨まあまあオーケー
[解] equal は〈等しい⇨対等な⇨～対処できる力量がある〉のような意味の広がりがある．
[例] The nation's food supply is no longer adequate to the needs of its people. その国の食糧供給はもはや十分ではない． / I trust she is adequate for the job. 彼女はその仕事をどうにかこなせると思う． / In a competitive market, doing adequate work is inadequate. 競争が激しい市場の場合はまあまあの仕事をやっていたのでは不十分だ． ◇定訳で

はこういう解釈に至らないであろう.

adhere [ədhíər]
粘着する, 固執する
原 ～に(ad) ひっつく(here)
イメージ しっかりと粘りつく
派 adherence 粘着, 固執 / adherent 信奉者(⇨くっついて歩くがごとし) / adhesive 粘着性の(◊ adhesive tape 粘着テープ)
関 hesitate 躊躇する(⇨執着のため動きをためらう)
例 She failed to adhere (=stick) to her original purpose. 彼女は初志を貫けなかった.

adjacent [ədʒéisnt]
近隣の
原 ～へ(ad) 投げた(jacent)
イメージ (～の近くに投げ置かれた)⇨～の近くに存在する
関 adjective 形容詞(⇨名詞のそばに投げかける詞) / reject 拒否する(⇨逆に+投げ返す)
例 This Indian language is spoken in the southern Peruvian highlands and the adjacent areas of Bolivia. このインディアン語はペルーの南部高地とボリビア近郊で話されている.

adjourn [ədʒə́ːrn]
延期する, 中断する
原 日を(journ) ～へ(ad)
イメージ (日にちを決める)⇨後日に延べする⇨いったん中断する
解 原義「日を決める」と意味「延期する」には距離があるが, これは企画に取り組む時, 日延べになることが人生の常ゆえに意味が変化したもの.
派 adjournment 延期, 休会
関 journal 日誌 / journey 旅(⇨1日の旅程から)◊ jour-は〈日〉の意がある.
例 The meeting was adjourned until the following month. 会議は翌月まで延期になった.

adjust [ədʒʌ́st]
調節する
原 近く(just) に(ad) する
イメージ (～の近くにする⇨近づける)⇨～にできるだけ合うようにする
派 adjustment 調整
例 People who live in a desert region must adjust to the hot and dry climate. 砂漠地帯に住む人達は暑くて乾燥した気候に順応しなければならない.

admire [ədmáiər]
賞賛する
原 ～に(ad) 驚く(mire)
イメージ 賛美する, 誉める
派 admirable 誉めるべき / admiration 賞賛
関 marvel 驚異 / miracle 奇跡
例 Everyone admired the way Florence Nightingale acted under the most adverse circumstances. 逆境下でナイチンゲールのとった行為を皆が誉めたたえた.

admit [ədmít]
入れることを許す, 認める
原 ～に(ad) 送る(mit)
イメージ (人を)よろしい入れてやる / (意見を)よろしい受け入れよう
解 -mit は〈送り込む〉の意がある.
派 admission 入場(料)
関 mission 使節, 伝道団体(⇨送り出す) / transmit 送る(⇨越えて+送る)
例 He admitted me into his studio. 彼は私を自分のアトリエに入れてくれた. / He admitted the crime. 彼は罪を認めた. (◊ admit to～と言うこともある) / He admitted that he was wrong. 彼は間違っていることを認めた. / Pakistan has never formally admitted having nuclear weapons. パキスタンは公式には核武器を所持していることを全く認めていない. / Admission is free, but reservation is necessary. 入場は無料だが, 予約が必要だ.

admonish [ədmάniʃ]
忠告する
原 ～(ad) 警告する(monish)
イメージ 諭す, 注意する
解 -monish は音的にやや重い感じを持つ.
派 admonition 警告
例 Father admonished me against making faces. ふくれ面をしたので父に叱られた.

ado [ədúː]
騒ぎ, 骨折り
原 ～を(a) する(do)
イメージ あえてあれこれすること(⇨しなくても済むこと, 無駄なこと)

例 Without further ado, say what you want from me. ぐずぐずしないで、やって欲しいことを早く言いなさい．

adopt [ədápt]
採用する，養子にする
原 を(ad) 選ぶ(opt)
イメージ やりかたを選びとる / 養子に選ぶ
派 adoption 採択，養子縁組
関 opt 選ぶ / option 採択
例 Don't adopt an "I'll wait and see!" attitude. 日和見的な態度はとらないようにしなさい． / Having failed to convince the workers, the management decided to adopt a more conciliatory policy. 労働者側への説得がうまくいかなかったので、経営者側はもっと懐柔的政策をとることに決めた． / Because the couple didn't have an heir, they adopted a child from an orphanage. 夫妻には子供がいなかったので、孤児院から1人の子を跡継ぎとして養子にした．

adore [ədɔ́ːr]
崇める，慕う
原 に(ad) 声をかける(ore)
イメージ (〜に声をかける)⇨(関心を引こうと声をかける)⇨(人を)慕う・(神を)崇める
解 声は〈懇願・祈り〉となって対象にかけられる．
派 adoration 崇拝，敬慕 / adorable かわいらしい(⇨ほれぼれするような)
関 oral 口の / orator 演説家 / oracle 神託(⇨神のことば) / oration 演説
例 Muslims adore Allah as their protector. イスラム教徒はアラーの神を守護神として崇める． / She is such an adorable baby! あの赤ちゃんはなんてかわいいのでしょう！

adorn [ədɔ́ːrn]
飾る，美を添える
原 〜を(ad) 飾る(orn)
イメージ 飾りを加えてより美しくする
派 adornment 装飾
関 ornament 装飾 / suborn 密かに悪事を根回しする(⇨下から＋準備する，装飾する)
例 Two gold peacocks with crystal eyes adorn the entrance to the palace. クリスタルの目をした2つの金のクジャクが宮殿への入り口に飾られていた．

adult [ədʌ́lt]
大人，成人
原 成長した
イメージ 成人，成虫
関 adolescence 青年期 / adolescent 青年(⇨成長しつつある)
例 The adult fly emerges from the pupa soft and crumpled with a colorless skin. 蝿は成虫になるとやわらかくしわのよった無色の皮をしてさなぎから生まれ出る． / "You're an adult; act like one," my father said to me. 「大人なんだから、らしくしなくてだめだよ」と父は私を叱った．

adultery [ədʌ́ltiri]
不倫，不貞
原 混ざる⇨堕落する
イメージ (混ざる⇨不純になる)不純な交際
解 adult(大人)とは語源的には無関係である．
関 adulterate 混ぜて品質を落とす
例 An innocent woman was falsely accused of adultery. 無実の女性が誤って、不貞を働いたと責められた． / He caught his wife in adultery. 彼は妻の不倫の現場を見つけた．

advance [ədvǽns]
前進，進歩
原 前へ進む
イメージ 歩を進める
派 advanced 進んだ / advancement 進歩
例 The procession advanced slowly. 行列はゆっくりと進んだ． / Our team advanced to the 2000 summer high school baseball finals. 僕達のチームは2000年の夏の高校野球の決勝へ進出した． / In many countries, during summertime, the hands of clocks and watches are advanced by one hour. 多くの国で夏期には時計の針が1時間ほど進められる． / A lot of birth problems can't be predicted in advance. 出産の際のトラブルは前もって予測できないことが多くある．

advantage [ədvǽntidʒ]
有利

affable 17

原 前にいる(advant)状態(age)
イメージ 他者よりも前に位置して(ゴールに近くて)有利である、他者よりも条件に恵まれている
派 advantaged 恵まれた / advantageous 好都合な
例 Her teaching experience gave her an advantage over the other applicants. 彼女は教職経験があったので他の希望者よりも有利であった。/ A fair contract is advantageous to all parties. 公平な契約はどの関係者にも役立つ。/ I traveled in Asia, taking advantage of the long vacation. 長期休暇を利用してアジアを旅行した。

advent [ǽdvent]
到来
原 へ(ad)来る(vent)
イメージ (事がある場に来る)⇨出現する
解 advent is the coming of an important event と定義されるが、advent と event(⇨ event)は意味、綴りとも似ている。-vent には come の意があり、これは〈来る⇨出会う〉の意味の展開がある。
派 adventitious 偶然の(⇨たまたま出くわす) / adventure 冒険(⇨正に出くわす) / venture ベンチャー、投機(⇨起こす)
例 This sort of work would have been inconceivable before the advent of personal computers. こういった仕事はパソコンの出現前ならば考えられなかった手のものだ。/ The discovery of this theory was probably more likely adventitious than deliberate. この理論の発見は意図的であるよりもむしろ偶発的であったと思われる。

adverse [ædvə́ːrs]
逆の、不運な
原 逆に向け(verse)て(ad)
イメージ 逆風を受ける
派 adversity 逆境
関 converse 会話する(⇨共に+(ことばを)向ける)
例 His proposal attracted a lot of adverse comments. 彼の提案は多くの反対意見にあった。/ Many deserted him in time of adversity. 彼が逆境になった時多くの人が彼から離れた。/ She acted admirably under the most adverse circumstances. 彼女はひどい逆境のさなか見事な行動をとった。

advertise [ǽdvərtàiz]
へ(ad)方向を向ける(vertise)
イメージ 人の関心を〜に向けさせる
解 ver-は〈物事の進行方向への進み、伸び、進展〉を感じさせる。(⇨ verse, reverse)
派 advertisement 広告(⇨人の関心を向かわせる)
関 adverse 刃向った(⇨(相手に)向かった) / adversity 逆境(⇨刃向かってくる)
例 How do you advertise your homepage? あなたのホームページをどのようにして人に知らせているのですか。/ We are going to advertise a part-time job in the papers. 新聞にパートタイマーの募集を出します。/ Tokoro Jhoji has been in lots of advertisements for cars, food, and almost everything. 所ジョージは車や食べ物そのほか色々なものの宣伝に出ている。/ Intelligent and decent people do not advertise themselves indiscriminately. 賢明で常識ある人ならやたらと自分の宣伝はしないものだ。

advocate [ǽdvəkət]
唱える、主唱者
原 へ(ad)呼びかける(vocate)
イメージ 声高に呼びかける
解 名詞では「主唱者」の外に「被告弁護士」の意で用いられる。
関 voice 声 / invoke 頼る(⇨中に+呼びかける) / invocation 祈り(⇨神への呼びかけ) / revoke 取り消す(⇨戻す+呼び) / vocation 使命感、天職(⇨神の呼びかけ=calling)
例 The politician advocated a return to traditional community values. その政治家は旧来の社会の価値観へ立ち戻ることを呼びかけた。

affable [ǽfəbl]
親しみのもてる、もの柔らかな
原 へ(af)話す(fable)
イメージ 話しかけやすい、人当たりがいい
解 fa-に〈話す〉イメージがある：

fame 名声(⇨話題になる) / fable 寓話・作り話 / ineffable ことばに表わせないほどの

解 原義から，通例，人について言う．

例 I'm lucky to have such a helpful and affable uncle especially because I have no father. 僕には父がいないので，とても親切でものの柔らかなおじさんがいてくれるのはとてもありがたい．

affair [əféər]

事，事柄，でき事

原 あえて(af) する(fair)こと

イメージ (あえてあるいは必要上行う)事柄

解 matter が〈単なる事柄〉なら affair は〈〈(おやおや / なるほどの / わざわざの)事柄〉．これは place〈単なる場所〉に対する site〈特定の場所〉，do〈する〉に対する perform〈見事にする〉などの関係と似ている．

関 fact 事実 / affect 作用する

例 I am completely satisfied with the existing state of affairs. 私は現状にとても満足しています． / She is having an affair. 彼女は不倫している ◇〈(おやおや)のこと〉で人間が一番関心をもつのは(illicit) love affair(不倫)であるが，単に affair と婉曲的に言うことが多い． / The president of the company reluctantly admitted to an affair with his young secretary. 社長は彼の若い秘書と関係を持ったことをようやく認めた． / What I read is my affair. I don't want you telling me what I should not read. どんな本を読もうと自分の勝手でしょ．読んだらいけない本を指図なんかされたくないよ．

affect [əfékt]

影響する，ふりをする

原 ～に(af) 働きかける(fect)

イメージ 他の事には働きかけて変化を起こす / 自己の姿に働きかけてわざと装おう

派 affection 好意，愛情 / affectation 見せかけ，気取り ◇精神の働きかけは〈愛情〉や〈気取り〉を生む．
affectionate 愛情のこもった / affected 影響を受けた，気取った

例 The runner's performance was adversely affected by the heat. そのランナーは暑さにやられて散々のできだった． / He affects to be more of a scholar than he really is (＝He has the affection of a scholar without being one). 彼はそうでもないのに学者ぶって見せるところがある． / Daphne later won the affection of a nymph. ダフネはのちにニンフの愛情を勝ち得た． / His Tokyo accent is an affectation. 彼の東京弁はきざっぽい．

affinity [əfínəti]

類似性，親近感

原 境界(finity) をなす(af)⇨互いに近い

イメージ 互いに似ていて，仲がいい

解 「類は友を呼ぶ」を思わせるイメージである．

関 define 境界を定める，定義する / finish 終える

例 Ducks have an affinity for water. アヒルは水と相性がいい(⇨仲良し)． / There is an affinity between snow and sleet. 雪とみぞれは相似たところがある． / Of my six siblings, I share the closest affinity with the youngest. / 6人兄妹のうちで，私は末っ子と一番ウマが合う．

affirm [əfɚ́ːrm]

断言する，肯定する

原 固定(firm) する(af)

イメージ (意見を固める)⇨～であるとはっきり肯定する

派 affirmative 肯定的な，肯定 / affirmation 断言

関 firm しっかりしている

例 Revealed religion affirms the creation of the world out of nothing. 啓示宗教では世界は無から創造されたことをはっきり言っている． / "Yes" is an affirmative reply.「イエス」は肯定的返事である．

afflict [əflíkt]

苦しめる

原 へ(af) 打ちつける(flict)

イメージ 打ちつける⇨苦しめる

解 fli-に〈勢い(⇨破裂音)〉が感じられる．バットで振りかかると連想してもよいだろう．

派 affliction 苦痛

関 conflict 衝突(⇨互いに＋打ちつけ

る)／inflict 打撲を負わせる(⇨〜に打ちつける)／flick はじく
例 His 9-year-old son is afflicted with a rare disease. 彼の9歳の息子は奇病で苦しんでいる。／Population explosion is one of the problems afflicting the Third world. 人口爆発は第三世界を悩ませている問題である。／The world is full of afflictions. 世界は苦悩に満ちている。

affluent [ǽfluənt]
豊かな
原 〜へ(af) 流れる(fluent)
イメージ (流れ込み)⇨溢れる⇨豊かな
解 音的にも意味的にも日本語「溢れる」に似ている。
派 affluence 豊富
関 flow 流れ／fluent 流暢な／fluid 流体／fluctuate 変動する(⇨波のように上下する)
例 The island has long been a winter resort for affluent families. この島は昔から裕福な家庭の冬の避寒地である。／The Negro River is a major affluent of the Amazon. ネグロ川はアマゾン川の大きな支流である。◇affluent 支流(⇨流れ込み)

afford [əfɔ́ːrd]
余裕がある
原 前進(ford) する(af)⇨目標へ進める
イメージ ちょっと背伸びすれば手にできる、どうにか〜できる
解 afford の定訳「〜する余裕がある」では本来のイメージが摑めない。
派 affordable 手頃な
関 forth 前へ
例 Drive inexpensive cars, but own the best house you can afford. 高級車を運転しなくてもいいけど、家はできるだけいいものを買いなさい。／His parents could not afford college education for their youngest son. 両親は末息子のために大学教育を与える資金はなかった。／Their business went broke, so they can no longer afford to provide for their children. 彼等は商売が行き詰まって、子供の養育ができなくなっている。／I can afford a couple of hours to this project every day. この企画に毎日2〜3時間は充てられます。／Look at this dress. The price is affordable. このドレス見て！ 買えるわよ。／The affordability of medical care in Japan keeps health care staff busy and waiting rooms full. 日本では医療費がそんなに高くないので医療に携わるものは忙しく待合室は満杯ということになる。

affront [əfrʌ́nt]
侮辱する、侮辱
原 顔面(front) を(af)
イメージ (人の)面を傷つける・面を汚す
関 front 正面
例 The opera was mounted with much fanfare but immediately withdrawn as an affront to religion. そのオペラは華々しく上演されたが宗教を侮辱するとしてすぐに中止された。

afraid [əfréid]
恐れている、心配している
原 恐れ(fraid) ている(a)
イメージ 〜であることを残念に思う・心配する／〜を怖がる
解 人の心模様を伝える語だから、be afraid, feel afraid の構文で用いる。
例 I'm afraid I didn't come on time. 時間通りに来られませんでした。／She is afraid of big dogs. 彼女は大きな犬を怖がる。

after [ǽftər]
〜の後に
原 より(ter) 後ろ(af)に ◇-ter は比較級
イメージ 〜の後ろに(いる、ある)／〜の後ろを追って(動く)
例 After a storm comes calm. 嵐の後には平穏がやってくる。／His works are much sought after by art collectors. 彼の作品は美術品蒐集家の間でとても人気がある。

again [əgéin]
再び、さらに繰り返して
原 直面(gain) して(a)
イメージ また出くわす⇨再び
解 原義からは〈再び〉は読みとれない。
関 against 対抗して◇原義が色濃く残っている。
例 Write again. またお便り下さいね。

/ Try it again. もう一度やってごらん.

against [əgéinst]
～に対して，～に対抗して
原 反対(gainst)に(a)
イメージ 双方が対立，衝突する
例 We fought against the enemy. 敵と戦った. / Driving under the influence is against the law. 飲酒運転は法律に反する.

age [éidʒ]
年齢，成年，時代；年をとる
原 生涯
イメージ ある年数(を経る)，年を重ねる
解 ある年数とは文脈により5年にも20年にも100年にもなりうる.
例 My sister has come of age. 姉は成人した. / We live in a computer age. 我々はコンピュータ時代に生きている. / After losing his wife, he aged quickly. 妻を亡くしてから彼は急に年とった. / The population of this community is aging. The young people are leaving for better jobs elsewhere. この地域は高齢化しつつある. 若者が他のところへもっとよい職を求めて離れているのである. / Wine makers store wine in oak casks to age. ワインの製造元はワインをオーク製の酒樽に入れて醸成させる.

aggravate [ǽgrəveit]
悪化させる
原 重く(gravate)する(ag)
イメージ 重苦しくする⇨悪化させる
解 gr-は〈重み〉がイメージされる：grave 重大な / gravity 重力 / grief 深い悲しみ
派 aggravation 悪化
例 Stress can aggravate acne. ストレスでニキビが悪化することがある. / The atmosphere in the meeting was tense, so we took care not to aggravate the situation. 会議の雰囲気が緊張してきたので，さらに悪くならないように気を配った.

aggressive [əgrésiv]
攻撃的な，積極的な
原 ～へ(ag)歩を進める(gress)ような(ive)
イメージ 相手に向かって突進する
解 -gressは〈歩を進める〉意味合いがある：congress 議会(⇨共に＋来る) / progress 進歩する(⇨前に＋進む)
例 Animals develop their aggressive tendencies over time. 動物は成長するにつれて攻撃性を持ってくる. / A monkey may display aggressive postures to maintain its position within the hierarchy. サルは組織の中で自分の地位を維持するために攻撃的な態度を示すことがよくある.

aggrieved [əgríːvd]
苦しめられている
原 嘆き(grieve)を与え(ag)られた(d)
イメージ 気持ちを重くする，感情を傷つける
関 grief 深い悲しみ
例 She felt aggrieved at the disloyalty of her husband. 夫の裏切り行為に彼女の心は傷ついた.

aghast [əgǽst]
びっくり仰天している
原 (恐ろしさに)仰天して
イメージ 目の当たりにして唖然とする
解 ghost 幽霊(⇨見ると恐ろしい)と同系語.
例 They were aghast at Africa's famines. 彼らはアフリカの飢饉を見て唖然とした.

agile [ǽdʒəl]
機敏な
原 あちこち動ける
イメージ さっと動ける / 頭の回転が早い
派 agility 機敏
例 This horse breed is longer legged and more agile than any we've known in this country. この品種の馬はこの国で知られている他のどの馬よりも脚が長くてより俊敏である. / Winston Churchill's agile wit was well known in the western world. チャーチルの気の利いたウイットは西欧社会では有名だった.

ago [əgóu]
今から～ほど前に
原 向こうへ(a)行った(go)
イメージ 今を去ること～ほど前
解 元来 agone と綴っていた. 現時点を基準として〈どれほど過去へ go (さかのぼる)するかを言う〉感じである. 普通,

過去時制の中で用いる(⇨ before).
例 They moved a month ago. 彼らは1月前に引っ越しました。/ The baby was born five days ago. 赤ん坊は5日前に生まれた。◇これを生まれた時点に視点をおいて言うと、The baby is five days old. (赤ん坊は生後5日です)となる。

agony [ǽgəni]
苦悶, 苦痛
原 闘う, もがく
イメージ (もがく)⇨精神的苦悶/肉体的苦痛
派 agonize 苦しませる, 苦しむ
関 antagonist 敵対者(⇨反対に+闘う)
例 Little of the real action or agony of war is shown in these photos. これらの写真には戦争の本当の動きとか苦痛とかはほとんど現われていない。/ Suffering from cancer of the lung, she died in agony. 彼女は肺癌で苦しんで死んだ。/ Her family agonized over her protracted and painful illness. 彼女の家族は彼女の長引く, 痛みのひどい病に心を痛めた。

agree [əgríː]
賛成する, 一致する
原 好意, 喜び(gree) を添わす(a)
イメージ (気持ち/相性が)〜にすっきり添う, 気持ちよく喜んで受け入れる
派 agreeable 好感の持てる(⇨好意+持てる)/ agreement 同意, 協定
関 grateful うれしく思う / disagree 反対する(⇨ない+添う)
例 "Do you agree to the proposal?"—"Yes, I do." 提案に賛成ですか―はい, 賛成します。/ They agreed to work together as a team. 彼らはチームを組んで一緒にやることに賛成した。/ I disagree with your suggestion. あなたの提案に反対です。/ The climate doesn't agree with me. It's too hot and humid. この気候は私には合いません。蒸し暑すぎます。

ahead [əhéd]
原 頭(head) の方に(a)
イメージ 前方に / 前方へ
解 head は頭(かしら)⇨先頭⇨前方がイメージされる。
関 head 〜のほうへ進む
例 Look straight ahead! 真っ直ぐ前を見なさい。/ Tokyo is 16 hours ahead of Honolulu. 東京はホノルルより16時間早い。/ There may be harder times ahead. 行く手にはもっと厳しい時期があるかも知れない。

aid [éid]
助け, 援助, 補助
原 〜を助ける
イメージ (機能・能力を)引き上げる/援助する
例 Without his aid I couldn't have overcome all those difficulties. 彼の助けがなかったらあの苦境は越えられなかっただろう。/ We can see thousands of stars with the unaided eye. 肉眼で何千もの星を見ることができる。

aim [éim]
目指す, 狙う
原 見計らう
イメージ 狙いを定める
派 aimless 目的のない
例 He aimed his camera at the lovely bird. 彼はきれいな鳥にカメラを向けた。/ The factory aimed at increasing production. その工場では増産を目指した。

air [éər]
空気, 雰囲気, 空気を当てる,
原 風
イメージ (気体としての)空気, (空気中に漂う)雰囲気, (電波や飛行機の飛び交う)空; 空気を当てる, (電波を)空に放つ
例 You look tired. I think you need a change of air. 疲れてるようだね。気分転換した方がいいよ。/ When asked by the police where his accomplice went, he assumed an air of innocence. 相棒の所在を警察に聞かれたが、彼は知らないふりをした。/ He went out with an air of purposefulness. 彼はやる気一杯で出かけた。/ We hung the futon up to air. ふとんを干した。/ NHK will air highlights of the games featuring McGwire. NHK はマグワイアを特集した試合のハイライトを放送する。/ I don't like him; he puts on airs. 彼はえらぶるので嫌いだ。◇ put on airs は文字通りわざと雰囲気を周りにつける

感じ(⇨気取る).

akin [əkín]
同族の，同類の
原 同族(kin)である(a)
イメージ 同類である
解 kin(親族)，kind(種類)は同系語で〈血のつながりがある〉イメージを持つ．
例 Part-time teaching jobs in this school are akin to full-time ones in content and amount. この学校の非常勤講師の仕事は質量とも専任講師の仕事に近い． / Hydrogen and halogen are akin to one another. 水素とハロゲンは互いに似ている．

alarm [əlɑ́ːrm]
警報，恐れ，恐れさす
原 つく(al) 武器に(arm)
イメージ 危急を告げる⇨不安にする⇨警戒する
例 The sudden increase in violent crimes involving adolescents has alarmed the society. 若者の関係する暴力犯罪の急激な増加は社会を不安にしている． / News of the radiation leak in Tokai caused widespread public alarm. 東海村の放射能漏れのニュースで一般の人々に不安が広がった．

alert [ələ́ːrt]
油断のない，警告する
原 つく(al) 見張りに(ert)
イメージ 用心のために周囲に注意を配る
例 You must be alert to the dangers around you. 身の回りの危険に対して用心しないといけませんよ． / Rabbits depend on their keen sense of hearing to alert them to danger. ウサギは危険を警戒するのに鋭敏な聴覚に頼る． / We have been on the alert for arson because it has happened several times recently. 最近数回放火が起こっているので，警戒している． / Sparrows are alert. スズメはすばしっこい． ◇〈周りに敏感⇨機敏な〉の意味の発展がある．

alienate [éiliəneit]
遠ざける，疎んじる
原 他人(alien) 扱いにする(ate)
イメージ 嫌なので遠ざける
解 alienは「居留外国人，よそ者」の意．
例 Never alienate anyone on purpose without reasonable cause. 理由もなく，故意に人を遠ざけるのはよしなさい． / If the diplomatic negotiation goes sour, the government could alienate our nearest neighbor for a long time to come. もしも外交交渉がうまくいかなければ，政府はすぐお隣の国を長きにわたって疎遠にしてしまうことになろう．

alike [əláik]
似ている
原 似て(like) いる(a)
イメージ (並べてみると)互いによく似ている
解 比較される両者は同時に同じ場面上に描かれる．同じ「似ている」の訳語となるresembleの時は比較される両者は別々の場面上にあるように描かれる．あるアメリカ人によれば子供はまずresembleの発想を獲得するという．日本人の英語学習においてもresembleのほうが最初に習得される傾向がある．alikeのa-は接頭辞でon, to, inなどの意がある．alive(生きている)，along(沿って)，aside(脇に)，away(向こうに)などと同様．
例 No two people are exactly alike. 人が互いに全く同じであることはない． / Rabbits and hares look much alike. 飼いウサギと野ウサギはとてもよく似ている． / Parents should treat all their children alike. 親は子供をみな平等に扱わねばならない．

allay [əléi]
(怒り，興奮などを)鎮める
原 そばに(al) 置く(lay)
イメージ (高まりをそばに横たえる)⇨感情の高ぶりを抑える
解 lay(横たえる)が綴りの中に潜んでいる．
例 My efforts to allay my anxiety on the stage didn't work well. 舞台に立って不安を抑えようとしたがうまくいかなかった． / Let me allay your fears. You've already passed the exam. 心配しなくていいよ．試験はちゃんと受かっているよ．

allege [əlédʒ]
(根拠なしに)主張する，断言する
原 責め・係争(lege) を受けない(al)

イメージ (発言の責任を持たずに)悪事を言い立てる，言い分を申し立てる
派 allegedly 伝えられるところでは ◇報道で頻繁に用いられる．記者が直接確認していない情報を体よく伝えるための用語である．/ allegation 申し立て / alleged 言われている
例 I don't know what happened, but this is what he alleges. 何が起きたのか知りませんが，これが彼の言い分です．/ The policeman is alleged to have leaked the secret information to a detective agency. 警官は秘密情報を興信所にもらしたと訴えられている．/ He was allegedly involved in the crime. 彼は犯罪に関与していたということだ．

allergy [ǽlərdʒi]
アレルギー
原 異なった(all) 作用(ergy)
イメージ 異常な反応⇨拒絶反応
派 allergic アレルギー性の
関 energy エネルギー (⇨入れる+作用)
例 Allergy is a hypersensitive reaction by the body to foreign substances. アレルギーは異物に対する身体の過剰反応である．/ I have an allergy to house dust. 僕はハウスダストのアレルギーだ．/ I am allergic to spiders. クモは大の苦手だ(⇨クモを見ると過敏反応が起こる)

allot [əlát]
割り当てる，配分する
原 塊(lot) にする(al)
イメージ (ある一塊を与える)⇨金や役割を人に割り振る
派 allotment 割り当て，配分
関 lot 一山
例 Funds should be allotted to deserving groups. 基金はちゃんとした団体に配分すべきだ．/ I managed to finish the exam in the allotted time. 割り当てられた時間内に試験を終えることができた．

allow [əláu]
許す，認める，考慮に入れる
原 場所(low) へ通す(al)
イメージ (相手が望む所・有利をもたらす所へ通す)希望通りにさせてやる

解 take place(事が起こる)が allow の原義の理解に役立つ．つまり所を得ることが事の発現をうながすことになる．
派 allowable 許されている / allowance 小遣い，配慮，手当て◇相手が望む金を与えると allowance(小遣い，支給金)になり，望む安価を認めてやると make an allowance of 20％(20％割り引く)になり，望む条件を考慮してやると make allowances for(条件を考慮する)ことになる．
関 local 場所の / locate 場所を定める
例 Please allow me to introduce myself. 自己紹介させて下さい．/ Nomo allowed three hits in seven innings. 野茂は7イニングで3ヒットを許した．/ A telephone allows us to talk to persons far away. 電話のおかげで遠くの人と話すことができる．/ Taking a hot bath allows us to relax. お風呂につかると気持がリラックスする．

allude [əlúːd]
ほのめかす
原 ～を(al) ちゃかす(lude)
イメージ 直接のことばでなくほかのことばでほのめかすように言う
派 allusion ほのめかし
関 ludicrous こっけいな
例 The "honey" in honeymoon alludes to the sweetness of marriage delights. ハネームーンのハネーは結婚生活の喜びの甘い楽しさをほのめかして言っている．/ He mentioned no names, but I knew who he was alluding to. 彼は誰とは言わなかったけれど私には誰のことか分かっている．

ally [動=əlái; 名=ǽlai]
連合させる，同盟させる，同盟国
原 結び(ly) つける(al)
イメージ 連合する，同盟する
派 the Allies 連合国 / allied 関係を持った
関 alloy 混ぜて合金にする
例 In times of war, countries ally with each other against their common enemies. 戦時には各国は共通の敵に対して同盟を組む．/ Are you my ally or my foe? 君は僕の味方なのそれとも敵なの．

almost [ɔ́ːlmoust]

ほとんど，もう少しで
[原] ほとんど(most) すべて(al)
[イメージ] ほとんど〜である，もうすこしで〜するところである
[例] Almost all the people of Afghanistan are Muslims. アフガニスタンに住んでいる人のほとんど皆がイスラム教徒である． / We almost missed the train. もう少しで電車に乗り遅れるところだった． / He almost won the race. 彼はもう少しで勝てるとこだった．

alone [əlóun]
他から離れて，1人で
[原] 全く(all) 1つ(one)
[イメージ] 1人の，1人で
[例] Jane was alone in the library. ジェーンは図書館で1人だった． / She alone knows the truth. 真実を知っているのは彼女だけだ． / He cannot speak English, let alone French. 彼は英語はだめだ．フランス語はいうにおよばずだ．◇let alone には〈放り出す・突き放す〉感じがあるので否定文と相性がいい．このイディオムの定訳「〜はもちろんのこと」をうのみにすると，たとえば He speaks French, let alone English. が不自然な表現になることが分からなくなるだろう．

along [əlɔ́ŋ]
〜に沿って
[原] 道に沿って
[イメージ] 〜に沿って進行する・〜に添って進行する〈順調〉
[解] 対象に沿う⇨対象と平行に進む⇨対象と衝突しない．
[例] This road runs along the river. この道は川沿いに走っている． / I go along with you on that. その点は君の意見に賛成だ． / How are you getting along these days? 最近，調子はどうですか． / Etiquette helps people get along with one another. エチケットはお互いが仲よくやっていくのに役立つ．

aloud [əláud]
声を出して
[原] 聞こえる音(loud) で(a)
[イメージ] (聞こえるように)声に出して
[解] 対照語は silently(黙って)である．loudly(大声で)の対照表現なら in a whisper, in a small voice である．
[例] I read the poem aloud. 詩を朗読した．◇教室で教師が生徒に朗読しなさいと言うときは read the story (text / poem / it) aloud と言い，read〜loudly というと大声で読めということになってしまう． / The old man was talking aloud to himself. 老人は独り言をつぶやいていた．

also [ɔ́ːlsou]
〜も，〜もまた
[原] 全く(al) そうである(so)
[イメージ] それに加えて〜もまた
[例] She speaks not only Japanese and Korean but also Chinese. 彼女は日本語と韓国語に加えて中国語もしゃべる． / This picture is wonderful, and it's also very cheap. この絵は素晴らしい上に，値段が安い．

alter [ɔ́ːltər]
変更する，改造する
[原] もう1つ別の
[イメージ] (部分的に)手直しをする，修正する
[解] 原義〈別の〉をとどめた語に alias (偽名・別名)，alien(異なった)，alternate(入れ替わる)がある．
[例] We cannot alter the past. 過去のことは修正できない． / She has altered her hairdo. 彼女は髪形を変えた． / America has radically altered its traditional economic policy. アメリカは根本的にこれまでの経済政策を変更した．

alternate [ɑ́ːltərnət]
交互にする，交互に起こる
[原] 交互に(altern) する(ate)
[イメージ] 双方が入れ替わり立ち替わり
[派] alternately 交互に / alternation 交互に起きること
[関] alter 変更する
[例] Dry season alternates with wet season in the West Indies. 西インド諸島では乾季と雨季が交互に来る． / Drug users alternately experience moments of elation and depression. 薬をやっている人は気持の高揚と落ち込みが交互に起こる．

alternative [ɔːltə́ːrnətiv]
どちらか一方の，代わりの
[原] 別の方法(alternate) を持った(ive)
[イメージ] (ある目的を達する上で，本

来の方法の他にさらに別の方法もあること)⇨(別の)選択肢
例 We had no alternative but to surrender. 我々は降伏するしか方法はなかった。/ Would you suggest an alternative place? (指定の場所は不都合なので)別の場所にしていただきたいのですが。/ Alternative ways of communicating with each other abound these days. 最近はお互いの連絡の取り方はいろいろとある。/ You can choose from a number of alternatives. いくつかの選択肢から選べますよ。

amass [əmǽs]
蓄える
原 多量(mass) にする(a)
イメージ 集めて嵩(かさ)を大きくする
関 mass 多量，大きな塊
例 The temples gradually amassed vast wealth, and the monks acquired high political positions. 寺院が次第に巨大な富を蓄え，僧侶が高い官位についた。

amaze [əméiz]
びっくりさせる
原 まごつかせる
イメージ まごつくほどにびっくりさせる
解 maze(迷路，当惑)は関連語。
例 She passed the bar association exam at the age of twenty. Isn't that amazing? 彼女は20歳で司法試験に受かったのよ。それって凄いじゃない。/ His knowledge of English literature is amazing. 彼の英文学の知識は驚くほどだ。

ambiguous [æmbíɡjuəs]
あいまいな
原 あちこちへ(ambi) 動くような(guous)
イメージ (あちこちへ動く)⇨言うことが定まらずあいまいである
解 ambi-には〈右も左も，あちらこちら〉の意味合いがある：ambidextrous 両手の利く(⇨左右とも＋器用な) / ambitious 野心のある(⇨あちこち＋求めて回る)
派 ambiguity あいまいさ
例 His explanation of the theory was ambiguous. 彼の説明ははっきりしなかった。/ I think there are many ambiguous terms and unresolved issues in the draft agreement. その協定の草案にはあいまいな用語と未解決な問題が相当に残っていると思う。

ambush [ǽmbuʃ]
待ち伏せ，待ち伏せする
原 に(am) 茂み(bush)
イメージ ブッシュの中に隠れて待ち伏せする
例 Scorpions hide among dead leaves and other plant debris to ambush their prey. サソリは枯れ葉や植物のくずの中に隠れて獲物を待ち伏せする。

amend [əménd]
改正する，修正する
原 取る(a) 誤り(mend)
イメージ まずいところを改める
派 amendment 改正，修正
例 To have another national holiday, the law must be amended accordingly. 国の祝日を増やすには，それに伴う法律の改正が必要だ。

amenity [əmí:nəti]
快適さ
原 心地よさ
イメージ 生活環境を快適ににするもの
解 複数形(amenities)になると具体性が生まれる。つまり，人間が設けた快適な環境を生みだす個々の施設，たとえば地域なら公園，スポーツ施設，交通の便，図書館，等などについて言う。
例 Summers in Japan are distinctly uncomfortable, and air conditioning is viewed as a desirable amenity in most areas. 日本の夏はきわめて不快なので空調が大抵の地方では便利な設備とされている。

among [əmʌ́ŋ]
〜の間に，〜の間で
原 混ざり(mong) 合って(a)
イメージ 人や物の中に囲まれている
関 mingle 混ぜる
例 I feel nervous when I'm among foreigners. 外国人の中にいると緊張する。

amount [əmáunt]
〜に達する
原 山(mount) の方へ(a)
イメージ 積み重なって，登っていって

〜に達する(⇨上昇する曲線グラフを想像するとよいだろう)
[解] 原義からも分かるように amount は〈量の総計〉についていう.
[関] mount 登る / mountain 山
[例] Our debts amounted to no less than ¥100,000. 借金は10万円どころではなかった. / Not punishing these bullies amounts to condoning their behavior. いじめっ子を罰しないと彼らの行動を認めてしまうことになる.

ample [ǽmpl]
十分な, 豊かな
[原] 広々とした
[イメージ] たっぷり
[解] アンプは amplifier (増幅器)つまり音を amplify (拡大する⇨-fy は〈作る〉の意の接尾辞)するのである.
[派] amplify 拡大する / amplitude 振幅 / amply 十分に
[例] You still have ample time to prepare for the exam. 試験準備に十分な時間がまだある. / He bought a house with an ample garden. 彼は広い庭のある家を買った. / All of his hard work and effort were amply rewarded when he was chosen athlete of the year. 年間最優秀選手に選ばれて彼の努力は十分に報われた.

ancestor [ǽnsestər]
先祖
[原] 先に(ante) 行く者(cestor)
[イメージ] 自分より先に逝った先祖
[解] 個々に捉えると ancestor, 集合的に捉えると ancestry〈祖先〉.
[例] My ancestors settled in Hawaii a hundred years ago. 私の先祖は100年前にハワイに移住した. / Ancestor worship formerly existed in societies at various levels of cultural development. 先祖信仰は昔はさまざまな文化レベルの社会に存在していた.

anchor [ǽŋkər]
錨, アンカー, 錨でとめる
[原] フック, かぎ
[イメージ] 錨 / 錨を下す⇨しっかり固定する
[例] We anchored the boat in the inlet. 船を入り江に停泊させた. / The roots anchor the plant in the soil. 根は植物を土壌にしっかり定着させる.

ancient [éinʃənt]
古代の, 昔の, 昔からの
[原] 前に(ante)属する(cient)
[イメージ] 遠い昔にあった, 遠い昔からずっとある
[例] Ancient man believed in magic. 古代人は魔法を信じていた. / This is one of the ancient customs of the region. これはこの地方の古くからの風習の1つです.

angle [ǽŋgl]
角度, 角(かど), 物事を見る角度；角度に曲げる, 曲げて伝える
[原] 角(かど)
[イメージ] 角(かど)⇨角度⇨角度を変えて見る
[関] angler 釣り人(フック―角度がある―を道具として用いる) / ankle くるぶし(⇨角ばっている)
[例] What is the angle of the corner? このコーナーの角度はどれほどですか. / You need to look at the problem from different angles? この問題はいろいろな角度から見る必要がある.

animate [ǽnəmeit]
生き生きさせる
[原] 息をさせる
[イメージ] 生命を吹き込む
[解] 原義「息」は生命の源であり,「生き」に通ずる.
[派] animation 活気, アニメーション(⇨生き生きと動く)
[関] animal 動物(⇨息をするもの⇨生き物)
[例] Let's be animated not by fear but by hope. 恐れからではなく, 希望によって活気づこう. / They had an animated discussion on the meaning of life(＝They discussed the meaning of life with great animation). 彼らは人生の意味について活発な討論をした.

announce [ənáuns]
知らせる, 告げる
[原] 〜に(an) 告げる(nounce)
[イメージ] 広く公に知らせる
[派] announcer アナウンサー / announcement 発表 / annunciation 布告
[関] denounce 告発する(⇨貶めるように＋言う), renounce 放棄する(⇨反

発＋言う)，pronounce 発音する(⇨ 前に向けて＋言う)
例 The scientists announced that the lump is a 65-million-year-old piece of fossilized dinosaur dung. 科学者たちはその塊は6500万年前の恐竜の化石化した糞であると発表した．

annoy [ənɔ́i]
困らせる，悩ます
原 嫌な(noy) 状態にする(an)
イメージ しっこくいやがることを繰り返してむかつかせる
解 irritate は〈いらいら〉，annoy は〈むかむか〉と音の響きでとらえられる．「うるさい」をワープロで変換すると「五月蠅い」となるが，まとわりつく蠅は annoying そのものである．ennui (退屈)は音が似ているし，元来同系語．
派 annoying うるさい / annoyance いらだたしいこと
例 Crows annoy farmers by eating sprouting corn. カラスはトウモロコシの芽を食べて農家の人達を困らせる．/ Mosquitoes bite and annoy humans. 蚊は人を刺しいらだたせる．

annual [ǽnjuəl]
毎年の，1年の，1年生の
原 年(annu) の(al)
イメージ 年ごとの
派 annually 毎年
関 anniversary 周年(⇨ anni (年の)＋versary(巡り)) / annals 年報 / biennial 二年生植物 / perennial 多年生植物 (⇨ pere-は巡るの意で年がぐるぐる巡るから〈多年にわたる〉)
例 Cucumber is cultivated as an annual in many parts of the world. キュウリは一年生の植物として世界の各地で栽培されている．/ This event is held annually. この催しは毎年行なわれる．

another [ənʌ́ðər]
もう1つの，別の
原 1つ(an) ＋ 他の(other)
イメージ それ以外のもう1つ，それとは違う別の
解 同一の種類に属するものがいくつか(3以上無限大まで)ある時，話し手が，任意の1つに注目した時それを one と呼ぶ．one が決まると同時に他の残りは others となる．others の1つ1つは an other つまり another となる．another や other がある時は前提として必ず one (⇨最初に意識するもの)なる存在がある．
例 Would you show me another dictionary? 別の辞書を見せていただけませんか．/ When we satisfy one want, we are made aware of another. 人は1つの欲求が満たされると，また次の欲求にめざめるものだ．/ We're going to visit our friends in Matsue for a week and then spend another week traveling in other parts of Japan. 私達は松江で1週間友達と過ごし，もう1週間は日本各地を旅する予定です．◇another の派生的意味に「平凡な，ありきたりの」があるが，これは上の説明から another が〈その他大勢の中の任意の1つ〉と読めるからである．/ She isn't just another swimmer; she is going to the Olympics next month. 彼女は並の水泳選手ではない．だって来月オリンピックに出るんだよ．

answer [ǽnsər]
答える
原 対して(an) 誓う(swer)
イメージ 他から来ることば・音に反応して(ハーイと言って)行動を起こす
関 swear 誓う
例 Please answer the question. 質問に答えて下さい．◇アンケートに答えて下さいなら，Please complete the questionnaire. と言う．/ Would you answer the door? 君が出てくれませんか．◇ノックあるいは呼び鈴に対する反応行動 / You must answer the letter. その手紙に返事をしておかないとだめですよ．◇返事の手段は手紙に限らない(電話，e-メールなど)．/ He went to answer nature's call. 彼はトイレに行った(⇨自然の要求(＝尿意あるいは便意)に対する反応行動) / The couple's prayer has been answered with a baby girl. 女の子が生まれて，夫婦の祈りは叶えられた．/ This dictionary will answer your needs. この辞書は君の要求に適うでしょう．◇留守番電話のことを answering machine と言う．これは answer the phone と言う時，answer は〈呼び鈴に反応して出る，受ける〉の意

であるから，〈(留守でも相手の電話に)反応する機械〉の意である．

anxious [ǽŋkʃəs]
不安に思う，切望する
原 窒息させる
イメージ 不安でドキドキ／期待でドキドキ
解 (不安あるいは期待ではらはらすると)息が詰まる(⇨ anxious の音自体が詰まる感じになる)．定訳「不安に思う」と「切望する」の一見矛盾するような意味の接点がここにある．ただし，心の不安を言う文脈の方が圧倒的に多い．
派 anxiety 心配，切望
例 I am anxious about the English test tomorrow. 明日の英語のテストが心配だ．／ He seems anxious to go to the party. 彼はパーティに行きたがっているようだ．◇嬉しくても悲しくても息が詰まるような感覚が生まれるのは次の表現にも見られる．I have a lump in my throat (＝I am nervous (or excited) about something happening).

any [éni]
どれでも
原 1つ(an) の(y)
イメージ (これ，それ，あれの)どれでも／どれほどでも
例 Come any time you like. いつでもお好きな時にいらっしゃい．／ Any big container will do. 大きな容器ならどれでもいいですよ．／ There isn't any whisky left. ウイスキーは少しも残っていない．／ Do you have any children? お子さんがおありですか．

apart [əpɑ́ːrt]
離れて，ばらばらに
原 離れて(part) いる(a)
イメージ (二者の間が)離れている／(1つのものが)ばらばらになる／(あるものから)離れて
解 米国のある大学食堂の食器の返却口に A FOOT APART と掲示があったが，これは洗い場につながるコンベヤに食器を載せるとき他者の食器と1フィート(以上)の間隔をあけることの意味であった．
派 apartment アパート(⇨各部屋が分かれている)
関 part 分ける
例 The two sides are too far apart in their positions to permit any agreement. 双方は交渉の立場があまりに離れているので合意にはとうてい達しない．／ The whole deal fell apart. その取り引きはまるまるだめになってしまった(⇨ばらばらになった)．／ He started to live apart from his parents. 彼は親と離れて暮らし始めた．

apathy [ǽpəθi]
無気力，無関心
原 無(a) 感情(pathy)
イメージ (感情がなくなる)⇨無気力，冷淡
派 apathetic 無関心の
関 pathos 哀愁
例 This article vividly articulates the public's apathy to his plight of the obese. この記事は肥満体の人の苦しみに対する他人の冷淡さをありありと描いている．

apology [əpɑ́lədʒi]
お詫び，謝罪
原 逃れる(apo) ことば(logy)
イメージ (非難を逃れるために)詫びる，あやまる
派 apologize 詫びる
例 Please accept our apologies for the trouble. 面倒をかけたことをお詫びいたします．／ She apologized to us for her blunder. 彼女は不手際を私たちに詫びた．

apparently [əpǽrəntli]
見たところ，どうも
原 見かけ(apparent) の上で(ly)
イメージ 見たところどうやら～らしい
解 appear(現われる⇨目に映る)は関連語．
例 Apparently their marriage was breaking up. どうやら，彼らの結婚生活は破局に向かっているようであった．

appeal [əpíːl]
訴える
原 ～に(ap) 追い立てる(peal)
イメージ 相手の気持ぐいぐい押し込むように訴える
解 -p(破裂音)は強い響き〈ぐいぐい刺激する〉意味合いがある：peal とどろき(⇨耳への響き)／ compete 競争する(⇨ともに＋ぐいぐい追う)／ pulse 脈拍

(⇨ぐいぐい血管壁を押す)
例 The municipal board appealed to townspeople to save water. 市の委員会は市民に節水を呼びかけた. ◇声の響きによる訴え / The report on the end of apartheid appealed to all people except racists. アパルトヘイトの終焉の報道は人種差別主義者を別にして人々皆の心に訴えるものがあった. ◇内容の響きによる訴え. appeal to someone for something の形をとり, appeal someone for〜とは言わない. これは appeal するものは語気や雰囲気なので四方八方に拡散するので, これを目標に到達させるには appeal の直後に到達点を示す to の働きが必要となるからである.

appear [əpíər]
現われる, 〜のように見える
原 見えて(pear) くる(ap)
イメージ 視界に入ってくる⇨すうっと現われる⇨目に映る
派 apparent(一見して分かるほど)明白な, (一見したところ)らしい / apparition 幻影 / disappear 消えていく / appearance 外観
例 Halley's Comet appears about every 77 years. ハレー彗星はほぼ77年ごとに現われる. / The first symptoms appear about a week after infection. 最初の症状は感染後1週間ぐらいで現われる. / The first printed books in Europe appeared about 500 years ago. ヨーロッパで最初に印刷された本は500年ぐらい前に現われた. / The commentator often appears on television. その評論家はよくテレビに出る. / He appeared very uneasy. 彼はとても落ち着かぬふうだった. / Socrates' mind was extraordinary, but his physical appearance was ugly. ソクラテスの頭は抜群だったが, 容貌は醜かった. / His anger was apparent when the photographer thrust his camera through the window. 彼はカメラマンが窓からカメラを突っ込んできた時怒りを顕わにした.

appease [əpíːz]
なだめる, 鎮める
原 pease(静か)にする(ap)
イメージ 相手の気持を静める
解 -pease は peace(平和)と同系語.
例 His attempts to appease her only added fuel to the flames. 彼は彼女をなだめようとしたが火に油をそそぐ結果になった. / Ancient heroes offered sacrifice to appease the gods they had offended. 昔の英雄は自分達が怒らせた神の怒りを鎮めるために生け贄を供えた.

appetite [ǽpitait]
食欲, 欲
原 を(ap) 求める(petite)
イメージ (むさぼるように)求めること ⇨食欲・欲
解 原義では〈食〉の意はないが, 人間の欲求の第1は「食欲」ということで形容詞は要らない理屈. 飽食の時代では感覚しにくい語かもしれない. 性欲なら sexual appetites(=desire)と言う.
関 compete 競う / petition 嘆願
例 My two boys have a good appetite. 2人の息子はとても食欲旺盛だ. / His appetite for power is insatiable. 彼の権力への欲求は飽くことを知らない.

applaud [əplɔ́ːd]
ほめる, 拍手する
原 〜へ(ap) 拍手する(plaud)
イメージ 喝采を送る, 拍手をする
解 -plaud に〈はじける音・響き〉がイメージされる.
派 applause 拍手喝采
関 plaudit 喝采
例 The audience applauded the actors at the end of the play. 劇が終わると観衆は役者達に喝采を送った.

apply [əplái]
応用する, 加える, 専心する
原 〜に(ap) 重ねる(ply)
イメージ 物事の円滑な遂行のために必要なものを施すこと
解 必要なものを施すとは, 必要なものを重ねる・添えることである.
派 applicant 応募者, application 応用；申し込み
関 ply 精を出す(⇨ apply の語頭音が落ちたもので〈身を入れる(⇨身を添える)〉の意になる) / comply 規則に従う(⇨すっかり+(自己を規則に)添わす)
例 They decided to apply the rule to

the case. その規則をその件に適用することにした． / Many Japanese women apply lipstick to the lower lip first. 日本女性は口紅を下唇から塗り始める人が多い． / You had better apply a sunscreen before you leave for the beach. 海に行く前に日焼け止めを塗りなさいよ． / He applied himself to his job. 彼は仕事に身を入れた． / I applied for the position. その職に応募した（⇨ apply＋(oneself)＋for（＝求めて））．◇自動詞用法で apply to the secretary（秘書に問い合わせる），apply for a scholarship（奨学金を申し込む）などの意味の広がりも apply (oneself) to / for と考えればよい．この時，表に出ない oneself の内容は質問を持ったり，志願を持ったりしている人である． / They let anyone apply. 誰でも応募できる． / Will you tell me how to apply. 応募の仕方を教えて下さい．

appreciate [əpríːʃieit]
正しく理解する，価値を認める
原 ～に(ap) 値をつける(preciate)
イメージ (値をつける)⇨価値が分かる⇨よさが分かる⇨ありがたさが分かる
解 price(価値)が綴りの中に潜んでいる．
派 appreciation 感謝，評価 / depreciate 見くびる（⇨低く＋評価する）
関 appraise 見積もる
例 The teacher taught us how to appreciate music and poetry. その先生は音楽と詩の味わい方を教えてくれた． / I appreciate your consideration. お心遣いをありがたく思います． / I would appreciate any information you might have about this matter. この件に関するどんな情報でも頂ければありがたく思います． / The best way to appreciate something is to be without it for a while. 物事のよさを分かる一番の方法はそのものとしばらくのあいだ離れてみることだ． / Do you know what I most appreciate about you? 君のどこを一番買っているか分かっているかい．◇語法的には appreciate～very much とは言わない．（⇨ very much appreciate ～）

apprehend [æprihénd]
逮捕する，理解する
原 を(ap) 捕える(prehend)
イメージ 捕える⇨(意味を)捉える⇨(心を)捉える⇨気がかりになる
派 apprehension 不安，逮捕 / apprehensive 心配して
例 The police apprehended the thief as he was leaving the store. 警察は泥棒が店を出ようとしたとき逮捕した． / The thief then quickly apprehended the difficult situation he was in. 泥棒はすぐに自分のおかれている窮状を察知した． / The students looked apprehensive as they waited for the result of the exams. 試験の結果を待つ学生達は不安そうだった．

approach [əpróutʃ]
接近する，近づく
原 へ(ap) 近づく(proach)
イメージ (距離や時間が)もっと近くなる / (相談事を持って)近づく
派 proximity 近接 / propinquity 近似 / approximate おおよその
例 They stopped talking at my approach (=as I approached). 私が近づくと彼らは話を止めた． / How do you suggest I approach her about this problem? この問題について彼女にどうやって接触していったらいいでしょうか．

appropriate [əpróupriət]
適切な
原 へ(ap) 向ける(pro) 自分のもの(priate)
イメージ (自分に向ける)⇨(なじむ)⇨自分本来の，自分に適切な，自分にふさわしい
関 proper ふさわしい
解 〈自分のものにする〉から〈勝手に自分のものにする〉の意で用いられることもある；appropriate government money 公金を横領する
例 Is 15％ the appropriate tip for waitresses in restaurants? レストランのウェイトレスへのチップは15パーセントが適切ですか． / Bowing is the appropriate form of greeting in some Asian cultures. おじぎするのはアジアの諸文化では適切なあいさつの形式である． / I did have a relationship with

that woman that was not appropriate. あの女性と不適切な関係をたしかに持ちました。◊ Clinton 大統領が女性関係についての釈明で用いたので注目を集めた語。本来、(もう少しあからさまに)不倫の関係をいう語は improper(道をはずれた)である。

approve [əprúːv]
賛成する, 承認する
原 〜を(ap) よいとみなす(prove)
イメージ よいと考える
派 approval 賛成, 承認
関 prove 証明する / probe 探査する
例 I don't approve of smoking anyway. とにかく喫煙はいいことではないと思う。/ I wonder if the board of directors will approve our plan. 重役会が我々の企画を認めるだろうか。/ Good children seek the approval of their parents in all their major plans. よい子は主だった計画についてはいつも親の承諾を求めるものだ。

apt [ǽpt]
〜がちである, 的確な
原 つながれた
イメージ (結びつけられた⇨ある方向に向かう)⇨傾向がある;(しかるべく方向に向かう)⇨適切な
派 aptly 適切に(⇨傾向に沿って)
例 He is rather apt to lose his temper. 彼は結構怒りっぽい。/ That is an apt quotation to conclude your essay. それはあなたのエッセイを締めくくるのに適切な引用です。

aptitude [ǽptitjuːd]
適性, 才能
原 向いている(apti) 様態(tude)
イメージ (才能が)〜に向いている
解 日本語「向く」にも「適する」の意がある。
例 He has an aptitude for drawing. 彼は絵の才能がある。

argue [ɑ́ːrgjuː]
主張する, 論争する
原 (論を立てて)明らかにする, 明白にする⇨主張する
イメージ (考えを明らかにする)⇨こうなんだと言う/こうなんだと言い合う
解 一方向だと〈主張〉, 双方向なら〈議論・口論〉になる。(⇨ contend)

派 argument 論争, 論拠
例 Some teachers argue that children should learn about sex only from their parents. 性教育は家庭でこそすべきだと言う教師もいる。◊ 一方向〈主張〉/ They are always arguing over money. 彼らはいつも金のことでもめている。◊ 双方向〈口論〉/ Even very compatible couple have occasional arguments. 仲のよい夫婦でも時には口論するものだ。

arise [əráiz]
起こる, 現われる
原 ぐいと(a) 立つ(rise)
イメージ すっくと物事が起こる, 湧き上がる, 立ち現われる
例 We promise to help you, should the need arise. 必要になれば援助します。/ An unforeseen problem has arisen. 不測の事態が起こった。

arm [ɑ́ːrm]
腕;(arms)武器, 武装する
原 腕
イメージ (胴体につながった)腕(◊力の象徴)/(腕にかかえる)武器, 武装する
派 arms 武器 / armful 腕に一抱えほど
関 armpit わきの下(⇨腕+くぼみ)/ armrest ひじかけ(⇨腕+休ませる)/ armada 艦隊 / armadillo アルマジロ(⇨いかにもよろいを着た風に見える)
例 He was sitting and thinking with his arms crossed. 彼は座って腕組みして考えこんでいた。/ North Korea has begun to arm itself with nuclear weapons. 北朝鮮は核武装を始めた。/ The citizens rose up in arms against the dictator. 市民は独裁者に対して武器を手に蜂起した。

arouse [əráuz]
目覚めさせる
原 強く(a) 刺激する(rouse)
イメージ 呼び起こす
例 His paper aroused virtually no interest and was soon forgotten. 彼の論文はほとんど関心を呼ばず、やがて忘れられた。/ Men are more easily aroused by nudity than women. 男の方が女よりもヌードに興奮しやすい。

arrange [əréindʒ]
整える, 編曲する

[原] ～に(ar) 列を作る(range)
[原] (計画/配置)を整える，音符を(合うように)配置する
[イメージ] 配置する，手配をする
[派] arrangement 準備
[関] range 並べる
[例] We've arranged with the plumber to work on the sink tomorrow. 配管工に明日流し台を直してもらうように手配した．

arrest [ərést]
逮捕する
[原] 止め(rest)て置く(ar)
[イメージ] 人の自由な動きを差し止める，物事の動きを止める
[解] -rest は〈動きを止める⇨とらえる〉の意で，警察が犯人を捕らえるなら〈逮捕〉，発作が心臓を捕らえるなら〈機能停止〉．
[関] rest(休止)
[例] He was arrested for vandalism. 彼は破壊罪で逮捕された．/ The disaster arrested economic development. 災害のため経済成長が止まった．/ The moving doll arrested the baby's attention. 動く人形は赤ん坊の気を引いた(⇨気を留める) / Arresting the swing of the door with one hand, he stepped forward. 彼はドアがバタンと閉まるのを片手で止めて，入っていった．/ The medics made every effort to restore the heartbeat of the man who had a sudden cardiac arrest. 医者達は急に心臓停止になった人の心拍を回復するためにあらゆる努力をした．

arrive [əráiv]
着く
[原] 着く(ar) 川岸に(rive)
[イメージ] (向こう側からこちら側に)着く
[解] 綴りの中に，river(川)が潜んでいる．今の時代，〈着く⇨空港，鉄道駅，バス停〉の連想であるが，人類が始まって以来19世紀までは〈着く⇨岸，川岸，港〉の連想であったはず．(こちら側から向こう側へ)着く感じのときは reach (⇨reach)を用いる．学校や受験参考書では reach = arrive at と習ったが，意味合いに違いがある．
[派] arrival 到着
[関] derive 由来する(⇨出る＋流れ) / rival ライバル(⇨対岸の住人は競争相手だった)
[例] I arrived in Tokyo yesterday. 昨日(ここ)東京に着きました．/ Fall has definitely arrived. (当地は)すっかり秋になりました．/ I arrived with an ultra-individual appearance that startled people. 僕は人を驚かすような超個性的な姿でこの世に生まれた．◇ a new arrival(新生児) / I've just arrived. 今(こちらに)着きました．◇ arrive が自動詞，reach(⇨reach)が他動詞である理由：arrive では話者の眼は到着地側にあるので必ずしも目的語となる到着地を示す必要がないが(⇨1か所だから)，reach では話者の眼は出発地側にあるので目的語である到着地は現在地以外のあらゆる場所が考えられるのでそれを示す必要があるからである．

article [ɑ́ːrtikl]
品物，記事，条項
[原] 関節(arti) セットのうちの1つ
[イメージ] セットのうちの1つ
[解] 第1条＋第2条＋第3条⇨法規，記事＋記事＋記事⇨新聞，靴＋シャツ＋鉛筆⇨雑貨　もちろん「セット」は法規，新聞，雑貨であり，article はその構成要素の1つ1つである．ar- には〈つなぐ〉のイメージがある：arm 腕(⇨胴体につながっている) / art 技術，芸術(⇨音楽は音符のつなぎあわせ，絵画はタッチのつなぎあわせ，建築は建材のつなぎあわせ) / arthritis 関節炎⇨つなぎめ＋炎症)
[例] I respect Article nine of the constitution of Japan. 日本国憲法第9条を尊重している．/ Have you read the newspaper article on population explosion? 人口爆発に関する新聞記事を読みましたか．/ In which section of the store are the toilet articles? 洗面用品はどの売り場にありますか．

articulate [aːrtíkjəleit]
はっきり述べる
[原] つなぎ目(articu)を分ける(late)
[イメージ] 区切りをはっきり分けて発音する⇨ちゃんと表現する
[派] articulation 発音
[例] She has matured into a self-

possessed and articulate young woman. 彼女は落ち着いたちゃんと考えが言える女性に成長した。◇大人の資質の1つの定義としてこの例文を味わいたい。/ I think we need to articulate our position better. 私達の立場をもっとしっかり発言すべきだと思う。

ascend [əsénd]
登る
原 へ(a) 登る(scend)
イメージ たどるように登る
派 ascent 登ること
関 descend 降りる
例 The path starts to ascend steeply here (=The path makes a steep ascent here). 道はここから急な登り坂になる。/ The present emperor, Akihito, ascended the throne at the death of his father. 現明仁天皇は父親の死去に伴い皇位についた。/ The kite swiftly ascended to the sky, aided by a gust of wind. 突風で、凧はぐんぐん上昇していった。

ascribe [əskráib]
〜のせいにする、〜に帰する
原 へ(a) 書く(scribe)
イメージ 結果を生み出した要因をあえてことばにして書く・言う
解 -scribe には書き付けるときの筆記具と用紙(昔は板や石)との摩擦音(がりがり)が聞こえる：scribe 書記 / script 手書き / scripture 聖典(◇書かれたものと言えば神のことばを記したものが一番重要であった)
派 ascription 帰すること
例 She ascribed her success to hard work. 彼女は成功できたのは努力したからだと言った。/ This poem has been ascribed to Issa. この詩は一茶のものとされている。

aside [əsáid]
わきに
原 側(side) へ(a)
イメージ そばにおく、わきに(よけて)おく
例 He managed to put aside his anger. 彼は自分の怒りを抑えることができた。/ Let's leave the problem aside for the moment. 当面その問題はあずけておきましょう。/ Jokes aside, are you serious about leaving your comfortable job? 冗談ぬきに、今の結構な仕事本当に止めるのですか。/ Aside from what you said, do you have any other objection to the plan? 今言われたことのほかに企画について反対が何かありますか。

ask [ǽsk]
尋ねる、頼む
原 求める
イメージ 助けを求める〈依頼〉/ 情報を求める〈質問〉
解 -sk の音に〈追求する、求める〉が感じられる：seek(求める)
例 I asked my boss for a day off. 上司に休暇を1日頼んだ。/ I asked him to help me with my homework. 彼に宿題を手伝ってくれるように頼んだ。/ I never asked Ms. Lewinsky to lie. 私はレウィンスキーさんに決して嘘をつくように頼んではいない。/ I am going to ask Meg out. メグにデートを申し込むつもりだ。/ Ask her her name. 彼女に名前を聞いて下さい。/ "Have you seen my wallet?" he asked. 財布見なかったかと彼が聞いてきた。

asleep [əslíːp]
眠っている
原 眠る(sleep) の状態で(a-)
イメージ 眠っている
解 a- は元来 on(〜の状態で)の意で asleep の反意語 awake(目を覚まして)や across(横切って)、alike(似ている)なども同様。
例 I found her asleep. 彼女は眠っていた。/ She is fast (=sound) asleep. 彼女はぐっすり眠っている。

aspect [ǽspekt]
外観、顔つき
原 を(a) 見る(spect)
イメージ (物事のある面に目を注ぐ)⇨見解(が生まれる) / (物事のある面に目を注ぐ)⇨様相(が見える)
解 物事のある面に光(視線)を当てたところが aspect である。1つの物事でも光の当て方によっていろいろな aspect (面)がある訳である。spe- は〈視線を送る〉感じがある：spy(密かに)見張る / spectacle 目を見はる光景 / inspect 調べる(◇中を＋見る)

例 Ice, water, and water vapor are three different aspects of water. 氷，水，水蒸気は水の3つの様相である．/ There are aspects of Korean President Kim Dae Jung's foreign policy toward Japan that are to some extent unknown. 金大中大統領の対日外交がどうなるか，今1つ分からない面がある．/ I think there are two aspects to the problem we must take into account. その問題については考慮すべき面が2つあると思う．

aspire [əspáiər]
熱望する
原 へ向けて(a) 息をする(spire)
イメージ ～へ息を込める⇨～へ意気を込める⇨～をしようと意気込む
解 spire は spirit(⇨ spirit)と関連語で〈勢い・気〉が感じられる．
例 When I was a teenager, I became fond of guns and aspired to be a cowboy or a soldier. 僕は十代の頃，銃が好きになり，カウボーイか兵士になってやろうと思った．/ The modern Olympics aspire to high ideals of sportsmanship and world peace. 近代オリンピックはスポーツ精神と世界平和という高い理想を目指している．

assault [əsɔ́ːlt]
襲撃する
原 ～に(as) 飛びかかる(sault)
イメージ 襲いかかる，襲おうとする
関 assail 攻めたてる / somersault でんぐり返り(⇨ひっくり返って＋跳ぶ)
例 He leveled a gun at the crowd and was found guilty of attempted assault. 彼は皆に銃を向けたので威嚇暴行の罪に問われた．◇法的には実際に怪我がなくても assault に問われる．身体的ダメージがある時は assault and battery(暴行＋殴打)と言う．

assemble [əsémbl]
集合させる，組み立てる
原 一緒に(semble) する(as)
イメージ (一緒にする)⇨人を集める / 部品を集めて組み立てる
解 「一緒」は〈併せて1つになる〉の意と〈同じである〉の意があるが，-semble にも同じく〈集まる〉の意と〈似ている〉の意がある：resemble～に似ている(⇨再び＋似ている)，ensemble 合奏団，合奏曲(⇨集まって演奏する)
派 assembly 集会 / assemblage 集団，組み立て
例 We assemble in the main hall on Monday to be addressed by the schoolmaster. 校長の話を聴くために月曜日には講堂に集合する．/ Many people think cars assembled in Japan are of good quality. 日本で組み立てられた車は品質がいいと思う人が多い．/ The Prime Minister assembled a talented group of professionals to help him run the country. 首相は有能な専門家集団を集めて国策の案を頼った．

assert [əsə́ːrt]
主張する，断言する
原 に(as) 加わる(sert)
イメージ ある主義に関わる⇨ある主義を持つ⇨考えをはっきり言う
派 assertion 断言 / assertive 断定的な
関 insert 差し込む(⇨中に＋加える) / series 一続き，続き物(⇨次々に加わる)
例 The defendant's lawyer asserted confidently that the allegations against his client were groundless. 代理弁護人は被告への訴えは事実無根だと自信を持って主張した．/ You ought to assert yourself more. もっと自分の考えを言うべきだよ．

assess [əsés]
査定する，評価する
原 近くに(as) 座る(sess)
イメージ (判事の横に座って罰金額の査定にあたる)⇨同席して値打ち・完璧度などを査定する
解 次の新聞記事は〈座る〉と〈査定〉の関係について示唆的である：Foreign scholars have been invited to sit on a committee formed recently to assess the management of Osaka University. 大阪大学の運営状況の査定のために最近設けられた委員会に外国人学者が座に加わるように要請された．
派 assessment(査定)
関 session 議会の会期(⇨座っている)，会議(⇨座って行う) / assiduous 注意が行き届いている(⇨座ってじっくり仕事にあたる)

例 A physician assesses your health through physical examination. 医者は健康診断によってあなたの健康度を査定する。／ When presented with a problem in life, one must assess the situation from all the angles and take appropriate action. 人生上の問題が起こったら，いろいろな角度から考えて状況を判断し適切な行動をすべきである。

asset [æset]
資産，長所
原 十分に(資産が) ある
イメージ 価値となる財産／役に立つ資質
解 satisfy(満たす)，satiate(十分満足させる)と同系語。
例 Having a good memory for faces is a great asset in any job. 顔の記憶力がいいのはどの仕事でも非常な財産になる。／ Established companies don't usually risk their investors' assets in unproven ventures. ちゃんとした会社であれば見込みのはっきりしない事業に手をつけて出資者の資産を危険な賭けにさらすようなことはしないものだ。

assign [əsáin]
指定する，任命する
原 ～に(as) 印をする(sign)
イメージ (名前を記して)割り当てる
派 assignment 任務，課題
関 sign 署名する／ consign 委託する (⇨共に+署名する)
例 In horse racing, they may assign weights to horses according to their speed in previous performances. 競馬では，これまでの実績によって馬にウェイトをかける(⇨ハンディの割り当て)ことをよくやる。／ It is the coach's duty to assign positions to the players in any team sport. 団体競技では，各選手の守備位置を割り当てるのはコーチの役目である。◇公式の野球であればオーダー表に名前を記すことを知っている人は多いだろうが，これは原義通り〈名前を記して役を割り当てる〉の用法である。

assist [əsíst]
手伝う，援助する
原 近くに(as) 立つ(sist)
イメージ そばに立って支える
派 assistance 援助／ assistant 補佐
関 stand 立つ／ persist 固執する(⇨ずっと+立つ)／ consist 一致する，～でなる(⇨共に+立つ)／ resist 抵抗する (⇨反対に+立つ)
例 I assisted an old man in filling in the form. 老人が書類に記入するのを手伝った。

associate [əsóuʃiet]
連想する，仲間に加える，交際する
原 に(as) 交わる(sociate)
イメージ ～と交わる
解 人と人が交われば〈交際する，共同する〉，考えが考えにつながれば〈連想・関連させる〉。
派 association 協会，交際，連想
関 society 社会
例 If you associate with such people, you'll get into trouble yourself. あんな連中と付き合っていると，あなた自身も困ったことになりますよ。／ Male sex hormones are closely associated with aggression. 雄の性ホルモンが雄の攻撃性と密接に関係している。／ What do you associate with Florida? フロリダと言ったら何を連想しますか。

assume [əs(j)úːm]
～と見なす，引き受ける
原 ～を(as) 取る(sume)
イメージ わざと取る，あえて考える
解 take(～と受け取る)の気取り版と言える。
派 assumption 想定，見せかけ，引き受け
関 consume 消費する(⇨取り尽くす)／ presume 推定する(⇨前もって考えを取り込む)／ resume 再開する(⇨再び(ある状態を)取る)／ subsume 含める(⇨傘下に入れる)／ sumptuous 贅沢な(⇨たくさん取り込んだ)
例 Assume the worst; you won't then be disappointed. 最悪の事態を考えておきなさい。そうすれば落胆しないで済むから。／ Before the time of Columbus, most navigators assumed that the earth was flat. コロンブスより前の時代には大抵の航海者は地球は平らと考えていた。／ During the Middle Ages, the church assumed much responsibility for helping the poor. 中世には，教会が貧しい人達を助ける大きな責任を引き受

けていた. / When socializing with his juniors, he would assume an overbearing manner. 後輩と交わる時, 彼は(わざと)威張った態度をとっていた.

asthma [ǽzmə]
喘息
原 苦しい呼吸
イメージ 喘息
派 asthmatic 喘息の(患者)
例 When an attack of asthma begins, the patient may complain of congestion in the chest. 喘息の発作が起こると, 患者は胸がしめつけられるように感じることが多い.

astonish [əstάniʃ]
ひどく驚かす, びっくりさせる
原 出す(as) とどろきを(tonish)
イメージ 大きな音をさせる⇨びっくりさせる
解 -tonish に〈音の響き〉が感じられる.
派 astonishment 驚愕
関 astound 驚かす / stun 気絶させる
例 She astonished us by getting 100 percent on all her examinations. 彼女は全試験に満点をとって我々を驚かせた. ◇試験の点は英語では percent で表す.

astray [əstréi]
道に迷って, 正道からそれて
原 街に(stray) いる(a)
イメージ (ちゃんとした所から)外れて横道をうろつく・道を誤る
解 stray は street の意で〈家から離れて街をふらついている〉の意味合いになる:street people 浮浪者, ホームレス / on the streets 街娼をする, ホームレスである / street walker 街娼, 売春婦
関 stray はぐれる
例 The prison guard gave a sketchy account of how the criminal went astray. 看守は罪人がどのように逃げ出したかについて簡単な説明をした. / Many promising young men were led astray by the guru. 多くの前途ある若者がグルの教えのために道を誤った. / He was impatiently waiting for the letter to arrive, but it had gone astray. 彼は手紙が来るのを心待ちしていたが, その手紙はどこかへ迷い込んでしまった.

at [ət]
〜に, 〜で
原 〜へ
イメージ ある1点で, ある1点を狙って
例 You have to change trains at Osaka. 大阪で列車を乗り換えなくてはいけません. / They laughed at me. 彼らは私をあざ笑った. / Let's meet tomorrow at 12 o'clock. 明日, 12時に会いましょう.

athlete [ǽθli:t]
運動選手, スポーツマン
原 競技者
イメージ スポーツマン;運動能力が高い
派 athletic 運動競技の / athletics 運動競技
例 My father was a really good athlete; he played baseball, football and basketball. おやじは大変なスポーツマンだったんだ. 野球, フットボールそれにバスケットボールもやってたんだ. / Unlike in the past, today people believe it's fine for girls to be athletic. 昔と違って, 現代では女性も運動がよくできることは素晴らしいこととされる.

atmosphere [ǽtməsfiər]
大気, 雰囲気
原 蒸気(atmos) の球(sphere)
イメージ (地球の周りの)大気, (周りの)雰囲気
派 atmospheric 大気の
例 The atmosphere plays a major part in the various cycles of nature. 大気は自然界のさまざまな周期を起こす上で大きな役を果たしている. / I like the family atmosphere of this club. このクラブの和気あいあいとした雰囲気が好きだ.

attach [ətǽtʃ]
取り付ける, 愛着を持たせる
原 杭(tach) で止める(at)
イメージ (物を)くっつける / (気持ちを)結びつける, 愛着を持たせる
解 attack は同系語. つまり tack(杭, 鋲)で迫るのが attack(攻撃する)である.
派 attachment 愛着, 取り付け

関 thumbtack 画鋲
例 A resume is usually attached to the cover letter in a job application. 大抵就職願書の表紙に履歴書を付ける． / The new Korean administration attaches great importance to Japan. 韓国の新政権は日本を重要視している． / I feel a strong attachment to this old map given to me by my grandfather. おじいさんからもらったこの古い地図に強い愛着があります．

attack [ətǽk]
攻撃する，着手する
原 杭(tack) で止める(at)
イメージ (杭に止める ⇨ ～へ向かわせる) ⇨ ～を攻撃する
関 tack 鋲 / thumbtack 画鋲，押しピン
例 The opposition leader made a speech attacking the government. 野党の党首は政府を攻撃する演説をした． / They launched an attack on the enemy. 彼らは敵に攻撃をしかけた．

attain [ətéin]
到達する
原 に(at) 触る(tain)
イメージ (～に触る) ⇨ 手が届く ⇨ 努力して目的に達する
派 attainment 達成，身につけた芸
関 tangible 手に触れることができる
例 How one attains real happiness in life is an ever lasting theme. いかにして人は人生の真の幸福を達成するかは永遠のテーマである．

attempt [ətémpt]
試みる，企てる
原 ～を(at) 試みる(tempt)
イメージ 試してみる ⇨ 難しいことをやってみる
関 tempt 誘惑する(⇨やってみたくさせる) / tempting 気をそそられる(⇨試みたくなるような)
例 He was shot while attempting to rob a bank. 彼は銀行強盗をしようとしたが撃たれた． / They failed in their attempt to scale the cliff. 彼らは崖をよじ登ろうとしたが失敗した．

attend [əténd]
参加する，気をつける，世話をする
原 ～へ(at) 伸ばす(tend)
イメージ (足を～へ伸ばす) ⇨ ～へ行く；(気持を～へ)伸ばす ⇨ 気持ちを張り向ける
派 attendance 出席，介護 / attendant 付き添い人 / attention 注目，世話 / attentive 注意深い
例 The lecture was poorly attended. その講演会は聴衆が少なかった． / "Are you being attended to, ma'am?" 奥さん，用件は(他の者が)伺っていますでしょうか． / There are parents who leave their children unattended in cars while they play pachinko. パチンコをしている間，子供を車に置きっ放しにする親がいる． / "The dog barked at me!"―"Oh, it just wants attention." 犬が吠えたわよ！―ああ，かまって欲しいのよ． / Petunias need little attention, apart from watering. ペチュニアは水やりの他はあまり世話がいらない．

attitude [ǽtit(j)u:d]
態度，姿勢
原 向かう(atti) 姿勢(tude)
イメージ 一定の態度 ⇨ 人や物事に対する人の態度・姿勢
例 I don't like her arrogant attitude towards the weak. 彼女の弱者に対する威張った態度が嫌いだ．

attorney [ətə́:rni]
弁護士
原 ～に(at) 向かう(torney)
イメージ (当事者が問題をかかえたとき向かう，任す，頼る)弁護士
解 When I am in trouble, I always turn to my mother. (困った時はいつも母に相談する)は原義の理解に役立つ．
関 a letter of attorney 委任状◊ attorney の原義〈任す〉から．
例 She was advised not to make a comment about the incident until she had spoken to her attorney. 彼女は弁護士に相談するまではその件についての意見は控えたほうがいいと言われた．

attract [ətrǽkt]
引きつける
原 ～へ(at) 引く(tract)
イメージ 人を～へ引き付ける，物を～へ引き付ける
派 attraction 魅力，呼び物 / attractive 魅力ある

関 tractor トラクター(⇨牽引車)
例 His lecture did not attract as much attention as he had hoped. 彼のレクチャーは自分が思ったほどの関心を集めなかった. / Beware of an attractive offer, for there is very likely to be a catch in it. 気を引く話には気をつけなさい. それにはわながある可能性が高いから.

attribute [ətríbju:t]
～のせいにする,
原 ～に(at) 与える(tribute)
イメージ (事の原因を～に与える)⇨～の原因は～に行きつく, 源は～になる,
解 名詞では(行動のもとになる)特質.
例 Nonliterate societies often attribute illness and other distressing situations to the activities of witches. 未開の社会では病気や不幸をしばしば魔女の仕業によるものと考える. / Aesop's fables are a collection of stories attributed to a Greek slave named Aesop. イソップ物語はイソップいう名のギリシアの奴隷であった人による物語を集めたものである.

audience [ɔ́:diəns]
聴衆, 観衆, 読者
原 聞く(audi) こと(ence)
イメージ 耳目を傾けている人々⇨聴衆⇨観衆⇨読者
解 audi-は一番根源にさかのぼると〈知覚する〉意があったので, audienceが耳だけでなく, 目を通した行為をも指すのは理にかなっている.
例 How large was the audience at the concert? コンサートの聴衆はどのくらいいましたか. / Magazines are usually classified by the subjects they cover and the audience they serve. 雑誌はふつう扱う内容とそれが対象とする読者層によって分類される. / The book reached a wide audience abroad. その本は広く海外の読者に読まれた. / Television can reach an audience of millions at a time. テレビは一度に何百万もの視聴者に情報を届けられる.

available [əvéiləbl]
利用できる, 入手できる
原 価値(avail) を生じる(able)
イメージ (価値を生み出せる)⇨手に入れて使える / 人と会ってあげられる
解 定訳「利用できる」を機械的に覚えるのではこの語の心は味わえない. 物の価値はそれを活用して始めて生じる, でないと宝の持ち腐れになる.
派 availability 入手できること
関 value 価値 / prevail 広まる / avail 役に立つ, 効用
例 Bus service is available from the airport to JR Asahikawa Station. 空港からJR旭川駅までのバスの便が利用できる. / Contraceptive pills are widely available in many advanced countries. 多くの先進国では避妊用のピルが買える. / Should anything go wrong, help is available within seconds. もし変調をきたしたら, すぐに助けてもらえる. / We need to do our best with what is available. 今あるもので最善をつくさねばならない. / If you need someone to go with, I'm always available. 一緒に行く人が必要なら, 私はいつでもお役に立てますよ. / We are not available now. Please leave your name and telephone number after the beep. 今, 電話に出られません. ピーという音の後に名前と電話番号を入れておいて下さい. ◇留守番電話の文句 / Ann isn't available, is she? アンはいい人いるだろ(⇨付き合ってくれないだろ)?

avert [əvə́:rt]
そむける, そらす
原 離れて(a) 向く(vert)
イメージ 不快なことを避ける, 視線をそらせる
派 averse そっぽを向く, 嫌いである
例 A mid-air collision was narrowly averted. 空中衝突は辛くも避けられた. / I am not averse to occasional drink. たまに飲むのは悪いとは思わない. / Princess Diana was averse to reporters and the press. ダイアナ妃は記者や報道機関を嫌った.

avoid [əvɔ́id]
避ける
原 離れて(a) 空に(void)
イメージ (接触すると不都合が生じるものと空間・距離をとる)⇨嫌なものを遠ざける
解 語源解説書では精々のところ「離れ

て＋空虚にする」とか「外に＋空な」とかでこれでは読者は何をイメージしてよいのやら分からないであろう．

派 avoidable 避けられる / avoidance 回避

関 void 空の

例 I always avoid trouble if I can. 私はできる時はいつでももめごとは避けるようにしている．/ He leaves home early to avoid the rush hour. 彼はラッシュを避けるために家を早く出る．/ Right after the surgery, you should avoid sunbathing and most sports. 手術直後は日光とほとんどのスポーツは避けねばなりません．/ Most Americans avoid going to see the doctor unless they're seriously ill. 大抵のアメリカ人は深刻な病気の時以外は医者に行くのを敬遠する．

award [əwɔ́:rd]

授与する

原 強く(a) 見張る(ward)

イメージ （目を見張る⇨素晴らしいと思う）⇨褒美・賞を与える

解 意味の展開は respect （また＋見やる⇨すばらしいと思う⇨尊敬する）と似た発想である．

関 ward 病棟（⇨病人を見守る）

例 Nobel Prizes are awarded annually to those who have conferred the greatest benefit on mankind. ノーベル賞は毎年人類の幸福に最高の寄与をした人達に与えられる．

aware [əwéər]

気づいている，よく分かっている

原 ～に(a) 用心して(ware)

イメージ あることの存在に目を向ける

解 -ware, -wake には〈目〉が関係する．

派 awareness 認識 / unaware 気づいていない

例 Safety education makes people aware of hazardous conditions. 安全教育は人に危険な状況について気づかせるものである．/ I am fully aware of my responsibility for this misconduct. この不手際に対しての私の責任はよく分かっています．/ There is a general awareness that smoking is harmful. 喫煙は身体によくないという一般的認識がある．/ Many people are unaware that they have diabetes. 自分が糖尿病にかかっていると気づかない人が多くいる．

away [əwéi]

あちらへ，離れて

原 あちら(way) の方へ(a)

イメージ ある位置から〈離れていく / いる〉，その動きに目をやると〈順調な進行，どんどんと〉，元の位置に目をやると〈不在〉になる．

例 The typhoon is far away at sea to the south. 台風ははるか南方の海上にある．◇離れて / The horse reared its head, and then ran away. 馬は頭を上げるや，逃げ出した．◇どんどんと / These soldiers perished half a world away. この兵士達は地球の反対側の土地で死んだ．◇離れて / The conference is three weeks away. 大会まであと3週間です．◇時が先に離れてある / He is working away. 彼はせっせと働いている．◇どんどんと / My father is a trader and so he's away from home most of the time. 父は貿易業者なのでほとんど家にはいません．be away は〈ある一定期間離れて〉，be out は〈ちょっと出かけて / 離れて〉のイメージ．

awful [ɔ́:fl]

恐ろしい，ひどい

原 苦痛

イメージ 気持ちをひどく痛める

派 awfully 恐ろしく

関 awe 畏敬 / awesome 恐るべき

例 I feel awful about how I look. 自分の容姿のことを思うと嫌になってしまう．/ I'm awfully busy right now. Can you please come later? 今ひどく忙しいの．後で来てくれませんか．

awkward [ɔ́:kwərd]

不器用な，間の悪い

原 逆の(awk) 方に(ward)

イメージ 逆手⇨(対応・処理が)ぎこちない / (気持ちが)しっくりしない

解 awk-に〈逆にひねる〉イメージがある．-ward は〈方向〉だから，事が思いの逆に動いたり，逆手での物事の処理などが連想できる．

派 awkwardly 不器用に / awkwardness 不器用

例 He looked awkward and confused in the company of the sick and poor. 彼は病気や貧困な人達と一緒で間が悪くて戸惑っている様子であった． / The timing of the resignation was awkward, but what he decided was correct. 辞任の時期はまずかったけれど，彼が決心したことは正しかった． / It would really be awkward if my wife found out I was here. ここにいるのを妻に知られたらまずいことになるよ．

awry [ərái]
曲がって，誤って
原 捻って，曲がって
イメージ あらぬ方へ向く
解 a- は〈様子〉，wry は wrist(手首)や wrong(間違って)と同系語で〈ひねり，曲がり〉がイメージされる．
例 Her training schedule she was working on went awry because of a computer glitch. コンピュータの不調で彼女の取り組んでいたトレーニング・スケジュールは狂ってしまった． / Emotions can easily go awry during sticky situations. 窮地に立つと人の感情はすぐにあらぬ方向へ進みやすい．

B

babble [bǽbl]
片言をしゃべる，さらさらと音をたてる
[原] バア(ba) バア(ba)
[イメージ] ぽそぽそ，ぶつぶつしゃべる，さらさら流れる
[解] 擬音語
[例] What is he babbling about? 彼は何をぼそぼそ言ってんの．

baby [béibi]
赤ん坊
[原] ba＋ba＋y
[イメージ] ことばをしゃべれない赤ん坊
[解] 赤ん坊の発する意味不明の音をなぞると，baby になり，その現象をなぞると，infant(⇨まだしゃべれない)になる．a baby is a new arrival と発想されるので，以下の例文にある to が用いられる
[例] Farbre was born in St. Leon, France, to a poor family. ファーブルはフランスのセントレオンの貧しい家に生まれた． / A fat baby boy was born to the thin woman. やせた母親に太った男の赤ちゃんが生まれた．

back [bǽk]
背中，後ろ(へ)，戻って，後援する
[原] 背
[イメージ] 背中⇨後ろ⇨戻って⇨後退する / 後押しする
[例] He felt the sweat trickle down his back. 彼は汗が背中を流れ落ちるのを感じた．◇方向・位置詞で身体部位を表わす語：back 背中 / side わき腹 / bottom お尻 / rear お尻 / rear end お尻 / I took my seat in the back of the class by an open window. 教室の後ろの開いた窓の近くの席に着いた． / They backed their words with the use of force to oust Iraq from Kuwait. 彼らはクウェートからイラクを撤退させるという公約を武力を使って果たした(⇨裏付けた)． / "Much to my delight," said Hugh Hefner to his four young girls, "my erection is back." ヒュー・ヘフナーは「嬉しいことに勃起が戻ってきたぞ」と 4 人の若い娘達に言った． / The crowd backed off in terror as the soldiers charged. 群衆は兵隊が踏み込んでくると恐れて後ずさりした．

bad [bǽd]
悪い，ひどい
[原] 軽蔑すべき，価値のない
[イメージ] 悪い，ひどい
[関] badly ひどく，悪く◇程度が〈とてもひどい〉の意でよく用いられる．
[例] Smoking is bad for your health. 喫煙はからだに悪い． / He is badly in need of an affectionate family. 彼には暖かい家族がぜひ必要だ． / I felt very bad about not being able to attend the party. パーティに出られないのでとても悪い気がした．

badger [bǽdʒər]
アナグマ；いじめる
[原] アナグマ
[イメージ] (アナグマに犬をけしかけて)しっこく追いまわして困らせる
[解] アナグマといっても熊をイメージしたのではこの語は体感できない．実はイタチの仲間である．アナグマをいじめる遊びは badger baiting(アナグマいじめ)と呼ばれていた．
[関] badge 紋章，バッジ(⇨アナグマの額の縞模様を紋章と見立てた命名)
[例] My brother is always badgering me into lending him some money. 兄はいつも僕にしっこく金の無心をする． / For heaven's sake, stop badgering me! 頼むから，俺にしっこくたかるのはよしてくれよ．

baffle [bǽfl]
まごつかせる
[原] 中傷する
[イメージ] (そしる)⇨面喰らわせる

かずである．in balance なら調和しているの意．/ I have a balance of 50000yen in my bank. 銀行に5万円の残高がある．◇balance sheet 貸借対照表

bald [bɔ́:ld]
禿げている，むきだしの
原 (牛馬の顔面の) 白斑 ⇨ 毛が生えていない
イメージ 毛が生えていない ⇨ 表現に飾りがない
例 My brother is getting bald. 兄は髪の毛が薄くなってきた．◇He is receding. (彼は髪が薄くなってきている) は生え際 (hairline) の後退 (recede) を描いた言い方．/ The bald eagle is the U. S. national bird. ハクトウワシはアメリカの国鳥になっている．

balk [bɔ́:k]
妨害(する)
原 棒で組んだ障害物
イメージ (障害が) 気持ちをくじく，(障害に) 躊躇する
解 bar〈棒⇨邪魔する〉の連想は barricade (バリケード)，embarrass (困惑させる) にも見られる．
例 The boy balked at jumping the waterfall. 少年は滝を飛び越えるのをためらった．/ The arrogant store clerk balk-ed at the idea of apologizing to customers. 横柄な店員はお客にあやまることを嫌がった．

balm [bɑ́:m]
香油
原 樹から抽出した芳香液
イメージ 芳香油 ⇨ 痛みを鎮める ⇨ 安らぎ(の元)
派 balmy さわやかにする
関 balsam バルサム
例 Her words were a balm to my troubled mind. 彼女のことばが悩める私の心の癒しとなった．/ In Hokkaido we enjoyed balmy weather nearly every day. 北海道ではほぼ毎日さわやかだった．

ban [bǽn]
禁止する
原 公然と言う ⇨ 非難する
イメージ ある行為に対して「ダメだぞ」と命ずる

派 baffling 困らせる
例 I was baffled by the unexpected questions from the audience. 予期しないフロアからの質問には往生した．

baggage [bǽgidʒ]
手荷物
原 袋(bag) の全体(age)
イメージ 1人の旅行者が持つ一抱えの荷物全体
解 1つ1つを言う時は，a piece of baggage と言う．
例 Aircrafts carry passengers, baggage, and cargo. 飛行機は乗客，手荷物，貨物を運ぶ．/ I would marry him if he didn't have too much baggage from the past. 彼が過去からのお荷物をあんなに背負ってなければ結婚するのですが．

bail [béil]
保釈金，保釈して出所させる
原 責任を負う
イメージ 保証金を納めて被告人を釈放する
例 Don't you have anyone who can bail you out? 誰か君の保釈金を払ってくれる人はいませんか．/ He was released on bail. 彼は保釈金を納めて釈放された．

bait [béit]
餌
原 咬ませる(bite) 物 ⇨ 餌
イメージ 魚を食いつかせる餌；餌をつける◇飼育のための餌は feed, food
解 飼育とは全く無関係の語源であることを確認したい．
例 We bait a hook (with a worm) = we put a bait on a hook. 針に餌を付ける．/ The fish took the bait. 魚が餌に食いついた．/ He laid out his bait for me, but I didn't take it because I was forewarned. 彼は僕にわなをしかけていたが，前もって警戒するように言われていたので飛びつかなかった．

balance [bǽləns]
バランス(をとる)
原 2つ(ba) 皿(lance) ⇨ 天秤ばかり
イメージ 釣り合いをとる
例 The future of the business hangs in the balance. この商売の将来は不安定である．◇まだ秤にかかっていてどっちつ

解 音的にも禁止令を与える強さが感じられる(⇨ b-は破裂音). 法的に禁ずるのは prohibit(⇨ prohibit)と同様だが, ban のそれは事の発生に応じて〈対症療法的〉になされる. ban の〈強く発言する〉意味合いは次のような語にも見られる: banal 陳腐な(⇨いつも言っているような), banish 追放する(⇨声高に言う), bandit 賊(⇨民に追放された者), contraband 禁制品(⇨反した＋禁止の命に)

例 Because I disobeyed my parents, I was banned from watching television. 親の言いつけを守らなかったので僕はテレビ禁止になった. / The movie was banned because it had too many scenes of senseless brutality. やたらと残酷なシーンが多いのでその映画は上映禁止となった. / He was caught for speeding and banned from driving for a month. 彼はスピード違反で捕まって1か月の免停を受けた. / Television commercials for cigarettes have been banned in the US. アメリカではテレビでのタバコのコマーシャルは禁じられている.

band [bǽnd]
ひも, 縞模様, 団体, 楽団
原 ひも
イメージ 帯⇨(結んでまとまった)団体, 楽団
派 bandage 包帯(をする)
関 rubber band 輪ゴム
例 A band of English settlers landed on what is now Plymouth in 1620. イギリスの移住者の一団が今のプリマスに1620年に上陸した. / I am a member of the highschool brass band. 私は高校のブラスバンド部員です. / There were highwaymen acting individually or in small bands. 1人であるいは小さな集団を作って活動する追剥ぎがいた. / Jet stream is a band of fast-moving air currents that occur at high altitude. ジェット気流は上空高くに起こっている高速で動く大気の流れの帯である. / The most popular bandage in first aid is the triangular. 応急手当で一番よくやる包帯は三角巾である. / He had his arm bandaged. 彼は腕に包帯をしていた.

bandit [bǽndit]
追剥ぎ, 無法者
原 追放された者
イメージ (法によって追放された者)賊
関 ban(⇨ ban)禁止する / banish 追放する
例 Bandits of the Australian bush harassed the settlers, miners, and Aborigines of the frontier. オーストラリア奥地の山賊は移住民や鉱山労働者や辺境地帯のアボリジニを襲った.

bang [bǽŋ]
ズドン, バタンという音
原 bang(音のなぞり)
イメージ バーン, バンバン, ドーン, ドンドン(と音を立てる)
例 Don't bang the door! ドアをバタンと閉めないで! / I woke up to the sound of banging. ドンドンという音に目を覚ました.

banish [bǽniʃ]
追放する
原 止め(ban) させる(ish)
イメージ (居ることを止めさせる)⇨追放する
解 スペリングの中に ban(追放, 破門)が潜んでいる.
例 With the birth of his natural son, Hideyoshi banished Hidetsugu from the capital, which ultimately led Hidetsugu to commit suicide. 秀吉は自分の実子が生まれたので(養子の)秀次を都から追放し, ついには自殺に追い込んだ.

bank [bǽŋk]
土手, 銀行
原 土手, 勘定台
イメージ (盛土)⇨土手, (盛り上がった勘定台)⇨銀行
解 川の堤と銀行のカウンターはそう言えば似てなくもない.
例 Why is a river rich? — Because it always has two banks. 川がお金持ちなのはどうしてか? — いつも2つ銀行(土手)を持ってるからさ. / When you put your money in a bank, the bank protects it and also puts it to work. 銀行に預金すると, 銀行はその金を安全に保管し, かつ運用する / Don't bank on

getting their agreement on this contract. この契約について彼らの賛同が得られるとは限りませんよ。 ◇ bank(銀行)は〈信用〉の象徴．つまり bank on は〈(信用して)頼る〉の意になる．

bankrupt [bǽŋkrʌpt]
破産者；破産した
[原] 台(bank)の崩壊(rupt)
[イメージ] 土台が崩れる⇨(商売が)台なしになる
[解] bank(銀行)の前身である両替屋は台(カウンター)(⇨ bank の原義)を用いて商売した．-rupt は〈壊す〉のイメージ：rupture 決裂 / abrupt 突然(⇨平静が破れる) / erupt 噴火する(⇨出る+割れて) / interrupt 中断させる / corrupt 堕落させる(⇨崩れる) / disrupt 崩壊させる
[派] bankruptcy 倒産
[例] His new business went bankrupt (= went into bankruptcy) in 6 months. 彼の始めた商売は6か月で倒産した．

barbarous [bάːrbərəs]
野蛮な
[原] ことばが分からない
[イメージ] (バーバーと分からないことをしゃべる)⇨野卑で洗練されていない
[派] barbarism 野蛮，未開 / barbarously 野蛮に / barbarian 野蛮人
[例] In some countries, barbarous punishment is still given to those who break the law. 国によっては，いまだに野蛮な懲罰が規則を破った人に与えられている．

bare [béər]
ありのままの，剥き出しの，ほんのわずかの
[原] 素裸
[イメージ] 覆いをとる⇨剥き出しになる
[解] bald(禿げた)は覆うものが〈永続的〉に欠けているが，bare は〈一時的〉現象について言う．
[派] barely かろうじて(⇨芯のところだけ)
[関] bareheaded 帽子をかぶらずに / barefooted はだしで / barehanded 手袋をしないで
[例] The tree will be bare in winter. この木は冬は葉が落ちます(⇨裸になる)．/ He bared his arm and flexed his muscles. 彼は腕をまくりあげて力こぶを作った．/ The investigation has laid bare her deceitful scheme. 調べによって彼女のたくらみが露呈した．/ She never bares (= lay bare) her heart. 彼女は心の内を明かさない．

barely [béərli]
どうにか，ほんのわずか
[原] 覆いをとって
[イメージ] (飾りをとって)それだけの⇨芯のところだけ⇨ぎりぎりの⇨やっとのことで⇨かろうじて
[例] He was so intoxicated he could barely stand. 彼はかろうじて立てるほどに酔っていた．/ She was barely seventeen when she graduated from high school. 彼女は17歳になったばかりの時に高校を卒業した．

bargain [bάːrgin]
取り引き，交渉する
[原] 押し問答する⇨値切りの交渉をする
[イメージ] お得な買物
[例] A group of people on a fishing trip got more than they bargained for when their boat ran into a whale. 遊魚船の人達は船が鯨と出会って契約以上のものを経験した．/ Department stores won't bargain as a rule. 百貨店は普通値引き販売をしない．/ You have the right to bargain, particularly in small stores that don't discount. とくに割り引きをしない小さな店については値切り交渉する権利がある．

barometer [bərάmətər]
気圧計，バロメーター
[原] 圧を(baro) 計る(meter)
[イメージ] 気圧計⇨天気の目印⇨ものごとの目印
[例] The hymen was regarded as a barometer of chastity for centuries. 何世紀もの間，処女膜は純潔の目印と見なされていた．

barren [bǽrən]
実を結ばない，不毛の
[原] 不毛の
[イメージ] (土地が)荒涼として痩せている⇨(植物が)実を結ばない⇨(人が)子を産まない
[例] While most people find barren rocks intimidating, mountaineers find

them inviting and challenging. 剝き出しの岩壁を見ると普通の人は怖がるが，登山家には恰好の相手に見えるものだ． / Because the wife was barren, the couple decided to adopt a child. 妻が不妊症なので，夫妻は養子をもらうことにした．

barrier [bǽriər]
障壁
原 棒(barr)を組んだもの(ier)
イメージ (棒を組み上げた)柵，障壁
解 bar(棒)は〈障害〉のイメージが生まれる：barrage ダム / barricade バリケード
例 The caste system is a barrier to social progress in India. カースト制度がインドの社会の進歩の障壁になっている．

base [béis]
土台；基礎を置く
原 建物の土台
イメージ 物の土台・基礎；中心を置く，(論を)〜に基づいて進める
派 basic 基礎の / bass 男性最低音 / basement 地階
例 It was an illegal examination based on prejudice concerning Asian women. それはアジアの女性だという偏見に基づいた非合法的取り調べであった． / What did you base your conclusion on? あなたがそう結論するのは何に基づいているのですか． / The base of the tree measures 500 inches around. その樹の根元は幹回りが 500 インチほどである． / Darwin's ideas are still basic to the study of biology. ダーウィンの考えは今でも生物学研究の基本である．

basis [béisis]
基礎，根拠
原 土台
イメージ 論の根拠，行動の基準
例 There is no scientific basis for his theory. 彼の論には科学的根拠がない．/ I have been working with the students on a weekly basis. 週1回の基準で学生に教えている．

battle [bǽtl]
戦い，戦う
原 打つ

イメージ 打ち合い・叩き合い
解 スペリングに bat(バット，バットで殴る)が潜んでいる．
例 The Battle of Waterloo in 1815 constituted a crucial turning point in the tactics of land warfare. 1815年のワーテルローの戦いは陸上での戦闘方法に大きな転換をもたらすことになった． / Two Asian teams battled for gold medal in field hockey. アジアの2つのチームがホッケーで金メダルを争った．

beam [bíːm]
光線，ほほえみ；光を放つ，ほほえむ
原 すっくと伸びた木
イメージ (ビーンと伸びた)梁，光線，輝く笑顔
例 Beams shot through the shutter of his bedroom, waking him up earlier than he had planned. 寝室のシャッターから光線がもれてきたので彼は思ったよりも早く目覚めた． / She was beaming with pleasure. 彼女の顔は喜びで輝いていた．

bear [béər]
運ぶ，支える，生む
原 運ぶ
イメージ 運ぶ・支える⇨耐える⇨生む
解 運ぶものの重量はほとんどゼロの物(日本語では〈付着〉になる)から重い物までを対象にする．(⇨ carry)
例 The ice on the lake is too thin to bear your weight. 湖の氷は薄いので乗ったら割れるよ．◇支え / The Posts and Telecommunications Ministry started selling New Year's cards bearing a lottery number in 1949. 郵政省はクジ付き年賀状を1949年に始めた．◇付着 / The letter bears no dates. この手紙は日付が書いてない．◇付着 / She fell for a guy bearing a resemblance to her father. 彼女は父に似ている男に夢中になった．◇付着 / Pythagoras developed the theorem that bears his name. ピタゴラスは彼の名を冠した例の定理を考え出した．◇付着 / Lavender bears fragrant flowers and leaves. ラベンダーは香のよい花と葉を付ける．◇生む / Emperor Showa decided that Japan would have to "bear the unbearable". 昭和天皇は耐え難きを耐えなけれ

ばならないと判断した．◇忍耐 / She was born and raised in Tokyo. 彼女は東京に生まれ育った．◇産む / The deposit in the bank bears 4 percent interest. その銀行に預けると4パーセントの利子が付く．◇生む / The plum tree bears fruit every summer. 梅は毎年夏に実を付ける．◇生む

注 bearing は「態度，関係」の意を持つ．人がある身の運びをする (bear oneself) とそれは〈ふるまい・態度〉となり，同時に周囲に対して，〈(環境との)関係を生む〉ことになる：

例 He often loses his bearings (= He has no sense of direction). 彼は方向音痴だ⇨身の運び方が分からなくなる．/ There was a long moment of silence during which I felt as if I had lost my bearings. 長い間沈黙が続いたので私は身の置き場がないように感じた． / How do you handle an overbearing boss? 横柄な上役はどう対処しますか．
◇over (越えた) + bearing (態度)

beat [bíːt]
繰り返し打つ，負かす
原 叩く
イメージ 繰り返し叩く⇨打ち負かす
例 Her pulse beats fast. 彼女の脈は早く打つ． / Beat the eggs. 卵を(叩くように)かきまぜなさい．/ We beat them in the last game. この前は我々が彼らに勝った． / I am going to leave early to beat the traffic (the rain). ラッシュ前に(雨が降りだす前に)早めに帰ります．◇同じ文脈で avoid (避ける) も可であるが，beat は〈出し抜く〉の意味合いになる． / A mosquito lifts itself into the air as soon as it beats its wings. 蚊は羽ばたくと(助走なしに)すぐに飛び立つ．◇日本語の「羽ばたく」は「羽をたたく」からで beat one's wings と同じ発想．

because [bikɔ́ːz]
〜だから
原 理由 (cause) によって (be)
イメージ 〜という理由によって
例 We didn't go for a walk because it was raining. 雨が降っていたので，散歩に行かなかった．

become [bikʌ́m]
〜になる，似合う
原 来る
イメージ 来る⇨現われてくる⇨〜になる (= come to be)
解 「ふさわしい，似合う」の意が生まれるのは〈ぴったりくる〉感じを捉えたもの．
派 becoming 似合う
例 We became good friends at once. 私達はすぐに仲良しになった． / Life has become a lot easier for me, now that my children have started working. 子供達が巣立ったので生活はうんと楽になった． / This sort of behavior hardly becomes you (= This is not the behavior becoming to you). このような行いは君らしくない．

before [bifɔ́ːr]
〜の前に
原 前 (fore) に (be)
イメージ (〜より)以前に，(〜より)前方に
解 before 〜の〜がいつも意識される言い方．
例 I've seen the film before. この映画は以前見たことがある．◇before (now) と意識下では発想している． / I had seen the film before. それまでにその映画は見ていた．◇before (then) と意識下では発想している． / We have only three days before the exam. 試験まであと3日しかない． / I'll call you before you leave. 出発される前にお電話します． / He is always at work before his neighbors are out of bed. 彼はいつも近所の人達が起き出す前に仕事を始めている．/ I don't like speaking before an audience. 人前でしゃべるのは好きでない． / He puts his career before his family. 彼は家庭よりも仕事を優先する．

begin [bigín]
始まる，始める
原 始める
イメージ 始める，始まる
解 start ((急に)始める，始まる) に比して〈自然に(始まる)〉イメージ
例 Each individual begins life as a single cell. 各個体の生命は1つの細胞から始まる． / To begin with, let me

tell you how I was brought up. まず最初に私がどんなふうに育ったかお話ししましょう． ◊ to begin with が「まず第一に」の意になるのは，to begin (the story) with(話を～で始めるために)と考えればよい．

behalf [bihǽf]
味方，利益
[原] 片側(half) に(be)
[イメージ] ～の側に立って⇨～を代表して⇨～のために
[解] behalf は〈味方側〉の意で，on behalf of(まれに in behalf of)(自分側のために)と言う成句で用いる．
[例] He makes every effort on behalf of his family. 彼は家族のためにあらゆる努力をする． / He spoke on behalf of all the members of the club. 彼はクラブ員を代表して話した． / I am speaking only on my own behalf. 私個人の意見を話しています．

behave [bihéiv]
ふるまう，行儀よくする
[原] 強く(be) 持つ(have)
[イメージ] (ある状況下で)しっかりした行動をとる
[解] have に〈態度・行動をとる〉の意がある：have sex セックスする / have a baby 子供を産む / have a walk 散歩する / have a good time 楽しく過ごす
[関] behavior 態度
[例] He behaves oddly once in a while. 彼は時に変わった行動をする． / The crew behaved with great composure when the aircraft developed engine trouble. 飛行機がエンジントラブルを起こしたとき，乗員は冷静な行動をとった． / People's socio-economic background should not matter as long as they behave themselves. その人の行いがちゃんとしておれば人の社会的・経済的背景などは問題にならない． / behave oneself は「行動をとる」の意にすぎなかったが次第に〈ちゃんとした行動をとる〉の意になった． / "Behave yourself!" the mother said to her child. 行儀よくなさいと母親は子供に言いつけた． / Do you know how light behaves when it goes through a convex lens? 光が凸レンズを通過する時どうなるか知っていますか．

behind [biháind]
～の後ろに，～に遅れて，～より劣って
[原] 後ろ(hind) に(be)
[イメージ] (～の)後ろにいる⇨(～より)遅れている⇨劣っている
[関] hind 後ろの / hinder 後部の / hinder じゃまする(⇨後に置く⇨前に出るのを妨げる) / behindhand 遅れて(＝手)いる(⇨遅れている＋側)
[例] Where's Mom?―Behind the camera. (写真を見て)お母さんはどこ？―シャッターを押してたの． / I suspect someone is working behind the scenes. 誰かが(背後で)裏工作しているのではないかと思う． / The Giants are two games behind the Tigers. ジャイアンツはタイガースに2ゲームリードされている． / We are a bit behind on the project. 計画が少し予定より遅れている．

behold [bihóuld]
見る
[原] しっかり(be) つかむ(hold)
[イメージ] 光景を目の中にしかと捉える，しかと目にする
[解] 目を見張る時，人は身体を構え(hold)，目をしっかり見開いておくものだがこのような意味合いも含まれていると思われる．
[派] beholder 見る人
[例] In a dream the poet beheld the cross, on which Christ died. 夢で詩人はキリストがかけられたあの十字架を見た． / Beauty is in the eye of the beholder. 美は見る人の鑑賞眼による．

belated [biléitid]
時期遅れの
[原] 遅れ(lated) て(be)
[イメージ] 遅まきながらの
[解] 祝いや悔やみの挨拶が遅れたときによく用いられる．
[例] I wish to send you a belated congratulations on your success. 遅まきながらおめでとうのことばを贈ります． / They have realized, rather belatedly, that they were on the wrong road. 遅まきながら彼らは道を間違って走っていたことに気づいた．

believe [bilí:v]

信じる
- 原 強く(be) 愛す(lieve)
- イメージ (強く愛する)⇨信用する，間違いないと思う
- 解 think(思う)は mind(頭)による思考の結果であるが，believe は原義からも分かるように feeling(感覚，感情)の結果である．
- 派 belief 信仰
- 例 Nobody believed what he said. 誰も彼の言ったことを本当とは思わなかった． / Do you believe in life on other planets. 他の惑星に生命が存在すると信じますか．

belong [bilɔ́(:)ŋ]
〜に属している
- 原 に(be) 属する(long)
- イメージ 実は〜に属する
- 解 本来の帰属すべき場所を示す．
- 例 The tiger belongs to the cat family. トラは実はネコ科である． / This chair belongs to another room. この椅子は別の部屋のものですよ．

below [bilóu]
〜より下に
- 原 に(be) 下(low)
- イメージ 〜より下にある
- 例 We should have proper knowledge of what happens six inches below our navels. へそ下6インチに起こることについてちゃんとした知識を持つべきである． / His grades are below the class average. 彼の成績はクラス平均以下だ．

bend [bénd]
曲げる，向ける
- 原 結びつける
- イメージ 真っ直ぐなものを曲げる，ぐいと曲げる
- 例 The road bends to the left here. 道路はここで左に曲がっている． / He bent the steel bar with his bare hands. 彼は鋼鉄のバーを素手で曲げた．

beneath [biní:θ]
〜の下に
- 原 そば(be) 下(neath)
- イメージ すぐ下に
- 関 Netherlands オランダ(⇨低い土地)
- 例 If possible, live beneath your means, certainly within your means but never above your means. できれば収入より抑えた生活を，とにかく収入の範囲内で決して越えないよう生活しなさい． / The accusation is beneath me to address. そのような言いがかりをつけるのは私の沽券にかかわる． / I once considered janitorial work to be beneath my station in life. 昔は守衛のような仕事は自分の身分にふさわしくないと考えていた．

benefit [bénəfit]
利益，利点，役に立つ
- 原 良きこと(bene) を作る(fit)
- イメージ (良きことを生む)⇨役立つ
- 派 beneficial ためになる
- 関 benefaction 慈善(⇨良きこと+なすこと) / benefactor 慈善行為をする人(⇨良きこと+なす人) / benediction 祝福(⇨良きこと+述べること)
- 例 Fish benefit human beings in many ways. 魚は人間にいろいろな面で役に立つ(⇨恩恵をほどこす)． / You may benefit a great deal from early diagnosis and treatment of cancer. 癌は早期診断と治療が多いに役立つことがある． / Name some benefits you get from playing sports. スポーツをするとどんな良いことがあるかいくつか挙げてみなさい． / People in all walks of life now appreciate the benefits of aromatherapy. 色々な職業の人がアロマセラピーの良さを分かってきた．

benign [bináin]
おだやかな，良性の
- 原 よい(beni) を生む(gn)
- イメージ よい結果になる
- 関 malignant 悪性の(⇨悪い+生む)
- 例 Most breast lumps are benign. 大抵の胸のしこりは良性である． / His words may be cruel but his intentions are benign. 彼の言うことは辛辣かも知れないが，根は優しいのです．

bereave [birí:v]
引き離す
- 原 強く(be) 奪う(reave)
- イメージ (人命を)奪う，(希望などを)奪う
- 解 bereaved で「人を亡くした」，bereft で「希望などを失った」の意で用いる．
- 派 bereavement 死別

beside [bisáid]
～のそばに
原 そば(side) に(be)
イメージ ～のそばに，(的から)ずれて
例 Beside the shed was a huge birdcage. 小屋のそばにはとても大きな鳥籠があった． / His argument is beside the point. 彼の言い分は的外れだ． / She was beside herself with anger. 彼女は怒りで我を失っていた．◇beside oneself は〈本来の自分からずれる⇨自分自身を失う〉

besides [bisáidz]
～に加えて，その上
原 そば(beside) にある(s)
イメージ (そばにある)⇨～の他に，かてて加えて
解 besidesのsは副詞的意味を持つ：always いつであっても，いつも(⇨あらゆる方法＋で)
例 I have no friend besides you. 君の他には友達はいません． / What language do you speak besides English? 英語の他に何語をしゃべりますか． / I have two other computers besides this. この他にあと2台コンピュータを持っています．

betray [bitréi]
裏切る
原 あえて(be) 渡す(tray)
イメージ (敵に保持しているものを渡す)⇨身内を裏切る / (相手に隠しているものを渡してしまう)⇨ばれる，もらす
派 betrayal 裏切り
関 treason 反逆(⇨敵に身を与える) / traitor 裏切り者(⇨渡す＋者)
例 Jesus told His disciples that one of them would betray Him. イエスは弟子達に彼らの中の1人が自分を裏切るであろうと言った． / Bad manners may betray one's poor upbringing. 作法が悪いと育ちの悪さがばれてしまう．

better [bétər]
よりよい
原 なおよい
イメージ よりいい，より多い
例 "How do you feel?"―"Terrific, never better." 如何ですか―絶好調ですよ．◇never better は〈これ以上はなし〉の感じ． / "How do you feel?"―"I feel better, today." 如何ですか―今日は大分よくなりました．普段よりももっとよいという意ではない．

between [bitwí:n]
～の間に
原 二者の(tween) 間で(be)
イメージ 2つのものの間で
解 tw-には〈2つ〉の意味がある：twin 双子 / two 2つ / twice 二度 / twine 2本の糸を撚りあわせる
例 The director's remarks aroused tension between labor and management. 理事の発言は労使間に緊張をもたらした． / This is between you and me. これは2人の間だけ(＝内緒)ですよ．

beware [biwéər]
用心する
原 注意(ware) する(be)
イメージ 目を見開いて用心する
例 Beware of dogs! 番犬に注意！ / Beware of judging people by appearances. 人を外見で判断するのは用心しなさい．

bewilder [biwíldər]
戸惑わせる
原 荒野(wilder) に入れる(be)
イメージ (荒野に入れる)⇨圧倒するものを目の当たりにさせ戸惑わせる
派 bewilderment 困惑
例 She was bewildered by his sudden change of mind. 彼女は彼が急に心変わりしたので困惑した．

beyond [bijánd]
～の向こうに
原 ～に(be) 向こう(yond)
イメージ 越えて向こうにある
例 Don't go beyond this point. この地点より向こうへ行ってはいけません． / It's beyond our power to turn the clock back to a time before Friday when the tragedy occurred. 悲劇の起こった金曜日以前に時計の針を戻すことは私たちの力ではできない．

bias [báiəs]

偏見(を抱かせる)
[原] 斜めの線
[イメージ] (傾いている)⇨片寄りがある⇨こだわりがある
[例] Some parents have a bias against women teachers. 親の中には女性教師に偏見を持つものもいる． / Remember that all news is biased. どんなニュースにも片寄りがあることを忘れないように． / The referee was biased in favor of the other team. 審判は相手チームをひいきした． / I am biased in favor of boys and girls learning Japanese. 私は子供はまず日本語を学ぶべきだという方に賛成だ．

bind [báind]
しばる
[原] 結びつける
[イメージ] しっかり結びつける，結果に結びつける
[派] binding 拘束力がある
[例] Country farmers cut the ears of wheat and bind them into bundles during harvesting. 農夫は刈り入れの時麦の穂を刈って束ねる． / These remedies are not bound to work. このような治療法はうまくいくはずがない． / The relief is bound to be very short-lived. この救済策はあまり長続きしないはずだ．

bite [báit]
噛む
[原] 噛む
[イメージ] 歯で噛む
[関] bit ちょっと(⇨噛み切られた小片) / bitter 苦い(⇨噛まれると苦痛) / beetle カブトムシ(⇨はさみで噛む) / bait 餌(⇨噛ませる)
[例] She bites her nails when she is nervous. 彼女は緊張すると爪を噛む癖がある． / Mosquitos bite. 蚊は刺す．◇「刺す」はふつう sting だが蚊の場合は bite を使う．蚊に刺されると mosquito bite(蚊にさされた跡)ができる． / What's biting you (=what's wrong)? どうしてふきげんなの(⇨何があなたを噛んでいるの)◇苦虫を噛んでいるような顔をしている相手にする問いかけ． / I had my leg bitten by the dog. 犬に足を咬まれた．◇bite the hand that feeds one は「飼い主の手を咬む」の意で日英で発想が同じ．

bitter [bitər]
苦い，苦しい
[原] 噛むような
[イメージ] (噛むような)⇨刺すような⇨辛辣な・苦い
[派] bitterly 激しく
[関] bite 噛む
[例] Bitter pills may have beneficent effects. 良薬は口に苦し． / Darwin's theory of evolution set off a bitter controversy among many people. ダーウィンの進化論は多くの人の間で激しい論争を引き起こした．

blame [bléim]
非難する，責任にする
[原] なじる
[イメージ] 名指して落ち度を責める
[関] blaspheme 不敬なことを言う
[例] Mother blamed me for the quarrel. 母は仲違いの責任は僕だと責めた． / I am to blame. 私に責任があります(⇨責められるのは私です)◇現代の文法なら to be blamed と表現すべきところだが，昔の用法(to do=to be done)を今に残している．I am to be blamed. と敢えて言えば，「私が責められることになろう(⇨未来)」と解釈される． / If both the colliding vessels is to blame, the total damages will be divided between their owners. 衝突の責任が双方の船にある場合は，総被害額は双方の船の持主で折半される．

blank [blǽŋk]
白いままの，空の，無表情な
[原] 白い
[イメージ] (白い)⇨何も書き込まれていない
[例] May I have a blank sheet of paper? 白紙1枚いただけますか． / I need a blank cassette. 生のカセットテープが要る． / My mind went completely blank when I learned the truth. 真相を聞いた時，頭が真っ白になった．◇原義と日本語訳が一致する． / When I asked her to go out with me, she gave me a blank look. 彼女にデートを申し込んだら，ぽかんとした顔をされた(⇨無視された)．

blanket [blǽŋkit]
毛布，覆う
[原] 白い(blank) 小さい布(et)
[イメージ] 毛布(状に覆う)
[関] wet blanket 水をさす人
[例] Our plane was blanketed by a thick fog. 私達の乗った飛行機は濃い霧に覆われていた． / Our vegetable garden was covered with a thick blanket of snow. 我家の菜園は雪で厚く覆われていた． / "Goodness" is a blanket term for all kinds of desirable qualities. Goodness という語は色々な好ましい資質を網羅している(⇨全体をカバーする)．

blare [bléər]
がなり立てる
[原] 騒音を立てる
[イメージ] がなり立てるスピーカー
[解] bla-は強く言葉を出す意になる：blat(羊などが)鳴く，しゃべる / blatant 騒々しい / blather しゃべる / blaze 言い触らす / blazon 言い触らす
[例] An advertising van blared out something. 宣伝カーが何かがなり立てていた． / He drives with his radio blaring to get attention. 彼は目立とうとしてラジオを大音量にして車を走らせる．

blast [blǽst]
突風，爆発；爆破する
[原] 吹きつける
[イメージ] 突然吹きつける，爆破する
[解] 息を〈吹きかける〉ように発音すれば意味まで体得できる(blow, bloom, blossom も同様)．
[例] The windows of my house were shattered by the blast. 家の窓ガラスが爆風で粉々になった． / The manager blasted his assistant for messing up the plan. 監督は助手が計画を台なしにしてしまったので叱りとばした． / We had a blast on his birthday. 彼の誕生パーティで大騒ぎをした．

bleak [blíːk]
寒々とした，侘びしい
[原] 青白い
[イメージ] (青白い⇨精気がない)⇨荒涼としている，見通しが暗い
[関] bleach 漂白する / blight 荒廃，枯らす
[例] They showed me into a bleak waiting room. 彼らは私をがらんとした待ち合い室へ案内した． / The future of Russia's economy is bleak. ロシアの経済は先行きが暗い．

bleed [blíːd]
出血する
[原] 出血する
[イメージ] 血が吹き出る・血が流れ出る
[解] bleed や名詞形 blood(血)は音的に〈溢れる・吹き出る〉イメージがある．
[例] He was bleeding from a razor cut this morning. 彼は今朝ひげそりで切って血を出していた． / All animals bleed from wounds. 動物は傷を負うと出血する．

blend [blénd]
混ぜる
[原] 目を眩ませる(make blind)
[イメージ] 混ぜ合わせる⇨(うまく溶け合う)⇨調和がとれる
[関] blind 目の見えない
[例] Our American guests blended easily with our Japanese friends. アメリカからのお客さんは私達の日本の友人達とすぐに打ちとけた． / Boston is a blend of historic landmarks and modern architecture. ボストンは歴史的名所と現代建築が溶け合っている街である．

bless [blés]
恵みを授ける，崇める
[原] 血で清めて神の恵みを祈る
[イメージ] 神の恵みがあるように祈る，恵みを与える
[派] blessing 幸運，祈り / blessed 恵まれた
[関] blood 血
[例] The priest blessed the new couple. 司祭は新郎新婦を祝福した． / My two brothers and I are blessed with perfect parents. 2人の兄弟と僕は完璧な両親に恵まれている． / Monday is a holiday. I believe—that's a blessing. 今度の月曜日は休みです．有難いですね． / I count it as one of the blessings of life to come across a good book to read. よい本に出会うのは人生の幸せの1つに数えている．

blind [bláind]

目が見えない，見る目がない；日除け
[原] 暗い
[イメージ] 〈暗い⇨はっきり見えない〉⇨目の見えない，〈理解が暗い〉⇨見る目がない
[派] blindly やみくもに / blinding 目をくらますような
[関] blunder へまをする / blend 混ぜる
[例] Driving early to work in the winter morning, Kelly was blinded by a thick fog. ケリーは冬の早朝車を職場へ走らせていたが濃霧に包まれて視界がさえぎられた． / He was blind to the fact that no one really liked his character. 彼は誰も彼の性格を好きでないことに気づいていなかった． / I hope you don't blindly follow his suggestions. 彼のアドバイスにやみくもに従うことがないように望みます． / Please pull down the blind. ブラインドをおろして下さい．

blindfold [bláindfould]
目隠し(をする)
[原] 暗くする(blind) 覆って(fold)
[イメージ] はちまきで目隠しする
[例] The boy was carefully blindfolded and then disoriented by being spun around several times. その子は目隠しされてくるくると数回まわされて方角を分からなくされた．

block [blák]
ブロック，塊，封鎖する
[原] (木の)幹
[イメージ] (幹)⇨塊⇨(道をふさぐ)⇨じゃまをする
[解] 木の幹が〈障害物〉のイメージを持つのは，embarrass(まごつかせる⇨棒を投げ入れる)にも見られる．
[派] blockade 封鎖
[例] After the typhoon, a big fallen tree blocked the road. 台風の後，大きな倒木が道路をふさいでいた． / Poverty was often a stumbling block to a first class education. 貧乏は一流の教育を受ける障害になることが多かった．

bloom [blú:m]
花(が咲く)
[原] 花が咲く
[イメージ] 期が満ちて花が咲く，(花盛り)⇨最盛期
[解] blo-に〈ふくらみ＋破裂〉が感じられる：blossom 開花 / blow 吹く
[例] Roses bloom in September in this part of the country. 当地ではバラは9月に咲く． / Love sometimes blooms outside marriage. 愛情は結婚関係にない2人の間で花開くことがある．

blossom [blásəm]
開花する
[原] 花が開く
[イメージ] パッと開花する
[解] blo-に〈芽や花が吹き出す〉感じがある．これは flower の flo- も同様で，両音とも破裂音である．
[関] blade 葉(⇨葉も吹き出すように生えてくる) / bloom 花が咲く
[例] The apple trees are blossoming. リンゴの花が開き始めている． / The cherry trees are in full blossom. 桜の花が満開です． / The daisy opens its blossoms in the morning and closes them at night. デージーは花片を朝開き，夜閉じる．◇名詞 blossom は花一般について言うことができる．

blot [blát]
しみ；しみをつける
[原] しみ
[イメージ] しみをつける
[例] I got that awful blot on my suit from the red wine I was drinking. 飲んでいた赤ワインでスーツにひどいシミを着けてしまった． / Their glory will not be blotted out. 彼らの栄光は消えることはない． / ◇blot out〈(しみを着けて見えなくする)⇨消す〉

blow [blóu]
吹く，吹き飛ばす；強打
[原] 吹きつける
[イメージ] 息を吹きつける，吹き飛ばす，痛手を与えるもの
[解] b-は破裂音であるので意味も〈爆発的勢い〉を持つ語を作る：blast 爆発 / blaze 激しい炎 / bladder 膀胱・魚の浮き袋(⇨溜まったものが吹き出る)
[例] The wind was blowing all day long. 1日中風が吹いていた． / He is always blowing his nose. 彼はしょっちゅう鼻をかんでいる．◇鼻孔(nostril)に息を吹きつけるとは体感する．日本語の発想(鼻をかむ)の方は blow(吹きつける)直前の鼻孔を両側から圧して息を

溜める行為をなぞっている．/ The porcupine fish can blow itself up like a balloon. フグは自分の体を風船のように(吹き込んで)膨らますことができる．/ She blew a kiss to me. 彼女は僕に投げキッスした．/ The demotion was a big blow to his pride. 左遷は彼のプライドをひどく傷つけるものであった．

blunder [blʌ́ndər]
へま(をする)
[原] 見えなくてつまずく
[イメージ] (様子・事情に暗くてうっかり)へまをやる
[関] blind 目の見えない
[例] He made another stupid blunder. 彼はまたつまらないへまをやった．

blunt [blʌ́nt]
鈍い、そっけない
[原] 鈍い
[イメージ] 神経が鈍い⇒(他人の気持ちにうまく反応しない)⇒無遠慮な
[関] blind 目の見えない
[例] He is a little too blunt sometimes. He told me my wife was dull-witted. 彼は時にはっきりものを言い過ぎるよ．うちの家内のことを頭が鈍いと言ったんだ．/ He said bluntly: "You don't know everything." 彼はずけずけと言った．あなたは何もわかっちゃいないと．

bluster [blʌ́stər]
荒れ狂う、どなりたてる
[原] 風を吹きつける
[イメージ] ひどく吹きつける⇒語気荒くがなりたてる
[関] blast 突風
[例] He blustered that the picture was a fake. 彼はその絵は偽物だと語気を荒らげて言った．/ My political opponent engaged in an unbecoming partisan bluster. 私の政敵は見苦しい派閥抗争にかかわっていた．

board [bɔ́ːrd]
板，盤，食卓，委員会
[原] 板
[イメージ] 板⇒食卓⇒食事、板⇒(会議卓)⇒委員会、板⇒甲板⇒乗り込む
[関] border 縁(へり)
[例] He is on the board of directors. 彼は役員会の委員です．/ I need 100,000 yen a month for room and board. 部屋代と食事に月10万円要る．/ Are you ready to board the plane? 搭乗の用意はできましたか．◇一昔前、船はもちろん、バスも汽車も電車も床はみな板張りだったので、動詞 board(乗り物に乗る)の意は年配の人なら実感しやすいだろう．

boast [bóust]
自慢する
[原] 威張る
[イメージ] 威張る⇒自慢する
[解] boast は音的にも〈膨らむ、張る〉感じがあり、日本語「威張る」に響きが似ている．
[派] boastful 自慢したがる
[例] He is always boasting about his distinguished family. 彼はいつも家柄の自慢をする．

body [bádi]
体，胴体，死体，一団
[原] 樽，容器
[イメージ] 内容物の詰まった塊
[解] 内容物は液体から個体まである(このことは原義「樽」を思えば納得しやすいだろう)：heavenly body 天体(⇒内容物は土、ガスなど) / human body 人体(⇒内容物は血、肉、骨)．a body of water からは pond(池)だとか lake(湖)だとか sea(海)などが、さらに a narrow body of water なら strait(海峡)、channel(水路、海峡)などが連想される．
[派] bodily 肉体の、体ごと、そっくりそのまま
[例] Mind affects body, and vice versa. 精神は体にまた体は精神に影響を与える．◇body(肉体)は mind(精神)の対照語．/ A lake is a body of water surrounded by land. 湖は周りを陸で囲まれた水の集合体である．/ He found a body lying on the beach. 彼は浜辺で死体を見つけた．◇三面記事に body とあったら 100 パーセント〈死体〉の意．遺体の意で remains とあれば、生身の形をとどめないもの(骨化したもの、遺灰など)を指す．

boil [bɔ́il]
沸かす、ゆでる
[原] 泡立つ
[イメージ] 湯がぶくぶく沸き立つ・食べ

物がぐつぐつ煮立つ
【解】boil は音的に〈(泡が)膨らむ〉感じがある.
【派】boiler ボイラー
【例】The kettle is boiling. ヤカンが沸き立っている. / She boiled fish (potatoes, eggs). 彼女は魚を煮た(ジャガイモを煮た，卵をゆでた). ◇hard-boiled は〈ゆで卵 ⇨ つるんとして無感情〉を描いたもの. つまり〈感情を表に出さないあるいは感情を揺さぶられない〉性格を言う.

bold [bóuld]
大胆である，太い
【原】大胆である
【イメージ】図太い
【解】bold は音的に〈膨らむ〉感じがあり，〈気持ちの大胆さ，図々しさ〉を言う.
【例】If I may be so bold, what the president proposed was next to nothing meaningful. 敢えて言わせてもらうと，会長の提案はほとんど意味がないよ.

bomb [bάm]
爆弾，爆撃する
【原】ボーン，ドカーン
【イメージ】ボーンと爆弾を破裂させる
【派】bombard 爆撃する / bombardment 爆撃 / bombshell 砲弾(⇨ 薬＋莢(さや))，突発事件
【関】boom とどろき
【例】They planted a time bomb in the building. 彼らは時限爆弾をそのビルにしかけた. / A love letter is sometimes like a bombshell; it can injure the writer. Nothing should be written that can be misunderstood. ラブレターは時に爆弾含みになる；書いた人に傷がついてしまうことになりかねないので誤解を受けるようなことは書いてはいけない.

bond [bάnd]
きずな(絆)，契約
【原】縛るもの
【イメージ】(ひも，帯) ⇨ 結ぶ ⇨ 絆 ⇨ 契約
【解】band(ひも，しばる)，bind(しばる)は同系語.
【関】bondage 拘束状態
【例】The two sealed a bond of lifelong friendship. 2人は生涯の友情を固めた. / The achievement of spiritual liberation occurs when the self is freed from the bondage of matter. 精神の解放は自己が物質の束縛から解放されたときに達成される.

bone [bóun]
骨；骨をとる
【原】骨
【イメージ】骨；骨をとる
【解】bone の名詞と動詞の意味関係は，weed(雑草；雑草を抜く), dust(ほこり；ほこりを払う), skin(皮；皮を剥ぐ), gut(はらわた；はらわたを抜く)と同じ.
【派】bony 骨っぽい
【例】In old age, the porous bones become brittle. 年をとると，粗い骨はもろくなる. / I have scaled and boned the fish for you. 魚の鱗と骨はとっておいたよ.

book [búk]
書物，帳簿；予約する
【原】記事・記録の綴じ込み帳
【イメージ】(記事の綴じ込み) ⇨ 本・(記入のための綴じ込み) ⇨ 帳面・名簿；(帳面に記入して)予約する
【派】bookish 堅苦しい
【例】The word "book" can be an adjective in "book review," a noun in "read a book," or a verb in "book a room." book と言う単語は book review(書評)のように形容詞にも，read a book(本を読む)のように名詞にも，book a room(部屋を予約する)のように動詞にもなる. / Book early because there are only a limited number of seats available. 席はほんとうに限られているので早く予約しなさい.

boom [búːm]
とどろく，とどろく，ブーム(になる)
【原】ブーン(⇨ 擬音語)
【イメージ】ブーンと勢いがつく，ブーム
【例】The huge guns boomed in the distance. 大砲が遠くでとどろいた. / Business has been booming for the past several years. ここ数年，景気がよい.

boost [búːst]
押し上げる，高める
【原】ブーン(boom) とあげる(hoist)

イメージ ブーンと上昇させる
派 booster 増幅器
例 The company's latest advertising campaign boosted sales by at least 20%. あの会社の最近の宣伝キャンペーンは売り上げを少なくとも20パーセント押し上げた.

border [bɔ́:rdər]
境(を接する), 縁(どる)
原 縁
イメージ 縁, 境を接する
派 borderline 境界線
関 board 舷側(ふなべり)
例 Washington borders (= is bordered by) Oregon on the south. ワシントン州は南でオレゴン州と接している. / The U. S.-Mexican borders are well watched and guarded by the U. S. government to regulate immigration. アメリカとメキシコの国境は移民を規制するためにアメリカ政府によって厳しく監視・守衛がなされている.

bore [bɔ́:r]
穴を掘る, 退屈させる;退屈な人, 退屈なもの
原 穴を開ける
イメージ 気持ちに穴を開ける⇨空虚になる⇨退屈させる
解 工事現場のboring(ボーリング)は大地に穴を開けるが, boring(退屈な)話は気持ちに穴を開けてしまう.
派 boredom 退屈 / boring 退屈である
例 His lecture was boring. 彼の講義は退屈だった. / We were bored with his lecture. 彼の講義に退屈した. / His lecture was a bore. 彼の講義は退屈だった. / He was boring. 彼(の話)は退屈だった.

borrow [bɔ́(:)rou]
借りる
原 借りる
イメージ (物を)しばらく借りる, (考え, 知恵などを)拝借する
例 I borrow books from the library. 僕は図書館で本を借りる. / They must have borrowed my idea. 彼らは私のアイディアを借用したに違いない. ◇この場合, 返却できないので, 訴えればトラブル・裁判沙汰が起こる.

both [bouθ]
両方とも
原 どちらとも
イメージ (左右の)どちらとも, 両方とも
解 2つのものを意識する場面は人間の生活の場によくある. 日本語では「両方」とか「双方」とかいう. その時, 2つともを指す時はboth, そのうちのどちらか1つを指す時は, eitherを用いる.
例 Hormones are found both in plants and in animals. ホルモンは植物, 動物の双方に存在する. / You and I are both fit for the job. あなたも私もこの仕事に向いている.

bound [báund]
〜行きである
原 縛られた
イメージ (縛られた)⇨〜に至る定めを持っている
例 This train is bound for Philadelphia. この列車はフィラデルフィア行きです. / If Japan focuses only on gaining economic benefits, then social problems are bound to increase. 日本が経済的利益のみに関心を向けると社会的問題が多くなることは必定である.

bow [bóu]
弓, (弦楽器の)弓, 蝶結び, おじぎ(する)
原 曲がったもの
イメージ (曲げられるもの)⇨弓/(身体を曲げる)⇨おじぎする
解 bow(弓)とbow(おじぎする)は共に〈曲がる〉点で関連がある. ただし発音は異なるので注意.
関 buxom 胸の豊満な(⇨くるりと曲がった輪郭)
例 Announcers on Japanese T. V. bow before they speak. 日本のテレビではアナウンサーはしゃべる前に会釈する.

bowel [báuəl]
腸
原 ソーセージ状のもの
イメージ 腸
解 普通bowelsと複数形で用いられるのは, 腸はthe small intestine(小腸)とthe large intestine(大腸)があるから.
例 I have bowel trouble. 腸の調子が悪い.

box [bάks]
箱；なぐる
原 box(ツゲの木) で作った小箱
イメージ 箱，箱に入れる；殴る
解 殴るの意の語源は不詳．
派 boxing ボクシング
例 The conductor boxed Alva's ears and threw him off the train. 車掌はアルバの耳をなぐりつけ，汽車から放り出した． / She carefully boxed and labeled all the household items before they moved to their new home. 彼女は引っ越す前に家庭用品を全部丁寧に箱に詰めてラベルをつけた．

brace [bréis]
留め金，歯列矯正器；支える，緊張させる
原 (二の) 腕
イメージ (腕を両脇にぎゅとしめて)身構える
解 腕(brace)の中に(em)抱え込むとembrace(抱き込む)．bracelet(ブレスレット)は armlet とも言う．
例 I have to brace myself for two meetings in the afternoon. 午後2つ会議があるので気を締めなくちゃ．

brain [bréin]
脳，ブレーン
原 額(ひたい)
イメージ 脳⇨思考の宿るところ
解 brain の組織を little gray cells と捉えると brains, gray matter と捉えると brain(脳味噌)．
例 She racked her brain for a way to get the money, but couldn't come up with any idea. 彼女はどうやって金を工面するか頭を絞ったが，何も考えが浮かばなかった．

breach [brí:tʃ]
違反，不和
原 破れ，裂け目
イメージ きまりを破ること
解 break(壊す)は関連語．
例 Slurping is a serious breach of table manners in Western societies. すするのは西欧社会のテーブルマナーに著しく反することだ．

break [bréik]
壊す，中断する，突然起こる
原 砕く
イメージ 突然に壊す⇨破壊(粉々)・切断(ぷっつん)・散逸(ばらばら)が生じる / 突然平静を壊す⇨突発する
解 tear は〈ばりばり裂く〉，crack は〈ひびを入れて割る〉．
派 breakable 壊れやすい / breakage 破損
関 bark 吠える(⇨静寂の破壊) / brake ブレーキをかける(⇨連続の切断)
例 He broke the window pane. 彼は窓を割った．◇破壊 / The giant back of a whale broke the surface of the deep sea water. 鯨の大きな背が深い海の海面にぱっと現われた．◇平静の破壊 / He once broke his Achilles tendon. 彼は1度アキレス腱を切ったことがある．◇切断 / The clouds broke and the sun came through. 雲が切れて太陽がのぞいた．◇散逸 / Day has broken. 夜が明けた．◇夜のしじまの破壊 / Spinoza broke with the Jewish faith. スピノザはユダヤ教の信仰を止めた． / The cat's feet are sufficiently padded to break the shock when falling. 猫の足は落ちたとき衝撃を散らすように足裏がふっくらと肉厚になっている．◇散逸

breath [bréθ]
息，呼吸
原 息を吐き出す
イメージ 吐き出す・発散する・呼吸する
解 元来の意は吐く(⇨外に向かう)動きを意味していたが呼吸の意で使うようになって外と内の双方向の意にも使うようになった：have bad breath(口臭がする)，the sweet breath of roses(バラのいい香り)，a breath of air(風のそよぎ)，The dragon is a legendary fire-breathing monster.(竜は火を吐くという伝説の怪物だ)，breathe one's last (息絶える)はいずれも一方向．呼吸の意では双方向をいうので，呼気なら exhaled breath, 吸気なら inhaled breath と言う．
派 breathe 呼吸する
例 He took a deep breath to relax. 彼は落ち着こうとして深呼吸をした． / The oxygen in the air we breathe comes from plants. 私達が呼吸する空気の中の酸素は植物から生まれている．

/ Manager Nagashima's decision will breathe new life into the team. 長嶋監督の決断はチームに新しい活力を吹き込むだろう。◇外向き方向

breed [brí:d]
(動物が子や卵を)産む
[原] 卵を抱いてかえす
[イメージ] (動物が)子を産む、繁殖する、(動物の)子を産ませる
[解] 人間の出産については言わない。
[関] brood 卵を抱く / thoroughbred サラブレッド(⇨純粋な＋掛け合わせ)
[例] Bacteria breed better in damp environments. 細菌は湿度の高いところの方がよく繁殖する。 / Many of the dairy cows are now bred by artificial insemination. 酪農牛の多くは今では人工授精によって生産される。

breeze [brí:z]
そよ風
[原] (冷たい)風
[イメージ] 軽く、穏やかな風
[解] wind はひどく強かったり、寒かったりする場合が多い。
[派] breezy そよ風のある
[例] The flag was flapping gently in the breeze. 旗が風に軽くはためいていた。 / It's breezy today. 今日は少し風がある。 / Some people, of course, seem to breeze through adolescence. もちろん、中には(多感な)思春期を平気でこなす人もいるようだ。◇動詞の意では〈すいすい難なくこなす〉の意。

brew [brú:]
醸造する
[原] ぐつぐつ煮る
[イメージ] ぐつぐつ発酵させる、ぐつぐつ煮出す
[解] 一番身近では、お茶の葉に、熱湯を注いで茶を入れることが brew である。一番知られているのはビールの醸造で、これは醱酵作用の熱を利用して醸成することを brew と言う。
[派] brewer 醸造会社 / brewery 醸造所
[関] broth 煮汁
[例] Tea is brewed by pouring boiling water over tea leaves. 紅茶は紅茶の葉に熱湯をそそいで淹れる。 / Bock beer is brewed in the late winter, and stored until the spring. ボックビールは晩冬に醸成されて、春まで貯蔵される。 / There was trouble brewing. やっかいなことが起ころうとしていた。

brief [brí:f]
短時間の、簡潔な
[原] 短い
[イメージ] ちょっと・簡単；簡潔に説明する
[派] briefs ブリーフ、パンティ / briefing(手短な)説明をすること
[関] abbreviate 略して書く / abridge 縮める / brevity 簡潔さ
[例] Over most of the United States, spring and autumn are agreeable but disappointingly brief. ほとんどアメリカ全土において、春と秋はとても爽快だが、残念なことに短い。 / Make your speech brief and to the point. スピーチは簡潔に要を得たものにしなさい。 / The secretary briefed the Minister on the media's response to his policy. 秘書は大臣の政策に関するマスコミの反応について大臣に簡潔に説明した。

bright [bráit]
明るい、頭のいい
[原] 輝く
[イメージ] (明かりが)ぱっと明るい / (さっとひらめく)⇨頭がいい
[派] brighten 明るくする、気持ちを明るくする / brightly あざやかに
[関] brilliant きらきら光る
[例] The pioneers brightened life on the frontier with many parties. 開拓者たちは辺境での生活をたくさんのパーティーをすることで明るいものにした。 / That's a bright idea! Let's try it. それはいい考えだ。是非やってみよう。

brim [brím]
(容器の)縁、一杯になる
[原] 水際
[イメージ] (水が)縁まで溢れる、こぼれるほどに溢れる
[関] rim 縁(ふち)、(自転車の)リム
[例] He was brimming with confidence. 彼は自信に溢れていた。 / Fill my glass to the brim. I'm thirsty. 水をグラス一杯に入れてよ。喉がからからなんだ。

bring [bríŋ]
持って来る、連れて来る、もたらす

[原] 持って来る
[イメージ] (物を)持って来る, (人を)連れて来る, (事を)もたらす
[解] 「持って来る」と〈そのものが目の前に現われる〉ので「事を持って来る」と〈その事が発生する〉の意になる. (⇨come)日本語では「持って来る」の対象はふつう物に限られるが,「大阪にオリンピックを持って来る運動」など, 事についてもいうことがある. また「もたらす」は〈持って来る〉の意味で「幸福をもたらす」などのように言うが, 発想が似ていると言える.
[例] Bring your children next time. 今度はお子さんをお連れ下さい. / Today's living conditions have brought new dangers. 現代の生活状況は新しい危険を出現させている. / The war has brought untold sorrow to mankind. その戦争は人類に計り知れない悲しみをもたらした. / She tried to bring democracy to Myanmar. 彼女はミャンマーに民主主義を実現させようとした. / She brought her car to a halt. 彼女は車を止めた. / Major changes have to be brought about in American education. アメリカの教育に大きな変革がなされなければならない. ◇bring about は〈周りに出現させる〉の意味合い. / She brought up her children to be truthful. 彼女は子供を誠実な人に育てた. ◇親がこの表現-bring up-の背後にあり〈子を育て上げる(引き上げる)(=educate and train children)〉と言う意味合いがある.

brisk [brísk]
活発な, すがすがしい
[原] 鋭い
[イメージ] さっさとした動き
[解] 早いテンポで歩くことをa brisk walk と言う.
[派] briskly 活発に, 生き生きした
[例] At a diner in the downtown area, breakfast business was brisk. 繁華街のある食堂は, 朝食客で活気があった. / The air was brisk this morning. 今朝は風がひんやりしていた.

brittle [brítl]
もろい
[原] 粉々になる
[イメージ] (堅いが粉々に壊れやすい)煎餅(せんべい)のようなもろさ
[解] break(壊す)は関連語.
[例] This film is very old and brittle. このフィルムはとても古くてもろい. / People handle glassware with care because it is brittle. 人はガラス製品は壊れ易いので丁寧に扱う.

broad [brɔ́ːd]
幅の広い, あきらかな, 露骨な
[原] 広がった
[イメージ] 横に広がった⇨(さっと広げて)つつみ隠しのない
[派] broaden 広げる
[関] broadcast 放送する(⇨広く+(電波を)投げる) / broad-minded 心の広い
[例] The broad plain stretched out before us. 目の前に広々とした平野が広がっていた. / It's as broad as it's long. 結局, 同じである. ◇縦に計っても10センチ, 横に計っても10センチと言った感じ.

browse [bráuz]
拾い読みする
[原] 若芽を食む
[イメージ] あちこちかじる
[解] インターネットで目的をもたずサイトをめぐることを browse と言い, そのソフトのことを browser(ブラウザー, 閲覧ソフト)と言う.
[例] Can I help you?—I'm just browsing. (店員が)何かお探しですか—見ているだけです.

bubble [bʌ́bl]
泡, 泡立つ
[原] ぶくぶく(⇨擬音語)
[イメージ] ぶくぶく, 泡, しゃぼん玉
[解] bubble の性格が〈はじける+透明+個々+しゃぼん玉〉なら類義語 foam のそれは〈ゆっくり消える+白色+集合(小さな泡が一杯)+ビールの泡〉と言える.
[例] The children were blowing bubbles. 子供達はしゃぼん玉で遊んでいた.

bud [bʌ́d]
蕾(を持つ)
[原] 膨らみ
[イメージ] ぽっと膨らむ蕾, 蕾がつく
[解] 音的にもなんだか〈蕾〉の感じがする. burgeon(⇨burgeon)も同様. bud

(蕾+蕾がつく)の関係は bloom(花+花が咲く)，burgeon(芽+芽ぐむ)，flower(花+花が咲く)，seed(種+種ができる)にも見られる．

例 The cherry trees are budding. 桜が蕾をつけている．

budge [bʌ́dʒ]
ちょっと動く
原 ぐつぐつ煮る
イメージ ちょっと動く・(気持ちが)騒ぐ，変わる
解 ふつう否定文で用いる．
例 The screw just will not budge. ネジがどうしても動かない(とれない)．/ I will not budge (from my opinions) come hell or high water. どんなことがあっても気持ちは変わらないよ．

budget [bʌ́dʒət]
予算(を立てる)
原 小さな袋
イメージ (財布)⇨予算⇨予算を組む
例 We have only a thousand dollars to budget for this project. この企画には 1000 ドルの予算しか組めない．/ Budget your time so that you can get all your work done on time. 仕事が全部時間通りにできるように予定を組みなさい．

buff [bʌ́f]
磨く
原 バファローの革
イメージ バファローの革⇨革で磨く
関 buffalo バファロー
例 You should buff waxed floors to make them less slippery. ワックスを床にかけたら滑りにくくするように磨かないといけません．

build [bíld]
建てる
原 家を建てる
イメージ 材料を組み合わせて物を作る，組み立てる
例 They have built another bridge over the river. 彼等はその川にもう1本橋をかけた．/ Birds build nests. 鳥は巣を作る．/ They built a fire to keep themselves warm. 彼らは火を焚いて暖をとった．⇨ build a fire には〈(落ち葉・枯れ枝などを組み合わせ)火を起こす〉イメージがある．単に火をつけるのなら light a cigarette(タバコに火をつける)のように言う．/ Tension is building up in the front. 前線では緊張が高まっている．/ He has built up quite a fortune in that business. 彼はあの商売で相当な財産を築いた．

bulk [bʌ́lk]
容積，かさばる
原 塊の山
イメージ 積み重なってできる山⇨大きなかさばり
派 bulky かさばった
例 The bulk of the work has already been finished. 仕事の大部分は終わった．

bump [bʌ́mp]
ドンとぶつかる，衝突，こぶ
原 ドンとぶつかる(⇨擬音語)
イメージ ドンとぶつかる⇨こぶができる
解 車のスピードを抑制するための人工の道路の隆起をバンプ(bump)と言う．
派 bumper バンパー(⇨衝撃を緩衝する)
例 I bumped into my former lover at the baseball park. 野球場で昔の恋人にばったり会った．/ I fell down and got a bump on the knee. 転んで膝にこぶができた．

burden [bə́ːrdn]
重荷；重荷を負わせる
原 重荷(⇨背負う)
イメージ 重い荷物を負わせる
解 -u- に〈圧迫〉が感じられる．
派 overburden 荷を抱え込み過ぎる
関 bear 運ぶ，産む / birth 出産 ⇨産むことは大変な負担である．これは「労働」を原義とする labor に出産の意味があることを思わせる．
例 It is a burden caring for an invalid. 病弱者を世話するのは負担になる．/ Think twice before burdening a friend with a secret. 友達に秘密を打ち明ける(⇨友達と一緒に秘密を負う)前にもう1度考えなさい．/ Sharing responsibilities has helped both of us. I feel less burdened. 責任を分担し合うことは私達に役立った．私は気持ちがうんと軽くなったから．/ Never overburden yourself with heavy objects. 重いものを背負いすぎないようにしなさい．

burn [bə́:rn]
燃やす，焦がす
[原] 燃やす
[イメージ] 炎があがる＋焦げる
[解] 燃える過程(be on fire)とその結果(be damaged by fire / heat)を1語で表わしている．
[関] brand 銘柄(⇨焼き印でブランドを示した)
[例] This charcoal burns easily. この炭は火がつきやすい．◇過程 / Her skin burns easily. 彼女の肌は日焼けしやすい．◇結果 / My grandfather often burns hole in the tatami mat with his cigarettes. 祖父はよくタバコで畳に焦げ穴を作る．◇結果 / The tea is hot; be careful not to burn your tongue. 紅茶熱いから舌をやかないようにね．◇結果 / Buddhists burn incense at religious ceremonies. 仏教徒は宗教儀式の時香を焚く．◇過程 / Some people say they try not to eat burned foods in order to avoid cancer. 癌にかからないように焦げたものは食べないようにしている人がいるそうだ．◇結果 / 料理で「焼く」ときは broil(直火で)，bake(パンなどをオーブンで)，fry(卵などをフライパンで)，roast(オーブンで蒸して)などというが，burn はたとえば The toast has burned(＝burnt). は「トーストを焦がしてしまった」の意になる．

business [bíznəs]
仕事，商売
[原] 仕事をしている(busy＋ness)
[イメージ] 人が仕事や行動に取り組むこと⇨業務・事業
[解] 業務は具体的には見えにくいが，事業は個々に捉えやすい．
[例] We are in business to provide postal service for our customers. 私達は顧客に郵便のサービスを与える仕事をやっている．/ Her father's convenience store went out of business. 彼女の父親のコンビニが倒産した．/ He plans to start a new business. 彼は新しく事業を始める計画をしている．

bustle [bʌ́sl]
せわしく動く；ざわめき
[原] せきたてる
[イメージ] 喧噪(活気＋声(音))
[解] -u- に〈圧迫〉が感じられる．
[例] The waiter was bustling about the restaurant. ウェイターはレストランの中を忙しく動き回っていた．/ I like the hustle and bustle of life in New York City. ニューヨークの活気と喧噪が好きだ．/ The bustle of 20th-century life has lead many people to rediscover the tranquility of gardens. 20世紀の忙しさに追われる生活は多くの人々に庭園のもたらす安らぎの再認識をさせた．

busy [bízi]
忙しい，にぎやかな
[原] ふさがっている
[イメージ] (人が物事に懸命に)関わっている⇨(そのため人手や場所が)ふさがっている
[解] -u- に〈圧迫〉が感じられる．
[例] Lisa was busy eating an ice-cream cone. リサはアイスクリームを夢中で食べていた．◇定訳語「忙しい」は普通，生産的仕事のみを連想させる．Father is busy reading the newspaper. 父は今新聞を読んでいるところです．/ Baseball players sit on the bench when they're not busy on the playing field. 野球選手は守備についていないときはベンチに座っている．◇ここでも，定訳語の「忙しい」では理解ができなくなる．/ The street is busy this morning. 今朝は道路が込んでいる．/ The line is busy. この回線は使用中(話し中)です．

buy [bái]
買う
[原] 得る
[イメージ] 買う
[例] I'll take you to a movie and buy you dinner later. 映画に連れて行ってそれから食事をおごるよ．◇buy＋人＋食事(食べ物)＝buy＋食事(食べ物)＋for＋人 の構文では〈おごる〉の意になる．

by [bái]
〜のそばに，〜による，〜だけ，〜までに，〜で
[原] そばに
[イメージ] (任意の対象の中からある対象を取り出して)〜でと限定する
[例] Sit here by me, Annie. アニー，私

のそばにお座り．◇場所の限定 / Fred's motion failed by a vote of 21-4. フレッド氏の動議は 21 対 4 で却下された．◇数量の限定 / You have to finish it by Friday. 金曜日までに仕上げて下さい．◇期日の限定 / Don't judge a person by appearances. 見かけで人を判断するな．◇判断材料の限定 / I'll let him know by e-mail. 彼に e-メールで連絡します．◇手段・方法の限定 / They rent the boat by the hour. ボートは時間いくらで貸している．◇単位の限定 / I know her by name. その人の名前は存じ上げています．◇人の属性の部分の限定

bygone [báigɔ(ː)n]
過去の(こと)
原 そば(by) を過ぎて行った(gone)
イメージ 過ぎ去りしこと
例 Let bygones be bygones. 起こったことは仕方がない(⇨過ぎてしまったことは過去のこととしよう)．◇bygone は本来は形容詞だがここでは名詞．

C

calculate [kǽlkjəleit]
計算する，予測する
[原] 小石(calculus)を使って数える
[イメージ] 計算する⇨計る⇨意図する⇨もくろむ
[解] 日本語でも〈計る〉は〈図る〉に意味が展開する．
[派] calculating 打算的(⇨計算高い) / calculation 計算，予測
[関] calcium カルシウム(⇨小石に一杯入っていそう)
[例] The exact time of ovulation is difficult to calculate. 排卵日を正確に計算するのは難しい． / The new policy is calculated to reduce the population. 新しい政策は人口抑制を意図している． / Don't calculate on his agreeing with you. 彼が賛成してくれると踏んだらだめだよ．◇計算に入れる⇨頼る / The man is cold and calculating. その男は冷たくて，計算高い．

calf [kǽf]
子牛，(象，鯨などの)子，ふくらはぎ
[原] ふくらみ
[イメージ] ふくらんだお腹⇨大きな動物(牛，鯨，象など)の子
[解] 「ふくらはぎ」も牛の腹によく似ている．
[例] Mother whale and her calf surfaced five times over a period of about an hour. 母(鯨)と子はかれこれ1時間の間に5回ほど海面に浮上した．

call [kɔ́ːl]
電話をする，呼ぶ，立ち寄る
[原] 叫ぶ
[イメージ] 寄って＋声をかける
[解] 人の声には届く限界があるので，しばしば距離を縮めて声をかけることになる(⇨立ち寄るの意が生まれる)．stay within call(遠くに行かないで)はこのことを裏付けるフレーズ．近代文明は電話の発明により call の距離的限界をクリアした(⇨電話をするの意が生まれた)．
[例] "Come inside," the mother called. 「お入り」と母親は声をかけた． / I don't want to be called grandma. It makes me feel old. おばあちゃんて呼ばれるのいやだわ．年とった感じになるもの． / Will you call a taxi for me? タクシーを呼んでくれませんか． / I called him last night, but he was out. 昨夜彼に電話したが，いなかった． / I called at his home, but nobody was in. 彼の家へ行ったが誰もいなかった． / She called on her mother at the hospital. 彼女は病院に母親を見舞った． / The submarine is due to call at Yokosuka. 潜水艦は横須賀に寄港の予定だ． / Economists called the rich nations 'developed' and the poor nations 'developing.' 経済学者は富んでいる国を「先進国」，貧しい国を「発展途上国」と呼んだ．◇ port of call は「立ち寄る港 / 場所」，called game(コールドゲーム)は審判が試合の中止を宣する(call)から，call girl(コールガール)は電話を使って接触を図るからそう呼ぶ．

callous [kǽləs]
(皮膚が)たこになった，無感覚な
[原] 固くなった皮膚
[イメージ] かちかちの皮膚⇨無感覚⇨無神経
[解] つまり hard-hearted(冷淡である)ということ．
[関] callus たこ◇発音は callous と同じ．
[例] The border warfare often made frontier settlers callous about killing. 領土争いは開拓者たちが人を殺すことを平気にさせてしまうことがよくあった． / The ballet master was callous about the callus on the dancer's toe. バレエの先生はダンサーの足にできたたこのことには気遣いを示さなかった． /

He is a callous teacher; he doesn't care if his students fail or pass. 彼は冷淡な教師だ．生徒が合格しようが，落第しようが平気だ．

campaign [kæmpéin]
(政治的・社会的)運動，軍事行動
原 原野(⇨戦闘訓練の場)
イメージ (戦闘訓練における)(政治・ビジネスにおける)目的を掲げた運動
関 camp 野営・陣営(⇨原野に張る) / campus 学校の構内
例 The government has launched a campaign for the prevention of AIDS. 政府はエイズ予防のキャンペーンを打ち出した．

can [kən]
～できる，可能性がある
原 (～の方法を)知っている
イメージ 方法を知っている⇨～できる(能力)⇨～であり得る(可能性)
派 canny 利口な，抜け目のない(⇨よく知っている) / cunning ずるい(⇨よく知っている) / uncouth 粗野な，礼儀をわきまえない(知って+いない)
例 This computer can perform two million calculations per second. このコンピュータは1秒間に200万回の計算ができる．◇能力 / Sometimes even the best protection can fail. 最善の防御をしていても時に失敗することがある．◇可能性

candidate [kǽndideit]
候補者，志願者
原 白衣の人(⇨古代ローマで官職の志願者が白衣をまとったことから)
イメージ (自ら希望し，または人に推されている)候補者，志願者
解 賞など(⇨他薦による)の候補者についても言う．
関 candid 隠しだてのない(⇨(腹が)白い) / candle ろうそく(⇨白く輝く)
例 Matsui is a Most Valuable Player candidate with 40 homers so far in this season. 松井は今シーズンすでに40ホーマーを打って最優秀選手の候補である．

capable [kéipəbl]
有能な
原 取り込める
イメージ 器が十分大きい，～する素質がある
解 日本語で「器」を〈才能〉の意で使うが，発想が似ている．ただしマイナスイメージのことを起こす可能性についても使う．
派 capability 能力 / capacity 収容力
例 We are not capable of expanding the business due to shortage of capital. 我々は資金不足で事業を拡張することができない．/ He is capable of making a blunder when he is upset. 彼はあわてるとへまをやりかねない．

capacity [kəpǽsəti]
収容力，才能，資格
原 抱え込むこと
イメージ (物や事を受け入れる)器・容量・器量
関 capable 有能な / capacious 容量の大きい
例 Michael Jordan's Chicago Bulls always drew capacity crowds. マイケル・ジョーダンのシカゴブルズはいつも満員の観客を呼んだ．/ The theater was filled to capacity. 劇場は満員だった．/ I have been very busy in my capacity as head of Department. 課の長としてとても忙しくしている．◇ in one's capacity は「～という資格・立場で」の意．

capital [kǽpətl]
首都，資本，大文字の，主要な
原 頭(capit) の(al)
イメージ 頭⇨最重要⇨首都 / (家畜の)頭(数)⇨財産⇨資本
解 かつて家畜は財産の象徴であった(⇨ cattle)．
派 capitalism 資本主義，capitalize＝make capital of うまく利用する(⇨財産にする)
関 cattle 家畜牛(⇨財産の象徴であった)
例 Vienna is one of the music capitals of Europe. ウィーンはヨーロッパの音楽の都の1つである．/ Baseball games are often won by capitalizing on the opponent's mistakes. 野球はしばしば相手のミスに乗じて勝つことができる．/ Studies have shown no unusual increase in murders when capital punishment is abolished. 死刑が廃

止になっても異常に殺人事件が増えることがないことを調査は示している． ◇ capital punishment は文字通り首(＝頭)切りである．

capture [kǽptʃər]
捕らえる
[原] 捕らえる
[イメージ] 逃がさないようにしっかり捕らえる
[関] captive 捕虜(の) / captivity 監禁
[例] Some spiders do not build a web but capture their prey by pouncing upon them. クモの中には巣を張らずにいきなり獲物にとびかかって捕らえるものもいる． / Soldiers captured by the enemy became their captives. 敵に捕まった兵士は捕虜になった． / The hostages were held captive for six months. 人質たちは6か月間囚われの身になった．

cardinal [káːrdnl]
主要な
[原] 蝶番(cardo)の
[イメージ] (蝶番⇨すべてが乗りかかる軸)⇨軸になるほど重要な
[例] Loyalty is one of the four cardinal virtues of the samurai. 忠誠は武士における4つの重要徳目の1つである．

care [kéər]
心配，注意，世話；関心を持つ，好む
[原] 心配する
[イメージ] 気を遣う⇨世話，心配，用心／気にする，気が向く
[派] careful 注意深い / careless 不注意な
[例] She is back in her parental home caring for her mother who is recovering from a tonsil operation. 彼女は実家に帰って扁桃腺の手術をした母親の面倒を見ている． / You should take more care about your appearance. もっと容姿に気をつけたほうがいいんじゃない． / Please handle the box with care. その箱は慎重に扱ってね． / I don't care how late it will be. 遅くなるのはかまわないよ． / You're too old to care what you look like. もう容貌を気にする年ではないでしょう． / Would you care for a cup of coffee? コーヒーは如何ですか． / I don't much care for the way he speaks. 彼の話し振りがあまり好きではない．

career [kəríər]
経歴，職業
[原] 走行路
[イメージ] 人が歩む道⇨経歴，職業
[解] 職業の意を表わす walk of life という表現が連想される．car(車)が綴りの中に潜んでいる．動詞用法〈疾走する〉がどの英和辞典にもあるが，実際は廃れている．発音はカリア．キャリアと発音すると carrier(運送業者，保ർ者)になる．
[例] He has a brilliant career as a diplomat. 彼は外交官として輝かしい経歴の持ち主だ． / He captured the MVP award for the first time in his career. 彼はその職業について初めての MVP 賞を獲得した． / Here once a man gets on the career track, he'll be promoted even if his performance on the job is not spectacular. この社会では，男がいったん定職についたら格別な業績を挙げなくても昇進する． ◇ career と track(行路，軌道)は相性がよい．

cargo [káːrgou]
積み荷
[原] 積み荷
[イメージ] (トラック，飛行機，船で運ぶ)貨物
[例] A tanker is a ship designed to carry liquid cargo in bulk. タンカーは液体状の貨物を大量に運ぶように設計された船である．

carnal [káːrnl]
肉体の
[原] 肉の
[イメージ] 生々しい肉体
[関] carnage 虐殺(⇨肉にする) / carnation カーネーション(⇨肉の色，桃色) / carnival 謝肉祭 / carnivorous＝meat-eating 肉食の(⇨肉＋がつがつ食う)
[例] We cannot be free from carnal desire. 我々は肉体の欲望から逃れられない． ◇ carnal desire＝sexual desire

carry [kǽri]
運ぶ，伝える，支える
[原] 馬車で運ぶ
[イメージ] 支える，運ぶ；支える＋運ぶ

解 carry には〈「支える」and / or「運ぶ」〉の意があるが，bear(⇨ bear)も同様である．car(車)が綴りの中に潜んでいる．対象物の重量については軽重を問わない．

派 carriage 運送，乗り物，物腰(⇨ carry oneself(身を運ぶ))

例 The wind carries cotton seeds far and wide. 風が綿毛のような種を遠く広く運ぶ．◇運ぶ / This pillar carries the whole roof. この柱で屋根全体を支えている．◇支える / You should carry small change when you take a bus. バスに乗るときは小銭を持っていた方がいいですよ．◇運ぶ / You shouldn't carry a gun. 銃を持ち歩いてはいけない．◇運ぶ / Many diabetics carry candy with them in case of an insulin reaction. インシュリン反応にそなえて，糖尿病患者は飴を持ち歩く者が多い．◇運ぶ / I don't like his manner of carrying himself. 彼の物腰(⇨身の運び方)が嫌いだ． / We carry quality Japanese works of art, in various price ranges. 当店は高級な日本の芸術品をいろいろな価格帯で扱っています．◇carry は〈運ぶ⇨運営する⇨商品を扱う〉/ This flower shop carries a wide selection of potted plants. この花屋さんはいろいろな鉢物を扱っている．◇carry は〈運ぶ⇨運営する⇨商品を扱う〉対象物の移動には主体の移動が不可欠であるが，次例のように主体が十分な長さ持つ場合は例外的である：Pipes carry oil across the desert. 石油はパイプで砂漠を運ばれる． / He had a voice that carried farther than others. 彼は他の人より遠くまで届く声をしていた． / We were much impressed by the stately carriage of the president. 大統領の堂々たる態度に感心した．◇体の運び / Does the price include carriage? 値段は運送料を含みますか． / Carnivores are instrumental in keeping animal numbers within the carrying capacity of the food supply. 肉食獣は動物の数を食糧がまかなえる範囲にとどめるのに重要な働きをする．◇carrying capacity は「環境の収容能力」と訳されるが carrying は〈やって行ける〉の意である．

case [kéis]
場合，事件，患者
原 落ちる⇨起こる
イメージ ことが落ちて来る⇨あてはまる⇨事実である⇨事は降ってくる(⇨ happen, accident, chance)

派 casual さりげない(⇨起こってくるにまかせた)

例 I am sure that it is the case. それはきっと事実だと思う(⇨それは考えていることにあてはまる) / I can testify from my own experience that it is by no means the case. 実際はそうではないと自分の経験からはっきり言える． / It shouldn't be the case that good communications bring about troubles. Yet sometimes that is the case. 十分なコミュニケーションが困った問題を引き起してはならないのだが，時にはそうなることがある． / Good pilots are prepared for emergency action in case of mechanical problems. 機械に故障が生じた時にうまく対応できるのがうまいパイロットである．

cast [kǽst]
投げる，鋳造する，(劇で)役を与える
原 投げる
イメージ 狙って投げかける
解 throw と入れ替え可能な時もあるが，概ね，throw は〈(物を投げる)，cast は〈形がないものを目的を持って投げかける〉感じ．電波を広く，あまねく投げかけるのが broadcast(放送する)，また cast に「配役」の意があるのは，各役者に役を配する(⇨投げかける)からであり，同じく「鋳造」の意があるのは鋳型に溶けた金属を流し込む(⇨投げ込む)からである．

例 The witch cast a spell on the princess. 魔女は王女に魔法をかけた． / I cast a vote for the mayor. 市長に賛成票を投じた． / He handed her the letter and cast a glance at her face. 彼は彼女に手紙を渡して，彼女の表情をちらりと見た． / The casting of the Daibutsu (Great Buddha) was a tremendously difficult task. 大仏の鋳造は非常な難事業であった． / Cast away all fear from your mind; the storm has subsided. 怖がらなくていいよ；嵐は収

まってきたから．

casual [kǽʒuəl]
思いがけない，間に合わせの，何気ない
[原] 降ってくるような
[イメージ] (降って湧いたような)⇨起こるにまかせた⇨手を加えない
[関] case 場合，事件(⇨降りかかってくる)
[例] Denim is used for casual wear by both sexes of all ages. デニムは老若男女の普段着用に使われる． / In many societies, organized education for children of the poor classes tended to be either casual or nonexistent. 多くの社会で，貧困階層の子供のための組織的教育はいい加減であったり皆無であったりし勝ちだった． / Betelgeuse is easily discernible to even a casual observer. ベテルギウスは何気なく見てもすぐに見つかる．

catch [kǽtʃ]
捕らえる，捕まる
[原] 追っかける
[イメージ] (追っかけて)捕まえる(意図的) / (とある状況に)捕まる，出くわす(偶然)
[解] be caught は〈ひっかかる，うっかりとらわれる〉感じ．
[関] capture 捕える / chase 追いかける
[例] He caught a butterfly. 彼は蝶を捕まえた．◇意図的 / I wasn't able to catch the train. 列車に乗り遅れた．◇意図的 / I caught a strange man peeping into my room. 知らない男が私の部屋を覗き込んでいるのを見つけた．◇偶然 / I have caught a cold. 風邪を引いてしまった．◇偶然．catch a cold(風邪を引く)という時，cold の菌が空気中を漂っているイメージがある．たとえば「癌にかかる」は get a cancer と言い catch a cancer と言わないのは癌の菌がそこら辺に浮遊しているわけではないからである． / I was caught in the rain. 雨にあった．◇偶然 / People are so caught up on making a living that they often lose track of what is important in life. 人はお金儲けにはまってしまって人生で大切なことを見失い勝ちである．◇偶然

cattle [kǽtl]
畜牛
[原] 財産
[イメージ] 家畜牛(cows, bulls, steers)
[解] 農家にとって〈家畜(=肉，バター，ミルク，皮を生み出す)⇨財産〉であったことは容易に想像できる．財産の意が底にあり，量的に捉えるために a cattle とか cattles とは言わない．元来は pig や horse や sheep も指していた．
[関] chattel 動産(⇨牛はまさしく動く財産) / capital 資産(⇨頭(牛の頭数))
[例] The cattle are grazing. 牛が草を食んでいる． / I drink the milk of some cattle. 私は牛の乳を飲む． / In some parts of the world, a man's wealth is judged by the number of cattle he owns. 人の財産を持っている牛の数で計る社会がある．

cause [kɔ́ːz]
原因となる
[原] 原因となる
[イメージ] あることが別のあることをもたらす，引き起こす
[例] Your vague reply caused misunderstanding. 君が曖昧に返事したので誤解が生じた． / He caused the trouble between us that never healed. 彼が原因で私達の間に修復のきかない面倒が起こった． / The fire was caused by a carelessly extinguished cigarette butt. 火事はタバコの火の不始末で起こった．
◇上の各用例文を名詞 cause(原因)で言うと；Your vague reply was the cause of misunderstanding. / He was the cause of the trouble between us. / The cause of the fire was a carelessly extinguished cigarette butt.

cavalier [kæ̀vəlíər]
傲慢な
[原] 騎士
[イメージ] ～を馬鹿にした，つっけんどんな(⇨騎士の態度の一面)
[関] chivalry(騎士道)
[例] I am annoyed at the waiter's cavalier manner towards the customers. お客に対するあのウェイターの横柄な態度は頭に来るよ． / Bureaucrats tend to treat people in a cavalier way. 役人は一般の人を横柄な態度で扱うことがけっこうある．

cease [síːs]

challenge 67

停止する，止める
原 消えていく
イメージ すうーと止む / すうーとなくなる
派 ceaseless 絶え間ない
関 cessation 休止 / cease-fire 休戦
例 Bone growth ceases in late adolescence. 骨の成長は青年期後半に止まる．

cede [síːd]
譲渡する
原 向こうへやる
イメージ 不本意ながら相手に譲る
関 cease 止める
例 Spain ceded Guam to the United States in 1898 after the Spanish-American War. アメリカとの戦争に負けてスペインはグアム島を1898年にアメリカに割譲した．

celebrate [séləbreit]
祝う，誉めたたえる
原 誉れを与える
イメージ 記念日や勝利を祝う
派 celebrated 有名な(⇨称えられて有名な) / celebrity 有名人(⇨称えられた人) / celebration 祝賀，祭典 ◇ceremony(儀式，礼儀)と意味合いが似ているので綴り(cele-と cere-)に混同を起こしがちである．ceremony は rite(儀式)と記憶するか，あるいは-r-の音の方が-l-の音よりも厳格な響きがあると記憶するのがよいだろう．
例 Every year, we celebrate the end of fighting in World war II on August 15. 我々は毎年8月15日に第二次世界大戦の終戦を祝う． / Let's celebrate your 21st birthday with a party. 君の21歳の誕生日をパーティを開いて祝いましょう．

certain [sə́ːrtn]
確かな
原 確実な
イメージ どう見てもそう判断できる
解 客観性の強い判断で，判断内容に確信を持っていること(⇨ sure)．また確信しているが，それを表に出さない時「ある～，一定の」という婉曲な意味で用いる．
派 certainly 確かに / certainty 確実
例 He is certain to be here. 彼はきっとここに来る． / Our team is certain to win. 私達のチームはきっと勝つよ． / I'm certain he will pass. 彼が合格すると確信している． / She was certain of winning. 彼女は勝つ自信があった．◇上記のどの例文についても certain と sure を入れ換えることができる．しかし，It is certain...の構文においては sure との交換はできない．理由は主語 it の持つ客観性と sure の持つ主観性とが相入れないためである．言い換えれば sure は主体として感情を持つ〈人〉との方が相性がいいということである；It is certain that they are still alive (= We are sure that they are still alive). / You have to be of a certain age to qualify the armed services. 入隊するにはある一定の年齢になっていなければなりません． / I can't tell you that for a certain reason. I hope you don't mind. そのことはある理由で話せません．気にしないでね． / I can't tell you for certain. はっきりは分かりません．

certificate [sərtífikət]
証明書
原 確かに(certi) する(ficate)
イメージ 事柄の存在を確かにそうであるとする書類
解 動詞の用法もある．
関 certify 証明する
例 You need a birth certificate to get a driver's license. 運転免許証の取得には出生証明書が必要です． / I am hoping to get her a gift certificate at a flower shop. 花屋でギフト目録を彼女に買ってやろうと思っている．

chair [tʃéər]
椅子；議長を務める
原 座席
イメージ 椅子⇨議長席⇨議長⇨議長をする
関 chairperson 議長
例 The dean chairs the meetings of the College of Arts and Humanities. 学部長が人文学部の会議の議長をする．

challenge [tʃǽlindʒ]
挑戦する
原 非を責める，迫る
イメージ 人が人のやることに立ちはだかる / 事が人の能力に立ちはだかる
解 たとえば，「エベレストに挑戦する」

を challenge Mt. Everest と言いがちである(⇨ try to scale Mt. Everest. が普通)．エベレストは主体となって初めて人に努力を迫るのであって，客体としてはただ中立的に存在している訳で，ただそこにあるものに迫ることは一人相撲になってしまう．かの有名な Don Quixote が challenge windmills to a battle した話が思い起こされる．challenge の動詞用法の定訳「挑戦する」を止めて，実の心は〈立ちはだかる〉と理解するとよい．

派 challenging 努力を迫る

例 A student challenged the principal's statement. 1人の学生が校長の発言に異議を申し立てた．◇人が人の発言に立ちはだかる．/ The defense successfully challenged the judge's order. 弁護側は裁判官の命令の忌避に成功した．◇人が人に立ちはだかる．/ Sharply rising prices challenged the fiscal ingenuity of the Secretary of the Treasury. 物価の急騰が財務長官の財政対策能力を苦しめた．◇難事が人に立ちはだかる．/ Law enforcement is a challenging and dangerous job. 法を執行するのは骨の折れる危険な仕事だ．◇仕事が人に立ちはだかる．law enforcement からのイメージは〈警察による犯人逮捕〉などである．/ Did you say you were working at the gas station? Why don't you look for a job with a bit more challenge? ガソリンスタンドで働いているのだって？ もう少し能力のためされるところを探したらどうなの．

chance [tʃǽns]

原 降ってくる

イメージ (偶然)ことが起こる / なりゆき

解 〈ことは降って湧く〉という捉え方をする(⇨運命は星がつかさどると考えたから)以下の語はいずれもその意味合いを持つ：befall 起こる(⇨落ちてくる) / accident 事故，偶然(⇨降って湧く) / incident 事件(⇨降りかかる) / case 事例(⇨降ってくる)

例 Chances are he has passed the exam. たぶん彼は試験に受かっているだろう．◇Chances are(＝it is likely)は口語でよく使われる．/ I chanced to meet her on the bus. バスで偶然彼女に会った．/ Don't leave anything to chance. 何事もなりゆき任せにしてはだめですよ．/ The police gleaned the story behind the robbery from a few chance remarks by the prisoner. 警察は逮捕した人のふと漏らす言葉から強盗事件の裏情報を少しずつ集めた．

change [tʃéindʒ]

変える；変化

イメージ 外観・内容・状態が変わる，変化の結果

解 exchange は〈相互の入れ替え・交換〉：an exchange of information 情報の相互交換 / the exchange rate 交換レート．◇vary は〈漸次的変化・変化の過程をたどる〉：Your blood pressure varies from time to time. 血圧は時間によって変わる．

派 changeable 変わりやすい，気まぐれな

例 You should change your underclothes every day. 下着は毎日替えなくちゃ駄目ですよ．/ He often changes his mind. 彼はよく気が変わる．/ The boy is going to be in trouble unless he changes his ways. この少年は行いを改めないと厄介なことになってしまうよ．

character [kǽrəktər]

文字，特徴，性格，登場人物

原 刻印

イメージ 刻印 ⇨くっきり目立つ：(目立つ記号)文字，(目立つ性質)特徴・性格，(目立つ人)一風変わった人，登場人物

派 characterize 特徴づける

例 Our principal is a man of outstanding character. 校長先生は格別の人格者です．/ He has a good character. 彼は性格がいい．/ That fellow is quite a character. あいつは結構変わっているよ．/ When planting, you should take into account the character of the earth. 植物を植える時は，土質を考えないといけない．

characteristic [kærəktərístik]

特徴のある，独特である

原 刻み込んだ

イメージ (刻み込んだ印)⇨そのものに付いている特徴

解「そのものに付いている特徴」とは他と比較すると目立つが、そのものにとっては普通の性質に過ぎない。
例 The characteristic surface speed of an ocean current is about 5 to 50 centimeters per second. 海流表面の流れの速さは秒速5ないし50センチが普通である。◇定訳「特有の，特徴的」などをあてても不自然で，意味の不鮮明な訳となる。ここでは〈平均的特徴〉で訳出（⇨「普通である」と訳した）あたりが適当訳であろう。／With characteristic generosity, he offered to treat all of us to lunch. 持ち前の気前よさで，彼は僕達皆に昼飯をおごると言った。◇「持ち前の〜（⇨あの特徴ある）」

charge [tʃɑːrdʒ]
詰める，負わせる，非難する，請求する，おそう
原 積み込む
イメージ 空間を埋める（⇨物理的），（隙を）攻め込む（⇨威圧的）
派 discharge 放出する
例 He charged the battery. 彼はバッテリーを充電した。◇バッテリーを電気で埋める。／He is charged with fabricating the document. 彼は文書偽造で訴えられている。◇行為の欠陥を非難の声が責める。／The townspeople charged the chemical factory with polluting the air. 町民は化学工場を大気汚染で訴えた。◇行為の欠陥を非難の声が責める。／Prosecutors charged a truck driver with negligence resulting in a fatal hit-and-run. 検察官はトラック運転手を不注意によって轢き逃げ死亡事故を起こしたとして告訴した。／How much do you charge for delivery (of the parcel)? 配達料金はいくらになりますか。◇負債・負担の穴を代金で埋める（請求する）。／Telegraph messages are charged by the word. 電報は語数で値段が決まる。◇負債・負担の穴を金を積んで埋める。／The bank charges the borrower interest on the loan. 銀行はローンに対して借り手に利子を請求する。◇負担の穴を利子を積んで埋める。

chase [tʃéis]
追いかける
原 捕まえる

イメージ 捕まえようと後を追いかける
解 follow は〈後をつける〉の意でスピード感がない。
関 purchase 購入する（しっかり＋捕らえる）
例 "It" chases the others and tries to touch one of them, making the person touched "it". 鬼が他の人を追いかけ，タッチしてその人を鬼にしようとする。◇鬼ごっこ(tag)の定義／He is always chasing after girls. 彼はいつも女の子を追っかけている。

chatter [tʃǽtər]
ぺちゃくちゃしゃべる
原 おしゃべりの音を擬したもの
イメージ ペチャクチャ
解 chat（おしゃべり）は関連語。
関 chatterbox おしゃべりな人
例 The girls chattered away continuously. 少女達はぺちゃくちゃとおしゃべりを続けた。／Who chatters to you will chatter of you. 人の噂をあなたにする人は，あなたの噂を人にする。

cheat [tʃíːt]
だます，不正行為をする
原 だましとる
イメージ 相手をあざむいて自分の欲しいものを手に入れる
例 He used to cheat in exams. 彼はよくカンニングしていた。／They cheated the old man out of his land. 彼らは老人をだまして土地をまきあげた。／She cheated on her spouse. 彼女は旦那を裏切った。／He cheated on his taxes to a point. 彼は税金を少しばかりごまかした。

check [tʃék]
調べる，阻止する，預ける
原 （チェスの用語で）相手の攻めを阻止する
イメージ 阻止する⇨いったん（相手を）止める⇨いったん（相手を止めて）調べる
解〈相手の無制限な動き・進入をいったん止める〉イメージが底流にある。たとえば，ホテルでの check-in／check-out，小切手（check ⇨現金を確認して始めて振り出される）などにもこの意味合いがある。
例 The agency insisted that urgent measures are needed to check the

spread of the disease. 当局はその病気の蔓延を防ぐために早急の対策が必要だと強く言った．

cheek [tʃíːk]
頰（ほほ）
[原] 顎（あご）
[イメージ] 顎を使ってふんふん生意気を言う
[解] 元来は「顎を使ってへらず口をたたいたり，まくしたてるもの言い」をいう．日本語でも「顎をたたく」といえば生意気な話し方をいう．
[派] cheeky 厚かましい
[例] I'll take none of your cheek. 生意気言うんじゃないよ． / The boy made a cheeky remark. その子は生意気なことを言った．

cheer [tʃíər]
喝采する，励ます
[原] 顔
[イメージ] （いい顔になるように）声高く元気づける，声援する
[派] cheerful 陽気である（⇨楽しげな顔をしている） / cheering 元気づける / cheery 陽気な
[例] Mother's words cheered me, and I passed. 母が励ましてくれたので合格した． / It was cheering to find that other people were just as nervous at the exam (=I was cheered by the fact that other people were just as nervous at the exam). 試験の時他の人も結構びくびくしていると分かってほっとした． / He was cheery as he came out of the exam. 試験が終わって出てきた時，彼はニコニコしていた．

chemical [kémikl]
化学の
[原] 錬金術（alchemy）の
[イメージ] 化学反応で起こる，化学反応のような
[解] 心理的反応についても用いる．心理的反応も，つきつめれば化学反応の結果である．
[関] chemistry 化学，相性（⇨生理的反応）
[例] He had a chemical reaction to the medicine. 彼は生理的にその薬は合わなかった．（◇=allergic to the medicine（アレルギー反応を示した） / There's good chemistry between him and me. 彼と僕とは相性がいい．

chest [tʃést]
胸，箱，たんす
[原] 箱
[イメージ] 箱⇨〈外枠と空洞〉を連想させる
[例] He measures 90 centimeters around the chest. 彼は胸囲が 90 センチある．◇胸（⇨外枠） / He's got a weak chest 彼は咳が出やすい．◇肺（⇨空洞） / I need a chest of drawers for papers and other writing material. 用紙や筆記具を入れておく整理箱が要ります．◇外枠の箱（⇨空洞）にいくつかの引き出し（drawer）が組み込まれている．

chicken [tʃíkin]
ニワトリ，ヒヨコ，臆病者
[原] ひな鳥
[イメージ] （ひな鳥はいかにも）臆病そう
[解] chicken-hearted（小心な）が元来の言い方．
[例] He is chicken (=chicken-hearted). 彼は臆病だ． / He was too chicken to accept the challenge. 彼は気弱なのでその挑戦を受けなかった．

chickenpox [tʃíkinpɑks]
水疱瘡
[原] 軽度の（chicken）痘瘡（pox）
[イメージ] 水疱瘡
[解] pox（=pock(s) あばた）は元来，梅毒（syphilis）の意で用いられていた．つまり梅毒ほどひどくない症状の意で chickenpox（水疱瘡）だとか smallpox（天然痘）と言う．
[例] The first symptom of chickenpox is skin rash. 水疱瘡の最初の症状は肌の発疹だ．

choke [tʃóuk]
窒息させる，ふさぐ
[原] 息を止める
[イメージ] 息を止める，動き・流れをふさぐ
[解] cheek 頰（⇨息を止めるとき頰を緊張させるから）と関連語．
[例] He was too choked with emotion to say anything. 彼は感情が高ぶってことばにつまった． / Many persons die needlessly from choking food. 不覚にも食べ物をのどに詰まらせて死ぬ人がか

なりいる.
choose [tʃúːz]
選ぶ
[原] 味わう⇨味わい選ぶ
[イメージ] (感覚的に)さっと意中のものを選び取る
[解] 人間が生きていく上で，初めに選択が必要になってくるのは食物であったろう．chooseが感覚的・直覚的選択を連想させるのは原義の「味わう」に由来している．selectは〈じっくり考えて選出する〉の意味合い．
[派] choosy 好みがやかましい / choice 選択
[例] You can choose either a stereo or a trip to Hokkaido as a reward for winning the contest. 優勝したらステレオか北海道旅行のどちらかが褒美として選べます． / He chose his words carefully, hoping not to hurt her pride. 彼女のプライドを傷つけないように彼は慎重にことばを選んだ．◇いくら慎重でもしゃべるとき，ことばをいちいちselectしていたら埒があかないだろう． / John is choosy about who cuts his hair. ジョンは髪を刈ってくれる人を選り好みする．◇choose--choosyの関係は，pick-picky(⇨pick)と同じ．

chore [tʃɔ́ːr]
雑用
[原] (あまり重要ではない)つまらない用事
[イメージ] 雑用
[例] We often delay writing a thank-you letter so long that it becomes a chore rather than a pleasure. 礼状を書くのがとても遅れてしまって，書くのが喜びというより仕事になってしまうことが往々にしてあるものだ． / Good families share household chores without much ado. 仲のよい家族は気持ちよく家事を分担し合う．

circle [sə́ːrkl]
円，輪，仲間，循環，回る
[原] 輪
[イメージ] ぐるり回る円 / ぐるりと巡る
[派] circular 円形の / circulate 循環する / circulation 循環，発行部数 / circuit 回路 / encircle 取り囲む
[関] circus サーカス(⇨円形演技場)

[例] The kite is circling round in the sky. トビが空を旋回している． / The speaker talked in circles. It was difficult to understand him. 彼は堂々めぐりの話し方をしたので理解できなかった．

circumspect [sə́ːrkəmspekt]
用心深い
[原] 周りを(circum) 見る(spect)
[イメージ] 周りの様子を注意深くうかがう
[例] He was very circumspect, refusing to answer any question on the spot. 彼はとても用心深くて何についても即答をしなかった．

circumstance [sə́ːrkəmstæns]
状況，境遇
[原] 周りに(circum) 立つ(stance)
[イメージ] 生活を取り巻いている状況
[解] 状況はさまざまな要素があるのでcircumstancesと複数形で用いることが多い．
[派] circumstantial 付随的な
[例] The decision was the best that could be made in the circumstances. その決断はその状況下ではでき得る最善のものであった． / The jury accepted circumstantial evidence and recognized the defendant's right of self-defense. 陪審員は状況証拠を受け入れて被告の正当防衛を認めた．◇circumstantialはsubstantial(本質的な)の対照語．

cite [sáit]
(証拠として)挙げる，出頭を命じる
[原] 呼ぶ
[イメージ] (呼び出す⇨証拠を読み上げる)⇨(証例のために)例を挙げる / (呼び出す)⇨法廷へ呼び出す
[派] citation 引証，召喚
[関] incite 引き起こす(⇨中に＋呼ぶ) / excite 興奮させる(⇨(感情を)外へ＋呼ぶ)
[例] The President cited figures to show that the economy was growing at a satisfactory rate. 大統領は経済が順調に成長していることを数字を挙げて証明した．

claim [kléim]
主張する，要求する，(人命を)奪う

原 声を上げる
イメージ (世間が未認知のことについて認めさせようと)声高に言う
解 cla-は〈はっきり声にする〉感じがある：acclaim 絶賛して〜であると認める / clamor(抗議などの)叫び / exclaim 声を上げる / proclaim 宣言する / clap パンパンとたたく
例 Does anyone claim this bag? このバッグの持ち主(⇨自分のものだと言う人)いますか。 / He claimed he had done it without any help. 彼はそれを全く自力でやったと主張した。 / No one has claimed responsibility for the bomb. 爆弾を仕掛けた犯行声明を誰もしていない。 / The Bible does claim that Jesus was God. 聖書はキリストは神であったと言っている。 / A male sea lion claims territory during the mating season. 雄のアシカは交尾期には自分の縄張りを主張する。 / The terror of violent death has claimed victims in every continent. テロの横行が世界中に犠牲者を生みだしている。◇災いが生命を自分のものとする⇨生命を奪う / They settled their claim out of court. 彼らはそのクレームを示談で解決した。 / Al Qaeda claimed responsibility for the massacre. アルカイダが大量虐殺事件の犯行声明を出した。

clam [klǽm]
ハマグリ
原 締め金
イメージ 二枚貝、だんまり屋⇨貝のように口を閉ざす
解 cl-は〈閉じる〉の意味合いを生む。
例 She shuts up like a clam as soon as her father comes around. 父親がやってくると彼女は貝のようにおし黙る。

clarify [klǽrifai]
はっきりさせる
原 はっきり(clari=clear)させる(fy)
イメージ 不明を除いて明瞭にする
解 cla-は音韻的にも〈明るく透明〉な感じである：clarion 明快な響き / clang カーンと鳴る / clap 拍手する / clank カチャンカチャン
派 clarification はっきりさせること / clarity 明快さ
例 He made efforts to clarify the meaning of particular legal terms. 彼は特別な法律用語の意味を明解にしようと骨折った。 / Can you clarify your position on the abortion issue? 中絶の問題についてのあなたの立場を明らかにしてくれますか。

clash [klǽʃ]
衝突する、ガシャンと音をたてる
原 ガシャンと衝突する
イメージ 双方が対立してぶつかる
解 crash は衝突すると破壊が生じるが、clash は衝突しても破壊はイメージされない。clash の結果は〈もみあい〉あるいは〈はじき合い〉が連想される。
例 There is always a clash between the ruling party and the opposition. 与党と野党の間でいつも衝突がある。 / My sister's wedding clashed with my school excursion. 姉の結婚式と修学旅行がぶつかってしまった。

clasp [klǽsp]
握り締める
原 握る
イメージ (両手で)がっちり握る、腕で抱く / 物を留める
解 cl-は〈閉じる・締める〉意味合いが感じられる：close 締める / clamp 留める / clog ふさぐ / clay 粘土(⇨固まる) / claw かぎつめ(⇨するどく曲がりこんでいる)
例 Clasp your hands behind your head. 頭の後ろで両手を組みなさい。

class [klǽs]
クラス、階級、授業
原 (人をまとめた)階級
イメージ (同質なものにまとめた)クラス、階級
解 cl-は〈塊〉の意味合いがある：classic 一級の / 古典の(⇨最高級として分けられた塊)
派 classify 分類する(⇨(同じ種類の)塊+にする)
例 The party won broad support from the working class. その党は勤労者階級から広い支持を得た。 / Mr. Smith has class. スミスさんには品がある。◇人柄について言う時、class には〈気品がある〉の意味合いがあるのは、classic の場合と同様に〈(上等の)品〉と理解できる。日本語の「品」もこれだけで「上

品」の意になる．これは，kind(本性)が〈(よい本性)⇨親切〉を意味するのに似ている．

classify [klǽsəfai]
分類する
原 階級(class)にする(ify)
イメージ 同じ性質のものをまとめてグループ分けする
派 classification 分類(法)
例 In Japan, we classify taxes into direct and indirect taxes. 日本では税は直接税と間接税に分類される．

clause [klɔ́:z]
節(せつ)
原 閉じ込める
イメージ (閉じ込める)⇨((文法で)主語・述語のひとまとまり)⇨節
関 close 閉じる
例 A clause is a group of words with a subject and a predicate. 節とは主語と述語を持った語の一塊である．

clean [klí:n]
きれいである
原 キラッと輝く
イメージ 汚れがなくて(見た目と衛生上)きれいである／きれいにする
解 ふつう平面・表面がきれいな様子についていう．clear は〈透けるようにきれいな〉の意味合いで三次元・立体状のものについて形容する．
派 cleanliness 清潔(好き)／cleanly きれい好き，きちんと／cleaning クリーニング／cleanse 清潔にする
例 He always wears a clean shirt. 彼はいつも清潔なシャツを着ている．◇シャツの布面は平面／Keep your teeth clean. 歯をきれいにしておきなさい．◇歯の面は平面／Make your room clean. 部屋を掃除してきれいにしなさい．◇部屋の床面は平面／The water is clear but not clean. この水は澄んでいるが衛生上汚い．／Did you clean your teeth? 歯を磨きましたか．／The team manager cleaned the blood off my face. 監督が顔の血を拭き取ってくれた．／Clean the table. テーブルを拭きなさい．◇ Clear the table. なら「テーブルの上のものを片付けなさい」の意．

clear [klíər]
はっきりしている／はっきりさせる
原 明らかな
イメージ 透けるようである，(はっきり)見通せる／障害を取り除く，障害をかわす
解 clean は〈平面〉，clear は〈立体〉が形容の対象．動詞用法でも〈不都合な(立体)物をある場から取り除く〉意味合いがある．
派 clearing 伐採／clearly はっきりと／clearance 除去・整理
関 claim 主張する(⇨はっきり言う)／clarify 明らかにする／clarity 明快／declare 宣言する(⇨はっきり言う)
例 She has clear, bright eyes that are hard to resist. 彼女は魅入られるような澄んだ明るい目をしている．／It is clear he cheated on the exam. 彼が試験でカンニングしたことは明らかだ．◇はっきり見通せる／People cleared the forests for farms and cities. 人間は農地や市街用地のために森林を切り開いた．／I have to clear the snow off the road. 道路の雪かきをしなくてはいけない．／She cleared the table. 彼女はテーブルを片付けた．◇細かくいえば，She cleared the table (of the plates and dishes). あるいは She cleared the plates and dishes from the table. になる．／He cleared his throat. 彼は咳払いをした．／The desire to use land for more crop production has led to extensive clearing of forests and woodlands. 農作物の増産のための土地が欲しいために，森や森林地帯を広範囲にわたって伐採することになった．／Lindbergh took off and cleared a tractor near the runway only by 10 feet. リンドバーグは滑走路近くにあるトラクターをほんの3メートルの差でかすめて飛び立った．

clever [klévər]
器用な，利口な
原 さっと摑める
イメージ (さっと摑める)⇨器用な⇨巧妙な⇨扱いがうまい
解 文脈により〈見せかけ上の扱いがうまい〉の意になることがある．cl- に〈閉じ込める・摑む(⇨原義)〉の意味合いが潜んでいる．

派 cleverly 器用に
例 Shakespeare was astonishingly clever with words and images. シェクスピアは驚くほど言葉とイメージの使い方に長けていた． / The essay is clever but lacks substance. このエッセイはうまくは書けているが，内容は乏しい．

climate [kláimət]
気候，風土
原 (地球の)傾き
イメージ (地球の)傾き⇨(傾きの程度によって分けた)地帯⇨(その地帯の)天気(weather)の傾向
解 傾きを意味する同系語になじみのある recline (⇨後ろへ＋傾ける)がある；reclining chair リクライニングチェア
例 Everywhere, climate affects the way we live. どこに住んでもその土地の気候は人の生活様式に影響を与える． / The social climate in the early eighties in the Philippines was dark and gloomy. 80年代初めのころのフィリピンの社会情勢は暗く陰鬱であった．

climb [kláim]
登る
原 しがみつく
イメージ はいつくばるように登る・よじ登る
解 cli- には〈くっつく，しがみつく〉の感じがある；clinch 組み合う / cling くっつく / clip クリップで留める
派 climber 登山者，這い上る植物(ツタなど)
例 The stunt man climbed the Tokyo Tower nimbly. スタントマンはするすると東京タワーに登った．◇エレベーターで昇るのなら go up the Tokyo Tower という． / The vine of the morning-glory has climbed to the roof. 朝顔のつるが屋根まで(這い)上った． / He climbed from middle management to the top of the corporate in less than five years. 彼は中間管理職から企業のトップへ5年たらずで駆け上った．

cling [klíŋ]
しがみつく
原 くっつく
イメージ (離れないように)しがみつく
解 cl- には〈ぎゅっと締めつける〉感じがある；clench ぎゅっと締める / clinch 組み合う / clam 口を閉ざす / clamp ぎゅっと締める / clasp 握り締める / clip クリップで留める / close 閉じる
例 He clings firmly to his position. 彼は自分の地位にしがみついている． / Limpets cling to rocks near the shore. カサガイは岸辺近くの岩にくっついている．

clock [klák]
時計
原 ベル・鐘(clocca)
イメージ 柱時計；ストップウオッチで時間を測る
解 原義(⇨鐘)に従えば，watch(腕時計)との一番異なる特徴はボーンボーンと音で時刻を告げることと言える．
派 clockwise 時計回りに / clockwork 時計仕掛け
関 cloak マント(⇨鐘の形をしている)
例 The clock struck three. 時計は3時を打った． / It's 3 o'clock. 3時です．◇o'clock is of (the) clock(時計による)の短縮形． / He was clocked at 10 seconds for the 100 meter dash. 彼は100メートル競走で10秒を記録した．

clog [klág]
ふさぐ
原 塊
イメージ 詰まってものの通りが悪くなる
解 cl- には〈閉じる，固まる〉の感じがある；clod (土などの)塊 / clone クローン(⇨遺伝的に同一な個体群) / clot 凝固する / cloud 雲(⇨塊)
例 The drain was clogged with kitchen waste. 排水溝が生ゴミで詰まっていた．

cloister [klɔ́istər]
修道院
原 閉ざされたところ
イメージ (俗界から閉ざされた)修道院
関 close 閉じる / claustrophobia 閉所恐怖症
例 Monks live a cloistered life. 修道士は俗世から離れた生活をする． / A growing number of young people these days are cloistering themselves in their rooms with their computers. コン

ピュータのある自室に閉じこもる若者が増えている.

close [klóuz]
閉じる, 終わる
[原] 閉める
[イメージ] (おもむろに)閉じる⇨終わる
[解] shut は〈一気に閉じる〉. 形容詞的には〈閉じる〉と〈すき間のない密な状態〉⇨〈親密, 精密, 綿密, 秘密〉の意味合いが生まれる. cl-は〈閉じる・固まる〉の意味合いがある：closet 押し入れ(⇨閉じた+小さい所) / cluster 群れる / clump 群れ, 茂み(⇨固まっている)
[例] She closed the book. 彼女は本を閉じた. / Close your mouth. (医者が患者に)口を閉じてください. ◇ Shut your mouth. お黙まり！ / This road is closed. この道は閉鎖されています. / The store opens at 10 a.m. and closes at 6 p.m. その店は午前10時に開き, 午後6時に閉まる. / Ken is my closest friend. ケンは大の親友です. / I'm closer to my sister than to any of my brothers. どの男の兄弟よりも妹の方に親しみを強く感じる.

clot [klɑ́t]
固まる
[原] 塊
[イメージ] 血が固まる
[解] cl-は〈固まる, 閉じる〉イメージがある：clod 土の塊 / clog 詰まらせる
[例] Calcium helps your blood to clot normally. カルシウムは血液が正常に凝固するのを助ける.

cloth [klɔ́(ː)θ]
布
[原] 布
[イメージ] (材質が)布地
[解] cloth(布)を裁縫すると, シャツ, とか背広とか帽子などになるがこれを clothes(服)と言い, これを総称して衣料品と捉えるとき clothing(衣類, 衣料品)と言う.
[派] clothe 服を着せる / clothes 着るもの / clothing 衣類
[例] This cloth shrinks easily when washed. この布は洗濯するとすぐ縮む. / She is spending too much money on clothes. 彼女は衣服に金を掛けすぎている. / Like food and shelter, clothing is a basic human need. 食糧, 住居と同じように, 衣類は人間の基本的必需品の1つである.

cloud [kláud]
雲；曇る
[原] 塊
[イメージ] 雲(⇨固まって空に浮かぶ)；曇らせる
[解] clo-は〈塊, 閉鎖〉のイメージがある：clod 土の塊 / clog 詰まる / cloggy こぶだらけ(⇨塊だらけ) / clot 塊
[派] cloudy 曇った(⇨雲の多い)◇名詞+y で天candle状態を言う：rainy 雨の降る / snowy 雪の降る / sunny 日が照る / thundery 雷の来そうな
[例] Fluffy white clouds were floating across the blue sky. ふわふわした白い雲が青い空に漂っていた. / It's going to be cloudy this afternoon. 午後は曇るでしょう. / Alcohol can cloud one's thinking. アルコールは人の思考力を鈍らせることがある.

club [klʌ́b]
クラブ(同好会), こん棒, (ゴルフの)クラブ
[原] 先にこぶのついた棒
[イメージ] (先にこぶのついた棒)⇨(ゴルフの)クラブ / (こぶ状の塊)⇨同好者の固まり⇨クラブ；結束する
[解] cl-には〈塊〉の感じがある.
[例] I am a member of a local tennis club. 僕は地元のテニス・クラブの会員です. / We clubbed together to buy our parents a present for their 25th wedding anniversary. 私達は両親の銀婚式を祝うためお金を出し合ってプレゼントを買った.

clue [klúː]
手がかり, 糸口
[原] 糸の玉
[イメージ] (複雑にもつれた問題をほどく)糸口
[例] What are the clues to the interior structure and composition of Earth? 地球の内部構造と組成を知る手掛りはどんなものがありますか. / Lindbergh figured his flight would get attention, but he really had no clue. リンドバーグはその飛行が注目を浴びることは分かっ

ていたが、ほんとうのところどうなるか全く分からなかった。/ Can you give me a clue to the riddle? このなぞなぞを解くヒントをくれませんか。

cluster [klʌ́stər]
集団になる
原 塊
イメージ 一か所に群れる；集団
解 cl- は〈固まる／締める〉のイメージ：clog ふさぐ、詰まらせる / clam 二枚貝(➪殻で閉じている) / clamp 留め金(➪ぎゅっと締める)
例 Grim warships were constantly clustered at Pearl harbor. 不気味な戦艦がパールハーバーにいつも身を寄せあっていた。/ Hundreds of men in work boots clustered along the street, desperate for jobs. 何百人もの地下足袋の男たちが仕事を求めて通りに群がっていた。/ Take any cluster of people, and you'll find some cheerful about life and others gloomy. 人の集団を見ると、かならず陽気な人と陰気な人とがいるものだ。/ She arranged the cluster of wild flowers into a beautiful bouquet. 彼女は野生の花の束をうまく束ねて見事なブーケにした。

coach [kóutʃ]
馬車、長距離バス、コーチ(指導員)
原 (Cocs 村で作られる)馬車
イメージ 馬車、客車、バス ➪(車に学生を乗せて難所を通過させるがごとく)導く、コーチする／コーチ
例 Our college hired an able football coach. 我々の大学は有能なフットボールのコーチを雇った。/ My mother coached me in piano when I was a kid. 子供の頃が母がピアノの手ほどきをしてくれた。

coax [kóuks]
なだめる
原 だます
イメージ (だます)➪機嫌をとって狙い通りに動かす、うまく操る
解 「猫撫で声」は a coaxing voice と言う。
例 The mother coaxed her daughter to go to kindergarten (=into going to kindergarten). 母親は娘をなだめすかして幼稚園へ行かせた。/ He coaxed out of me what I felt about her. 彼は僕が彼女をどう思ったかうまく聞き出した。/ Testicles that fail to descend can be coaxed down with hormone injections. 下りてこない睾丸はホルモン注射によって下ろすことができる(➪脱腸の治療法)

coerce [kouə́:rs]
強制する
原 共に(co) 囲む(erce)
イメージ とり囲んで追い込む➪定置網漁法をイメージするのも一法。
解 -erce は ark 箱船(➪箱のように囲まれた船)と関連語。
例 They tried to coerce me into changing my mind. 彼らは僕に考えを変えるように迫った。/ Everyone hates to be controlled or coerced. 誰でも支配や強制を受けるのは嫌いである。

cohere [kouhíər]
理路整然としている
原 一緒に(co) くっつく(here)
イメージ 一緒にくっつく ➪(前後がちゃんとつながる)➪筋が通る
派 coherent 筋が通っている / coherence 首尾の一貫性 / incoherent 支離滅裂である
例 Molecules cohere. 分子は互いにくっつき合う。/ These two ideas do not cohere; they belong to different times and places. これら2つの思想は相容れない；時代も違えば所も違うから。/ That professor is coherent in his speech. あの教授の話は理路整然としている。/ He lost the ability to speak coherently, following damage to the brain in a car accident. 彼は車の事故で頭に傷害を受けてから筋の通った話し方ができなくなった。/ He became incoherent with rage. 彼は激怒して取り乱した。

coin [kɔ́in]
硬貨(を造る)、新語を作る
原 くさび、鋳型
イメージ くさびをいれてコインをくりぬく／(コインを造るがごとく)新語を作る
派 coinage 硬貨鋳造、造語
例 He coined a new word for olives because his language did not have a word for the fruit. 彼は自国のことばに

オリーブを表わす単語がなかったので新しく単語をこしらえた．

coincide [kouinsáid]
同時に起こる，一致する
- 原 一緒に(co) 上に(in) 落ちる(cide)
- イメージ 別々のことが偶然一緒に降りかかってくる，(偶然)一致する
- 派 coincidence 偶然の一致
- 関 incident 事件
- 例 The 15th day of September this year coincides with the Full Moon. 今年は9月15日が満月の日とちょうど一致している． / Fujimori's 52nd birthday coincided with his inauguration. フジモリ大統領の52歳の誕生日は就任式の日になった． / Husband and wife have the same birthday. So do their first child. What a coincidence! 夫と妻と最初の子供が同じ誕生日である．何たる偶然！

collaborate [kəlǽbəréit]
協力する
- 原 共に(col) 働く(laborate)
- イメージ 一緒に努力する
- 解 labor(労働)が綴りの中に潜んでいる．corroborate は「強める」の意なので注意．
- 関 elaborate 念入りに作る
- 例 An American professor collaborated with me on this book. この本はアメリカ人教授と一緒に書いたものだ．

collapse [kəlǽps]
崩壊する，折りたためる
- 原 一緒に(col) 滑り落ちる(lapse)
- イメージ (持ちこたえる力が限界を越えて，一気に全体ががくっと崩れる)瓦解・一気の崩れ
- 解 lapse には〈滑り，滑り落ちる〉の意味合いがある：a lapse (=slip) of the tongue 言い間違い(⇨舌がすべる) / a lapse of several years 数年の時の流れ(⇨時の滑り)
- 例 The suspension bridge suddenly collapsed. 吊り橋が突然崩れ落ちた． / He collapsed from a blood clot in his brain. 彼は脳血栓で倒れた． / Economic reality has been particularly harsh on Russians since the collapse of the Soviet Union. ソビエト連邦の崩壊以後，ロシア人にはとりわけ厳しい経済事情になっている．

collect [kəlékt]
集める
- 原 一緒に(col) 集める(lect)
- イメージ じっくり選んで集める
- 解 gather は〈ざっと集める〉
- 派 collected 落ち着いた(⇨心が散逸しないでまとまっている⇨ compose)
- 関 elect 選挙する(⇨出す＋選ぶ(＝集める) / select 選ぶ(⇨選び＋抜く) / recollect 思い出す(⇨再び＋集める) / cull 集める / neglect 軽視する(⇨ない＋集め)
- 例 They have collected wood for the fire. 彼らは焚火用に木を集めた． Snakes are collected as a source of rare and expensive leather. 蛇はすてきで高価な革の供給源として捕えられる． / I tried to collect my thoughts but was too excited to do so. 考えをまとめようとしたが気持ちが高ぶってできなかった． / He was cool and collected in the final round of the match. 彼は最終ラウンドで冷静で落ち着いていた．◇ calm and collected はよく用いられる．

college [kálidʒ]
大学
- 原 共に(col) 選ぶ(lege)
- イメージ (選ばれた人の共同体)⇨大学
- 関 colleague 同僚(⇨共に(働くために)＋選ぶ) / delegate 派遣する(⇨出す＋選ぶ)
- 例 He goes to college (=He is a college student). 彼は大学生です．◇ここでは university を用いない．

collide [kəláid]
衝突する
- 原 共に(col) 打ちつける(lide)
- イメージ (双方がぶつかり合う)衝突・ごっつんこ
- 解 片方が静止しているものにぶつかる衝突は crash という(⇨ crash)
- 派 collision 衝突
- 例 The two cars collided in the tunnel. 2台の車はトンネル内で衝突した．

coma [kóumə]
昏睡
- 原 昏睡
- イメージ 意識不明で目覚めない状態
- 例 He was in a coma for a couple of

days and then came out of it. 彼は2〜3日昏睡状態にあったが意識を回復した．

comb [kóum]
櫛(ですく)，徹底的に探す
原 歯の形
イメージ 櫛(で髪をとかす)⇨(櫛で，すくがごとく)しらみつぶしにある場所を探す
解 comb には「とさか」の意があるがこれも形が(原義の)歯形になっている(「櫛」と「とさか」は似ている)．
例 She combs her hair every morning. 彼女は毎朝髪をすく． / The police combed the whole town for the missing child. 警察は行方不明の子を町中くまなく探した．

combat [kámbæt]
闘う
原 〜と(com) 打つ(bat)
イメージ (打ち合う)⇨戦闘
解 -bat には〈殴る〉の意味合いがある：battle 戦闘 / abate 弱める(⇨打ちのめす) / debate 論争する(⇨負かす+打つ)
派 combatant 戦闘員
例 They engaged in hand-to-hand combat. 彼らは白兵戦(⇨刀や槍で闘う)を交えた．

combine [kəmbáin]
組み合わせる
原 一緒にする(com) 2つ(bine)を
イメージ 2つ(以上)が組んで1つになる
派 combination 組み合わせ
関 binary 二進法の，二元の
例 We have resolved to combine our efforts to work for world peace. 我々は世界平和を達成するために力を合わせることを決意した．

come [kám]
来る，現われる
原 来る
イメージ 来る⇨姿を現わす⇨ことが起こる
解 come は〈姿の出現〉，go は〈姿の消失〉◇「できる」を「出来る」と書く時，英語と同じ発想(来る⇨発現)をしている．
例 Shall I come to your office? 私があなたの会社へ参りましょうか◇姿を現わす / Your son David will not be coming home today. He will be in the custody of the Los Angeles Police Juvenile Department. お宅の息子さんのディビッド君は今日は帰宅されません．ロサンゼルス警察の青少年課であずかっていますか．◇姿を現わす / When calamities and emergencies come, you can always dial 9-1-1. 非常事態が起こればいつでも9-1-1にダイヤルすればよい．◇ことが起こる / The dream came true. 夢が現実になった．◇ことが起こる / Sleep has not come easily these past few days. ここのところしばらく寝つきが悪い．◇ことが起こる / As Christmas Day came nearer, we became more and more excited. クリスマスが近づいて来ると，僕達はだんだんと興奮してきた．◇ことが起こる / Morning comes early to Tokyo's biggest slum. 東京で最大のスラム街の朝は早い．◇ことが起こる / A horoscope is used to predict events to come. 天宮図は将来起こることを予言するために用いられる．◇ことが起こる / McGwire's 61st homer came in the first inning of the 144th game. マグワイアの61号ホームランは144試合目の第1イニングに達成された．◇ことが起こる / His confidence came back. 彼は自信が戻ってきた．◇姿を現わす / Henry's marriage to Christina was coming apart. ヘンリーとクリスチーナの結婚は破局を迎えようとしていた．◇ことが起こる / Health problems will come with old age. 老齢に伴って健康上の問題が起こる．◇姿を現わす / The pain in my tongue comes and goes. 舌の痛みが断続的に起こる．◇起こる / How come there are only four pages in today's paper? なぜ今日の新聞は4ページだけなの．◇ How come... は〈どういうふうに+起こるの？⇨なぜ？〉の意．

comfort [kámfərt]
慰める，楽にする
原 とても(com) 強くする(fort)
イメージ (とても強くする⇨心強い⇨敵・不安・不快の種から解放される)⇨心地よい状態にする◇本当の大人(悟り

を得た人)はいつも comfortable で鬱(うつ)や不安が少なくて穏やかであろう．

派 comfortable 心地よい / discomfort 不快にする

関 fort 砦 / fortification 築城

例 The nurse tried to comfort the patient with kind words. 看護婦は患者に優しい言葉をかけて元気づけようとした． / Our leaders are inclined to telling us only what is comforting to hear. 政治家は聞こえのいいことしかしゃべらない嫌いがある． / I'm sorry, but there are no comforting words I can say to make you feel better. あなたを楽にするための慰めのことばがありません．

comfortable [kʌ́mftəbl]
心地よい

原 とても(com) 強くするような(fortable)

イメージ (周りの状況が)快適な，ぴったりで心地よい / (自分が)自信がある

解 comfortable とは受け身的には〈環境が不快から遠ざけてくれる状況⇨快適な〉，能動的には〈自己が強くて不快を遠ざける状況⇨自信がある〉の2つがある．com-に〈強意〉の意味合いが生じるのは〈共に⇨集まる⇨集中する⇨強まる〉の展開による．

関 effort 努力(⇨出す＋力) / fort 砦 / force 力

例 Is your chair comfortable? 椅子の具合はそれでいいですか． / Please make yourself comfortable. どうぞ，お楽にして下さい． / Were you comfortable studying abroad? 外国で快適に学べましたか？ / Archers should choose a bow that is comfortable for their height. アーチェリーをする人は自分の背丈にちょうどよい弓を選ばないといけない． / She doesn't look very confident or comfortable on TV. 彼女はテレビに出る時，どうも自信と落ち着きがない．◇これを「自信がなさそうで快適そうでもない」と訳す学習者が多い．comfortable はほとんど confident と同義である．confident(自信があれ)ばそのまま comfortable(余裕がある)につながる．その逆は uncomfortable(落ち着いていられない)．

command [kəmǽnd]
命令する，思い通りにする

原 強く(com) 手(man) に渡す(d)

イメージ しっかり(権力を)手にさせる ⇨相手を意のままに操る◇お釈迦様と孫悟空の関係を連想するのもよいだろう．

解 手の拘束力マークは「止めろ！」と言う時のシンボルマークとして手のひらの図が用いられることからもうかがえる．

派 commander 指揮官 / commandment 戒律 / commandant 司令官 / commanding(態度が)堂々とした

関 demand 要求する(⇨強く＋操る) / commodore 提督 / mandatory 命令の

例 Do as I command. 言う通りにせよ． / During slavery it was the master's prerogative to command and the slave's duty to obey. 奴隷制の時は，命令するのが主人の権利であり，従うのが奴隷の義務であった． / My house commands a fine view of the sea. 私の家から美しい海の眺めが見渡せる．◇command view が「見渡す」の意になるのは景色が意のままに〈手にとるように〉見てとれるから． / He has a good command of English. 彼は英語をうまく操れる． / If the commander cannot lead his troops, they will die. 指揮官が自分の軍を指揮できなかったら，軍は死ぬことになろう．

commemorate [kəmémərèit]
記念して祝う

原 共に(com) 思い出させる(memorate)

イメージ 業績を思い出して祝う

派 commemoration 記念(式典)

例 The project is to commemorate the 250th anniversary of Mozart's birth. その計画はモーツアルトの生誕250年を記念するものである．

commend [kəménd]
褒める，推薦する，ゆだねる

原 強く(com)＋手渡す(mend)

イメージ (相)手に渡す⇨(手放す)⇨ゆだねる⇨(手放しにする)⇨(無条件でよしとする)⇨(手放しで)褒める

派 commendable 褒められる

関 recommend 推薦する(⇨再び＋褒める)

例 I want to commend the efforts of the lawyers who tackled the difficult case. 難事件に取り組んだ弁護士達の労を多としたい。 / It is commendable to be steadfast in one's convictions but objectionable to be obstinate. 自分の信念に断固としているのは褒められるが，頑固であるのはよいことではない．

commensurate [kəménsərət]
釣り合っている
原 共に(com) 計った(mensurate)
イメージ ～と同じ量である，～と釣り合いのとれている
例 We pay a salary commensurate with your performance. 我が社は実績と釣り合う給料を払います．

comment [kάment]
評論する，あれこれ言う
原 しっかり(com) 頭で考える(ment)
イメージ 考えて意見を言う，とやかく言う
派 commentary 論評
関 mention 述べる / mental 精神の
例 The mayor declined to comment on the rumors of an affair with his secretary. 市長は彼と彼の秘書との噂についてのコメントを避けた． / The male students are making comments about the body of their teacher who wears revealing clothes. 先生が肌もあらわな服装をしているので男の生徒達が彼女の身体のことをあれこれ言っている．teacher というと女性を連想するのがアメリカの中・初等教育現場の実情．

commit [kəmít]
罪を犯す，託す，約束する
原 あえて(com) 送る(mit)
イメージ 強いて引っ込みのつかない状態へ追い込む・あえて追い込む
解 定訳に挙げてある3つの訳語の中心は〈あえて追い込む〉にあるが，以下の例文解説によってこの語の核心にふれてみたい．
派 committee 委員会(⇨審議を任された(committed)人々の集まり) / commitment 約束，義務(⇨任されていること)
関 mission 派遣，使命
例 Commit yourself to constant self-improvement. 絶えず自己改善に努めよ．◇あえて～へ追い込みなさい / He committed a crime. 彼は犯罪を犯した．◇犯罪は〈躊躇をはねのけて思いきってやるもの〉である． / He committed suicide by taking poison. 彼は服毒自殺した．◇自殺は〈躊躇をはねのけて思いきってやるもの〉である．キリスト教では自殺を罪(sin)と見なすから commit (犯す)を使うと説明するのが内外の定説であるが，それは屁理屈(⇨本末転倒の説明)で，あくまで〈あえて～へ追い込む〉という意味合いなのである． / The government has committed itself to reducing taxes. 政府は減税を約束した．◇約束とは〈言葉で自分を追い込む(縛る)〉こと． / The association is committed to raising funds to help refugees. その協会は難民救済の資金調達を委託されている．◇～に追い込まれている⇨することを任されている． / The labor movement came under the influence of leaders committed to Marxism. 労働運動はマルクス主義に傾倒した指導者の影響を受けることになった．◇committed は文字通り〈～に入れ込んでいる〉の意． / Some residents remain skeptical about how committed the city really is to cleaning up the drug problem. 住民の中には市が麻薬問題を一掃することにどれほどやる気があるのか疑問を持っている人がまだいる．◇committed=〈～に入れ込んでいる〉 / He had few resources but he was committed to his dream. 彼は資金はほとんどなかったが自分の夢の実現には懸命であった．◇committed=〈～に入れ込んでいる〉

common [kάmən]
共通の，並みの
原 共に(com) 行き交う(mon)
イメージ どこにでもある⇨ごく普通である
解 「普通」とは〈普＝あまねく＋通＝行き交う〉で発想が同じ．
派 commoner 庶民(⇨あまねくの人々)
関 community 地域社会(⇨人々が共に行き交う場) / communication コミュニケーション(⇨情報が行き交う) / commute 通勤する(⇨職場へ行き帰る) / mutual 相互の

communicate [kəmjúːnikeit]
伝達する，感染させる
原 共に(com) 行き交う(municate)
イメージ 考え・情報を相手に伝える・病気を他人に伝染させる
派 communicable 伝染性の / communication 連絡
関 community 地域社会(⇨互いに行き交う)
例 I can communicate fairly well in sign language. 私は手話でかなりうまく通じ合える． / Gonorrhea and syphilis are communicable. 淋病と梅毒は伝染する． / The period of communicability (=The communicable period) for chicken pox is about one week. 水疱瘡の伝染期間は約1週間である． / Things in communication affect one another. 行き来があると互いに影響し合うことになる．

commute [kəmjúːt]
通勤する，軽減する
原 〜と(com) 入れ替わる(mute)
イメージ (入れ替わる)⇨行き帰る / (入れ替える)⇨取り替える
関 mutate 突然変異する(⇨本質が異質と入れ替わる) / mutation 突然変異
例 His sentence will be commuted from death to life imprisonment. 彼の刑は死刑から終身刑に減刑されるだろう． / He commutes from Yokohama to Tokyo (=between Yokohama and Tokyo) for work. 彼は横浜から東京へ通勤している．

company [kʌ́mpəni]
仲間，同伴，会社
原 共に(com) パンを食べる(pany)
イメージ (同じ飯を食う)付き合い；一緒に時を過ごす
関 companion 友 / companionship 仲間付き合い
例 I enjoyed your company. 一緒して愉しかったよ． / The company at the table was varied and interesting. 会食は色々と面白かった． / Edison occasionally enjoyed the company of Henry Ford. エジソンは時折，ヘンリー・フォードとの付き合いを楽しんだ． / People like their friends' company at fairly long intervals. 人は友達付き合いはある程度時間的間隔をとってする方を好むものだ． / In a restaurant in Singapore, you can enjoy your tea in the company with an orangutan. シンガポールのレストランではオランウータンと一緒に紅茶を楽しめるところがある．

compare [kəmpéər]
比較する，たとえる
原 相互に(com) 等しい(pare)
イメージ 互いに等しいかどうかを知るために双方をつきあわせる
派 comparable ひけをとらない(⇨等しくあり得る) / comparative 比較的(⇨かなりの) / comparison 比較
関 par 同等 / peer 同僚
例 Compare our prices with those of our competitors! 当店の値段と他店の値段を比べてみて下さい． / He is a comparatively newcomer in politics. 彼は政界では比較的新人の部類だ． / A comparable house would cost far less in the country. 同程度の家が田舎ならずっと安く買えるでしょう．

compel [kəmpél]
無理に〜させる，強要する
原 強く(com) 押す(pel)
イメージ 相手が嫌がっても，ある行動を押しつけてやらせる
解 -pel は〈追う，押す〉の意味合いがある：expel 追い出す(⇨外へ＋押す) / dispel 払いのける(⇨外へ＋押す) / impel 駆り立てる(⇨中に＋押す) / propel 推進する(⇨前に＋押す) / repel はねつける(⇨逆に＋押す) / repellent 防虫剤

派 compelling 強制的な
関 compulsory 義務で強制される / compulsive わくわくする(⇨ pulse(脈)がどんどん打つ)
例 The government used to compel its citizens' obedience to its will till recently. 政府は最近まで意の通りに国民が従うことを強いていた。 / They compelled me to leave school because of my poor performance. 出来が悪いので学校は僕を退学させた。

compensate [kámpənseit]
つぐなう、補償する
原 共に(com) を考える(pensate)
イメージ (公平のために双方を考慮する⇨一方に不足があれば補う)⇨埋め合わせる
派 compensation 補償 / compensatory 補償の
関 pension 年金(⇨歳を考慮して与える金) / pensive 考え込んだ / ponder じっくり考える(⇨重さ(重大さ)を計る)
例 Reputable companies compensate you if you are injured at work. ちゃんとした会社なら就業中の怪我は会社がみてくれる。 / The insurance company compensated me for the wrecked car. 保険会社が車の修理代を補償してくれた。

compete [kəmpí:t]
競争する
原 互いに(com) 求める(pete)
イメージ (互いに求める)⇨互いに競う
派 competence 能力、適性(⇨対抗できる、仕事がこなせる) / competent 有能な(⇨対抗できる、必要がこなせる)
関 appetite 欲求 / petition 請願 / impetus はずみ(⇨中に+求める) / repeat 繰り返す(⇨再び+求める)
例 Those two guys are competing for the affection of that girl. あの2人はあの娘のハートを射止めようと張り合っている。 / He has the necessary competence for this job. 彼はこの仕事をこなす能力がある。 / I have been resident in Hiroshima for four years and am competent in the Japanese language. 私は広島に4年住んでおり、日本語でやっていけます。

compile [kəmpáil]
編集する
原 一緒にして(com) 積み上げる(pile)
イメージ 記事・情報をまとめ上げる⇨編集する
解 pile は〈ものの積み重ね・山〉：a pile of apples リンゴの一山
例 It took years of work to compile the dictionary. その辞書の編集には何年もの作業を要した。

complacent [kəmpléisnt]
自己満足している
原 強く(com) 喜ばせる(placent)
イメージ (自分のことについて)すべてよしとし省みない、満足しきっている
関 please 喜ばせる
例 Kant's rationalism was decried as complacent or downright inhumane. カントの合理主義は独りよがりだとか、全く人情味にかけるといって非難された。 / One cannot afford to be complacent in the corporate world. 共同の社会では独りよがりは許されない。

complain [kəmpléin]
不平を言う、訴える
原 ひどく(com) 嘆く(plain)
イメージ (ことに不満、身体に痛み)を感じ、声に出して言う、ことを嘆き痛みを嘆く
派 complaint 不平の種、告訴、病気
関 plaint 嘆き / plague 災い / plangent もの悲しげな(音)
例 He's always complaining about the world. 彼は世間のことにいつも不満を言っている。 / He complained of an acute pain in the chest. 彼は胸の激痛を訴えた。 / Many high school teachers complain that the Japanese language proficiency of their students has declined in recent years. 多くの高校の先生が最近の高校生の日本語能力が低下していると遺憾に感じている。

complete [kəmplí:t]
完全にする；完全な
原 すっかり(com) 満たされた(plete)
イメージ 必要なものを重ねていって完全な状態にする
解 plete に〈重ねる〉の意味合いがある。重ねていくとついに満杯になる。
派 completion 完成 / completeness 完成

関 complement 完全にするもの・補語 / supplement 補足(⇨次に＋重ねる)
例 It took me five months to complete the translation. 翻訳の完成に5か月かかった． / We suffered a complete defeat. 完敗した． / He is a complete stranger. 彼は全くの他人です．◊ complete の〈量的十全〉に〈質的十全〉が加わると perfect(完璧(にする))になる：The manuscript is complete but it is not perfect. 原稿は完成したが完璧ではない．

complex [kəmpléks]
集合体，コンプレックス
原 互いに(com) 重なった(plex)
イメージ 重層・重なり
解 コンプレックスとは表層に現われる感情の下にある意識されない感情のことをいう(このことは原義「重層」を理解すればよく分かる)．an industrial complex(工業団地)，an housing complex(団地)，an apartment complex(アパート)はいずれも〈重なり・集団〉のイメージ．
関 complexion 表情，様子(⇨様々な感情要素が重なりあって「表情」として出る)
例 Cognac is a complex liquor. コニャックは合成酒である． / Some complex problems have simple solutions. 複雑な問題でも簡単に片付くものもある．

complicate [kɑ́mpləkeit]
複雑にする
原 互いに(com) 重ねる(plicate)
イメージ あることに別のことを重ねて理解や扱いをより厄介にする
派 complication 合併症(⇨病気の重なり)
例 The argument became complicated and the meeting got nowhere. 議論はこじれてしまって会議は結論が出なかった． / Some diseases produce no symptoms until dangerous complications occur. 病気によっては危険な合併症が出るまでなんの症状もないものがある．

compliment [kɑ́mpləmənt]
おせじを言う，褒める
原 一緒に(com) 重ねる(pliment)

イメージ 人の行為に(気を配って褒め言葉を)重ね合わせる⇨補う
解 complement も同じ語源からでその意は〈補充して完全を図る〉こと．文法用語の complement(補語⇨埋めて完全な文にする語)は5文型の学習でお馴染みのもの．
派 complimentary 祝いの，優待の
関 complement 補完物
例 She complimented me on the way I handled the meeting. 彼女は私が会議をうまく取り仕切ったと褒めてくれた．

comply [kəmplái]
応じる，従う
原 完全に(com) 満たす(ply)
イメージ (規則や命令の求めるもの)を満たす⇨従う・応じる
派 compliance 応じること / compliant 迎合しやすい
例 He reluctantly complied with his daughter's demands. 彼はしぶしぶ娘の要求に応じた．

comport [kəmpɔ́ːrt]
ふるまう
原 しっかり(com) 運ぶ(port)
イメージ ちゃんと身をこなす
解 port＝carry で〈身を運ぶ〉⇨〈ふるまう・こなす〉の意に展開する：The Empress carries herself gracefully. 皇后は優雅な身のこなしをされる．(⇨ behave)
派 comportment ふるまい
例 He comported himself well on the occasion. 彼はその場でちゃんとした行動がとれた．

compose [kəmpóuz]
組み立てる，創作する，落ち着かせる
原 共に(com) 置く(pose)
イメージ (ばらばらなものを)一緒に置く⇨組み上げる
解 ばらばらの音符を組むと音楽が，ばらばらの文字を組むと文章が，ばらばらの気分を組むと落ち着きが生まれる．
派 composed 落ち着いた / composer 作曲家 / composite 合成の / composition 作曲，構成 / composure 落ち着き
例 He composed this piece (of music). 彼がこの曲を作った． / I took a deep breath in order to compose myself. 深呼吸して気分を落ち着けた．◊ the com-

position of the moon 月の組成 / write a composition 作文を書く / a composition for the violin バイオリンのための曲

comprehend [kὰmprihénd]
理解する
原 しっかり(com) 捉える(prehend)
イメージ (意味を)ちゃんと捉える⇨把握する
解 pre-, pri-は〈つかむ〉の意味合いがある：prey 餌食(⇨捕らえるもの) / prize 賞(⇨闘ってつかむもの)
派 comprehension 把握 / comprehensible 理解できる / comprehensive 包括的な
例 Few can comprehend the theory of relativity. 相対性理論を理解できる人は少ない．

comprise [kəmpráiz]
含む，〜で構成される
原 共に(com) 取る(prise)
イメージ (〜を構成の要素として取る)⇨あるものが〜を含んでできている⇨〜を含んであるものができている
関 surprise びっくりさせる(⇨ふいに＋取る)
例 The United States comprises fifty states, including Hawaii and Alaska. 合衆国はハワイとアラスカを含めた50州からなる．◇これを Fifty states, including Hawaii and Alaska, comprise the US. とも言える．

compromise [kάmprəmὰiz]
妥協する，損なう
原 共に(com) 調停者を送り出す(promise)⇨妥協する
イメージ (要求・主張の一部を割愛して)折り合う⇨(割愛されるので十全を)損なう
解 「妥協する」と「一部損なわれる」のは自然の理である．
関 promise 約束する(⇨前もって＋ことばを送り出す)
例 The labor union and the management compromised over wages. 労働組合と会社側は賃金について妥協した．/ The minister compromised his reputation by accepting bribes. 大臣は賄賂をもらって評判を落とした．/ Speeding compromises your safety. スピードを出すと安全性は危うくなる．/ Failure in one aspect will compromise the integrity of the entire plan. ある一面がうまくいかないと企画全体の統一性を損なうことになる．

compulsive [kəmpΛlsiv]
何かにとりつかれたような
原 強く(com) 迫るような(pulsive)
イメージ 内からどくどく湧くような衝動に駆られている
解 pulse(脈，鼓動)が綴りに潜んでいる．
関 compulsion 強制，衝動
例 He is a compulsive drinker. 彼は飲まずにはおれない人だ．

compulsory [kəmpΛlsəri]
強制的な，必修の
原 強く(com) 迫るような(pulsory)
イメージ 外からぐいぐい押しつけを迫るような
解 pulse(脈，鼓動)が綴りに潜んでいる．
例 Wearing your safety-belt when driving is compulsory in Japan. 日本ではシートベルトの着用は法で決められています．/ What percentage of children actually complete their compulsory education? 義務教育を修める子供の割合はどれくらいですか．

compute [kəmpjú:t]
計算する
原 合わせて(com) 数える(pute)
イメージ 計算する
解 computer は「電子計算機」という定訳があるが，-pute は〈計算する〉から〈考える〉の意味の発展があるので，今日の computer はまさに「電子思考機」と解釈されよう．日本語でも「〜を計算に入れる」と言えば「〜を考える」の意に発展する．
派 putative 推測上の
例 I don't know how to compute the average speed of these runners. これらのランナーの平均速度の出し方が分からない．

conceal [kənsí:l]
隠す
原 しっかり(con) 隠す(ceal)
イメージ 人に気づかれないように隠す
派 concealment 隠蔽(いんぺい)

例 When they went out, traditional Muslim women wore the veil to conceal their faces. 外出の時，因襲的なイスラムの婦人達はベールを着けて顔を隠していた．/ The burglar set fire to the house to conceal the evidence of his crime. 強盗は犯行の証拠を隠滅するためにその家に放火した．

concede [kənsíːd]
譲歩する，しぶしぶ承認する
原 共に(con) 行く(cede)
イメージ やむなく相手に合わせて行動する
派 concession 譲歩，許可
例 I will concede that you are right. 君の言い分が正しいと認めるよ．/ The Germans forced China to concede them the right to build two railways. ドイツ人は中国に2つの鉄道を建設する権利を自分達に与えるように強要した．

conceit [kənsíːt]
うぬぼれ
原 強く(con) 取ること(ceit)
イメージ かいかぶり，思い込み
解 receipt(レシート)の-ceiptも同じく〈取る〉の意がある．
例 He is full of conceit (= so conceited). 彼はひどいうぬぼれ屋だ．

conceive [kənsíːv]
考える，妊娠する
原 しっかり(com) 入れる(ceive)
イメージ 頭に(情報を)入れて考える/(子宮に)しっかり入れて身ごもる
例 Children's Express was originally conceived as a news magazine for children. チルドレンズエクスプレスは当初子供のためのニュース雑誌として考えつかれた．/ She has conceived at last. 彼女はやっと身ごもった．

concern [kənsə́ːrn]
関係する，心配する
原 しっかり(con) 分ける(cern)
イメージ (ものごとの区別に)関わる⇨(ものごとが)気がかりになる
派 concerning 〜に関して
関 discern 見分ける(⇨区+別する)
例 You need to take care where money matters are concerned. 金銭が関わる場合には用心が必要ですよ．/ "Strikeouts aren't a concern. Winning is," said the pitcher. 投手は「三振の数は気にならない．勝てるかが問題なのだ」と言った．/ I'm very conscious of what I eat because I'm concerned about my weight. 私はとても食べるものに気をつけていますが，それは体重のことが気にかかるからです．/ Leonardo da Vinci concerned himself with what the eye could see, rather than with abstract thoughts. レオナルド・ダ・ビンチは抽象的な思想よりも，観察できるものに関心を向けた．

concise [kənsáis]
簡潔な
原 しっかり(con) 切られた(cise)
イメージ (無駄な言葉が削られて)すっきりしている
解 日本語の「すっきり」もあやふやな部分を切り落とすことでconciseと発想が同じである．
関 precise ちょっきり / incise 切開する
例 His style is concise and readable. 彼の文体はすっきりしていて読みやすい．

conclude [kənklúːd]
結論を出す，終える
原 共に(con) くくる(clude)
イメージ しめくくる
解 -cludeには〈閉じる〉意味合いがある：preclude 排除する(⇨前もって+閉じる) / seclude 隔離する(⇨離して+閉じ込める) / include 含む(⇨中に+閉じ込める)
派 conclusion 結論 / conclusive 最終的な
例 Ministers often conclude sermons with a quotation from the Bible. 牧師はしばしばバイブルからの引用をもって説教をおしまいにする．/ They tried to conclude a treaty with the Romans on equal terms. 彼らはローマ人と対等な条約を結ぼうとした．

concoct [kɑnkɑ́kt]
混ぜて作る
原 混ぜて(con) 煮る(coct)
イメージ 混ぜ合わせてうまく作る
解 cook(煮る)は同系語．◇イディオム cook up an excuse(口実をうまく作る)は原義を映している．また，whip up a

concoction(でっちあげる)と言うようにどこか料理の匂いがする語である.
派 concoction 混成, でっちあげ
例 He concocted an excuse for leaving early. 彼は早退の口実を作った. / Various concoctions were prepared from powdered opium. いろいろな調合薬が粉末アヘンから処方された.

concrete [kánkri:t]
具体的な, 有形の
原 共に(con) 成長した(crete)
イメージ (合わさって)形ができた⇨コンクリート
関 increase 増える / crescent 新月, 三日月(⇨だんだん大きくなる)
例 I've got a concrete proposal about what you should do. 君がしなくてはならないことについて具体案があるよ.

condemn [kəndém]
非難する
原 ひどく(con) 傷つける(demn)
イメージ ダメと決めつける, ダメと宣告する
解 demn(⇨ damn)と「ダメ」の音と意味は似ている.
派 condemnation 非難, 刑の宣告
関 damn こきおろす / damage 被害を与える
例 Evil doers will be condemned to suffering in hell. 行いの悪い者は地獄で苦しむはめになろう. / Florence Nightingale saved the life of an old dog when its broken leg had condemned it to death. フローレンス・ナイチンゲールは脚を折って死ぬ運命にあった老犬の命を助けた. / The jury found Socrates guilty and so he was condemned to death. 陪審はソクラテスを有罪とし, その結果彼は死刑の判決を受けた

condition [kəndíʃən]
状況, 条件, 左右する
原 共に(con) 言う(dition)
イメージ (共に言う⇨話し合う)⇨(合意の)条件, 状態;条件を与える
派 conditional 条件付きの / unconditional 無条件の
関 abdicate 退位する(⇨離れる+と言う) / diction 言い回し
例 The will to live is a condition for survival. 生き抜く意志が生き残りの条件だ. / Except during humid periods, the leaf must be conditioned in moistening cellars. 湿気の多い時期をのぞいて葉ものは湿り気のある貯蔵所に保存されねばならない. / Worshippers are conditioned to believe what the priest preaches. 信者は司祭の説くことはすべてのみにするように条件付けられている.

conduct [kándʌkt]
ふるまい, 指揮する, 導く
原 共に(con) 引く(duct)
イメージ 手を引いて導く⇨(我が身を導く)ふるまう, 行動をとる
派 conductor 車掌, 添乗員, 指揮者, 伝導体(⇨いずれも他のものを導く)
例 The American professor teaches Japanese literature and conducts the classes in Japanese. そのアメリカ人教授は日本文学を教え, 授業は日本語でやる. / The first experiments with cloud seeding were conducted in 1946. 最初の人工降雨実験は1946年に行われた. / During the Spanish colonial period, the city conducted a thriving cacao trade. スペインの植民地時代にこの都市は盛んにカカオの貿易を行なった. / He conducted himself admirably in adverse conditions. 彼は不利な条件下で見事にふるまった.

confer [kənfə́:r]
相談する, 授与する
原 共に(con) 運ぶ(fer)
イメージ 一方が他方に意見を持ち寄る, (運び与える)⇨もたらす
派 conference 会議, 学会(⇨意見の持ち寄り)
例 Immunity can be conferred by vaccination. 免疫はワクチン接種によってもたらされる. / The referee conferred with the linesman before ruling the point. 主審は判定を下す前に線審に相談した. / We have a conference every second Tuesday. 毎月第2火曜日に会議がある.

confess [kənfés]
白状する
原 あえて(con) しゃべる(fess)
イメージ (言いたくないことを)あえて

言う
[解] -fess は〈息の破裂⇨発声〉のイメージがある：profess 公言する(⇨前で+話す) / professor 教授(人前で(pro)しゃべる(fess)人(or))
[派] confession 告白
[例] He confessed his crime. 罪を自白した． / I must confess you are right after all. やはりあなたが正しいと認めざるを得ません．

confide [kənfáid]
信頼する，打ち明ける
[原] 強く(con) 信用する(fide)
[イメージ] (強く信用する)⇨(信頼して)打ち明ける
[解] confide は〈信用+打ち明け〉の意のうち，〈打ち明け〉に重点がある．ある近刊の英和辞典は I confide in him. を「私は彼を信頼している」と和訳しているが，これはむしろ「私は彼に何でも相談する」の意である．
[派] confidence 信用，自信 / confident 確信して，自信のある / confidential 秘密の
[関] fidelity 忠実 / faith 信頼
[例] Never confide in anyone unless you are sure that he will respect your confidence. 秘密をちゃんと守ってくれると確信できないのに相談事を他人にもちかけないようにしなさい．

confidence [kánfidəns]
信用，自信
[原] 強く(con) 信用すること(fidence)
[イメージ] 自信(⇨自己の能力に対する信頼)，信頼(⇨他人の能力に対する信頼)
[解] confidence(信頼)に「秘密・内緒」の意が生まれるのは〈相手を信頼する⇨打ち明ける⇨秘密〉だから．
[関] confidential 親展 / fidelity 忠実
[例] His breach of professional confidence was condemned by his colleagues. 彼は職業上の秘密をばらしてしまったので同僚から責められた． / This information should be kept strictly confidential. このことは極秘にしておかなければならない． / Confidential testing for AIDS is available. エイズの検査は極秘にできる．

confine [kənfáin]
閉じ込める
[原] しっかり(con) 限る(fine)
[イメージ] 動ける領域を制限をする
[解] fine はフランス映画でおなじみのように「終」の意．つまりここまでで終わりですよと制限をする意味合いである．この-fine を〈見事な，晴れた〉の意で解釈すると，confine の意味を捉え損なう．
[派] confinement 監禁
[関] define 定義する(⇨しかと+(意味の範囲を)限る) / finance 財政(⇨金で決着をつける)
[例] Domon Ken continued taking photographs even after he was confined to a wheelchair. 土門拳は車椅子になっても写真を撮り続けた． / Professors have to be well read; they cannot confine themselves solely to their specializations. 教授は博識でなければいけない；単に自分の専門にだけ閉じ籠もるわけにはいかない．

confirm [kənfə́:rm]
確かめる，確認する
[原] しっかり(con) 固める(firm)
[イメージ] (報道/風評などを)証拠や確証によってはっきりさせる
[派] confirmed 確認された / confirmation 確認
[関] infirm 弱々しい(⇨していない+しっかり)
[例] Recent studies have confirmed what meets the eye: pollution is developing in rural districts too. 目にする様子が実際に間違いないことが最近の調査によって裏付けられた：田舎でも公害は起こっているのである． / After confirming her identity, Judge Smith said the suspect would remain in police custody. 彼女が本人であることを確認した後，スミス判事は容疑者は警察に拘留されると申し渡した． / I'm a confirmed vegetable hater. 僕は押しも押されもせぬ野菜嫌いだ． / I'm calling to confirm my appointment with you this afternoon. 午後お会いできるということでしたが，確認のため電話しています．

conflict [kánflikt]
争う，衝突する

原 共に(con) 打つ(flict)
イメージ (互いに打ち合う)⇨衝突する⇨対立する
解 -flict は〈刀や拳で振りかかる〉意味合いがある：afflict 苦しめる(⇨打ちつける) / inflict 打撲を負わせる(⇨に＋打ちつける)
派 conflicting 矛盾する
例 Darwin's theories of evolution conflicted with Christian beliefs. ダーウィンの進化論はキリスト教の信仰と対立した.

conform [kənfɔ́ːrm]
従う，一致する
原 一緒に(con) 形づくる(form)
イメージ 規範に合わせて行動する
解 form a judgment(判断を下す)，form good habits(よい習慣を身につける)などの表現から-form の意は〈行う・する〉の意であると理解できる.
派 conformable 適合する / conformity 一致
例 People usually adjust their attitudes to conform to those that are most prevalent in the society. 人は普通その社会でもっとも広まっている生活態度に自分の生活態度を合わせるものだ.

confound [kənfáund]
まごつかせる，混同する
原 共に(con) 混ぜ合わす(found)
イメージ 予期せぬことを投入してまごつかせる
解 -found〈混ぜる，混乱する〉は dumbfound 声も出ないほど驚かす(⇨予想外のことで混乱させて口が利けないほどにする)にも見られる.
例 We jammed his radars in order to confound the enemy's scouting effort. 敵の偵察行動を混乱させるために彼らのレーダーに妨害電波を送り込んだ.

confront [kənfrʌ́nt]
向かい合う，対抗する
原 互いに(con) 向き合う(front)
イメージ 双方が額を突き合わせる・角(つの)を突き合わせる
解 front には元来「額(ひたい)」の意があった.
派 confrontation 対決 / confrontational 対立的な
例 The difficulties that confront us seem insuperable. 我々が直面している難関は越えられそうにもない. / They confronted the accused with his accuser. 被告と原告を対決させた. / They used less confrontational methods of negotiating than they did before. 彼らはこれまでよりも対決姿勢を弱めて交渉してきた.

confuse [kənfjúːz]
混乱させる
原 共に(con) 注ぐ(fuse)
イメージ いろいろな情報を混ぜこぜにして頭に流し込む⇨混乱させる
解 con- は「混」と語呂を合わせてもよい. -fuse は高熱に反応して溶けるヒューズをイメージすればよいだろう.
派 confusing 混乱させる / confusion 乱雑, 混乱
関 refuse 拒絶する(⇨反＋融ける)
例 His advice only confused me. 彼のアドバイスには混乱するだけだった. / I often confuse him with his brother. 彼と彼の兄をよく間違える.

congratulation [kəngrætʃəléiʃən]
祝賀，(〜s で)おめでとう
原 共に(con) 祝う(gratulation)
イメージ おめでとう！
解 日本人がこの語を用いる時, よく congratulation! と言っているのが聞かれる. お祝いの気持ちが一杯ですの意味合いを込めるために常に複数形で用いる. お悔やみの意の condolences も同様の気持ちから複数形を用いる. Congratulations＋on〜の形をとるのは喜びの気持ちを相手に浴びせかける気持ちからである.
関 grateful 感謝する / gratitude 感謝の気持ち
例 Congratulations on your daughter's marriage. 娘さんの結婚おめでとう.

congress [káŋgrəs]
会議，大会，学会
原 共に(con) 行く(gress)
イメージ 会員・議員が共に寄り合う⇨大会・議会
解 日本語でも「寄り合い」と言えば地域の話し合いの会のこと.
関 regress 退化する(⇨後ろへ＋進む) / aggressive 攻撃的な(⇨前進する) /

digress 本題からそれる(◇それて＋行く) / progress 進歩する(◇前へ＋進む) / retrogress 後退する(◇後ろへ＋進む) / transgress 法を越える(◇越えて＋進む)

例 We will attend the second annual congress of medicine. 我々は第2回医学会に参加する。

conjecture [kəndʒéktʃər]

推測する

原 共に(con) 投げる(jecture)

イメージ 考えを投げ集めて状況を推し量る⇒推測する

解 je-には〈圧力が加わってはじける〉意味合いがある：jet 噴射 / jettison 投げ荷 / jetty 突堤(◇投げ出されたもの)

例 There are still conjectures about the style and pattern of ancient dances, but there is far more concrete evidence of their existence. 確かに古代のダンスの踊り方については推測の部分もあるが、はっきりした証拠の方がはるかに多い。 / Some astronomers conjecture that the star may have been brighter in the past. 天文学者の中にはその星は昔はもっと明るく輝いていただろうと推測するものがいる。

conjure [kándʒər]

呼び出す

原 強く(con) 誓う(jure)

イメージ 気をこめて事や物を呼び出し目の前に見えるがごとくする

派 conjurer 手品師

関 juror 陪審員(◇誓う)

例 The magician conjured a dove out of his hat. 手品師は帽子からハトをとり出した。 / You can conjure up an image of 'gagaku' if you think of it as being the music played at a Japanese Shinto wedding ceremony. 雅楽はどんなものか思い描くには神前結婚式の時に奏される音楽を思えばよい。 / Martin had a girl in mind as he conjured up an erotic scene. マーティンはある女性を思って、エロチックな場面を想像した。

connect [kənékt]

接続する、関係づける

原 共に(con) つなぐ(nect)

イメージ 2つのものをつなぐ、あることを別のことと結びつけて考える

派 connection 接続，つながり

関 nexus 連鎖

例 The doctor connected my physical disorder with overwork. 医者は私の体調が悪いのは過労のせいだとした。

conquer [káŋkər]

征服する

原 強く(con) 求める(quer)

イメージ (強く求める)⇒力で自分のものにする⇒征服する

解 que-には〈探し求める〉のイメージがある：question 質問する(◇答えを求める) / query 疑問に思う(◇真実を求める) / quest 探し求める / request 依頼する(◇反対に＋求める)

派 conqueror 征服者 / conquest 征服

例 Conquer your fears before they disable you. 恐怖に押しつぶされないように恐怖を克服しなさい。

conscience [kánʃəns]

良心

原 共に(con) 知る(science)

イメージ (共に知る⇒互いに分かる)⇒善悪の区別が分かる

解 science は〈(知ること)⇒学問⇒科学〉

派 conscientious 誠実な / conscious 気づいている◇この2つの形容詞の意味の違いに注意。前者は〈精神的知覚〉、後者は〈生理的知覚〉。

例 I had a pang of conscience after not telling her the truth. 彼女に本当のことを言わなかったので、良心の呵責を感じた。 / Beth is a really conscientious student and worries about her grades. ベスは本当にまじめだから成績のことを気にしている。 / Caroline is very conscious of her weight. キャロラインは体重をとても気にしている。 / She was unconscious when the paramedics took her to the Emergency Room. 彼女は救急隊員が救急室へ運びこんだ時は意識がなかった。

consecutive [kənsékjətiv]

連続する

原 一緒に(con) 後を追う(secutive)

イメージ (すぐ後を追う⇒間隔をあけない)⇒続いて起こる

解 secu-に〈追及、追いかけ〉が感じられる

関 consequence 結果, 影響(⇨ 一緒に＋後に来る) / sequence 連続

例 DiMaggio hit safely in 56 consecutive games in 1941. ディマジオは1941年に56試合連続安打を放った．

consent [kənsént]
同意する

原 共に(con) 感じる(sent)

イメージ (同じように感じる)⇨同意する

関 consensus 多数の人の合意 / dissent 異を唱える(⇨反＋感じる)

例 Their parents refused to consent to their union, so the lovers at last resolved to elope. 愛する2人は両親が結婚に同意しなかったのでついに駆け落ちすることにした． / In earlier legal systems, the woman's consent in marriage was often unnecessary or of minor importance. 初期の法律制度下では結婚の際の女性側の合意は必要でなかったり軽くみられたりした． / The consensus among modern sociologists is that a strictly matriarchal society never existed. 厳密な母権社会は存在しなかったというのが現代の社会学者の間で一致した意見である．

consequence [kánsəkwens]
結果，重要性

原 共に(con) やって来るもの(sequence)

イメージ (ある行動に付随して起こること)⇨結果⇨重要

派 consequently その結果

例 Unless we can enjoy some form of recreation, we become stale and our work suffers in consequence. 何らかの気晴らしができないと，人は滅入ってしまいその結果，仕事が思わしくなくなる． / We are all responsible for the consequences of our actions. 我々は誰でも自分の行動の結果に責任がある． / It is of little consequence to me. そのことは私にはあまり重要ではない．

conserve [kənsə́:rv]
保存する

原 しっかり(con) 保つ(serve)

イメージ そのままをずっと保つ⇨これまでのものを大切に扱う

解 -serve は〈保つ〉の意味合いがある：observe 守る(⇨〜を＋保つ) / reserve 予約する(⇨奥に＋保つ) / preserve 保存する(⇨前もって＋守る)

派 conservative 保守的な / conservation 保存

例 We must conserve natural resources and woodlands for future generations. 子孫のために資源や森林を(壊さないように)大事にしなければならない． / He is devoted to wild life conservation. 彼は野生動物の保護に一所懸命である． / The law of the conservation of energy states that the amount of energy in the universe is always the same. エネルギー保存の法則によれば宇宙のエネルギー量はいつも同じである． / He has a conservative taste. 彼は趣味が古くさい．

consider [kənsídər]
考える

原 しっかり(con) 星を見る(sider)

イメージ (人は古来，星を観察して吉凶を考えた)⇨じっくり考える

解 -sider は star に似ている．

派 considerable かなりの(⇨考慮に値する) / considerably 相当に(⇨考慮に値するほどに) / considerate 思いやりがある(⇨他者のことを考えている) / consideration 考慮

関 sidereal 星の

例 I'm considering changing my major from biology to computer science. 専攻を生物学からコンピュータに変えようと思っている． / Many historians consider him the ablest and most successful Japanese diplomat. 彼を一番才能豊かな，かつ成功した日本人外交官と考える歴史家が多い．

consist [kənsíst]
成り立つ，ある，一致する

原 一緒に(con) 立つ(sist)

イメージ 〜で成り立つ⇨〜を基盤にして成り立つ

解 〈〜で成り立つ〉は consist of, 〈〜を基盤にして成り立つ〉は consist in で表現される．

派 consistency 一貫性 / consistent 一貫性がある(⇨ばらばらでない)

関 constitute〜を構成する

例 The human body consists of more

than 75 trillion cells. 人体は75兆もの細胞でできている． / The committee consists of scientists and engineers. この委員会は科学者と工学者で構成されている． / The beauty of this picture consists in its balance of colors. この絵の良さは配色にある． / The Hinomaru has a simple design consisting of a red disk on a white background. 日の丸は白地に赤丸の簡単なデザインである．

consonant [kánsənənt]
子音
原 一緒に(con) 音になる(sonant)
イメージ (母音と一緒に発音される)⇨子音
解 母音はvowel(⇨声が原義)．
関 sound 音 / sonorous 響きわたる / sonar 水中音波探知機 / sanata ソナタ
例 Consonant is a sound which in speech requires hindering of the breath by the tongue, teeth, or lips. 子音とはしゃべる時に舌あるいは歯あるいは唇によって息の流れが妨げを受けることが必要な音のことである．

conspire [kənspáiər]
陰謀を企てる
原 共に(com) 息をする(spire)
イメージ 互いに息をひそめ合って悪事を企む
派 conspiracy 陰謀
例 Asahara conspired with Inoue and Murai to plant sarin on Tokyo subway lines. 麻原は井上と村井と共謀して東京の地下鉄にサリンを置いた．

constant [kánstənt]
不変である
原 しっかり(con) 立つ(stant)
イメージ (いつも変わることなく存在する)⇨一定している⇨絶えず起こっている
派 constantly 絶えず
関 stand じっと立つ
例 Ever since he retired, Bob has been a constant visitor at my home. ボブは退職してからは僕の家にいつも来ている． / There are very few constants in modern life, taxes being one. 現代生活では常に安定しているものは少ない；税率もその1つである．

constipate [kánstəpeit]
便秘させる
原 強く(con) 詰まらせる(stipate)
イメージ ウンと詰まらせる⇨便秘させる
派 constipation 便秘
例 The baby is constipated. 赤ん坊が便秘になっている． / I'm a little constipated 少し便秘気味です．

constitute [kánstət(j)u:t]
構成する，設立する
原 共に(com) 立ち上げる(stitute)
イメージ 一緒になってある状況・物を生み出す
派 constituent 構成要素 / constitution 構成, 体格, 憲法(⇨3つの意味の接点は〈パーツによって成り立っている〉と言える)
例 The workers constituted themselves into a union. 労働者達は結束して労働組合を作った． / Severe depression and suicidal feelings constitute an emergency. ひどい落ち込みや自殺願望は急を要することになる．

construct [kənstrʌ́kt]
組み立てる，作る
原 共に(con) 築く(struct)
イメージ 部分を組み合わせて作り上げる
派 reconstruct 再建する
関 construe 解釈する(⇨相手の言う単語を組み合わせて意味をとる) / structure 建物
例 A florist constructs a corsage from the heads of flowers. 花屋さんは花の頭を使ってコサージをこしらえる． / I cannot reconstruct the entire conversation I had with the Emperor, because I was so nervous. たいそう緊張していたので, 陛下とどういう会話をしたか逐一思い出せない．

consult [kənsʌ́lt]
相談する
原 共に(con) 考える(sult)
イメージ 人と相談し, 辞書と相談する
派 consultant 相談相手 / consultation 相談
関 consul 領事 / counsel 助言
例 To be safe, you should consult a physician when you have a nipple discharge. 念のために, 乳首から分泌

液がでる時は医者に看てもらった方がいいですよ．

consume [kəns(j)úːm]
消費する，消耗する
原 すべて(con) 取る(sume)
イメージ (食糧・時間・エネルギーを)使い尽くす
派 consumer 消費者 / consumption 消費 / consumptive 消費の
例 It would be difficult to consume noodle dishes like soba without making any noise at all. ソバのような麺類を音を少しも立てずに食べるとしたらとても難しい． / He seems to be consumed with guilty. 彼は罪悪感にうちひしがれているようだ(⇨気力を使い尽くしている)． / Her husband seemed to be consumed by his work. 彼女の夫は仕事で疲れ切っているようであった．

consummate [kánsəmeit]
完成する
原 しっかり(con) 頂点に達した(summate)
イメージ 頂点に達する⇨達成する
解 summit(頂点)が綴りの背景に潜んでいる
派 consummation 達成
例 They finally consummated their love. 彼らはやっと愛を実らせた．

contact [kántækt]
接触する，連絡する
原 共に(con) 触れる(tact)
イメージ 互いが触れあう
関 tangible 触れて感じられる / tangent 接する / tactile 触角の / contagion 感染 / contagious 伝染する
例 I will contact you later. 後で連絡します． / Some vocabulary growth takes place when speakers of two languages come in contact with each other. 異なった言語を話す人が出会うと言語の語彙数が増える場合がある． / Athlete's foot does not seem to spread through contact. It is not highly contagious. 水虫は接触ではうつらないようである．伝染性はそれほどでもないようだ． / Do you wear contact lenses? コンタクトつけてる？

contain [kəntéin]
含む，(感情を)押さえる
原 一緒に(con) 保つ(tain)
イメージ 中に含む，中に閉じ込める
派 container 容器
関 content 中身，満足した / continent 大陸(⇨陸また陸と続く)，自制できる(⇨(欲望を)閉じ込められる) / continue 間断なく続ける(⇨共につなぐ) / countenance 表情(⇨感情のこもり)
例 This water contains an abundance of minerals. この水はたくさんのミネラルを含んでいる． / She couldn't contain her anger. 彼女は怒りを抑えられなかった． / We need to contain this rumor. この噂を抑えないといけない．

contaminate [kəntǽmineit]
汚染する
原 共に(con) 触れる(taminate)
イメージ (不純なものに)触れて汚す
派 contamination 汚染
関 contact 接触する
例 Herbicides and pesticides reach the oceans via the wind and rivers and contaminate marine organisms. 除草剤や殺虫剤は風や川で運ばれて海に入り海洋生物を汚染する．

contemplate [kántəmpleit]
じっくり考える
原 集中して(com) 寺院で吉凶を観る(template)
イメージ じっと(これからのことを)考える
解 temple(寺院)は同系語で原義は「占者が占いのために観察，熟考した場所」．考えるには先ず「集中(con-)」がいる：consider じっくり考える(⇨集中して＋星を見る) / conceive 考える(⇨しっかり＋受ける)．
派 contemplation 熟考
例 Losing my job, I was left contemplating (＝to contemplate) my future deeply. 失業して自分の将来を考え込むはめになった．

contend [kənténd]
競争する，主張する
原 強く(con) 張る(tend)
イメージ (双方が)張り合う / (一方が)主張する
解 文脈(双方向か一方向か)によって意味合いが変わるのは argue の場合も同じ(⇨ argue)

派 contention 争い，主張
関 distend 腫れる(⇔外に+張る) / extend 拡張する(⇔外に+張る) / pretend ふりをする(⇔前に+(煙幕を)張る / tension 緊張
例 Foot soldiers contended with armored men on horseback. 歩兵隊は騎乗兵隊と戦った． / The doctor contends that the kind of foods you choose to eat may reveal a great deal about your emotional history. 博士は食の好みはその人の過去の感情的生活面をよく物語るものだと主張している．

contest [kántest]
争う
原 共に(con) 証言する(test)
イメージ (共に証言をして競う)⇨(競争や訴訟で)勝ちを得ようと競う
解 西欧における法社会の歴史・深さを感じさせる語である．
派 contestant 競技の出場者
関 testimony 証明(⇔調べる+こと) / testify 保証する(⇔証人+にする)
例 The man did not contest the multiple charges of animal abuse brought against him. その男は彼に対する動物虐待の多重罪に対して控訴しなかった．

context [kántekst]
文脈
原 共に(con) 織り込む(text)
イメージ ことばを織り込む⇨文脈・前後関係 / 織り込まれた条件⇨とりまく状況
派 contextual 文脈上の
関 pretext 口実(⇔前もって+用意しておくことば) / text 原文(⇔織り込んだことば) / textile 布地 / texture 手触り
例 The meaning of a word often differs from context to context. 単語の意味はしばしば文脈によって異なる． / In the context of this academic environment at this University, I'm happy to be teaching Japanese students. この大学の研究環境の状況下で，日本の学生に教えることを楽しんでいます．

continue [kəntínju:]
続ける
原 共に(con) 保つ(tinue)
イメージ これまでのことを途切れることなく続ける

派 continuation 続行 / continuity 連続 / continuous 切れ目なく続く
関 continent 大陸(⇔陸が連綿と続く)
例 If the Japanese continue this lifestyle, we'll see a lot more people with diabetes. このままのライフスタイルを続けると，糖尿病の日本人はさらに増えることになろう．

contract [kántrækt]
契約する，縮める
原 共に(com) 引く(tract)
イメージ 双方ががっちりかみ合えば契約が成立し，病原体と身体がかみあうと病気になり，分子が互いに引き合うと物は縮む
解 tractor トラクター(牽引車)は同系語．
派 contraction 短縮
例 The two banks contracted to merge. 両銀行は合併の契約をした． / His son has contracted pneumonia. 彼の息子は肺炎にかかっている． / Metals contract as they become cooler. 金属は冷えると縮む．

contradict [kàntrədíkt]
否定する，矛盾する
原 反対(contra) を言う(dict)
イメージ (他人の言に)反対を言う / (自分の前言に)反対を言う⇨つじつまが合わない
派 contradiction 反論，矛盾
例 He contradicts what I have to say all the time. 彼は私が言うことにいつも反対する． / The findings of this study contradict an age-old popular image of the royalty. この調査の結果は昔から皆が持っていた皇室のイメージとは異なる． / There were some contradictions in what he reported to the police. 彼が警察へ通告したことにはいくつかの矛盾があった．

contrary [kántreri]
反対の，逆の
原 反対の
イメージ それとは反対の / (人が何でも反対して)へそ曲がりである
例 She is actually an able teacher, contrary to what they say about her. 彼女は人が言うのと違ってとても有能な先生だ． / I found him to be a some-

what contrary person. 彼はちょっとしたへそ曲がりだった．

contrast [kɑ́ntræst]
対照させる
原 反対に(contra) 立つ(st)
イメージ 違いを際立たせる
解 con-trast ではなく contra-st であることを確認しておこう．
例 There is a marked contrast between them. 両者には際立った違いがある．/ The question was to contrast American English and British English. 質問は英語と米語を対照することであった．

contribute [kəntríbju:t]
寄付する，貢献する，寄稿する
原 共に(con) 与える(tribute)
イメージ (共に与える)⇨要因として与(くみ)する⇨要因となる
解 contribute を「貢献する」と覚えると，プラス・イメージのみで捉えてしまうことになる．要因とは，〈害を与える〉場面も含まれる．
派 contribution 寄付，貢献 / contributor 寄稿者 / contributory 原因となる
関 tribute 貢ぎ物(⇨部族(tribe)に与える) / distribute 分配する(⇨分けて＋与える)
例 Being overweight may contribute to the development of coronary heart disease. 肥満はよく心臓病を発病する要因になる．/ Food particles on the tongue contribute to bad mouth odors. 舌についた食べ物の粒は口臭の原因になる．/ Some chemicals used as detergent builders contribute to water pollution. 洗浄促進剤に使われている化学物質が水の汚染の要因になっている．/ He pointed to some factors that are contributing to youth suicide. 彼は若者の自殺を引き起こしているいくつかの要因を指摘した．/ Shall I contribute? 僕も払いましょうか(◊おごるつもりでレジで支払いをしようとしていたら背後から受けた質問の実例．「支払いの助けになりましょうか？」の意)

contrite [kəntráit]
悔恨の
原 共に(con) 擦る(trite)
イメージ (擦り切れたように)やつれた

⇨ひどく後悔している
派 contrition 悔恨
関 trite 使い古された(⇨擦り切れた)
例 What we saw was a father who was contrite and who was very sorry for his actions. 私達が目にしたはまなそうに自分の行動を後悔している父親の姿だった．/ "God always forgives those who approach him with a contrite heart," the preacher said to the congregation. 悔い改めの心を持って近づくならば神は誰にでも許しを与えると牧師は会衆に説いた．

control [kəntróul]
支配する，管理する，統制する
原 突き合わす(cont) 帳簿と(rol)
イメージ (帳簿と照合する⇨チェックする)⇨対象の自由勝手なふるまいを抑える
関 enroll 登録する(⇨入れる＋帳簿に)
例 Jockeys control the horses in a race. 騎手はレースで馬を操って走らせる．/ Controlling weeds is a basic factor of cultivation. 雑草のはびこるのを如何に抑えるかが植物栽培の基本である．/ Most weeds are difficult to control. 大抵の雑草ははびこるのを抑えにくい．/ Book lice can be controlled by exposing books to sunlight. 本につくシラミは本を日光にさらすことによって抑えられる．

controversy [kɑ́ntrəvə:rsi]
論争
原 反対に(contro) 向いた(versy)
イメージ (ある既存のことに対する)反対方向の意見⇨意見の衝突が起こる
派 controversial 物議をかもす
解 contro-は counter(反対の)，-versy (向いた)は introvert(内向性の)，version((方向を変えた)改作，～版，～訳)などに見られる．
例 An ex-prostitute appointment to the Cabinet aroused much controversy. 元売春婦の入閣任命は大きな議論を呼んだ．/ The royal family has been a topic of great controversy of late. 王室は最近非常な議論を呼ぶ話題となっている．/ He is a controversial politician. 彼はよく物議をかもす政治家だ．

convenient [kənvíːniənt]
都合のよい，便利な
[原] 共に(con) 来る(venient)
[イメージ] 両者(自分と相手／欲求と供給)がたまたま同じところに来る⇨両者が合う⇨好都合である
[解] convenience store をそう呼ぶ由縁は①自分の勝手な時間に行っても，相手(⇨品物)に会えること(いわば終日営業)．②自分の勝手な好みに対していつも相手(⇨多彩な品揃え)に会えること．③ちょっと足を伸ばせばすぐに店に会える(⇨身近に店がある)などがある．
[派] conveniently 好都合に／ convenience 便利，便利な物／ inconvenience 不都合
[例] Will Sunday morning be convenient for you? 日曜の朝は都合がいいですか？ / The dog went mad and rubbed and scraped against any convenient object. 犬は狂って手頃な物なら何でも(＝手当たりしだいに)こすり引っ掻いた． / We can enjoy television, e-mail and other conveniences in communication today. 現代ではテレビやe-メールやそのほかの文明の利器で交信を楽しめる．◇conveniences が〈(生活の必需品ではないが)あれば便利なもの⇨文明の利器〉といった意味合いを持つが，これには人間の欲求(e.g. アメリカにひと飛びしたい)に供給(e.g. ジェット機)が合うという原義が流れている． / Has this incident caused you any inconvenience at all? この事件があなたに何らかの不都合をもたらしましたか？

convention [kənvénʃən]
大会，慣例，協定
[原] 共に(con) 来ること(vention)
[イメージ] (人が集まる)大会⇨(人が集まって結ぶ)協定⇨(協定はやがて)慣例となる
[派] conventional 慣例的な，因習的な
[例] Sumo wrestlers follow the convention of bowing to each other before and after the bout. 力士は戦いの前後に礼をするしきたりに従っている． / Both India and Pakistan have the ability to fight with conventional as well as nuclear weapons. インドとパキスタンは双方とも通常兵器と核兵器で戦える． / Some materials are too hard or too brittle to be machined by conventional methods. 従来の方法では固すぎたりもろすぎたりして工作できない材質がある．

conversant [kənvə́ːrsənt]
〜に詳しい
[原] 共に(com) 向かう(versant)
[イメージ] 互いに向かう⇨相通じる⇨よく通じている
[解] 日本語の〈通じている・精通している・通暁している〉は発想が似ている．
[例] He is conversant with the mind of the Japanese negotiator. 彼は日本人交渉者の考え方に通じている． / Professional referees must be thoroughly conversant with the rules of the game. プロの審判はゲームのルールに完璧に精通していなければならない．

conversation [kɑnvərséiʃən]
会話，談話
[原] 共に(con) 向けること(versation)
[イメージ] (互いに声を向け合う)⇨会話，談話
[派] converse 談話する／ conversational 会話風の
[関] convert 変える，改宗する(⇨強いて＋向ける)
[例] I had occasional telephone conversation with her that included sexual banter. 彼女とはときどき電話で性的冗談を交したことがある． / This is a private conversation. これは内輪の話です．

convert [kənvə́ːrt]
変える，改宗させる
[原] 強いて(con) 向ける(vert)
[イメージ] 別の内容に変える
[例] There was a time when alchemists tried to find a way to convert all metals into gold. 錬金術師があらゆる金属を金に変える方法を見つけようとした時代があった． / He has converted from Buddhism to Christianity. 彼は仏教からキリスト教へ改宗した．

convex [kɑ́nveks]
凸面の
[原] 共に(con) 来る(vex)
[イメージ] (共に来る⇨集合する⇨膨らむ⇨凸になる

解 concave(凹面)は「共に(con)穴を作る(cave)」が原義。これはガムとか餅を両側から引っぱってみれば感覚できる。
例 Most automobile rear-view mirrors are convex because they reflect a large field of vision. 大抵の車のバックミラーは大きな視野を映し出せる凸面鏡である。

convey [kənvéi]
運搬する、伝える
原 一緒に(con) 道(vey) を行く
イメージ 物を〈運び〉、思いを〈伝える〉
解 コンベヤ(conveyor)は同系語。
派 conveyance 運搬、伝達
例 Intonation conveys differences of expressive meaning, like surprise, anger, and wariness. 声の抑揚は驚きや怒りや警戒といった感情の違いを伝える。 / Insect pests convey infectious micro-organisms to crops, farm animals, and human beings. 害虫は伝染性の微生物を作物や家畜や人間にうつす。

convict [kənvíkt]
有罪とする、囚人
原 確かに(con) 勝つ(vict)
イメージ (ちゃんと(原告側が)勝利する)⇨〈被告を〉有罪とする
解 -vict の〈勝つ〉は victory(勝利)で馴染みのもの。
派 conviction 確信、有罪判決
例 After George's eighth conviction, he was deported to a prison settlement in Australia. There he reformed, and eventually became superintendent of the convicts. ジョージは 8 度目の有罪判決を受けて、オーストラリアの刑務所村へ追放された。そこで彼は更生し、ついには囚人達の監督者となった。

convince [kənvíns]
納得させる
原 強く(con) 征服する(vince)
イメージ 説き伏せる、思い込ませる
解 win over〈説き伏せる〉は原義をなぞった言い方。We have won him over to our point of view. 彼を説得して我々と同意見にした。
派 convincing 説得力のある
関 convict 有罪と判決する / victory 勝利
例 The resurrection of Jesus convinced the disciples that Jesus was the Son of God. イエスの復活は弟子達にイエスが神の子であることを確信させた。 / He finally convinced them of his innocence. 彼はやっと自分の無実を彼らに納得させた。 / The hypochondriac may become convinced that he is ill even though physical signs of illness are completely absent. 心気症の人は身体的症状が全くないのに自分は病気であると思い込みやすい。

cook [kúk]
料理する
原 煮炊きする
イメージ 熱を使って料理する⇨煮る、焼く
解 cooking は hot liquids(湯・汁)によるものと、dry heat(直火)によるものとに大きく分けられる。boil は前者の代表的方法であるが、他に fry(油で揚げる)、stew(汁で煮込む)、simmer(ことこと煮る)などがある。
派 cooker 調理器具
関 concoct 混ぜて調理する / cookie クッキー(⇨焼き上げた菓子)
例 Dandelion leaves can be used in salads or they can be cooked. タンポポの葉はサラダにしたり煮たりできる。◇ cook とは熱を通すこと〈焼く、ゆでる〉。従って cook (a) salad というと普通ではない(⇨ make (a) salad)。 / You should cook the steaks a little more. ステーキをもうちょっと焼いたほうがいいよ。 / The spaghetti was overcooked. このスパゲティはゆですぎだ。 / She was sacked for cooking the books. 彼女は帳簿をごまかして解雇された。◇対象が本来の食べ物でないときは〈うまく加減してでっちあげる〉意味合いになる。invent / make / concoct / cook / fabric / forge / manufacture にはそれぞれに〈作る〉と〈ごまかす〉の意味合いがある。

cool [kúːl]
涼しい、冷静な、かっこいい
原 涼しい
イメージ 涼しい⇨冷静である⇨(すました様子で)かっこいい

派 cooler 冷却器 / coolness 涼しさ, 冷静さ
例 She sat down under the cool shade of a mango tree. 彼女はマンゴーのひんやりした木陰の下に座った． / When you get into an argument, you should try to keep cool. 議論になったら，冷静さを保つようにしなさい． / Why does he wear sunglasses at night?—He thinks it makes him look cool. なぜあの人は夜にサングラスかけてるの？—かっこいいと思ってるのよ．◇cool=fashionable, stylish

cope [kóup]
うまく処理する，対抗する
原 打つ
イメージ 困難をうまく打ち砕く，物事をこなす
解 原義「打つ」は日本語の「打開」，「打破」，「打倒」などと通じるもの．また「(難局・仕事を)こなす」の意は〈打って粉にする〉が元来の意でこれも日英両語の発想が同じ．
例 Youth is a good time to develop the capacity to cope with life's ups and downs. 若い時は人生の荒波をこなしていける器量を養うよい時期だ． / Learning to cope with life as an ex-convict is a challenge. 前科者として人生をやっていけるようになるのは大変なことである．

corner [kɔ́ːrnər]
角(かど)；窮地に追い込む
原 角(つの)
イメージ 物・通りの角(かど)，(部屋などの)隅，角(すみ)
解 漢字の「角」は動物のつのを象った象形文字である．角(かど)＋角(すみ)＝360度になる．
例 The boy hit his head against the corner of the table. その子はテーブルの角で頭を打った． / The teacher stood the naughty boy in a corner. 教師はいたずらっ子を教室の隅に立たせた． / I have the opponent cornered (=have driven him into a corner). 相手をコーナーに追いつめた．

correct [kərékt]
正しくする
原 突き合わせて(cor) 直す(rect)
イメージ 正しいものと突き合わせて直す
解 -rect は〈直ぐ，真っ直ぐ〉の意：rectum 直腸 / rectangle 長方形 / rectify 改正する ◇collect(集める)と correct(正す)の混同を避けるこつは-r-には〈直，厳格〉の感じがあることを知っておくとよい．音的にも-r-音は-l-音よりも厳しく響く．
派 correction 訂正 / corrective 矯正のための / correctness 正しさ
例 Your answer is correct. 君の答えは正しい． / I'm going to have this composition corrected. この作文を直してもらいます． / You should take corrective measures before the problem becomes too big to deal with. 問題が手におえなくなる前に矯正措置を講じないといけない．

corrupt [kərʌ́pt]
堕落させる，買収する
原 すっかり(cor) 壊れる(rupt)
イメージ 身をもちくずす，人格を壊す(☐賄賂とか汚職の匂いがする)
派 corruption 堕落，買収
関 rupture 破裂◇-u-のところに〈圧迫〉がかかり破裂すると感じとると rapture (歓喜)との混同が避けられる．(⇨ push)
例 There are many corrupt officials in this town. この町には汚い役人がかなりいる． / The woman caught red-handed tried to corrupt the policeman. 現場を見られた女は警官を買収しようとした．

cost [kɔ́(ː)st]
費用がかかる，犠牲にする
原 共に(co) 立つ(st)
イメージ ことの発現と一緒に出費・犠牲・損失が起こる
解 つまり〈ことの発現と共に代替の価値あるもの(金とか命と人生とか)の消費が必然的に生じてしまう〉という語感がある．
派 costly 金が要る，犠牲が大きい◇費用の意の cost(st=stand)は日本語で「お金」のことを「先立つもの」というとき発想が一脈通じている．
例 How much did it cost you to have your house renovated? 家の改装にはい

くらかかりましたか. ◇「改装された家」と一緒に起こるのは「費用」/ It costs money to protect the environment. 環境保全には金がかかる. ◇「環境保全」と一緒に起こるのは「費用」/ The plane crash cost more than 250 lives. 飛行機の墜落事故で250人以上の人命が失われた. ◇「墜落」と一緒に起こるのは「犠牲者」/ I've set and met my career goals and I'm having tremendous professional success. But it has cost me my personal and family life. 私は人生の目標を定め達成して仕事の上で大変な成功を収めている. しかしそのために私の個人的, 家庭的生活が犠牲になっているのである. ◇「社会的出世」と一緒に起こるのは「気ない家庭生活」/ Many workers worry that increased mechanization will cost them their jobs. 機械化が進むと職を失うのではないかと思っている労働者が多くいる. ◇「機械化」と一緒に起こるのは「失職」/ Shabby grammar can cost writers their audience. 文法がいい加減であると書き手は読者を失うことがある. ◇「下手な文章」と一緒に起こるのは「読者の減少」/ Harada's flop on the final leap of the competition cost Japan a gold. 原田選手の最後のジャンプでの失敗は日本の金メダルをふいにした. ◇「ジャンプの失敗」と一緒に起こるのは「金メダルの獲得不可」/ Being the fat boy can be costly (=Obesity would cost the boy emotionally and socially). 肥満児であることは犠牲が大きいことがある.

cough [kɔ́(ː)f]
咳をする
原 咳込む(◇擬音)
イメージ 咳払い
解「咳をする」ことを「こつる」と言う地方があるが, coughの音に似ている. 喉からの空気の突発がcoughで, 鼻からなら, sneeze(くしゃみする)と言う.
関 smoker's cough タバコによる咳込み / hiccup しゃっくり / whooping cough 百日咳
例 She coughed a lot (=had a bad cough) all day. 彼女は一日中ひどく咳込んだ.

count [káunt]
数える, 重要である
原 数える
イメージ 数える⇨〜と考える⇨(数に入れる)重要であると考える
派 countable 数えられる
関 account 説明する(◇数えあげる) / recount 語る(◇再び+数えあげる)
例 The boy has learned how to count money. その子はお金の数え方が分かるようになった. / I count it folly to seek money all the time. いつも金を追いかけるのは愚かだと思う. / When these complications happen, seconds count. こういった合併症がでると, 一刻を争うことになる(◇一刻が大切になる) / It is not what you say but what you do that counts. 大切なのは口ではなくて行動だ. / Don't count on the weather being right for the race. レース時の天候が絶好だとはかぎりませんよ. ◇count on〜は〈〜を数に入れる⇨〜を当てにする〉の発想で日本語と同様. / On the count of three, they pulled as hard as they could, but the elephant wouldn't budge. 一二の三で力一杯引いたが象はびくともしなかった.

countenance [káuntənəns]
表情, 顔つき
原 内に収める
イメージ (内に収める感情)⇨(顔に)表情(として出る)/(内に収める)⇨許す
解 count〈数える〉ではなく, contain〈保つ〉の同義語.
例 He had a sad countenance. 彼は悲しそうな表情をしていた. / He managed to keep his countenance while he was investigated. 彼は取り調べを受けている間中, 平静を保った. / The committee would not countenance such a miscarriage of justice. 委員会はそんな不正は許さなかった. ◇動詞の意では原義通りに〈内に収めておく⇨許す〉の意味になる.

counter [káuntər]
対抗する
原 反対の
イメージ 反抗する, 対抗する
派 counteract 反作用する, 中和する

(⇔反対に＋作用する) / counterbalance 相殺する / counterclockwise 反時計回りに / counterpart 対応するもの

[例] A movement to counter the abuses of the government arose among the common people. 政府の横暴に反対する運動が庶民の間から起こった． / That is the accepted theory. Let me now go to the counter theory. それは既成の論ですね．じゃ，私は反対の論を述べてみます．

counterpart [káuntərpɑːrt]
対応するもの
[原] 反対(counter) の部分(part)
[イメージ] (対をなす部分)⇨対になるもの
[例] Electronic signatures will be as valid as their ink counterparts. 電子署名はインクを用いる署名と同じ効力を持つようになるだろう．

country [kʌ́ntri]
土地，田舎，国
[原] 反対側
[イメージ] 目の前に広がる土地
[解] country とは(land) opposite one 〈自分の反対側に(⇨目の前に)広がる(土地)〉の感じで，土地そのものは綴りの中には潜んでいない．◇county は US では郡を，UK では州を表わす．これは count(伯爵) の管轄区域に由来するもの．
[派] countryside 田舎 ◇ country より〈田園風〉の感じ． / I like living in the country. 田舎に住むのが好きです． / Japan is a small but prosperous country. 日本は狭いけれど金持ちだ．

courage [kɚ́ːridʒ]
勇気，度胸
[原] 心(cour) を込めた(age)
[イメージ] 思い切ってことにあたる勇気
[解] bravery は〈勇気ある行為〉，courage は〈勇気ある精神〉
[派] courageous 勇気のある / encourage 勇気づける
[関] cordial 心からの
[例] Courage in tragic circumstances of life is a virtue. 人生の悲惨な場において勇気ある行動を取ることは価値ある徳目である． / They were loyal and courageous. 彼らは忠実で勇敢であった． / We need to encourage our children to try harder in school. 子供達にもっと勉強するように励まさないといけない．

course [kɔ́ːrs]
進路，なりゆき
[原] 走ること
[イメージ] 物事が進む筋道・過程
[例] There is no cure for the disease; we have to let it run its course. この病気には治療法がないので，なりゆきに任せるしかない． / It's a matter of course. それは当然のことだ．◇of course は〈道に沿った⇨道の理(ことわり)⇨道理で⇨もちろん〉

court [kɔ́ːrt]
中庭，法廷，裁判官
[原] 壁で囲まれた所
[イメージ] (囲まれた場所)⇨宮廷⇨法廷⇨コート
[解] 動詞用法では〈宮廷でふるまう⇨(丁重である)⇨(相手に気を遣う)⇨機嫌をとる
[派] courteous 丁重な / courtesy 丁重，好意 / courtship(結婚までの)付き合い
[例] Silence in the court, please! 法廷では静粛に願います． / We decided to take the problem to court. この問題は裁判に持ち込むことにした． / Some teachers try to court popularity by grading easy. 甘い点をつけて生徒の人気取りをする先生もいる． / Certain habits go unnoticed during courtship, but may become unbearable once the couple is living under the same roof. 交際期間中には気にならなかった癖が，結婚して一緒に住むようになるとたまらなく嫌になることがある． / The Smiths showed me every courtesy. スミス夫妻はとても親切にもてなしてくれた．

cover [kʌ́vər]
覆う，包み隠す，取材する
[原] 完全に(c) 覆う(over)
[イメージ] (保護・隠蔽のために)覆う / (出来事を描写で)覆う / (ある距離・範囲を)覆う
[解] この語の意味の核となる-over が綴りの中に潜んでいる．
[派] coverage 報道

関 uncover 暴露する(⇨覆いを＋剥ぐ) / discover 発見する(⇨覆いを＋とる) / recover 取り戻す(⇨再び＋覆う)

例 The girl covered her ears with her hands as the fire trucks drove by. 少女は消防自動車が疾走して行くとき耳を手で覆った． / Mountains and hills cover about six-sevenths of Japan. 野山が日本の面積のほぼ7分の6を占めている． / Takahashi Naoko covered 26 miles in 2 hours and 23 minutes to win the gold medal. 高橋尚子は26マイルを2時間23分で走り金メダルを取った． / He covered the African famine for Kyodo. 彼はアフリカの飢餓の状況を記事にして共同通信に送った． / Some medicines, including Viagra and the birth control pill, are not covered by medical insurance. バイアグラやピルを始めとして薬には医療保険でまかなわれないものもある． / Love is a complex word. No single definition can possibly cover all of its meanings. Love は複雑な単語である．1つだけの定義ではこの語の全ての意味を網羅できない． / The criminal covered all his tracks, making detective work extremely difficult. 犯人は犯行の形跡をみな覆い隠して捜査をきわめて難しくした．

cradle [kréidl]
揺り籠，発祥地

原 籠

イメージ 揺り籠⇨やさしく包み込む

例 I cradled my left arm as it began to throb with pain. ずきずき痛み始めたので左腕を抱え込んだ． / The baby slept in her cradle blissfully. 赤ん坊は揺り籠の中ですやすやと眠っていた．

cramp [krǽmp]
痙攣，締めつける

原 引きつける

イメージ 筋肉が引きつけを起こす⇨痙攣が起こる / (スペースの境界が引きつけられると)⇨締めつける

関 cram 詰め込む

例 I've got a cramp in my leg. 脚が痙攣した． / Despite cramped housing, she provided enough space for her daughter to study in. 家が狭いのに彼女は娘には十分な勉強部屋を与えてやった．

crane [kréin]
クレーン，鶴

原 鶴

イメージ (鶴のように)首を長く伸ばす

解 日本語「鶴首する」があるがこれは首を鶴のように長く伸ばして，待ちわびる意．クレーン(起重機)は形が鶴に似ているから．動物名がそのままその動物の特徴的しぐさを表現することは日本語ではない．(⇨ duck)

例 Craning his head out of his car, John yelled, "Stop. Stop!" 車から顔をつきだして，ジョンは「止まれ，止まれ」と叫んだ． / Construction workers used a crane to lift a huge statue to the 10th floor of a new building. 工事の人たちはクレーンを使って巨大な像を新築のビルの10階に吊り上げた．

crash [krǽʃ]
ガチャンと砕ける

原 衝突する音をなぞっている

イメージ 固いもの(eg. 飛行機)が不動のもの(eg. 大地)に〈ガチャーン〉

解 主体側に破壊が起こる．

例 The car crashed into a stationary concrete mixer. 車は停車中のミキサー車に衝突した． / The cup crashed to the floor (=fell to the floor with a crash). 茶碗がガチャンと床に落ちて割れた． / There was a crash(=crack) of thunder 雷鳴がとどろいた〈記事の見出しに Clash in Colombia kills 1, injures 8. とある時，飛行機事故を連想すると誤解が起こる．この記事内容は peasants clashed with government security forces in southern Colombia と続くことで分かるように clash は〈農民と政府軍との〉〈衝突(一揆)〉のこと．clash は双方のぶつかり合いで，意見の違う集団同士の衝突を意味する文脈でよく用いられる．普通，主体の破壊は起こらない．(⇨ crush, collide)

crease [krí:s]
しわ(になる)

イメージ (盛り上がって)しわができる

解 cr- は〈盛り上がり・曲がり〉の意味合いがある：creek 小川，入り江(⇨彎曲している) / crinkle 縮む / crest と

さか

例 These pants crease easily and ironing can be a hassle. このズボンはしわがよりやすいのでアイロンかけがやっかいになる.

create [kriéit]
創造する, 生み出す
[イメージ] 無から有を生む, ある状況を生む
原 生み出す
解 cr-には〈上方向への曲がり〉が感じられる：crescent 三日月(⇨だんだん大きくなる) / increase 増える
派 creation 創造 / creative 創造的な / creature 生きもの(⇨創造されたもの)
例 Passage of direct electric current through a wire creates a magnetic field. 電線を直流の電気が流れると磁場が生ずる. / His new proposal simply created confusion. 彼の新しい提案は混乱を招くだけだった. / According to the epic, the universe was created out of the primeval sea. この叙事詩によれば世界は太古の海から創造された.

credit [krédit]
信用, 名誉；信用する
原 信用された
[イメージ] 信用⇨(信用して)信用貸し⇨(信用して)預ける金 / (信用されると)名誉, 賞賛
派 credible 信頼できる / incredible 信じられない
例 If you want to give a man credit, put it in writing. If you want to give him hell, do it on the phone. 人の手柄を誉める時は文書で, けなす時は電話でしなさい. / Successful children bring credit to their parents. 子供がうまく育つのは親のお陰である. / I can't take credit for his success; he did it all on his own. 彼が成功したのは私のせいではない. 彼はすべて自分でやったのです.

creep [krí:p]
這う
原 這う
[イメージ] (くねくね)這う⇨(くねくね)からみつく / (這うようにこっそり)忍び寄る

解 cr-には〈曲がり〉の意味合いがある.
関 cripple 肢体不自由者(⇨体が曲がっている)
例 A man was creeping silently up to my door. 男がそっとドアのところに忍び寄って来ていた. / Before dawn, Mom would creep into our room and wake us, whispering, "Santa came!" 夜明け前に, 母は僕達の部屋にすーっと入って来て「サンタがきたよ！」とささやいて起こすのでした. / The thought of him gives me the creeps. あの男は思うだけでむしずが走る. ◇ the creeps は〈ゾッとする感覚を言う(⇨毛虫が肌をはう連想がよいだろう)〉.

crime [kráim]
犯罪, 犯罪行為
原 (罪の)決定
[イメージ] (法によって裁かれる)犯罪
解 たとえば, 戦地で敵兵を殺しても crime にはならないが, 婦女子への殺人・暴行は crime になる.
派 criminal 犯罪の；犯人
例 They say most crimes of violence committed by women occur during menstrual periods. 女性による暴力犯罪の大部分が月経期間中に起こるそうだ. / He was a pretty clever criminal. 彼はなかなかの知能犯だった.

crisis [kráisis]
危機, 転機
原 分岐点⇨決定される点
[イメージ] (どちらに転ぶかの)危機
解 cr-には〈曲がり〉の意味合いがある. crisis は〈(転落するかの)曲がり角〉と解釈できる.
例 The patient's temperature is going down; she's passed the crisis. 患者の体温は下がってきている；峠は越しました. / The oil crisis of 1973-74 and its aftermath brought profound changes in our life-styles. 1973-74年の石油危機と余波は我々の生活様式に深い変化をもたらした.

crisp [krísp]
ぱりっとしている, てきぱきしている, すがすがしい
原 髪が縮れた
[イメージ] ぱりっとして引き締まった

[解] crisp は音的にもいかにも〈ぱりぱり，すがすがしさ〉が感じられる．原義「縮れた」には cr- の意味合い〈曲がり〉の意がちゃんとあるが，意味には〈曲がり〉はなくて，音的感覚のみが生きていると言える．
[例] I like crisp lettuce in salads. サラダにしたパリパリのレタスが好きだ．/ It was very crisp this morning. 今朝はとてもひんやりしていた．/ His report is always crisp and clear. 彼の書くレポートはいつもきびきびしていて分かりやすい．

criterion [kraitíəriən]
(判断の)基準
[原] 決定の尺度
[イメージ] 物事の決定の基準
[解] cr- に〈曲がり(➪どちらに決めるか)〉の感じがある．複数形は criteria.
[例] By what criteria have you drawn this conclusion? どんな基準でこの結論を引き出したのですか．/ What is your chief criterion of a good teacher? —I use several criteria, not just one criterion. いい教師のおもな基準となるものは何ですか．—いくつかあって1つだけの基準では決められません．◊ criteria = criterions

critical [krítikl]
批判的な，批評の，危機的な
[原] 決定を(critic) 下すような
[イメージ] 生死を分ける状態にある➪ (死活問題のごとく)重要である；(良否について決定する)➪批評する，(悪いと決定して)批判する
[関] critic 評論家(➪良いかどうか決定を下す人)
[例] I like reading critical writings. 批評文を読むのが好きです．/ He is so critical of everything I suggest. 彼は私の提案にことごとく批判的である．/ The patient is in critical condition. 患者は危篤状態である．/ The expertise you have today won't suffice tomorrow, so a willingness to learn is critical. 現在の専門知識で将来もやって行けることはないのだから学びの意欲がとても重要だ．

criticism [krítəsizm]
批評，批判
[原] 決定
[イメージ] 批評(➪良否を決定)，批判(➪否と決めて責める)
[解] 批評(中立)と批判(否定的)の意味を持つ．
[例] Much criticism has been directed at the newly installed tax system 新しい税制度に多くの批判が集中している．/ His criticism of the movie was interesting. 彼のその映画の批評は面白かった．

criticize [krítəsaiz]
批評する，批判する
[原] 決定する
[イメージ] 批評する(中立的)，批判する(否定的)
[例] Stowe wrote Uncle Tom's Cabin to criticize slavery. ストウ夫人は奴隷制を批判するために『アンクルトムの小屋』を書いた．/ Darwin's contemporaries criticized him for his revolutionary ideas. 当時の人たちはダーウィンの革命的考えを批判した．/ We meet monthly and criticize each other's haiku-poems. 私たちは毎月集まって互いの俳句を合評する．◊ critique((文芸作品の)批評，評論)

crop [kráp]
農作物，収穫，群れ，集まり
[原] 房，塊➪房を取る(刈り取る)
[イメージ] ひょっこり頭をもたげる
[解] (大地から)ひょっこり頭を出すキャベツ，いがぐり頭などを連想するとよい．cr- の〈曲がり〉の感じはキャベツの球面の曲がりを思わせる．cash crop (売るための作物)，subsistence crop (自給用の作物)はやや専門的用語．
[例] The typhoon did a lot of damage to the crops. 台風が農作物に大きな被害を与えた．/ All sorts of difficulties cropped up and delayed us. さまざまな困難が不意に起こり(➪頭をもたげ)，そのため仕事が遅れた．/ The two had different ideas. It wasn't long before serious problems cropped up between them. 2人は考え方が違っていたので両者の間に深刻な問題が起こってくるのに時間はかからなかった．/ My son returned home from the barber's with a very short crop. 息子は理髪店からひ

どく短髪になって帰ってきた．

cross [krɔ́(:)s]

十字；横切る

原 十字形

イメージ (一方の線がもう一方の線を)横切る，交差する

解 横切る対象の線は幅の狭いものから広いものまである(⇨例文)．cr- には〈曲げる〉の意が感じられる語が多いが，cross も同様で，一方の線が他方の線を横切るときに〈押し曲げる〉力が働いている(⇨結果的には曲がって見える訳ではない)．

例 We crossed the strait in a rowboat. ボートをこいで海峡を横断した．◇対象の線は海峡／ The shogunate's battleship Kanrinmaru crossed the Pacific Ocean in 1860. 幕府の軍艦咸臨丸が 1860 年に太平洋を横断した．◇対象の線は太平洋(⇨幅広の例)／ Mountains cross the island from east to west. 山脈がこの島の東から西へと走っている．◇対象の線は島／ His name was crossed out from the list of winners after his disclosure of doping. ドーピングが発覚して彼の名前は優勝者リストから消された．◇文字通り×印を書き込む／ He crossed his legs. 彼は足を組んだ．◇足を組んで床に座る時は sit cross-legged と言う．／ The breed was created by crossing the bulldog and the terrier. この品種はブルドッグとテリアの掛け合わせで生まれたものだ．／ She was cross with her husband for some reason. なぜか彼女は夫にちょっと不機嫌だった．◇形容詞 cross は〈不機嫌な⇨不機嫌で cross-eyed (やぶにらみ)になっている〉のイメージ．／ "Don't cross me," the angry father warned his teenage son. 「親にさからうなよ」と父親は怒って十代の息子を叱った．

crowd [kráud]

人込み，群がる，押し寄せる

原 押し込める

イメージ ぐいーと押し込める

解 cr- に〈押し曲げる〉感じがある．動詞用法の「(相手の中まで押し入って)押しつけがましくする」の意が原義をよくとどめている．

派 crowded 混み合った

例 There were crowds of people in the town square (＝People crowded the town square＝The town square was crowded). 町の広場に大勢の人が群れていた．／ They have tried to crowd me out with their unreasonable demands. 彼らは不当な要求をふっかけて圧力をかけてきた．／ Stop crowding around me! 私に付きまとうのは止めてくれよ．

crown [kráun]

王冠

原 花輪

イメージ 月桂冠⇨王冠

解 月桂冠に代表される花輪(⇨曲げて作る)が原義．cr- の〈曲がり〉の意味を踏まえておくと，clown (道化師)との混同が避けられる．

例 I had a tooth crowned. 歯にクラウン(歯冠)を被せてもらった．／ Charles is the Crown Prince of England. チャールズは英国皇太子である．／ Jesus's enemies crowned him with thorns in derision. イエスの敵対者達はイエスをあざけって荊の冠を被らせた．

crucial [krúːʃl]

決定的な，きわめて重大な

原 十字架(cruci) の(al)

イメージ 十字架の⇨(十字架に関わるほどである)⇨きわめて重大である

関 crucify はりつけにする，苦しめる／ crucifixion はりつけ

例 His failure to seize control of the country at the crucial moment showed his weakness as a leader. 重大な局面で国の支配権を握れなかったことは彼の指導者としての非力を露呈した．／ Hard work is crucial to success. 懸命な努力は成功にとってきわめて重要な要素だ．

crude [krúːd]

生の，粗野な

原 生のまま

イメージ (生のまま)⇨(大地から生まれ出てそのままで)泥臭い⇨洗練されていない

関 cruel 残酷な

例 Prehistoric people made crude shelters to shield themselves from wind and rain. 大昔の人達は雨風を凌ぐために粗野な住居をこしらえた．◇ crude shelters からは洞穴とか茅葺きと

か堅穴式住居などが連想される．/ "Don't be so crude."(行儀が)みっともないよ．◇たとえば，食事のとき，食欲をあらわに出してがつがつ食べるなどが連想される．同じ場面で，Behave yourself.(行儀よくなさい)とも言える．

cruel [krúːəl]
残酷な
[原] 生々しい
[イメージ] (生々しい)⇨血腥い
[派] cruelty 残酷性
[関] crude 生のまま
[例] One of the earliest national laws to protect children from cruel treatment was adopted in Great Britain in 1884, at which time the National Society for the Prevention of Cruelty to Children was organized. 子供を残酷な扱いから守る国家法の最初のものは1884年に英国で採択され，同時に国家児童虐待防止協会が組織された．/ "Don't be cruel," is a familiar line of a famous pop song. 「酷な仕打ちはしないでね」というのは有名なポップ・ソングの一節である．

crush [krʌ́ʃ]
押しつぶす
[原] (歯で)嚙みつぶす
[イメージ] 物に圧力を加えてつぶしたり(変形)，砕いたりする(粉砕)〈グシャ〉の感じ．(⇨ crash)
[解] cr-で〈押しつけ〉，-u-は〈圧迫を受け〉，-sh はその結果でる音〈シュー〉と捉えるとイメージがわき易い．-u-の〈圧迫を受ける〉感じを体得すると crash との混同が避けられる．圧迫の代表的語はもちろん push である．
[例] The baby sat on the hat and crushed it. 赤ん坊が帽子に座ってつぶしてしまった．/ The machine crushes lumps of stones into fine powder. これは石の塊を砕いて細かな粉にする機械だ．/ He was crushed when his girlfriend left him. 彼は恋人に逃げられてうちひしがれた．

cultivate [kʌ́ltəveit]
耕す，育てる
[原] 土を耕す
[イメージ] 土を練って植物を育てる / 能力を練って育てる
[関] culture 栽培(⇨土を練る)，教養(⇨頭を練る)，文化(⇨野蛮を練る) / cult 信仰集団(⇨神の恵みを得ようと練り合う)
[例] Lavender grows wild but is occasionally cultivated. ラベンダーは野生で育つが，時には人の手によって栽培される．◇cultivate は〈自然にあるものに人の手が入る〉意味合いがある．/ By 3000 B. C. the Egyptians had begun to cultivate a variety of garden flowers. エジプトでは紀元前3000年には様々な庭の花の栽培を始めていた．/ He advised the poor to cultivate the virtues of sobriety. 彼は貧しい人々に節酒の美徳を養うように説いた．/ We have no land left to cultivate, so why don't we cultivate the brains of our young people instead? もう耕作する土地は残っていないのだから，かわりに若者の頭を耕すことにしようではないか．/ Let's cultivate his friendship; he seems to be a very gifted man. 彼と友達関係を築こうよ；彼はとても有能な人のようだから．

culture [kʌ́ltʃər]
教養，文化，栽培
[原] (土 / 野蛮・粗野を)練ること
[イメージ] 栽培する / (生来の才能を練って)養う
[解] culture の定訳「文化」と「教養」の接点は〈野蛮・粗野を耕せば文化〉になり，〈粗なる頭を耕せば教養〉となるところにある．
[派] cultural 文化の / cultured 教養のある
[関] viniculture ブドウ栽培(⇨ブドウ+栽培) / apiculture 養蜂(⇨蜜蜂+栽培) / agriculture 農業(⇨土+栽培) / horticulture 花作り(⇨庭+栽培)
[例] He is totally lacking in culture. 彼は全く教養が欠けている．◇礼儀や行儀の常識に欠けること．/ Every society has its own culture. どの社会にもそれぞれ独自の文化がある．

curb [kə́ːrb]
抑える
[原] 曲げる
[イメージ] (直進を曲げる)⇨(そのままの勢いでは不都合が起こるので)抑える
[解] curb に「縁石」の意があるのは〈車

などの自由な侵入を抑える〉から
関 curve 曲げる
例 Efforts to curb global warming must be made at every level of society. 地球の温暖化を抑えるための努力が社会のあらゆるレベルでなされねばならない.

cure [kjúːər]
治療する
原 世話する,注意する
イメージ 癒す・治す
解 cure と care(世話する)は同系語.
関 manicure マニキュア(⇨ mani(手)+cure(世話))
例 This medicine will cure you of your cold. この薬であなたの風邪は治るでしょう. / Diabetes cannot be cured. 糖尿病は治らない. / An effective cure for cold is yet to be found. 風邪の効果的治療法はまだ見つかっていない.

current [kə́ːrənt]
(空気,水,電気,時間の)流れ
原 走っている
イメージ (流れている)今の時,(流れている)潮,(流れている)空気
解 cur は car と同系語:car 車 / career 経歴(⇨人生街道) / carry 運ぶ
派 currently 今現在
例 Wire conducts electric current. ワイヤは電流を通す. / I'm currently on sick leave. 今,病気休暇をとっている. / "What advice would you offer current and soon-to graduate students?" 現役あるいはやがて卒業する学生にどんなアドバイスを贈りますか.〈流れている時をイメージするとき必然的に今の時を思うであろう. temporary は〈一時の間だけ続く〉が原義であるが一時とは今の一時を意識するのも同じ人間の感情の働きである. / Is the phone number you gave me two years ago still current? 2年前に教えてもらった電話番号は今も通じますか.

curtail [kərtéil]
切り詰める
原 切る(cur) 尻尾を(tail)
イメージ 余分の尻尾を切り落とす
関 curt そっ気ない(⇨余情がない)
例 The government plans to curtail defense spending. 政府は国防費を切り詰める計画である. / I don't like my freedom curtailed in any way. 何であれ自由が切り詰められるのは嫌だ. / The number of flights from Tokyo to Moscow was curtailed for lack of sufficient passengers. 東京とモスクワを結ぶ便は利用客が少ないために便数が削減された.

custom [kʌ́stəm]
習慣,ひいき,関税
原 しっかり(cu) 自分のものにする(stom)
イメージ (自分のもの)⇨いつものやり方⇨〈習慣・慣習〉
解 〈いつもの〉という意味合いから次のような語が生まれた:customs (duties)(お決まりの)税金 / customer (いつも来てくれる)お客 / costume 衣服(⇨ customary dress)
派 accustom 慣らす / customary 習慣的な
例 Don't be a slave to custom. 世間の慣習に囚われたらだめですよ. / The custom of exchanging New Year Cards dates back to the Heian period. 年賀状の交換の習慣は平安時代に遡る. / The store lost a lot of customers because of the rumor. その店は風評のためにかなりの顧客を失った. / It used to be customary in Japan to join a company and work there until retirement. 日本ではいったん就職するとその会社で定年まで勤めるということが通例であった.

D

dairy [déəri]
バター・チーズ製造場
原 パンをこねる(dai=dough)婦人(ry=lady)の仕事場
イメージ 酪農を営む(○酪とは牛・羊・馬などの乳から作った滋養飲料)
解 「酪農」の英訳は dairy farming あるいは単に dairying(○和英辞典には出ていない)でもよい。
関 dough ドウ(○パンを焼く前の粘り気のあるこね粉)
例 Denmark and New Zealand are famed for their dairy products. デンマークとニュージーランドは酪農製品で有名である。 / Dairying is carried on in many countries of the world. 酪農は世界の色々な国で行われている。 / Dairying is that branch of agriculture which is concerned with producing milk, butter, cheese etc. 酪農は農業の1分野で、牛乳やバター、チーズなどの生産に関わるものである。

dam [dǽm]
ダム、塞(せ)き止める
原 ふさぐ
イメージ 水を塞き止めるダム；ダムを作る
例 Reservoirs and lakes are created by dams. ダムを作ると貯水池や湖ができる。 / The river is going to be dammed. その川にはダムができる。

damage [dǽmidʒ]
損害(を与える)
原 損失
イメージ 機能や物をダメにする、ダメな状態・現象を部分的に生じさせる
解 ある部分をある程度ほどダメにする
関 damn けなす、呪う
例 The disease often damages important organs. この病気はしばしば大切な器官に害を与える。 / The judge ordered the drunk driver to pay damages to his victim. 判事は飲酒運転をしたドライバーに損害賠償金を怪我を負わせた相手に払うように命じた。 ◇損害賠償金の意味の時は複数形をとる。

damn [dǽm]
けなす、呪う
原 けなす
イメージ ダメ！
解 ダメだろ！とかダメだ畜生！と音的に似ている。
関 condemn とがめる(○強く+けなす)
例 His new musical was damned by all the critics. 彼の新作ミュージカルは批評家皆に酷評された。 / The damn thing doesn't work! 畜生、こいつ壊れていやがる！◇たとえば、コンピュータを立ち上げたとたんにフリーズしたらこう言うだろう。そのとき thing は computer を指していることになる。

danger [déindʒər]
危険
原 支配者の権力
イメージ (支配者の権力)⇨傷付けたり、命を奪う可能性
解 dominion 支配権(○中立的意味)と関連語であるが、権力を持つと危険性(○マイナスイメージ)を帯びるとは、人間の性(さが)をはからずも物語る語である。danger は〈避けるべき危険〉、risk は〈挑戦すべき危険〉。
派 dangerous 危険な
関 dominant 支配的な / dominate 支配する
例 The dog was in danger of being hit by a car. その犬は車にはねられる危険性があった。 / The cult was a danger to society. そのカルト宗教は社会にとって危険であった。

date [déit]
日時、デート；日付を入れる
原 与えられた(日付)

decay 107

[イメージ] ことが起こった時期をいつ頃であると想定する ⇨ 日付を記入する

[解] 〈日付〉は出来事(event)に伴うもので、出来事の性質・発生時期によって明確に日を限ることもあれば、おおよその時期の想定になることもある(⇨例文)。

[関] data 資料、データ(⇨与えられたもの)

[例] What date is it today? 今日は何日ですか。◇曜日を聞く場合は What is it today? / The document was dated January 10, 1910. その文書は1910年1月10日の日付であった。◇日付 / The use of geometry dates back before the dawn of recorded history. 幾何学の活用は有史以前に遡る。◇おおよその時期 / My wife and I dated for four years before we got married. 妻と私は4年ほど付き合ったのち結婚した。

dawn [dɔːn]
夜明け、日の出；発端
[原] 日(day) になる(ing)
[イメージ] だんだん明るくなっていく ⇨ 夜が明ける；(明るくなる) ⇨ (物事に)明るくなる ⇨ 〜であると悟る
[解] dawn は daying(日になりつつある)が縮まったもの。「dawn on+人」の構文は如何にも〈人の頭にああそうかと理解がさっと広がる〉感じである。
[例] The morning dawned fresh and clear. 爽やかに朝が明けた。 / It suddenly dawned on Mother why Totto-chan opened and shut her desk so often. 母さんはなぜトットちゃんが机を何度も開けたり閉じたりするのかはたと気づいた。 / He gets up at dawn. 彼は夜明け時に起きる。

deadline [dédláin]
締切り
[原] 死(dead) 線(line)
[イメージ] (死線 ⇨ 越えたらだめになる線) ⇨ 締切り
[例] Can you meet the deadline? 締切りに間に合いますか。 / The deadline for the application is still three weeks away. 申し込みの締切りはまだ3週間先だ。

deal [díːl]
分配する、取り引きする、処置する
[原] 配る、分ける

[イメージ] 物を分けて配る ⇨ 捌く(さばく) ⇨ 取り引きする
[関] dole 施し物 / ordeal 過酷な試練(⇨ はっきり＋分ける)
[例] It's your turn to deal the cards, Mike. マイク、君がカードを配る番だよ。 / He dealt me a hard blow. 彼はひどい一撃を食らわせた。◇a hard blow を配る / They deal in imported goods. 彼らは輸入品を扱っている。 / He is hard to deal with. 彼は扱いにくい人だ。 / The media have a great deal to do with shaping society. メディアは社会の形成に大いに関係する。 / The cruise affords a great view of the city's skyline. A good deal at $5. このクルーズでは都会の素晴らしいスカイラインを見ることができる。たった5ドルのお買い得(⇨いい取り引き)。

dearth [dɔ́ːrθ]
欠乏、不足
[原] 値段の高い(dear) こと(th)
[イメージ] 欠乏、不足
[解] 原義と意味に隔たりがある。dear 〈高価である〉のは〈供給が少ない〉ことが原因と理解するとこの語は身に付く。dearth はやや固いことばで、shortage や lack を用いるのが普通。
[例] It is very difficult to picture how this bird originally looked like because of the dearth of its fossil evidence. 化石の証拠があまりないのでこの鳥が昔どういう形をしていたか描くのは難しい。 / There's no dearth of musical talent in America. アメリカでは音楽の才能豊かな人に不足することがない。

decay [dikéi]
腐敗する、虫歯になる
[原] 離れる(de) 落ちる(cay)
[イメージ] 徐々に本体の腐敗が進みぼろぼろになる、歯がこぼれ落ちる
[解] -cay は「デカダン、退廃(decadence)」にも見られる。
[関] deciduous 落葉性の(⇔ evergreen 常緑の)
[例] Tooth decay is extremely common in young people. 虫歯は子供に特に多い。◇虫歯は cavity ともよく言う：You have three cavities. 虫歯が3本ありま

すよ． / All civilizations will decay in the course of time. 文明はすべていつかは衰退する．

decease [disíːs]
死亡する
原 離れて(de) 行く(cease)
イメージ この世を離れて行く⇨逝去，死亡
解 〈行く⇨逝く〉は日英共通の概念．
関 cease 止む
例 Upon your decease, the property will pass to your children. あなたの死亡の際は資産は子供さんのものになります． / The deceased left a large fortune. 故人は莫大な遺産を残した．◇ the deceased は最近死亡した人について言う．

deceive [disíːv]
だます
原 取り(ceive) 違わせる(de)
イメージ (取り違わせる)⇨だます
派 deceit 詐欺 / deception だますこと / deceptive あざむくような
関 receive 受け取る(⇨再び+取る)
例 Don't be deceived by first impressions. 第一印象にだまされないように． / Unless my eyes deceive me, he will be the best pitcher ever. 私の目に狂いがなければ，彼は最高の投手になるでしょう． / Appearances are sometimes deceptive (=deceiving). 外見は時に内実と違う． / ものごとはしばしば deceptive で注意を要するので諺によくとりあげられる：All that glitters is not gold. 光るものが金とは限らない． / Things are seldom what they seem. 似て非なること多し． / Never judge by appearances. 外見で人を判断するな．

decent [díːsnt]
見苦しくない，ちゃんとした
原 似合う，ふさわしい
イメージ 場にふさわしい⇨適切な，ちゃんとしている
派 decency 品があること / indecent 無作法な(⇨ない+ちゃんとして)
例 He always uses decent language. 彼はいつもちゃんとした(⇨場にふさわしい)ことば遣いをする． / It is not decent to laugh at a funeral. 葬式の時に笑うのは不謹慎だ(⇨場にふさわしくない)． / In some societies, passionate kissing in public is considered indecent. 社会によっては公衆の場で情熱的キスをするのははしたないと考えるところもある．

decide [disáid]
決心する，決定する
原 切り(cide) 落とす(de)
イメージ 思い切りよく決める
解 原義は日本語の「切りをつける」，「断を下す」，「決断する」に発想が似ている．determine には決定に至るまでの〈慎重さ〉が感じられる．decide は〈思い切り〉のニュアンス．
派 decided 断固とした / decidedly きっぱりと / decisive 決定力のある / decision 決断
関 concise 簡潔な(⇨きっちり+切る) / excise 切除する(⇨とる+切る) / incise 刻む(⇨中を+切る) / precise 正確な(⇨きちんと+切る)
例 He decided to give up his job. 彼は今の仕事を辞める決心をした． / They decided against buying (=not to buy) the house. 彼らはその家の購入をしないことに決めた． / Kazuyoshi Miura is still deciding whether or not to sign a new contract with Verdy. 三浦カズはヴェルディと新規に契約するかまだ決めかねている．◇ deciding はまだ〈決定の過程にある〉の意で英和辞典には記されていないようであるが，よく言う表現である．これは The bus is stopping. が「バスが止まっている」の意ではなくて，「バスは止まりかけている，徐々にブレーキがかかってきている」の意になるのと同じである． / Length of employment is the decisive factor in determining workers' pay and promotion in Japan. 日本では雇用年数が従業員の給料と昇進の大きな決定要素になる．

declare [diklέər]
宣言する，言明する，申告する
原 強く(de) 叫ぶ(clare)
イメージ はっきりと述べて皆に知らせる
解 -clare と clear(はっきりさせる)は同系語であることを理解するとこの語は体感できる．
派 declaration 宣言，申告

例 The Soviet Union declared war on Japan when Japan's situation was desperate. ソ連は日本の状況が絶望的な時に日本に宣戦布告した． / He declared that he had nothing to do with the incident. 彼はその件については無関係だとはっきり言った． / Do you have anything to declare. 何か申告する物がありますか？◇税関で聞かれる質問．

decline [dikláin]
衰える，断わる
原 下へ(de) 傾ける(cline)
イメージ （下方へ傾く）⇨衰える，沈む／（向かってくる要求を下方へ曲げる）⇨受け付けない，断わる
解 原義をなぞると turn down(断わる，衰える)の意になる．-cline は reclining chair(リクライニングチェアー)の-cline〈傾ける〉である．
派 declining 斜陽の / declination 傾斜
関 recline(◻後ろに＋もたれかかる) / lean 傾く
例 After Kiyomori died in 1181, the Taira family's power declined rapidly. 清盛が1181年に亡くなると，平家の権力は急激に衰えていった． / They declined (=turned down) my request for a pay raise. 私の昇給の要求は断わられた． / Home sales have been declining (=turning down / decreasing) since the summer. 夏からずっと家の売り上げは落ちてきている． / People experiencing a decline in physical strength easily contracted tuberculosis. 体力が落ちていた者はすぐに結核に感染した．

decorate [dékəreit]
飾る，勲章を授ける
原 美しくする
イメージ 飾る／勲章を与える（◻勲章で人を飾る）
派 decoration 装飾，勲章
関 decorous 端正な
例 Her sitting room was very tastefully decorated. 彼女の部屋はとても趣味豊かに飾られていた． / Socrates was decorated for bravery in combat. ソクラテスは武勲章を贈られた．

decrease [dikrí:s]
減少する
原 下に(de) 増える(crease)
イメージ だんだん減っていく
関 crescent 三日月（◻段々と明るい部分が増えてくる）
例 As light decreases from vision, the pupils dilate. 目に入る光が弱くなると，瞳は大きくなる． / A temporary decrease in the blood supply to the brain causes fainting. 一時的に頭にいく血液が減少すると人は気絶する．

decree [dikrí:]
布告，命じる
原 はっきり(de) 決める(cree)
イメージ 公的立場で命じる
例 The President signed a decree removing the Secretary from his duties. 大統領は長官をその職から解く命令書にサインした．

dedicate [dédikeit]
専念する
原 強く(de) 言う(dicate)
イメージ はっきり目的を言明する⇨強く誓う⇨専念する
解 〈ことばにして言明する⇨専念する〉の意味の展開は addict〈自分に(ad)言いつける(dict)⇨熱中する〉や devote〈強く(de)誓う(vote)⇨捧げる〉の展開と同じである．言霊（◻ことばが発せられるとその内容が実現される）を思わせる語である．
派 dedicated 献身的 / dedication 専念，献身
例 She promised to dedicate her son to God. 彼女は自分の息子を神に捧げると約束した． / Sada Ineko dedicated her life to improving the status of women by depicting their lives in her writing. 佐田稲子は作品に女性の生活を描くことによって女性の地位を向上させることに生涯を捧げた．

deduce [did(j)ú:s]
推論する
原 引き(duce) 下す(de)
イメージ すでに知っていることを元にある判断を下す
派 deduction 推論（◻ deduce から），控除（◻ deduct から）
関 deduct 控除する
例 How can you deduce that the

comet will come again in 76 years? どうしてその彗星が76年後に再び現われると推測できるのですか． / If your date stands you up, you can deduce that either something urgent happened or she is no longer interested in you. もしデートの相手が君に待ちぼうけを食らわせたとしたら，何か緊急のことが起こったかあるいはもう彼女は君には興味をなくしたかのどちらかが考えられる．

deep [díːp]
深い，深遠な
[原] 水深が深い
[イメージ] 物の表面から内部へ向けて深さあるいは奥行きがある
[解] 類義語 thick は物の一面から反対側の面までの距離が長いことを言う．thick の形容対象は普通，透視のきかない物体(たとえば板)，で deep のそれは透視のきく物質(たとえば水)または侵入のできる物質(たとえば雪)である．The ice is deep. (氷が厚い)と言うとき，視線は氷の表面から垂直に入っている．The ice is thick. (氷が厚い)と言うとき，視線は氷の切断面の長さを見ている．
[派] deepen 深める / depth 深さ
[関] dip 浸す(○原義との関係に注目)
[例] There used to be a deep well beside my house. 昔，家のそばに深い井戸があった． / The snow is very deep in this district in winter. この地方は冬は雪がとても深い． / This is a deep shelf. It's 50 centimeters deep (＝Its depth is 50 centimeters). この棚は奥行きが深く，50センチある． / Pete Rose hit hard to the deep centerfield. ピート・ローズはセンターの深いところへ強打を放った． / Most of the soldiers engaged in the combat received deep wounds. 戦闘に加わったほとんどの兵士が深い傷を負った．

deer [díər]
鹿
[原] 野生動物
[イメージ] 鹿
[解] 狩りに関係する動物(従って人間生活に馴染みの深い sheep, deer, fish など)は，それらの(肉の)量が関心の対象となるので複数形をとらないと考えられる．群れているからというよく聞く理由からなら bee(密蜂)などは複数形をとらない名詞の筆頭になっていたはずである．
[例] Hunters killed so many deer for food and for sport that the animals had to be protected by law. ハンターが非常に多くの鹿を食用や狩りのために殺したので鹿は法律で保護する必要が生じた．

default [difɔ́ːlt]
義務の不履行
[原] (de=強め)しない(fault)
[イメージ] すべきことを怠る
[例] He defaulted on the loan. 彼はローンの支払いを怠った． / He won by default since his opponent got injured during training. 相手がけいこ中に負傷したので彼は不戦勝になった．

defeat [difíːt]
打ち負かす，挫折させる
[原] 壊す(de) 作る(feat)
[イメージ] 相手の試みを壊す○相手を打ち負かす・崩す
[解] f を含む語には〈作る・する〉の意味合いが生まれることが多い：fact 事実(○なされたこと) / feat 偉業(○なされたこと) / defect 欠陥(○欠ける＋作る) / deficit 不十分な(○欠けた＋作る)
[例] The Japanese fleet defeated the Russian navy in 1905. 日本艦隊は1905年にロシアの海軍を破った． / You must have the courage to meet failure without being defeated. 挫折せずに失敗に立ち向かう勇気を持たねばならない． / Police may ignore the requirement for a warrant if delay would defeat what they were trying to accomplish. 警察はやろうとしていることが令状が遅れるためにできなくなってしまう時は令状を待たなくてよい場合もある．

defect [díːfekt]
欠陥
[原] まずく(de) 作る(fect)
[イメージ] 作り損ない
[解] 動詞用法では「(政党などを)離反する」意で用いられるが，これは組織からその構成員が抜けると defect(○完全を損なう)することになるからである．
[派] defective 欠陥のある◇反意語は per-

fect(完全な) / defection 逃亡, 離反 / defector 離反者

例 All the products are carefully checked for defects before they leave the factory. 全製品が工場出荷前に欠陥品がないか綿密にチェックされる. / Three Cuban athletes have defected to the United states. 3人のキューバ選手が(自国のチームから)アメリカへ亡命した.

defend [difénd]
防衛する, 弁護する

原 打ち込み(fend) をかわす(de)

イメージ (力による)攻めをかわす・(ことばによる)責めをかわす

解 フェンス(fence)の de-が消えたもので⟨他者の攻撃を防ぐもの⟩の意.

派 defendant 被告(⇔原告(plaintiff)の責めをかわす立場の人) / defense 防御 / defensive 防衛的な / fend(攻撃を)かわす

関 offend 傷つける(⇔〜へ+打ち込む)

例 The human body can defend itself against hundreds of diseases. 人体は何百もの病気に対して防衛できる. / You may be old enough to defend yourself against bullies in school but, at age 15, you're not old enough to fend for yourself. 君は学校でいじめがあっても凌いでいけるけど, 15歳ではまだ自活することはできない. ◇fend (うまくかわす)は de-が消失したもの. / Drive defensively! 安全運転をしなさい! ◇日本語の「安全運転」は Safe / Careful driving になるが, もう一歩進んで相手が違反をしても事故が避けられるような運転をしようというのが defensive の気持ちである.

defer [difə́:r]
延期する, 遅らせる

原 遠くへ(de) 運ぶ(fer)

イメージ 意図的に先送りにする

解 fer に⟨運ぶ⟩の意味合いがあるが, これは「ferry＝フェリー・フェリーボート」で記憶に定着させるのが得策.

派 deferment 徴兵猶予, 繰り延べ

例 They deferred the decision for a week. 彼らは決定を1週間遅らせた. / I will defer to your advice. あなたのアドバイスに従いましょう. ◇defer to〜が「従う」の意になるのは defer (oneself) to〜(自分を〜の所へ運んでいく)と考えればよい. / In most Asian cultures children are taught to respect and defer to their elders. 大抵のアジアの文化圏では子供は年輩者を敬い従うように教えられる.

define [difáin]
定義する, 明確にする

原 区切り(fine) をつける(de)

イメージ 漠然とした概念や内容に区切りをつけて表わす内容をちゃんとはっきりさせる；範囲をここからあそこまでと決める

解 -fine は finish と同系語で⟨切りをつける⟩意味合いがある. term が⟨区切る⟩の原義から⟨名付ける, 専門語(⇔意味領域を限定して用いる)⟩の意になるのに似ている.

派 definite 明確な / definition 定義 / definitive 決定的な

例 How would you define 'democracy'? デモクラシーをどう定義づけますか. / Something is wrong with me but I can't define exactly what it is. 何か変だけどそれが何であるかはっきりとは示せない. / The presence or absence of a hymen is not definitive proof of virginity. 処女膜のあるなしが処女性の決定的証明にはならない.

defy [difái]
無視する, 反抗する

原 信用(fy) しない(de)

イメージ (信用せず他者の接近を)はねつける

派 defiant けんか腰

関 death-defying 死をものともしない / fidelity 忠実 / faith 信頼 / diffidence 自信のないこと / defiance 挑戦(⇔困難をはねつける)

例 The endemic disease defied all possible treatment. この風土病はどんな治療法もよせつけなかった. / The variety is so great as to defy cataloging. 種類が多すぎて, リストにまとめられない. / A soldier cannot afford to defy his captain's orders. 兵士は隊長の命令をはねつけることはできない.

degenerate [didʒénəreit]

退化する，堕落する
[原] 下に(de) 生み出す(generate)
[イメージ] (下に生じる⇨だんだん悪くなる)⇨劣化する
[派] degeneration 退廃，退化 / degenerative 退化的な
[例] Most items degenerate with use or with the passage of time. 大抵の物は使用したり，時間が経つと劣化する． / Tuberculosis is a degenerative disease; it may rapidly waste body. 結核は徐々に悪化する病気であるが，急激に体力を弱らせることもある．

degree [digríː]
程度，学位
[原] 下へ(de) 歩む(gree)
[イメージ] 段階⇨程度
[解] 原義は〈下方へ歩む〉でマイナス・イメージがあるが，degree は〈階段⇨段階〉の意でマイナス・イメージはない．
[関] degrade 格下げする / grade 段階(⇨歩み) / gradual 徐々の
[例] The degree of health care efficiency varies from country to country. 健康管理の質は国によって差がある． / What degree of loyalty can a company expect from its underpaid employees? 会社は給料が十分でない従業員からどれほどの会社への忠実度を期待できようか．

deject [didʒékt]
落胆させる
[原] 下へ(de) 投げ出す(ject)
[イメージ] ショックが気力を散逸させる⇨落胆させる
[派] dejected 落胆した / dejection 落胆
[例] She had a dejected look after the exam. 彼女は試験の後がっかりした顔をしていた．

delay [diléi]
遅らせる，ぐずぐずする
[原] 遠くへ(de) 置いておく(lay)
[イメージ] (物事を後ろへ置く)⇨遅れさせる
[関] relay 中継する(⇨後ろへ+(中継者を)置いておく)
[例] Ecological considerations delayed the building of the Alaska pipeline for several years. 環境への配慮のためアラスカパイプラインの建設は数年遅れた． / I was slightly delayed by the heavy traffic on my way to the meeting. 会合への途中道路が混んでいたので少し遅れてしまった． / If help had been delayed, my daughter might have had brain damage from lack of oxygen. 救助が遅れていたら，娘は酸素不足で脳にダメージを受けていたであろう．

delegate [動=déligeit, 名=déligət]
派遣する，代表
[原] 遠くへ(de) 任命する(legate)
[イメージ] 命じて遠くへ送り出す⇨代表として派遣する⇨任せる
[派] delegation 代表の派遣，代表派遣団
[例] They delegated me to vote. 彼らは私に投票を任せた． / I was the county's delegate to the national congress of health care administrators. 私は全国健康管理責任者会議の郡の代表だった．

deliberate [形=dilíbərət, 動=dilíbəreit]
故意の；よく考える
[原] しっかり(de) 計る(liberate)
[イメージ] 慎重に推し量る
[解] 関連語に libra (重量ポンド)があり，lb. と略記される．日本語でも「審議する」ことを「会議ではかる(⇨ことの軽重を問う)」等と言う．weigh に〈考える〉の意があることと関連づけるとより理解が深まる．
[派] deliberation 故意，熟考 / deliberately 故意に，よく考えて
[例] Was it an accident or a deliberate attempt? それは事故ですかそれとも故意でやったのですか． / The judges are still deliberating who is going to be the winner. 審査員たちはまだ誰が最優秀か審議している． / Someone deliberately set the car on fire. 誰かがわざと車に火をつけた． / The actor's response to prying reporters was calm and deliberate. 執拗な記者たちに対してその俳優は冷静に慎重に対応した．

delicacy [délikəsi]
優美さ，微妙さ，ごちそう
[原] 優美である
[イメージ] 繊細である；珍しいごちそう
[例] Fishermen brought back delicacies from the sea. 漁師達は海からの幸を持って帰ってきた． / Sashimi is a deli-

cacy in Japan but is condemned as trash in many other countries. 刺身は日本ではごちそうだが他の多くの国ではつまらぬ料理だとされている．

delicate [déləkət]
優美な，繊細な，おいしい
原 心地よい
イメージ 繊細な⇨もろい
派 delicacy 優美さ，繊細さ / delicately 繊細に，巧みに
関 delicious おいしい
例 She was irregularly schooled because of delicate health. 彼女は身体が弱かったので，学校への出席はままならなかった． / Sexual morality was such a delicate subject that most people kept it to themselves. 性の倫理は微妙な話題なので大抵の人は黙って語らなかった． / I don't know how to put this delicately. このことを上手く表現できません．

delicious [dilíʃəs]
おいしい
原 食欲をそそる
イメージ とてもおいしい
解 英英辞典では delicious＝having a very pleasant taste(とてもおいしい)と定義している．delicious は普通，質問文，否定文には用いないのは，日本語でも「この林檎はとてもおいしいですか」とか「この林檎はとてもおいしくないです」が不自然に感じられるのと同じ理由からである．つまり How good are those apples? なら good は優-良-可-不可の範囲のうまさを問えるが How delicious...?では優の範囲のうまさしか問わない理屈になる．否定文についても同様な理屈が成り立つ．
例 It smells delicious. おいしそうな匂いがする．

deliver [dilívər]
配達する，演説する，繰り出す，助ける
原 外して(de) 自由にする(liver)
イメージ (窮屈なところから)広々としたところへ出す，繰り出す
派 delivery 配達，話し方，出産
解 アメリカバスケットボール界のスーパースターであったマイケル・ジョーダンは Jordan is the one who delivers. としばしば形容されていたが，これは彼の shot(シュート)がチームを窮地から救い出す(deliver)の意味を持っている．
例 Could we have this desk delivered at our place? この机を家まで配達してもらえますか．◇狭い所＝家具屋 / Mr. Smith delivered an impromptu lecture on world economy because the scheduled speaker suddenly fell ill. 予定していた講演者が突然倒れたのでスミス氏は世界経済についての即席の講演をした(◇ことばを繰り出した)．◇狭い所＝口 / Mr. Brown is the doctor who delivered you ten years ago. 10年前にあなたを助産したのはブラウン医師ですよ．◇狭い所＝子宮 / Please allow two weeks for delivery. 配達までに2週間猶予を下さい． / She had an easy delivery. 彼女は安産だった．

demand [dimænd]
要求する
原 強く(de) 手渡す(mand)
イメージ (完全に手渡す)⇨(責任・ノルマ)を任せきる⇨有無を言わせず実行を求める
派 demanding 責任の重い
関 command 命令する(◇強く＋任す) / manual 手を使う
例 He demanded all the facts be made public. 彼は事実の全てを公表すべきだと迫った． / Being a primary school teacher is very demanding. 小学校の先生はとてもきつい仕事だ(◇多くの仕事を任せられる)．

demonstrate [démənstreit]
実演する，デモ行進する
原 強く(de) 示す(monstrate)
イメージ (相手の納得を得るために)はっきり形にして示す，実際にやって見せる
解 デモ(demonstration)とは意思，意見を団体行進の形で(プラカードやマイクを用いて)はっきり示すこと．
例 Dentists demonstrate proper methods of brushing and flossing teeth. 歯科医は歯の正しい磨き方，フロスのやり方を実際にやって見せてくれる． / French and English truck drivers demonstrated against the high cost of gas in the summer of 2000. フランスとイギリスの運転手達は2000年の

夏にガソリンが高いので反対のデモ行進をした.

denounce [dináuns]
非難する, 告発する
原 下に(de) 告げる(nounce)
イメージ こきおろす
関 announce 発表する / pronounce 発音する(◇前に+告げる) / renounce 放棄する(◇返す+告げる)
例 The prime minister was denounced in all the media. 首相はあらゆるメディアでこきおろされた. / Jews denounced Spinoza and forced him to leave Amsterdam. ユダヤ人はスピノザの考えを非難しアムステルダムから追放した.

deny [dinái]
否定する
原 はっきり(de) 否定する(ny)
イメージ ～でないと言う
解 -n-の音はどの言語でもネガティヴな響きを持っている.
派 denial 打ち消し, 拒否
関 negative 否定的
例 The suspect denied all charges. 容疑者は容疑をすべて否認した. / He is in denial of his alcoholism. 彼は自分はアル中ではないと言っている.

depart [dipá:rt]
出発する, 離れる
原 離れ(de) 分ける(part)
イメージ 乗り物が駅や空港を出発する
解 leave(出発する)より硬い響きがある.
派 departure 出発 / department 部, 課, 学部(◇分かれている)
関 department store デパート(◇部門に分けて販売する)
例 The next train for Tokyo departs from platform 2. 次の東京行きは2番ホームから出ます. / Let us pray for the departed souls. 亡くなった方々の霊の冥福を祈りましょう.

depend [dipénd]
頼る, ～による
原 ぶら(pend) 下がる(de)
イメージ (他人の力に)ぶら下がる, おんぶする
解 pend に〈重さをかける, ぶら下がる〉意味合いがある : pendant ペンダント(◇首からぶら下がっている) / pending 未決定の(◇宙ぶらりんの) / pendulum 振り子 / appendix 盲腸(◇ぶら下がるようについている)
派 dependence 依存 / dependent 頼っている
例 You can depend on my finishing (= depend on me to finish) the job by Friday. 金曜日までには仕上げますから(頼りにしておいて下さい). / Can you come?—That depends (on the circumstances). 来られますか?—分かりません(その時の都合次第です). / Young children are dependent on their parents for most things in life. 幼い子供は生活上のほとんどのことを親に頼っている.

depict [dipíkt]
描写する
原 しっかり(de) 描く(pict)
イメージ (言葉や絵で)見えるがごとく描く
解 綴りに picture(描く)が潜んでいる.
例 This is a story depicting the rise and fall of the Heike clan. この物語は平家の栄枯盛衰を描いている. ◇ことばで描く / A flat map will not accurately depict the world. 平面状の地図では世界を正確には描き出せない. ◇絵図で描く

deplete [diplí:t]
減らす
原 外に(de) 溢れる・重なる(plete)
イメージ (重なりが取れる)⇨ひどく減る
解 -plete は〈重ねる〉で complete(仕上げる), plenty(豊富な)に見られる.
派 depletion 枯渇
例 Frequent shampooing may deplete your skin's natural oils. シャンプーを頻繁にやると肌の脂はひどく少なくなることがある. / A bacillus can be fatal to anyone whose immunity has been depleted. 菌は免疫性の弱っている人には致命的になりかねない. / The disease is caused by depletion of certain neurons in the brain. この病気は脳の中のいくつかのニューロンの減少によって起こる.

deplore [diplɔ́:r]
嘆く

原 ひどく(de) 泣く(plore)
イメージ (不正などに対して)情けないと嘆く
派 deplorable 遺憾である
例 I deplore his lack of responsibility. 彼の責任感のなさを遺憾に思う． / It is deplorable that such corruption exists. そんな不正があるとは嘆かわしい．

deploy [diplɔ́i]
展開する，配置する
原 外に(de) 重ねる(ploy)
イメージ 兵を任地へ配属させる
解 employ 雇う(⇨外部から内に＋重ねる)
派 deployment 部隊の展開
例 American soldiers have been deployed in some parts of Asia. 米軍兵士はアジアのいくつかの地域に配属されている．

deport [dipɔ́ːrt]
国外追放する
原 外へ(de) 運ぶ(port)
イメージ (不法滞在者，造反者を) 国外へ送り出す
派 deportation 国外追放，強制送還
例 He was arrested, jailed, and deported for his anti-government activities. 彼は反政府活動のために逮捕され，投獄され，国外追放になった．

depose [dipóuz]
退位させる
原 外に(de) 置く(pose)
イメージ (地位ある場から外へ置く)⇨権威ある地位から追い落とす
例 Those who revel in glory will certainly be deposed someday. 栄華に驕れる者はいつか滅ぼされる．

deposit [dipázət]
預ける，堆積させる
原 下に(de) 置く(posit)
イメージ ちゃんと置く，(水面下に置く)沈殿させる，(大切なものを置く)預ける
派 depositor 預金者
例 She deposits some money every month for future use. 彼女は毎月将来に備えていくらかずつ貯金している． / You will have to deposit 10% of the cost when you book the ticket. 切符の予約のときに10パーセントの手付け金を払わなければいけない． / There's a large deposit of coal in that region. あの地域には多くの石炭が埋蔵されている．

depress [diprés]
落胆させる
原 下に(de) 押す(press)
イメージ (気持ち・景気を)抑えつける・圧迫する
派 depression 落胆，不景気
例 The thought of having to live alone, away from his family, depressed him awfully. 家族から離れて独りで暮らすことを思うと彼はひどく憂鬱になった． / This city has been economically depressed for a long time. この町は長い間経済的に不振をかこっている．

deprive [dipráiv]
奪う，剥奪する
原 から(de) 奪う(prive)
イメージ 剥ぎ取る
派 deprived 貧困な(⇨恵まれていない) / deprivation 損失
例 Slavery deprived slaves of their most basic rights. 奴隷制度は奴隷からほとんどの基本的権利を奪った． / Children from deprived families often don't do well at school. 貧困家庭に育った子供は往々にして学校の成績が悪い． / We don't want to deprive you of your restful week. せっかくのお休みの週だからお邪魔したくありません．

depute [dipjúːt]
代理とする
原 考えて(pute) 分けた(de)
イメージ (考えて分ける)⇨(割り当てる)⇨代理人とする
派 deputy 代理，副官
例 The Prime Minister deputed the Home Minister to take over while he was away. 首相は出張中は自治大臣を代理に命じた．

derail [diréil]
脱線させる
原 レール(rail) から外す(de)
イメージ 脱線させる
解 「(話が)脱線する」は get off the track とか get sidetracked(⇨側線に入

る)と言う.
派 derailment 脱線
例 The streetcar was derailed by a falling tree in its path. 電車が軌道に倒れた木で脱線した.

derive [diráiv]
引き出す, ～に由来する
原 川(rive (r))から分かれる(de)
イメージ (水源から水を引く)⇨源となるところから引き出す
解 river(川)が綴りの中に潜んでいる.
派 derivation 由来 / derivative 派生的な
例 A great many English words are derived from Latin. たくさんの英単語がラテン語に由来している. / She derives great satisfaction from her work with the handicapped. 彼女は障害者のために働くことで大きな喜びを得ている.

descend [disénd]
下る, 降りる, 伝わる
原 下方へ(de) 登る(scend)
イメージ たどるように下る
解 原義(下方へ+登る)は言わば climb down ということになる. これは日本語では矛盾する連語表現になるが, 英語ではごく普通の連語である. (e.g. grow less 小さくなる / undo ほどく)
派 descendant 子孫 / descent 降りること, 家系
例 Shortly before birth the testicles descend into the scrotum where they usually remain. 生まれる少し前に睾丸は陰嚢に下りて普通そこに止まる. / Both birds and mammals are descended from reptiles. 鳥も哺乳動物も爬虫類の子孫である. ◇系図を連想すると「下る」の意味が納得しやすい.

describe [diskráib]
ことばで述べる
原 下に(de) 書きつける(scribe)
イメージ (第三者へ伝えるために)目にする様子をことばでなぞる, ことばで様子を描く
解 類義語 write は〈頭で考えて〉, 手で〈文字にする〉過程を経るが, describe は〈目撃したもの〉を, 口で〈ことばにする〉過程を経る. つまり write は想像力が出発点だが, describe は目撃が前提

となる.
派 description 描写 / descriptive あるがままを描いた
関 script 脚本 / prescribe 処方する, 規定する(◇前もって+すべきことを書きつけておく / prescriptive 規範的な(◇前もって+書きつけた)
例 Describe what you saw. 見たこと(のあるがまま)を話してごらん. / Can you describe the wallet you lost? なくした財布はどんな財布ですか(◇財布の描写). / I recognized the woman immediately from her description of herself. 私は彼女の自分の姿についての情報から直ぐにその女性が分かった. ◇面識のない者同士の初デートの時などの場面. / Atmospheric conditions may produce optical illusions that are described as UFO's. 気象状況が UFO が飛んでいるような視覚的錯覚を引き起こすことがある.

desert [dézərt]
見捨てる, 脱皮する, 去る
原 関連(sert) を断つ(de)
イメージ (関係を断つ)⇨見捨てる◇雰囲気に荒涼感・静寂感が生まれる.
解 series(関連物, シリーズ)と同系語. 人が寄りつかない地域は desert(砂漠).
派 desertion 遺棄, 脱走
関 dessert デザート(◇食事のコースで最後になるもの. 食事との関係が終わりになるもの)
例 He deserted his family and eloped with his lover. 彼は家族を捨て愛人と駆け落ちした. / I picked up a shell to find it deserted (=empty). 手にした貝殻はもぬけの殻だった. / I don't like to walk a deserted street at night. 夜人通りのない通りを歩くのは嫌だ. / Robinson Crusoe was marooned on a desert island in the Caribbean Sea. ロビンソン・クルソーはカリブ海の無人島に取り残された.

deserve [dizə́ːrv]
～する価値がある, ～に値する
原 (行為が) 十分(de) 資する(serve)
イメージ (十分役立つ(serve))⇨ (評価・賞罰)を受けるに値する
解 定訳「～する価値がある」では, 主体は肯定的内容(◇賞の対象)のみが連想

されるが，否定的内容(⇨罰の対象)についても用いられる．
関 serve 仕える
例 His having never missed a day of work for ten years deserves great praise. 彼が10年間無欠勤なのは大いに褒められることだ． / What have I done to deserve this penalty? このような罰を受けるようなことを僕がやったかい？ / Drunken drivers deserve to be punished more severely. 飲酒運転者はもっと厳しく罰せられるべきだ．

design [dizáin]
設計する，デザインする
原 下に(de) 印(sign)をつける
イメージ (印を書きつける)⇨設計図を書く⇨設計する
派 designer デザイナー，設計者
関 designate 指定する(⇨印をつける) / sign 符号
例 Human beings were designed by their Creator to love each other. 人間は人間の創造者によって互いに愛するようにするように設計されている． / They jammed 40 people into a bus designed for 25. 25人乗りのバスに40人押し込めた．

desire [dizáiər]
強く望む
原 星(sire) を待ち望む(de)
イメージ 待ち望む，(ないので)欲する
解 原義と意味はかならずしもはっきりつながらないということか？よい星(⇨運命)を求めるということか？
派 desirous 待ち望んでいる / desirable 望ましい
関 consider じっくり考える(⇨しっかり+星を占う)
例 His work leaves nothing to be desired. 彼の仕事ぶりは申し分なしだ．◇「申し分(⇨文句を付ける点)がない」は日英の発想が同じ．逆は leave much / a lot / a great deal to be desired と言う． / Women's desire for sex comes only after a period of sexual activity. 女性はセックスを何度か経験してはじめて性欲がめばえてくる． / He is desirous of your company. 彼はあなたと交際したがっている． / Some people are desirous of fame. 名声をひどく欲しがる人がいる．

despair [dispéər]
絶望する
原 見通し(spair) をなくす(de)
イメージ (見通しを失う)⇨絶望する
解 「絶望」とは〈望(⇨見通し)+絶(⇨なくなる)〉だから日本語と発想は同じである．
関 desperate 必死の / desperately 必死になって
例 I don't despair about kids today. 近頃の子供に絶望はしていない．◇原義通り〈距離す，見切りをつける，見限る〉と鮮明にイメージできる． / She sighed in despair. 彼女はがっかりしてため息をついた．

desperate [désp(ə)rət]
自暴自棄の，すてばちの
原 見通し(sperate) をなくして(de)
イメージ (見通しをなくするほどに)⇨見通しがきかなくても⇨向こう見ずの
派 desperately 必死になって / desperation 自暴自棄
関 despair 絶望
例 When Roosevelt took office, 13,000,000 or more persons were unemployed, and farmers were in desperate straits. ルーズベルトが大統領に就任したとき，1300万人以上もの失業者があり，農家は絶望的窮状にあった． / I desperately wanted to win, so I struggled to the very end. どうしても勝ちたかったので最後まで頑張った． / He took to drink (=drinking) out of desperation. やけになって酒びたりになった．

despise [dispáiz]
軽蔑する，嫌う
原 下し(de) 見る(spise)
イメージ くだらないとして見下す
派 despicable 卑劣な(⇨見下すべき)
関 spy こっそり見張る
例 Some religious persons strongly despise worldly affairs. 宗教的な人の中には世事をひどく見下す人がいる．

despite [dispáit]
軽蔑，憎しみ；〜にもかかわらず
原 見(spite) 下し(de)
イメージ (見下す内容，矛盾する内容)であっても
解 in spite of (〜であっても)と言うほ

うがやわらかい．
関 despise 軽蔑する(⇔下に＋見る)
例 Joyce suffered an eye disease and became almost blind despite many operations. ジョイスは眼病を患い，何度も手術したがほとんど見えなくなった．／ Brown, despite himself, had to sign the petition. ブラウンは意に反してその運動に署名するはめになった．

despondent [dispάndənt]
がっかりして
原 見返り，約束(spondent) を外す(de)
イメージ 期待を外されてがっくりしている
解 disappointed がっかりする(⇔任命・約束を外された)と発想がよく似ている．
派 despondency 失意
関 sponsor 保証人(⇔約束する人) / spontaneous 自発的な(⇔自然に反応する) / spouse 配偶者(⇔夫婦の契りを交した者) / respond 返答する(⇔元へ＋返す)
例 She became very despondent about her future after her son's death. 息子を失って彼女は将来を悲観した．

destined [déstind]
運命付けられている
原 強く(de) 定められた(stine)
イメージ (しっかり定めた)⇨運命をしっかり定められた
解 -stine は⟨stand(しっかり立つ)⟩の意味合いを持つ．
派 destination 行き先(⇔しっかり定めてある) / destiny 運命(⇔定め)
関 obstinate 頑固な(⇔反対に＋定めた)
例 These fishing boats are destined to be scrapped. これらの漁船はスクラップされる運命になっている．／ We all are destined to die someday. 我々はいずれは死ぬ運命にある．

destroy [distrɔ́i]
破壊する
原 築き(stroy) を壊す(de)
イメージ 築いてあるものを崩す
関 destruction 破壊 / destructive 破壊的な / construct 築く(⇔集めて＋築く) / structure 建物
例 The huge fire destroyed the greater part of the town. 大火は町の大部分を焼いた．／ Some industrial chemicals are known to destroy immune systems. 産業化学物質のいくつかは免疫組織を壊すことが分かっている．

destruction [distrʌ́kʃən]
破壊
原 築き(struction) を壊す(de)
イメージ 構成物(建物，生物，組織)を壊すこと
派 destructive 破壊的な
例 The overall snake population declined as a consequence of the destruction of their habitats by human beings. 人間が生息環境を破壊した結果蛇の総数が減った．／ The eruption of Mount Pelee in Martinique was one of the most destructive in modern history, killing about 30,000 people. マルチニク島のペリー山の噴火は近代史上もっとも破壊的なものの１つで約３万人の死者を出した．

detail [dítéil]
細部，詳細
原 離す(de) 切る(tail)
イメージ (細かく切り分けた)詳細
解 -tail は⟨切る⟩の意で，tailor 仕立て屋(⇔裁断する人)，retail 小売りする(⇔切り売りする)に見られる．
例 Reports of how the accident happened vary in detail but essentially put the blame on the bad weather. 事故原因についての報告は細部については報告間で違いがあるが，つまるところ悪天候を原因としている．／ For further details, see the article ATOMS. さらに詳しくは，原子の項目にあたって下さい．

detect [ditékt]
見つける，発見する
原 覆い(tect) を外す(de)
イメージ (覆いを取って中に潜んでいるものを)探り出す
解 嘘発見機を lie detector と言う．
派 detection 発見 / detective 探偵，刑事
関 protect 保護する(⇔前に＋覆いを置く)
例 The human body can detect

changes in its surroundings. 人体は環境の変化を感知できる． / The doctor developed a method to detect breast cancer. その医師は乳癌の発見法を開発した． / High concentrations of dioxin have been detected in the blood of those living near an incinerator. 高濃度のダイオキシンが焼却炉近くの住人の血液から検出された． / In most countries the detection of crime is the responsibility of the police. 大抵の国において犯罪を暴くのは警察の責任である． / The results of a lie detector test are not always accepted in court. 嘘発見器をかけた結果がいつも裁判で容認されるわけではない．

deter [ditə́ːr]
躊躇させる，思いとどまらせる
原 遠くへ(de) 脅す(ter)
イメージ 睨みをきかせて相手の行動を止まらせる
解 -ter〈脅し〉は terror(恐怖)，terrible (恐ろしい)などに見られる．
派 deterrent 抑止力
例 The new bill contains several features to deter counterfeiting. 新紙幣は偽造を防ぐいくつかの特徴を備えている． / I believe the death penalty can serve as a deterrent for violent criminals. 死刑罪は狂暴な犯罪の抑止力になり得ると思う．

deteriorate [ditíəriəreit]
悪くなる
原 下に(de) もっと悪くなる(teriorate)
イメージ もっと悪くなる
解 -ior は比較級で inferior(より下位の)，superior(より上位の)などに見られる．
派 deterioration 悪化
関 ameliorate 改良する
例 High school students' morals have not deteriorated as much as people say. 高校生のモラルは世間で言うほど悪くなってはいない． / The condition of the patient has deteriorated rapidly. 患者の容態が急変した．

determine [ditə́ːrmin]
決心する，決定する
原 はっきり(de) 範囲を決める(termine)
イメージ ことの内容をちゃんと決める
解 類義語 decide は〈(一気の)決断〉，determine は〈(内容をよく考えた上での)決定〉のイメージ．
派 determination 決心 / determined 断固とした
関 terminate 終わりにする(⇨限りを決める) / term 期間(⇨期間の決定)
例 The number of electron beams determine the quality of the image. 走査線の数で画像の質が決まる． / Determine the value for x in the following equation. 次の等式における x の値を求めよ(⇨決定せよ)． / Chris and I there and then determined that we would go to Okinawa in the spring. クリスと僕はその時その場で春には沖縄に行くことを決めた．

detest [ditést]
忌み嫌う
原 でないと(de) 証言する(test)
イメージ (〜そうでないと誓って言う)⇨はっきり退ける⇨受け付けない
派 detestable 大嫌いな
関 testify 証言する / contest 競う(⇨共に+証言する) / protest 断言する，抗議する(⇨前で+証言する)
例 He detests snakes. 彼は蛇が大嫌いである． / He detested vulgarity. 彼は下品さをひどく嫌った． / Abusing defenseless children is detestable. 無抵抗な子供を虐待することは忌むべきことだ．

detour [díːtuər]
迂回する
原 外れて(de) 巡る(tour)
イメージ 本来の道路から外れて回り道をする
関 tour 周遊旅行(⇨各地を巡る)
例 I made a detour to beat the traffic jam in the main street. メインストリートの渋滞を避けるため迂回した．

devastate [dévəsteit]
荒廃させる，くじけさせる
原 完全な(de-) 荒地にする(vastate)
イメージ 何もない荒廃状態にする / (心が虚ろになって)真っ白な状態にする
解 vast(広漠とした)は〈何もなくて広々とした〉の意であることを知ると

vast に ate(する)のイメージを描く助けになる．
例 I was devastated when I found out that my parents lied to me. 親が自分に嘘をついていたことを知った時，頭が真っ白になった． / The typhoon devastated the paddy fields. 台風が水田を台なしにした．

develop [divéləp]
発達する，発展する，展開する，現像する
原 包み(velop) を解く(de)
イメージ ある条件が満たされると，成長の種が殻を破って成長していく
解 団地のことを development と言うことがある〈山を切り開き1軒から始まって徐々に1つの町になっていく発展過程〉をイメージしたものである．-velop には〈くるむ，包む〉意味合いがある：envelope 封筒(⇨手紙をくるむ) / envelop 覆う(⇨中に包み込む)
派 development 発達，発展，開発，現像
例 A caterpillar develops into a butterfly. 毛虫は成長すると蝶になる． / Hypertension may develop if you consume too much salt. 塩分を取りすぎると高血圧になりやすい． / She seems to have developed measles. 彼女はハシカを発症したようだ(⇨感染を経てたどり着いたところがハシカという病状)． / Have you developed the film? フィルムを現像しましたか． / Let us develop a plan of action to deal with the problem. 問題解決に向けて実践計画を練り上げよう．

devious [díːviəs]
曲がりくねった，よこしまな
原 外れて(de) 道を(vious)
イメージ 道を外れた⇨曲がった，よこしまな
解 -vious は〈進む道〉の意味合いがある：obvious 明らかな(⇨前に＋進む道の) / previous 先行する(⇨前を＋道行く)
関 deviant 常軌を逸した(⇨外れた＋道を)
例 He is ready to use devious means to justify his actions. 彼は自分の行動を正当化しようと，すぐにずるい手段を使う． / Exhibitionism is regarded as deviant behavior when carried to the extreme. 性器露出は度が過ぎると変質的行為とみなされる．

devise [diváiz]
工夫する
原 (巧みに) 分割する
イメージ (分ける)工夫をする
解 原義「分ける」と「工夫する」には距離があるが，昔から収益とか土地の巧みな分割には常に工夫を要したからである．名詞形は device(装置，工夫)．
関 divide 分ける
例 The bicycle is the most efficient means yet devised to convert human energy into propulsion. 自転車は人力を推進力に変換するこれまでに考案された一番効率のいい手段である．

devoid [divɔ́id]
欠けている
原 欠けて(de) 虚ろ(void)
イメージ 欠落して穴が開いている
関 void 欠けている，無効の / avoid 避ける(⇨嫌なものと距離(⇨空間)をとる)
例 Stalin was devoid of human feeling. スターリンは人間的暖かさに欠けていた．

devolve [diválv]
譲り渡す
原 下に(de) 回る(volve)
イメージ (権利を次の者に回す)⇨権利を譲る
解 日本語でも「政権のたらい回し」などと言う．
派 devolution 権利の委譲
例 The estate should devolve upon persons standing in some kinship relation with the decedent. 財産は故人となんらかの姻戚関係にある者に譲渡される． ◇ devolve on / upon＝be passed to

devote [divóut]
捧げる，ゆだねる
原 強く(de) 誓う(vote)
イメージ (強く誓って)全力を注ぎ込む
解 誓うとはいつの場合も努力，献身の誓いである．誓いは文字の時代以前はすべて力をこめた声によるものであった．vo- は破裂音で発声の様子を描いてい

る：vow 誓う / voice 声 / vote 投票する(⇨ vote)) / vocabulary 語彙
派 devoted 熱心な / devotion 熱心，献身 / devout 敬虔な
例 He devoted himself to the study of ecology. 彼は生態学の研究に没頭した．/ This textbook devotes a considerable number of pages to explaining Japan's recovery after WWII. この教科書は戦後の日本の復興について相当のページを割いている．◇簡単に紙が手に入る現代なら devote＋pages(紙幅を～に捧げる⇨スペースを～に割く)とは想起しないであろう．紙が大変貴重だった時代が想われる．/ His lifestyle was opulent and characterized by an excessive devotion to pleasure. 彼の生活の仕方は派手で快楽に没頭しすぎる気があった．

devour [diváuər]
むさぼり食う
原 ドす(de) 飲み込む(vour)
イメージ (飲み込むほどに)がつがつ食い尽くす
例 The lioness and her cubs devoured the carcass. 母親ライオンと子供ライオンは獲物の肉をむさぼり食った．/ The students devoured the information; they were so excited about learning. 学生達は知識を得ようと夢中だった；彼らは学ぶことにわくわくしていた．

diagnose [dáiəgnous]
診断する
原 横切って(dia) 知る(gnose)
イメージ (探りを体に横切るように入れて病状を知る)⇨診断する
解 CT(computer tomography)つまりコンピュータ断層撮影は文字通り探りを体に横切らせる診断法の典型である．
派 diagnosis 診断
関 know 知る(⇨ -gnose と音が似ている)
例 Disorders such as diabetes, high blood pressure, and brain tumors may be diagnosed by examining the retina. 糖尿病や高血圧や脳の腫瘍などは網膜を調べたら診断がつくことがある．

dialogue [dáiəlɔ(ː)g]
対話
原 二者間で(dia) 話す(logue)
イメージ (差し向かいになってする)対話
関 apology 謝罪(⇨ 逃れる＋話す) / monologue 独白(⇨ 単＋話す)
例 We need to increase dialogue with the young on the matter. この問題について若者と対話を増やす必要がある．/ The dialogue between the parties broke down because neither side was prepared to concede anything to the other. 党間の対話はどちらも相手側に譲るところが全くなくて決裂した．

diameter [daiǽmətər]
直径
原 横切って(dia) 測る(meter)
イメージ (差し渡しを測る)⇨直径
解 dia-は(二者間，端から端まで)のイメージ：dialogue 対話 / diagonal 対角線
例 A radius is half as long as a diameter. 半径は直径の半分である．

diarrhea [daiəríːə]
下痢
原 横切って(dia) 流れる(rrhea)
イメージ (口から肛門まで一気に流れる)便⇨下痢
関 pyorrhea 歯槽膿漏(⇨膿(pyo)が流れる(rrhea))
解 婉曲的には have loose bowels(= loose bowel movements)などと言う．
関 diabetes 糖尿病(⇨一気に＋行く⇨頻尿症状)◇通例の語源説明は「突き抜けてしまうこと」とある．糖が一気に流れ出るとも読める．
例 I have diarrhea. 下痢をしている．

dictate [díkteit]
書き取らせる，命令する
原 言う
イメージ 言って書き取らせる・言いつける
解 名詞 dictation は「書き取り(⇨「書き写す」の意)」と訳されているが「書き取らせ」というべきである．この訳語のために，教師が生徒に書き取りをさせるつもりで，you are going to dictate what I say(直訳すれば，私が言うことを君達は書き取らせる)など言うのは意味不明の，しかしよくある間違いである(事実，上の例は市販されている教師用

のビデオテープ教材にあるもの).
[関] dictator 独裁者(◇言いつける人) / dictionary 辞書(◇ことばの意味について言いつける)
[例] He is busy dictating a letter to his secretary. 彼は手紙を秘書に口述筆記させている. / We can't dictate to our children how they should run their lives. 子供たちに生き方についてあれこれ押しつけることはできない. / There is only one rule about writing a love letter—write what your heart dictates! ラブレターの書き方の秘訣はほんの1つだけである—気持ちのおもむくままに書きなさい(◇あなたのハートが命ずることを書きなさい).

die [dái]
死ぬ
[原] 死ぬ
[イメージ] (生命あるものが)死ぬ, 枯れる;(勢いあるものが勢いを)失う
[派] dead 死んでいる / death 死
[例] Many people die in traffic accidents. 交通事故で死ぬ人が多い. / The crops are dying because of the drought. 作物が日照りのために枯れかかっている. / The wind has died down. 風は止んだ. / With the fall of the Soviet Union, his passion for socialist reform died. ソ連邦の崩壊とともに, 彼の社会主義革命への情熱は冷めてしまった.

diet [dáiət]
食事, 食事制限
[原] 1日にとる食事
[イメージ] (食事内容に注目した時の)食事
[解] ダイエットというと〈食事制限〉のみがイメージされるが, 名詞 diet からは〈食事内容〉がまずイメージされ, 文脈により〈食事制限〉の意味合いになる. 動詞用法の diet は〈食事制限をする〉の意で用いられる.
[例] Eat a healthy, balanced diet. 健康的な, バランスのとれた食事を摂りなさい. / No sugar, please; I am dieting (=I am on a diet). 砂糖は結構です. ダイエットしてるところですから.

differ [dífər]
異なる, 違う
[原] 向こうへ(dif) 運ぶ(fer)
[イメージ] (集団・基準から引き離して)異なる・格別である
[解] 原義から「〜と違う」に from〜を使うことが理解できる. difference や different は単に(中立的に)「相違」とか「異なる」の意味だけではなく〈並み・平凡とは〉違っている〉というイメージもある：What makes this book different from others is... (この本がほかの本と違って(優れて)いる点は〜である)
[派] different 違った / difference 相違
[例] Humans differ from other mammals in their ability to use tools. 人間は道具が使える点で他の哺乳動物と異なる. / Love makes a difference. 愛は素晴らしきものを生みだす. ◇ difference に〈格別〉の意が生じることが多い. / It doesn't make any difference (=It makes no difference). そうしてもなんら変わりはない(◇格別なことにはならない). / I wonder if what I'm doing will make any difference in the long run. 自分のやっていることは果たして何か役立つのだろうか. / Young people my age have no interest in speaking decently, but I really want to make a difference. 僕のような若者はちゃんとした話し方をすることに無頓着だが, 僕は例外でありたい.

difficult [dífikʌlt]
難しい
[原] ない(dif) 易しい(ficult)
[イメージ] 易しくない⇨なかなか扱いにくい
[解] -ficult は facile(容易な)や facilitate(容易にする)と関連がある.
[派] difficulty 困難(◇語源学的には difficult は名詞形から逆成したもの)
[例] He is a difficult man. 彼は気難しい人だ. / She completed a very difficult task in a short time. 彼女は短時間で難題を片付けた.

diffuse [difjúːz]
撒き散らす, 普及させる
[原] ばらばらに(dif) 注ぐ(fuse)
[イメージ] あちこちに注ぐ⇨散らす⇨広める

解 -fuse は〈注ぐ/溶かす〉の意：confuse 混乱させる(⇨一緒に+注ぎ込む)／effuse 発散させる(⇨外に+注ぐ)

派 diffusion 普及，拡散

例 The print medium has been in use to diffuse information on everything. 活字メディアはあらゆる情報の伝播に使われている。／ Just as the workers were about to go on a strike, the management diffused the situation by promising higher salaries. 労働者たちがストに入ろうとしていた時，経営者側は昇給を認めて，緊迫状況を解いた。

digest [daidʒést]
消化する，理解する

原 分けて(di) 運ぶ(gest)

イメージ 固いものを嚙み砕いて消化器官へ運ぶ⇨消化を図る，難しいことを嚙み砕いて脳へ運ぶ⇨理解を図る

解 -gest には〈運ぶ〉意味合いがある：gesture ジェスチャー(⇨身の運び)／congest 鬱血する(⇨一緒に+運ぶ)／suggest 提案する(⇨下に+運ぶ)／ingest 摂取する(⇨中に+運ぶ)

例 Noodles are easy to digest. 麺類は消化がいい。／ It took me a while to read and digest the new rule. 新ルールを読んで理解するのに結構時間がかかった。

dignity [dígnəti]
荘重さ，品位

原 ふさわしいこと⇨価値があること

イメージ (ふさわしいこと⇨価値がある)⇨雰囲気にぴたりとあって品格がある，場にふさわしい雰囲気を持っている

派 dignify 威厳をつける／dignitary 威厳のある人

例 The dignity of the occasion was sullied when a baby began to cry. 赤ん坊が泣きだして場の雰囲気が台無しになった。／ Many men consider it beneath their dignity to get divorced. 離婚するのは面目ないと考える男は結構いる。／ Some of the names in this book have been changed to preserve the dignity and privacy of the people concerned. この本ではいくつかの名前はその人達の体面とプライバシーを保つため仮名にしてある。／ Does an extra-marital affair lower the dignity of the President's office? 不倫は大統領府の品位を落としますか。

diligent [dílidʒənt]
勤勉な

原 分けて(dil) 選ぶ(ligent)

イメージ (選び分ける⇨ものの区別がつく⇨面白い⇨夢中になる)⇨真剣に取り組む

派 diligence 勤勉

関 intelligent 理解力のある(⇨間で+選べる)

例 Moderately gifted, the king became a diligent and conscientious ruler. そこそこの才能に恵まれ，王は勤勉な良心的な統治者になった。

diminish [dimíniʃ]
減少させる

原 分けて(di) 小さくする(minish)

イメージ (分けてミニにする⇨小さくする)⇨減少させる，衰弱させる

解 綴りの中にミニ(mini)が潜んでいる。

派 diminutive 小さな／diminution 減少

例 In pluralistic societies, established religions have tended, on the whole, to diminish in importance. 多元的社会において，既成宗教は大抵，その重要性が減少する傾向にある。

dip [díp]
少しの間浸す，すくう，くみ出す，下がる

原 深い⇨深める

イメージ (深める)⇨水につける⇨物・事にちょっと手をつける

派 dipper ひしゃく(⇨水につけてすくいあげるもの)／the Big Dipper (北斗七星)

解 deep(深い)と同系語。十分浸すときは，steep を用いる。

例 I dipped my hand in the tub to test the temperature of the water. 湯加減を見るために手をつけた。／ I just took a dip in the pool; I didn't have the time to swim. 泳ぐ時間がなくて，プールにつかっただけだ。

diploma [diplóumə]
卒業証書，免許状

原 折り合わせた公文書

イメージ 修了の証書 degree(学位)は

研究業績に対しての証書，deploma は履修完了に対しての証書．

派 diplomatic 外交の(○公文書をもとに行う) / diplomat 外交官(○公文書を携えている) / diplomacy 外交(○公文書をもとに行う)

例 He has a high school deploma. 彼は高校を卒業している(○修了証書を持っている). / You are being diplomatic, aren't you. You don't want to offend me. 君は応対がうまいね．僕を気まずくさせたくないんだ．○相手の立場をよく考慮して応対・返答できることを言う．そういう人を diplomat とも言う．

direct [dərékt]

指導する；真っ直ぐ，真っ直ぐな

原 真っ直ぐ(rect) に離す(di)

イメージ (あるところからあるところに引き込む)⇒ある場へ導く・ある方向へ導く

解 -rect には〈直〉のイメージがある．このため〈真っ直ぐ，直接，率直〉の意味合いが生まれる．

派 director 指導者，映画監督○映画や演劇の監督は director(ある一定の方向つまり筋書き通りにドラマを進める)，野球の監督は manager(筋書きのないドラマに対してあれこれやり繰りする)． / direction 方向，指導 / directly 直接に / indirect 間接の

例 I was directed to the principal's office. 校長室へ通された． / Most of the fund will be directed towards space programs. 基金のほとんどは宇宙開発計画に向けられます． / Who directed the film? その映画は誰が監督したのですか． / We have a direct flight to Seattle. シアトルへの直行便があります． / Since I had only a minute before Mrs. Woodworth's English class, I sprinted directly to the classroom. 時間がなかったので直接ウッズワース先生の英語の教室へ走って行った． / The tax on cigarettes is an indirect tax. タバコにかかっている税は間接税である．

dirt [dɔ́:rt]

汚れ物，泥

原 うんち

イメージ (うんち)⇒(すこし意味がやわらいで)ほこり，ゴミ，土，泥

解 原義はかなり強烈であるが dirty(汚い，わいせつな)などを味得するには知っていると有利である．dirt は元来は drit と綴られていたもので，これは直接腸から出てきた感じがするが，dirt への綴りの変化は意味の柔らかさへの変化と呼応していると言えよう．

派 dirty 汚い，わいせつな

例 Wipe the dirt off the shoes. 靴の汚れを拭き取りなさい． / His novels are dirty. 彼の小説はわいせつだ． / He struggled bravely on his bike on country dirt roads. 彼は自転車で田舎の泥道と果敢に格闘した．

disadvantage [dìsədvǽntidʒ]

不利

原 離れて(dis) 有利から(advantage)

イメージ 不利な立場 / 弱み

例 The fact that you don't speak English will put you at a disadvantage in the workplace. 英語をしゃべれないと職場で不利になるだろう． / Being short is a disadvantage in volleyball but not in gymnastics. 身長が低いとバレーボールでは不利だが，体操競技では不利にはならない．

disappear [dìsəpíər]

姿を消す

原 なくなる(dis) 現われる(appear)

イメージ 姿が見えなくなる，消えていく

例 The fog disappeared as the sun came up. 太陽が上ると霧は消えていった． / After intercourse the erection usually disappears promptly. 性交後は勃起状態はふつうすぐになくなる．

disappoint [dìsəpɔ́int]

がっかりさせる

原 外す(dis) 指名・約束を(appoint)

イメージ 肩すかしをくらわす

解 be disappointed で〈(予定の指名や約束をたがわされて)がっくりする〉感じ．

派 disappointing がっかりさせる / disappointment がっかりさせること

関 appoint 指名する

例 Many lawmakers who had worked hard on the bill were extremely disappointed when the proposed bill failed to pass the Diet by a small margin. その法案の成立のために大変な努力をした議員達は僅差で成立しなかったのととてもがっかりした． / What he replied was rather disappointing. 彼の返答にはすこしがっかりだ． / Especially disappointing to them was their loss to their long-standing rival for the national championship tournament. とりわけ彼らががっかりきたのは長年のライバルに負けて全国選手権大会に出られなかったことである．

disarm [disɑ́ːrm]
武装を解除する
原 離す(dis) 武器を(arm)
イメージ 武器を取り上げる，武装解除する，構えた心をほどく
関 disarmament 武装解除，武器削減
例 Newly hired policemen were being trained to disarm robbers. 新規採用の警官が強盗から武器を奪う訓練を受けていた． / He advocates nuclear disarmament. 彼は非核武装を説いている．

disaster [dizǽstər]
災難，大失敗
原 悪い(dis) 星(aster)
イメージ (星(運)のめぐりが悪い)⇨悲惨な事件，災い
派 disastrous 悲惨な
例 The Second World War was a long and costly disaster for many nations. 第二次世界大戦は多くの国にとって長く犠牲の大きな悲惨な事件であった． / The floods of the Yangtze River have repeatedly wrought disaster (= The river has repeatedly produced disastrous floods). 揚子江の洪水は繰り返し災害を引き起こした． / His venture into the automobile industry was a financial disaster. 彼の自動車産業への進出が経済的破綻を招いた．

discard [diskɑ́ːrd]
放棄する
原 捨てる(dis) カード(card)を
イメージ (いらないから)捨てる
解 元来トランプで「不要な札を捨てる」の意．
例 We thoughtlessly discard things that can hurt toddlers. 幼児にとって危険になりかねないものをついうっかり捨ててしまう． / She was discarded like an old shoe by her ex-lover. 彼女は前の恋人に古靴同然に捨てられた．

discern [disə́ːrn]
見分ける
原 離す(dis) 分ける(cern)
イメージ (分けて離す⇨区別がつく)⇨(見えにくいことを)見きわめる
解 日英両語とも⟨物事を分ける⇨物事が分かる⟩の発想をする．-cern には⟨分かる⇨納得⇨確信⟩の意味合いがある：certain 確信している
派 discerning 見きわめのできる
例 Some changes in nature occur so slowly that the eye does not discern them. 自然の変化は非常にゆるやかに起こるので目では識別できないものがある．

discharge [distʃɑ́ːrdʒ]
解放する，排出する
原 下ろす(dis) 荷を(charge)
イメージ 溜まっているものを出す
解 charge は⟨ため込む・流し込む⟩イメージ．
例 The sound of thunder is caused by a lightning discharge. 雷の音は光の放電によって起こる．◇稲妻は雲に溜まった電気の放出によって起こる． / Many girls worry about vaginal discharges. 膣から出る下りものに悩む女の子が多い．◇鼻みず，膿，耳だれなどを discharge と言う． / The math teacher was discharged in less than a year because of his incompetence. 数学の教師は能力不足で1年足らずで解雇された．

discipline [dísəplin]
しつける；しつけ
原 聞き(cipline) 分ける(dis)
イメージ (聞き分ける)⇨聞き分けるようにしつける
関 disciple 弟子(⇨聞き分けて学ぶ人)
例 It is hard to teach children nowadays because many of them lack decipline. 今の子供はしつけができていないことが多いので教えるのが難しい． / Self-discipline and self-reliance are key teaching objectives. 自己管理と自立が教育の中心的目的である．

disclose [disklóuz]

明らかにする，公開する
原 反(dis) 閉じる(close)
イメージ (秘密にしていたものを)覆いをほどいて内容を見せる
派 disclosure 公開
例 The attorney has disclosed his client's communication. 弁護士は依頼人の交信記録を公開した． / Democracy requires disclosure of the affairs of government. 民主主義では政府のやっていることを公開するように求める．

discount [dískaunt]
割り引きする
原 反対に(dis) 数える(count)
イメージ (逆に数える)⇨割り引く，割り引いて考える
例 Staff get 20 percent discount on all goods. 社員はどの商品でも20パーセント引きで買える． / They give a discount for cash purchases. この店は現金だったら安くなる． / I think we can discount his economic prediction; It's just not based on sound theory. 彼の経済予測は怪しいと思うよ．どうも十分な論理性に欠けるね．

discover [diskʌ́vər]
発見する，気づく
原 とる(dis) 覆いを(cover)
イメージ (覆いを剝いで見えなかったものを)見つける
関 cover 覆う / uncover 暴露する(⇨覆いを+剝ぐ) / recover 取り戻す(⇨再び+覆う)
例 I've discovered why the computer won't print out. どうしてコンピュータの印刷ができないのか原因が分かったよ．

discreet [diskríːt]
慎重である
原 分けて(dis) 別にする(creet)
イメージ 格別に行動する
派 discretion 自由裁量 / discretionary 自由裁量で処理できる(⇨格別)
例 You should be discreet in your negotiations. If other customers can overhear your dickering, the shop owner must stay firm. 値段の交渉は慎重にしなくてはいけないよ．他のお客があなたが値切っているのを聞いたら，店主は譲れなくなるからね． / I leave it to your discretion. この件は君の裁量(⇨格別の判断)に任せるよ． / The manager has some discretionary money for emergencies. 支配人は緊急時に自由に使える金を持っている．

discuss [diskʌ́s]
話し合う，討論する
原 ばらばらに(dis) 叩いて(cuss)
イメージ (打開のために)問題の塊を砕いて考える
解 議論のための原案を「叩き台」ということを連想させられる．原義から discuss about (on) the problem が誤りであることが分る．つまり，「問題を叩き砕く」ことはできるが「問題について叩き砕く」ことはできない道理．
派 discussion 討論
関 percussion 衝撃，打楽器(⇨完全に+叩く) / concussion 振動，震盪(⇨強く+叩く)
例 They discussed the new contract (=They had a discussion about the new contract). 彼らは新しい契約について話し合いをした．

disdain [disdéin]
軽蔑する
原 価値ある(dain) としない(dis)
イメージ つまらないとして受け付けない
関 dainty 繊細さ / dignity 威厳
例 He was so angry with her, he disdained her by refusing to talk. 彼は彼女に腹を立てて，口もきかなかった． / Some scholar-teachers view the work of teacher-preparing institutions with a certain amount of disdain. 博識な教師の中には教員養成機関のやっていることを少し冷ややかな目で見る者がいる．

disease [dizíːz]
病気
原 楽(ease) でない(dis)
イメージ (ある)病気
解 illness や sickness が〈病気状態〉を指すのに対して，disease は〈個々の病気〉を指す．
関 malaise 不調，不快(悪い+楽)
◇-aise が ease と似ている．
例 High cholesterol may lead to heart disease and strokes. コレステロール値が高いと心臓病や心臓発作になりやす

disguise [disgáiz]
変装させる、いつわる
[原] 離れる(dis) 装い(guise)
[イメージ] (普段の装いから離れる) ⇨ 変装する、いつわる
[関] guise 装い、みせかけ
[例] He cleverly disguised himself as a woman. 彼はうまく女装した。 / The ejected manager returned to the dugout wearing the disguise (=...the dugout in disguise). 退場を命ぜられた監督が変装してダッグアウトに戻った。

disgust [disgʌ́st]
むかむかさせる
[原] 反(dis) 好み(gust)
[イメージ] へどを吐くほど嫌にさせる、むかつかせる
[派] disgusting むかむかする
[関] gusto おいしさ、楽しさ
[例] I'm completely disgusted at the way the boss treated his men. 上司の部下の扱い方を見てとても嫌な気になった。 / The film was so dirty that we walked out of the theater in disgust. その映画はあまりに下品だったので嫌になって退席した。

dish [díʃ]
大皿、料理
[原] 円盤
[イメージ] (円盤⇨丸い皿)⇨大皿⇨(皿に盛った)料理
[解] disk 円盤(⇨ floppy disk や hard disk でお馴染み) / desk 机(⇨テーブル) / discus 円盤(⇨円盤投げの)はいずれも同系語。
[例] I asked the waiter if there were vegetarian dishes on the menu. ウェイターに野菜料理が献立にあるかどうか聞いた。

dismay [disméi]
うろたえさせる
[原] 力(may) をなくす(dis)
[イメージ] 力を除く⇨気弱にする⇨狼狽させる
[解] 「たまげさせる」は〈魂消させる⇨狼狽させる〉で発想が似ている。
[関] might 力 / mighty 強大な
[例] To my dismay, my husband said he wouldn't like to marry me if he could be born again. がっかりしたことには夫は生まれ変わったなら私とは結婚したくないと言った。 / Aladdin was shut inside the cave, wringing his hands in the dark in dismay. アラジンは洞穴に閉じ込められ、暗闇の中でうろたえて手を握り締めた。

dismiss [dismís]
解雇する、解散する、却下する
[原] 外へ(dis) 送る(miss)
[イメージ] 外へ追いやる⇨追い払う
[解] -miss や -mit や -mis は〈送る〉の意味合いがある：mission 派遣、伝道(⇨送り出す) / demise 死去 / transmit 送る、伝える / missile ミサイル、飛び道具(⇨投げ送る)
[派] dismissal 解雇
[例] He dismissed her suggestion as nonsense. 彼は彼女の案をナンセンスだとして取り上げなかった。 / He was dismissed. 彼は解雇された。⇨解雇通知＝a dismissal notice / The judge dismissed the case after the preliminary hearings. 予備公聴会の後判事はその件を却下した。

disorder [disɔ́:rdər]
混乱、騒動、異常
[原] 不(dis) 順(order)
[イメージ] (身体の)不調、無秩序
[派] disorderly 乱雑な
[例] He was afflicted with a disorder of the digestive system. 彼は胃腸の異状に苦しんだ。 / Mental disorders can vary greatly in their symptoms. 精神異常は症状がいろいろと多岐にわたる。 / The coup put the country in complete state of disorder. クーデターのために国は大混乱に陥った。 / His desk is always disorderly. 彼のデスクはいつも乱雑に散らかっている。

dispatch [dispǽtʃ]
急送する、特派する
[原] 離す(dis) 拘束(patch)
[イメージ] さっと送り出す、さっと反応する
[解] 縛りから解かれてさっと動きだす〈早さ、敏速〉が感じられる。
[例] Britain dispatched troops to the Falklands. イギリスはフォークランドへ軍隊を急いで派遣した。 / She

always acts with dispatch. 彼女はいつもてきぱきと行動する． / Newspapers receive dispatches from news agencies all over the world. 新聞社は世界中の通信社からニュース特報(⇨急送の特電)を受け取る．

dispel [dispél]
追い払う
原 外へ(dis) 追う(pel)
イメージ (散りぢりに)追い払う
解 -pel は音韻的に〈ぐいと押す〉感じがある．
例 The sun dispelled the mist in a matter of minutes. 太陽が出ると霧はすぐに晴れた． / The attorney dispelled his client's fear of being sued. 弁護士は告訴されるのではという依頼人の不安を一掃してやった．

dispense [dispéns]
配る, なしで済ます
原 計って(pense) 分ける(dis)
イメージ 計って分ける⇨あちこちへ分配する
解 dispense with〜は〈〜を計る(pense)ことなしで(dis)⇨〜を考慮せずにすます, なしですます〉(◊ここでは dis = not)〈計る⇨考える〉は weigh を参照のこと．
派 dispensation 分配, 免除
例 She has dispensed her favors freely. 彼女は多くの男にやたらに身を任せた(⇨情愛を配った)． / Let's dispense with formalities. 堅いことは抜きにしてやりましょう．

disperse [dispə́:rs]
散らす
原 ばらばらに(dis) 散らす(perse)
イメージ ぱーっと散らす
派 dispersal 分散
例 The sound of fireworks dispersed a flock of birds resting in a nearby tree. 花火の音に近くの木にとまっていた鳥の群れはばらばらに飛び去った．

displace [displéis]
移動させる, 追い出す
原 外へ(dis) 置く(place)
イメージ (通常の位置から)無理に追いやる
派 displacement 排除, 解雇
例 Television has displaced movies as our most popular form of entertainment. 一番人気のある娯楽としてテレビが映画にとって替わった．

display [displéi]
展示する
原 外に(dis) 折る(play)
イメージ (折り込みをほどいて)広げて内容を見せる
解 ワープロやパソコンのディスプレイ(display)もディスクの中に折り込んである情報を開いて画面上に表示するから display と言う． pl-は〈重なり, 折り込み〉の意味合いがある．
例 Most restaurants in Japan display plastic models of their dishes outside the doorway. 日本では大抵のレストランで入り口の外側にプラスチック製の料理のサンプルを陳列している． / Joice unwittingly displayed every luscious inch of her nubile body as she dried herself. ジョイスは身体を拭きながら無意識に艶っぽい大人の肢体をことごとくあらわにしていた． / He displayed great personal courage, taking part in several maritime battles. 彼は海戦を幾度か戦い非常に勇気があるところを見せた．

dispose [dispóuz]
配置する, 〜する気にさせる
原 分けて(dis) 置く(pose)
イメージ (物を分けて置く)⇨(あちこちへ)配置する, 処分する；(心を〜に置く)⇨気持ちが〜に傾く
派 disposition 気質(⇨気分の配置)
関 disposable 自由になる(⇨捨ててもいい)
例 I found him disposed to resigning to his misfortune. 彼は自分の不運をあきらめる気になっていた． / There was a dispute over where to dispose the country's nuclear waste. 核廃棄物をどこに棄てるかの論争があった． / Let's dispose of the complaint right away. 苦情にすぐに対処しよう． / Many young workers have enough disposable income to buy the latest fashions. 最新のファッションを買える自由になるお金をもっている若い労働者は結構いる．

disposition [dispəzíʃən]

配置，気質，処分
[原] 分けて(dis) 置く(position)
[イメージ] (振り分けられた)気質
[解] 振り分けるとは人間の生来の気質（古来 hot, cold, dry, moist の 4 つの気質）を配分するイメージがあるから(⇨ temper).
[例] She has a happy disposition. 彼女は陽気な気質だ.

dispute [dispjú:t]
論争する
[原] 反対に(dis) 考える(pute)
[イメージ] (考えてしりぞける)⇨反対意見を放つ
[関] compute 計算する(⇨共に＋考える) / putative 推定上の
[例] Do you dispute that?—No, I don't. その意見には反論しますか—いいえ、しません. / The defense lawyer disputed the testimony of the prosecution's witnesses. 弁護士は検察側の証人たちの証言に反駁した.

dissect [disékt]
解剖する
[原] ばらばらに(dis) 切る(sect)
[イメージ] 切り分ける⇨解剖する
[派] dissection 解剖
[関] section 部門(⇨区切る)
[例] Leonardo studied anatomy by dissecting human corpses and animal carcasses. レオナルドは人間や動物の死体を解剖することによって生体構造を研究した.

disseminate [disémaneit]
広める
[原] ばらばらに(dis) 種を蒔く(seminate)
[イメージ] (考えなどを)ばらまく，広める
[関] seminar セミナー(⇨知識を広める場) / semen 精液(⇨種)
[例] Most farmers use machinery to disseminate seeds. 大抵の農家では種を蒔くのに機械を使う. / He attempted to disseminate all of the newly developed scientific attitudes. 彼は新しく生まれた科学的考え方の全てを広めようとした.

dissent [disént]
意見を異にする
[原] 違って(dis) 思う(sent)
[イメージ] (既存の意見と)意見が異なる
[関] consent 同意する(⇨共に＋思う)
[例] The massive purchase of farmland by the government provoked dissent among farmers. 政府による大規模な農地の買収は農民の間に反対意見を引き起こした. / Are there dissenting votes on the motion?—No, we've a unanimous decision. 提案に対して反対票がありますか—いいえ、全員一致です.

dissident [dísidənt]
意見の違う(人)
[原] 反対に(dis) 座る(sident)
[イメージ] (反対側に座る)対立意見の人
[例] The new party was formed by dissident members of the Liberal Democratic Party. 新党は自民党の中で意見の異なる議員達によって結成された.

dissipate [dísəpeit]
散らす
[原] ばらばらに(dis) 放つ(sipate)
[イメージ] 雲散させる
[派] dissipation 消失，放蕩
[例] The vest can dissipate the energy of a bullet. このベストは弾丸の力を散らすことができる. / He was utterly dissipated by the marathon. 彼はマラソンで力を消耗し切った. / He became a preacher after spending his youth in drunkenness and dissipation. 彼は若い頃酒におぼれ放蕩したが、ついには牧師になった.

dissolve [dizálv]
溶かす，解散する，消す
[原] ばらばらに(dis) 溶く(solve)
[イメージ] 溶けて見えなくなる / 組織を解散させる
[例] Sugar readily dissolves in water. 砂糖は水にすぐ溶ける. / The prime minister can dissolve the House of Representatives. 首相は衆議院を解散できる.

dissuade [diswéid]
思いとどまらせる
[原] 反対に(dis) 促す(suade)
[イメージ] しないように説得する
[派] dissuasion(止めるように促す)説得
[関] persuade 説得する(⇨ちゃんと＋促す)

例 Henderson tried repeatedly to dissuade Hitler from attacking Poland and precipitating a war with Britain and France. ヘンダーソンはヒトラーに繰り返しポーランド攻撃と英仏と戦争に突入することを思いとどまらせようとした．

distance [dístəns]
距離
原 離れて(dis) 立っている(stance)
イメージ 二者間の隔たり
解 -stance は stand(立つ)と同系語．野球で打者の足の位置・立ち方をスタンスというのはお馴染みであろう．
派 distant 遠い，よそよそしい / outdistance 相手を引き離す
関 circumstance 環境(⇨ 周りに＋立っている)
例 You should keep your distance (= should distance yourself) from that nosy woman. あのおせっかいな女とは距離を保ったほうがいいよ．/ Ichiro easily outdistanced Troy Neel for the award. イチローはトロイ・ニールをうんと引き離してその賞を得た．

distinct [distíŋkt]
はっきりした，異なった
原 突いて(stinct) 分けた(dis)
イメージ (突いて分ける)⇨明確な区別のある
解 extinguish(消す)の形容詞 extinct (死に絶えた)と同じように distinguish (区別する)の形容詞は distinct(区別された)に変化する．
派 distinctive 他と区別がつく，特徴のある / distinction 区別，特徴
関 sting 刺す / stick 突く
例 Most of the ethnic groups have a distinct language, which has made it difficult for Afghanistan to develop into a unified nation. 民族集団のほとんどに独自(⇨他とは一線を画する)の言語があるのでアフガニスタンが1つのまとまった国になるのを難しくしている．/ Japanese tourists are very distinctive by the way they are attired. 日本人旅行者は服装ですぐに見分けがつく．/ The building has a distinctive hexagonal shape. そのビルは独特の目立つ六角形をしている．

distinguish [distíŋgwiʃ]
区別する，目立たせる
原 突いついて(stinguish) 分ける(dis)
イメージ 突いて印をつけて選り分ける ⇨選別する⇨目立たせる
派 distinguished すぐれた / distinguishable 区別できる
関 extinguish 消す / stick 刺す
例 Can you distinguish between an alligator and a crocodile? アリゲーターとクロコダイルの区別ができますか．/ He distinguished himself in the presentation. 彼は発表会で目立った．/ He was nominated for a distinguished professor of the university. 彼は大学の優秀教授に推薦された．

distort [distɔ́ːrt]
ゆがめる，ねじる
原 反対に(dis) ひねる(tort)
イメージ (本来の姿を)ねじ曲げる
派 distortion 歪曲
関 torture 拷問(⇨ねじりあげる) / torment 苦の種(⇨ねじあげる) / contort ねじ曲げる(⇨強く＋ねじる) / extort ゆすりとる(⇨出す＋ねじりあげる) / retort 反駁する(⇨返す＋ねじる) / torsion ねじれ / torch たいまつ(⇨元来わらをねじってつくった)
例 We sometimes distort reality through our lack of reliable information about other societies. 我々は時に他の社会の信頼できる情報が十分でないために現実を曲解することがある．/ The movie based on the novel distorted the original story. 映画は原作をゆがめて描いていた．

distract [distrǽkt]
そらす
原 外へ(dis) 引きつける(tract)
イメージ (少しの間)注意をそらせる
解 -tract の〈ひっぱる〉イメージは，tractor(トラクター(⇨牽引する車))で確認しておこう．
派 distraction 注意散漫，乱心
関 attract 注意を引きつける / detract 減らす(⇨下に＋引く) / subtract 引く(⇨下に＋引く) / contract 契約する(⇨ともに＋引き合う) / protoract 長引かせる(⇨前へ＋引く) / abstract 抽出する(⇨外に＋出す) / extract 引き抜く

(⇨外に＋引く)

例 The driver became distracted when her cellular phone started sending out distress signals. 携帯電話が緊急信号を発し始めたので彼女は運転が散漫になった.

distress [distrés]

苦悩を与える

原 ぐいと引き(stress) 離す(dis)

イメージ (引きちぎる)⇨(心身を)苦しめる

解 distress signals とは，SOS 等の「遭難信号」のこと．

例 We were distressed to find that our daughter was afflicted with breast cancer. 娘が乳癌にかかっていると知って苦しんだ． / The steamer is in distress. その汽船は遭難している．

distribute [distríbjət]

分配する，分布させる

原 分けて(dis) 与える(tribute)

イメージ 分け与える，分布させる

解 -tribute の〈与える〉の意味は〈部族(tribe)〉から記憶・理解するのが得策と思う(⇨関連語).

派 distribution 分配，分布

関 contribution 貢献 / tribute 貢ぎ物(⇨部族(tribe)が与える), contribute 貢献する(⇨共に＋与える)

例 People are not distributed evenly. The population density varies greatly. 人は均等に分布してはいない．人口密度はところによりひどく違う． / You may make a request when you want something distributed for discussion. 何か討論したいこと(⇨討論の中に入れたいこと)があったら遠慮なく発言して下さい．

disturb [distə́:rb]

かき乱す，邪魔する，不安にする

原 ばらばらに(dis) 乱す(turb)

イメージ (平安を)かき乱す

派 disturbance 妨害，不安，騒動

関 turbulent 荒れ狂う / turbid 混濁した

例 Don't disturb! 起こさないで下さい．⇨ホテルのドアにかける掲示文句． / I obviously find the recent violence by stdents very disturbing. 最近の生徒による暴力行為をひどく不安(⇨心を乱す)に感じている．

ditto [dítou]

同上

原 前に言った

イメージ 今の言葉に同じです，同じく

解 記号「〃」に相当する．

関 diction 言い回し

例 I'm really annoyed with that guy. —Ditto (＝so am I). あいつにはほとほと閉口するよ―僕も同じくだよ．

dive [dáiv]

飛び込む，潜る，急降下する

原 潜る

イメージ 水面に向けて飛び込む⇨水面下を潜る；ある物をめがけて急降下する

解 deep(深い)と dip(浸す)は dive の同系語．

派 diver ダイバー / diving ダイビング

関 nosedive 急降下，急落

例 He dived(＝dove) out of the window to escape the fire. 彼は火を逃れようと窓から飛び下りた．

diverse [dəvə́:rs]

多様な

原 分かれ(di) 向かう(verse)

イメージ (多方向)⇨いろいろ，さまざま

派 diversity 多様性

関 version 版(⇨ある方向性を持っている)

例 There are diverse national traditions in the world. 世界にはさまざまな国のしきたりがある．

divert [dəvə́:rt]

そらす，楽しませる

原 わきへ(di) 向ける(vert)

イメージ 本来のものからそれる

解 定訳「楽しませる」は〈気分転換を図り楽しませる〉の意味で，これは sport の語源 disport(楽しむ⇨(わきへ＋運ぶ))を思わせる．

派 diversion 気晴らし

例 The traffic has been diverted onto a side street. 交通は裏通りに迂回になっている． / Her favorite diversion is shopping. 彼女の一番の楽しみはショッピングだ．

divide [diváid]

分割する，割る

原 離す(di) 分ける(vide)

イメージ 全体をいくつかに分ける⇨分けて別々にする
派 dividend 配当金, 分け前 / division 分割, 割算 / divisible 割ることができる
関 widow 未亡人(⇨分けられた(wid)者(ow)) / device 工夫(⇨分割の妙)
例 The divorce court divided the couple's wealth in half. 離婚の裁判は財産を双方に半分ずつ分けることを決定した. / This book is divided into five chapters. この本は5章に分かれている. / Divide 25 by 5. 25を5で割りなさい.

divorce [divɔ́:rs]
離婚する
原 反対へ(di) 向ける(vorce)
イメージ (夫 / 妻を) 向こうへ向ける⇨〜と離婚する
例 She divorced her husband (=she got a divorce from her husband) for his infidelity. 彼女は夫の浮気がもとで離婚した.

dizzy [dízi]
めまいがする
原 ふらつく
イメージ めまいがする
解 「まぶしい」は dazzling と言う.
派 dizziness めまい
例 I felt dizzy and nauseous. めまいがして, 気分が悪くなった. / I was dizzy with shame. 恥ずかしさで頭がくらくらした.

do [du:]
する, 遂行する
原 置く⇨用意する⇨する
イメージ (目的を持って)する⇨(目的を)果たす
解 act(する)に目的意識が加わる時, do(〜をする)と言う.
例 Do or die. やり遂げるか死ぬかだ. / There are 15 students going on the trip; a van won't do. 生徒は15人いますからバンでは間に合いません(⇨目的を遂行できない).

doctor [dáktər]
医者, 博士；手を加える
原 教える人
イメージ (医者は)いろいろ手を加える, うまく治す
解 教え込まれるのが doctrine(教義), 教えやすいのが docile(従順な), 教える書類が document(文書), 内容を教えるのが docket(明細書).
例 Japanese curry has been doctored to suit Japanese taste. 日本のカレーは日本人の口に合うようにうまく手が加えられている. / They were charged with doctoring the accounts. 彼らは決算書を粉飾して告発された.

dodge [dádʒ]
かわす, よける
原 ごまかす
イメージ 攻撃を避けようと身をさっとかわす
派 dodgy 頼りにならない(⇨責任をかわすのがうまい)
関 dodge ball ドッジボール(⇨ひらりと身をかわす)
例 Prince Charles and Camilla have artfully dodged the prying lenses of the world's media. チャールズとカミーラは巧みに執拗な世界のメディアのレンズをかわしてきた. / I took care to dodge her in the street since she always screamed into my ears whenever we met. 彼女はいつも僕を見るとどなったので彼女と通りでは顔を合わせないようにした.

domestic [dəméstik]
家の, 国内の, 飼い馴らされた
原 家(dome) の(stic)
イメージ 家の中の⇨国の中の / 家庭的な, 家で飼う
解 〈家〉の範囲が広がると〈国家〉.
例 She is a great scholar but very homely and comfortable with domestic chores at the same time. 彼女は立派な学者であるが同時にとても家庭的で家事も難なくこなせる人だ. / Sapporo uses Chitose Airport for domestic flights. 札幌は千歳空港を国内便に使っている. / Most domestic animals tolerate greater crowding and are more docile than their wild counterparts. 大抵の飼育動物は野生のものよりも狭い所に押し込められても平気であり, おとなしい.

dominate [dáməneit]
支配する, 見下ろす
原 家(dome) の主人として君臨する

イメージ 他を圧倒する
関 dominion 支配権・領土 / domain 領土 / domineering 威張りちらす / dominant 圧倒的な
例 The world's movie industry has long been dominated by the United States. 世界の映画産業は長い間アメリカに支配されている。 / Morceli struggled to win the 1,500 meters, an event he used to dominate for a long time. モルセリ選手はかつては自分が長年圧勝していた1500メートルレースで今回はやっとのことで勝てた。 / Few people are truly ambidextrous; most have a dominant hand. 両手利きの人は実に少ない。大抵の人は(左右どちらか)利き手を持っている。 / In many countries, railways have lost their dominant position as the major mode of transportation. 鉄道が主要交通機関としての主役の座を失っている国は多い。

donate [dóuneit]
寄付する
原 与える
イメージ (福祉のために)金や物を与える
派 donation 寄付
例 Donate two pints of blood every year; it helps people and it's good for your health. 毎年2パイント(=1/4ガロン)献血しなさい；人を助けることになるし自分の健康にもいい。◇a blood donor 献血者 / a kidney donor 腎臓提供者 / I donated to the Red Cross. 赤十字へ寄付をした。

doom [dú:m]
宣告する，運命付ける
原 運命付ける
イメージ (運命のつまるところ)⇨死⇨破滅する
解 音的にも〈重い(不吉)な〉感じがある。(⇨ fate)
関 deem ～と判断する / doomsday 世の終わり(⇨最後の審判)
例 Their marriage is doomed to failure. 彼らの結婚は破局の運命にある。 / Disagreement between them doomed the bill. 意見が合わなかったので法案は結局流れた。 / The volcanic eruption coupled with earthquakes made the day look like doomsday. 火山の爆発に地震が加わったものだからその日はまるで地球最後の日の様相であった。

dormant [dɔ́:rmənt]
眠っている，休止状態にある
原 眠っている
イメージ (今のところ)眠っている⇨活動休止中
解 dormitory 寮(⇨眠る所)で記憶しておきたい。
関 dormer 屋根窓(⇨寝室の明かり取り)
例 A seed can lie dormant for years, even hundreds of years. 種子は何年も、さらには何百年も芽を出さないままで生きていることがある。 / Mount Fuji has been dormant since its last eruption in 1707. 富士山は1707年の噴火を最後に活動を休止している。

double [dʌ́bl]
2倍の，二重の；2倍にする
原 2 (dou) 重ねる(ble)
イメージ 二重
関 dubious 疑わしい
例 It took only 40 years to double the world's population. 世界人口が2倍になるのに40年しかかからなかった。 / The mail doubled 1300% in 12 years. 郵便の量は12年で13倍に増えた◇double を increase の意で用いている。 / I don't like people who engage in double talk. あいまいな(⇨どちらにでも解釈できるような)ものの言い方をする人は嫌いだ。

doubt [dáut]
疑う
原 2つの考えを抱く
イメージ どうもそうではないと思う
解 これは提示された命題(たとえば，The apple is rotten.)が1つ目の考えで，自己は2つ目の考え―命題の否定―(つまり，The apple is not rotten.)を抱くということ。◇定訳「疑う」なら白黒はそれぞれほぼ50パーセントの確率だが，「どうもそうではないと思う」は黒の確率が限りなく100パーセントに近いのだから大違いである。
関 dubious 不審に思う / double 二重にする

例 I doubt he is wrong. (人は彼のことを間違っていると言うが)私は彼は正しいと思う. ◇「彼は間違っているのではないかと思う」と誤解釈しないように. また, 定訳を用いて「彼は間違っているということを疑う」と訳したのでは意味不鮮明である. / I doubt that it is true. (それを本当と言う人があるが)私は本当とは思わない. / Do they sell road maps in the visitors' center?—I am doubtful. ビジターセンターで道路地図売ってるだろうか—売ってないと思うよ. ◇doubtful の定訳はどの英和辞典も「疑わしい;はっきりしない」とあるが「～であるとは思わない」が真意である. ◇類義語 suspect は普通「怪しむ, 疑う」と訳されているが, doubt が〈提示された命題に対する否定的反応〉であるに対し, suspect は〈自発的(推測の)提示〉であるから両者には類義語とは言い難いほどの性格の差がある. (⇨suspect)◇have second thought(s) (思い直す)は doubt と同じ発想(2つ目の考えを持つ⇨前の考えを退ける)である: I'm having second thoughts about accepting their offer. 彼らの申し出を受けるつもりだったけどやめようと思っている.

drab [dræb]
退屈な, くすんだ茶色の
原 布
イメージ (布がだらんと垂れ下がったように)生気のない, 色がくすんでいる
解 dra- には〈引く〉意味合いがあり, drab や drape(掛け布)の場合は〈大地あるいは重力が引いている〉からだと考えられる.
関 drape 布 / drapes カーテン
例 Some species of snails are brightly colored, although most are drab. 中には明るい色の種類もあるが, 大抵のカタツムリはくすんだ色をしている.

draft [dræft]
草稿, 下絵, 為替手形, すきま風
原 引く
イメージ 草稿, 下絵(⇨文字・線を引いて書く) / 為替手形(⇨引き出す) / すきま風(⇨すき間から引き込む)
解 draft(為替手形)のうち銀行の当座預金を利用して振り出す場合を check(小切手)と言う. 加熱殺菌していない生ビールを draftbeer というのは樽から栓を抜いて引き出すから. 徴兵(制度)を military draft というのは志願兵だけでは兵員が不足なとき政府の命で兵隊に引き出すからそう呼ぶ. 野球のドラフト制は選手の選定を自由意思ではなく, クジを引くことによって選手を決めるからそう呼ぶ.
関 draw 引く / drag 引きずる
例 Many countries use the draft during wartime. Some nations also draft men in peacetime. 戦時に徴兵制を用いる国は相当ある. 中には平時でも男子を徴兵する国もある. / A bellow forces the necessary draft for raising the temperature of the fire. ふいごは火の温度を上げるために必要な風を吹き出す. / Thomas Jefferson was assigned to draft a declaration of independence. トーマス・ジェファーソンは独立宣言書の草稿を書くように任命を受けた. / Don't stand in the draft; you'll catch a cold. 吹きさらしの中に立ってたら風邪引いちゃうよ. / I only took a draft of beer but became tipsy. ビールをひと飲みしただけなのに酔っぱらってしまった.

drag [dræg]
引きずる
原 引っぱる
イメージ 引きずる⇨だらだらと長い⇨退屈な
解 dr- には〈引く〉意味合いがある. drag は〈ずるずる引く〉, draw は〈なめらかに引く〉.
例 I started feeling really tired and my Mom dragged me to the doctor. ひどく疲れを感じるようになったので, 母は私を医者に(強引に)連れていった. / The police dragged the protesters from the protest site into holding vans. 警察は抗議の人達をその場から引きずりだして収容のためのバンに乗せた. / Every single teacher I have this term is an idiot and a drag. 今学期とっている教師ときたらどいつもこいつもまぬけで退屈なやつらだ. / All people know the pull of hunger, the thrill of joy, and the drag of weariness. 誰でも空腹がも

たらす力，わくわくするような喜び，うんざりするような退屈については知っている．

drain [dréin]
流し出す
原 乾く
イメージ 水を穴から引き抜く⇨排水・流出
解 dr-は〈水が引いてなくなる〉意味合いがある：drink 飲み干す / dry 乾かす / drought 日照り
派 drainage 水はけ，排水
関 brain drain 頭脳流出
例 First, drain the oil from the engine. 最初にエンジンからオイルを抜きなさい． / Few plants grow well in soil that is poorly drained. 水はけの悪い土質では植物は育ちにくい． / Allow for good drainage in the seedbed. 苗床の水はけをよくしなさい． / The brain drain from India to western countries is inevitable, given India's poor economy. インドの貧しさを考えると，インドの西洋諸国への頭脳流出は避け難いことである．

drape [dréip]
飾る，たらす
原 布をかける
イメージ （布を）だらんと掛ける
解 dr-に〈重力の引き〉の意味合いが潜んでいる．
派 drapery 服地
例 Christmas lights were draped around our bedroom windows. クリスマスの装飾電球が私達のベッドルームの窓辺にかかっていた．

drastic [dræstik]
思い切った，徹底的な
原 活発な
イメージ 急激である
関 drama 劇
例 The Meiji Restoration brought about drastic reforms of the social system. 明治維新は急激に社会制度の変革をもたらした．

draw [drɔ́ː]
引く，絵を描く，引き寄せる
原 運ぶ・引く
イメージ するする引く，引き寄せる
解 dr-には〈引く〉の感じが生まれる：drag 引きずる / drawer 引き出し，製図家，手形振出人 / draft(荷車などを)引くこと，すきま風 / dray 大荷馬車 / drive 御する(⇨手綱を引くことによる) / drink 飲む(⇨喉に引き込む) / dry 乾かす⇨(水分を引かせる) / drain 排水する(⇨水を抜く) / drawl 物憂げに言う(⇨引き伸ばして言う) / drop 落ちる(⇨引力が引く) / drizzle そぼ降る(⇨引力が引く) / drip 浸す / droop うなだれる(⇨だらーんとなる) / drown 溺れる(⇨水底に引かれる⇨昔は「カッパが引く」と言って恐れた)
派 drawing 絵，製図(⇨クレヨンや鉛筆で線を引く)
例 Will you please draw the curtains? カーテンを引いてくれませんか． / The soldier drew his sword and threatened me with it. 兵士は刀を抜いて私を脅した． / The boy drew a circle on the ground for sumo wrestling. 少年は相撲をするためにグランドに円を描いた． / My daughter loves drawing. 娘は絵を描くのが好きです． / Frank Sinatra drew support and respect from people across the globe. フランク・シナトラは世界中の人から支持と尊敬を集めた． / I've had to watch people drawing away from me. 皆が私から離れて行くのを見なければならなかった． / In a shooting position, the bow is held with outstretched arm and the arrow drawn back to the bowman's ear. 弓を射る体勢では，弓は伸ばした腕で持ち，矢は射る人の耳まで引かれる．

drawback [drɔ́ːbæk]
障害，欠点
原 引く(draw) 後ろへ(back)
イメージ （後ろへ引く）⇨（物事の前進を引き戻す）⇨障害
例 Many times I think about moving back home but there are so many drawbacks, finance being only one of them. よく故郷へ帰ることを考えるんだけれどいろいろ難しいことがあるのよ．経済のことはそのうちの1つに過ぎないんだけれど．

dread [dréd]
恐れる，怖がる

原 恐れる
イメージ 後ずさりするほどに恐ろしい
解 定かな語源は不明であるが、dr-に〈引く，(恐れて)後ずさり〉があるかと思われる．
派 dreadful 恐ろしい
例 Earthquakes have inspired dread and superstitious awe since ancient times. 地震は太古の時代から恐怖と迷信の畏怖を引き起こしてきた．

dream [drí:m]
夢、夢見る
原 幻
イメージ (寝て見る)夢 /(希望として見る)夢
例 Living a long, healthy, happy life is just about everyone's dream. 長く、健康に、楽しく生きるのはほとんど誰もが望むことだ．

dreary [dríəri]
もの淋しい
原 だらだら落ちる
イメージ だらだら⇨物憂げ⇨陰気な
解 dr-に〈重力に引かれてだらだらする〉意味合いがある：drowse うとうとする(⇨眠りに落ちる) / drowsy けだるい
例 He has been leading a dreary life in Tokyo, with no friends to associate with or relatives to depend on. 彼は東京で友達もなく、身寄りもない寂しい暮らしをしている．

drench [drént∫]
びしょ濡れにする
原 飲ませる
イメージ (体毛や衣服に水を飲ませたら)びしょびしょ
解 dr-に〈引く，吸い込む〉感じがある．
関 drink 飲む(⇨液を喉に引き込む) / drown 溺れ死ぬ(⇨水中に引き込む)
例 I got drenched in the shower. にわか雨にあってびしょ濡れになった． / The storm drenched the metropolitan area with a short but violent downpour. 嵐は短時間ではあるが豪雨を伴って首都圏を水浸しにした．

dress [drés]
服を着る
原 真っ直ぐにする
イメージ (真っ直ぐにする⇨きちんとする⇨仕上げる)⇨装う
解 dress は音的に〈たるみを引いてきちんとする〉の響きがある．身に服をまとうのも dressing(着付け)なら、サラダにかける味付けも dressing(ドレッシング)である．また傷の手当てを覆うことを dressing(手当て)、包帯などの手当て用品を同じく dressing と言う．
関 address 演説(⇨差し向けて言う) / 宛先(⇨差し向ける)
例 I jumped out of the bath tub and dressed as fast as I could. 風呂から飛び出て、大急ぎで服を着た． / You are expected to dress for the ceremony. 式にはちゃんとした服装で出なくてはいけません．

drift [drí ft]
漂う、吹き積もる
原 追いやる、押し付ける
イメージ (流れが追いやる)漂う⇨(塞き止めがあると)溜まる
解 原動力(⇨大自然、風、波)が存在することを感じさせる．〈漂う〉も〈溜まる〉も自然のなりゆき任せということ．〈溜まる〉は〈漂う〉の結果でこれは〈漂いを塞き止める物の存在〉が条件となる．dr-に〈引きずり込む〉のイメージがあり、〈引き込む〉は現象的には〈追いやる〉ようにも見える．
派 driftage 漂流(物) / drifter 放浪者
関 drive 追う / drift wood 流木 / drift ice 流氷
例 A small boat was drifting in the harbor. 小船が港で波間に揺れていた． / Snowflakes were drifting in the gray morning sky. 雪が朝の灰色の空に吹き流されていた．

drill [drí l]
穴を開ける、訓練する
原 穴をこじ開ける
イメージ (ドリルで)こじ開ける /(繰り返し)訓練する
例 Drill consolidates soldiers into battle formations and familiarizes them with their weapons. 訓練によって兵士達を戦闘の編隊や武器の扱いに習熟させる． / Oil companies drill holes in the ground for prospecting. 会社は鉱脈を求めて大地に穴を掘る．

drink [drí ŋk]
飲む

原 飲む
イメージ 水，酒を飲む
解 dr-に〈引く〉の意味合いがある．drink は〈容器から水を咽に引き込む〉感じ．drink が目的語をもたないときは〈アルコール類を飲む〉の意．固形物(錠剤，粉薬，胃カメラ)を飲み込む時は swallow と言う．
例 He neither smokes nor drinks. 彼は酒もタバコもやらない．／ I had a drink with my colleagues yesterday evening. 昨晩は同僚たちと一杯やりました．／ I am trying to keep myself from drinking. 酒は飲まないようにしています．

drip [dríp]
ぽたぽた落ちる
原 落ちる
イメージ 水がぽたぽた落ちる
解 dr-に〈引く〉の意味合いがある．drip は drop と同系語で，〈水滴が大地に引かれてしたたり落ちる〉感じ．
例 The tap is dripping. 蛇口から水がぽたぽた落ちている．

drive [dráiv]
追いやる，運転する
原 (牛などを)追う
イメージ (御するのがやっかいなものを)苦労して動かす
関 drove 群れ(⇨駆り立てられたもの)
例 She can drive a truck. 彼女はトラック(⇨御し難し)が運転できる．◇もちろん普通の car でも同様である．／ He drove the nail in. 彼は釘(⇨御し難し)を打ち込んだ．／ You should drive away your worries. プレッシャー(⇨御し難し)を払い除けなさい．／ She waved the fan to and fro to drive away the buzzing flies. 彼女はうちわをあおいでブンブンするハエども(⇨しっこい)を追い払った．◇余談だが「うるさい」と入力すると「五月蠅い」と変換される．

drop [dráp]
落ちる，落とす
原 落ちる
イメージ (しずくが)落ちる
解 dr-に〈地球の引力が引く〉感じがある．名詞 drop に「水滴」の意があるのは，昔の生活場面で〈滴(しずく)〉と〈落ちる〉の連想は強かったことによると思われる．
派 dropping (犬や鳥の)糞
関 drip 滴る／ droop たれる，うなだれる／ a drop of water 水滴／ eye drops 目薬／ a drop of wine 少しのワイン
例 The weather here is still very pleasant, but the temperature is beginning to drop. 当地の天候は依然快適ですが，気温は下がり始めています．／ Drop by any time you're in town. 当地へ来られた時はいつでもお立ち寄り下さい．◇ drop by や drop in に「立ち寄る」という意味があるのは，日本語にも「落ち合う」という連語表現があるように，「落ちる」は「合う」を連想させるから．◇類義語 fall は，たとえば，A book dropped (= fell). のように同じように用いることが多いが，ニュアンスの違いは，drop は〈空気抵抗を感じさせない落下〉，fall は〈空気抵抗を感じさせる落下〉で必ずしも垂直落下を意味しない．

drought [dráut]
日照り
原 干上がり
イメージ (水がすっかり引き切ってしまうほどの)日照り続き，からからに乾き切った大地
原 drought の原義から〈大地の水を吸い込む力あるいは太陽の水を吸い上げる力〉が連想される．定訳の〈日照り〉はその原因となる現象を言うに過ぎない．日本語の「干上がる」は「潮が引いてなくなる」が原義だが，これは drought〈水がすっかり引き切った〉と発想が同じ．
派 droughty 干上がった
関 dry 乾いた／ drain 排水する
例 Crops in the whole area shriveled in the drought. 早魃のために地域全体にわたって農作物が枯れた．／ In the early 1970s, and again in the early 1980s, this region suffered periods of severe drought, resulting in widespread famine and death. 1970年代の初めと1980年代の初めにこの地方はひどい早魃になり広範囲におよぶ飢饉と餓死者を出した．

drown [dráun]
溺れ死にさせる，溺れ死ぬ
原 水中につける

イメージ (水中に引き込んで)溺れ死なす・溺れ死ぬ、(感情を)酒に浸して紛わす
解 dr- に〈落とす,引き込む〉のイメージがある.
関 drink 飲む / drench ずぶ濡れにする
例 He drowned (= was drowned) in the river. 彼は川で溺れて死んだ. / Many people drown their feelings in alcohol. 感情を酒でまぎらわす人が結構いる. / Today's people are drowning in a sea of words and paper. 現代人はことばと書類の海で溺れかかっている.

drowsy [dráuzi]
眠そうな
原 眠い
イメージ 眠りに引き込む,こっくりこっくり
解 dr- に〈引き込む,(眠りに)落とす〉意味合いがある.
派 drowse うとうとする / drowsily ねむそうに / drowsiness 眠気
例 This medicine may make you drowsy. この薬を飲んだら眠くなるかも知れません. / The most common side effect of cold medicine is drowsiness. 風邪薬によくある副作用は眠気に襲われることだ.

drug [drʌ́g]
薬(ヤク)
原 乾いた(dry)
イメージ 植物を乾燥させて作った薬物
解 薬(やく)は植物を乾燥させて作る. 薬・薬品の意でも用いるが日常語では street drugs (麻薬・薬物 ⇨ 街頭で不法に取引される)の意でよく用いる.
関 dry 乾いた
例 Many people use such drugs as alcohol and marijuana to gain euphoria. アルコールとかマリファナなどの薬物を恍惚感覚を得るために用いる人が多い. / The cost of drugs (= medicine) is a major issue in this year's Presidential election. 薬の価格は今年の大統領選挙の大きな争点だ.

dry [drái]
乾いている
原 水気を抜いた
イメージ (水気を抜いた) ⇨ 乾いている; (水気を抜く) ⇨ 乾かす,水気を拭き取る
解 dr- には〈引く〉のイメージがあり,〈水が引く ⇨ 乾く,干上がる〉の意味が生じた.
関 drain 水を切る / drought 早魃
例 The laundry isn't dry yet. 洗濯物はまだ乾いていない. / Helen took a towel and began drying herself. ヘレンはタオルをとると身体を拭き始めた. / Father washed the dishes and I dried them. 父が皿を洗い,僕が拭いた.

dub [dʌ́b]
ニックネームをつける,吹き替える
原 重ねる
イメージ (元からあるものに別のものを重ねる) ⇨ 本来の名に渾名を重ねる,原語に翻訳を重ねる
解 dub の〈重ねる〉の意味合いは関連語の double (二重にする)を連想すれば容易に理解できる.
例 Tuberculosis was once dubbed the "national disease" because it was the leading cause of death in Japan. 結核はかって日本における一番の死因であったので国民病と呼ばれていた.

duck [dʌ́k]
アヒル(がひょいと水に潜る)
原 アヒルが潜る
イメージ (アヒルの頭の動きのようにひょいと頭をかがめて)相手の攻撃・責めをかわす(⇨ crane)
派 duckling 子ガモ
例 He is really good at ducking his responsibilities. 彼は責任逃れがとてもうまい. / The president managed to duck the questions about his personal behavior. 大統領は自分の私的行動についての質問をうまくかわした.

duct [dʌ́kt]
送水管,導管
原 引く,導く
イメージ 液体を運ぶ管
解 duct は〈引く,導く〉の意味合いがある: abduct 誘拐する(⇨ それるように+引く) / deduct 控除する(⇨ 差し引く) / aqueduct 水路(⇨ 水を+引く) / oviduct 卵管(⇨ 卵を+導く) / ductile 変形しやすい(⇨ 導き易い) / viaduct 高架橋(⇨ 道を+引く) / conduct 指揮する(⇨

共に+引く)/ product 生産品 ⇨(前に+引き出す)

例 Ducts from the gland discharge tears to the eyelids. 腺からでている導管は涙をまぶたへ送りだす.

due [d(j)úː]

支払われるべき，当然の，来ることになっている

原 戻すべき

イメージ (結局)すっきりと落ち着く・落着する

解 due の元来の意は〈負債を戻すべき状態にある〉ということなので，due なる状態は〈負なる状態をプラスマイナスゼロ＝平衡・平和，すっきり〉を指向していると言える.

例 They will marry in due time. 彼らはそのうち(⇨しかるべき時間が経てば)結婚するだろう． / The honor is due (to) him. この栄誉は彼のものだ(⇨栄誉を彼に与えれば文句なし）． / Her baby is due (on) May 17. 彼女の出産予定日は5月17日だ(⇨5月17日になれば落着する)． / I am writing a paper that is due shortly. もうすぐ締め切りになる論文を書いている． / My period is due any minute. 今にも生理になりそうだわ． / Long-term loans become due in 5 to 25 years. 長期ローンは5ないし25年で完済になる(⇨借金が零になる)． / His success was due to hard work. 彼が成功したのは勤勉のゆえだ． ◇ due to ～は文頭で because of ～の意でよく使われる：Due to the fog, the flight was canceled. 霧のため，その(飛行)便は欠航になった.

dull [dʌ́l]

鈍い，つまらない

原 頭が鈍い

イメージ ぼけっとしている，どんよりさせる

派 dullness 退屈

関 dolt まぬけ

例 I found his thesis dull and unoriginal. 彼の論文はおもしろみがなく独創性もないと思った． / We need to restore the luster dulled by the passage of time. 年月の流れで鈍くなった光沢を復元する必要がある.

dump [dʌ́mp]

どさっと落とす

原 捨てる

イメージ どさっと投げ捨てる

派 dumping ダンピング(⇨投げ売り) / dumper ダンプカー ◇「ダンプカー」は英語では dump car とは言わず，dump truck とか dumper (truck) と言う.

例 Many people dump waste in our rivers and in the sea. 川や海に廃物を捨てる人がかなりいる.

duplicate [d(j)úːplikeit]

複製する，複写する

原 2つに(du) 重ねる(plicate)

イメージ 重ね合わせてそっくりをもう1つ

派 duplication 複製したもの

例 That was such a fine play, it would be impossible to duplicate. あれはもう1度やれといってもまねのできないファインプレイだ． / You cannot duplicate what you did in your youth. 若い時やったことをそのまま繰り返しやることはできない． ◇「複製の絵」は a replica / reproduction / duplicate of a painting,「合鍵」は a duplicate key,「合鍵を作る」は duplicate a key.

dusk [dʌ́sk]

夕暮れ

原 こげ茶色

イメージ 日暮れ時

解 twilight (日暮れ時)は〈日が暮れかかっている時間帯＋日が暮れてしまった時間帯〉を指すが，dusk はこのうち後者の〈暮れて暗くなった時間帯〉を指す.

例 Most rabbits eat and play from dusk to dawn. ウサギは大抵日暮れから明け方まで食べたり遊んだりする.

duty [d(j)úːti]

義務，任務

原 負う(due) こと(ty)

イメージ 果たさねばならぬこと ⇨ 義務，努め

解 duties 税(⇨購入，収入に伴って生じる負担金) ◇税とは「治者が被治者からとりたてる米，また布や金銭」(岩波国語辞典5版)のような定義は現象面のみを捉えて，浅薄である.

関 debit 借り方 / debt 借金 / due 負債を返すべき

例 His duty was to preach in the mosque every Friday. 彼の任務はいつも金曜日にモスクで説教することだった． / Some people who send New Year's cards do so only out of a sense of duty. 義理で年賀状を書く人がかなりいる．

dwarf [dwɔ́ːrf]
小人，小型のもの
原 小人
イメージ 標準よりも小さくする・実際よりも小さく見せる

解 盆栽(技術)は the Japanese art of dwarfing trees，盆栽(の木)は a dwarf (ed) tree と言えばよい．

例 He was dwarfed by the sumo wrestler. お相撲さんのそばに立つと彼は小さく見えた． / In 1937 Disney made his first full-length cartoon, "Snow White and the Seven Dwarfs." 1937年にディズニーが最初の本格的アニメーション漫画「白雪姫と七人の小人」を製作した．

E

each [íːtʃ]
各々，めいめい
原 それぞれ
イメージ それぞれ+(みんな)◇〈それぞれ〉が表に意味され，〈みんな〉が裏に意味されるということ．
解 対象物 A，B，C，D…があるとき，あなたの目が A ⇨ B ⇨ C ⇨…のように最後の Z までそれぞれに意識と時間をおいて追っていく時，A，B，C，…Z を each と言う．◇あなたの目が A ⇨ B ⇨ C ⇨…Z をほとんど瞬時に捉えるときは，every と言う．every のイメージは「みんな+(それぞれ)」と言える．(◇〈みんな〉が表に意味し，〈それぞれ〉が裏に意味している)
例 Each room is furnished with an antique bed going back to the seventeenth century. 各部屋とも 17 世紀にまで遡る古風なベッドが付いています． / Christmas finally arrived; there were dozens of gifts for each of us. クリスマスがついにやってきた．僕達 1 人 1 人にたくさんのプレゼントがあった．

eager [íːgər]
熱望している，熱心な
原 鋭い
イメージ (気が張って)しきりに望む，熱心である
派 eagerly 気を詰めて / eagerness 熱望，熱心
例 Japan was eager to modernize itself following WWII. 日本は第二次大戦後は国の近代化に熱心であった． / After working for five years in a five-star hotel, the chef was eager to run his own restaurant. 5 年ほど一流ホテルで働いたシェフは，こんどは自分でレストランを経営したいとしきりに思った．

early [ə́ːrli]
早めに，初期の
原 前(ear)に(ly)
イメージ 標準よりも早い時期に
例 I had an early breakfast today. 今日は朝食を普段より早めに摂った． / The rainy season has set in early this year. 今年は例年より早めに梅雨に入った．

earn [ə́ːrn]
働いて金を得る，獲得する
原 稼ぐ
イメージ 額に汗して稼ぐ
例 The journalist earns his living by his pen. ジャーナリストはペンによって生計を立てる．

earnest [ə́ːrnist]
真面目な，熱心な
原 激しい気迫
イメージ まじめに取り組む，真剣な
例 I think he is too earnest; he never drinks nor laughs. 彼は真面目すぎると思う，酒も飲まなければ笑いもしない． / He delivered political broadsides in earnest. 彼は政治を批判する演説を真剣にやった．◇broadside 舷側からの一斉射撃が原義である．

ease [íːz]
和らげる；気楽
原 近くにある・便利である
イメージ (便利)⇨容易である⇨気楽にする⇨(緊張)をゆるめる
解 〈近く⇨便利〉の発想は handy〈手の届くところに⇨便利な〉にも見られる．
派 easy 易しい / uneasy 不安な
関 easy-going 気楽にやる
例 When the cold weather eases, some insects begin to emerge from their hibernation. 寒さがゆるんでくると冬眠していた虫達が出てき始める． / Mother's advice has eased my mind. 母の助言で気持ちが楽になった． / Sedatives are prescribed mainly to ease anxiety. 鎮静剤は主として不安をほぐ

すために処方される． / Deep breathing helps ease your muscle tension. 深呼吸すると筋肉の緊張をほぐすのに役立つ． / They are expected to win the match easily (= with ease). 彼らはその試合は楽に勝つだろうと思われている． / The ease or difficulty of learning any language depends on the age of the learner. どんな言語であれ，習得の易しさあるいは難しさはそれを学ぶ人の年齢に関わっている． / Teachers are concerned about the ease with which their children can access porno on the Internet. 教師は子供達がインターネットを通してポルノに容易に近づくことができることを心配している．

easy [íːzi]
やさしい，気楽な
原 近くにある
イメージ （目標が近くにあり）楽に目的が果たせる⇨気楽にできる
派 easily 容易に，問題なく
例 He was advised to run at an easy pace. 彼は楽なペースで走るように言われた． / Our boss is easy to get along with. 私たちの上司は付き合いやすい人だ． / The courts were very easy on the accused. 裁判は被告人にたいそう甘かった． / We so (= too) easily think what we do is right. 人は自分のやっていることはみなまっとうであると思いがちである（⇨いとも簡単に思う） / This computer is easily the best for beginners. このコンピュータは初心者には間違いなく一番いいよ． / Pele is easily the best soccer player so far. ペレは断然これまでで最高のサッカー選手だよ．

eat [íːt]
食べる
原 食う
イメージ （食べ物を）食う / （物を腐らせて）むしばむ
派 eatable, edible 食べられる
例 I want to eat what's good for me. 身体にいいものを食べたい． / Rust is eating away the pipe. 錆がパイプを腐食している．◊「食べる」の言い方：eat meat 肉を食べる / feed on grass 草を食べる / prey on mice ネズミを食べる

ebb [éb]
引き潮
原 干潮
イメージ 引き潮
解 eb = ab で〈離れていく〉感じ．ebb は off に似ていると感覚するのもこの語の体得に有効である．
例 The tide is on the ebb. 今は引き潮だ． / The sex drive ebbs and flows. 性欲は減退したり高揚したりする．

eccentric [ikséntrik]
常軌を逸した
原 中心(centric)を外れた(ec)
イメージ （中心から外れて）風変わりである
派 eccentricity 奇行
例 He is eccentric. 彼は変わっている◊He is a little off center (彼は少し変わっている)は語源をなぞった言い方． / Despite his eccentricity, he is the best professor in the department. 彼の行動は一風変わっているけれど，学部でナンバーワンの教授だよ．

eclipse [iklíps]
日食，月食，食を起こす
原 外に(ec)去る(lipse)
イメージ （外へ去る⇨見えなくなる）⇨太陽，月を食でかげらせる
例 A total solar eclipse is one of nature's most impressive sights. 皆既日食は自然の織りなすもっとも印象的な光景の1つである． / No Prime Minister wants to be eclipsed by one of his ministers. 自分のかかえる大臣の存在で自分がかすんでしまうのを好む首相はいない．

ecology [ikálədʒi]
生態系，生態学
原 住み家(eco)の研究(logy)
イメージ 住み家(環境)の研究
解 eco- とは〈棲み家⇨住処⇨住環境⇨地球環境〉
派 ecological 生態系の / ecosystem 生態系
原 Of necessity, ecology is a multidisciplinary science. 必然的に，環境生態学は多くの学問領域に関係する科学となる．

economy [ikánəmi]
節約，経済

原 家の(eco) やり繰り(nomy)
イメージ (生計上の)やり繰り，(生活上の)営み，経済
解 原義は〈台所事情〉，これから〈地域，国家の財政事情〉の意へと発展した．
派 economize 節約する / economics 経済学 / economic 経済の / economical つましい
例 Japan's economy is in a pretty good shape. 日本経済は結構いい線をいっている．/ Insects play many important roles in the economy of nature. 昆虫は自然の営みのなかで多くの重要な役割を果たしている．/ Business is going bad, so we are trying to economize on a few things. 商売が不振なので，あれこれ節約につとめている．

ecstasy [ékstəsi]
有頂天，恍惚
原 外に(ec) 立つ(stasy)
イメージ (精神状態が通常域の外に立つ)⇨心ここにあらず⇨絶頂，恍惚
解 原義は be beside oneself(我を忘れて)と同じ発想．
派 ecstatic 有頂天の
例 He went into ecstasy when she accepted his proposal (＝He was ecstatic when she accepted his proposal). プロポーズが受けてもらえて，彼は大喜びだった．

edge [édʒ]
刃，縁；縁を付ける，じわじわ動かす
原 鋭い
イメージ (鋭い)⇨刃先⇨端⇨マージン⇨他より有利；刃先で縁取る⇨じりじり押し切る
解 刃＝刀の刃先
例 Be careful: the knife has a very sharp edge. このナイフは刃が鋭いので気をつけてね．/ The baby crawled to the edge of the bed. 赤ちゃんはベッドの端まで這って行った．/ Matsui edged out teammate Saito for the MVP award. 松井はチームメイトの斎藤を僅差で押し切ってMVPを取った．◇〈刃でじりじり押し切る〉イメージ．/ Her height gives her an edge over the other players. 彼女は背が高いのでほかの選手よりも有利だ．◇〈端を与える⇨マージン(余裕)を与える〉イメージ．/ He has been egged on by his friends into shoplifting. 彼は友達にそそのかされて万引きをしていた．◇イディオム egg on の egg は edge(刃先)が原義で〈刃先で脅して(egg)ある行為に向かわせる(on)〉イメージ．

edict [í:dikt]
布告
原 外に向けて(e) 言う(dict)
イメージ (民衆に向けて)告げる
解 dict は〈言いつける〉の意味合いがある：dictate 命じる / diction 発声法，言い方(⇨言い方の決めつけ) / dictionary 辞書(⇨言い方の規定)
例 Ashoka issued edicts that carried his message concerning the idea and practice of dharma. アショカ王は仏法の考えと実践に関するメッセージを込めた布告を出した．

edit [édit]
編集する，校訂する
原 外に(e) 置く(dit)
イメージ (外に置く⇨発表する⇨出版する)編集する⇨(編集に伴い)原稿に手を入れる
派 editor 編集者 / edition 版 / editorial 社説
例 He edited severely the text, preserving only short excerpts. 彼は原稿に厳しく手を入れて原文はほんの短い引用文しか残さなかった．

educate [édʒəkeit]
教育する，訓練する
原 外へ(e) 引く(ducate)
イメージ 人間の持っている資質・能力を教育によって引き出す
派 education 教育 / educational 教育的な
関 conduct 指揮する(⇨共に＋引く) / produce 生産する(⇨前に＋引き出す)
例 This school was started in the early 18th century to educate the children of the poor. この学校は18世紀初頭に貧しい子供達を教育するためにできた．

effect [ifékt]
効果，影響
原 外に(ef) 作る(fect)
イメージ (原因によって出てくる)結果・効果；成果を生み出す

派 effective 効果的な / effectual とても効果的な
関 affect 影響する / perfect 完全にする / infect 感染する / efficient 効果のある、能力のある
例 There are some side effects to hormone therapy. ホルモン療法には何らかの副作用がある。/ What happens in the White House has a great social effect in the country. ホワイトハウスで起こることはこの国の社会に大きな影響を与える。/ There is no empirical cause-effect relationship between a magical rite and the desired consequence. 魔法とそれが引き出す効果の間には実証的因果関係はない。

effective [iféktiv]
効果的な
原 効果(effect)的な(ive)
イメージ 期待に添う効果が現われる
例 The vaccine is effective against the common cold. このワクチンは風邪に効く。/ No method is 100 percent effective. 100パーセント効果のある方法はない。/ The new law will be effective from April 1, 2001 (=comes into effect on April 1, 2001). 新法規は2001年4月1日から発効する。

efficient [ifíʃənt]
効果のある、能力のある
原 作り出すような
イメージ (ものが)効率的な、(人が)能力がある
例 An efficient system of transportation is necessary for the development of the hinterland. 奥地の開発には効率のよい交通システムが必要だ。/ She is a bright and efficient secretary. 彼女は頭がきれて有能な秘書だ。

effort [éfərt]
努力
原 力(fort)を出す(ef)
イメージ 力を込めて取り組む
派 effortless いとも簡単なような / effortlessly 楽々と
例 In order to survive on earth, we have to make continual efforts of many kinds. この世界で生き抜くためには、絶えずさまざまな努力をしなければならない。/ He tried to crush the plastic bottle, but it withstood his efforts. 彼はプラスチックボトルを潰そうと力を込めたが潰れなかった。◇定訳「努力」では意味不明瞭になってしまう。/ Japan did not have enough material resources to sustain its war effort. 日本は戦争を遂行するための物資が十分でなかった。◇これも定訳「努力」で解釈すると少しずれてしまう。/ Thank you so much for making the effort to come and see our exhibition. 展示会にわざわざおいで下さってありがとうございます。

either [íːðər]
どちらか一方
原 常に(ei) どちらか(ther)
イメージ とにかくどっちでもイイゾー
例 A good soccer player can kick the ball accurately with either foot. うまいサッカー選手は左右どちらの脚でも正確に蹴れる。/ The citizens of a democracy take part in government either directly or indirectly. 民主主義では市民は直接あるいは間接的に政治に参加する。/ Some fish can live in either salt water or fresh water. 塩水でも真水でも住める魚がいる。/ We have only two kinds of climate here; it's either hot or cold, nothing in between. 当地は暑いか寒いかのどちらかで、中間はありません。

eject [idʒékt]
外に出す
原 外へ(e) 投げる(ject)
イメージ 放り出す
解 イジェクト(取り出し)ボタンでおなじみの語。
派 ejection 追放
例 New York Mets manager, Valentine, was ejected for arguing a call. ニューヨーク・メッツのバレンタイン監督は審判の判定にいちゃもんをつけたので退場させられた。/ I pressed the eject button but the diskette didn't eject. イジェクトボタンを押したのにフロッピーディスクは出てこなかった。

elaborate [ilǽbərət]
念入りに作る
原 苦心を(laborate) 出す(e)
イメージ (普通以上に)力を込める、さ

らに細かく説明を加える

解 labor(労働)がスペルの中に潜んでいる. 動詞用法は〈(前言に加えて)もっと詳しく述べる〉の意になる文脈が多い.

派 elaborately 念入りに / elaboration 労作, 追加の説明

例 Workers using radioactive elements are required to take elaborate precautions. 放射能を出す元素を扱う人は入念な注意が必要だ. / Your plan sounds great; would you care to elaborate? 君の企画は面白そうだ. もうすこし詳しく言ってくれないかね. / Space permits no further elaboration. 紙幅がないためにこれ以上は述べられません.

elapse [iláeps]
経過する

原 すべって(lapse) 行く(e)

イメージ 時がすべるがごとく流れて行く

解 lapse しくじり(⇨すべる)

例 Six months have elapsed since we moved into this town. この町に越してきて6か月になる. / In a rodeo sport the contestant who complete the event with the lowest elapsed time is declared the winner. ロディオ競技では時間の一番かからなかった者が優勝者になる.

elbow [élbou]
肘(で突く)

原 腕(el) 曲がる(bow)

イメージ 肘⇨肘で突く

解 身体の部位名がそのまま動作を表す例: head 向かって進む / nose 嗅ぐ / eye じろじろ見る / jaw くどくどしゃべる / shoulder かつぐ / finger 指でいじる / palm ものをくすねる / belly ふくらます / side 味方する / shin よじ登る / leg 歩く

例 To the occasional visitor, city people appear to be elbowing others as they go about their errands. たまに都会を訪れると, 都会人は互いにへしあいながら仕事をやっているように見える.

elder [éldər]
年長の

イメージ (二者のうち)年輩の方, (経験豊かな)年長者

派 eldest 最年長の / elderly 年配の(人), 旧式の. ◇比喩的に物についても〈古い, 旧式の〉の意で用いられることもあるが, 現代では標準的でない.

例 I have an elder brother. 私には兄がいます. ◇a big brother とも言う. / My father is rather elderly now. 親父も結構年をとりました. ◇old を用いるとややぶっきらぼうに響く. / The proportion of elderly people has been increasing in developed countries since the mid-20th century. 先進国では20世紀半ばから老人の人口比率が増え続けている.

elect [ilékt]
選挙する

原 外へ(e) 集める(lect)

イメージ (外へ集める)⇨選び出す⇨選出する

解 elect と erect(立てる)を混同する学習者が多い: -lect は〈集める〉, -rect は〈直(ちょく)にする〉のイメージである.

派 election 選挙 / elective 選択の

関 eligible 適格である(⇨選びだされた) / collect 集める(⇨一緒に+集める) / neglect 軽視する(⇨ない+集める) / elite エリート(⇨(大勢の中から)選び出された人) / elegant 優雅な(⇨選び抜かれた)

例 They elected him President. 彼を大統領に選んだ. / We elect representatives to the legislature and other public bodies. 私たちは立法機関あるいは他の公共機関への代表者を選挙する.

eligible [élidʒəbl]
資格がある, 適任の

原 集め(ligible) 出される(e)

イメージ (選ばれる資格がある)⇨条件にかなう

解 〈集める〉とは〈選ぶ〉に他ならない.

派 eligibility 適格

関 legible 文字が読みやすい(⇨情報が集められる)

例 I am a British National married to a Japanese and therefore eligible for a spouse visa. 私はイギリス国籍で, 日本人女性と結婚していますので配偶者ビザが得られます. / Relatives of employees are not eligible for the contest we're sponsoring. 我が社主催のコ

ンテストには従業員の身内に当たるものは出場資格がありません．

eliminate [ilíməneit]
除去する
原 境界(liminate)から出す(e)
イメージ ある枠から追い出す
関 limit 限界 / subliminal 潜在意識の(⇨ 囲いの(=身体の)(liminal)下の(sub))
例 Our team was eliminated in the first round. 我がチームは1回戦で敗退した．/ The governments are determined to eliminate trade barriers between the two countries. 政府は両国間の貿易の障壁をなくす決意をした．

elite [ilí:t]
エリート，精鋭
原 選び抜き(e)集めたもの(lite)
イメージ エリート
関 elitism エリート主義 / elitist エリート主義の / elect 選出する
例 He is often criticized for being too elitist and for looking down on the taste of ordinary people. 彼はエリート主義が過ぎたり庶民の好みを軽蔑するのでよく非難を受ける．

elope [ilóup]
駆け落ちする
原 外へ(e)駆ける(lope)
イメージ (恋し合う男女が密かに)他の地へ逃げ出して一緒になる⇨駆け落ちする
解 lope は〈(動物が)駆ける〉の意味で，elope は「駆け落ちる」と発想がよく似ている．lope は leap(跳ねる)と同系語．
派 elopement 駆け落ち
例 To terminate a marriage, she tried elopement (=She eloped with another man in an effort to terminate her marriage). 結婚を終わらせるために，彼女は駆け落ちを試みた．

else [éls]
その他に
原 その他に
イメージ (漠然とした，あるかないか分からない)他の何かに / 誰かに
解 else は〈any と other〉の性格を合わさっている．
関 elsewhere どこか他のところで(〜へ，〜から)
例 Who else did you meet? 他に誰に会ったのですか．/ You had better ask someone else. 他の誰かに聞きなさい．/ Could you tell me anything else about the history of your town. あなたの町の歴史について何かもう少し教えていただけますか．/ No one else could solve the problem. 他のものは誰もその問題を解けなかった．

elude [ilú:d]
巧みにすり抜ける，回避する
原 外へ(e)たぶらかして(lude)
イメージ (追求を)巧みに逃れる
派 elusive 理解しにくい，捉えにくい
例 The antelope is shy, swift, and elusive. レイヨウは用心深く，すばやくて，捕まえにくい．/ Although much is known about how cancer is caused, its precise origin and development continues to elude researchers. 癌の起こる原因についてはかなりのことが分かっているが，細かなメカニズムについては依然研究者たちに把握されていない．

emancipate [imǽnsəpeit]
解放する
原 外へ(e)手に(man)捕まえる(cipate)
イメージ (権威・拘束から)解放する
派 emancipation 解放
例 Abraham Lincoln emancipated the slaves (=Abraham Lincoln brought about the emancipation of the slaves). アブラハム・リンカーンは奴隷解放を行った．

embargo [embá:rgou]
貿易を禁止する
原 (棒を)入れて(em)妨害する(bargo)
イメージ (棒で動きを止める)⇨取り引きの停止
解 bar(棒)は〈障壁・妨害〉の意味合いを持つ：barrier 障壁
例 In 1974 the Arab oil-producing states embargoed petroleum shipments to the West's industrialized powers. 1974年にアラブの石油産油国は西側の工業大国への石油の輸送を禁止した．/ An embargo is a political weapon of either reprisal or warning. 通商の停止措置は報復あるいは警告の政

治的武器となる．

embark [embá:rk]
乗り込む，乗り出す
- 原 船(bark) に乗る(em)
- イメージ (事業などに)乗り出す
- 解 日本語「(事業などに)漕ぎ出す」に発想が似ている．
- 派 embarkation 乗船，着手 / disembark 乗り物から降りる
- 関 bark 小帆船 / barge 平底船
- 例 His restless and dissatisfied nature led him to embark on risky business enterprises. 満足を知らない活発な性格ゆえに彼は危険な事業に乗り出した． / I disembarked the plane and bought a local paper on the way to the hotel. 飛行機を降りて，地元の新聞を買ってホテルに向かった．

embarrass [embǽrəs]
困惑させる，妨げる
- 原 中に(em) 棒を投げ入れる(barrass)
- イメージ 横槍を入れてまごつかせる⇨ be embarrassed で〈進行中に棒／邪魔が入って立ち往生する〉イメージ．
- 解 スペルの中に bar(棒) が隠れている．bar は〈妨げ〉の象徴で，日本語の「横槍を入れる」に発想が似ている．◇類義語 perplex は邪魔・障害が人に〈まとわりつく〉イメージである．
- 派 embarrassing まごつかせるような / embarrassment 当惑
- 関 bar 棒 / barrier 障壁
- 例 The minister was embarrassed by the question. 大臣はその質問にまごついた． / When a child make a mistake, I never embarrass the child. "That's a good mistake," I say and correct him or her. 私は子供が答えを間違えたときでも，あわてさせたりはしません．「いい間違いね」と言って直してやるのです．

emblem [émbləm]
象徴，記章
- 原 中に(em) 投げる(blem)
- イメージ (全体的な意味を凝縮し中に投げ入れる)⇨象徴
- 関 problem 問題(⇨前に＋投げる)
- 例 The badge of a policeman is the emblem of the law and its authority. 警察官のバッジは法と権威の象徴である．

embody [embɔ́di]
具体化する，包含する
- 原 中に(em) 体(body)の
- イメージ (精神に)体を与える⇨具体的な形に現わす⇨体現する
- 派 embodiment 化身
- 例 His poems embody the imaginative spirit of the Romantic era. 彼の詩はロマン主義時代の創造的精神を具体的に表現している． / In many ways, she is the embodiment of Hawaii's brain drain. いろいろな意味で，彼女はハワイの頭脳流出の典型例である．

embrace [embréis]
抱き合う，包み込む
- 原 中に(em) 抱きかかえる(brace)
- イメージ (人を)抱きしめる，(考え・主義を)受け入れる
- 解 brace はラテン語で〈腕〉がっちり締める〉の意であった．
- 関 bracelet ブレスレット(⇨腕＋小さい飾り) / bra ブラジャー(⇨胸をしっかりかかえる) / brace 留め金(⇨腕のようにがっちり留める) / braces 歯列矯正のブレース(⇨がっちり留める)
- 例 She braced her son tightly upon meeting him for the first time in five years. 彼女は5年ぶりに会って，息子を強く抱き締めた． / He embraced her idea of going on vacation together to the Bahamas. 彼は一緒にバハマへ旅行に行こうという彼女の提案に喜んで応じた．

emerge [imə́:rdʒ]
出てくる
- 原 水中(merge) から出る(e)
- イメージ 水面下にあったものが不意に姿を現わす，ひょいと頭をもたげる
- 解 merge は〈混じる〉の意があるので音の類似性から記憶するとよい．〈混ざり(merge)からぬける(e)⇨見えて来る〉と読む．
- 派 emergency 緊急時 / emergence 出現 / emergent 新興の
- 関 merge 溶け込む，合併する，混じる
- 例 Helen emerged from the pool dripping. ヘレンはぽたぽたしずくをたらしながらプールから上がってきた． / Prince Charles and his longtime lover

Camilla Bowles finally emerged together in public for the first time in several years. チャールズ皇太子と彼の長年の愛人カミーラ・ボールズは数年ぶりに一緒に人前に姿を見せた。 / He emerged from obscurity to fame. 彼は無名から突然名をなした。 / Little was understood about earthquakes until the emergence of seismology in the beginning of the 20th century. 20世紀の初頭に地震学が現われるまでは地震についてはほとんど分かっていなかった。

emergency [imə́ːrdʒənsi]
緊急事態
原 水中から出る(emerge)こと(ncy)
イメージ (水面下からふいに姿を現わす)⇨ふいうちを食らうこと
解 シャークあるいは海坊主が水中から突然現われたら emergency(緊急事態)だ。
例 In case of an emergency, get in touch with me immediately. 緊急の際はすぐに私に連絡しなさい。

eminent [émənənt]
著名である
原 出る(e)立つ・盛る(minent)
イメージ (他より盛り上がって)ひときわ目立つ⇨抜群である
解 原義をなぞると stand out(目立つ、きわ立つ)となる。
派 eminence 卓越 / eminently 抜きんでて
関 prominent 目立つ、有名な(⇨前に＋盛り上がる) / imminent 差し迫った(⇨上に＋盛り上がる) / mountain 山(⇨盛り上がっている)
例 This daily is regarded as one of the eminent newspapers of North America. この日刊紙は北アメリカで高級紙の1つに数えられている。 / She is eminently qualified for the position. 彼女はその役に抜群に適している。

emotion [imóuʃən]
感情、感動
原 外へ(e)動く(motion)
原 (外に出る心の動き)感情
解 4つ挙げるとすれば、fear(恐れ)、anger(怒り)、joy(喜び)、sorrow(悲しみ)である。
派 emotional 感情的な

関 move 動く
例 In most societies, boys are raised to believe that showing emotion in public is unmanly. 大抵の社会で、男の子は人前で感情をあらわにするのは男らしくないことだと躾けられる。 / She became rather emotional and cried openly. 彼女は気持ちが一杯になり、わっと泣いた。

emphasize [émfəsàiz]
中に(em)示す(phasize)
原 (中に示す⇨暗示させる)⇨重要な意味を込める⇨強調する
イメージ (重要な点を)強調する
派 emphasis 強調、重点 / emphatic 断固たる / emphatically 断固として
関 phase 段階、相(⇨現われる、示される)
例 The teacher emphasized the importance of regular study habits. 先生は普段の学習習慣の大切なことを強調した。 / This museum emphasizes the history of Soviet science and technology. この博物館はソビエトの科学と工業技術の歴史を主に扱っている。

empirical [empírikəl]
経験からの、実証的な
原 上に(em)試みの(pirical)
イメージ (試みにたよる)⇨(実験・実証で)説を主張する◇対照語は theoretical(理論的)
解 経験・実験の「験」は、〈試す〉の意。
関 experience 経験
例 The social sciences, including criminology and psychology, may be conducted by empirical methods. 犯罪学や心理学を代表とする社会学は経験主義的方法によってふつう行われる。

employ [emplɔ́i]
雇う、使用する
原 中に(em)重ねる(ploy)
イメージ (事業所に人を重ねる)⇨雇う / (仕事に方法・道具を重ねる)⇨用いる
解 「雇」とは〈枠の中に人を雇い入れる様子〉を意味するので employ と発想が同じ。
派 employer 雇用主 / employee(＝the employed)従業員 / employment 雇用、利用

関 ply 精を出す(⇨自己を対象に重ねる) / imply ほのめかす(⇨中に+(意味を)重ねる)
例 She has been employed as a programmer. 彼女はプログラマーとして雇われている． / What kind of safety measures does your company employ to protect workers from hazardous industrial emissions? 危険な放射性物質から従業員を守るためにどんな安全策を貴社では採っていますか．◇employ=take / You should employ your willpower to overcome this difficulty. この難局を乗り切るには気力を用いることだよ．◇employ=exercise, apply

empty [émpti]
空の，空虚な
原 (手がすいている)⇨空(から)である
イメージ 空っぽ/(容器を)空にする⇨(ほかの容器に)注ぎ込む
派 emptiness 空虚
例 This is an empty house (=This house is empty). この家は空家です． / He may be making an empty promise (=His promise may be empty). 彼は空約束をしているかも知れない． / He emptied the whole bottle of beer in one swill. 彼は一気にビールを1瓶飲み干した． / The Sumida empties into the Pacific. 隅田川は太平洋に注いでいる．

emulate [émjəleit]
張り合う，見習う
原 張り合う
イメージ 同じようになろうとする
派 emulation 張り合い，見習うこと
関 imitate まねる
例 Emulating the United States surely will not make Japan a better superpower. アメリカをまねようとしても日本がもっと強国になるなんてことはない． / There was a continued desire to emulate the culture of the continent in the Heian period. 平安時代には大陸の文化を見習いたいという欲求がいつもあった．

enable [enéibl]
～できるようにする
原 できるように(able) する(en)
イメージ (能力・力を与えて)人や物が～できるようにする

例 A nerve fiber enables the cockroach to react very quickly to danger. 神経繊維によってゴキブリは危険に非常にすばやく反応できる．

enclose [enklóuz]
囲む，同封する
原 中に(en) 閉じ込める(close)
イメージ 封じ込める，囲う，(手紙に加えて他の物を一緒に)封筒に入れる
派 enclosure 囲まれた土地，同封された物
関 close 閉める(⇨ close)
例 Enclosed is a snapshot I took of the town. 同封しているのは私が撮った町のスナップ写真です．

encourage [enkɔ́:ridʒ]
勇気づける，奨励する
原 入れる(in) 勇気を(courage)
イメージ ～するように勇気付ける/～するように促す
派 encouragement 激励，促進
関 courage 勇気 / encouraging 励みになる
例 I encourage students to purchase their own computers. 学生に自分用のコンピュータを買い求めることを勧めている．

encyclopedia [ensaikləpí:diə]
百科事典
原 中に(en) 周り(cyclo) 教育(pedia) ⇨生活空間についての情報を教育する
イメージ (一般知識を供給する)百科事典
解 -cyclo は cycle(輪)と同系語で，〈周囲⇨一般〉の意味．-pedia(教育)は pedant(学者ぶる人), pedantic(学者ぶる)に見られる．
例 An encyclopedia should be comprehensive; it has to cover subjects in all areas of knowledge. 百科事典は網羅的でなくてはならない．つまりあらゆる分野の知識を扱っていなくてはいけない．

end [énd]
終わり，目的，死
原 終わり
イメージ 行程の最後⇨終わり⇨目的
解 始まりから連続する行程のイメージが裏に潜んでいる．
例 It is the end that matters. 物事は終わりが大切だ． / The Cold War ended

with the collapse of the Soviet Union in 1991. 冷戦はソ連邦の崩壊とともに1991年に終わった。 / Of the unintended pregnancies in that country, 54 percent ended in abortion. その国ではたまたま妊娠してしまった場合，そのうちの54パーセントが結局中絶していた。 / Their marriage ended in divorce when Jane was 26. 2人の結婚生活はジェーンが26の時離婚で終わった。 / The Aswan High Dam ended (= put an end to) the annual floods. アスワンハイダムはこれまで毎年起こっていた洪水を終息させた。 / It rained for two weeks on end. 連続2週間降った。 ◇ on end は「ずっと，引き続いて」の意になる：解説のところで述べたように，end は連続する出来事の終端だから，連続した雨降りの終わりのところ(on end)で2週間の長さになるという理屈である。

endemic [endémik]
病気がある地方に特有である
原 人達(dem) の(ic) 周りに(en)
イメージ その地域に特有に見られる(病気，生物)
解 特に風土病についてよく言う。〈特定の地域の人たちの間に起こる病気〉。an endemic(風土病)が世界の各地で起こったら a pandemic(世界的流行病)になる。
例 Malaria is endemic to much of Africa. マラリアはアフリカの多くの地域に起こる特有の病気である。 / Since the Gulf air is unstable as well as wet, summer thunderstorms are endemic to east of the Rockies. メキシコ湾の大気は不安定で湿度が高いので，夏の雷雨はロッキー山脈の東側地域では例年のごとく起こる。

endorse [endɔ́ːrs]
承認する，裏書する
原 裏(dorse) に入れる(en)
イメージ 裏書きして(よいことであると)認める⇨(正当性を)裏付ける⇨お墨付きとする
派 endorsement お墨付き
関 dorsal 背の，背びれ
例 Jogging has been endorsed by many medical authorities as a valuable heart exercise. ジョギングは多くの医学の権威から心臓に効果がある運動としてお墨付きである。 / Sex for the sake of reproduction has the endorsement of ministers of the gospel. 子孫を残すためのセックスであれば聖職者たちは是認している。

endow [endáu]
寄付する，授ける
原 持参金(dower) を与える(en)
イメージ (金を付随させる)⇨(金・才能を)恵む
解 be endowed with〜の構文では〈人が生まれながらの才能に恵まれている〉意で用いられる。
派 endowment 寄付，才能，恩恵
例 She is endowed with both beauty and brains. 彼女は才色兼備だ。 / Buddhists seek enlightenment rather than material endowment in their religion. 仏教徒はその信仰において物質的恩恵よりも悟りを追求している。

endure [end(j)úər]
耐え忍ぶ
原 固く(dure) する(en)
イメージ (困難に耐えて)堅固である⇨(崩れることなく)持ちこたえる
派 enduring 永久的な / endurance 忍耐力
例 Certain scientific works endure long after their scientific content has become outdated. ある種の科学上の業績はその内容が古くなってもずっと長持ちするものがある。 / I simply can't endure that person. あいつにはどうにも我慢がならない。 ◇ endure = stand

enemy [énəmi]
敵
原 非(en) 友(emy)
イメージ (友でない)⇨敵
解 en- は in- の異綴りで〈〜に非ず〉を意味する。
派 enmity 敵意
関 amicable(仲のよい) / amity 友好
例 Every man is his own worst enemy. 誰でも自分が最大の敵である。 / Jamming is frequently employed to confuse enemy communications. ジャミングは敵の交信を混乱させるためによく用いられる。

energy [énərdʒi]

エネルギー，活力
原 仕事(ergy) をする(en)
イメージ 仕事をこなす力⇨活動力
派 energetic 精力的な
例 Most of the energy on earth comes from the sun. 地球上のエネルギーのほとんどは太陽からきている． / The guppy is hardy, energetic, easily kept, and prolific. グッピーは丈夫で，よく動き，簡単に飼えて，繁殖力がある．

engage [engéidʒ]
雇う，婚約させる，約束する
原 担保(gage) に入れる(en)
イメージ (担保に入れる⇨対象にしばりつける)⇨(対象と)がっちり組み合う
派 engaging チャーミングな(⇨惹きつける) / engagement 婚約，約束，交戦 (⇨いずれもがっちり組み合う) / disengage 関係を解く
関 mortgage 抵当，担保(⇨親が死んだとき(mort)の約束(gage)⇨財産相続人になり，これを金を借りる条件，すなわち担保にする)
例 She engaged the clutch to move the car forwards. 彼女はクラッチを入れて車を進めた． / Farm tractors have tires with high, tapering lugs to engage the ground and provide traction. 農業用のトラクターは大地に食い込み牽引力を生むための長い，とがった突起のあるタイヤがついている． / About 80 percent of the population of India is engaged in agriculture. インドの人口の80パーセントが農業に従事している． / When I was alone with Ms. Lewinsky, I engaged in conduct that was wrong. ルインスキーさんと2人きりの時に，私は間違った行為をした． / Many children engage in sex play because it is pleasurable. 楽しいので性的な遊びをする子供は結構いる． / Young animals often engage in play fighting with each other. 若い動物はよくじゃれあってけんかする． / The General tried to put his army into the most favorable position to engage the enemy. 将軍は敵軍との交戦で自軍を最も有利な場に配しようとした． / This species of monkey is engaging when young but less friendly when adult. この種類のサルは小さい時はかわいいが成長すると愛想がなくなる．◇engaging チャーミングである(⇨引きつける)

engine [éndʒin]
エンジン
原 (生み出す)才能
イメージ (生み出す)才能・力⇨(力を生む)エンジン
派 engineer 技師，機関士 / engineering 工学
関 ingenious 才に富む，独創的な / genius 天才
例 An engine is a machine to convert a certain energy into mechanical power. エンジンはある種のエネルギーを機械の動力に変える機械である．

enhance [enhǽns]
高める
原 高く(hance) する(en)
イメージ 質をより高める
派 enhancement 高揚，増進，強化
例 Cults often use drugs to enhance religious experience. カルト教団は宗教的体験を高揚させるためによくドラッグを使う． / Putting this film on a car wing-mirror enhances visibility under rainy conditions. 車のサイドミラーにこのフィルムを貼ると雨天の時視界がよく効くようになる．

enigma [ənígmə]
なぞ
原 なぞ
イメージ (人，物事が)謎の多い
派 enigmatic 謎の多い，何かを内に秘めた
例 You could come in touch with the enigma of nature on the beach. 浜辺に行くと，自然の不思議さにふれることができるだろう． / Sultan Muhammad was among the most controversial and enigmatic figures of the 14th century. サルタン・モハメッドは14世紀の最も評価の分かれる謎の多い人物の1人である．

enjoy [endʒɔ́i]
楽しむ
原 〜に(en) 喜びを持つ(joy)
イメージ 〜のおもしろさを楽しむ，〜のよさを体験する
派 enjoyable おもしろい / enjoyment

楽しさ
例 I enjoy going to the beach in summer. 夏は海に行くのが楽しみです． / Come to my uncle's with me. I'm sure you'll enjoy yourself. 僕のおじさんちへ一緒に行かない．きっとおもしろいよ． / The tengu is a sportive spirit who enjoys playing tricks on people. 天狗は陽気な妖精で人にいたずらをして楽しむ． / As a popular novelist, he has been enjoying a large income. 人気作家として，彼は大きな収入を得ている． / He has been enjoying very good health and longevity. 彼は健康と長寿を享受している． / I hope you will enjoy this calendar with pictures of Washington. ワシントン州の写真のついたこのカレンダーを楽しんでくれると嬉しいです． / His work is enjoyable for its polished wit. 彼の作品は洗練されたウイットが楽しめる．

enlarge [enláːdʒ]
大きくする
原 する(en) 大きく(large)
イメージ 大きくする，(内容を多く盛って)詳しく述べる
派 enlargement 肥大
例 I am going to have this photo enlarged. この写真を引き伸ばすつもりだ． / The prostate gland begins to enlarge with age. 前立腺は歳と共に肥大し始める． / Would you care to enlarge on your plan? あなたの企画案をもう少し詳しく説明してくれませんか．

enlighten [enláitn]
啓発する，教化する
原 する(en) 明るく(lighten)
イメージ (明るくする) ⇨ 一般に理解が暗い物事を明らかにさせる ⇨ 知識を通して人に光明を与える
派 enlightenment 啓発
例 The priest tried to enlighten people who find it hard to understand the vicissitudes of life. 僧侶は人生の浮き沈みを理解できない人達を教えようとした．

enormous [inɔ́ːrməs]
莫大な
原 基準(norm)から外れた(e)様子(ous)
イメージ 並外れた・桁外れた
解 労働の基準量をnorm(ノルマ)と言う．
派 enormity 膨大さ，深刻さ / enormously ずば抜けて
例 Elvis Presley's enormous success changed the shape of American popular culture. エルビス・プレスリーの大成功はアメリカのポップ・カルチャーの世界を変えた．

enough [ináf]
十分な，〜するに足る
イメージ (必要とする数量または程度が)事足りる，間に合う・ほどよい
解 単独で用いられると〈(もう)十分〉の意になる．よくある定訳「十分な」は十分意を尽くした訳語とは言えない．
例 There are enough chairs for everyone. 皆に椅子があるよ．◇たとえば全員で6人のとき，少なくとも6脚椅子があればこのように言える． / He spoke loud enough this time. 彼は今度は聞き取れる声でしゃべった．◇前回は声が小さすぎたわけで，今回は大声でしゃべったということではない． / He is old enough to drive a car. 彼は車が運転できる歳になっている．◇日本なら18歳になったその日からこのように言える． / This coat is big enough for me. このコートは私にちょうど良い．◇たとえば体の小さい弟のコートが自分の体に合ったときはこのように言うであろう．身体の大きい兄からのお下がりのコートがちょうど合ったのであれば，This coat is small enough for me. と言うはずである． / She is attractive enough. 彼女はまあまあ魅力的だ． / This problem is too difficult for second-year students; you have to make it easy enough. この問題は2年生には難しすぎよ．もっとやさしい問題にしないとだめだよ． / Sometimes couples stay married because there is not enough energy to get unmarried. 時に離婚する元気がないので結婚状態を続けるカップルがいる． / I think we've had enough. It's time to let us breathe some fresh air. もうあきあきだ．そろそろ新鮮な空気を吸いたいものだ．◇単独(つまり名詞的)

enroll [enróul]
登録する，入会する，入学する
- 原 中に(en) 巻く(roll)
- イメージ ある機関・組織に所属するため名前を登録する
- 解 roll の意味は〈巻き物⇨書物⇨帳面⇨帳簿〉と変化した．現代では，名前の登録は帳面からコンピュータへと移りつつあるが，コンピュータも依然として〈roll〉の性格を維持している．なぜなら，名前の登録も検索もコンピュータ画面を scroll することによってなされるからである．「出席調べ」を roll call と言うのは〈登録名簿＋読み上げ〉ということである．
- 派 enrollment 登録
- 例 Charles enrolled in a flying school in Nebraska. チャールズはネブラスカ州の航空学校へ入学した．/ Although the school is open to students of all races, the enrollment is predominantly black. この学校は全ての人種に開いているが，在籍学生は圧倒的に黒人が多い．/ Total enrollment at this college is about 10,000. この大学の学生総数は約1万人である．

ensue [ens(j)úː]
続いて起こる，結果として起こる
- 原 を(en) 追う(sue)
- イメージ （前の出来事を追う）⇨その結果ある現象が起こる
- 関 pursue 追跡する（⇨前へ＋追う）
- 例 Divorce sometimes ensues from mere misunderstanding. 離婚はちょっとした誤解から起こることがある．

ensure [enʃúər]
確実にする
- 原 確か(sure) にする(en)
- イメージ 確実に起こるようにする
- 関 assure 保証する（⇨を＋確実にする）/ insure 保証する〔⇨確かな＋中に入れる〕
- 例 The dentist uses X rays to ensure correct diagnosis. 歯科医は正確な診断を確実にするためにエックス線を用いる．

entail [entéil]
必然的に伴う
- 原 中に(en) 限る(tail)
- イメージ （〜に限る）⇨〜がどうしても起こってくる
- 解 〈限定する⇨必然的に伴う〉の意味の展開は must〈〜でなければならない⇨〜に違いない〉の展開と似ている．〈限る〉とは〈か切る〉であり，元来，-tail には〈切る〉の意があった：tailor 仕立て屋（⇨裁断する）/ detail 細目（⇨細かく切る）
- 例 Coastal erosion entails expensive maintenance of the promenade and seawalls. 海岸線の侵食のために金のかかる海浜遊歩道や防波堤の補修管理が必要となってくる．

enter [éntər]
入る
- 原 〜の中へ
- イメージ （場所に）入る，（活動に）入る
- 派 entrance 入り口，入場 / entry 届け出，加入
- 例 When the chief judge entered the court, a feeling of tension spread throughout the room. 裁判長が入廷すると，法廷中に緊張感が広がった．/ Nixon entered politics by invitation. ニクソンは誘いを受けて政界に入った．/ The war now entered upon its new phase. 戦争はいまや新しい局面に入った．

enterprise [éntərpraiz]
事業，企業
- 原 入って(enter) つかむ(prise)
- イメージ （企画に）手を染める⇨企て，事業，（企画に）手を染める⇨進取の気性
- 関 prison 刑務所（⇨つかまえる）/ comprise 構成する（⇨共に＋つかむ）/ surprise びっくりさせる（⇨上から＋捕らえる）
- 例 Some enterprises are placed under public ownership. 事業には政府が所有権を持っているものもある．/ I admire her enterprise in trying to start a new life in America. アメリカで新生活を始めるという彼女のやる気には感心する．

entertain [entərtéin]
楽しませる，もてなす
- 原 間に(enter) 持つ(tain)
- イメージ 互いの(間の)関係をもてなす

【解】間をとりもつ時、とりもつ手段は、話題、ご馳走などである。日本語「もてなす」は英語(entertain)と同様の発想と言える。
【派】entertainment 娯楽、もてなし / entertainer タレント、芸人 / entertaining 楽しませる
【例】Her father entertained us with card tricks. 彼女のお父さんはトランプの手品をして楽しませてくれた。/ They entertained us a lot. 彼らはたいそうなもてなしをしてくれた。

enthrall [enθrɔ́ːl]
心を奪う、とりこにする
【原】とりこ(thrall) にする(en)
【イメージ】(人の心を奪う)⇨とりこにする
【解】be in thrall to は〈～にとりこになる〉の意。
【派】enthralling 魅了する / enthrallment 魅惑
【例】Frank Sinatra enthralled adoring fans for nearly 60 years. フランク・シナトラは60年近くも熱狂的ファンを魅了し続けナている。

enthusiasm [enθ(j)úːziæzm]
熱狂
【原】中に(en) 神がかり(thusiasm)
【イメージ】(神に取り憑かれた状態)⇨(讃美して)熱狂する
【派】enthuse 熱狂させる / enthusiastic 熱狂的な / enthusiastically 熱狂的に
【関】theology 神学(⇨神＋学問) / atheism 無神論(⇨無(a)＋神論) / theism 有神論
【例】All the students showed great enthusiasm for the projected exhibition in Australia. 生徒の皆がオーストラリアでの展示会の企画に大変な熱意を見せた。

entice [entáis]
そそのかして～させる
【原】燃え木(tice) につける(en)
【イメージ】(燃え木に火をつける)⇨誘いをかけてその気にさせる
【派】enticement そそのかし / enticing 心をそそる
【例】The alligator entices prey into its open jaws with a wormlike lure. ワニは虫に似た擬似餌で獲物を自分の開いた口に誘い込む。/ The offer is really enticing. それは是非受けてみたい話だ。

entire [entáiər]
全体の、完全の
【原】触れて(tire) ない(en)
【イメージ】(無傷の)⇨完全な⇨欠けることなく全て⇨あれもこれも残らず全て
【解】whole は〈まるまるひっくるめて全て〉のイメージ。言い換えると、entire は〈部分・部分・部分・部分…の全て〉、whole は一息に〈総べて〉の感じ。
【派】entirely すっかり / entireness 完全無欠 / entirety 完全状態
【例】The company chairman has made a clean sweep and replaced his entire management team. 社長は人事の一新を図り、経営部門を全部入れ替えた。/ The bird ate the entire apple, core and all. 鳥はリンゴを全部、芯も全て食べた。/ This piece is entirely novel, quite different from everything he has done so far. この作品は全く斬新でこれまでの彼の作品とは全く違っている。/ The kingfisher lives entirely on fish. カワセミは魚だけを食べて生きている。

entitle [entáitl]
権利を与える、題名を付ける
【原】肩書き(title) を与える(en)
【イメージ】名・肩書きを付ける⇨(その肩書きで)ものを言わす⇨資格を与える
【派】entitlement 行使の権利
【関】title 称号、資格
【例】We are all entitled to welfare benefits if we cannot maintain "the minimum standards of wholesome and cultured living" guaranteed by the Constitution. 我々は誰でも憲法に保障されている最低限の健全な文化的生活ができない時は生活保護を受ける権利がある。

entreat [entríːt]
嘆願する
【原】しっかり(en) 扱う(treat)
【イメージ】(特別な扱いを望む)⇨切に計らいを願う
【派】entreaty 嘆願
【例】Please! I entreat you! 後生だから、(あなたに)お願いします。/ He entreated the judge for leniency. 彼は判事に寛大な裁きを嘆願した。

envelop [envéləp]
包む
原 中に(en) 包む(velop)
イメージ 包み込む
解 -velop には vol の〈巻き込む〉意味合いがある：develop 展開する(⇨ 外に＋巻く)
派 envelopment 包囲 / envelope 封筒
例 Cold, dry continental air masses enveloped the east coast. 大陸の乾いた寒気団が東海岸を覆った. / Put the letter in an envelope, seal it, and mail it. 手紙を封筒に入れ，封をして，投函しなさい.

envy [énvi]
羨み，うらやみ
原 に(en) 目をやる(vy)
イメージ 〜に羨望の目を向ける
派 envious 羨ましく思う / enviable うらやむほどの
例 She envied her brother's good luck. (=She was in envy of her brother's good luck.=She is envious of her brother's good luck.) 彼女は弟の幸運をうらやましく思った.

epidemic [epidémik]
流行性の
原 間に(epi) 人々(demic)
イメージ 一時的に人々の間に流行る(病気，事柄)
関 endemic ある地方特有の(風土病)
例 Typhus has been one of the worst epidemic scourges in human history. チフスは人類史において最悪の伝染性疫病の1つであった.

equal [íːkwəl]
等しい，十分な力量がある
原 等しい
イメージ 同等である⇨〜と対抗できる
派 equator 赤道(⇨ 南北を等しく分ける) / equanimity 平静(⇨ 心の)バランスがとれている) / equate 同等視する / equivalent 同等の(⇨ 等しい＋価値の) / equation 方程式(⇨ 気取って「方程式」といっているが，単なる等式のことである) / equinox 春分，秋分(⇨ 等しい＋夜)
例 He was quite equal to the situation. 彼は十分その場をこなしていけた. / When it comes to singing, she's anyone's equal (=she's equal to anyone). 歌うことにつけては彼女は誰にも負けない. / People tend to equate large size children with health. 一般に大きい子は健康であると結び付けやすい.

equip [ikwíp]
備え付ける，装備する
原 調達する
イメージ 必要なものを備える
解 名詞 equipment(装備，機具)が不可算名詞なのは furnish(備える)⇨ furniture(調度品)が不可算名詞になるのと同じ発想から(⇨ furniture).
例 High school education has equipped them with the skills they need for the real world. 高校教育は実社会で必要となる技術を学生達に授けてきた. / The toilets in this building are equipped with emergency telephones. このビルのトイレには緊急電話が備え付けてある. / Camera crews were setting up their equipment to televise the game. カメラ班は試合をテレビ放送するために器材を組み立てていた.

equivalent [ikwívələnt]
同等の
原 等しい(equi) 価値の(valent)
イメージ 数量・内容・価値が同じである⇨〜に相当する
解 qual(等しい)と，value(価値)が綴りの中に潜んでいる.
例 This floppy can store the equivalent of 500 pages of text. このフロッピーはテキスト500ページ分(⇨ 相当する量)が保存できる. / Is there any English equivalent for 'giri'?「義理」に相当する英語はありますか.

equivocal [ikwívəkl]
いろいろな意味にとれる，疑わしい
原 等しい(equi) 声の(vocal))
イメージ (同じような意見で違いがなく煮えきらない)どっちつかずで曖昧な
解 equal(等しい)と voice(声)が綴りの中に潜んでいる.
派 unequivocal 言いたいことがはっきりしている
例 He gave an equivocal reply. 彼は曖昧な返事をした. / Whatever

approach is taken, the message should be unequivocal. どの方法を採ろうとも言いたいことははっきり言わなくてはいけない．

eradicate [irǽdikeit]
根絶する
原 外へ(e) 根を(radicate)
イメージ (不都合な物事を)根こそぎする
派 eradication 根絶
関 radish ダイコン / radical 過激な (⇨根っからの)
例 Malaria was eradicated from the island shortly after World War II. マラリアは第二次大戦後じきにこの島から根絶された．

erase [iréis]
こすって消す
原 こすり(rase) 取る(e)
イメージ こすり取る
派 eraser 黒板消し，消しゴム
関 raze 取り去る / razor 剃刀(⇨毛をこすり取るもの) / abrade すりむく
例 Millions of women apply creams and lotions in hopes of erasing the signs of time. 何百万もの女性がこれまでの歳月の跡を消せるものと期待してクリームやローションを塗りたくる．

erect [irékt]
建てる，勃起する
原 外に(e) 立てる(rect)
イメージ すっくと立つ
解 -rect に〈直(真っ直ぐ，垂直，直角)〉のイメージがある：rectum 直腸 / rectangle 矩形
派 erection 直立，勃起
例 A signboard was erected indicating the location of the watershed. 分水嶺の場所を示す標識が立てられた． / A Native-American totem pole was erected in the center of the park. アメリカインディアンのトーテムポールが公園の中央に建てられた． / The baby's neck was strong enough to hold the head erect. その赤ん坊の首は頭を真っ直ぐに支えることができた． / As the male becomes aroused his penis becomes erect. 男性が性的興奮をするとペニスが勃起する．

erupt [irʌ́pt]
(火山が)爆発する
原 外に(e) 割れる(rupt)
イメージ 殻や膜を破って内容物がはじけ出る
解 -rupt は〈壊れる〉の意味合いがある：corrupt 堕落する(⇨(道徳を)完全に＋壊す) / disrupt 崩壊させる(⇨ばらばらに＋壊す) / rupture 破裂，決裂
派 eruption 噴火
例 Mount Fuji, now considered an inactive volcano, last erupted in 1707. 富士山は今は休火山であるが，前回の噴火は1707年であった．

escape [iskéip]
逃げる，逃れる，もれる
原 脱ぐ(es) 外套を(cape)
イメージ (外套を脱ぎ捨てる)⇨拘束から逃れる
関 cape ケープ(外套)
例 The robber somehow escaped moments before the police arrived. 賊はどうにか警察が来る直前に逃げおおせた． / Human beings cannot escape death. 人間は死から逃れられない．

establish [istǽbliʃ]
設立する，確立する
原 安定(-stablish) させる(e)
イメージ 地歩を固める，揺るぎがない状態にする
解 スペルの中に stand〈立つ〉が潜んでいる．
関 stable 安定した / stability 安定性
派 establishment 設立，確立
例 The discoverer of the island established himself as governor for life. 島の発見者がそのまま終生総督として定着した． / The European Economic Community (EEC) was established by the nations of western Europe. ヨーロッパ諸国によって欧州経済共同体が設立された． / He argued against the established belief that alcohol is bad for one's health. 彼はアルコールは身体によくないという定説に文句をつけた． / The defendant is presumed innocent until his guilt has been established beyond a reasonable doubt. 被告は罪が明白に確定されない限り無罪であるとみなされる．

estate [istéit]

所有地，財産
原 ちゃんと(e) 立っている(state)
イメージ どしりと存在する土地(+家)
解 state は stand と同系語.
例 He owns a large estate in his hometown. 彼は彼の田舎に大きな土地を持っている.

esteem [istí:m]
尊重する，みなす
原 評価する
イメージ (評価のために)じっと考える ⇨ (無視しない) ⇨ 尊重する
解 aim(狙いをつける)，estimate(見積もる)は関連語.
例 Lindbergh was greatly esteemed for his courage and accomplishment. リンドバーグは彼の勇気と実績を大いに尊敬された. / After the fall of Rome, learning was no longer held in high esteem. ローマの崩壊後は学問はもはや高く尊重されなくなった. / The term narcissism denotes an excessive degree of self-esteem or self-involvement. ナルシシズムという語は自尊心あるいは自意識が過度である様子を言う.

estimate [éstəmeit]
見積もる
原 評価する
イメージ (評価のために)どれほどか予測を立てる
派 estimation 評価，見積もり
関 esteem 尊重する，〜と考える / aim 狙いをつける
例 Would you like an estimate of the cost of painting your house? お宅のペンキ塗りを見積もりなさいませんか. ◇ セールスマンのことば / Scholars estimate that there are about 3,000 spoken languages. 学者は話されている言語の数を約3000と踏んでいる. / She estimates that between 5 to 15 percent of all computer users are addicted to their machines. 彼女は全コンピュータユーザーのうち5ないし15パーセントの者がコンピュータ中毒者だとにらんでいる. ◇日本語「〜であるとにらむ」は原義〈狙いをつける〉の発想と通じるところがある.

etch [étʃ]
エッチング
原 侵食する
イメージ (銅板などを)腐食する，エッチングする
解 eat(浸食する)と同系語.
例 The acid etches the exposed metal, creating indentations on the plate. 酸が金属に付くとそこを腐食し金属板にぎざぎざができる(⇨エッチングの原理). / Can you please etch my initials at the back of my watch? 時計の裏に私のイニシャルを彫ってくれませんか.

euphemism [júːfəmizm]
婉曲表現
原 優雅な(eu) 言い方(phemism)
イメージ (露骨になるのを避けて)きれいに響く言い方
派 euphemistic 遠回しの
関 phonetic 音声上の / fame 名声(⇨ 声に出される)
例 I may be sounding more assertive than I should because I am not familiar with English euphemisms. 英語の婉曲表現をあまり知らないのでずけずけとものを言うように思われるかもしれない. / He's a pretty blunt man; he has little use for euphemistic niceties. 遠回しの上品な言い方をしないために彼はしゃべりがとてもぶっきらぼうである.

evade [ivéid]
避ける，言い抜ける
原 外に(e) 行く(vade)
イメージ (外へ行く) ⇨ 嫌なことをのらりくらりとくぐり抜ける
解 -vade に〈くぐり抜けて歩む〉の意味合いがある.
派 evasion 言い逃れ / evasive 言い逃れの
関 invade 侵略する(⇨ 中に+行く) / wade 水につかりながら歩く
例 The doctor evaded taxes by falsifying his income. 医者は所得をごまかして脱税した. / If I sound evasive, it's because I'm trying to protect my privacy. 私が(質問から)逃げようとしていると映るなら，それは自分のプライバシーを守ろうとしているからだ.

evaporate [ivǽpəreit]
蒸発する
原 外へ(e) 蒸気になる(vaporate)

[イメージ] 蒸気になって出ていく⇨蒸発する
[派] evaporation 蒸発
[関] vapor 蒸気
[例] Water evaporates from the leaves to the atmosphere. 葉から水分が蒸発し大気中へ出ていく。 / All his hopes evaporated when he found out he was terminally ill. 病気が末期的であると分かって彼の希望はすべて消えてしまった。

even [íːvn]
平らな, 対等な, ～さえ
[原] 平らな
[イメージ] 平らである⇨(a と b が平らである⇨a と b の高さが同じ)⇨同等である⇨(a に較べると b も同じ高さにある)⇨(b で)さえ
[例] I raked the top soil of my vegetable garden even. 菜園の土をかいて表面をならした。 / The snow was even with the eaves. 雪は軒と同じ高さであった。 / The mind works even when we're asleep. 眠っている時でも頭は活動している。

event [ivént]
事件, 結果, 出来事, 種目
[原] 出て(e)来る(vent)
[イメージ] (出てくる⇨起こる)⇨出来事 / (出てくる)⇨結果⇨現実
[解] 原義をなぞると, come about(起こる)と言うイディオムになる。(⇨come)
[派] eventful 多事 / eventually 結局 は / eventual 最終的な / eventuality 不測の事態
[関] advent 到来
[例] He had to accept the event. 彼は(出てきた)現実を受け入れるしかなかった。 / In the event of a traffic strike, you don't need to come. 交通ストになった場合は来なくてよろしい。 / Archery is an event of the Summer Olympic Games. アーチェリーは夏のオリンピックの1種目である。 / The ER (emergency room) of any good hospital should be equipped to deal with any eventuality. 大きな病院の救急部門はどんな不測の事態にも対応できなければいけない。

eventually [ivéntʃuəli]
最後に, 結局
[原] ことの起こった結果
[イメージ] とどのつまり, いろいろなことのあげく
[解] 最後に現われる結果として⇨結局, ついに
[例] Everyone gets older and eventually dies. 誰でも歳をとり, ついには死ぬ。 / We eventually reached an agreement. やっと合意に達した。

ever [évər]
かつて, いつも, 終始
[原] どんな時でも
[イメージ] (あらゆる時の)どんな時でも
[解] 時を普遍的に(つまりある一点を特定せず)捉える
[例] Did you ever go to America? (いつであるかを想定せずこれまでの時を全体的に捉えて)アメリカに行ったことある？◇Did you go to America? なら「(アメリカに行くと聞いてたけど)アメリカに行ったの？」の意味。 / If you ever come to Tokyo, please visit us. (いつかを特定せずに)東京へ来られることがあれば, お寄り下さい。 / Education is more important today than ever (before). 教育は今までのどの時代よりも今日において重要である。

every [évri]
あらゆる
[イメージ] みんな＋(それぞれ)
[解] 対象物A, B, C, D…Zがあるとき, あなたの目がA⇨B⇨C…Zをほとんど瞬時に総括的に捉えるとき, every と言う。
[関] each それぞれ◇それぞれ＋(みんな)
[例] Every student had to take the examination. 学生はみなこの試験を受けなければいけなかった。 / Every law has a loophole. 法はみな抜け穴があるものだ。

evict [ivíkt]
立ち退かせる
[原] 外へ(e) 勝つ(vict)
[イメージ] (勝って外へ追い出す)⇨追い立てる
[派] eviction 追い立て
[関] victory 勝利
[例] The landlord evicted the tenant

because of unpaid rent. 家賃を払わないので，家主は借家人を追い出した． / After more than 300 years of Spanish colonial rule, Filipinos tried to evict Spaniards from the islands. 300年以上にわたるスペインの植民地支配の後，フィリピン人はスペイン人を国外に追放しようとした．

evidence [évidns]
証拠，形跡
原 外に(e) 見える(vid) 状態(ence)
イメージ (事実の存在について)はっきり目に見える裏付け
解 vid-, vis-は〈見る〉の意味合いがある：video ビデオ(⇨見る＋もの) / vision 視力
派 evident 明白な(⇨内容が目にはっきり映る) / evidently 見たところ，どうやら
例 Scientists found no evidence that UFO's came from other planets. 科学者の調査ではUFOが他の惑星から来ている証拠はなかった． / It was evident that he didn't welcome intrusions into his privacy. 彼がプライバシーに侵入されるのを嫌がっているのは明白だった． / While the exact causes of diabetes remain obscure, certain facts are evident. 糖尿病の厳密な原因はまだ分かっていないが，いくつかの事実ははっきりしている． / She was playing tennis with her fiance with evident pleasure. 彼女はいかにも愉しそうにフィアンセとテニスをしていた． / There is evidence that someone has read my diary. 誰かが私の日記を読んだ形跡がある．

evil [íːvl]
悪い，邪悪な
原 度を越えた
イメージ (度を越えた)⇨悪い⇨(心が)よこしまな
例 I wonder if God can obliterate evil. 神は邪悪を抹殺できるのだろうか． / Ancient man thought that evil spirits caused sickness. 古代の人は悪霊が病気を引き起こすと考えていた．

evoke [ivóuk]
引き起こす
原 呼び(voke) 出す(e)
イメージ (呼び出す)⇨呼び起こす
解 〈ことを生み出す〉ことば・声の力を思い出させる語である．vo-は破裂音で如何にも言葉の響きが感じられる：voice 声 / vocabulary 語彙 / vow 誓う / vox 声
派 evocative 思い出させる
例 The speaker tried to evoke pity and sympathy among the audience. 演説者は聴衆に哀れみや同情を引き起こそうとした．

evolve [ivɑ́lv]
進化する，発展する
原 外へ(e) 転がる(volve)
イメージ (巻き物を外側に回す)⇨徐々に展開する⇨進化する
派 evolution 進化
関 devolve 〔人に〕譲り渡す / revolve 回転する(⇨帰る＋転がる) / involve 巻き込む(⇨中に＋転がす)
例 Did we evolve from the apes? 人間は猿から進化したのですか． / I think Japan's political evolution has been slow. 日本の政治の進歩は遅いと思う．

exact [igzǽkt]
厳密な，きちょうめんな
原 外へ(ex) 導く(act)
イメージ 厳しく引き出す⇨ぐいぐい⇨きちんきちん
解 〈はっきりさせる〉ためには〈出す＝ex〉必要がある．これは同時に〈厳しい〉ことでもある．
派 exactly きっちり / exacting 厳しい(⇨努力，注意力を厳しく引き出すことを求める)
関 act 行う
例 What is the exact number of people who are coming? 参加者の正確な人数は何人ですか． / They finally managed to exact an agreement from the other party. 彼らはついに相手から同意を強引に取りつけた． / The exam questions were exacting. その試験問題は(頭を絞ることを迫る)厳しいものであった．

exaggerate [igzǽdʒəreit]
誇張する
原 法外に(ex) 築く(aggerate)
イメージ ことばを法外に組み上げて大げさに言う
派 exaggeration 誇張

例 He exaggerates innocuous or trivial incidents. 彼は何でもないことを大げさに言うところがある. / It's no exaggeration to say that he is the best pitcher I have ever met. 彼はこれまでで最高のピッチャーといっても過言ではない.

exalt [igzɔ́ːlt]
ほめる
原 外へ(ex) 高く上げる(alt)
イメージ 人を持ち上げる, ほめる
派 exaltation 昇進, 賛美 / exalted 意気揚々とした
関 alto アルト / altitude 高度(⇨高い+状態)
例 The poem debases human beings and exalts God. その詩は人を卑しめ, 神を賛美している.

examine [igzǽmin]
調べる, 試験をする
原 外へ(ex) 追う(amine)
イメージ (追い出す)⇨中味を出して調べる⇨内容を調べる
派 examination 試験(⇨頭の中味を調べる)
例 The optician examined my eyes and prescribed glasses. 眼科の先生は私の目を検査して眼鏡を処方してくれた. / The doctor examined my skin for any abnormalities. 医者は何か異常はないかと肌を検査した.

example [igzǽmpl]
実例, 見本
原 外に(ex) 取る(ample)
イメージ (同種の中から取り出す)一例, 見本 / (優れているので取り出す)手本, 模範
解 sample(サンプル)は example の語頭が消失したもの.
関 exempt 免除する(⇨義務から取り除く)
例 Her way of life is an example to us all. 彼女の生き方は我々皆の模範だ.

exceed [iksíːd]
越える, 勝る
原 出る(ex) 行く(ceed)
イメージ (数量が)他を凌ぐ / (必要・制限を越えて)行き過ぎる
派 excess 過多 / excessive 法外な
関 succeed 成功する, 引き継ぐ(⇨次に+行く)
例 Is there any force whose velocity exceeds that of light? 光速を凌ぐものが何か存在しますか. / Be careful not to exceed your rights. 越権にならないように注意しなさい. / The religious importance of the Ganges may exceed that of any other river in the world. ガンジス川の宗教的重要性は世界のどの川をも凌ぐであろう.

excel [iksél]
～よりすぐれている
原 越えて(ex) 上がる(cel)
イメージ (せり上がる)⇨他を凌ぐ, 抜きんでる
派 excellent 他を凌いでいる / excellence 優秀 / exceedingly 非常に
例 He excels in math (= He is excellent in math). 彼は数学が得意だ. / He received an excellent literary education in school. 彼は学校ですぐれた文学教育を受けた.

except [iksépt]
～を除いて
原 外へ(ex) 取る(cept)
イメージ (外へ取り出す)⇨外す, 除外する
解 -cept には〈取る〉の意味合いがある：accept 受け入れる(⇨～を+取る) / precept 訓示(⇨あらかじめ+(忠告を頭に)取り入れる) / concept 概念, 構想(⇨完全に+頭に取り入れた)
派 exception 例外 / exceptional 例外的
例 Everyone was present except John. ジョン以外は皆出席していた. / I know nothing about the neighbor except that he is a single. 隣の男が独り者と言うこと以外は何も知らない. ◇ excepting that . . . と言うこともある. / Humans have the longest life span of any animal, with the exception of the tortoise. 人間は動物の中で, 亀を除くと一番長寿である.

exchange [ikstʃéindʒ]
交換する, 取り替える
原 外へ(ex) 変える(change)
イメージ 外へ出し入れ替える⇨ほかのものと取り替える

excite [iksáit]
刺激する, 興奮させる
原 外へ(ex) 呼ぶ(cite)
イメージ (外へ感情を呼び出す)⇨興奮させる
解 声の力を思わせる語で, provoke 挑発する(⇦前に+呼ぶ), evoke 呼び出す(⇦外へ+呼ぶ)などの発想と似ている.
派 excitement 興奮 / excited 興奮した / exciting 興奮させる
関 cite 引用する / recite 暗唱する(⇦再び+呼ぶ)
例 The thought of going abroad excited the children. 外国へ行くと思うと子供達はわくわくした. / To tell you the truth, I am not particularly excited about going out with my students to karaoke. 本当のことを言えば, 僕は学生とカラオケに行くのは余り好きじゃないんです.

exclaim [ikskléim]
叫ぶ, 大声で言う
原 外へ(ex) 叫ぶ(claim)
イメージ 興奮して強い語調で言う, びっくりして叫ぶ
派 exclamation 叫び, 感嘆 / exclamatory 詠嘆的な
例 "My little genius!," Bill's grandmother exclaimed as he pulled up a lost document for her on the computer. ビル君の祖母は無くなっていた資料をディスプレイ上に彼が取り出してくれると「おやまあ天才!」と叫んだ.

exclude [ikskllú:d]
除外する
原 外へ(ex) 閉める(clude)
イメージ (外へ閉める)⇨締め出す
派 exclusive 他を受け入れない / excluding〜を除いて / exclusively もっぱら(⇦排他的に)
関 include 含める
例 The majority of workers have been excluded from the meeting. 大半の従業員はその会議に出席できなかった. / The publisher has the exclusive right to produce the writer's works. その出版社がその作家の作品を出版する独占権を持っている. / This restaurant looks very posh and exclusive. このレストランは何だか高級で入りにくい雰囲気だ.

excursion [ikskə́:rʒən]
遠出, 小旅行
原 外へ(ex) かけ出る(cur) こと(sion)
イメージ (家から出かけて)気晴らしに遠出すること
解 -cur は〈行く〉意味合いを持つ : current 流通している
例 This town is a popular summer resort and excursion center. この町は人気のある夏のリゾートと小旅行の中心地である.

excuse [ikskjú:z]
容赦する, 言い訳をする, 免除する
原 非難(cuse) を外す(ex)
イメージ 責めを外す・まともに責めない
解 -cuse は〈糾す〉の感じ.
派 excusable 許される
関 accuse 責める
例 Please excuse my asking a personal question (=me for asking a personal question). 立ち入った質問になることをお許しください. / He is the only teacher I know who excuses late arrivals to class. あの先生だけが授業に遅れても許してくれる. / I excused myself from the party and drove back home. 私はパーティを中座して車で家に帰った. ◇中座するとき "Will you excuse me?" (失礼させてもらいます)と言う. 数人で中座するのであれば, "Will you excuse us?" となる. / He excused himself from joining the party. 彼はその党への加入を辞退した. ◇〈責めない⇨(義務に)追い込まない⇨辞退する〉

execute [éksəkju:t]
遂行する, 執行する
原 貫き((s) ecute)通す(ex)
イメージ やり通す⇨(追求して)行なう⇨(死刑判決を)行なう.
派 execution 処刑, 遂行 / executive

重役（⇨執行する人）
例 Michael Jordan executed magnificent plays on the basketball court. ジョーダンはバスケット・コートの中で素晴らしいプレーを見せた．/ He was executed for allegedly plotting to murder King Charles II. 彼はキング・チャールズ二世の殺害を企てたとして処刑された．

exercise [éksərsàiz]
運動させる，行使する
原 外へ(ex) 囲い(ercise)の
イメージ （囲いから出して）⇨運動させる /（持っている力を出す）⇨権利を使う
例 You ought to exercise regularly. 定期的に運動した方がいいですよ．◇原義は家（⇨囲い）から出て身体を動かすともイメージできる / You should exercise your right to vote. 選挙権は行使しなくてはだめですよ．

exert [igzə́:rt]
力を出す，影響を及ぼす
原 外に(ex) 結ぶ(ert)
イメージ （外に結ぶ⇨外に関係する）⇨内在する力を外に出す
派 exertion 力を出すこと
例 Hormones exert a strong influence on acne. ホルモンはニキビに大きな影響を及ぼす．/ You should avoid exerting yourself too much (= avoid over exertion). 無理はしないでください．

exhaust [igzɔ́:st]
疲れさせる，使い果たす
原 外へ(ex) 引く(haust)
イメージ （水を引き出す⇨からす）⇨余りなく尽くす
派 exhausted 疲れ切った / exhausting 骨の折れる / exhaustion 疲労，消耗 / exhaustive 徹底的な（⇨隅から隅まで）
例 At the end of the day I was completely exhausted. 1日の終わりには疲労困ぱいしていた．/ Exhaust fumes are one of the causes of photochemical smog. 排気ガスは光化学スモッグの原因の1つである．/ These lists of the types of food consumed in aboriginal societies are by no means exhaustive. 土着の民族が食べていた食糧のリストは決して網羅的なものではない．

exhibit [igzíbit]
展示する
原 外に(ex) 保つ(hibit)
イメージ （奥にある物を外に置く）⇨（様子を）見せる⇨展示する
解 -hibit は have(保つ，持つ)の意味．
派 exhibition 展示会 / exhibitionism 露出癖
関 habit 習慣（⇨身に着けている）
例 Non living things like rocks also exhibit a kind of growth if they are in a proper environment. 岩のような無生物でも条件がよければ一種の成長を見せる．/ We are going to exhibit our recent works in Tokyo. 私達の最近の作品を東京で展示します．

exhort [igzɔ́:rt]
勧告する
原 強く(ex) 励ます(hort)
イメージ 強く励ます
派 exhortation 勧告
例 My teacher exhorted me to face every challenge. 先生は何でも果敢に立ち向かえと励ましてくれた．

exist [igzíst]
存在する
原 外に(ex) 立つ(ist)
イメージ （外に立つ⇨外に見えるようにある）⇨ちゃんとある，たしかにいる
解 be(いる，ある)の目立ち版と言える．do(する)の目立ち版が perform(ちゃんとする)の関係と同じ．
派 existence 生存，存在 / existent 現行の
関 insist 主張する（⇨の上に＋立つ）/ subsist ほそぼそ暮らす（⇨下に＋立つ）/ resist 抵抗する（⇨反対に＋立つ）
例 Materialists hold that only physical matter exists. 唯物論者は物質のみが存在すると考えている．/ The essential feature that causes the lagoon to exist is the barrier that separates it from the ocean. 潟（かた）の存在を可能にする必須の条件は海から潟を分ける障壁である．

exit [éɡzit]
出口，退場する
原 外へ(ex) 行く(it)
イメージ 出口／退去する
関 coitus 性交（⇨共に＋行くこと!!）/ obit (= obituary) 死亡記事〔⇨～へ＋行

く）

例 The man exited quickly (= made a quick exit) when he heard the police coming. 警察がやって来る足音を聞くと彼はそそくさと立ち去った。／ All office buildings should have emergency exits. オフィスビルはすべて非常口が設備されていないといけない。

exotic [igzάtik]
珍しい，異国風の
原 外(exo) 風の(tic)
イメージ 異国ふうの⇨風変わりな
例 This exotic facial paint for Halloween will wash off in a day or two. ハロウィーンのエキゾチックな顔料は洗えば1日か2日で落ちますよ。

expand [ikspǽnd]
拡張する，広げる
原 外へ(ex) 広げる(pand)
イメージ さあっと広げる，拡大する
解 extend は〈1方向への線的広がり〉，expand は〈全面的広がり〉がイメージされる。pan-は破裂音で〈一気の広がり〉が感じられる：pan 全〜／panacea 万能薬／pandemic 全国的に広がる／expanse 大きな広がり
派 expansion 拡大
例 Most materials expand when heated. 大抵の物質は熱せられると膨張する。／ The high rate of economic growth is associated with rapid expansion of agricultural output. 高度の経済成長率は急速な農業生産量の拡大と関係がある。

expect [ikspékt]
予期する，期待する
原 向こうを(ex) 見る(pect)
イメージ （向こうに目を馳せる）⇨起こるだろうと思って待つ
解 〈予想＋待つ〉の意味合いがあり，各意味合いの強さは文脈による。-pect は〈目，見る〉イメージがある：spectacle 光景／spectacles 眼鏡／spectacular 壮観な／speculate 見込む／spy 見つける
派 expectancy 期待／expectant 妊娠している，期待している／expectation 予期
例 I don't know what to expect and what is expected of me. 何が予定されているのか自分は何をすればよいのか分かりません。／ It is expected that the strike will begin tomorrow. ストライキは明日から始まるということだ。／ Hello, Julie. I never expected to see you here. あらジュリー，こんなところ会うとはびっくりです。We expect others to act rationally even though we are irrational. 自分はそうではなくても，他人には道理をわきまえて行動することを期待するものだ。／ I will expect you at the front desk at five. 5時にフロントでお待ちしています。◇待ち合わせて会う場合は wait〈予期することがいつ起こるか確信がないまま待つ〉を用いない。

expedition [ekspədíʃən]
遠征(隊)
原 足を(pedi) 外へ出す(ex) こと(tion)
イメージ （足を踏み出して何かをしに）遠くへ出かける
解 ped-には〈足〉の意がある：pedal ペダル／pedestrian 歩行者／expedite 促進する(⇨足を外へ進める)
例 The expedition pushed westward to what is now Montana. 遠征隊は今のモンタナ州へ向けて西へと前進した。

expel [ikspél]
排出する，吐き出す
原 外に(ex) 追う(pel)
イメージ 追い出す，追い払う
解 -pel は〈ぐいぐい押し付ける〉イメージがある：compel 強制する(⇨強く＋押し付ける)／repel はじき返す(⇨元へ＋押す)
派 expulsive 排除性のある／expulsion 排除
例 The witch-doctor expelled evil spirits from persons who have come under their power. 妖術師は悪霊に憑かれた人達から悪霊を追い出した。

expend [ikspénd]
費やす，使い果たす
原 大秤に吊るして計り(pend) 値段を出す(ex)
イメージ （計って金を支払う）⇨（獲得・達成のために）金・労力・時間を犠牲にする
派 expense 経費／expenditure 支出／

expensive 費用のかかる
例 Joggers expend from 10 to 13 calories per minute in this exercise. ジョガーはジョギング運動で1分間に10ないし13キロカロリー消費する. / He preaches that one must expend one's best possessions for the sake of others. 人は自分の一番の財産を他人のために使わなければならないと彼は説いている. / They had a good laugh at his expense. 彼らは彼をダシにして大笑いした.

experience [ikspíəriəns]
経験(する)
原 試みて(perience) みる(ex)
イメージ (試みてみる)⇨(人が物事を)やってみる⇨(物事が)発現する
派 experienced 経験豊かな / experimental 経験的な
解 per-, pir-は〈試みる〉の意味合いがある：expert 専門家(⇨試みを重ねた人) / experiment 実験する / empirical 経験上の / peril 危機(⇨大変な体験)
例 We had the Kishimotos over last weekend and had their children experience carving pumpkins for Halloween. 私たちは岸本さんの家族を週末に招いて, 子供さん達にハロウィーン用のカボチャのくりぬきを体験してもらった. / Japanese consumers are experiencing the benefits of satellite television. 日本の視聴者は衛星放送テレビの恩恵に浴している. / The Internet has been experiencing explosive growth as a new media. インターネットは新しいメディアとして爆発的に成長している. / The plane experienced engine trouble immediately after taking off. 飛行機は離陸直後エンジンの故障が発生した. ◇英和辞典では普通,「(過去に関わる)経験, 体験」としているが, 原義(⇨やってみる)からも experience は過去に限らず(これからの)体験・行動についても言う(⇨以下の3例文) / The book is oriented to the US supermarket experience. この本にはアメリカのスーパマーケットでどう行動すべきかが書かれている. / In-store music would enhance people's shopping experience in a supermarket. スーパーの店内に流れる音楽は買い物客の(購買)行動をそそるだろう. / I will be teaching the group again this summer. I always look forward to the experience. 今年の夏も例のグループを教えます. いつもこの仕事を楽しみにしています.

expert [ékspə:rt]
専門家
原 経験(experience) を重ねた人
イメージ 経験豊かな熟練者
例 She is an expert in teaching children. 彼女は子供の教育のベテランだ.

expire [ikspáiər]
終了する, 満期になる
原 出す(ex) 息(pire)
イメージ (息を出し尽くす)⇨息が尽きる⇨息絶える；有効期限が切れる
解 〈息〉は〈生き〉に通じる. breathe one's last(最期の息をする, 息絶える)が連想される. ちなみに, 動物の最期の息は呼気である.
派 expiration 呼気, 満了
関 aspire 熱望する(⇨に対して＋息あがる) / respire 呼吸する(⇨繰り返し＋息する) / inspire 発奮させる(⇨気を＋入れる) / conspire 共謀する(⇨気を＋合わせる)
例 His current three-year pact expires at the end of the year. 彼の現行の3年契約は年末できれる. / His prison sentence expires next month. 彼の刑期は来月で満了する. / He expired a week ago. 彼は1週間前に亡くなった.

explain [ikspléin]
説明する
原 平ら(plain) にして出す(ex)
イメージ 複雑な内容を平たくして言う
解 pla-には〈平たい〉の意味合いがある：plane 鉋(かんな)・飛行機 / plan 図面 / plain 平野 / place 場所
派 explanation 説明
例 He explained the rule to us. 彼は私たちにルールを説明した. / Scientists cannot explain all UFO reports. 科学者が全てのUFOの目撃報告を説明できるわけではない.

explicit [iksplísit]
明白な
原 外に(ex) 折り込みを(plicit)

イメージ (折り込みを開ける)⇨内容がはっきり見える

解 pli- は〈重なり〉だから重なりを開いたら明瞭になる訳である。

関 implicit 暗黙の⇨(内に＋重ねられた)

例 You'll have to be more explicit. Otherwise I won't know what it is you expect. もう少しはっきりと言わないとだめだよ。でないと君の期待してることが何か分からないよ。

explode [iksplóud]
爆発する

原 外へ(ex) たたく(plode)

イメージ バーンとはじける

解 -plode,-plaud に破裂(音)が感じられる：applaud 拍手喝采する / plausible もっともらしい(⇨喝采に値する) / plaudits 喝采

例 The kernels of corn, when exposed to heat, are exploded into large fluffy masses. トウモロコシの実が熱せられると、はじけて大きなふんわりした塊になる。/ The bomb dropped over Hiroshima exploded at 8.15am. 広島に落とされた爆弾は午前8時15分に爆発した。/ He exploded in anger. 彼は怒りで爆発した。

exploit [iksplɔ́it]
活用する，利用する

原 包み(ploit) を解く(ex)

イメージ (自然が中に持っているものを取り出す)⇨利用，開拓／(人が中に持っているものを取り出す)⇨利用，搾取

解〈無抵抗な対象(弱者，自然など)を利益のために利用する〉意味合いがある。

派 exploitation 開発，利用，搾取

例 She is exploiting you. 彼女はあなたを利用しているよ。／ Landlords used to exploit their tenant farmers. 地主は小作人を搾取していた。／ They started exploiting marine resources. 彼らは海の資源を開拓し始めた。

explore [iksplɔ́:r]
探査する

原 (獲物を)外へ(ex) 呼ぶ(plore)

イメージ (求めるものを探り出す)⇨未知の領域に足を踏み入れて探る

派 explorer 探検家 / exploration 探検

例 Let's explore that mall. あの商店街をうろついてみようよ。／ Scientists have explored the nature of light. 科学者は光の性質を調べてきた。

export [ikspɔ́:rt]
輸出する

原 外へ(ex) 運ぶ(port)

イメージ (外へ物資を運び出す)⇨輸出する

関 import 輸入する / deport 追放する(⇨外へ＋送る) / portable 運べる

例 Several resource-rich countries depend upon export for much of their revenue. いくつかの資源の豊富な国は国の収入の多くを輸出に頼っている。

expose [ikspóuz]
さらす，あばく

原 外へ(ex) 置く(pose)

イメージ 覆いを剝いで無防備に中身をさらけだす

解 pose は〈置く，身を置く〉の意味合いがある：position 位置, 地位 / depose 退ける / impose 負担をかける / repose 休ませる(⇨奥に＋身を置く) / oppose 対抗する(⇨向かって＋位置する) / transpose 入れ替える(⇨向こうに＋置く)

派 exposition 博覧会(⇨覆いを取って見せる)

例 There was a bicycle left exposed in the rain. 自転車が1台雨ざらしになっていた。／ He tends to expose himself. 彼は露出症(⇨覆うべきところを人前にさらす)の気がある。◇露出狂のことはflasher(原義はちらつかせる人)とも言う。／ These photos are underexposed. これらの写真は露出不足だ(⇨フィルムを光に十分さらしていない)。／ The best way to cure a burn is to expose it to the air. 火傷の治療に一番いいのは患部を空気に当てることです。

expound [ikspáund]
解説する，説明する

原 外に(ex) 置く(pound)

イメージ 頭の中の考えをことばにして出して見せる

解 -pound には〈置く〉の意がある：compound 混ぜる(⇨一緒に＋置く) / propound 提出する(⇨前に＋置く)

例 He expounded his materialistic views in numerous publications. 彼は

多くの出版物で自分の唯物的見解を説いて見せた.

express [iksprés]
表現する
[原] 外に(ex) 押す(press)
[イメージ] 考えや感情を言葉にして外に押し出す⇨表現する
[解] 表現の方法は、口から空気中に押し出す「発言」によるものと、筆によって紙上に押し出す「書記」によるものがある. express されたものが相手に受け止められると impress(印象を与える⇨内に＋押す)になる. express に「急行列車」や「速達」の意があるのは〈速く到着するように目的地に(ex)押しつける(press)〉連想から.
[派] expression 表現, 表情 / expressive 意味深長な / expressly わざわざ, 明白に
[例] She expressed herself well in this essay. 彼女はこの作文で自分の考えをうまく表現している. / This textbook is designed expressly for Osaka-area students dealing with topics of local interest. この教科書は地域の話題を扱っており、特に大阪地方の生徒を対象に編まれたものである. / He takes the early morning express to work. 彼は早朝の特急で職場に向かう.

exquisite [ikskwízit]
優雅な, 絶妙な
[原] 外へまで(ex) 探した(quisite)
[イメージ] (外まで探した)⇨極め尽くした⇨絶妙な
[解] 日本語「極め尽くす・極めつきの・極めて」と発想が似ている.
[例] This work requires exquisite craftsmanship. この仕事には絶妙の職人技が必要である. / Kimono is one of the world's most exquisite garments. 着物は世界でもっとも優雅な衣服の1つである.

extend [iksténd]
延長する, 伸ばす
[原] 外に(ex) 伸ばす(tend)
[イメージ] (線的に)ある方向に向かって伸ばす
[解] expand は〈面的に汎方向的に広がる〉感じ. extend は stretch out, expand は spread out と言い換えられる.
[派] extension 延長 / extensive 広い範囲にわたる / extent 程度
[例] Please extend my best (regards) to your family. ご家族にもよろしくお伝え下さい.◇手紙の結びの文句 / Benjamin Franklin's fame extended beyond America to Europe. ベンジャミン・フランクリンの名声はアメリカからヨーロッパへと広まった. / What he claims is to some extent understandable. 彼の主張はある程度理解できる. / The earthquake caused extensive damage but killed fewer than 30 persons. その地震は広範囲に被害を及ぼしたが死者は30人弱であった.

extinct [ikstíŋkt]
絶滅した, (火が)消えた
[原] 完全に(ex) 消された(tinct)
[イメージ] すっかり絶えてしまった
[派] extinction 絶滅
[例] The dodo is an extinct bird that could not fly. ドードーは飛ぶことのできなかった絶滅した鳥である. / Beavers were hunted almost to extinction. ビーバーはほとんど絶滅寸前まで狩られた. / The humpback was on the brink of extinction. ザトウクジラは絶滅に瀕していた.

extinguish [ikstíŋgwiʃ]
(火を)消す
[原] 完全に(ex) 消す(tinguish)
[イメージ] 消火する
[派] extinguisher 消火器
[例] Forest fires often spread rapidly and are difficult to distinguish. 森林火災は火の回りが早く消すのが難しいことが多い. / Fire extinguishers can be used to put out small fires before the flames spread. 消火器は火が回る前の小さな火を消すのに使われる.

extort [ikstɔ́ːrt]
ゆすりとる, 強奪する
[原] ひねる(tort) 出す(ex)
[イメージ] 絞りあげて(金品を)出させる
[派] extortion 搾取
[関] torment 苦痛(⇨くる絞める) / torture 拷問(⇨身体を絞めあげる)
[例] The landlord tried to extort excessive rent from his student tenants. 家主

は法外な家賃を間借りの学生達から取り立てようとした。/ The mayor resigned amid charges of extortion of public property. 市長は公共の財産を搾取した非難の渦中に辞職した。

extra [ékstrə]
余分の, 格別の
原 (普通の範囲の)外の(extra)
イメージ 余分
関 extraordinary 特別の(⇨越えた＋普通を)
例 Do you happen to have an extra pen I could use? 余分のペン持っておられませんか。

extraordinary [ikstrɔ́:dəneri]
並外れた
原 外に(extra) 普通の(ordinary)
イメージ (普通を越えた⇨)並外れた, 異常な；(普段以外の⇨)特例の
例 The United States has an extraordinary network of rivers and lakes. アメリカ合衆国は川や湖が非常にうまく配された国である。/ There will be an extraordinary session of the Diet to discuss some emergency issues. いくつかの緊急な問題を討議するために特別国会が開かれる。

extravagant [ikstrǽvəgənt]
贅沢である, 法外な
原 外へ(extra) さまよう(vagant)
イメージ 常軌を逸している
関 vagabond 放浪者 / vagary 気まぐれ, とっぴな行為 / vagrant 放浪の
例 The 11th Tokugawa shogun Ienari led a luxurious and extravagant life. 11代将軍家斉は贅沢で奔放な生活をした。

extreme [ikstrí:m]
先端の, 極端な
原 一番外の
イメージ 限度ぎりぎり
派 extremely 極端に / extremity 末端, 極端
例 They were in extreme poverty. 彼らは極貧の状態であった。/ He is at the extreme right in the photo. 彼は一番右端に写っている。/ The town is located in the extreme southern part of Thailand. その町はタイの最南端に位置している。

F

fable [féibl]
寓話, 物語
原 話す
イメージ (代表的には)イソップ物語
解 fa-や fe-は〈息の破裂による発声・発言〉がイメージされる：affable 話しやすい, 愛想のよい / famous 有名な(⇨話題になる) / fabulous 素晴らしい(⇨物語に出てくるような) / confess 告白する / profess 明言する
例 In many fables, the moral is summed up in the form of a proverb. 多くの寓話は教訓が諺の形でまとめあげられている.

fabric [fǽbrik]
織物, 構造
原 編んで作った布地
イメージ 組み上げて作った布地；組み上げて作った組織
解 fa-は〈作る〉イメージがある：factory 工場 / fabricate 組み立てて作る, ごまかす(⇨都合よく組み立てる)
例 That is a store dealing in fabrics for kimonos. あの店は着物の生地を扱っている. / The psychologist must study and analyze the elements that constitute the fabric of society. 心理学者は社会機構の構成要素を研究し分析しなくてはならない.

fabulous [fǽbjələs]
素晴らしい
原 物語に出てくるような
イメージ 物語に出てくるような⇨(現実にはありそうにないほど)素晴らしい
関 fable 寓話 / fabulist 寓話作家
例 You were fabulous in the game today, John. ジョン, 今日の試合では素晴らしかったね.

face [féis]
顔, 外観；～に面する
原 外観
イメージ 面(つら), 面(めん), 面目；面する, (困難に)直面する
解 face を〈顔〉でなく〈面〉と捉えると名詞の意味領域や動詞用法が納得しやすい.
関 facade 正面, 外見 / facet 物事の面, 相(⇨面＋小さい) / surface 表面, うわべ(⇨上＋面)
例 He does not like to show his face in public. 彼は人前に顔を出すのが嫌いだ. / He lost face. 彼は面目なかった. / A diamond shaped picture was printed on the face of the card. カードの表には菱形が印刷されていた. / The sunflower turns and faces the sun throughout the day. ヒマワリは日中太陽の方へ向かう. / Japan is facing its toughest economic slump in decades. 日本はここ数十年で一番厳しい経済不況に直面している. / Some disabled children face difficulty with reading, spelling and translating thoughts into words. 障害児は読み書きや思っていることをことばに直すのに苦労することがある.

facile [fǽsl]
安易な
原 容易にできる
イメージ 安易な⇨軽々しい⇨内容の薄い
例 He has a particularly facile style when depicting social decadence. 彼は社会の退廃を描写する時, とりわけ安易な文体で書いている.

facilitate [fəsílətèit]
容易にする, 促進する
原 ことをしやすく(facili) する(tate)
イメージ ことの実現を助ける
解 たとえば二階に上がる時の階段(これを facilities(設備)という)は facilitate(⇨階上にたやすくあげる)なる役をしている. facilitate の中に fact(事実(⇨実際に起こる))が潜んでいる.

派 facility 設備(⇨行動を助ける装置)
関 facile 容易に得られる
例 A teacher should facilitate his student's learning. 教師は生徒の学習がうまくいくように手助けしなくてはならない. / It would facilitate matters if you were more co-operative. あなたがもう少し協力的だったら事はスムーズに運ぶだろうに. / The sores caused by venereal diseases facilitate the entry of the AIDS virus into the body. 性病にかかっているとその傷からエイズのウイルスが侵入しやすくなる. / Sperm delivered without spilling facilitates the proces of reproduction. 精液が漏れることなく放出されれば妊娠しやすくなる.

facility [fəsíləti]
容易さ, 設備, 才能
原 容易である(facili) こと(ty)
イメージ (ことの実現を容易にする)器用さ;(ことの実現を容易にする)装置・施設
例 She handles a big tractor with facility. 彼女は大きなトラクターを楽々と操る. / She has a facility in writing business letters. 彼女は商用文を如才なく書ける. / Does your hotel have large conference facilities? おたくのホテルは大きな会議場がありますか. / Does this building have facilities for the disabled? このビルには障害者のための設備がありますか.

fact [fǽkt]
事実, 現実
原 なされたこと
イメージ 実際に起こった(起こっている)こと
解 fac-には〈作る・行う〉の意味合いがある:facile 容易に得られる(⇨行われる) / facsimile ファクシミリ(⇨作る+同じ) / factory 工場
派 factitious 人為的な, わざとらしい / factor 要因
例 Fact is stranger than fiction. 事実は小説よりも奇なり. / The fact of the matter is that we don't have enough money to do it. 実のことを言えば, それをする資金が十分でないのです. / Can you come over to our place for Thanksgiving?—As a matter of fact, I was going to invite you to ours. サンクスギビング(感謝祭)に我が家にいらっしゃいませんか—実は, 私達の方でお招きしようと思っていたところです.

factor [fǽktər]
要因
原 作る(fact) もの(or)
イメージ 物事を起こす, 作り出す要因(⇨働きかけが動的)
解 element は〈(全体を構成する1つ1つの)要素⇨働きかけが静的〉であるに比して, factor は〈(作り出す)要因⇨働きかけが動的〉である.
例 What you eat can be a big factor in determining how healthy you are. 何を食べるかはどれほど人が健康であるかを決定する大きな要因になる. / The speaker will look at factors that make foreign language learning so difficult in Japan. 講師は日本で外国語を修得するのをひどく難しくしている要因について考察をします. / Cancer can be caused by a variety of factors acting either singly or in concert. 癌は単独にあるいは複合的に働くさまざまな要因によって引き起こされる.

faculty [fǽkəlti]
能力, 機能, 学部, (学部の)全教員
原 楽々こなす(facul) こと(ty)
イメージ (楽々こなす)能力;(能力あるところ)学部・学部のスタッフ
解 facile(楽々得られる)が潜んでいる.
例 Prince Shotoku had the faculty of being able to follow ten different conversations at once. 聖徳太子は10人との会話を一度に聞く能力があった. / A person in full possession of his or her mental faculties is legally responsible for punishable actions he or she may commit. 精神機能が正常な者は不正行為に対して法的に責任が生じる.

fade [féid]
しぼむ
原 気が抜ける
イメージ 生気がだんだんと薄れていく
派 fadeless 色あせない
例 Exposure to sunlight will cause any color to fade. 太陽光線にさらすと色はみなあせてくる. / Love some-

times fades with marriage. 愛情は結婚すると冷めることがある．

fail [féil]
失敗する，しそこなう
[原] 期待にたがう
[イメージ] (やっても)うまくできない / (やるべきことを)しっかりとやらない
[解] 英和辞書では「失敗する」が訳語だが，これだと〈努力したのにうまくゆかない〉の意のみだが，fail は，〈期待される努力をしっかりやらないために不都合が起こる〉の意でもしばしば用いる．
[派] failure 失敗，怠慢
[関] fallacy 思い込み違い / fallible 誤りやすい
[例] The driver failed to notice the cyclists ahead of him and slammed into their backs. 運転手はサイクリスト達に気づかずに後ろから突っ込んでしまった． / A hemophiliac's blood fails to clot properly. 血友病患者の血液はうまく固まらない． / He failed three of five courses in engineering. 彼は工学で5教科のうち3教科を落とした．

faint [féint]
かすかな；失神(する)
[原] 見せかけの
[イメージ] (見せかけの)⇨(装っただけの)かすかな⇨気がかすかになる
[解] スポーツ用語のフェイントは同系語で，feint と綴るが，原義(⇨見せかけの動作)そのものである．
[派] faintly かすかに
[関] feint 見せかけ，ふりをする / feign ふりをする
[例] Dogs can detect odors that are too faint for humans. 犬は人間には気づかないようなかすかな匂いも嗅ぎだせる．

fair [féər]
公平である，晴れた，かなりの，まあまあである，口先だけの
[原] 美しい
[イメージ] (心が)美しい⇨公明正大；(天気が)美しい⇨好天；(表面上)美しい⇨まあまである⇨相当である
[派] unfair 不公平である / fairly かなり，公平に
[例] When the candles are out, all women are fair. 明りが消えれば，どの女性も美人だ． / The exams showed he was excellent in reading, fair in writing, and poor in arithmetic. 試験で彼は読解力に優れ，書く力はまあまあで，算数は悪かった． / The plan to add a huge tax to cigarette is unfair to smokers. タバコに高い税金を課す案が喫煙者に不公平だ． / Mr. smith has a fair knowledge of Japanese history. スミスさんは日本史に関してかなりの知識を持っている．

faith [féiθ]
信頼，信仰
[原] 信頼する(fai) こと(th)
[イメージ] 人の行為を信頼する / ことばに誠実である / 神を信頼する
[派] faithful 信頼を裏切らない
[関] defy 受け付けない(⇨信頼(fy)しない(de)) / confide 信頼する(⇨すっかり＋信頼する) / fidelity 忠実 / perfidy 不実(⇨ない＋誠実で)
[例] I've great faith in her talent. 彼女の才能には全幅の信頼をおいている． / I have insured my wife in good faith. 誠実な気持ちから妻を保険に入れた． / He's lost his faith. 彼は信仰を失った．

faithful [féiθfl]
忠実な，誠実な，貞節な
[原] 忠実(faith) である(ful)
[イメージ] 人に対して忠実である / 事実に忠実である
[派] unfaithful 浮気をしている
[例] He has been unfaithful to his wife for some years. 彼はここ何年か妻に隠れて浮気をしている． / I doubt they were faithful records of history. これらは歴史の忠実な記録ではないと思う．

fake [féik]
偽造する，模造する
[原] まがいものを作る
[イメージ] (よく見せようと)似せる / (ごまかそうと)似せる
[関] fair もっともらしい
[例] This piece of furniture has been faked to look like an antique. この家具はアンティークに似せて作られている． / The thief faked my signature to draw money from my bank. 泥棒は金を引き出そうとして署名を私の字に似せて書いた．⇨＝forged

fall [fɔ́ːl]

落ちる
原 落ちる
イメージ 物が(支えを失って)落ちる・倒れる / 事が降りかかる
解 秋は fall of the leaf(落ち葉)の季節
関 fell 切り倒す
例 Leaves began to fall earlier than usual this year. 今年は例年より落葉が早い． / The snow is falling fast outside. 外は雪がしんしんと降っている． / Children's birth rates are falling fast in Europe. ヨーロッパでは子供の出生率が急激に落ちてきている． / The cedar fell in the storm last night. 昨晚、嵐で杉が倒れた． / The boy fell to the ground while he was climbing a wall. その子は塀に上っていて落っこちた． / A seat in the House fell vacant because of a member's death. 議員が亡くなったので議席が1つ空いた．◇事や事件は天から降りかかる．(⇨ accident)日本語でも「降りかかる⇨起こる」と発想する． / Children's day falls on a Sunday this year. 今年は子供の日が日曜にあたる．

false [fɔ́:ls]
誤った、にせの
原 欺く
イメージ (ごまかしのため)偽った / (見栄えのため)上げ底にした
派 falsehood 偽り
関 fallacy 誤った考え(⇨人を欺く) / fallible 誤りやすい / fault 欠点
例 He was forced to give false witness. 彼は虚偽の証言を強制された． / She wears false eyelashes. 彼女はつけまつげをする．◇色々と見栄えをよくしたい(⇨人の目を欺きたい)のが人情：a false (=artificial) tooth 入れ歯 / a false eye 義眼 / a false limb 義肢 / a false mustache つけ髭 / falsies フォールシー(⇨胸を豊かに見せる)

fame [féim]
名声、評判
原 話題に上る
イメージ (よく話題に上る)⇨評判、名声
解 fa-が発声(音の破裂)をなぞっているので〈話す、しゃべる〉のイメージがある：fate 運命(⇨神の語りしこと) / fable 物語 / confess 白状する(⇨強いて+話す) / infant 小児(⇨話せ+ない)
派 famed 有名な / famous 評判の(噂+の多い) / infamous 悪名高い
例 He won immediate fame with his first thriller. 彼は最初のスリラー物ですぐに有名になった． / Alice is famous for asking for advice but never following it. アリスはアドバイスを求めるがそれをちっとも守らないので有名だ．◇名声に限らず、悪評についても言う．これは日本語の「有名な」も同様．

familiar [fəmíljər]
よく知っている、馴れ馴れしい、よく通じている
原 家族(famili)のような(ar)
イメージ (家族のように)馴れ馴れしい、よく知っている、よく見かける
派 familiarity 親しさ、熟知 / familiarize 精通する
例 She is too familiar with your husband, isn't she? 彼女、あなたの夫に馴れ馴れし過ぎるんじゃない． / He looks familiar, but I can't recall who he is. 彼と会ったことあるはずだけど、誰だか思い出せないよ． / Familiarity breeds contempt. 慣れすぎは侮りを生む． / His familiarity of the subject is questionable. 彼がそのことをよく知っているかどうか分からない．

famine [fǽmin]
飢饉
原 飢え
イメージ 食糧・物資のひどい不足で飢え苦しむ
例 Famine has struck at least one area of the world every few years. 飢饉は数年毎に少なくとも世界のどこかで起こっている．

fan [fǽn]
うちわ、ファン、煽る
イメージ 風を送って冷やす / 煽って熱くする
解 身体を fan すると〈涼しく〉なり、気持ちを fan すると〈熱くなる〉．ファンは fanatic(熱狂的な人)の短縮形．扇風機は an electric fan.
例 She fanned herself with a magazine. 彼女は雑誌を使ってあおいだ． / His speech fanned the crowd's irrita-

tion into a riot. 彼の演説は群衆のいらいらを煽って騒動を引き起こした。

fancy [fǽnsi]
空想、気まぐれ、好み
[原] 現わす⇨心に描く
[イメージ] (心に想い描く)⇨何となく気に入る
[例] When she was young she fancied herself as a kindergarten teacher. 小さい頃彼女は幼稚園の先生になりたいと思っていた。 / I took a fancy to the Beatles. ビートルズが好きになった。 / Some women have sex with their male boss regardless of whether or not they fancy him if it meant certain promotion. 好き嫌いにかかわらず昇進につながるのであれば上司と関係を持つ女性がいる。

fantasy [fǽntəsi]
空想、幻想
[原] 現わす⇨心に描く
[イメージ] (心に思い描く)⇨(おもむくままに描く)空想
[解] fancyと語源は同じであるが、意味の要素は fancy は〈想い＋好み〉、fantasy は〈想い〉である。
[派] fantastic 素晴らしい、風変わりな◇想いをおもむくままにはせると〈素晴らしい〉世界か〈風変わりな〉世界になるのが通常である。
[例] She lives in a world of fantasy. 彼女は空想の世界に生きている。 / His personal best in the 100-meter dash is 10.3 seconds.—Fantastic! 彼の100メートルの自己ベストは10秒3です。—素晴らしい。

far [fɑ́r]
遠くへ、ずっと
[原] 〜を越えて遠くに
[イメージ] 起点から到達点までがかなり離れている
[解] far は〈漠然と距離がある〉状態を言うので、疑問文・否定文と相性がよい。従って I walked far. とは言わず I walked a long way. と言う。
[例] How far did you run? どのくらい走りましたか。 / It is not far from New York. ニューヨークからあまり遠くない。 / Any problems?—Not so far. 何か問題はありますか。—これまでのところありません。◇so far は始点からそのところまでの意。 / We cannot see the moon's far side. 月の裏側は見えない。◇反対語は near side(表側) / He is far-sighted. 彼は遠視だ / 先見の明がある。◇第1音節に第1アクセントをおいて「遠視の」、第1と第2音節共にアクセントをおいて「先見の明のある」の意。

fare [féər]
運賃、(タクシーの)乗客、(テーブルに出る)食べ物
[原] 行く
[イメージ] (行く)⇨やっていく⇨食べていく / (行く)⇨(旅の)料金
[解] good-by の意で farewell を用いることがあるが、この場合はくものごとがうまく進みますように(＝May you fare well)〉の意が込められている。
[例] What's the fare to Tokyo? 東京までの運賃はいくらですか。 / The young woman didn't fare well under pressure. 若いその娘はプレッシャーを感じてうまくできなかった。 / Curry and rice are standard fare at coffee shops and other small stores. カレーライスは喫茶店やそのほかのちょっとしたお店でよくだされる食べもの(定番)だ。

far-fetched [fɑ́rfétʃt]
こじつけの
[原] 遠くから(far) 持ってきた(fetched)
[イメージ] (遠くから持ってきたような)⇨わざわざこじつけた⇨本当にはありそうにない
[関] fetch 取ってくる
[例] His vision of the company's high growth sounds far-fetched. 彼の言う会社の高度成長はどうもこじつけくさい。 / It's not far-fetched to picture a future of cyborg athletes (part human, part mechanical). 将来、半人間、半機械のサイボーグ選手が現われると考えるのは満更でもない。

farm [fɑ́rm]
農場、農場経営をする
[原] 土地代⇨農地
[イメージ] (農地)⇨農場(を経営する)⇨養殖場(を経営する)
[派] farmer 農場経営者
[例] They live and work on a farm. 彼ら

は農場で働いて生活している. / Once people learned how to farm, they never went back to a society that lacked an agricultural system. 一度農業を覚えると，農業のない社会へ逆戻りしたことはない.

fascinate [fǽsəneit]
うっとりさせる
原 魔法にかける
イメージ (魔法にかけるがごとく)うっとりさせる，魅了する
派 fascination 魅力
例 European people were fascinated by the new society in America. ヨーロッパの人々はアメリカの新しい社会に心を惹かれた. / Munakata's style was influenced by his fascination with Buddhism. 棟方の作風は彼の仏教への傾倒に影響を受けた.

fashion [fǽʃən]
流行，ファッション，やりかた
原 作る(fash)こと(ion)
イメージ (時代が作り出す)はやり；形づくる
派 fashionable 流行している，高級な
例 Fashion is constantly changing. 流行りは常に変化している. / Shoes of this type are in fashion among girls. このタイプの靴が女の子の間ではやっている. / The deities fashioned man from clay to cultivate the ground. 大地を耕すために神々は土から人間をこしらえた. / This restaurant is fashioned after an Old West saloon. このレストランはかつての西部の酒場を模して作られている.

fast [fǽst]
早い，しっかりと
原 しっかり固定する
イメージ (しっかり力を込める)⇨がっちりとした；(しっかり気持ちを込める)⇨動作が早い
解 fast には「断食する」の意があるが，これも原義は同じで〈しっかり規則を守って食を断つ〉の意味合いがある.
例 The car was traveling very fast. 車は猛スピードで走っていた. / He purchased a fast sports car. 彼はスピードの出るスポーツカーを買った. / The baby was fast asleep. 赤ん坊はぐっすり眠っていた. / I once fasted to gain control over my body. 体調を整えるために断食をしたことがある.

fasten [fǽsn]
しっかり留める，結びつける
原 固定(fast)する(en)
イメージ (物を)しっかり留める；(気持ちをあることに)しっかり結ぶ
派 fastener ファスナー
例 Fastening seat belts helps save lives and prevent injuries. シートベルトを締めると命を救ったり怪我を防ぐのに役立つ.

fatal [féitl]
致命的な，重大な
原 運命(fate)に関わる(al)
イメージ やがて死ぬ
解 運命(fate)で唯一絶対的なことはくいずれ死ぬ)ことである. go to one's fate とは「最期を遂げる」の意で fatal の発想と同じ.
派 fatalism 運命論 / fatalist 運命論者 / fatalistic 運命論的な / fatally 致命的に / fatality 死者
関 fate 運命
例 Once cyanide is ingested, even less than one-millionth of a gram can be fatal. 青酸カリを体内に入れると，100万分の1グラム以下でも死んでしまう. / AIDS has proven fatal to its victims. エイズに罹った者は結局は死んでいる. / He was fatally shot (＝was shot to death). 彼は射殺された. / He was involved in a fatal shooting. 彼は射殺事件に巻き込まれた. / Alcohol is involved in about one-third of the more than 50,000 annual road traffic fatalities in the United States. アメリカの年間の交通事故死者5万人余の約3分の1が酒に関係している.

fate [féit]
運命
原 神により告げられしこと
イメージ 天の命令⇨運命⇨死(運命の中で絶対的なこと)
解 f は v と同じく破裂音でことばが〈口からはじき出る〉イメージを生じる：confess 告白する(⇨すっかり＋しゃべる) / profess 明言する(⇨前に＋しゃべる) / fable 寓話(⇨しゃべられる)

派 fatal 死に至る / fateful 運命を決する
例 Zeus was powerless to defy fate and save the life of his son. ゼウスは運命に逆らうことはできず息子の命を救うことはできなかった． / The soldiers met a terrible fate. 兵士達は非業な死を遂げた．

fathom [fǽðəm]
尋，水深を計る，見抜く
原 (左右に広げた両手先の間の距離から出た長さ) 1 尋(約1.8m)
イメージ 測る，(測って)知る，理解する
解 身体の部位を長さの単位としている他の例：span(スパン)，foot(フィート)
例 The boat sank ten fathoms. 船は海面下10尋のところに沈んだ． / I couldn't fathom what he wanted to say. 彼が何を言いたかったのか測り兼ねた◇「測り兼ねた」と訳すと原義を生かした訳になると同時に fathom が通例否定文で用いられることも覚えられる．

fatigue [fətíːg]
疲労
原 十分尽くした
イメージ (出し尽くして)精も根も果てた
派 indefatigable 疲れない，根気よい
例 The missing boy was found almost dead from cold and fatigue. 行方不明だった少年は寒さと疲労で瀕死の状態で見つかった． / He was an indefatigable seeker of the presidency. 彼は大統領の地位にあくなき挑戦をした．

fault [fɔ́ːlt]
欠陥，誤り
原 欺く
イメージ (欺く⇨期待にたがう⇨どこかが欠けて完全でない)⇨欠点，短所，過失
派 faulty 欠点のある
関 fail しくじる / failing 短所 / false 間違った
例 The radio doesn't work. It's not my fault; it has a faulty wiring. ラジオが鳴らないよ．僕が壊したんじゃないよ．配線が悪いんだよ． / He finds fault with everything I do. 彼は私のすることにことごとくケチをつける．

favor [féivər]
好意(を示す)，支持(する)
原 燃やす
イメージ (心を燃やす)⇨(焦がれる)⇨好感を持つ
解 favor には〈熱をあげる〉感じがある．同系語に fever(熱)がある．
派 favorite 一番の好み / favorable 好都合な(◇好感が持てる)
例 All those in favor, please raise their hands. 賛成の方は挙手願います．◇「反対の方は」なら all those opposed, ... / Some oppose the death penalty, others favor it. 死刑に反対する人もいるし，賛成する人もいる． / He will look on such a proposal with favor. 彼はそのような案を好意的に見る(賛同する)だろう． / Would you do me a favor and correct my composition? あなたの好意を頂いて，作文の添削をして欲しいのですが． / Parents must try not to favor one child over another. 親は子供のえこひいきをしないようにすべきだ． / She was one of Laura's favored friends. 彼女はローラの好きな友達の1人だった． / The bank lent us money on favorable terms. 銀行は好都合な条件で金を貸してくれた．

favorite [féivərət]
お気に入り(の)
原 気に入り(favor) である(ite)
イメージ 一番のお気に入り⇨一番人気・本命
例 Saturday is my favorite day of the week. 僕は土曜日が一番好きだ． / I'll bet on the favorite horse. 一番人気に賭けよう．

fear [fíər]
恐れ，恐れる
原 恐れる
イメージ (危険に遭遇した時)不安になる，怖くなる
派 fearful とても恐ろしい / fearless 恐れを知らない / fearsome 恐ろしい様子をした
例 Because she has a cataract, she lives in fear of losing her eyesight. 彼女は白内障なので，視力を失うのではな

いかという恐怖を持って生活している. / He feared that his affair would come out in the open. 彼は不倫が発覚するのではと不安であった. / It's feared that polar bears could be facing extinction. シロクマは絶滅に瀕しているのではと心配されている. / My biggest fear is getting so comfortable here that I won't ever want to leave. 一番怖いのは居心地が良くなり過ぎて動きたくなくなることである.

feasible [fíːzəbl]
実行可能な, もっともらしい
[原] 作り(feas) うる(ible)
[イメージ] 理にかなっているので実行可能な
[関] feat 偉業 / feature 造作・特徴 / difficulty 困難(⇨ dif(=not)ficulty(できる)
[例] Would it be feasible to stage such a lavish production of the play? そんなに金を使った上演が可能であろうか.

feast [fíːst]
宴会, ごちそう, 祝祭日
[原] お祭り
[イメージ] お祭り⇨ごちそう
[解] festival(祭り)は同系語.
[例] They gave us a real feast. 彼らは大変なごちそうをしてくれた. / This picture is a feast for the eyes. この絵は目の保養になる.

feat [fíːt]
偉業, 手柄
[原] なされたこと
[イメージ] (成したこと)⇨素晴らしき行為・あっぱれな行為
[解] act(行為)のあっぱれ版
[例] By placing a satellite into orbit, China became the fifth nation to accomplish this feat. 中国は人工衛星を軌道に乗せることに成功し, この偉業をなした5番目の国となった.

feature [fíːtʃər]
特徴, 容貌, 特集
[原] 作る(feat) こと(ure)
[イメージ] 顔の作り⇨目鼻立ち⇨特徴⇨(特徴的記事)⇨特別記事；目立つ
[解] <作る⇨目につく⇨目立つ>は自然の理.
[関] feat 偉業(⇨なされたこと) / feasible 実現可能な(⇨作りうる) / fact 事実(⇨作られる)
[例] You may have a feature that you hate: a large nose, ears sticking out, a receding chin etc. 人は顔の造作で気に入らないところがよくある：大きな鼻, 突き出た耳, 顎がない等. / The major features of the Japanese employment system are lifetime job security and wages based on seniority. 日本の雇用制度の主な特色は生涯雇用の保証と年功賃金制である. / Radio broadcasts feature music, news, sports etc. ラジオ放送は音楽, ニュース, スポーツの実況などを主に放送する.

fee [fíː]
料金, 授業料
[原] 報酬
[イメージ] 専門職(医者, 弁護士, 教師)のサービスに対して支払うお金
[例] Attorneys are ethically enjoined to keep fees reasonable, neither too high nor too low. 弁護士は倫理的に料金を高すぎもせず安すぎもせず, 正当な値段にしなければならない. / What is your fee for piano lessons? ピアノのレッスン料はいくらですか.

feed [fíːd]
餌をやる, 食べ物を与える
[原] 食べ物を与える
[イメージ] (動物, 小鳥, 赤ん坊に)食べ物を与える, (食べ物を自分の身体に与える)食べる
[解] food(食糧)と同系語. feedは「飼料」
[派] feeder 飼育家, 補食者 / fed 飽き飽きしている
[例] The employees have not been paid in months and cannot feed their children. 従業員は給料を何か月ももらっておらず, 子供を食べさせることができない. / The whales feed mostly on plankton, krill and small fish. 鯨は主にプランクトン, オキアミ, 小魚を餌にする. / Many insects are plant feeders. 植物を食べる昆虫はたくさんいる. / The cost of animal feed varies widely from season to season. 飼料の値は季節によって大きく変わる.

feel [fíːl]

触れる，感じる
原 なでる
イメージ (肌で)感じる，(手で触れて)感じる，(心で)感じる
解 目を閉じて手の平で物に触れて，feel と言うと体感できる．feeling を感情の意味で用いる時は feelings と複数形で使うことが多い．英語では感情を表わす名詞は複数形が普通：anxieties 不安 / condolences 悔やみ / congratulations 祝いのことば / expectations 期待 / fears 恐れ / misgivings 懸念
例 It's nice to feel the wind when riding a bike. 風をきって自転車で走るのは気持ちいい． / She felt happy. 彼女は嬉しく思った． / He felt his nose to see if it was bleeding. 彼は出血しているか確かめようと鼻に触ってみた． / I can't feel where the flashlight is. 懐中電灯がどこか分からないよ(⇨暗いので手探りで探している様子)． / The doctor felt her breasts to see if there were any abnormalities. 医者は彼女の乳房に異常がないか調べるために触診した． / I feel like going for a walk (＝I feel like a walk). 散歩に行きたい． ◇ feel like〜ing は「〜したい」の意になる．

feign [féin]
よそおう
原 似た様子を作る
イメージ ふりをする
解 -f-は〈(あざむくために)作る〉意味合いを持つ語をこしらえることが多い：fabricate でっちあげる / counterfeit 模造する / fiction 作り話，でたらめ / fictitious 虚偽の / false 偽りの / fraud 詐欺 / feint 見せかけ
例 If surprised, the opossum may feign death. オポッサムは驚くとよく死んだふりをする．

fell [fél]
切り倒す
原 倒れ(fall)さす
イメージ 木を切り倒す
例 The beavers often fell young trees with its incisors. ビーバーはよく門歯で若木を切り倒す．

female [fíːmeil]
女性(の)，雌(の)
原 吸わせる者
イメージ (授乳する者)⇨(子供を産む)女，雌
解 fe-〈(乳を)吸う⇨成長・豊穣〉の意味合いがある：fellatio 吸茎 / fetus 胎児
関 feminine 女性らしい ◇ female は〈(性別を意識して)女〉，feminine は〈(性の特徴を意識して)女性らしい，女性特有の〉の意．
例 Is your cat (a) male or (a) female? お宅のネコは雄ですか，雌ですか． / Why do female workers get lower wages? なぜ女性労働者は男性よりも低賃金なのですか． / She wrote powerful yet very feminine poetry. 彼女は力強い，しかしとても女性らしい詩を書いた．

ferry [féri]
フェリー
原 運ぶ
イメージ フェリーに乗せて運ぶ，(フェリーのごとく)運ぶ
解 フェリー(ボート)で馴染みの語．fer は por- と同根で〈運ぶ〉の意を持つ．ford(浅瀬⇨物資を渡すところであった)も同系語．
関 defer 延期する(⇨遠くへ＋運ぶ) / refer 問い合わせる(⇨戻す＋運ぶ) / prefer 好む(⇨前へ＋運ぶ) / offer 提供する(⇨方へ＋運ぶ) / proffer 差し出す(⇨前へ＋運ぶ) / infer 推測する(⇨中に＋運ぶ) / transfer 移す(⇨向こうへ＋運ぶ)
例 A steamboat ferries people across the river to the village on the other side. 蒸気船が人々を川の対岸の村へ運ぶ． / Let's take the ferry (boat) to Victoria. ビクトリアまでフェリーで行こう．

fertile [fə́ːrtl]
肥えた，豊かな，受精した
原 運ぶ(fer) ような(tile)⇨よく生み出す
イメージ よく生みだす⇨土地が作物を豊かに生み出す
解 fer- は〈運ぶ⇨生み出す〉の意がある．同じ関係は bear(運ぶ⇨生む)，carry(運ぶ⇨生む)に見られる．
派 fertility 肥沃 / fertilize 肥沃にする / fertilizer 肥料
関 transfer 移動させる / ferry フェリ

―(⇨運ぶもの) / conifer コニファー(松傘のようなコーン(cone)を生む(fer)木)

例 The crescent-shaped area has relatively fertile land. この三日月形をした地域はかなり肥沃な土地である。/ These hens are fertile. これらの鶏は卵をよく産む。/ Dreams are an incredibly fertile source of creative ideas. 夢は創造的な考えの驚くほど豊かな源泉である。/ The poet has an extremely fertile imagination. その詩人は非常に豊かな想像力を持っている。

fervent [fə́:rvənt]
熱心な
原 煮える
イメージ 熱を込めて⇨熱い心をもって
派 fervently 熱心に
関 ferment 発酵させる, 沸き返らせる
例 They were fervent followers of Socrates. 彼らは熱心なソクラテスの信奉者だった。/ The monks prayed fervently for the Dalai Lama's good health. 僧侶達はダライ・ラマの健康を熱心に祈った。

fever [fí:vər]
熱, 熱狂
原 燃える
イメージ (燃えるように)熱い
派 feverishly 懸命に
関 foment 煽動する(⇨熱くする) / favor 偏愛する(⇨熱くなる)
例 He developed a high fever last night. 彼は昨夜高熱を出した。/ The firemen worked feverishly to save the house in fire. 消防士達は燃える家を救おうと懸命に働いた。

few [fjú:]
少数の, わずかの, ほとんどない
原 少ない
イメージ (数が)少しだけ
例 Few understand the theory of relativity. 相対性理論が理解できる人は少ない。◇たとえば5人は a few(people) かそれとも few(people) か？これは文脈によって話者が決めるもので、たとえば、5人が浜辺にいたとするとき、これに夏という文脈を与えると話者は少ないと判断して Few are on the beach. と思うであろう。冬という文脈ならば A few are on the beach. と思うはずである。

fiction [fíkʃən]
創作, 作り話
原 作られたもの
イメージ (頭で作った)創作, (頭ででっちあげた)作り話
解 story も〈話〉と〈でっちあげの話〉の意味を持つ。
派 fictional 作りごとの, 小説の / fictitious 架空の, にせの
例 Truth is stranger than fiction. 事実は小説よりも奇なり。/ Your whole story is pure fiction. 君の話は全部でっちあげだ。

fiddle [fídl]
バイオリン(を弾く), いじりまわす, ごまかす
原 バイオリン
イメージ バイオリンを弾く⇨いじる⇨(数字・内容をいじる)ごまかす
解 大道芸のバイオリン弾きなら violinist より fiddler と言う方がしっくりくる。
例 He was fired for fiddling with the accounts. 彼は帳簿をごまかして首になった。/ He entertained the wedding party by playing on the fiddle. 彼はウエディング・パーティーでバイオリンを弾いて盛りあげた。

field [fí:ld]
野原, 分野, フィールド；うまくさばく
原 野原
イメージ (自然の中の)野原⇨(区分された野原)畑⇨分野；フィールド⇨(競技する)⇨(打球を)さばく
解 〈場所⇨場所で行う行為〉を表わすことが多い：bath〈風呂⇨入浴させる〉/ market〈市場⇨売る〉/ land〈陸⇨上陸する〉/ stage〈舞台⇨上演する〉/ ship〈船⇨送る〉/ school〈学校⇨訓練する〉
派 fielder 野球の野手, サッカーの選手(⇨フィールドでプレイする)
例 Flowers are blooming all over the field. 一面に花が咲いている。/ Farmers plow their fields in spring or fall. 農夫は畑を春か秋に耕す。/ He isn't interested in anything outside his field of specialization. 彼は専門分野外のことには全く興味を持たない。/

We're the home team, so you guys bat first, and we'll take the field. 僕らがホームチームだから君たちが先攻だ．こっちは守備につくよ．

fierce [fíərs]
獰猛な，激しい
原 野生のままの
イメージ 気性がむきだしで荒々しい
派 fiercely 激しく
関 feral 野生に返った / ferocity 狂暴性
例 The child backed away from the fierce dog. その子は猛犬を見て後ずさりした． / After a fierce battle the enemy was forced back. 激戦の後，敵は余儀なく後退した． / The baby cried fiercely all through the night. 赤ん坊は一晩中激しく泣いた．

fight [fáit]
戦う，けんかする
原 髪を引っぱる
イメージ （相手と）けんかする，（困難と）戦う
例 He loved nothing better than to watch a fight on the street. 彼は通りでのけんかを見るのが何より好きだった． / There's a fight for survival going on everywhere. どこでも生き残りの戦いが行われている．

figure [fígjər]
数字，姿，人物，図
原 形にしたもの
イメージ 実体・本体の輪郭をなぞった像⇨形・姿・数字・図
解 figure の背後には実体がある．記号としての数字は number，物事の実体を語る数字は figure．fig- は〈作る〉の意味合いを持つ．
派 figurative 比喩的な
関 effigy 像（⇨形に＋表わしたもの）/ figment 作り事
例 I saw some figures moving in the dark. いくつかの人影が暗がりの中で動くのを見た．◇実体は人間，像は人影． / This figure tells clearly how bad our last month's sales were. この表を見ればいかに先月の売り上げが悪かったかはっきり分かる．◇実体は売上高，像は図表 / I can't figure out how to do it. それをどうしていいか分からない．◇ figure out が「分かる，理解できる」の意になるのは〈事の実体が描き出せる⇨分かる〉という発想から．◇ figure of speech が「ことばのあや・比喩」の意になるのは，〈抽象的実体(たとえば冷酷さ)を具体的な像(たとえば石)で表現する〉から；He has a heart of stone. / The Shimane area figures prominently in Japanese mythology. 島根地方は日本神話でとても目立っている．◇ figure は〈姿をとる⇨目立つ〉のイメージ．

fill [fíl]
満たす
原 満たす
イメージ 容器を物で一杯にする
解 反意語は empty（空(から)にする）
関 full 一杯である
例 The hall filled very quickly. 会場はたちまち一杯になった．◇ The hall emptied very quickly. 会場はすぐに人がいなくなった． / I've filled the bath too full. 風呂に水を一杯に入れすぎてしまった． / Laughter filled the hall. 笑いが会場に満ちた． / I had a cavity filled. 虫歯を埋めてもらった． / When Mom started her record player, our home was filled with beautiful sounds from the Orient. 母がレコードをかけると，私たちの家は東洋の音楽で一杯に満たされた．

final [fáinl]
最終の，確定的な；決勝戦，最終試験
原 終わり(fin) の (al)
イメージ 雌雄を決する最後の，事の進路を決定づける最後の
解 final は元来は形容詞であるが，たとえば final examination を短縮して final と呼んでいるうちに普通の名詞になる現象：monthly 月刊誌 / empty 空瓶 / young (動物の) 子供達
派 finalize 終わらせる
例 We had no choice but to leave everything to our doctor. His word was final. 私達は医者に全てを任せる以外なかった．医者の言うことが全てを決めた． / Have you finalized the plans. 計画はきちんと決まりましたか．◇ある英和辞典は We finalized the plans. と言う例文に「私達はその計画に決着をつけた」と意味不明の訳文を与えている（⇨

「計画はまとまった」が本意である)．

finance [fənǽns]
財政，融資
[原] 支払いをすること
[イメージ] 必要な資金を調達する
[解] fin-には〈終わらせる〉の意味合いがあり，finance は〈必要に対して金で決着をつける，(負債に)けりをつける〉の意が底流にある．
[例] Governments acquire the resources to finance their programs through a number of methods. 政府はプランに資金を調達するためにさまざまなやり方で財源を得る． / Financing the war was the biggest problem. 戦争資金の調達が一番大きな問題であった． / The finances of this company are healthy and growing. この会社の財政状態は順調である． ◊ finances は財政状態(⇨抽象名詞に s がつくと具体性が加わる)

find [fáind]
見つける，発見する，分る
[原] 行く⇨見つかる
[イメージ] (歩いていたら)たまたま見つかる⇨ある様子に気づく
[解] 努力して見つける時にも用いられるが，その場合は普通 finally found とか find out などのように修飾する語がつく
[派] finding 調査の結果
[例] The reporter found the city completely destroyed by the earthquake. 記者が行ってみると町は地震で完全に崩壊していた． / We found two cats fighting in the yard. 2匹の猫が庭でけんかをしていた． / Joining the company late, he found himself below many younger men. 彼は遅く会社に入ったので，(みると)自分よりも若い者が上司にたくさんいた． / The drowned body of the missing man was found on the beach. 行方不明の男は浜辺で溺死体で発見された． / I found the party a little flat. パーティーはあまり面白くなかった． / In fact, I find my mobile phone more for my social life. 実は，考えて見ると私の場合は携帯を(仕事よりも)おつきあいのために使うことが多いですね． / The smart boy readily found the answer to the question. 頭のいいその子は答えがすぐに分かった． / The Curies finally found an unknown element to be named 'radium'. キュリー夫妻はラジウムと名付けられる未知の元素をついに発見した． / We looked everywhere for the dog, but he was nowhere to be found. 犬をあちこち探したがどこにも見つからなかった．

fine [fáin]
立派な，晴れた，細かい
[原] 終わった，完了した
[イメージ] (仕上がった)⇨粗雑でない⇨品質の良い⇨美しい
[解] fine の〈終わり〉はイタリア映画でおなじみ．
[派] fine 罰金(⇨罪や過ちに対して金で〈決着をつける(⇨終わりにする)〉) / final 終わりの / refine 洗練する(⇨再度＋仕上げる)
[関] finish 仕上げる
[例] He gave a fine performance. 彼は見事に演じた． / Do you want it thicker than that?—No, that's fine. もっと太い方がいいですか—いいえ，十分です． / If you cannot pay a fine assessed against you, you are ordered to serve a prison sentence. 課せられた罰金を払えない時は，入獄の刑に服することになる． ◊ 中世の英国で fine は保釈金(罪人を釈放するための金＝始末をつける金)の意で用いた．これが現代では「罰金」の意に用いられるようになった．

finish [fíniʃ]
終える，仕上げる，
[原] 区切り(fin) をつける(ish)
[イメージ] きりをつける，仕上げる
[関] final 決勝(⇨きりをつける戦い) / define 定義する(⇨意味の範囲を区切る) / finite 限定されている(⇨区切がある)
[例] Let's finish it today. 今日完成させよう． ◊ Let's end here for today. 今日はここで終わりにしよう． / Today I'm telling my boyfriend that we're finished. 今日はボーイフレンドにもう終わりよって話すわ．

fire [fáiər]
火，火事；燃やす
[原] 残り火
[イメージ] 火⇨火を放つ；弾を放つ⇨首にする
[解] f-には〈炎のゆらめき〉が感じられ

る：fire 火 / fuel 燃料 / flame 炎
関 fireplace 暖炉 / firework 花火(⇨火+作品)
例 Someone must have set fire to the hut. 誰かが小屋に火をつけたに違いない． / North Korea fired a ballistic missile into the Sea of Japan. 北朝鮮が弾道ミサイルを日本海に発射した．/ Half of the employees are going to be fired. 従業員の半数が首になる．◇〈発砲する⇨〈殺す〉⇨〈首にする〉は容易に連想できる．銃社会(⇨銃殺刑)と刀社会(⇨首切り)の伝統がそのまま表現の違いになっている．

firm [fə́ːrm]
しっかりしている；会社
原 固い
イメージ (固い)⇨しっかりと安定している
解 会社の意も同じ原義から生まれている：〈固い契約のもとに取り引きをする⇨会社〉．この関係に似た語に stable〈安定している⇨(しっかり立っているもの)⇨馬小屋〉がある．
派 firmly しっかりと
例 I have firm faith in his honesty. 彼が誠実であることを確信している．/ Which firm do you work for? どちらの会社へお勤めですか．

fit [fít]
ぴったりの；ぴったり合う
原 ぴったり合う
イメージ ぴったり合う，合わせる
派 fitful 突発的な，断続的な / fitness 健康，適性 / fitting 仮縫い
例 I don't think he's really fit for the position. 彼にはその職はあまりふさわしくないと思う．/ These shoes fit me nicely. この靴は私の足にぴったりだ．◇色や柄が似合うのなら suit を用いる：The red shoes suit her well. その赤い靴は彼女に似合う．/ Make your speech fit the occasion. 場にふさわしいスピーチをせよ．/ He had a coughing fit. 彼に咳の発作が起こった．◇ fit(発作)は原義が〈戦う(fight)〉の意．発作とは実は不意に襲った症状と人体が戦っている様と知れる．〈(人体と異常な要因が)ぴったりかち合う〉と〈戦い〉つまり〈発作〉が起こると連想してもよいだろう．

fix [fíks]
固定させる，直す
原 固定する
イメージ 固定させる⇨(ちゃんと)直す；(自分の気に入るように勝手に)直す
派 fixture 定着物，備品
関 prefix 接頭辞(⇨前に+付ける) / affix 添付する(⇨に+付ける) / suffix 接尾辞(⇨後ろに+付ける) / transfix 突き刺す，(恐怖が)立ちすくませる(⇨貫いて+固定させる)
例 I am going to fix another shelf on the wall. 壁にもう1つ棚を取り付けようと思う．/ Where can I get my bicycle fixed? どこで自転車直してもらえますか．/ The authorities were accused of fixing the vote. 選挙に操作が加えられたとして当局は非難を受けた．/ They are rumored to have fixed the game. 彼らは八百長をしたという噂だ．/ Baseball has become a fixture in Japanese life since it was first introduced in 1873. 野球は1873年に紹介されて以来日本人の生活の中に根付いた．

flag [flǽg]
旗を立てる，たるむ
原 たれさがる
イメージ ①はためく ②たれさがる◇旗の二面性
解 fla-で綴られる語に見られる二面性：① fla-が〈ゆらゆら〉の感じを持つ語；flake ひらひら落ちる / flame ゆらめく炎 / flare ゆらゆら燃える / flaunt 翻る，② fla-が〈すーっと力の抜ける〉感じを持つ語；flagging だらんとして力の抜けた / flabby たるんだ / flaccid ゆるんだ / flake はがれ落ちる / flat 単調な
例 After attacking the cliff for an hour, the climber's stamina began to flag. 1時間崖に挑んだので，登山家は疲れを見せはじめた．/ He worked on the problem with unflagging interest and enthusiasm. 彼は衰えをしらぬ興味と熱意でその問題に取り組んだ．

flame [fléim]
炎
原 炎
イメージ 炎の揺れ(めらめら)+色(あ

かあか)
[解] fla-は〈揺らめき〉が感じられる：flake ひらひら落ちる / flap はためく / flare ゆらゆら燃える / flamingo フラミンゴ(⇨燃えるような羽の色をしている) / flamboyant けばけばしい
[例] The whole building was in flames. ビル全体が炎に包まれていた． / His face flamed with anger. 彼は怒りで真っ赤になった．

flat [flǽt]
平らな，退屈な，きっぱりした
[原] 平たい
[イメージ] 平べったい＋あっさりしている
[解] (表面にでこぼこがなく)平べったい；(物事に起伏がなくて)単調である；(心の揺れがなくて)きっぱり．音楽用語の♭(flat)は〈半音(調子が)下がる〉こと．
[派] flatten 平らにする，調子を下げる
[例] The land was flat as far as the eye could see. 見渡す限り平らな大地だった． / Everything seemed so flat after the festival was over. 祭りが過ぎると何もかもが活気なく映った． / My marriage has gone flat. 私の結婚生活はつまらないものになってしまった． / I gave him a flat refusal (= I refused him flatly). 彼の申し込みをきっぱり断わった．

flatten [flǽtn]
平らにする，単調にする
[原] 平らに(flat) する(ten)
[イメージ] ぺしゃんこにする
[例] I hate seeing animals flattened by passing cars. 動物が車にぺしゃんこに轢かれているのを見るのは嫌な気持ちだ． / A very cold frost that hit this area last week flattened our vegetable garden. 先週この地域を襲った非常な寒気が菜園の野菜を台なしにした．⇨ flat(平らな)の動詞形 flatten が〈ぺしゃんこにする〉イメージを持つのは level(水平の)の動詞形 level が〈倒す，ぺしゃんこにする〉のイメージを持つのと似ている．

flatter [flǽtər]
へつらう
[原] 手の平(flat) でなでる
[イメージ] (甘い言葉でなでて相手の気持ちをなめらかにする)⇨相手の気持ちをくすぐる
[派] flattery お世辞
[例] He flattered her on her dressing. 彼は彼女の衣装をほめた． / The portrait flatters me (= I'm flattered by the portrait). この肖像画は(私を)実物以上にハンサムに描いている． / I listened to him with flattering interest. 興味がある風をして彼の話を聞いた．

flavor [fléivər]
味；味をつける
[原] 匂い
[イメージ] 漂ってくる風味
[解] taste(味)は付着しているので，舌で味わうが，flavor(風味)は漂ってくるので鼻で味わう．
[派] flavoring 香料
[例] Which flavor do you like, strawberry or vanilla? イチゴ味とバニラ味のどちらがいいですか． / The book attempts to capture the social flavor of that time. その本は当時の社会的雰囲気を描きとろうとしている．

flaw [flɔ́ː]
傷，欠点；傷をつける
[原] 破片
[イメージ] (破片⇨剥がれ落ちる)⇨傷⇨欠点
[解] flake(薄片，雪片)は同系語．
[派] flawless 完璧な
[例] Internal as well as external flaws can be detected by X-ray or gamma-ray techniques. 内部あるいは外部の傷はエックス線あるいはガンマ線を使って探知できる． / It is not necessary in this case to reproduce a flawless copy of the original. この場合は原物の完璧なコピーを再生する必要はない．

flee [flíː]
逃げる
[原] 飛ぶ
[イメージ] 飛び逃げる
[関] fly 飛ぶ / flea 蚤
[例] The poet fled to Sweden when threatened with arrest by the Nazis. 詩人はナチスに逮捕されることを恐れてスウェーデンへ亡命した．

fleece [flíːs]
羊毛；巻き上げる

原 羊毛
イメージ 羊毛⇨(羊毛を刈り取る)⇨(金を)巻き上げる
例 They really fleeced us at that pub. あのパブでは勘定をぼられた．

flesh [fléʃ]
肉，肉体
原 食用肉
イメージ 柔らかな肉⇨生身の肉体；(精神に対する)肉体
例 She's even more beautiful in the flesh than on TV. 彼女はテレビで見るよりも実際の方がもっときれいだ． / Sex epitomizes the pleasure of the flesh. セックスは肉体の歓びの極みである． / Even great religious ascetics remain transient mortal beings of flesh and blood. どんな偉大な修行者でもはかない限りある命の肉体であることに変わりはない．

flexible [fléksəbl]
曲がる，順応性がある
原 曲げ(flex)られる(ible)
イメージ 曲がる⇨(硬直していない)⇨融通がきく
派 flexibility 柔軟性
関 flex 屈伸させる
例 A small office with flexible hours is more to my liking. 規模が小さくて時間的に融通のきく職場の方が私の好みである． / When you go on one of these group tours, you don't have much flexibility, do you? 団体旅行で行くと，余り融通がきかないでしょ．

flinch [flíntʃ]
たじろぐ，ひるむ
原 わきへ逃げる
イメージ (恐怖から)逃げる⇨ひるむ・しりごみする
例 Even now, I cannot think of this man without flinching. 今でもこの男のことを思うといつもちょとしたたじろぎを感じる．

fling [flíŋ]
投げる，放る
原 投げつける
イメージ さっと投げつける
解 fli-は〈振り・振れ〉の感じを持つ：flick 軽く打つ / flicker ちらちらする / flip はじく / flirt ひらひら飛ぶ / flit かろやかに飛ぶ
例 She flung a pebble at the dog. 彼女は犬に小石を投げつけた．

flip [flíp]
はじく
原 はじく
イメージ ひょいと指ではじく，さっと動かす
派 flippant 軽薄な，口が軽い(⇨舌や唇が軽々しく動く) / flipper 足ひれ
例 Why don't we flip a coin for it? それはコインをはじき上げて(表，裏で)決めよう． / The mayor has a most flippant tongue. あの町長は非常に軽薄な発言をする． / She flipped through the job advertisements in the newspaper. 彼女は新聞の求人広告にさっと目を走らせた．〈視線を〈振る〉

flirt [flə́:rt]
(男女が)ふざける
原 振り動かす
イメージ あれこれ気持ちがふらつく⇨軽い気持ちで手を出す
解 flirt は〈振りつく〉の感じだから語呂合わせ的にイメージがつかめる．
例 The photographer flirted intermittently with the new mode. 写真家はその新しい方式をやってみたりみなかったりした． / Neither was happy; the wife was a flirt, the husband jealous. 2人とも幸せではなかった；妻は浮気者であり夫は嫉妬深かった．

float [flóut]
浮かぶ，浮かべる
イメージ ぽかり，ぽかりと浮く⇨漂う⇨(通貨を)変動相場にする；浮かべる(進水させる)⇨事業に乗り出す
解 flo-は〈水のたゆたう動き〉をイメージさせる：flock(羊などの)群れ⇨(まるで波がうねるように見える) / floe 浮氷 / flood 洪水 / flora 植物群(⇨こんもりとうねっている) / flossy 真綿のような(⇨ふわふわしている) / flow 流れでる
関 fleet 艦隊(⇨海に浮いている)
例 Does a one-yen coin float on water? 1円硬貨は水に浮きますか． / They are floating a new company. 彼らは新しい会社を立ち上げようとしている．

flock [flák]
群れ，大勢；群れをなす

原 羊の群れ
イメージ (柔らかい羽毛を持った)羊がこんもりとうねるような群れをつくっている
解 蜂の群れはswarm(ブンブン,ガヤガヤとした集団).flo-に〈ゆたう水のうねり〉のイメージがある.羊の群れも波のように大きくうねる.
例 Japanese reporters flocked to Dodger Stadium for Nomo. 日本の記者達がドジャース球場に野茂の取材に群がった. / Tens of thousands of people flocked to Tokyo's Ameyoko area seeking bargain foodstuffs. 何万もの人が大売り出しの食料品を求めてアメヨコに殺到した.

flood [flʌ́d]
洪水, 多量, 満潮;あふれる
原 洪水
イメージ どっと押し寄せる
解 flo-は〈水のたゆたう動き〉のイメージがある.
関 flow 流れる / float 浮く
例 Requests for information have been flooding in all day from all over the country. 問い合わせが全国から絶えず殺到している. / The town was flooded by German forces during World War II. その町は第二次世界大戦の時ドイツ軍がどっと押し寄せて来た. / The depression on this property is usually flooded during the rainy season. この土地の窪地は雨期には大抵水びたしになる. / There was a flood of visitors at the exhibition. 展示会には大勢の人が来ていた.

floor [flɔ́ːr]
床, 階, 発言権;床を張る, 倒す
原 平たい地面
イメージ 床・階⇨底⇨(演壇に対して)フロア⇨議員席⇨発言権;(床にはわせる)⇨打ち倒す
解 flat(平らな)は同系語.動詞の〈打ち倒す〉の意味は level(平らな⇨倒す)と意味の展開が同じである.
例 Japan's mountain range rises from the floor of the North Pacific Ocean. 日本列島は北太平洋の海底からせりあがっている. / Which floor is your office on? あなたのオフィスは何階ですか. / We will take questions from the floor. 聴衆の方からの質問を受けます. / May I have the floor? 発言してよろしいですか. / I want to have this room floored with wood. この部屋は板張りにしたい. / I was floored by his argument. 彼の議論には閉口した. / He floored the challenger with a single punch. 彼は挑戦者を一発でダウンさせた.

flop [flɑ́p]
ばたりと倒れる
原 どさっと落ちる
イメージ どさっと落ちる⇨だめになる
派 floppy だらりとたれた◇フロッピーは floppy disk のことで〈ぺらぺらの円盤〉が原義.
例 He flopped down on the ground, exhausted. 彼は疲れ果てて地面に倒れ込んだ. / The paper was an unqualified flop. その論文は全くの失敗作だった.

flora [flɔ́ːrə]
植物相
原 フローラ(花の女神)
イメージ こんもりした草木の一帯
解 植物群のここかしこに花の精 Flora を感じたい.これに対応する動物群は fauna と言い,これもローマ神話の動物達の女神の名に由来する.animals and plants の意で続けて言う時は,fauna and flora とも flora and fauna とも言う.
例 There is a harmonious blend of flora and fauna in the island's interior. 島の奥地は植物達と動物達が調和よく生きている.

flow [flóu]
流れる
原 流れる
イメージ (水が)豊かに流れる,溢れくる
解 fl-に〈たゆたう水,流れ〉の意味合いがある:flood 洪水, fleet 艦隊(⇨ゆったり浮かんでいる), float 浮かぶ, flu 流感, fluent 流暢な, fluid 流体, flux 流れ
例 The Nile rises near the equator and flows into the Mediterranean Sea. ナイルは赤道近くに発し地中海に流れ込

んでいる．/ Thousands of short, swift streams flow down the mountainsides. 何千もの短い，流れの早い川が山腹を流れ下っている．/ Jet streams flow in wavelike fashion around the Northern and Southern hemispheres. ジェット気流は両半球の周りを波状に流れている．/ Happiness flows from being sound in mind and body. 幸せは心身が健全であることから湧き出てくる．/ Street noises interrupted my flow of thought. 通りが喧しいので思考の流れがじゃまされた．/ The flow of traffic is always slow (=Traffic always flows slowly) in the central part of the city. 市の中心部はいつも交通の流れが悪い．

flower [fláuər]
花が咲く
原 花が咲く
イメージ 花々が膨らみ開く
解 flow-に〈膨らみ，潤沢〉が感じられる
派 flowering 花を持つ，花盛りの / flowery 花模様の
関 flourish 繁栄する / flour 粉(⇔ふっくらとしている)
例 When does this plant flower? この木はいつ花を咲かせますか．/ His talent as a writer flowered very late. 彼の作家としての才能は晩年になって花開いた．/ Caring for plants and watching them grow and flower is an extremely satisfying hobby. 草木を世話して，育ったり花が咲くのを見るのはとても満足のいく楽しみごとだ．

fluctuate [flÁktʃueit]
揺れ動く
原 波のごとく動く
イメージ (波のように)上下変動する
解 flu-は〈波の動き〉を感じさせる．
派 fluctuation 変動
例 Crop price tends to fluctuate more than do most other prices. 農作物の価格は他の大抵のものよりも変動しやすい．/ In humans, normal body temperature fluctuates around 98.6 F. 人では，正常な体温は 98.6 度 F のあたりを上下する．

fluent [flú:ənt]
流暢な
原 流れるような
イメージ 流れるような
解 flu-は〈水の流れ．水の揺れ〉のイメージがある：flu 流感(⇔菌が流れ込んでくる) / fluid 流動体 / fluctuate 変動する(⇔上下に揺れる) / flush(水洗トイレの水を)さっと流す / flux 流れ
派 fluency 澱みのないこと / fluently 澱みなく
例 Only a minority of the Japanese population is fluent in English. 日本では英語が流暢な人はほんのひとにぎりだ．

flush [flÁʃ]
迸る，ぱっと赤らむ
原 どっと流れ出る
イメージ いっきに噴き出す
解 flash は〈ぱっと光る，ぱっと現われる〉の意味で-a-は〈広がり〉を，flush ではく〈どっと流れる〉の意味で-u-は〈圧迫〉をイメージさせる．
例 You should flush the toilet. トイレはちゃんと流しなさいよ．/ His face flushed when he recalled his former employees he had to lay off so suddenly. 彼はばっさりと解雇せざるを得なかった従業員のことを思う時，無念さで顔を紅潮させた．◊ flush は〈感情の高ぶりをみせる〉時に用いる．生理的に言えば，血管内を血液が一気に流れる現象である．

flutter [flÁtər]
はためく，羽ばたく
原 羽ばたく
イメージ ばたばた＋どきどき
解 チョウは flutter〈ばたばた羽を動かす〉が，人が have butterflies (in one's stomach)すると〈心臓がどきどきする〉．
例 The butterfly fluttered from flower to flower. チョウは花から花へとひらひらと飛んで行った．/ When, at last, he stood on the starting line, his spirits were in a high flutter. ついにスタートラインに立つと彼の気持ちはどきどきした．

fly [flái]
飛ぶ
原 流れる＋浮かぶ
イメージ 空中を流れるがごとく動く
解 飛ぶ昆虫は butterfly (チョウ)，

dragonfly(トンボ), firefly(ホタル).
派 flying 大急ぎの / flight 飛行
関 flit すいすい飛ぶ
例 The birds are flying south for the winter. 鳥が越冬のため南に向けて飛んでいる． / I will fly to Seattle tomorrow. 明日，シアトルへ飛行機で行きます． / He has mastered the art of flying (an aircraft). 彼は操縦の仕方を覚えた． / Boys like flying kites. 男の子は凧揚げが好きだ．◇日本語では「凧を揚げる」というが，現象的には，凧は風を切って動いている． / The ship was flying many flags. その船はたくさんの旗をなびかせていた．

foam [fóum]
泡
原 泡
イメージ ビールの泡
解 bubble(あぶく)＋bubble＋bubble…⇨ foam
派 foamy 泡だらけの
例 Foam forms on the sea when it is rough. 海が荒れると泡立つ． / Beer foams when it is poured. ビールは注ぐと泡立つ．

fold [fóuld]
折りたたむ，包む
原 折る
イメージ 折り重ねる⇨重ねる；折り込む⇨包み込む
解 -fold〈重ねる⇨倍にする〉の発想から次のように言う：twofold 2倍の / hundredfold 100倍の / manifold 多数の(⇨多数の＋重なり)◇同じ〈重なり〉を意味する接尾辞に-ple がある：simple 単純な(⇨同じ＋重なり) / triple 3重の / multiple 多数の(⇨多くの＋重なり)
派 folder 書類ばさみ
例 The chairman folded his arms, lost in thought. 議長は腕を組んで考え込んだ． / She folded the tablecloth and put it away. 彼女はテーブルクロスを折りたたんで片付けた． / They used to fold things in a furoshiki. 昔はふろしきに物を包んでいたものだ． / The city's population increased more than fivefold between 1960 and 1970. その市の人口は1960年から1970年の間に5倍以上に膨れあがった．

follow [fálou]
後に続く，ついて行く
原 後をたどる
イメージ 先にあるもの―物・人・事(規則・習慣・ことば)―の後を外れないようにたどる；次に起こる，次に来る
派 follower 信者 / following 次に来る
例 Follow the arrows. 矢印をたどって進みなさい． / He walked into the stadium, followed by a crowd of fans. 彼はファンの一団に追われながら球場へ入っていった． / Young people today no longer follow the customs of their grandparents. 現代の若者は祖先の慣習を守らなくなってきた． / I couldn't follow your question. あなたの質問が分かりませんでした(⇨理解がついて行かなかった)． / The dog followed me. 犬は私の後についてきた．◇follow は〈一定の距離を保ちつつ進む〉が，chase は捕えようとして〈距離をつめるために追う〉：The dog chased the deer. 犬は鹿を追っかけた． / The food was followed by coffee, port, and speeches. 料理の後にコーヒー，ワイン，それからスピーチと続いた． / The doctor has seen many patients suffering from loss of speech, following damage to the brain. その医師は頭への傷害によって(⇨傷害の後に起こる)ことばがしゃべれなくなった患者をたくさん診てきた．

folly [fáli]
愚かさ
原 愚か(foll) さ(y)
イメージ 大切なことが欠けて愚かである
関 fool 愚か者
例 Don't commit such a folly. そんな馬鹿げたことはするな． / Anger always begins with folly and ends with repentance. 怒りは愚かさでもって始まり，後悔でもって終わる．

fond [fánd]
大好きである
原 愚かな
イメージ 理屈抜き(⇨愚か)に心底好きである
解 原義「愚かな」と定訳「大好きである」の接点について：〈愚か〉とは〈理に

かなっていない〉ことである．There is no accounting for tastes.(趣味に理屈なし)，Love is blind.(愛は盲目)という諺や，be crazy about(〜に夢中で)，be a fool for fishing(釣りが大好きである)などのイディオムが fond から連想される．〈愚か➪夢中になる〉の発想は，日本語でも，「〜に狂う(=〜に夢中になる)」と言うように用いる．人生を達観する，つまり悟り切ると何事にも夢中にはなれないものである．

派 fondly 優しく，愚かにも / fondness 愛情，好み
関 fondle 優しく撫でる
例 She is fond of reading (=has a fondness for) detective stories. 彼女は探偵小説が大好きだ．/ Kate seems very fond of you. ケイトは君をとても好きみたいだよ．/ We think fondly of our time spent in Japan last year. 私たちは去年過ごした日本での時を懐かしく思い出しています．

fondle [fάndl]
愛撫する
原 かわいがる
イメージ (いとおしむように)撫でまわす
関 fond 優しい
例 A little girl sat fondling a puppy on her lap. 女の子が小犬をひざに抱いてゆっくり撫でていた．

food [fúːd]
食べ物
原 食べ物
イメージ 食べ物，栄養
解 種類を強調する時は foods と複数形で用いる．英和辞典では動物を意識した訳語「食べ物」しかないが，植物を意識した時は〈栄養素，栄養物〉の意味合いになる(➪第2例文)．
関 fodder 飼料 / feed 食べさせる / forage まぐさ / foster 育てる
例 This book gives me plenty of food for thought. この本はいろいろと考える糧を与えてくれる．/ Plants produce food by a process called photosynthesis. 植物は光合成と呼ばれる作用によって栄養素を作る．

fool [fúːl]
馬鹿
原 ふいご➪中身が空っぽ
イメージ 浅はか
解 適切な判断力に欠ける人；(馬鹿にして)騙す，(馬鹿にして)からかう
関 foolish 馬鹿な / folly 愚行
例 Don't be fooled. If something sounds too good to be true, it probably is. だまされたらだめですよ．あまりにうまい話は，大抵の場合嘘なのだから．

foot [fút]
足，ふもと
原 足
イメージ 足➪足元➪基盤
関 fetter 足枷
例 You have some notes at the foot of this page. このページの下に註があります．/ It's about time you stood on your own feet. もうそろそろ一人立ちしてもいい年頃だよ．

for [fɔ́ːr]
〜のために，〜へ向けて，〜の間，〜の代わりに
原 〜の前に
イメージ (〜の前に)➪対象全体を包むかのように向かう．〈包括＋向かう〉のイメージ．
例 So much for today. 今日はここまで．◇括るのは today / What does U. N. stand for? U.N. は何の略ですか．◇U.N. の全体像 / These are books for children. これらは子供向けの本です．◇括るのは children / We have been living here for six years. 当地には6年ほど住んでいます．◇括ると six years. / We are for your proposal. 私達はあなたの提案に賛成です．◇気持ちが向かうのは your proposal. / The artist thirsted for fame. 画家は名声に飢えていた．◇向かうのは fame. / This train is for Tokyo. この列車は東京行きです．◇向かうのは Tokyo.

forbid [fərbíd]
禁ずる
原 だめと (for) 命ずる (bid)
イメージ 手を前に出して(➪制して)だめだめ
解 for- は fore- と関係があり，〈前に立ってさまたげる〉の意を生む．これは，prohibit 禁じる(➪前で＋抑える)とか prevent 予防する(➪前に＋来る)と発想

が似ている．
派 forbidding 人を寄せつけないような
関 bid 値を付ける，命ずる
例 She has forbidden her husband to smoke in her presence. 彼女は夫に自分のいるところではタバコを喫わせなかった． / Pets are forbidden in this apartment. このアパートではペットは飼えない． / Forbidden fruits are the sweetest. 禁断の木の実が最高の味．

force [fɔːrs]
力；力ずくで〜させる
原 強い
イメージ 噴出するパワー⇨強要・暴力を生む
解 内在するエネルギー(power)がはじけると噴出するエネルギー(force)になる．たとえば腕の筋肉には power が内在しているがこれが一気にはじけるとブローとして相手に打撃を与えるが，この時の力は force である．
派 forceful 力強い / forcible 力ずくの / forcibly 力ずくで
関 fort 砦 / fortify 強化する / fortissimo きわめて強く / effort 努力する(⇨出す＋力を)
例 A nation with great authority executes its power by the use of military force. 権力を持っている国はその力(power)を軍隊(force)で行使する． / Once one comes into power in a tyranny, he exercises his power or authority by putting his own law into force. 暴君はひとたび専制力(power)を持つと手前勝手な法律を実行(force)する． / Commodore Perry forced Japan to open its ports to foreign ships. ペリー提督は外国船に港を開くよう日本に迫った．

fore [fɔːr]
前の，前に；前面
原 前方に
イメージ 前の方⇨目立つ
例 He has recently come to the fore as a pop singer. 彼は最近ポップシンガーとして知られるようになった．

forebear [fɔ́ːrbeər]
先祖
原 前に(fore) いた人(be-er)
イメージ 先祖
解 先祖は複数人で連想されるのでふつう複数形で用いる．
例 Though much less prosperous than some of his Lincoln forebears, Thomas was a sturdy pioneer. 祖先よりうんと貧しい場合もあったけれど，トーマス・リンカーンはたくましい開拓者だった．

foreboding [fɔːrbóudiŋ]
不吉な予感
原 前もって(fore) 知らせる(bode) こと(ing)
イメージ 虫の知らせ・胸騒ぎ
例 She had a strange foreboding that she would be fired. 彼女は首になるのではという変な予感がした．

forecast [fɔ́ːrkæst]
予報する，予測する
原 前もって(fore) 投げる(cast)
イメージ 前もって予測を投げかける
例 Did you hear the weather forecast this morning? 今朝天気予報聞きましたか． / When people wait out a downpour under a shelter, they are, in effect, making a very-short-range weather forecast. 土砂降りが止むのを待って雨宿りしている時，人は超短期天気予報をしていることになる． / Economic forecasts may be made in great detail or in general. 経済予測は詳細な場合もあれば，おおまかな場合もある．

foreign [fɔ́(ː)rən]
外国の
原 家の外
イメージ 自分には関係のない，遠い外国の
解 for-に〈越えて〉の意味合いがある：forest 森(⇨外にある) / forfeit 権利を失う(⇨越えた行為をするから)
派 foreigner 外国人
例 He has lived in many foreign countries. 彼は多くの外国生活の経験がある． / I got a foreign body in my eye. 目に異物が入った． / Sitting still is foreign to Tom's nature. じっとしているのはトムの性に合わない．

forfeit [fɔ́ːrfət]
(罰として)没収される，(権利，名誉などを)失う
原 越えて(for) 行う(feit)

イメージ (越えて行う⇨越権行為)⇨(罰として)大事なものを失う
例 If you cause another accident you will have to forfeit your driving license. もう1度事故を起こすと免許を没収されるよ. / He forfeited his health to too much hard work. 彼は過労で健康を失った.

forge [fɔ́ːrdʒ]
鍛冶場, 鉄工所；捏造する, 作り上げる
原 鍛冶場
イメージ 力を込めてこしらえる／あれこれひねって偽って作り上げる〈作る〉の意がしばしば〈だます〉の意に拡大されるのはfabric(⇨ fabric)、cook(⇨ cook)と同様である.
派 forger 鍛冶屋, 偽造者／forgery 偽造(物)
関 force 力◇中世に, 作る所, つまり仕事場でまずイメージされるのは鍛冶場(forge)であった. 鍛冶場は力(force)のみなぎるところである.
例 He forged a passport. 彼は旅券を偽造した. / He was arrested for passport forgery. 彼は旅券の偽造で捕まった.

forget [fɔːrɡét]
忘れる
原 (記憶の)獲得(get)を失う(for)
イメージ 忘れる
解 日本語の「忘る」は「失(うす)る」からで発想が同じ. 現在の前置詞forの意とは異なって, 接頭辞for-には〈向こうへ追いやる〉のニュアンスがある：forgo なしですます／forsake 見捨てる, 止める／forswear 誓って止める
派 forgetful 忘れやすい
例 I forgot her name. 彼女の名前を忘れた. ◇記憶の喪失／I forgot my key. カギを(持ってくるの)忘れた. ◇物の置き忘れ

forgive [fərɡív]
許す, 免除する
原 しっかり(for)与える(give)
イメージ (責めから)解いて許してやる
解 give⇨「与える」のイメージが強くて forgive の真意をつかみ損ねる場合が多い.〈与える⇨許す〉の発想が分かるとこのことばは体得できる.〈与える⇨許す〉は日本語の「体／肌を許す(⇨与える)」などにも見られる. 接頭辞for-は〈後に続く語の意味を強める〉働きをしている；forbear 我慢する／forbid 禁ずる
派 forgiving 寛大な／forgiveness 許し
例 I'll never forgive her for what she said to me yesterday. 彼女が昨日言ったことは絶対に許せないわ. / It's best to forgive and forget. 水に流す(⇨許して忘れる)のが一番だよ. / Be forgiving of yourself and of others. 自分にも他人にも寛大であれ. / Ask the Lord for forgiveness. 神に許しを乞いなさい.

forgo [fɔːrɡóu]
なしで済ます, 諦める
原 なしで(for) やっていく(go)
イメージ (好きなこと)なしでやっていく
解 for-には〈向こうへ追いやる〉のニュアンスがある.
例 She decided to forgo sweet things. 彼女は甘いものは食べずにおこうと決心した.

forlorn [fərlɔ́ːrn]
見捨てられた, 寂しい
原 ひどく(for) 失う(lorn)
イメージ (忘れられてしまった)⇨みじめで寂しげな
例 After its closure, the factory looks bare and forlorn. 閉鎖してから, 工場はがらんとしてうらぶれた様子である.

form [fɔ́ːrm]
姿, 形態, 様式, 調子
原 形
イメージ 形(⇨決まっている, 整っている)；形成する
派 formal 公式の／formally 正式に／formation 形成／formula 公式, 決まったやり方, 処方
例 She doesn't like any form of sport. 彼女はスポーツはみな嫌いだ. / I have been in bad form recently. 最近調子がよくない. ◇in bad shape とも言える. / Fill in the form. 書類に記入しなさい. / Formation of sperm tends to go down as the body temperature goes up. 体温が高くなると精子の生産は落ちがちになる.

former [fɔ́ːrmər]

以前の
原 より(er) 先頭(forme)
イメージ (現在を意識して)昔の、以前の
解 <form ⇨ 形>のイメージが強いので体得しにくいが、form- は fore-<前>と同系であることを認識しておくとよい。
派 formerly 昔
例 She is my former student. 彼女は昔の教え子です。 / I prefer the former suggestion to the latter. 私は初めの案の方が気に入っている。 / He is his former self again. 彼は以前の彼に回復した。

formidable [fɔ́ːrmidəbl]
恐ろしい
原 恐れを起こす
イメージ 威圧するほどに物凄い
例 The shark's large mouth is equipped with formidable fanglike teeth. 鮫の大きな口には牙のような恐ろしい歯が備わっている。

forsake [fərséik]
見捨てる
原 反対に(for) 追う(sake)
イメージ (追いやる⇨受け付けない)⇨見捨てる
解 前置詞 for のイメージが強いために体得しにくい語である。この接頭辞 for- は<禁止・排除・無視>の意味合いを持っている；forget 忘れる / forgo なしですます / forswear 誓って止める
例 He thought he was forsaken by the gods. 彼は神に見捨てられたと思った。 / She had to forsake her missing husband by remarrying. 彼女は再婚によって行方不明の夫を諦めざるを得なかった。

forth [fɔ́ːrθ]
前へ、外へ
原 前へ
イメージ 前方へ
解 fore-(前に)と同系語。
関 forthcoming もうすぐ来る(⇨前に＋来つつある)
例 He brought forth a new plan. 彼は新しい企画を出した。

forthcoming [fɔ̀ːrθkʌ́miŋ]
もうすぐ来る、用意されている
原 前に(forth) 来ている(coming)
イメージ もうすぐ現われる⇨(求めるものが)出てくる
解 <(求めるものが)出てくる>の意味では通例、否定構文で用いられる。
例 He will read a paper at the forthcoming medical conference. 彼は今度の医学学会で論文を発表する。 / No evidence was forthcoming. 証拠は何も出てこなかった。

fortune [fɔ́ːrtʃən]
運、幸運、財産
原 運
イメージ 巡り合わせ⇨仕合わせ⇨富に巡り合う
解 fortune は元々<運ぶ>の意味があり、<運ぶ⇨巡る>が原義。
派 fortunate 幸せな / fortuitous 偶然の
例 It's our fortune to know you. あなた方と知り合いになれて幸運です。 / He had fortune on his side and won. 彼は幸運に恵まれて優勝した。 / He went up to London to seek his fortune. 彼は一旗揚げようとしてロンドンに出て行った。

forward [fɔ́ːrwərd]
前方へ
原 前(for) 方向へ(ward)
イメージ 前方へ；時間を早める、転居先へ送る
例 He is looking forward to her coming. 彼は彼女が来るのを楽しみにしている。 / The date of the meeting was forwarded (＝advanced) from the 10th to the 3rd. 会議の日付が10日から3日に繰り上げられた。 / Please forward this letter to their new address. この手紙を彼らの新住所に転送願います。 / When you move, you should leave a forwarding address. 転居する時は、転居先住所を残しておきなさい。

foster [fɔ́(ː)stər]
育てる
原 食べさせる
イメージ (よその子を)抱いて養う；(考え、気持ちを)抱きはぐくむ
関 food 食糧
例 The soothing climate of the land helped her to foster such cheerful and lively disposition. 爽やかな気候が彼女

のあのような朗らかで明るい性格をはぐくんだ. / Tom is my foster brother. トムは親は違うが僕の家で兄弟として育っている.

foul [fául]
汚い，反則の
原 腐った匂いのする
イメージ (腐ったようで)汚い⇨不正な
関 filth 不潔
例 You should open the windows to let out the foul air. 空気が汚れているので窓を開けなさい. / Anyone whose dog fouls the pavements will be fined. 犬に道路を汚させた人は罰金を科せられる. / U.S. authorities opened an investigation as foul play was suspected. アメリカの警察当局は殺人の匂いがするので捜査を始めた. ◇foul play＝反則プレー，殺人

found [fáund]
設立する
原 底
イメージ 基礎を築き上げる
派 founder 創始者 / founder 失敗する (⇨底に沈む) / fund 資金 (⇨基になる金) / fundamental 根本の
関 profound 深遠な
例 Newsweek was founded in 1933. ニューズウィークは1933年の創業だ. / Jesus Christ was the founder of the Christian religion. イエス・キリストはキリスト教の創始者であった.

fraction [frǽkʃən]
断片；分数
原 壊れたもの
イメージ 割った一部⇨総体のうちの一部⇨僅か
派 fractional 僅かな
例 Accidents happen in a fraction of a second. 事故はあっという間に起こるものだ. / The other car missed ours only by a fraction of an inch. 相手の車はぎりぎりのところで僕達の車と衝突を免れた. / Only a fraction of the settlers survived the Indian attack. インディアンの襲撃で生き残った移植民はほんの少しだった. / Fractions with a common denominator can be added. 共通の分母を持つ分数は足すことができる.

fracture [frǽktʃər]
骨折(する)，破損(する)
原 割れ目
イメージ 割れ目，骨折
例 She fell off her bike and fractured her arm. 彼女は自転車から転げ落ちて，腕を骨折した.

fragile [frǽdʒəl]
もろい，壊れ易い
原 壊れ(frag) 易い(ile)
イメージ くだけやすい
解 荷物に「われもの注意」という注意書きがあるが，この英語版はFRAGILE-HANDLE CAREFULLYである.
関 frail もろい
例 The bones of the elderly are more fragile than those of younger people. 年とった人の骨は若い人の骨よりもろい.

fragment [frǽgmənt]
破片，断片，かけら
原 破片
イメージ かけら
例 He unearthed a fragment of what looked like an ancient human skull. 彼は昔の人間のものと思われる頭蓋骨の一部を発掘した.

frame [fréim]
枠；枠組みを作る
原 組み立てる
イメージ 組み立ててある形に収める
派 framework 枠組み
例 The government is carefully framing a new bill to raise taxes. 政府は増税案を慎重に練っている(⇨枠組みを作っている). / Children in rural areas have a more relaxed frame of mind than their city counterparts. 田舎の子供の方が都会の子供よりもゆったりした心を持っている. ◇frame of mind 精神状態(⇨心の組み立て) / I'm not in the right frame of mind to work on the problem. いまその問題に取り組む気になれない. / I have been framed by him. 彼にはめられた. ◇文字通り「はめる(＝落とし入れる)」の意で用いられている. / What we have described here is just a framework which you can alter or add to. ここに述べたのは単に

枠組みであって，修正や追加ができますよ．

frank [frǽŋk]
率直な
原 自由(⇨フランク人(Franks)は自由が享受できた史実から)
イメージ (自由に物が言える)⇨こだわりなく物が言える⇨ありていに言う
解 「奴隷」を意味する slave はスラブ人(Slavs)の捕虜が奴隷状態にあった史実に基づいている．
派 frankly 率直に / frankness 率直さ
例 Please give us your frank opinion on it. 率直な意見を聞かせて下さい． / Frankly speaking, this is all we can do. 率直に言って，これが精一杯です．

frantic [frǽntik]
半狂乱である
原 精神が錯乱している
イメージ 髪をふり乱している
派 frantically 半狂乱になって
関 frenzy 乱心，狂乱
例 The mother went frantic when she couldn't find her daughter anywhere. 娘の姿がどこにも見えなくなったので母親は狂わんばかりになった． / The secretary frantically put the report together for the meeting. 秘書は会議用の報告書を必死になってまとめあげた．

free [fríː]
自由である，無料である，暇である，留めていない
原 自由な
イメージ 枷(かせ)，束縛(権威・規約・義務，支払など)から解き放たれている
派 freedom 自由 / freely 自由に
例 Some political offenders were pardoned and set free. 何人かの政治犯が恩赦を受けて自由の身になった． / A yearly income of less than three million yen will be free from income tax. 年収300万円以下は所得税がかからなくなる． / Freeways are free of traffic lights. フリーウェイには信号がない．(⇨信号にかかることがない) / You are free to go or to stay. 行くも行かないもあなたのご自由ですよ． / Please feel free to use the bicycle. 自転車はご自由にお使い下さい．-free の使い方：injury-free running 怪我をしない走り方，smoke-free room 禁煙室(⇨煙から解放されている部屋，喫煙自由と誤解しないように) / Loose-fitting garments allow us freedom of movement. ゆったりした衣服を着ると動きが自由になる．

frequent [fríːkwənt]
頻繁に起こる；たびたび訪れる
原 規則的に繰り返す
イメージ 行ったり来たりの繰り返し
派 frequency 頻度，周波数(⇨波が繰り返す)
例 She is a frequent visitor to the museum. 彼女は美術館へよく行く． / The village is much frequented by tourists attracted by its traditional houses. この村は昔ながらの家々に惹かれて観光客がよく訪れる． / Japan is noted for the frequency of earthquakes. 日本は地震がよくあることで知られている．

fresh [fréʃ]
新鮮な，塩気のない
イメージ できたて⇨生のまま
解 freshwater と言えば「淡水，真水」のことだが，これは湧き水を想えば，湧き出たばかりで，塩気など含まないと連想すればよいだろう．また，fresh は口語で「(異性に)なれなれしい」の意があるが，これは〈欲望が生に出て理性の抑制が働いていない〉様子を言うと考えればよいだろう．
派 freshen 新鮮にする
例 Throw away food that is no longer fresh. 新鮮でなくなった食べ物は捨てなさい． / He is fresh from college. 彼は大学を出たばかりだ． / Write a few notes while the lecture is still fresh in your mind. 講義の印象がまだ生々しいうちに気づいた点を書いておきなさい．

friend [frénd]
友人
原 愛する人
イメージ 友人⇨味方⇨支持者
派 friendship 友情，交友 / friendly 親しい，好意的な
例 That lawyer is a friend of the poor. あの弁護士は貧しい者の味方だ． / Edison worked too many hours to have much time left for friendships. エ

ジソンは長時間働いたのであまり友達づきあいできなかった．

fright [fráit]
恐怖
[原] 恐れ
[イメージ] びくっと硬直を起こすような恐怖
[派] frighten 怖がらせる / frightful ぞっとする
[例] The school took fright at the sound of banging pipes (=The school was frightened by noise produced by banging on pipes). 魚の群れはパイプの音に驚いた． / In London he tried to earn his living as an actor, but acute stage fright made this impossible. 彼はロンドンで俳優として身を立てようとしたが，ひどいあがり症のため実現できなかった．

from [frʌ́m]
〜から
[原] 〜から離れる
[イメージ] 〜から（ものごとの起点）
[例] This fiber is made from oil. この繊維は石油からできている． / He acted from a sense of duty. 彼は義務感で行動した． / A cool wind blew from the sea. 海から涼しい風が吹いた． / The situation went from bad to worse. 状況はさらに悪化した．

front [frʌ́nt]
前面，前線
[原] 頭の前面，額
[イメージ] （額は）前部にあり，相手と相対するところである
[関] frontier 国境，最先端 / confront 対決する（○互いに＋面する）
[例] I'll expect you at the front. 正面玄関のところでお待ちします． / Temperature in the Kanto region was low because of a powerful cold front. 関東地方の気温は強い寒冷前線のために低かった．◇前線とは異質・敵と相対するところ． / Don't park in front of the garage. 車庫の直前に駐車しないで下さい． / ◇There's a post office in front of our house. と言うと 郵便局が距離を隔てることなくわが家の前に立つ感じになる から不自然．in front of の代りに opposite, facing, across the street from などを用いる． / The boy sat in the front of the bus. その子はバスの前の方に座った．◇The boy sat in front of the bus. と言ったらその子は危険極まりないことになる． / She put on a brave front while on duty. 彼女は仕事の時は気丈な風を装った．

frown [fráun]
眉をひそめる，しかめっ面をする
[原] 眉をひそめる
[イメージ] 眉をひそめる，嫌な顔をする
[解] be frowned upon（ひんしゅくを買う）
[例] "You made a mistake again," the boss said, frowning. また間違ってるよと上司はしかめっ面をして言った． / Using a cellular phone in a crowded place is very much frowned upon. 混んだところで携帯を使うとひどくひんしゅくを買う． / Muslim culture has frowned upon the performing arts. イスラム文化は演劇に難色を示してきた．

frugal [frúːgl]
倹約する
[原] 役立つ
[イメージ] （ものが役立つ⇨（その）ものを大事に扱う）⇨むやみに消費しない
[例] Frugal living, kindness, and honesty were highly regarded, as was filial piety, in Bushido. 武士道ではつつましやかな生活，親切，誠実は孝行と同じように高い徳目とされた． / He was rich, but enjoyed frugal meals. 彼は裕福だったが，質素な食事を楽しんだ．

frustrate [frʌ́streit]
挫折させる，挫折感を持たせる
[原] 傷つける
[イメージ] 思うようにさせない⇨思うようにさせなくて気持ちをふさぐ
[派] frustrating いらいらさせるような / frustration 挫折，欲求不満
[例] I became a little frustrated because I couldn't find time for myself. 自分の時間が持てなかったので少しばかりいらいらした． / The spirit of nationalism has often tended to frustrate the development of an international legal system. 国粋主義の精神がしばしば国際間の法律制度の発展を邪魔することが多か

fuel [fjúːəl]
燃料

原 火

イメージ (石油, 石炭, ガス, 薪(まき)など火の元となる材料) ⇨ 燃料：燃料をそそぐ ⇨ 焚きつける

解 f-には〈炎のゆらめき〉が感じられる：fire 火, 炎

例 The fire needs more fuel.—Would you put in a few pieces of wood, please? 暖炉に薪がもっと要るよ—もう少し薪を入れてくれないかね。 / Coal is the most abundant fossil fuel on Earth, which was the basic energy source that fueled the Industrial Revolution of the 18th and 19th centuries. 石炭は地上で一番多い化石燃料で, エネルギーの基盤となり, 18〜19世紀の産業革命に火をつけた。

fulfill [fulfíl]
果たす, 叶う

原 一杯に(ful)満たす(fill)

イメージ 完全実行

派 fullfillment 達成

例 The conditions of the contract have been fulfilled exactly. 契約条件は厳密に遂行された。 / The prophecy of Ben Jonson, that Shakespeare "was not of an age, but for all time," has been fulfilled. ベン・ジョンソンのシェクスピアは単に一時代ではなく, 全時代のものになると言う予言は的中した。

full [fúl]
一杯である

原 一杯入っている

イメージ 満ち満ちている

解 fill(満たす)と同系語。fill や full は〈水を満たす, 水が一杯〉が先ず連想される(⇨ flow)。

派 fully 十分に

例 The pot is full. ポットには(湯が)一杯入ってますよ。 / This parking lot is full. この駐車場は満車だ。 / The moon is full tonight. 今夜は満月だ。 / Don't fill my cup too full. 私には一杯に注がないでね。

fun [fán]
楽しみを与えてくれる, 愉快

原 からかう

イメージ (体験すると)面白い, (やると)楽しい

解 たとえば Life is fun. と言うとき発言者は life を体験した上で主観的に「人生は面白いものだよ」と言っている。これを Life is interesting. と言い換えると, 「人生とは面白いものです」と微妙だが, 客観的な意味合いになる。

派 funny こっけいな

例 You are sure to have fun at the dance tonight. 今夜のダンスパーティきっと楽しいものになりますよ。 / Time seems to fly when you're having fun. 楽しいことをしていると時間が早くたつように思える。 / They made fun of my accent. 彼らは僕の訛りをからかった(⇨訛りを材料にして面白がった)。

function [fʌ́ŋkʃən]
機能, 職務, 式典, 関数；機能する

原 遂行

イメージ (成果を生む)動きかけ

解 functional 実用的な, 機能上の

例 The tusks of the mammoth may have functioned as shovels for exposing vegetation buried under snow. マンモスの牙は雪に埋まった植物を掘り出すシャベルの役割をしていたと思われる。 / You can learn the idea of a function from this equation：$y=4x+20$. 次の方程式から関数の概念が学べる：$y=4x+20$ / Ramadan, the holy month of fasting, is an important religious function in Islam. 聖なる断食の月であるラマダーンはイスラム教の重要な宗教行事の1つである。

fund [fʌ́nd]
基金, 資金；資金援助をする

原 底, 基

イメージ 事業の基(もと) ⇨ 資金

解 「先立つものは金(かね)」を想わせる語である。

関 fundamental 根本をなす / found 基を築く

例 This project is being funded by the government. この事業は政府の基金援助を受けている。 / We've funded all these educational programs for nearly 20 years. 我々はこういった教育関係の企画に20年近く資金を出してきている。 / The gang funded themselves through drug trafficking. ギャング団は麻薬の密売をして資金源とした．

furnish [fə́:rniʃ]
備え付ける，供給する
原 備えて完全にする
イメージ 必要なものを備えてちゃんとした状態にする
派 furnishings 備品(○カーテン，壁掛け，絵など)
関 furniture 備品
例 The waterway furnishes easy access to some major ports for ocean-going vessels. この運河のおかげで海洋を航行する船は主要な港へ簡単に出入りすることができる． / It cost a lot to furnish our new house. 新しい家の家具の備え付けに金がたくさん要った．

furniture [fə́:rnitʃər]
家具
原 備え付け
イメージ 部屋の中に備え付けてある備品・家具一般
解 家具・備品の1つは a piece (= an article / an item) of furniture と言う．furnish(備え付ける)の名詞形だから形としては見えにくいのである．定訳「家具」は形がイメージできるので両語間の意味合いにずれが生じてしまう．
例 Most people look on a television set as an essential piece of furniture. 大抵の人はテレビを必備品と見ている．
◊テレビは furniture だけれど，家具店では買えない．

further [fə́:rðər]
それ以上に：促進する
原 さらに前に
イメージ さらに深める
例 Let me have further information on the proposed tax hike. 税の引き上げについての情報をもっと知らせて下さい． / We need more money to further the plans. 計画を押し進めるにはまだ金が要る．

fuss [fʌ́s]
大騒ぎする，空騒ぎする
原 おしゃべりの音のなぞり
イメージ あれやこれやと騒ぎたてる
解 fの音は破裂音でしゃべりの勢いが感じられる：confess 告白する / profess 公言する．あるいは，shoot the breeze(無駄話をする)が連想される．
派 fussy ささいなことにうるさい，気難しい
例 He is always fussing about trifles. 彼はいつもつまらないことを騒ぎたてる． / Stop fussing; everything will soon be in order. 騒ぎたてるなよ，万事すぐに順調になるから． / It seemed like only those directly involved were making a fuss. 直接の関係者だけが騒いでいるように見えた． / The old man made a great fuss over his young wife. 年配の夫は若い妻に大変気をもんだ．

futile [fjúːtl]
役に立たない
原 流れ出る
イメージ 努力の空回り，骨折り損
派 futility 無益
例 It's futile to complain. 文句を言っても無駄だ． / He undertook an apparently futile campaign for the state senate. 彼は所詮勝ち目のない上院議員選挙に取り組んだ． / The novelist wrote with feeling about the futility of war. その作家は熱っぽく戦争の虚しさについて書いた．

G

gain [géin]
得る
原 獲物を捕まえる
イメージ 獲得して量が増える、新たに得る
例 As the speech went on, he gained confidence. スピーチが進むにつれて彼は自信がついてきた． / I think I've gained weight. どうも体重が増えたようだ． / There's nothing to be gained by talking to him. 彼に話しても得ることは何もないよ．

game [géim]
遊び，ゲーム，獲物
原 楽しみ，娯楽
イメージ (楽しむ)ゲーム，(こっそりだまして楽しむ)計略；(狩猟(娯楽の典型)の対象となる)獲物
例 The children are playing a game of hide-and-seek. 子供達はかくれんぼして遊んでいる． / Don't play games with me; I won't be fooled. かつぐなよ．騙されないぞ． / There was plenty of game in the forest. 森には獲物が一杯だった． ◇game が量的に捉えられるのは獲物の肉(の量)に意識があるから．

gap [gǽp]
割れ目，隔たり，途切れ
原 口を開ける
イメージ 開口部⇨穴⇨窪み⇨(段差)⇨隔たり⇨途切れ
関 gape ぽかんと口を開く
例 A window is a gap in a wall through which you can look out. 窓は壁に開けた穴で外が覗ける． / The time gap between London and Tokyo is nine hours. ロンドンと東京の時差は9時間である． / She returned to her work after a two-year gap. 彼女は2年間の空白期間の後復職した．

garden [gá:rdn]
庭
原 囲った所
イメージ 花や野菜の植えられた庭；庭いじりをする
解 yard は〈(空間としての)庭〉で花や野菜は連想されない．
例 You need to water your garden from time to time. 庭にはときどき水をやらねばいけませんよ． / Gardening has become increasingly popular in the last decade or so. ここ10年ほどでガーデニングがとみに人気がでた．

gather [gǽðər]
集める
原 ひとまとめにする
イメージ (物や人を)さーっと寄せ集める；(情報の断片をまとめて)推測する
解 collect は〈(対象を決めて)収集する〉
関 together 一緒に
例 The coach gathered the players around him to explain his strategy. コーチは選手を集めて作戦を授けた． / I gather from what's been said that he is not keen on the idea. 聞いたことから判断すると彼はその考えにはどうも本気でないと思う． / The car gathered speed. 車は加速した． ◇スピードを徐々に加える

gear [gíər]
ギア，歯車，装置；適合させる
原 装置
イメージ ギア⇨装置・装備；適切なギアに入れて役目に対応する
例 Have you put all your camping gear together? キャンプ道具を全部そろえましたか． / This course has been geared toward gifted children. このコースは英才児向けである．

general [dʒénərl]
全般的な，一般的な；大将
原 種(gener)にわたる(al)
イメージ (ある種の)全体にわたる，一般的な

[解] たとえば，Japanese in general と言う時，〈日本人を種族的にまとめて言えば⇨全般的には〉と言うのが底に流れる意味である．gene(種, 遺伝子)によって〈全般的性格・性格〉が決定されるのである．肩書きを表わす時〈総括・統括〉の意で用いられる：captain general 大将 / attorney general 司法長官 / secretary general 事務総長

[派] generality 一般性 / generalize 一般化する

[例] Cars were once a luxury, but now they are in general use. 車はかっては贅沢品であったが，今では一般に使われている． / Journalists need general knowledge. 記者は一般常識が必要だ．

generally [dʒénərəli]

一般に

[原] 種(gener) にわたる(al) と(ly)

[イメージ] (ある種の)全体にわたっていうと⇨一般的には，全体的には

[解] もう一度，原義からたどっていくと〈種的に言えば⇨種の特徴を捉えて言えば⇨一般的には〉となる．人類学者，藤岡喜愛氏が種(しゅ)の持つ属性・性格を「種となり」という用語を用いていたのが思い出される．(◇人間の属性は人となり)

[例] Generally speaking, young people are shallower in their thinking than older people. 一般的に言えば，若い人の方が考えが浅い． / It is generally accepted that smoking is injurious to health. 喫煙は健康に有害だと一般に思われている． / The Nile flows generally northward throughout its course. ナイルは全体的に全コースにわたって北に向かって流れている．◇〈多少の揺れはあるがまとめて平均してみると〉のイメージでよく用いる．

generate [dʒénəreit]

生み出す

[原] 生まれ(gener) させる(ate)

[イメージ] (種が)生み出す

[解] 種(gener)が成長してどんどん生み出す感じ．generation 世代(⇨(同じ時代に)生み出された)，degenerate 悪化する，退化する(⇨悪く＋生み出す)

[関] genetic 発生の，遺伝の

[例] The falls have been harnessed to generate electricity. 滝は電力を生み出すのに利用されている． / A few individuals generate new styles, and others merely follow. 少数の者が新しい形を生み出し，他の者はただ倣っていくのみである． / The sibling rivalry seems to have degenerated into a family feud. 兄弟の争いはどうやら家族騒動に発展してしまったようだ．

generation [dʒènəréiʃən]

世代，発生すること

[原] 生み出すこと

[イメージ] 生まれる⇨(ある時期に)生まれ育ち生活する⇨(ある)世代

[例] We are of the same generation. 僕達は同じ世代である． / People of my father's generation experienced war. 父の世代の人は戦争を経験している．

generous [dʒénərəs]

気前がよい，たっぷりの

[原] (よい)生まれ(gener) のごとく(ous)

[イメージ] よい生まれのごとく⇨心が大きい⇨ゆったりしている

[解] gene は〈種〉の意．kind(種)が〈(よい)生まれ⇨(生来の)親切な〉と発想が似ている．

[派] generosity 寛大

[関] general 全般的な

[例] He was as generous with his possessions as he was with his wisdom. 彼は知っていることを気持ちよく教え，持っているものを気前よく人に施した． / Mr. Field, a wealthy and generous patron of the art, bequeathed sufficient funds for the upkeep of the city museum. 金持ちで芸術に惜しみなく献金するフィールド氏は市立博物館の維持のために十分な基金を遺贈した． / Owing to the generosity of friends, we attended a concert in Okinawa. 友達のおかげで，沖縄であったコンサートを聴きにいけた．

genre [ʒɑ́ːnrə]

ジャンル，類型

[原] 種類

[イメージ] 種類⇨種の似たもの⇨類型 / ジャンル

[関] gender 性(⇨種類のうち性別は最たる関心事)

例 Many of his works belong to the genre of nonfiction prose. 彼の作品の多くはノンフィクションのジャンルに入る．

gentle [dʒéntl]
穏やかな，やさしい
原 生まれのよい
イメージ (生まれのよい)⇨やさしくおだやかである
派 gentleman 紳士
例 You should be gentle in your words. ことば遣いをやさしくしなさい． / Cook it over a gentle heat (＝low fire). とろ火で煮なさい． / It was a gentle day. 穏やかな日であった．

genuine [dʒénjuin]
誠実である，本物である
原 生まれ(gen) つきの(uine)
イメージ (種から生じた)⇨工作していない⇨本物
派 genuinely 純粋に
例 I think she is very genuine. 彼女はとても誠実(⇨偽りがない)だと思います． / Some works attributed to Hokusai are probably not genuine. 北斎のものとされる作品のうちには本物でないと思われるものがある． / I am genuinely interested in economics. 僕は純粋に経済学が好きなのです．

geography [dʒiágrəfi]
地理学
原 大地(geo) を描くこと(graphy)
解 大地(geo)を学ぶ(logy)のが地質学(geology)，大地(geo)を測量する(metry)のが幾何学(geometry)の始まりであった．
例 Geography is the study of the surface of the Earth. 地理学は地表面の様子の研究である． / Geology is the study of the Earth, including its composition, structure, physical properties, and history. 地質学は地球の組成，構造，物質の特徴や歴史の研究である． / Geometry is a branch of mathematics which deals with lines, angles, surfaces and solid bodies. 幾何学は線や角度や面や立体などを扱う数学の一分野である．

gesture [dʒéstʃər]
身ぶり，身ぶりで表わす
原 身を運ぶ
イメージ (身のこなし)⇨ふるまい
解 原義は carry oneself(ふるまう)と言える．日本語の「ジェスチャー」は〈見せかけの行動〉の意しかないので注意．
関 digest 消化する(⇨砕いて＋運ぶ) / suggest 提案する(⇨下から＋運ぶ) / congest 渋滞させる(⇨1か所に＋運ぶ)
例 Both sides released 20 prisoners each as a gesture of goodwill. 双方は親善の意を表わすためにそれぞれ20人の捕虜を解放した．

get [get]
得る，(ある)状態になる
原 捕らえる
イメージ これまでなかったものを得る／これまでなかった状態になる
例 He got a driver's license. 彼は運転免許をとった． / He gets angry easily. 彼は怒りっぽい． / We were all trying to get out. 皆が逃げ出そうとしていた． / It's getting dark. だんだん暗くなってきた．

ghastly [gǽstli]
恐ろしい，不快な
原 恐れさせるような
イメージ あっと声にするほどに怖い，ぞっとさせるような
解 aghast(仰天して)は同系語．ひどく驚くと人は喉から直接発声が起こるものである．
例 The guillotine has got to be one of the most ghastly instruments devised by human beings. ギロチンは人間が作り出した器具の中でもっとも恐ろしい物の1つに違いない．

gift [gift]
贈り物，才能
原 与えるもの
イメージ (人が人に与える)贈り物，(天が人に与える)才能
派 gifted 才能に恵まれた
関 give 与える
例 He made me a gift of flowers. 彼は花を贈ってくれた． / Mom was truly a gifted cook. 母さんは実に料理の才に長けていた．

gimmick [gímik]
仕掛け
原 欺くための仕掛け

gist

[イメージ] 人の関心を買うための巧妙な仕掛け
[解] magic(手品)⇨(綴り替え)gimac⇨gimmick
[例] The whole thing was little more than a publicity gimmick. すべては人目を引くためのからくりに過ぎなかった.

gist [dʒíst]
要点, 要旨
[原] 議論の根拠
[イメージ] 話の拠って立つところ⇨骨子, 要旨
[例] What is the gist of his argument? 彼の論の骨子は何ですか.

give [gív]
与える
[原] 与える
[イメージ] 自分のものを見返りを求めず相手に与える⇨譲る⇨任せる
[関] gift 授ける
[例] The answer that she gave to me was incorrect. 彼女のくれた答えは正しくなかった. / I'll give you two more hours to solve the question. その問題を解くのにもう2時間あげよう. / We have an avocado tree in our yard and it gives a lot of fruit. 庭にはアボカドの樹があって, たくさんの実をつけます. / The sun gives us heat and light. 太陽は熱と光を与えてくれる. / He gave a deep sigh of relief. 彼は安堵の深いため息をついた. / The argument went on for hours as neither side would give in. どちらも相い譲らなかったので議論は延々と続いた. ◇give in が〈降参する, 譲る〉の意になるは, give (oneself) in (the other's hands) と解釈されるから. / She's given to depression. 彼女は鬱の傾向がある. ◇be given to〜は〈〜に身を任せている〉のイメージ.

glad [glǽd]
嬉しく思う, 喜んで〜する, 嬉しそうな
[原] つるつるの⇨光沢のある, 輝いている
[イメージ] 気持ちが輝く, 喜びをもたらす
[解] gl-に〈光, 輝き〉のイメージがある. glad は〈気持ちがパッと輝く〉わけだから, 普遍的・永続的な喜びについては言わない：They are happy(彼らは幸せだ)のつもりで They are glad. というと不自然になる.
[派] gladden 喜ばせる / gladly 喜んで / gladness 喜び
[例] I'm glad to hear you've passed the exam (＝I'm glad that you've passed the exam＝I'm glad about your passing the exam). 君が試験に受かったと聞いて嬉しい. / Would you give me a hand?—Yes, I'll be glad to. お手伝いお願いできますか?—ええ, 喜んで.

glamour [glǽmər]
魅力
[原] 魔力⇨惹きつける
[イメージ] 惹きつける力がある
[解] gl-は〈輝く〉のイメージ.
[派] glamorous 魅力ある
[例] The glamour of the Orient-Express caught the imagination of numerous writers. オリエント急行の魅力は多くの作家の想像力を捕らえた. / The actress rose to glamorous stardom in the 1940s. その女優は1940年代に輝くスターダムへとかけ上った.

glance [glǽns]
ちらっと見る, きらめく
[原] さっと見る
[イメージ] (目をさっと光らせる)⇨ちらっと見る / きらりと光る
[解] gl-に〈輝き〉が感じられる：glass ガラス(⇨きらきら輝く)
[例] The top runner glanced back to see how far behind the others were. 先頭ランナーは他のランナーがどれほど遅れているか見ようとさっと振り返った. / Few of us can pass a mirror without taking a quick glance at ourselves in it. 大抵の場合, 人は鏡に出くわすと自分の姿をちらっとチェックするものだ.

glare [gléər]
ぎらぎら光る, にらみつける
[原] ぎらぎら光る
[イメージ] ぎらぎら光る⇨ぎらっと目を光らせてにらむ
[例] They worked all day in the glaring sun. 彼らはぎらぎら照る太陽のもとで1日中働いた. / The eclipse blocked out the glare of the sun. 日食で太陽の

輝きが遮られた．／ The speaker glared at me as I opened the creaking door. ドアをキーキーさせながら開けたので演説者は僕をにらみつけた．

glass [glǽs]
ガラス
[原] 輝く
[イメージ] ガラス
[解] gl-に〈光，輝き〉のイメージがある．日本語の〈ぎらぎら〉に音が似ている．◇以下に輝くものを挙げてみる：glacier 氷河／ gladiolus グラジオラス／ glamour 魅惑／ glance きらめく，さっと見る／ glare ぎらぎら光る，にらみ付ける／ glaze つや／ gleam 薄明かり／ glee 喜び／ glimmer ちらちら光る／ glimpse ちらりと見えること／ glitter ぴかぴか光る／ glory 栄光／ gloss 光沢／ glow 輝き／ evening glow 夕焼け／ gloom 暗がり(◦消極的輝き)／ gloomy 憂鬱な(◦消極的輝き)
[例] Besides being useful, glass is also ornamental. ガラスは実用的である上に，装飾にもなる．

gleam [glíːm]
かすかに光る
[原] ちらっと光る
[イメージ] 淡い細い光
[解] gl-は〈輝く〉のイメージ．
[例] We could see the moon gleaming on the water. 月が水面に輝いているのが見えた．／ Although the company's prospects look pretty bleak, there's still a gleam of hope. 会社の将来はとても深刻だが，まだ一縷の望みがある．

glean [glíːn]
落穂を拾う，収集する
[原] 落穂を拾う
[イメージ] こつこつ拾い集める
[解] gl-に〈固める・1か所に集める〉イメージがある：glob 塊／ globe 球体／ glue 接着剤(◦固める)
[例] She is always gleaning material for her projected biography. 彼女はいつも計画中の伝記の資料を収集している．

glee [glíː]
歓喜
[原] 喜び
[イメージ] 大喜び
[解] gl-は〈輝き ◦喜び〉
[例] The boy jumped about in glee when the circus arrived. サーカスがやってくると少年はこおどりして喜んだ．

glimmer [glímər]
ちらちら光る
[イメージ] ついたり消えたりちらちら光る
[解] gleam(◦ gleam)のちらちら版．ちらちらの繰り返しはmの重複で感じ取れる．
[例] I could see the glimmer of light in the distance. 遠くに光がちらちらするのが見えた．

glimpse [glímps]
ちらりと見る
[原] ほのかに光る
[イメージ] ちらっと目にする
[解] glimpse は〈かすかに見える〉の意で see に近い．see at と言わないように glimpse at とは言わない．glance は〈視線を投げる〉の意で look に近い．◇ look at と言うように glance at と言う．ラフカディオ・ハーンの代表作に Glimpses of Unfamiliar Japan「知られざる日本の面影」がある．
[例] He glimpsed his ex-lover among the crowd. 彼は昔の恋人を群衆の中にちらっと目にした．／ It was believed that those who saw the Demon clearly would die soon after, while those who caught only a glimpse of the beast would live on, but only for some months. この物の怪をはっきり見た者はすぐに死に，またほんのちょっとだけ見たものはどうにかそれでも数か月だけが生き延びると信じられていた．

glitter [glítər]
きらきら光る
[原] きらきら光る
[イメージ] きらきら光る
[解] gl-は〈輝く〉イメージ．
[例] The frost glittered in the morning sun. 霜が朝日にきらきらと輝いた．

globe [glóub]
球，地球，地球儀
[原] 塊
[イメージ] 大きな塊◦球体・地球
[派] global 世界的な／ globalism 国際化／ globally 全世界的に

例 A globe is a ball that bears a map of the Earth on its surface. 地球儀は表面に世界の地図が載っている球体である。／ Problems in geography can generally be divided into two types: local and global. 地理学の問題は通例、地域の問題と世界全域の問題に分けられる。

gloom [glúːm]
暗がり、憂鬱
原 暗い
イメージ 薄暗い⇨(気持ちが)暗い
解 gl-は〈輝き〉だが、gloom では〈薄暗い光⇨どんより・陰気〉のイメージ。
派 gloomy 薄暗い、ふさぎこんだ
例 The dominant mood of much of Dazai's writing was gloom. 多くの太宰の小説の全体的雰囲気は暗いイメージであった。／ He took a gloomy view of the onset of old age and prayed for death at 60. 彼は老後に入ることを悲観的に考え、60歳での死を願った。

glory [glɔ́ːri]
栄光
解 gl-は〈輝き〉。女性名に Gloria があるがさしずめ、輝子、光子あたりか。
派 glorify 称える／ glorious 栄光ある
例 Jesus will return in glory to consummate the Kingdom. キリストは栄光に包まれて再来し神の国を完成させるだろう。

gloss [glɑ́s]
光沢(をつける)、見せかけ(る)
イメージ 光沢をつける⇨ごまかしてよく見せる
派 glossy 光沢がある
例 The gloss has gone from her hair (=Her hair used to be glossy). 彼女の髪からつやがなくなった。／ This is a very important matter, so, please, do not try to gloss it over. これは重要なことだから、ごまかさないで下さいよ。◇ gloss over 光沢を塗って表面づらをきれいに見せる。

glow [glóu]
赤く光る、燃える
原 燃える
イメージ 赤々と燃える⇨赤く輝く⇨顔が紅潮する
解 gl-は〈輝き〉。glow は夕焼けのように、赤々と輝くが炎はイメージされない。
例 The diamond has a rosy glow. そのダイヤモンドは淡紅色の輝きをしていた。／ His face glowed with excitement. 彼の顔は興奮して真っ赤になった。

glue [glúː]
接着剤、糊；釘付けにする
原 にかわ
イメージ 接着剤
解 gl-は〈固める〉の意味合いがある：globe 球体(⇨固まり)
例 About two dozen students were glued to the game on TV in a student lounge. 30人近くの学生がラウンジでテレビの試合に釘付けになっていた。

gnarled [náːrd]
節だらけの
原 節くれだった
イメージ 節がごつごつ
例 Olive trees have small, gnarled trunks. オリーブの木は幹が小さくて、ごつごつ節くれている。

gnaw [nɔ́ː]
がりがり噛る
イメージ ネズミががりがり噛る
関 gnash 歯をきしらせる◇ gnarl(節、こぶ)や gnarled(節くれた)も〈噛る⇨でこぼこになる〉の関連がある。
例 Mice have gnawed a hole in our rice-bag. ネズミが米袋を噛って穴を開けた。

go [góu]
行く、〜に至る、消え去る
原 行く
イメージ (その動きを追うと)進む／(出発地点に注目すると)⇨姿が消える
解 「いく」は日本語でも同じように〈行く〉と〈逝く〉の意味合いがある。
例 "I thought it was gone on contact." said the slugger. その強打者は「打った瞬間に入ったと思った」と言った。◇これはマグワイア選手が1998年9月に大リーグのホームラン記録に挑んでいるときのインタビュー記事からの抜粋であるが、そのボールを追う時の観衆の気持ちを going, going... foul(いった、いった…あっとファウル)と表現している。／ The meeting is still going (on). 会議は

まだやっている．◇物事の進行 / If all goes well, you'll be able to go to this school. 万事うまく行けば，この学校に入れるよ．◇物事の進行 / A terrible fight was going on in the street. 通りでひどいけんかをやっていた．◇物事の進行 / How's the new job going, Jack? 新しい仕事うまくいってるかい，ジャック君．◇物事の進行 / I want to know how your date with Liz went. リズとのデートはうまくいったのか知りたいな．◇物事の進行 / He was too young to go! 彼は死ぬには若すぎたよ．◇逝く / Summer is gone. 夏が行ってしまった．◇逝く / The company went bankrupt. 会社が倒産した．◇逝く / A lot of the money goes to buy medicines for my mother. そのお金の多くが母の薬を買うために出ていく．◇姿が消える / I hate to see wild animals go. 野生動物が消えていくのを見るのは嫌なことだ．◇姿が消える / There's no way I'm going to let go of the story. その話をうやむやにしてしまう訳にはいかない．◇姿が消える / When someone hugs you, let him or her be the first to let go. 誰かがあなたを抱きしめてきたら，それを解くのは相手に最初にさせること．◇解放する

goal [góul]
目標，ゴール
原 目標
イメージ 目標（地点）
例 The goal of this book is to replace fear with confidence. この本の目的は不安を自信に替えることである．

gobble [gάbl]
がつがつ食う
原 塊(gob) の連続(ble)
イメージ 食らう＋食らう＋食らう
解 gob(一口)の連続が原義．繰り返しの意はb-bの連続にイメージされている．
関 gob 塊
例 I gobbled down the food so fast I could hardly taste it. 大急ぎでガツガツ食ったので味を味わうどころではなかった．◇食べ物がいきなり喉(go-は喉を連想させる)を通過している感じ．

good [gúd]
よい，十分な

原 合う⇨似合う⇨適(かな)う
イメージ 程度が条件・基準に適う
解 定訳「よい」で理解すると意味範囲をひどく限定してしまう．
派 goods 品物 適う物が原義で語尾に-sがつくのは具体物を表わす．
例 I was able to study the book for a good long time. その本をかなり長時間勉強できた．◇時間の長さが適う / Have a good time! 愉しんでね！◇時間の内容が適う / Tom, be a good boy. トム，いい子になさい◇人の行為の基準に適う / My boy is good at school. 息子はよくできます．◇学力の出来が適う

goose [gúːs]
ガン，ガチョウ
原 擬音語
イメージ ガン，ガチョウ
解 語源は「グーグー」という鳴き声をなぞっている．日本語の「ガン」も鳴き声のなぞり．goo-は喉を連想させる．
/ I get goose bumps (= goose pimples) just looking at that picture. その絵を見るだけで鳥肌が立つ．

gorge [gɔ́ːrdʒ]
渓谷；がつがつ食べる
原 喉
イメージ 「喉」は身体の中の渓谷(⇨飲み込まれた水が流れ落ちるところ)．go-はのどを連想させる．
例 A swift stream was flowing through the gorge. 早い流れが谷へ流れ込んでいた．/ The boy gorged himself on popcorn. 彼はポップコーンをむさぼり食った．

govern [gʌ́vərn]
治める
原 舵をとる
イメージ （国や町の)舵とりをする⇨方向づける
派 government 政治，政府 ◇government は普通「政府」と訳されているので連想するのは中央政府だけになり勝ちだが，コンテキストによっては村役場，市役所，県庁なども指す．/ governor 知事 / gubernatorial 知事の
例 Every group of people has rules of conduct to govern the lives of its members. どんな集団であれ常に各人の生活を規制する行動の規則がある．

grace [gréis]
優雅さ，魅力，好意　支払猶予，神の恵み
[原] 心地よい
[イメージ] (気持ちよく感じるふるまい)⇨優雅，(気持ちよく感じるふるまい)⇨好意，(気持ちよく感じるふるまい)⇨支払猶予，(気持ちよく感じる神のふるまい)⇨恩恵
[関] grateful ありがたく思う
[例] She moves with grace (=She moves gracefully). 彼女は動きが優雅だ． / They agreed to my proposal with good grace (=gracefully). 彼らは私の提案に率直に賛成してくれた． / Give me a month's grace. 1月ほど猶予をください．◇支払いや締切りの期限について言う． / Let's say grace, the pastor said before the Thanksgiving dinner. 感謝祭の食事の前に，牧師は食前の祈りを捧げようと言った．

grade [gréid]
等級，学年，勾配
[原] 段
[イメージ] 階段を1歩1歩踏み上がる；段
[解] grade を「級」と訳すと誤解が起こることがある．日本語の「級」の用法は 1級，2級，3級と degrade(降格)して行くから．
[派] gradation 段階的変化 / gradient 傾斜 / gradual 徐々の / graduate 卒業する(◇段階を経る) / retrograde 後退する(◇後ろへ＋階段を踏む)
[例] What grade is your son in?—He's in the sixth grade. 息子さんは何年生ですか．—6年生です．

gradual [grǽdʒuəl]
徐々の
[原] 階段を進んでいく
[イメージ] 段々，一歩一歩
[派] gradually 徐々に
[例] His popularity spread gradually throughout the country. 彼の人気は徐々に国中に広がっていった．

graduate [grǽdʒueit]
卒業する；卒業生
[原] 段階を経る⇨学位(degree)を取る
[イメージ] 段階を上って卒業する；段階をつける
[派] graduation 卒業
[例] He graduated last year. 彼は去年卒業した．

grand [grǽnd]
重大な，雄大な
[原] 大きい
[イメージ] 重厚である
[解] grand なものに対して人は凄いとか素晴らしいと感じる；grand slam グランドスラム(◇満塁ホームラン，全勝) / grand prix グランプリ / grand piano グランドピアノ◇grand-は親等を表わす語を従えて次のように用いる；grandchild 孫 / grandfather 祖父 / grandmother 祖母 / grandparent 祖父(祖母) / granddaughter 孫娘 / grandson 孫息子
[派] grandeur 雄大，豪華
[例] They held their wedding ceremony on a grand scale. 彼らは豪華な結婚式を挙げた． / We are going to be grandparents again next May. 5月にまた孫が生まれます．

grant [grǽnt]
[原] 信じる
[イメージ] よしとして認める，よしとして叶える
[例] I had to grant her request. 彼女の要求を聞かざるを得なかった． / These supernatural spirits granted him his every wish, and Aladdin eventually becomes immensely wealthy. 不思議な霊たちがアラジンの願いを皆叶えたので，彼はたいそう金持ちになった． / Japanese workers have taken lifetime employment guarantee for granted. 日本人労働者は生涯にわたる雇用が保証されることを当たり前のこととしてきた．◇take〜for granted〜を叶えられたものと考える / We take for granted many wonders of nature (=We take many wonders of nature for granted). 我々は多くの自然の驚異を当たり前のこととととっている．

grasp [grǽsp]
つかむ
[原] つかむ
[イメージ] (手で)しっかりつかむ⇨(頭で)しっかりつかむ(把握する)
[派] grasping 貪欲な，金に汚い(◇日本

語の「握り屋」と発想が似ている）
[解] 動詞+ing の形容詞の形で、基底の動詞の意味からかなり隔たった意味になる他の例：calculating 打算的な（⇨計算する+ing）／ demanding 苛酷な（⇨要求する+ing）／ bouncing 元気のいい（⇨跳ねる+ing）／ piercing 洞察力のある（⇨刺す+ing）／ leading 主な（導く+ing）
[関] grab ひっつかむ
[例] The couple were grasping each other firmly. 2人はしっかり手を握り合っていた。／ A drowning man will grasp even at a straw. 溺れる者は藁をもつかもうとする。／ I think I grasped the seriousness of the situation. 状況が如何に厳しいかつかめたと思う。

grass [grǽs]
草、芝生
[原] 伸びるもの
[イメージ] ぐんぐん伸びる牧草、草
[解] 好ましくない雑草は weed と言う。
[派] grassy 草に覆われた
[例] Grass beautifies the landscape. 草原によって風景がきれいに見える。／ Don't walk on the grass. 芝生の上を歩かないで下さい。／ The cattle are grazing. 牛が草を食べている。☆「草を食べる」は graze（＝feed on grass）と1語で言うのが普通。

grateful [gréitfl]
感謝している
[原] 感謝（grate）している（ful）
[イメージ] 感謝の気持ちで一杯である
[派] gratify 喜ばせる／ gratitude 感謝（感謝+すること）／ congratulate 祝う（⇨共に+喜ぶ）
[例] I'm most grateful for your help in this matter. この件で助けていただいてとてもありがたく思っている。／ Grateful to France for assisting him in need, the Italian ambassador always took the French side in politics. 自分が窮地のとき援助をしてくれたフランスに感謝して、イタリア大使は政界ではいつもフランスの味方になった。

grave [gréiv]
重大な、厳粛な
[原] 重い
[イメージ] 重い雰囲気を持った、深刻な
[解] gr-は音韻的に〈重い、重厚〉な感じがある：gravel 砂利／ gravity 重力、重大性／ grieve 悲しむ／ grave 墓
[例] The report expressed grave concern about men's reproductive ability. そのレポートは男性の生殖能力に関し重大な問題を提示していた。／ He looked grave as he told us about the incident. 事件について話す時、彼は深刻な顔をしていた。

gravity [grǽvəti]
重力、重要性
[原] 重い（grav）状態（ity）
[イメージ] 重さがかかる、ことが重大・深刻である
[例] Stems grow toward light and against the force of gravity. 茎は光に向かい、重力に抗するように伸びる。／ The boys didn't seem to realize the gravity of their offense. 少年たちは犯した罪の深刻さが分かっていないようだった。

graze [gréiz]
草を食べる、すりむく
[原] 牧草（grass）を食べる（ze）
[イメージ] 牛が草を食べる⇨（地表面がすりむかれる）⇨肌をすりむく
[解] 牛や馬が草を食べる（昔は「草を食（は）む」と言ったが、ワープロでは「はむ」は「ハム」としか変換されない）は1語で graze と表わす。「虫が草を食べる」なら、feed on grass と言う。
[例] The livestock were grazing on the stubble. 家畜が切り株を食べていた。／ Beetles feed on a variety of plant and animal materials. カブトムシはいろいろな植物性や動物性のものを食べる。／ I fell down and grazed my knee (= I had a graze on my knee). 転んでひざをすりむいた。

great [gréit]
偉大な、素敵な
[原] 大きい
[イメージ] （大きい）⇨たいそうな、素晴らしい
[解] 物理的に大きい時、big、または large を用いる。抽象的に大きい様子を表わすときは、big あるいは great を用いる。
[派] greatly 大いに／ greatness 偉大さ

例 The exhibition was a great success. 展示会は大成功だった． / Shakespeare is perhaps the greatest dramatist ever. シェイクスピアは多分これまでで最高の劇作家だ． / We had a great time in Hawaii. ハワイではとても楽しかった． / It's great to hear from you. お便り頂いてとても嬉しいです．

greed [gríːd]
欲張り，貪欲
原 貪欲
イメージ しきりに欲しがる
派 greedy 欲張りな
例 Greed for power is common among politicians (= Politicians are usually greedy for power). 政治家は権力欲が強い人が多い．

greet [gríːt]
挨拶する，迎える
原 呼びかける
イメージ 挨拶する⇨出迎える
解 be greeted(出迎えられる)の形でよく用いる．
派 greeting 挨拶，挨拶状
例 She was greeted at the door by the housemother. 彼女は玄関で寮母さんに出迎えられた． / Do you send greetings at Christmas? クリスマスにグリーティングカードを送りますか．

grief [gríːf]
悲しみ
原 重い
イメージ 心に重くのしかかる悲しみ
解 〈悲しみ〉は〈心を重くするもの〉として感じられる：be weighed down with grief(悲しみに沈む)
関 gravity 重力 / grave 重大な / grieve 悲しませる(⇨ grief の動詞形)
例 The boy's wrong conduct has caused a great grief to his parents. 少年の非行は両親にとって大変な苦しみであった． / She went nearly mad with grief after her only son died. 一人息子を亡くして母親は悲しみで狂わんばかりであった．

grieve [gríːv]
悲しませる
原 重くする
イメージ 気分を重くする・気を沈ませる
解 気を重くするものに文字通りweight(心の重荷，重圧)がある：a weight on one's mind(心配ごと)．gri-は〈気分の重さ〉を感じさせる：grief 悲痛 / grievance 不平 / grim 不快な / grimace しかめっつら
派 grievous 嘆かわしい
例 She is still grieving for her dead son. 彼女はまだ亡くなった息子のことでふさいでいる． / The boy has grieved his mother with his bad conduct. 少年の非行は母親を悲しませた．

grind [gráind]
擦りつぶす，研ぐ，ぎしぎしいわせる，ガリ勉する
原 砕く
イメージ 圧をかけてこすりつける⇨挽く，磨く，詰め込む
解 アメリカの口語で「ガリ勉する」意があるが，これは日米とも発想が似ている．
派 grinder 研ぐもの
関 grist 粉にする穀物
例 Some people are known to grind their teeth in their sleep. 寝ている時よく歯ぎしりする人がいる． / Spinoza supported himself by grinding lenses. スピノザはレンズ磨きをして生計を立てた．

grip [gríp]
しっかりつかむ，握る
原 握る
イメージ きゅっとつかむ
解 gr-は〈グリッと力を込める〉感じである：grab つかむ / grabby 欲張りな / grasp しっかりつかむ / grasping 欲張りな / groove 溝(⇨掘りとる) / grind 挽く / grope 手探りする
派 gripping 興味津々の(⇨強く心をつかむ)
例 Tires with deep treads grip the road well. トレッドの深いタイヤは道路をよくつかむ． / Life magazine emphasized photography: gripping, superbly chosen news photographs. ライフ誌は写真が売り物で，関心を呼ぶ，見事に選択された報道写真を掲載していた．

groom [grúːm]

馬丁，花婿；手入れする，身繕いをする
原 下僕(世話人)
イメージ (馬丁が)馬の毛繕いをする⇨人が自分の容姿に気を配り整える⇨場面にそなえて仕込む
解 花嫁(bride)の世話人(groom)はbridegroom(花婿)．
例 Foals follow their mothers closely and are groomed frequently. 子馬は母親にぴったり寄り添いしばしば毛繕いしてもらう． / Many Japanese boys take keen interest in grooming, examining every detail of their faces and hairdos in pocket mirrors. 日本の若者は容姿にご熱心で鏡を取り出しては顔や髪形を入念にチェックをしているものが多い． / The boy was groomed by his father to run the family business. 少年は家業の経営を父親に仕込まれた．

groove [grúːv]
(レコードの)溝，慣例，
原 溝を掘る
イメージ 細長い溝⇨(溝にそってことが流れる)決まったやり方
関 grave 墓(⇨掘る) / grub 掘る
例 He's in a good groove right now. I was pleased with what he did today. 彼は今とても好調だ．今日の彼の出来をとても喜んでいる． ◇ be in the groove 好調である(⇨レコードの針がちゃんと溝に合っていい音を出しているイメージから) / There are two grooves on the surface of the heart. 心臓の表面には2つの溝が走っている． / People in the country are usually happy to stay in the same old groove. 田舎の人たちは概して旧来の生き方で満足している．

grope [gróup]
手探りする
原 手探りする
イメージ 暗闇の中で手先の感覚に頼って懸命に探る
例 The light went out and we were left groping in the dark. 停電になり、暗闇のなかで手探り状態になった． / I groped for a clue to the mystery. 謎を解く手がかりを見つけようと模索した．

gross [gróus]
全体の，粗野な，総計
原 大きい

イメージ 大きい⇨おおまか⇨粗野な・下品な⇨ひどい(過ち)
例 The gross national product is a convenient indicator of the level of a nation's economic activity. 国民総生産は一国の経済活動を示す便利な指標である． / Don't be gross (＝don't be indecent / obscene / ill mannered). 下品にしないでよ． / The trouble was caused by gross negligence of duty on his part. その問題は彼のひどい職務怠慢で起こった．

ground [gráund]
地面，根拠
原 底
イメージ 底面⇨(人が立つ)地面⇨ものごとの一番元⇨(理屈の)拠って立つところ
派 aground 座礁している(⇨原義の「底」をよくとどめている) / grounding 基礎教育 / groundless 根拠がない / groundwork 基礎
例 In western Europe and North America, adultery is a ground for divorce. 欧米では不倫は離婚の根拠になる． / He always refuses to attend parties on grounds of his being allergic to alcohol. 彼はパーティへ出るのはアルコールがだめという理由でいつも断る．

group [grúːp]
グループ；グループ分けする
原 塊
イメージ ある特色を持った集団；特徴によって分ける
関 crop 収穫物(⇨塊)
例 Which blood group do you belong to? — Group O. 血液型は何ですか？—O型です． / The languages of the world can be grouped into families. 世界の様々な言語は語族に分類できる．

grow [gróu]
生長する，栽培する
原 植物が育つ
イメージ 大地に育つ，だんだんと〜になる，育てる
解 草木の生長をことばに描くのは当然のことで最も起源の古い語の1つ．人は大地に育つ(grow)緑(green)豊かな草木(grass)に畏怖の念を持ったはずで，

gr-は〈重厚さ〉を感じさせる音である．人や動物の成長についても言うようになる，あるいは農業を始めると自ら育てるの意でも言うようになるのは自然の理である．◇glow(光る)と混同する例を多く見るが，gr-は植物に関係することを知れば，grass(草◇育つもの)と glass(ガラス◇光る)，graze(草を食う)と glaze(つやだしを塗る)の混同も避けられる．◇grow の本来的意味は〈成長する〉であるが，結果が言わば〈マイナス成長〉，たとえば grow less(少なくなる)，grow weak(弱くなる)の場合も用いる．これは原義にかえって植物の生長は大きくもなれば萎えたり枯れたりもすることを思えば容易に納得できる用法である．climb(登る)が climb down(下りる)と言えるのにも似ている．

派 grower 栽培者 / growth 成長，発展

例 The roots of plants grow downward. 植物の根は下に向かって伸びる． / Many crops are growing in the fields. 畑にたくさんの作物が育っている． / He's growing a beard. 彼は髭を生やしている． / People are apt to grow fat if they exercise less than they used to. 運動量が減ると人は太りがちになる． / Bones begin to grow progressively brittle after age 30. 30 歳を過ぎると骨は徐々に脆くなってくる． / If friends visit too often you might grow to dislike them. 友達があまりにも頻繁にやってきたら人はだんだんとその人に嫌気がさしてくるだろう．

grumble [grʌ́mbl]
不平を言う，苦情
原 ぶつぶつ言う
イメージ ぶつぶつ言う
解 grumble する人のこぼす際のぶつぶつと言う音が聞こえる．
例 He is always grumbling about the meal his wife cooks. 彼はいつも妻の作る料理に文句を言っている． / I'm tired of listening to your grumbling. あなたの不平を聞くのは辟易だわ．

guarantee [gæ̀rəntíː]
保証(する)
原 保証人◇保証人になる◇保証する
イメージ 大丈夫であると請け合う

派 guarantor 保証人
関 warrant 保証する◇ドイツ語形の w- はローマンス語では gu- の綴りとなる．
例 The bike has a two-year guarantee (＝They guarantee the bike for two years＝The bike is guaranteed for two years). この自転車は 2 年間の保証が付いている． / The Constitution guarantees the people many rights and freedoms. 憲法は国民に多くの権利と自由を保証している． / My father guaranteed my debt. 父が僕の借金の保証人になってくれた． / I guarantee that I'll be there on time tomorrow. 明日必ず定刻にちゃんと行きますよ．

guard [gɑ́ːrd]
守衛，警備員；警戒する
原 見守る
イメージ 異常・異変を防ぐために見張る◇慎重に行動する
解 guard の〈見る〉は ward 防ぐ(◇見守る)(◇ドイツ語形の w- はローマンス語では gu- の綴りとなる)や regard 〜と考える(◇〜と＋見る)に見られる．
派 guardian 保護者，後見人
例 Don't let your guard down when you walk home alone late at night. 夜遅く家に 1 人で歩いて帰る時は気をゆるめていたらだめですよ． / The Prime Minister was advised to guard his tongue. 首相は発言を慎重にするように忠告された．

guilt [gílt]
罪，罪の意識
原 負い目
イメージ (法に反する行為が生むのは)罪；(良心に反する行為が生むのは)後めたさ
派 guilty 有罪である(◇法に照らして悪いと判断される)；後めたさを感じる(◇良心に照らして悪いと思われる)
例 His guilt was not proved (＝proven), and so the jury acquitted him. 彼の罪は実証されなかったので陪審団は彼を放免とした． / Many who choose to undergo plastic surgery confess to a slight sense of guilt. 整形手術をしようとすると少しばかり後ろめたい気持ちになると言う人が多い．

guise [gáiz]

外観，見せかけ
[原] 流儀，やりかた
[イメージ] （流儀⇨服装）⇨〜の服装をする⇨〜のように装おう
[解] 人の流儀の最たるは服装である．
[関] disguise 変装する（⇨捨てる＋普段の装い）
[例] He talked a lot of nonsense under the guise of philosophy. 彼は哲学と称してつまらないことをたくさんしゃべった．

gulp [gʌ́lp]
飲み込む
[原] 「ごくり」のなぞり
[イメージ] ごくごく，がつがつ
[解] のどを液体・気体が通るときの音を ga-, gu- で表わしている語：gulp 飲み込む / gurgle のどをごろごろ鳴らす / gargle がらがらうがいをする / gag さるぐつわ（⇨のどがしまるとゲッとなる）/ gullet 食道 / guzzle がつがつ食う
[例] He gulped down the medicine. 彼は薬をごくりと飲み込んだ．

gush [gʌ́ʃ]
どっと噴き出す
[原] 噴き出す
[イメージ] ばっとほとばしりでる
[解] gus- に気体・液体の噴き出す音が感じられる：gust 突風
[例] Blood gushed down the child's nose and he began to cry. 鼻からパッと出血して，その子は泣き出した．

H

habit [hǽbit]
癖，習慣
原 身に付ける・持つ
イメージ 身に付いたもの⇨癖
解 have と同系語．癖や習慣ほどしっかり身に付けている(have している)ものはない．
派 habitat 生息地(⇨ habit(習い)で住むところ) / habitation 居住 / habitual 習慣的な / inhabit 住む
例 He occasionally takes a puff at a cigarette only from habit. 彼はただの習慣でときどきタバコをふかす． / He has formed the habit of turning on the television as soon as he comes home. 彼は帰宅するやテレビをつける癖がある． / She has the habit of closing her eyes while she brushes her teeth. 彼女は歯を磨くとき目をつむる癖がある．

hail [héil]
歓呼して迎える
原 呼びかける
イメージ オーイと呼びかける⇨(相手を受け入れようとする)⇨素晴らしいとして迎える
例 Let's hail a taxi. タクシーを呼び止めよう． / Experts hailed the discovery as a major milestone in understanding the universe. 専門家はその発見を宇宙を理解する上で画期的であると認めた．

hale [héil]
かくしゃくとした
原 完全な
イメージ (老人が)達者である
解 hale は whole(完全な)と同系語．
例 Our parents are still hale and hearty. 両親はまだとても元気です．

half [hǽf]
半分
原 半分
イメージ (1つのものを2つに分けた一方)⇨半分⇨(完全にならない)⇨半端
派 halve 半分にする
例 Cut the apple in half. リンゴを半分に切りなさい． / Don't do anything by halves. 何事もいい加減にするな．◇half を用いた〈半端〉の表現：half-baked 生焼けの，half-cooked 生煮えの，half knowledge 生半可な知識，half-witted まぬけな，half-hearted 乗り気でない / A Ping-Pong table is divided into halves by a low net. 卓球台は低いネットで半分づつに分けられている．◇半分ずつ⇨ half+half=halves / The brain is actually divided into (two) halves. 脳は実は半々に分かれている．

halfway [hǽfwei]
中間の，中途半端な
原 中(half)ほど(way)
イメージ 中ほど，中途半端な
例 I have got halfway through the book. 本を半分ほど読んだ． / My mother didn't believe in starting things and leaving them halfway. 母は物事は始めたら中途半端にしておくことを嫌った．

hallow [hǽlou]
崇める
原 神聖視する
イメージ 神聖なものとして崇める
関 holy 聖なる
解 Halloween は万聖節(All Saints' Day)の前夜祭の意である．
例 Halloween, originally a holy and hallowed evening before All Saints' Day, has now become a largely secular event. ハロウィーンは元来万聖節の前夜の聖なる日であったが今ではほとんど世俗的な行事になっている． / In many cultures cemeteries are considered hallowed ground. 多くの文化で，墓地は聖なる場と思われている．

halt [hɔ́ːlt]
停止させる
原 つかむ
イメージ しっかりつかんで動きを止める、停止する
解 hold(摑む)と同系語.
例 "Halt! Who goes there?" shouted the watchman. 見張り番は「そこを通るのは誰だ. 止まれ！」と叫んだ. / If the universe is unbound, cosmic expansion will not halt, thereby causing the galaxies and stars to die eventually. もし宇宙が収束しないなら、宇宙の膨張は止まらず、やがて銀河や星はみな死んでしまうであろう. / She pulled the emergency brake, bringing the car to a halt. 彼女はサイドブレーキを引いて車を止めた. / She spoke in halting English. 彼女はたどたどしく英語をしゃべった. ◇halting〈つっかえつっかえ〉のイメージ

halve [hǽv]
半分にする
原 半分にする
イメージ 半分にする
解 have と同音
例 To marry is to halve your rights and double your duties. 結婚すると権利は半分、義務は倍になる.

hamper [hǽmpər]
妨げる
原 閉じ込める
イメージ 動きを閉じ込める⇨自由な動きを邪魔する
解 名詞 hamper は「洗濯籠・手提げ籠」の意味がある. これは「籠⇨閉じ込めるもの」と理解すると、動詞「動きを妨げる⇨動きを閉じ込める」が関連を持ってくる.
例 Rescue workers were hampered by thick smoke from the fire. 救助隊員は出火による濃い煙に活動を妨げられた.

hand [hǽnd]
手
原 手
イメージ 手, 手助け; 手渡す
派 handful ひと握り
関 handle 扱う
例 I did all the sewing by hand. それは全部手縫いです. / Will you give me a hand? 手伝ってくれる？ / He handed his boss the final report. 彼は上司に最終報告書を提出した.

handful [hǽndful]
一つかみ, 少量
原 手に一盛りの
イメージ (手に一杯の)⇨一握りの; (手に一杯の)⇨(手からこぼれそう)⇨扱いが難しい
解 容器+ful の構造を持つ語: tubful 桶一杯 / bottleful 瓶一杯 / spoonful スプーン一杯. 身体部位のうち容器になれるのは手(⇨手しゃく), 口(mouthful), 目(eyeful), 腕(armful), 腹(stomachful)がある.
例 Only a handful are known outside Japan. 日本国外ではほんの一握りの人しか知られていない. ◇handful が単独で用いられるとふつう人の数について言う: Only a handful came. ほんの数人しか来なかった. / That boy is quite a handful. あの子は扱いが大変だ. ◇日本語でも「手一杯」は〈余裕のなさ、扱いの難しさ〉について言う.

handicap [hǽndikæp]
ハンディキャップ
原 hand in cap(帽子に手を入れて余分な負荷となる重量を決めるくじを引く)
イメージ 不利な重荷を担うこと
解 レースの実績に基づいて、帽子の中のくじを引いて不利な条件(ハンディキャップ)の量を引き当てることから.
例 Not being able to type is quite a handicap. タイプできないととても不利になる. / The hot weather badly handicapped their performance in the marathon. 高温がマラソン選手達の走りにひどく災いした. / With proper motivation and special training, even severely handicapped persons can lead productive, fulfilling lives. 適切な動機づけと特別な訓練によってひどい障害を持っている人でも生産的で充実した人生を送れる. / In golf, two unequal players may have a close match by allowing the poorer player a handicap. ゴルフでは、実力の違う2人の場合、下手な方にハンディを与えて勝ち負けを拮抗させることがよくある.

handle [hǽndl]

取り扱う
[原] 手(hand) で扱う(le)
[イメージ] 手で触る・手際よくさばく
[解] 自転車のハンドルは handlebars, 車のハンドルは a steering wheel と言う.
[関] manhandle 乱暴に扱う(⇨人を手でさばく), 人力で動かす(⇨機械を使わず人が扱う)
[例] Don't handle snakes with your bare hands. 素手で蛇に触ったらだめですよ. / I must compliment you on the way you handled the meeting. 君の会議のさばきかたには脱帽だよ. / Special care must be taken in handling dangerous materials. 危険な物資を扱う時は特別な注意が必要だ. / Don't manhandle the goods that you inspect. 品定めする品物を手荒く扱ってはいけない. / Several of the peaceful demonstrators complained that the police manhandled them. 整然としたデモ隊のうちの何人かが警察の扱いが手荒だと文句を言った.

handsome [hǽnsəm]
ハンサムな, 堂々とした, かなりの
[原] 手(hand) に合った(some)
[イメージ] (手に扱える⇨上手である)⇨かっこいい⇨器量の大きい⇨堂々としている
[派] handsomely 上手に
[例] I immediately recognized the mansion: a large, handsome, stone building standing on a gentle slope of a hill. すぐにその邸宅は分かった. それは大きな, 立派な, 石造りの家でゆるやかな丘の斜面に立っていた. / The pottery of that area was invariably shaped and decorated handsomely. その地域の陶器はどれも見事に形がとれ装飾されていた. / I will pay you handsomely for the impeccable work. その見事な作品にはたっぷりと支払いします.

handy [hǽndi]
器用な, 手近な, 便利な
[原] 手のそばに
[イメージ] 手近にある⇨すぐ使えて便利⇨手近にある⇨すぐ行ける;手近にある⇨手中のものとする⇨器用な
[派] handily 手近に
[関] hand 手
[例] The park is quite handy (=The park is quite handily situated). 公園はすぐ近くにあります. / Always have first aid equipment handy. いつも応急処置用品を手元に置いておきなさい. / I keep paper and pen handy to write down good ideas that suddenly come to me. 突然湧いて来るいいアイディアを書き留めるためにペンと鉛筆を手元に置くことにしている. / My wife is handy with her needle. 妻は裁縫がうまい. / My brother is a very handy man; he can do plumbing, gardening, and cooking. 弟はとても器用な人です. 水回りの工事や園芸や料理ができます.

hang [hǽŋ]
吊るす, 留める
[原] 掛ける, 吊るす
[イメージ] (吊るして)ぶらー, (吊るして)ぶらぶら, (吊るして)ぶらーりぶらーり
[解] hang している物は, ①留まっている, ②ぶらぶらしている, ③漂うの3つの様態のどれかである. ①, ②, ③のいずれも中空にあるので何らかの支えが存在する.
[例] People hang bright ornaments on Christmas trees. 人々はクリスマスツリーにきれいな飾りを吊るす. / He hung his head in disappointment. 彼はがっくりしてうなだれた. ◇支えの支点は首の付け根. / Specks of dust hang in the air. ほこりの粒子は空中に漂う. ◇支える物(ここでは空気)は意識されない. / Judas hanged himself after betraying Jesus. ユダはキリストを裏切った後首を吊った. ◇hangover(二日酔い)は, 酒気が引き続き(over)漂う(hang)⇨名残の状態を言う:She still have a hangover from last night's stupor. 彼女は昨晩の酒でまだ二日酔い状態だ. ◇hang up で〈電話を切る〉意になるのは, 電話は元々受話器(receiver)をフックに掛けて(hang)切った(up)から.

hanker [hǽŋkər]
欲しがる
[原] うろつく
[イメージ] (欲しいものの周りをうろつ

く)⇨しきりに求める

解 hang は同系語で，意味的に hang on(〜を求めて頑張る)あるいは hanger-on(取り巻き，取り入ろうとする人)が連想される．

例 Many city dwellers hanker for life in the country. 田舎の生活に憧れている都会の人はたくさんいる． / Hankering after wealth and fame goes against the religious life. 富と名声に憧れるのは宗教的生活とは相容れない．

happen [hǽpn]
起こる
原 hap(偶然) に起こる(en)
イメージ たまたま〜が起こる
派 happening 出来事
関 perhaps もしかすると
例 I didn't think it would happen to me. 自分にそういうことが起こるとは思ってもみなかった． / He happened not to be wearing his seat belt when the police stopped him. 警官に止められた時，彼はたまたまシートベルトをしていなかった． / Can pregnancy happen without intercourse? 性交渉がなくても妊娠することがありますか．

happy [hǽpi]
幸せである，うれしい
原 偶然(hap) の(y)
イメージ (運がよくて)幸せな，(うまく事が運んで)満足している，嬉しい
解 「幸せ」はもともと「仕合せ」と書き，〈運の巡り合わせがよい〉ことを言う．つまり原義の発想は日英で同じ．
派 happiness 幸福
関 happen(たまたま)起こる
例 I'm so happy you came. あなたが来たのでとても嬉しいわ． / Are you happy in your new job? 今度のお仕事うまくいってますか．

harbor [hɑ́ːrbər]
港；かくまう，(考えを)抱く
原 避難所
イメージ 避難所⇨(船を波風からまもる)入り江⇨かくまう⇨気持ちを抱く
解 同じ「港」でも，port は〈人工の港，商業活動〉がイメージされ，harbor は〈入り江(⇨自然の港)，懐の豊かさ(⇨包容力)〉がイメージされる．
例 They harbored those who fled the country. 彼らは故国を逃げ出した人たちをかくまった． / The town's younger generation harbor no resentment against the U. S. military base they live next to. 町の若い世代は隣接する米軍基地について遺憾の気持ちを抱いていない．

hard [hɑ́ːrd]
固い，難しい，勤勉である
原 力を込める
イメージ (負けぬように)力を込めると⇨固くなり⇨(くずすのが)困難になる
解 たとえば力こぶを連想するとよいだろう．
派 harden 固くする / hardship 困難 / hardy 頑丈な
例 You should work harder if you want to pass the exam. 試験に受かりたければもっと力を込めて勉強しなさい． / The ground has frozen hard. 土が凍って固くなっている． / She is hard to please. 彼女は気難しい．◇喜ばすことが難しい / Any kind of physical problem can be especially hard on you during the teen years. どんな身体的問題でも特に十代の頃にはひどい悩みになることがある． / Old prejudices die hard. 古くからの偏見はなかなかなくならない．

hardly [hɑ́ːrdli]
ほとんど〜でない
原 難し(hard) く(ly)
イメージ (難しくある)⇨存在・実現がなかなか難しい⇨起こる確率が低い
例 He can hardly speak as he had a stroke. 彼は卒中を起こしたので，ほとんどしゃべれない． / Hardly had I started, when my knees began to hurt. スタートしたとたんにひざが痛くなった． / You seem to be working very hard.―Oh, no, hardly. 一生懸命やってるようだねーうーん，ちっとも．

harm [hɑ́ːrm]
害する，傷つける
原 害，損害
イメージ (十全を)損なう
派 harmful 有害である / harmless 無害である，悪意のない
例 The cold weather did a lot of harm to the crops. 低温のために作物に大きな

被害が出た． / Too much exercise can harm your health (= Too much exercise can be harmful to your health). 運動のし過ぎで健康を損ねることがある．

harmony [hάːrməni]
調和
[原] うまくつなぎ合わせる
[イメージ] 双方を合わせるとしっくりくる
[派] harmonious 調和のとれた / harmonize 調和させる
[例] Choose work that is in harmony with your values. 自分の価値観と一致する仕事を選びなさい． / He redecorated the room to harmonize with the picture on the wall. 彼は壁の絵と調和するように部屋を飾りなおした． / The choir blended in with the orchestra most harmoniously. 聖歌隊はオーケストラとぴったり意気が合った．

harness [hάːrnəs]
(動力に)利用する
[原] よろい，馬具
[イメージ] (馬に馬具をつけて牽引させる)⇨自然の力に工夫を加えて動力を生み出す
[解] A harness is necessary in using a draft animal efficiently (馬(牛)の牽引効率を良くするために harness(馬具)が必要である)と『ブリタニカ』に解説がある．
[例] People learned how to harness the energy of falling water to produce electric power. 人は落下する水の流れの力を利用して電力を作るようになった．

harsh [hάːrʃ]
不快な，厳しい
[原] 毛だらけの(hairy)
[イメージ] (毛むくじゃらな)⇨感覚・神経にさわる⇨ぞっとするほど厳しい
[解] 定訳「不快な」は〈神経にさわる〉ことで原義を思えば理解がしやすい．
[派] harshly 不快に，厳しく
[例] He has a harsh voice. 彼はだみ声だ． / Arctic animals are well adapted to their harsh and inhospitable environments. 北極の動物は厳しく苛酷な環境にうまく適応している．

harvest [hάːrvist]
収穫(する)
[原] 秋，収穫期
[イメージ] 実ったものを刈り取る⇨収穫する
[解] 原義「秋」をとどめる表現に harvest moon (= the full moon nearest the autumnal equinox)「中秋の名月」がある． harvest から一番に連想される tool は sickle(鎌)である．
[例] An old farmer was harvesting delicious-looking grapes. 年配の農夫がうまそうなブドウを収穫していた． / Pineapples are harvested by hand. パイナップルは手で収穫される． / We are expecting a bumper harvest of rice this year. 今年は米は大豊作でしょう．

hate [héit]
憎悪(する)
[原] 憎む
[イメージ] (ひどく)嫌う，(事柄の発現を嫌う)⇨残念に思う
[解] don't like～と言うよりも hate の方が単刀直入に「嫌う」の意味を伝える．「ひどく嫌う」を意味する語に detest (嫌でたまらない)がある．
[派] hateful 嫌いな / hatred 嫌悪感(⇨嫌う＋状態)
[例] I'm healthy, have a nice figure and all, but I hate my nose. 私は健康で，かっこうもいいし，みな満足なんですが，鼻だけが気に入りません． / I hate to see you throw away your money so foolishly. あなたがやたらと金を無駄に使うのを見るのは残念だ． / The 17-year-old boy had an unmitigated hatred for the school and teachers. 17歳の少年は学校と教師に対してどうしようもない嫌悪の気持ちを持っていた．

haughty [hɔ́ːti]
傲慢な，横柄な
[原] 高い
[イメージ] お高くとまる⇨えらぶる
[例] Being of a haughty disposition, as well as eccentric, he was regarded by many as a madman. 彼は横柄な性格で風変わりであったので多くの人に狂人と思われた． / Don't let his words bother you; he is notorious for his haughty remarks. 彼が言ったからといって悩むことはないよ．彼は横柄な言葉

で有名なんだから．

haul [hɔ́ːl]
引っ張る
[原] 強く引く
[イメージ] 物を引っぱる，車両で荷物を運搬する
[派] haulage 運送業，運送料
[関] hale 引く
[例] The delivery agency charges lower rates for short hauls. 運送業者は短距離の運搬には低料金を請求する．

haunt [hɔ́ːnt]
しばしば行く，付きまとう
[原] たびたび行く
[イメージ] 自分の家のごとく寄り付く
[解] home(家)が同系語であることを知るとイメージが描き易い．
[派] haunted 取り憑かれた(ような)
[例] She is continually haunted by the fear of being shadowed by someone. 彼女はいつも誰かに尾行されているような恐怖感におそわれている． / These areas were long believed to be the haunts of demons. その地域は悪魔が出没するところだと長い間信じられていた． / The island used to be the haunt of pirates. その島は昔海賊の島だった． / The Highland region of Scotland is the haunt of eagles and wild cats. スコットランドの高地はワシとヤマネコの生息地である．

have [hǽv]
持っている，状態である
[原] 手に入れる
[イメージ] 物を持っている⇨状態・状況を持っている
[解] have の定訳「持っている」から〈手〉を連想しがちであるが，〈身の回りに物や状況を持っている〉とイメージされる．手に鉛筆を持って，I have a pencil. と言う英語教室の場面がよくあるが，そうであるなら，I have a house. はたちまち大変な力持ちでなければ不可能な表現となる．
[例] I need something to write with.—I have a pencil. 何か書くものがいるのだけれど—鉛筆ならあるわ． ◇物の所有 / We had a lot of snow this winter. 今年は雪が多かった． ◇天候の状態 / I have a headache(toothache, cold). 頭が(歯が痛い，風邪を引いている)． ◇痛み・病気の状態 / I have to write to him. 彼に手紙を書かなくてはいけない． ◇to write to him な状態にある． / I had my bike stolen. 自転車を盗まれた． ◇my bike stolen な状態を持った． / I had my mother do my homework. 母に宿題をしてもらった． ◇my mother が do my homework の状態を持った． / He has gone. 彼は行ってしまった． ◇彼は gone(そこにいない)状態にある．

havoc [hǽvək]
大破壊，大混乱
[原] 襲いかかれ！の叫び声
[イメージ] 地震・火事・台風・噴火などが引き起こす大規模な災害
[例] Torrential rains triggered by the typhoon have wrought havoc in Southern Kyushu. 台風が引き金となった集中豪雨は南九州に大きな被害をもたらした． / A violent storm played havoc with the electricity supply. 暴風が電気の供給に大被害をもたらした．

head [héd]
頭，頭脳，先端，長；先頭に立つ，向かう
[原] 頭
[イメージ] 頭⇨物の上部⇨組織体の長；〜へ向かう(⇨頭を向ける)，率いる(⇨頭(かしら)になる)
[派] headlong 頭を先にして(⇨頭+方向に)
[例] The horse I bet on won by a head. 賭けた馬が首の差で勝った． / Use your head. 頭を使いなさいよ． / He is at the head of the line. 彼は列の先頭にいる． / Who is the head of the committee? 誰が委員長ですか． / After five days in San Francisco, we headed for Las Vegas. サンフランシスコに5日滞在して，ラスベガスに向かった． / Where is the human race headed? 人類はどこへ向かっているのだろうか． / They nominated Mr. Mori to head the government. 彼らは森氏を総理大臣(⇨政府を率いる)に推した．

headlong [hédlɔ(ː)ŋ]
まっ逆さまに，向こう見ずに
[原] 頭の(head) 方向へ(long)
[イメージ] 頭を先にして落ちる⇨まっ逆

さまに，頭を先にして突っ込む⇨やみくもに突っ込む
解 頭を先にして進む方向は重力のため，下方向と横方向しかない．
例 The kingfisher catches fish by diving headlong into the water. カワセミは水面にまっ逆さまに突っ込んで魚を取る． / The furious French counterattack forced the Austrians into headlong retreat. フランスの激しい反撃に遭いオーストリア軍は急遽退却に追い込まれた．

heal [híːl]
治す
原 完全(whole) にする
イメージ 傷や病気を癒す
派 health 健康(⇨ 完全＋状態) / healthful 健康によい / healthy 健康である，健康によい
例 The fracture will heal within a month. その骨折は1月以内に治るでしょう． / You shouldn't neglect your health. 不養生はだめですよ． / You live in a healthful environment. 健康によい環境に住んでおられますね．

hear [híər]
聞こえる
原 聞く
イメージ (音や情報を)聞く，(意見を)聞き入れる
解 hear は〈聞こえてくる〉，listen は〈聞こうと思って聞く〉とよく説明されるが，実は hear は〈耳にする〉，listen は〈耳を傾ける〉のように捉えるほうがよいだろう．hear にも〈意識して聞く〉の意味がなければ公聴会のことを hearing と言うわけがない．この関係は see〈見る〉と look〈視線を送る〉と同じである．
例 I didn't hear you come in. あなたが入ってきたの聞こえなかったわ． / I hear he's going to resign. 彼は辞職すると聞いています． / We heard the news. そのニュースを聞いた．〈聞いて知っている〉 / We listened to the news. そのニュースを聞いた．〈関心を持って耳を傾けた〉 / The judge heard both sides 判事は両方の言い分を聞いた．

hearsay [híərsei]
伝聞，噂
原 言う(say) のを聞く(hear)
イメージ (人が言っているのを聞く)風の便り
例 Much of the evidence was hearsay; there was no documentary evidence at all. 証拠となるものの多くは風評であり，記録に残された証拠は1つもなかった．

heart [háːrt]
心臓，心，中心
原 心臓
イメージ 心臓⇨(感情の宿る)心
解 heart が〈感情の座〉なら mind は〈思考の座〉である．
派 hearten 元気づける / hearty 心からの / heartily 心から
例 She has a kind, warm heart. 彼女は優しく，暖かい心を持っている． / She knew in her heart that she was wrong. 彼女は内心では自分が悪かったと分かっていた． / I need to run, so please go to the heart of the matter. 急がなきゃならないので，核心をはやく言ってよ．

heat [híːt]
熱，暑さ；暖める
原 熱いこと(hotの名詞形)
イメージ 熱，暑さ；熱くする，暖める
派 heating 暖房
関 hot 暑い，熱い
例 How do you heat your house? お宅の暖房はどうしてますか． / My school has a heated swimming pool. 私の学校には温水プールがある． / I can't stand the heat of the summer here. この地の夏の暑さには参ってしまう． / We had a heated discussion on who in fact won the election: Gore or Bush. 我々は実際はゴアかブッシュのどちらが勝ったのか熱のこもった議論をした．

heave [híːv]
強く持ち上げる，放り投げる，波打つ
原 持ち上げる
イメージ 重いものを引く⇨引き上げ放つ⇨上下動する(重いものが上がれば支えがないときは次には下がるのが物理の道理)
解 have と語源を同じくする説もあるので，have と関連づけて理解すると覚え易い．
例 We heaved the piano up to the second floor. ピアノを2階へ引き上げ

た．／ The robber heaved a brick through a shopwindow. 強盗はレンガをショーウインドーに投げつけた．／ I felt the ground heave violently. 地面が激しく上下動するのを感じた．／ He heaved a sigh of relief when he heard he passed the exam. 試験に受かったと聞いて彼は安堵の溜息をついた．◇溜め息(sigh)をつくときはまず息を大きく吸い込むがこの動きを heave で捉えている．次の動きの吐く息については言わずもがなの生理上の道理である．

heaven [hévn]
天国，空
原 (地球を弓状に覆うもの)⇨空(そら)⇨神の住むところ
イメージ 天国，天空
解 the heavens で the sky(空)の意で用いるがフォーマルな用法で，〈天空〉と言った感じになる．
例 Many wish to go to heaven when they die. 死んだら天国に行きたいと願う人が多い．／ Millions of stars were seen twinkling in the heavens. 満天の星が輝いていた．

heavy [hévi]
重い，重苦しい，(程度が)激しい
原 重く感じる
イメージ (目方が)重い⇨量が多い⇨対処が大変である⇨気持ちが重くなる
解 重いものを引き上げる(heave)と反作用的で腕に重い感じ(heavy)が生ずる．
関 heave 持ち上げる，盛り上がる，降起／ upheaval 隆起，騒動
例 Soon after the dictator took over the government, heavy taxes were imposed upon the people. 独裁者が政権を握ると，たちまち庶民に重い税がかかってきた．／ He is a heavy drinker. 彼は大酒飲みだ．／ His eyes are heavy with sleep. 彼は眠たそうだ．◇瞼が重くなる／ I feel heavy and clumsy today. 今日は気分が重く冴えないよ．

hectic [héktik]
非常に忙しい
原 熱で紅潮した
イメージ (人を熱狂的にさせる)⇨人をてんてこまいにする
解 定訳だけだと，たとえば「今日は忙しかった」の意で I was hectic today. と言えそうであるが，上記のように hectic は〈(スケジュールが多くて)人を忙しくさせる〉の意味であるから，I had a hectic day. と表現しなければいけない．
例 Monday is a hectic day (=It is hectic on Monday). 月曜日は忙しい日である．

help [hélp]
助ける，手伝う
原 助ける
イメージ 人の手助けをする，事をよりスムーズに進める
解 「手伝う」と言う訳語はたとえば「宿題を手伝う」を help one's homework と誤って言うことの元凶にもなっている．助けるのは〈人を〉であって〈宿題を〉ではない．
派 helpful 役立つ
例 Can someone please help me move this table? 誰かこのテーブル動かすの手伝ってくれない？／ His advice helped improve my son's grades. 彼のアドバイスのおかげで息子の成績が上がった．／ Mountains and hills help make Japan one of the world's most beautiful countries. 野山が日本を世界有数の美しい国にする要素になっている．◇help make 〜は〈〜するのに役つ，〜する要素になる〉は発信用として活用の広い表現である．／ Help yourself to the cake. ケーキをどうぞ．〈(I won't help you, but you) help yourself to the cake. (私は給仕(の手伝い)をしませんので，あなたがあなたに給仕してケーキへ導いてね)と解釈できる．／ Help yourself to the brochures. パンフレットはご自由にお持ち帰り下さい．◇英和辞典の例文は軒並み help yourself to＋〈食べ物〉なのは不十分．／ You can't help getting older, but you don't have to get old. 年をとるのはしょうがないが，年寄りになる必要はない．◇この構文では，help(助ける)＝avoid(避ける)とどの英語辞書も説明しているが，これは〈(窮地に陥ることを)避ける＝助ける〉と理解できる．／ I certainly didn't want this relationship to become public if I could help it. できることなら，この関係を表沙汰にしたくなかった．

helpless [hélpləs]
無力な
原 助け(help) がない(less)
イメージ (万策尽きて)お手上げ状態である
解 a helpless gesture は欧米人が困ったときの仕草で、肩をすぼめ、両手を広げる仕草を言う。helpful(役立つ)の反意語ではない。
例 Some sea snakes are helpless on land. 海蛇の中には陸ではまったくだめなものがいる。/ A new born baby is helpless. 生まれたばかりの赤ん坊は自分では何もできない。/ The challenger was helpless against the champion. 挑戦者はチャンピオンに対してなす術がなかった。/ They were helpless at resisting the changes transforming the entire society. 社会全体の変化の波に抗するには彼らは無力であった。

herald [hérəld]
使者、前ぶれ；前ぶれになる
原 伝令官
イメージ 伝令官⇨先駆けて伝える⇨前ぶれとなる
解 新聞名によく用いられる。The Sydney Morning Herald / The Miami Herald
例 The memory system invented by Frederic Williams heralded the beginning of the computer age. フレデリック・ウィリアムズの発明した記憶装置がコンピュータ時代の先駆となった。

heredity [hərédəti]
遺伝、世襲
原 次に残す(here=heir) こと(dity)
イメージ 代々受け渡す性質⇨遺伝・世襲
派 hereditary 遺伝性の、世襲の
関 heir 相続人 / heritage 遺産 / inherit 受け継ぐ
例 Mendel formulated the first laws of heredity. メンデルは遺伝の第1の法則を作り上げた。/ Women are less affected than men by hereditary baldness. 女性の方が遺伝の禿げになりにくい。

hesitate [héziteit]
躊躇する
原 粘りつく
イメージ 粘りついて動きが悪い⇨二の足を踏む⇨確信がなくて行動をためらう
解 音的にもいかにも〈粘着感〉のある語。
派 hesitation 躊躇 / hesitant 煮え切らない
関 adhere くっつく / adhesive 粘着テープ
例 He hesitated before signing the document. 彼は書類への署名の際すべきかどうか迷った。/ Don't hesitate to ask if you have any questions. 質問があれば遠慮なく聞いて下さい。

hide [háid]
隠す；(けものの)皮
原 隠す
イメージ 姿や秘密を覆って見えないようにする；(革にされる動物の)皮
解 〈隠す〉と〈皮〉の意味の接点は〈覆って隠す〉と〈覆う皮〉である。
関 hideout 隠れ家 / hide-and-seek かくれんぼ
例 Hide-and-seek is a game in which one player closes his eyes for a brief period while the other players hide. かくれんぼは鬼が目を閉じている間に他の者が隠れる遊びである。/ The bug hides itself beneath bark to await prey. この虫は樹皮の下に隠れて獲物を待ち伏せする。/ Physical beauty may hide an ugly nature. 姿の美しさは醜い気質を隠してしまうことがある。

high [hái]
高い
原 高い
イメージ 見る対象が高いところにある
解 tall は対象の足元から上端までの長さが長い、つまり〈背丈の高い〉様子を言う。
派 height 高さ / highly 大いに
例 She is higher than he is. 彼女は彼よりも高い所にいる。◇ She is taller than he (is). 彼女は彼より背が高い。/ The higher you are on the corporate ladder, the greater your responsibilities. 組織の中で地位が上がれば、それだけ責任が大きくなる。

hill [híl]
丘、山

原 (盛り上がった)丘
イメージ 隆起した丘，小高い山，坂道
解 丘の傾斜，つまり坂道についても言う．
例 He went up the hill on a bike. 彼は自転車で坂道を登っていった．

hinder [híndər]
妨げる
原 後ろに(hind) 止める(er)
イメージ 物事の進行・前進をじゃまする(足を引っぱる)
派 hindrance 妨げ
解 たとえば，車庫の前に停めてある車は車庫内の車を後ろに止め〈前進を妨げる〉事態になる．
関 behind 後ろに / hind 後ろの
例 The repair work on the road hindered the flow of traffic. 道路工事で交通の流れが妨げられた．

hindsight [híndsait]
あと知恵
原 後ろの(hind) 光景(sight)
イメージ 物事が起きてしまった後で頭に描くこと(事後のひらめき)
解 sight とは頭に描く映像，つまり考えの意：insight 洞察力(⇦物事の中(in)まで見る(sight)) / foresight 先見(⇦前もって+見る) / second sight 透視力(⇦ eye sight を first sight と解釈したもの)
例 The car parked nearby the post office looked strange, in hindsight. 郵便局の近くに駐車していた車は今考えて見ると変だった．

hint [hínt]
ほのめかす；ヒント
原 暗示
イメージ 遠回しに言う；ヒント(⇦直接の解答ではなく解決へ至るコツ)
例 He hinted that he might change his job. 彼は転職をほのめかした．/ May I have some hints on keeping tropical fish? 熱帯魚を飼うコツを教えてもらえますか．

hire [háiər]
借りる，雇う
原 借りる
イメージ 金を出して物を借りる，金を出して人を使う
解 アメリカでは〈物を借りる〉の意では rent をよく用いる．
例 Employers often refuse to hire anyone over fifty. 雇用者は 50 歳以上の人だと採用を拒否することがよくある．

history [hístəri]
歴史，経歴
原 知識
イメージ どうであったかについての説明・話(過去の物語)
派 historic 歴史的な / historical 歴史に関係する
関 story 物語，話
例 History is the story of all aspects of past human life. 歴史とは過去の人間のいろいろな面についての話である．/ Write down a brief personal history on this form. 簡単な履歴をこの用紙に記して下さい．

hit [hít]
打つ，襲う
原 出くわす
イメージ (手や棒で)パンと打つ，(現象が)さーと襲う
解 strike の〈ズシンと打ちつける〉に対して hit は〈パンと打つ〉感じ．hit はどこかに原義の〈出合いがしら〉のイメージが潜んでいる．
例 I was almost hit by a car. すんでのところで車にはねられるところだった．/ I hit my head on the door. ドアで頭を打った．/ The typhoon is hitting around cape Muroto. 台風は室戸岬あたりを襲おうとしている．/ Outside, the cold winter air hit me. 外に出ると，冷たい冬の大気が私を襲った．/ Another wave of nausea hit me. また吐き気が襲ってきた．

hoard [hɔ́:rd]
貯め込む
原 蓄え
イメージ 物品を密かに囲い込む
関 hide 隠す
例 Those who hoard money are basically unhappy people. 金を貯め込む人は大抵不幸せである．

hobby [hɑ́bi]
趣味
原 娯楽
イメージ 余暇の愉しみ
解 日本語では「ご趣味はなんです

か？」は確立しているが，英語では，What do you do when you have free time? などと言った表現が普通．
例 My hobbies are biking and gardening. 私の趣味はサイクリングと庭いじりです．

hold [hóuld]
保つ
原 見守る
イメージ そのまま崩れないように保つ
例 Hold it! (写真を撮る時など)ちょっとそのまま，(電話で)切らずにお待ち下さい．◇そのままを保つ / Hold your head straight. 頭を真っ直ぐに保ちなさい．◇崩れないように保つ / The good weather held (up). 天気がもった．◇崩れない / Will this branch hold me? この枝は乗っても大丈夫だろうか．◇崩れない / She held the door open for me. 彼女はドアを持っていてくれた．◇そのままを保つ / Hold your breath. 息を止めて．◇そのままを保つ / He held the job from late 1992 to March of this year. 彼は1992年の終わり頃から今年3月までその職にあった．◇そのままを保つ

hole [hóul]
穴
原 くぼみ
イメージ 掘った穴(大地や木の穴)，擦り切れた穴(布の穴)
関 hollow うつろの，へこんだ
例 Woodpeckers can make holes in trees and pull out insects. キツツキは木に穴を開けて虫をつまみ出すことができる． / My socks have holes at the toes. 靴下の先のところに穴が開いている．

hollow [hálou]
うつろな，くぼんだ，
原 くぼみ
イメージ 中がからっぽである⇨表面がくぼんで見える
解 反意語は solid(中身が詰まっている)
関 hole 穴
例 The pillar is hollow. この柱は中空です． / He has hollow cheeks. 彼は頬がこけている． / He talks much but is rather hollow. 彼はよくしゃべるが内容がない．

holy [hóuli]
神聖な
原 完全で汚れのない
イメージ 汚れのない⇨神聖な
解 whole(完全なもの)は同系語．
例 He began to lead a holy life. 彼は信仰生活に入った．

homage [hámidʒ]
敬意
原 家臣(hom=man)であること(age)
イメージ 頭をさげて敬意・尊敬を示す
解 pay homage to(～に敬意を払う)は元々は文字通り〈家臣であることを誓うために金を払うことであった〉
例 Soon after his death, even his enemies began to pay homage to his name. 彼が亡くなると，反対派でも彼の名前に敬意を払い始めた．

home [hóum]
家庭，故郷
原 家
イメージ 家庭⇨生まれ育ちの場所
解 house は〈住まう器〉，home〈心の住まうところ〉
例 Making a house into a home does not happen easily. 家を家庭にするのは簡単ではない． / When I saw every other person in the mall with a cellular phone this afternoon, the proliferation of cellular phones suddenly came home to me. 今日の午後，モールで他の人は皆手に手に携帯電話を持っているのを見て，携帯電話が如何に普及しているか納得できたよ．◇come home to me (しっかり中まで入ってくる⇨納得する) / Please, make yourself at home. どうぞ，くつろいで下さいね．◇あなたを自分の家庭にいるかのようにして下さい．

homely [hóumli]
見目の悪い
原 家庭の
イメージ (家で見かけるほどによくある)⇨普段の・並の⇨つまらない
解 語義の展開〈並⇨劣〉は common(並の⇨下品な)にも見られる．またよく聞く諺 "Familiarity breeds contempt."(親しくなると侮りが生じる)は意味の展開を説明していると言える．
例 He preached to the poor, in their

homely language, the virtue of temperance. 彼は貧しい人々に清貧の美徳を彼らの普段のことばを用いて説いた． / She is homely. 彼女は不器量だ． ◇ ugly（醜い）と言ったら強すぎるので婉曲的に言ったもの（アメリカの用法）．

honest [ánəst]
正直な
[原] 名誉ある
[イメージ] 包み隠しがない
[派] honesty 正直
[関] honor 名誉
[例] If you want my honest opinion, I think you favor some students more than the others. 正直に言わせてもらえば，あなたは何人かの生徒をえこひいきしていると思う． / "You have nothing to worry about, honest."「何も心配することはないよ，本当だよ」◇ honest は間投詞．Honestly, you have nothing to worry about. とも言える．

honor [ánər]
名誉
[原] 尊敬
[イメージ] 社会的評価が高いこと（⇨信用が背景にある）；社会的評価を与える（⇨信用の実行をする）
[派] honorable 尊敬すべき
[例] They fought for the honor of their country. 彼らは祖国の名誉のために戦った． / The bank refused to honor his check. 銀行は彼の小切手の支払いを拒否した． ◇ check の信用性を評価しなかった⇨支払いをしなかった / I am sure he is honorable. 彼は信用できる人です． / He took an honorable position. 彼は名誉ある地位についた．

hook [húk]
フック，ホック，釣り針；引っかける
[原] 鉤（かぎ）
[イメージ] フック・釣り針⇨引っかける
[解] be hooked on（〜にのめりこむ）
[例] Hang your coat on the hook. 上着をフックにかけなさい． / Many computer users are hooked on their machines. 病みつきになっているコンピュータユーザーがかなり多い． / Mrs Smith was hooked on bingo, playing it five afternoons a week. スミス夫人はビンゴにはまっていて平日の午後はいつもやっている．

hope [hóup]
希望（する）
[原] はずむ
[イメージ] 期待して（気持ちがはずむ）
[解] 原義は hop（跳ねる）に関係がある．
[派] hopeful 希望に満ちた，有望な / hopeless 絶望的
[例] I hope to see you again one of these days. 近いうちまたお会いしたいと思います． / The pioneers needed many skills to make their hopes come true. 開拓者達は希望を実現させるために多くの技術を必要とした．

horizon [həráizn]
水(地)平線，範囲
[原] 境界線
[イメージ] 空と海(大地)を分ける線⇨水平線・地平線，(限界線までの)経験範囲
[派] horizontal 水平な
[例] Traveling literally broadens your horizons. 旅は文字通り人の視野を広げてくれる．

hospital [háspitl]
病院
[原] 客をもてなす所
[イメージ] 病院
[解] 元来 hostital は貧民や病弱者を世話する所であった（治療の意がないのは昔は，医者は病人のところへ赴いて治療していたから）．
[派] hospitable 暖かくもてなす / hositality 暖かくもてなすこと / hospitalize 入院させる
[関] host 客をもてなす主人役
[例] Many visit hospitals as out-patients. 多くの人が外来患者として病院へ行く． / He was in the hospital for two weeks (= He was hospitalized for two weeks). 彼は2週間入院していた． / They were hospitable to us. 彼らはとても親切にもてなしてくれた． / We very much appreciate your hospitality. あなたがたのおもてなしにとても感謝しています．

host [hóust]
主人，主催者；大勢
[原] 未知の人⇨客
[イメージ] 客をもてなす(私的もてなし)，主催する(公的もてなし)

[解] 原義(客)と意味(主人)の間は文字通り主客転倒しているが、日本語でも「客をする」は〈人を招待してもてなす〉の意に展開することを思えば納得できる。
[例] Okinawa is likely to host the G8summit in 2000. 沖縄が2000年のG8サミットを開催する模様である。/ My wife has a host of friends. 妻は友達が多い。◇ host が〈大勢・多数〉の意を持つのは未知の人⇨敵⇨敵軍⇨軍勢⇨大勢〉という意味の展開による。

hostile [hástl]
敵意を持っている
[原] 客(host)(ile)
[イメージ] (客⇨主人の相手⇨敵)敵意を持っている
[解] 「今度の相手はよいお客さんだよ」というとき、の「お客」に似た発想である。
[派] hostility 敵意
[関] host 主人、ホスト
[例] People in neighboring countries tend to be hostile to one another. 人は隣り合う国家に対して敵対感情を抱きがちである。/ I don't understand his hostile attitude. 彼がなぜ反抗的態度をとるのか分からない。

hot [hát]
熱い、暑い、辛い
[原] 熱い
[イメージ] (焼けるように)熱い、暑い、(舌が焼けるように)辛い(気質が燃えるように)激しい
[関] heat 熱
[例] It is hot today. 今日は暑い。/ I like hot curries. 辛いカレーが好きだ。/ He has a hot temper. 彼は短気だ。

hound [háund]
猟犬；追跡する
[原] 犬
[イメージ] (犬のように)うるさくつきまとう
[解] 16世紀頃 dog にとって代わられるまでは hound が犬の意で普通に用いられていた。dog の動詞用法でも〈しつこくつけ回る〉の意がある。
[例] I am constantly hounded by phones. 絶えず電話に悩まされている。/ The owner of the house sent her hounds after the thief. 家の女主人は泥棒を追って猟犬を放った。

hour [áuər]
時刻、時間
[原] 時
[イメージ] 時の一区切り
[例] Don't forsake me in my hour of need! 困っている時に私を見捨てないでよ。

house [háus]
家；収容する
[原] 家
[イメージ] 家⇨住まわせる、中に収容する
[例] The Diet, which makes Japan's laws, consists of two houses—the House of Representatives and the House of Councilors. 日本の立法機関である国会は衆議院と参議院の二院からなる。/ In the Olympic Village, competitors are housed and fed at a reasonable price. オリンピック村では選手は手頃な値段で泊まれ食事が摂れる。

household [háushould]
家族
[原] 家(house)を保つ(hold)
[イメージ] (家を保つ)家族の全員⇨世帯；(家に保つような)見慣れた ◇ familiar(見慣れた)と同じ発想。
[例] Most households have a television. ほとんどの世帯にテレビがある。/ Ecology is a household word these days. エコロジーはこの頃よく聞かれることばだ。

how [háu]
どんなふうに、どれほど
[原] どのように
[イメージ] どんなふうに、どれほど
[解] 方法・様態・程度のありかたを知ろうとする働きをする。
[例] How did you know I've always wanted this CD? このCDを僕がずっと欲しかったことがどうして分かったのですか。/ How much is the rent on the office? オフィスの借り賃はいくらですか。

however [hauévər]
どんなに〜でも、しかしながら
[原] どれほど(how)であっても(ever)
[イメージ] どのようにあっても
[解] 条件を最大限認めておいて、次の節

で現実を冷静に描く表現法．
例 However cold it is, she always wears shorts. どんなに寒くても，彼女はいつもショートパンツだ． / My house is small. It is comfortable, however. 私の家は小さいが，居心地はよい． / However you look at the 2000 Presidential election, there is no clear winner. どんな見方をしても，2000年の大統領選挙の勝者ははっきりと見えてこない．

huddle [hʌ́dl]
ごちゃごちゃに詰め込む，ごたごた群がる
原 群がりの中に隠れる
イメージ ある箇所に群がる(人が身体を寄せ合う，物を詰め込む)◇人が1人なら〈ちぢこまる〉
解 -u-は圧迫の意味合い，-dd-の重なりは〈重なり〉のイメージ．
例 The cats huddled together for warmth. ネコは体を寄せ合って暖かくしていた． / The cat lay huddled up in the kotatsu. ネコはこたつで丸くなっていた．

hue [hjúː]
色合い，傾向
原 外見・色合い
イメージ 物や物事から醸し出される色(雰囲気・気配がある)
例 There floated some weird hue around the deserted house. その空家には何か気味悪い雰囲気があった．

hug [hʌ́g]
抱き締める
原 慰める
イメージ 慰めたり喜び合うジェスチャーとして立ったまま抱き締める
解 性的意味合いはない．
例 They hugged each other. 2人は互いに抱き締め合った． / When biking, always hug the side of the road. 自転車の時はいつも道路の端をきちんと走りなさい．◇hug〈抱く⇨ぴったりくっつく⇨(乗り物を)〜に沿わせて走らせる〉

hum [hʌ́m]
ブンブンいう，活気がある，ハミングする
原 (虫が)ブンブンいう
イメージ 蜂がブンブンうなりながら忙しく活動している
例 His office has been humming with activity day and night. 彼のオフィスは昼夜活気がある．

human [hjúːmən]
人間の，人間的な；人間，人類
原 地上の生き物
イメージ (生物としての)人間(の)，(神とは違った)人間(的な)
解 man(人間)よりもhumanの方が，mankind(人類)よりもhuman beingの方が好んで用いられる．
派 humane 思いやりのある，人文科学の / humanity 人間性，人類
例 The polar region is not fit for human habitation. 極地は人間の生息には適していない． / I know that the day will come when I will lose. I am only human (=a human being), you know. 負ける日が来ることは分かっている．私だって人間に過ぎないのだから． / The machines that were intended to serve humanity often produced harmful results. 機械は人類に役立つように作られて来たがしばしば逆の結果が生じている． / Jesus Christ has probably influenced humanity more than anyone who ever lived. イエス・キリストは恐らくこれまでの誰よりも人類に強い影響を与えている．

humble [hʌ́mbl]
謙虚な，みすぼらしい
原 地に近い⇨低い
イメージ (地位が)低い，(腰が低い)⇨謙虚な
派 humiliate 恥をかかせる(⇨低める) / humiliating 屈辱的な / humility 謙遜，卑下
例 Abraham Lincoln rose from humble origins. アブラハム・リンカーンは貧しい生い立ちから身を起こした． / Teachers had a humble social status. 教師は社会的地位が低かった． / There's no place like home, however humble. どんなに粗末でも一番楽しいのは我が家だ．

humid [hjúːmid]
湿気のある
原 湿っている
イメージ 湿っぽい

humiliate

派 humidity 湿気
例 Summers in Hiroshima are hot and humid. 広島の夏は暑くて湿気が多い．
◇hot and humid は〈蒸し暑い〉の意の決まった言い方．

humiliate [hju(:)mílieit]
恥をかかせる
原 地面に下ろす
イメージ 低める⇨恥ずかしくさせる
解 原義〈地面に下ろす〉は〈土下座させる〉に発想が似ている．
派 humiliation 屈辱
例 My stepmother has me wear the same shirt every day to humiliate me. 継母は僕を辱しめようと毎日同じシャツを僕に着させた．/ I earned $100 a month and got shouted at all the time. If I'm going to be humiliated, I'd rather be for a decent sum of money. 私は月給100ドルという安給料でいつもどなれてばかりだった．同じ恥ずかしい思いをするのなら，まともな給料での方がよいと思った．/ He tried to humiliate me into quitting. 彼は私に恥をかかせて(会社を)やめさせようとした．

humor [hjúːmər]
気質，ユーモア
原 体液
イメージ (体液)⇨気質⇨(気質の1つ)ユーモア
解 4つの体液がその配合で人の気質を決めると考えられていた．現代でも血液型と気質の関係を信じる人は多い．
派 humorous 滑稽な
例 He has no sense of humor. 彼はユーモアのセンスがない．

hunger [hʌ́ŋɡər]
空腹，渇望
原 飢え
イメージ 食糧をひどく欲しがる⇨～をひどく欲しがる
派 hungry ひもじい，熱望している
例 Hunger is the best sauce. 空きっ腹にまずいものなし．/ He hungered after fame and wealth. 彼は名声と富を渇望した．

hunt [hʌ́nt]
狩りをする，捜す
原 捕らえようとする
イメージ (動物・鳥・人・物を)探し捕らえる
例 The hunt for the robber has begun. 強盗の捜索が始まった．/ He has been hunting for a new girlfriend. 彼は新しい恋人を探している．

hurdle [hə́ːrdl]
障害物
原 垣
イメージ (陸上競技の)ハードル台⇨越えるべき障害・困難
例 Edwin Moses was the winner of the gold medal for the 400-meter hurdles in the 1984 Olympic Games. エドウィン・モーゼスは1984年のオリンピックの400メートルハードルで優勝した．/ You have to get over some hurdles to become an attorney. 弁護士になるにはいくつかの壁を越えなければならない．

hurry [hə́ːri]
急ぐ，急がせる；急ぎ
原 さっと動く
イメージ せく，せかせる
解 -u-と-rr-の重なりに物理的圧迫が感じられる．
関 scurry 小走りする
例 Mom hurried the three of us out of our house to gaze at the huge harvest moon in full view in the sky. 母は私たち3人を家から急いで出して，くっきりと空に浮かぶ大きな満月を見せた．/ Life is unhurried in the farming areas. 農村地帯では生活はゆっくりしている．

hurt [hə́ːrt]
傷つける，傷める
原 打ちつける
イメージ (打つ)⇨(心身を)打ちつける⇨傷を負わす
解 -u-に〈圧迫〉が感じられる．原義〈打ちつける〉から，身体の部分を傷めることを言う．
派 hurtful 害になる
関 hurtle びゅんびゅん飛ぶようにすすむ，投げつける
例 Did you hurt yourself (when you fell down)? 転んだ時けがをしなかったですか．/ I hurt my leg. 足を傷めた．/ Where does it hurt?—It hurts right here. どこが痛みますか．—ここです．/ My leg hurts. 足が痛みます．/ She

was deeply hurt by her husband's thoughtless words. 彼女は夫の不用意なことばに傷ついた．

hush [hÁʃ]
黙らせる；沈黙
原 静かにさせる
イメージ しっ！，静かに！
解 日本語とほぼ同じようにシーと発音することもある．
例 The news of their son's death hushed the family. 息子の死を聞いて家族はことばがなかった．/ We took a walk on the beach in the hush of the twilight. 私達は浜辺のたそがれ時の静けさの中を歩いた．/ Hush, there's someone coming this way. しっ！ 誰かがこちらへ来てるよ．

husk [hÁsk]
殻，もみ殻，さや
原 小さな家(house)
イメージ 乾いたもみ殻(かさかさで内容がない)
解 小さな家だから窮屈なイメージの-u-がある．乾いた殻は〈からから・がさがさ〉なので，しゃがれ声のことを husky と言う．
例 When we thresh rice we separate the grain from the husk. 米を脱穀する時，米ともみ殻を分離する．/ Her husky voice and seductive personal presence have made her one of the best-known singers. ハスキーな声と魅惑的な風貌でもって彼女はとても有名な歌手の１人になった．

hustle [hÁsl]
乱暴に押す，せかせる，ハッスルする
原 振り動かす
イメージ せかせか押し進める
解 -u-に〈圧迫〉が感じられる．
例 She hustles the children off to school every morning. 彼女は毎朝子供たちを急いで学校に送り出す．/ She hustles every night in the red-light district. 彼女は毎晩赤線地帯で稼いでいる．

hypothesis [haipάθəsis]
仮説
原 下に(hypo) 置く(thesis)
イメージ 下から控えめに提示する説⇨仮説◇語源辞典は thesis＝put と説明している．この put は〈置く⇨提示する〉の意味である．「憶説」と理解するのも一興である．これは〈supposition(下から＋提示する)⇨仮定〉の意味の成り立ちと似ている．
派 hypothetical 仮定の
関 thesis 論文(⇨考えを表出したもの) / hypodermic 皮下の
例 There are some arguments against the hypothesis he put forward. 彼の示した仮説に対していくつかの反論がでている．/ That's, I'm afraid, is a hypothetical question. それは現実に基づいてない質問だと思います．

I

icicle [áisikl]
つらら
[原] つらら
[イメージ] つらら
[解] -c-の綴りの繰り返しが「つらら」の「ら」の繰り返しに似ている．
[例] There were icicles hanging from the eaves. 軒からつららがぶらさがっていた．

idea [aidí:ə]
考え
[原] 物事のありさま
[イメージ] (物事のありさまを頭に描く)⇨物事のメンタルイメージ
[解] idea は一般性の高い語．concept は専門性の高い考えについて言う．
[派] ideal 理想的な(⇨頭で考えた)
[例] I have no idea what to read for the test. 試験のためにどんな本を読んだらいいのか分かりません． / I've got a fairly good idea of the Islamic world. イスラムの社会がどんなものかかなり分かってきた． / His idea of China is rather strange. 彼の中国観はかなり変わっている． / What gave you the idea of having the party? どうしてパーティを開くことを思いついたのですか． / He gave up the idea of applying for the job. 彼はその職に応募することを断念した．

identify [aidéntəfai]
同一視する，同一であると認める
[原] 同一とみる
[イメージ] 付帯情報(たとえば音色，色合い)からその情報源本体をつきとめる
[解] 原義の「同一とみる」というのは〈付帯情報を情報源本体と照合して同一と見る〉ということ．
[派] identical 同一の / identification 身元確認◇ID＝Identification Card 身分証明書○本人の付帯状況(写真，年齢，性別，国籍など)が添付されている本人確認のためのカード / identity 正体，一致点
[例] People can learn to identify thousands of odors. 人は何千もの匂いの判別ができるようになる(◇匂いから本体が何であるかにたどり着ける)．◇付帯情報は「匂い」． / The police are trying to identify the victim of the accident. 警察は事故の犠牲者の身元割り出しをしている．◇付帯情報(＝たとえば歯型)から本体(＝被害者Ｘ氏)にたどり着こうとする過程がイメージされる． / They identified the body as their son's. 彼らは遺体を息子のものと認めた．◇付帯情報は「遺体」． / The robbers wore masks to avoid being identified. 強盗は顔を隠すために覆面をしていた．◇付帯情報は「顔」． / You need something to identify yourself with. 何か身分を証明するものが要りますよ．◇付帯情報は「何か＝たとえば運転免許証，保険証，学生証など」

idiom [ídiəm]
慣用語，イディオム
[原] 独自の
[イメージ] (独自の話し方)⇨独特の言い回し
[派] idiomatic (表現が)慣用的である
[例] Latin-American literature has developed a rich and complex diversity of themes, forms, and creative idioms. ラテンアメリカの文学は豊かで多様なテーマ，形式，独創的表現を生み出した． / He was an architect in the Rococo idiom. 彼はロココ様式の建築家であった．◇idiom は少し気取った感じで style(様式), manner(流儀), tradition(伝統)の意で用いられる．

idiosyncrasy [idəsíŋkrəsi]
特異なふるまい
[原] 特有の(idio) 伴する(syn) 混ざり(cracy)

イメージ (独特のものが混ざり込んでいること)⇨ある個人に特有の一風変わったふるまい
派 idiosyncratic 風変わりな
例 She had to adjust to her husband's idiosyncrasies. 彼女は夫の変わったふるまいに合わせていかねばならなかった． / The professor may be idiosyncratic but he is extremely learned. その教授は変わっているかも知れないけど，実に博学だ．

idiot [ídiət]
馬鹿，まぬけ
原 白痴
イメージ (独特の人⇨世知に欠けた人)⇨まぬけ
解 イメージは idio-〈特有の〉を生かしてみたもの．
例 What an idiot I am! なんて馬鹿でかしたんだろう．

idle [áidl]
怠けている，無駄である
原 無益な
イメージ 無駄な⇨内容のない⇨ぶらぶらする⇨効率の悪い⇨空吹かしの
解 人について言うときは〈(することがなくて)ぶらぶらしている〉，lazy は〈(することがあるのに)だらだらしている〉感じである．
例 He is idle. 彼は(することがなくて)ぶらぶらしている． / He was sitting idle the whole afternoon. 彼は午後はずっとぶらぶら過ごした． / You shouldn't let the car idle inside the garage. 車庫でエンジンをかけっぱなしにしておいたらだめだよ．◇idle(アイドリングする)とはエンジンの動きを車軸に伝えないので無駄の極である． / Many paddies in this village have been left idle for months. この村ではかなりの水田が何か月も放置されたままになっている． / How did you spend your day?—Mostly in idle banter. 君は1日をどう過ごしましたか？—大抵つまらないだべりばかりしてたよ．

if [if]
もし〜ならば，〜かどうか
原 もし〜ならば
イメージ (ある状況を指定して)それであれば；(ある状況を指定して)それであるかどうか
解 if の働きはいずれの場合もくある1つの状況を指定する〉ことにある．
例 If you eat too much, you will get fat. 食べすぎると太りますよ．◇指定するある状況は食べすぎ． / If a tap is dripping, it needs a new washer. 蛇口がもれているなら，新しいワッシャーに換えないとだめですよ．◇指定するある状況は蛇口の漏れ． / Do you know if he is married? 彼は結婚しているかどうか知っていますか．◇指定するある状況は彼が結婚していること． / I wonder if I can help you. お役に立てるかしら．◇指定するある状況は役に立つこと．

ignoble [ignóubl]
下劣である
原 知られて(gnoble)いない(i)⇨低い生まれである
イメージ 低い生まれである⇨恥ずべきである
例 He was a man of ignoble (=common) birth. 彼は名もない生まれであった． / They took an ignoble revenge by making a surprise attack. 彼らは恥ずかしくも不意打ちをかけて報復した．

ignore [ignɔ́ːr]
無視する，知らないふりをする
原 知ら(gnore)ない(i)
イメージ 知らないふりをする
解 -gnore=know で音の類似にも気づくとよいだろう．
派 ignorance 無知，無学 / ignorant 知らない
例 I didn't want to make a scene, so I decided to ignore his remarks. ごたごたを引き起こしたくなかったので彼の発言に悶着をつけぬことにした．

ill [il]
病気である，悪い
原 悪い，悪意のある
イメージ 好ましくない，よろしくない
解 健康や健全を否定する感じである．
派 illness 体調不良
例 She's ill, so she can't attend (the meeting). 彼女は体調が悪いので，参加できない． / I always feel ill at ease when I am in a meeting. 会議はいつも緊張する．

illegal [ilíːgl]

不法である
原 不(il) 法な(legal)
イメージ 契約に反する⇨法にかなわない
派 illegality 違法行為
解 leg に〈結ぶ⇨契約⇨法〉のイメージがある。〈結ぶ〉の意味を背景に持つ語に league(同盟)、legacy(遺産)、colleague(同僚)、college(大学)がある。
例 Prostitution is illegal in many countries. 売春は多くの国で違法である。 / They are smuggling illegal drugs. 彼らは違法の薬を密輸している。

illegible [iléd͡ʒəbl]
判読しにくい
原 集められ(legible) ない(il)
イメージ (各文字がつながらないので単語として脳裏に描けない)⇨文字が不明瞭で読み取れない
解 -leg-に〈集める⇨つながる〉の意味合いがある。
関 eligible～する資格がある(⇨選ばれる)
例 His handwriting is illegible. 彼の手書き文字は読みにくい。

illicit [ilísit]
違法の
原 許されて(licit) いない(il)
イメージ 許されていない
解 -lic-は license(免許)と同じで〈許す〉の意味合いがある。
例 Are organ transplants licit or illicit in your country? あなたの国では臓器移植は合法ですか、違法ですか。

illiterate [ilítərət]
読み書きができない
原 読み書きでき(literate) ない(il)
イメージ 教育がなくて読み書きが不自由である
関 literature 文学 / letter 文字
例 He reads the paper aloud to people who are illiterate. 彼は字の読めない人達に新聞を読んで聞かせる。

illusion [ilúːʒən]
幻想、錯覚
原 からかい
イメージ (人の感覚をからかう)⇨錯覚、思い込み
関 elude 逃れる(⇨たわむれて+出る) / delusion 妄想、あざむき(⇨たわむれて+外れる)
例 Numerous optical illusions are produced by the bending of light as it passes through one substance to another. さまざまな目の錯覚は光がある物質から別の物質を通過するときの屈折によって起こる。 / He had the illusion that she loved him. 彼は彼女が自分を愛していると思い込んでいた。

illustrate [íləstreit]
イラストを入れる、説明する
原 に(il) 光を当てる(lustrate)
イメージ (ある部分に光を当てて)照らし出す、明瞭にする
派 illustration イラスト(⇨話の内容を明瞭にする) / illustrious 高名な、輝かしい(⇨原義通り)
関 illuminate 照明を当てる / illuminating 明快な / luster 光沢
例 They staged a puppet show to illustrate the AIDS problem. 彼らはエイズの問題を人形劇にして分かりやすく説明した。 / Famous fables remain popular because they illustrate truths that almost anyone can recognize. 有名な寓話はほとんど誰もが認める真実を分かりやすく説いているので根強い人気がある。

image [ímidʒ]
像、イメージ、生き写し
原 像
イメージ 心に投影される像
派 imaginable 考えられるかぎりの / imaginary 架空の / imagination 想像力、錯覚 / imagine 想像する
関 imitate まねる
例 When I say "Japan," what's the image that comes to your mind? 日本と聞くとどのようなイメージが湧きますか。 / I saw something moving in the water. That was definitely not my imagination. 何か海中に動いているものが見えた。それは錯覚なんぞではなかった。◇日本語のイマジネーションには〈幻影・錯覚〉の意はないので注意。 / These symptoms are only imaginary. こういった症状は思い込み(⇨想像上のもの)に過ぎません。

imbue [imbjúː]
吹き込む、染める

原 浸(bue) す(im)
イメージ どっぷりつける
関 beverage 飲物
例 The boxer is imbued with a fighting spirit. このボクサーは闘争心が染み込んでいる． / English teachers are supposed to imbue their students with love of language and literature. ことばの教師は学生に言語と文学への愛着を浸透させることを期待されている．

imitate [ímətèit]
まねる，見習う
原 写しを作る
イメージ まねる，見習う
派 imitation 模倣，模造品
例 Why don't you imitate your brother's way of living? 君の兄さんの生き方を見習ったらどうだい． / You will lose your identity if you try to imitate others all the time. いつも人まねばかりしようとすると自分を失ってしまうよ．

immaculate [imǽkjələt]
汚れ1つない，欠点のない
原 しみ(maculate) のない(im)
イメージ 汚れの少しもない，欠陥のない
派 immaculately 欠点なく
例 Her performance was immaculate. 彼女の演技は非の打ちどころがなかった． / Mary is believed to have immaculately conceived Jesus. 聖母マリアは処女のままキリストを懐妊したと信じられている．

immediate [imíːdiət]
即時の，直接の
原 中間(mediate) がない(im)
イメージ (中間がない)直接の(⇨空間的)；直ぐの(⇨時間的)
解 時間的，空間的に間がないことで，「間髪を入れず＝ほとんど間(ま)を置かず」と発想が似ている．
派 immediately すぐに，直接に
関 medium 中間，媒体
例 What was her immediate reaction to hearing that? それを聞いた直後の彼女の反応はどうでしたか． / The immediate cause of the student's absenteeism was not his laziness but his classmates who were bullying him. 彼の不登校の直接の原因は怠けではなくて，クラスメートのいじめだった． / My purpose in becoming a bartender in the first place was immediate income. バーテンダーになったのは第一にすぐに収入が欲しかったからである． / He didn't immediately get involved in the incident. 彼は直接その事件に関与してはいなかった．

immense [iméns]
莫大な
原 計れ(mense) ない(im)
イメージ 計れないほど大きい，すごい
解 原義的に enormous(尺度を外れるほどの)に似ている．
派 immensely 非常に
関 measure 測る
例 She gets immense pleasure from music. 彼女は音楽に非常な楽しみを得ている． / The difference between god and human beings is immense. 神と人間の違いは測り知れない．

immerse [imə́ːrs]
浸す，没頭させる
原 中に(im) 浸す(merse)
イメージ どっぷり身を浸す⇨没頭する
派 immersion 没頭，浸すこと
関 merge 合併する(⇨交じる⇨混じる⇨浸す) / submerge 水中に沈める(⇨下に＋水の)
例 During this ceremony, hundreds of thousands of pilgrims immerse themselves in the Ganges. この祭典の期間に，何十万もの巡礼者達がガンジス川に身を浸す． / He went to Berlin to immerse himself in the study of Russian thought, language, and culture. 彼はロシアの思想，言語，文化の研究に専念するためにベルリンへ行った．

immigrate [ímigreit]
(外国から)移住する
原 中に(im) 移動する(migrate)
イメージ 移り住んでくる
派 immigrant 移民
関 migratory bird 渡り鳥
例 People immigrate looking forward to a better future in the new country. 人々は新しい国でよりよい将来にあこがれて移民する． / Los Angeles has a high immigrant population. ロサンゼ

ルスは移民の人口が多い.

imminent [ímənənt]
さし迫っている
原 ～に(im) 盛り上がる(minent)
イメージ 時の大きなうねりが押し寄せてきている
派 imminence 切迫 / imminently 切迫して
関 prominent 突き出た, 顕著な(⇨前に＋盛り上がった)
例 His thesis created a greater awareness of an imminent environmental crisis. 彼の論文は環境危機が切迫していることについて大いに世間の認識を促した. / It seemed that war was imminent. 戦争が今にも起こりそうであった.

immune [imjúːn]
免疫がある, 免除されている
原 行き交い(mune) のない(im)
イメージ (行き交いのない⇨反応を起こさない)⇨動じない
解 病原に触れると菌が入ってくるが, 触れても感染しないのは immune〈行きはあっても帰り〉はない, つまり触れても感染しない⇨免疫があることになる.
派 immunity 免疫力 / immunize 免疫をつける
関 mutual 相互に関わる
例 The vaccination will make you immune to mumps. ワクチンを接種するとおたふく風邪には免疫ができる. / I'm immune to their criticism! 彼らの批判は平気だ. / Immunity to the common cold lasts only a short time. 普通の風邪の免疫力はあまり長く続かない. / Children should be immunized against polio. 子供は小児麻痺に対して免疫をつけておかねばならない.

impact [ímpækt]
衝撃
原 中に(im) 押しつける(pact)
イメージ (ぐいと押し込む)⇨(反作用で)衝撃が生じる
解 -pact は音的にも〈押し付け〉が感じられる.
関 compact ぎっしり詰まった, 簡潔な
例 Darwin's work has had a tremendous impact on religious thought. ダーウィンの仕事は宗教観に多大な衝撃を与えている.

impair [impéər]
害する
原 状態に(im) より悪い(pair)
イメージ 痛める(⇨健全な部分がだんだんと少なくなる)
解 repair 直す(⇨再び＋用意する)とは語源的には無関係である. impair の -pair はラテン語の bad の比較級が語源.
派 impairment 悪化
例 His health was impaired by overwork. 彼は働き過ぎて健康を害した. ◇ totally unhealthy ではない. / He is visually impaired. 彼は目が不自由である. ◇ tatally blind ではない. / He experienced gradual impairment of hearing in old age. 彼はだんだんと老人性の難聴になった. ◇ totally deaf ではない.

impart [impáːrt]
知らせる, 与える
原 中に(im) 分ける(part)
イメージ (情報を人に)分配する⇨伝える, (性質, 資質を物事に)分配する⇨与える
例 She has imparted an important message to children and adults alike. 彼女は大切なメッセージを子供にも大人にも与えた. / The dim lighting imparted an eerie atmosphere in the theater. 薄暗い照明が劇場を無気味な雰囲気にした.

impassive [impǽsiv]
無表情な, 無感覚な
原 感じる(passive) ことなく(im)
イメージ 反応を示すことなく淡々としている
派 impassively 平然と
関 passion 情熱(⇨原義は苦痛)
例 He ran the entire race in front, refusing to give way and staring impassively into the distance. 彼は終始先頭を譲ることなく前方を淡々と見つめて走った.

impatient [impéiʃənt]
いらいらしている, むずむずしている
原 辛抱づよく(patient) ない(im)
イメージ 行動が遅いことにいらいらする, 実現を待ち遠しくかんじる
解 anxious が〈心配している〉＋〈切望

している〉の意味合いを持つのに似ている.
派 impatience 短気，切望
例 She is always impatient with her small children. 彼女はいつも幼い子供にいらいらしている. / We are all impatient for Christmas. みんなクリスマスを待ち遠しく思っています.

impeach [impíːtʃ]
告発する，弾劾する
原 足枷(peach) をかける(im)
イメージ 〈足をつかむ〉⇨〈人の行動を攻撃する〉⇨告発する，弾劾する
派 impeachment 弾劾
例 The governor was impeached and removed from office. 知事は告発され罷免になった.

impede [impíːd]
邪魔する
原 足(pede) を入れる(in)
イメージ 足をくくる⇨歩けなくする⇨前進を妨げる
解 ped(e)は〈足〉の意味合い：pedal ペダル(⇨足を掛ける部分) / pedestrian 歩行者 / centipede ムカデ(⇨百＋足) / pedigree 系図，血統(⇨足＋鶴⇨系図は鶴の足のように分かれて描かれるから) / pedestal 台座 / pedometer 歩数計 / pedicure ペディキュア(⇨足＋世話・治療)
派 impediment 障害
例 Although the river is approximately 560 km long, rapids impede navigation. その川は約560キロもの長さがあるのに，急流が船の航行を邪魔している.

imperative [impérətiv]
命令的な，やむを得ない
原 命令的な
イメージ 押しつけるような，緊急にしなくてはならない
解 -p-に〈圧迫・要求〉を意識すると体得し易い.
関 emperor 皇帝(⇨最高司令官) / empire 帝国(⇨統治)
例 It has become imperative to plan optimum water-supply systems in large cities. 大都市では最善の水道設備を計画することが必定となってきた. / It is imperative for you to interview if you want this job. この仕事をしたいのなら，面接を受けないとだめだよ.

impetus [ímpətəs]
弾み，勢い
原 攻撃(petus) に入る(im)
イメージ 足を踏み出す・はずみをつける
解 pet-は〈足⇨求めて行く⇨競う〉の意がある
派 impetuous 猛烈な，性急な
関 appetite 欲求 / compete 共に競う / perpetual 永続する(⇨ずっと行く) / petition 嘆願(⇨求める) / repeat 繰り返す(⇨再度求めて行く) / petulant 怒りっぽい(⇨欲求の強い⇨我を張る)
例 The founding of the college was an impetus to the community's growth. 大学の設置はその地域の発展の契機になった. / The impetus to rapid growth came from large-scale foreign investment. 急激な発展のきっかけは大規模な外国の資本投下によるものである.

implement [ímpləmənt]
用具；実施する
解 中に(im) 重ねる(ple) こと(ment)
イメージ 重ねて(一緒に)使うもの⇨道具・手段；中に加える⇨実施する
関 supplement 補足(⇨次に＋重ねること)
例 The new mayor wants to implement some new policies for the city. 新市長はいくつかの新政策を実施したいと思っている.

implicate [ímplikeit]
関係させる
原 中に(im) 折り(織り)込む(plicate)
イメージ 事件に加わらせる，関係させる
派 implication 関わり
関 complexion 表情(⇨いろいろな気分が混ざりあって織り成す)
例 As he was in no way implicated in the incident, he was released. 彼は事件に全然関係していなかったので釈放された. / Prime Minister Tanaka Kakuei was forced to resign after he was implicated in the Lockheed Scandal. 田中角栄首相はロッキード事件に関与していたため辞任に追い込まれた.

implicit [implísit]

暗黙の
[原] 中に(im) 重ねる(plicit)
[イメージ] (中に重ねる)⇨意味がことばの中に織り込まれている⇨暗に含んでいる
[派] implicitly 暗黙のうちに
[例] All stock investment carries an implicit risk. 株への投資はすべて暗黙の危険を伴っている。/ How do you know she was displeased?—It was implicit in her behavior, although she did not explicitly say so. どうして彼女が喜んでないことが分かったの？―態度で分かるよ。はっきりそう言ったわけじゃないけどね。

implore [implɔ́:r]
懇願する
[原] 中まで(im) 嘆く(plore)
[イメージ] 泣きを入れる、泣いて頼む
[解] 泣きや涙は願いのことばを後押しする強力な手段だ。
[関] deplore 嘆く
[例] He implored his wife to stay. 妻に出て行かないように哀願した。/ "You saved my life! I want you to marry me," she implored. 「あなたは命の恩人です。結婚して」と彼女は哀願した。

imply [implái]
ほのめかす、暗に意味する
[原] 中に(im) 折り重ねる(ply)
[イメージ] ことばや雰囲気の中に(思いを)折り込む⇨匂わせる、ほのめかす
[解] imply(意味を包み込む)されているものを積極的に読むことを infer(推量する⇨相手の含みを頭の中に(in)運び込む(fer))と言う。
[派] implication 言外の意味
[関] employ 雇う、用いる(⇨中に+重ねる) / implicate 関係させる(⇨中に+巻き込む) / ply 精を出す(⇨自己を対象に重ねる)
[例] He says things in a way that implies "I am always right." 彼は自分はいつも正しいと言わんばかりのもの言いをする。/ Her smile implied that she had accepted my offer. 彼女が微笑んだのは僕の申し出を受けてくれたことを暗示していた。◇ I inferred from her smile that she had accepted my offer. と書き換えられる。

import [impɔ́:rt]
輸入する、意味する
[原] 中に(im) 運ぶ(port)
[イメージ] (物や事を)運び込む；重要性
[関] export 輸出する / portable 持ち運びできる
[派] important 重要である
[例] These are cars imported from Germany. これらはドイツからの輸入車だ。/ Let's not confuse the issue by importing unrelated matters into the discussion. 関係のないことを議論に持ち込んで問題を混乱させないようにしよう。/ Why is this incident of such import to you. この事件はあなたにとってなぜそんなに重要なのですか。

important [impɔ́:rtənt]
重要である
[原] 中に(im) 運ぶ(port) ほどの(ant)
[イメージ] 意味の十分ある
[派] importance 重要性
[関] import 重要性
[例] This is the most important part of the theory. ここがこの理論の最も重要な部分だ。/ It is important for you to diet. ダイエットすることが大切です。

importune [impərt(j)ú:n]
しつこく頼む
[原] でない(im) 港に(風が) 向かっている(portune)
[イメージ] (順風でない)⇨都合が悪い⇨困らせる⇨うるさくせがむ
[解] opportune 都合のよい(⇨方へ+港)は原義的に importune の反意語である。
[派] importunate しつこい
[例] I was importuned with requests for donation. 寄付をさかんにせがまれた。/ He was arrested for importuning. 彼は押し売りで捕まった。/ The child needs to be disciplined; he's too importunate about anything he wants. その子は躾が悪いよ；欲しいものは何でもしつこくねだっているよ。

impose [impóuz]
押しつける、課す
[原] 上に(im) 置く(pose)
[イメージ] (相手の上に置く)⇨重荷を押しつける・つけ込む
[派] imposition 押しつけ / impostor ペテン師(⇨人の弱みにつけ込む人) /

imposing 堂々たる(⇔上にどっしり身を置いている)

例 Do they impose a tax on imported goods? 輸入品に税金がかかりますか． / Thanks for the offer, but I don't want to impose on you. お申し出はありがたいのですが，ご迷惑をかけたくありません． / They built an imposing, awe-inspiring cathedral. 彼らは堂々とした荘厳な大聖堂を建てた．

impregnable [imprégnəbl]
難攻不落の，動じない
原 捕まえられ(pregnable) ない(im)
イメージ 捕まえられない⇨捕らえるのが難しい
解 pregnant(妊娠している)と見かけが似ているが，これは pre-(前)＋gnant(生まれる)が原義．impregnate は「妊娠させる」の意．
関 pregnable 征服できる
例 The castle was impregnable, being surrounded by cliffs. その城は絶壁に囲まれて難攻不落であった．

impress [imprés]
印象を与える，刻印する
原 中に(im) 押す(press)
イメージ (圧するように)胸を打つ⇨印象を与える
解 考えをex(外に) press(圧するように)出すと表現する(express)になる．
派 impressive 印象に残る / impression 印象
例 She wanted to impress her friends with the latest hairdo. 最新のヘアスタイルで友達をびっくりさせてやりたかった． / Her presentation was very impressive. 彼女の発表はとても印象的であった． / The guy is quiet and unimpressive. あの人はおとなしくて目立たない．

improve [imprú:v]
改良する，向上する
原 価値(prove) を入れる(im)
イメージ 価値を高める⇨改善する
派 improvement 進歩，改良
例 His second work has greatly improved (from the first). 彼の2作目はうんと良くなった． / The weather will improve this late afternoon. 天気は午後遅くなってから回復するでしょう． /
The improvement of roads led to an increase in the use of wheelchairs. 道路の改善が車椅子の利用増加を促した．

improvise [ímprəvaiz]
即席で作る
原 準備(provise) しない(im)
イメージ (用意がないので)即席で作る
派 improvident 備えがない
関 provide 用意する(⇔前もって＋見る)
例 Bach wrote works that allow the performers an opportunity to improvise. バッハは演奏者が即興できるようなところがあるように曲を書いた． / Let's improvise dinner with whatever we have. ありあわせで食事を作ろうよ．

imprudent [imprú:dnt]
軽率な，無分別な
原 でない(im) 先を見極めて(prudent)
イメージ (先のことを考えていない)⇨軽率である
例 He was imprudent enough to bribe them to vote for him. 彼は軽率にも票を買収した．

impudent [ímpjudənt]
厚かましい
原 でない(im) はにかんだ(pudent)
イメージ 恥じらいを知らない⇨恥ずかしげもなく平然としている
派 impudence 厚かましさ
例 He had the impudence (＝was impudent enough) to say he had not been influenced by anyone. 彼は厚かましくも自分は誰からも影響を受けていないと公言した． / He was disliked for his "impudence," "presumption," and "temerity." 彼はいつも厚かましく，図々しく，無鉄砲なので嫌われた．

impulse [ímpʌls]
衝動，衝撃
原 中に(im) 追い込む(pulse)
イメージ 脈(pulse)のごとくぐいぐい迫る⇨こみあげてくる衝動
解 -u- に(圧迫が感じられる．
派 impulsive 衝動的な
例 She felt an irresistible impulse to meet her ex-husband. 彼女は別れた夫にどうしても会いたい衝動に駆られた． / There may be moments when you get an impulse to hurt a crying baby.

赤ちゃんが泣きわめくと苛めてみたい衝動を感じる時があるかもしれない． / She buys things on impulse. 彼女は衝動買いする．

in [in]
〜の上に
原 〜の中に
イメージ 物や事がある区切られた場所・時間・状況の中にあることを示す
派 inner 内部の，内輪の(⇨ in の比較級)
関 inn 旅館
例 My car got stuck in the mud. 車がぬかるみにはまり込んだ．◇場所の中 / What year were you born in? 何年生まれですか．◇時期の中 / He was dead in a few hours after the accident. 彼は事故後2〜3時間で死んだ．◇時間の中で⇨ 2〜3時間経過して / I went to the movies for the first time in two years. 2年振りに映画を見に行った．◇2年の中で最初である⇨ 2年振りに / He is in trouble with his family. 彼は家族とうまくいっていない．◇状況の中

inasmuch [inəzmʌtʃ]
inasmuch as〜 〜であるから
原 in＋as＋much
イメージ (〜同然であるので)⇨ ということだから
解 because, since, for などより硬い感じである．
例 A poem deserves the title only inasmuch as it deeply moves the emotions and elevates the soul. 詩が詩と称されるのは詩が感情を深くゆさぶり，魂を高める時のみである．

incarnate [inkɑ́:rnət]
肉体化された
原 肉体に(incarn) する(ate)
イメージ (肉体を与えられた)⇨ 具現化した)⇨ 見るからにそうである
解 普通，〈まさにそのものである〉の意味合いで用いられる．
派 incarnation 権化，化身
例 The serial killer was the devil incarnate. 連続殺人犯は悪魔そのものであった． / Christians believe that Jesus Christ is God's incarnation in human form. クリスチャンはキリストは人間に身をやつした神の化身だと信じている．

incentive [inséntiv]
動機，刺激
原 中に(in) 誘うような(centive)
イメージ 古紙回収車が古新聞と引き換えにくれるちり紙は incentive にあたる．
例 High taxes could seriously impair incentives to work. 税金が高いと働く意欲をひどくそぐかねない． / Generally, people do not work overtime without incentives, such as extra income and professional success. 普通，人は残業手当とか出世とかの報奨がなければ残業はしないものである．

inception [insépʃən]
始め，開始
原 取り(cep) かかる(in) こと(tion)
イメージ とっかかり
例 This project has been successful from its inception (＝beginning). 当初からこの企画はうまくいっている．

incest [ínsest]
近親相姦
原 不(in) 純(cest)
イメージ 不純な近親相姦
関 chaste 純潔な
例 Marriage within the same clan is regarded as incest and therefore forbidden. 同族間の結婚は近親相姦とみなされ禁止されている．

incident [ínsidənt]
出来事，事件
原 〜に(in) 落ちる(cident)
イメージ (身の上にことが落ちる)⇨ 変わったことが身の上に起こる⇨ 異変・事件
解 incident はことの起こりが内部から付随的に，accident は外部から突発的に降りかかってくるイメージである．
派 incidental 付随する / incidentally ところで，ちなみに(⇨ 「因に」とかかれることがあるが，これは incident の原義に発想が似ている)
例 Some strange incidents happened during our trip. 旅行中妙なことがいくつか起こった．◇An accident happened during our trip. 旅行中事故が起こった． / The incident was initiated by citizens of Boston clash-

ing with British troops. ボストンの市民と英国軍隊が衝突してその事件は始まった． / The almanac furnishes much incidental information. この暦は折々の情報がたくさん盛りこんである． / Incidentally (＝By the way), I never thanked you for the book. ところで、頂いた(借りた)本のお礼を忘れていました．

incite [insáit]
かりたてる
原 中に(in) 呼ぶ(cite)
イメージ 活動に呼び込む(煽動する)
解 -cite は〈呼ぶ・喚ぶ・呼び起こす〉の意味があり、声の力を感じさせる．excite 興奮させる(⇨外に＋(感情を)呼ぶ)はお馴染みの語．
例 Incited by opposition leaders, people fiercely resisted the government's tax policy. 野党の指導者達に煽動されて市民は政府の税制度に激しく反対した．

incline [inkláin]
斜め、傾向がある
原 ～に(in) 傾く(cline)
イメージ (気持ちが)ある方向へ向く
解 斜面は an inclined plane (＝slope) と言う．climate 気候(⇨天気の傾向) / climax 絶頂(⇨傾斜が一番きつい) / decline 衰える(⇨下に＋傾く) / recline 後ろにもたれかかる(⇨後ろへ＋傾く)．-cl- に〈閉じる・固まる〉のイメージがあり，〈(一方に)固まる⇨片寄る⇨傾く〉の意味の展開がある．
派 inclination 斜面、傾向
例 She is inclined to be moody before her period. 彼女は生理前に不機嫌になりがちだ． / It is dangerous to accelerate a car down a steep incline. 急な下り坂で車を加速すると危険だ．

include [inklú:d]
含める
原 中に(in) 閉じ込める(clude)
イメージ これがこれが～の中に入っている、あるものの中に含める
解 全体の中の部分を構成している様子を言う．-cl- は〈ぐるりと囲む〉イメージがある．
派 inclusion 含めること / inclusive 含んでいる

関 close 閉める / enclose 取り囲む(中に＋閉じ込める)
例 The crew includes one woman from Japan. 乗組員の中に日本人女性が1人いる．◇入っている(部分の構成) / Thank you for including me in your craft activities. あなたの手芸の活動に私を入れていただいてありがとう．◇含める(加入)

income [ínkʌm]
収入、所得
原 中に(in) 来る(come)
イメージ (財布の中に入って来るもの)⇨実入り⇨収入
解 income は年金収入なども含めて言う．profit (儲け) は income (収入) から production expenses (生産費用) を引いた残りの額．動詞句 come in (入ってくる) が名詞になると income となる．この関係は outlook (見通し)、outgo (出費)、overlook (見晴らし) などでも全て同じ．
例 Most Japanese workers' income comes in the form of a salary. 大抵の日本の労働者は月給の形で収入を得る．

increase [inkrí:s]
増える
原 上に(in) 増える(crease)
イメージ だんだんと増える
派 increasing ますます増える / increasingly ますます
関 create 生み出す / crescent 三日月 (⇨だんだん満月に向けて増える) / increment 増大 / decrease 減る / decrement 減少
例 Common table salt tends to increase the blood pressure of many people. 食塩は血圧を上げることが多い． / Social changes today take place with increasing speed. 現代の社会の変化はしだいに早くなってきている． / He had increasing difficulty hearing high-pitched sounds. 彼は高音域の音がだんだん聞きにくくなった．

incubate [íŋkjəbeit]
卵を抱く、(病気が)潜伏期にある
原 に(in) 座る(cubate)
イメージ (上に乗って)卵を孵す
派 incubation 孵化 / incubator 保育器
関 concubine 内妻 ⇨ ((男)と共に＋横

たわる(cubine)) / incumbent 現職の(⇨(義務が)乗っかってくる / succumb 屈服する(⇨下に＋横たわる)
例 All birds incubate their eggs, with incubation varying from 11 to 80 days. 鳥はみな卵を孵し，孵化期間が短いのは11日から最長80日である． / I've been incubating this project for too long; it's time for tangible results. この企画を余りに長くあたためて来たが，そろそろ具体的成果を出さなくてはいけない．

indeed [indíːd]
実際，本当に
原 行為(deed) で(in)
イメージ (行為で)⇨実際に
例 I'm very glad indeed. 本当に嬉しいよ． / Thank you very much indeed. 本当にありがとう．

indent [indént]
刻み目を付ける，へこませる
原 窪み(dent) を付ける(in)
イメージ ぎざぎざ・へこみを付ける
関 indention インデンション(⇨各段落の最初の行の頭に窪み(スペース)をもうける書記法) / dent へこみ，窪み / dentist 歯科医(⇨ぎざぎざ状の歯を扱う)
例 The rocky, indented coastlines of Hong Kong provide many small harbors for fishing villages. 香港の岩の多い入りくんだ海岸線は漁村にたくさんの小さな入り江を与えている． / It's customary to indent long quotations, instead of putting them in quotation marks. 長い引用文の場合は引用符号で囲まないで，内に寄せて書くのが慣習である．

independent [indipéndənt]
独立した
原 ぶら下がって(dependent) いない(in)
イメージ (ぶら下がっていない)⇨自立している
派 independence 独立，独立心
例 Edison was very independent, and followed his own ideas. エジソンはとても自立心の強い人で，自分自身の考えに従った．

indicate [índikeit]
指し示す

原 〜を(in) 指さす(dicate)
イメージ 指さして言う，指し示す
解 dic-に〈言う〉の意味合いがある．
派 indicative 表示している / indication 兆候
関 indict 起訴する(⇨(非難して)指す) / index 索引，表示(⇨指さす)
例 The alarm system indicated a fire in the engine. 警報装置がエンジン火災を示した． / Achievement tests indicate a pupil's progress. 学力試験は生徒の進歩の度合いを示す． / Economists study unemployment statistics for indications of the nation's economic health. 経済学者は国の経済状況の指標を求めて失業率の統計を調べる． / Abnormal changes in the count of the white cells are indicative of pathological conditions in the body. 白血球の数が急激に変化することは体の変調の兆候である．

indict [indáit]
告発する
原 に向けて(in) 言う(dict)
イメージ (法に反していると判断して)その人に向けて強いことばで責める
派 indictment 告発
例 Two Filipinos, indicted on charges of staying illegally, were arrested in Miyazaki. 不法滞在のかどで告発された２人のフィリピン人が宮崎で逮捕された．

indifferent [indífərənt]
無関心で，並の
原 特別(different) でない(in)
イメージ 対象を特別視しない⇨特には反応しない⇨無関心な⇨つまらないと思う
派 indifference 冷淡，無関心
例 Many Japanese students were indifferent to Korean culture and people. 韓国の文化や人々に無関心な日本人学生が多かった． / That scholar is quite indifferent to dress. あの学者は服装には無頓着だ． / She is an indifferent actor. 彼女は並の俳優だ． ◇ indifferent には「格別でない」⇨〈平凡な・並の〉の意味もある．これは make a difference が〈重要になる〉の発想の裏返しである．

indigenous [indídʒənəs]
土着の，生来の
原 の中で(indi) 生まれる(genous)
イメージ そこに生まれた
関 gene 遺伝子(⇨生む) / gender 種類，性別(⇨種類(生まれると必然的に種に属す)〈生まれる⇨種に属す〉の発想は nature のイメージの広がり〈生まれる⇨性質が備わる〉〉と同じ発想である．
例 Cacao is indigenous to the equatorial regions of the Americas. カカオはアメリカ大陸の赤道地帯が原産地である． / The word Shinto came into use in order to distinguish indigenous Japanese beliefs from Buddhism. 神道という語は日本古来の信仰と仏教とを区別するために用いられるようになった．

indignant [indígnənt]
憤慨している
原 ない(in) 穏やかである(dignant)
イメージ (心の穏やかさを失っている)⇨憤慨している
派 indignation 憤り
関 dignity 威厳
例 When the news of the rebellion reached the King, he was extremely indignant. 暴動のニュースを聞いて，王は激憤した．

induce [indjúːs]
説いて～させる
原 中に(in) 引く(duce)
イメージ ある状況・行為に引き込む
派 inducement 誘因 / inductive 帰納的(⇨具体例から一般的の法則を引き出す)
関 deduce 推測する(⇨外に＋引く⇨一般的法則から具体的例を引き出す)
例 It may be impossible to induce an economic recovery in the nation until the political situation improves. 政情がよくならない限りその国の経済的回復はもたらされないだろう． / Scientists have tried to control droughts by seeding clouds to induce rainfall. 科学者達は旱魃を抑えるために雲の種を撒いて雨をもたらす実験をした．

indulge [indʌ́ldʒ]
甘やかす，～にふける
原 欲求に対して甘い
イメージ (欲求に対して甘い)⇨欲求に任せる⇨好きなことにいそしむ
派 indulgence 甘やかすこと，快楽にふけること / indulgent 大目にみる
例 Jack enlisted in the army, where he found much time to indulge his intense fondness for target shooting. ジャックは入隊したので，大好きな射撃にいそしむ時間がたくさんあった． / He is indulgent towards his children. 彼は子供に対して甘い．◇かわいがりたいと言う欲求にゆだねてしまいやすい．

industry [índəstri]
産業，勤勉
原 中に(indu) 築く(stry)
イメージ 結集して(努力して)築き上げる⇨勤勉＋生産
解 産業とは確かに〈勤勉の権化〉である．
派 industrial 産業の / industrious よく働く / industrialize 工業化する
例 His industry was rewarded by an increase in salary. 彼は勤勉なので昇給した． / The modern automotive industry is huge. 現代の自動車産業は巨大である． / Beavers are industrious animals. ビーバーはよく働く動物だ． / We live in an industrial society. 私達は産業社会に住んでいる． / Japan has industrialized with incredible speed and efficiency. 日本は信じ難い早さと効率で工業化を果たした．

inevitable [inévitəbl]
避け難い，お決まりの
原 逃れ得(evitable) ない(in)
イメージ (人力では)避けられない：(性格上)どうしても起こる⇨いつもの
派 inevitably 必然的に
例 He could not change the inevitable. Nobody could. And she died in his arms. 彼はこの不可避のことは変えようもなかった．誰もどうしようもなかった．やがて彼女は彼の腕の中で死んでいった． / She started her inevitable grumble about her daughter-in law. 彼女はお決まりの嫁の悪口を言い始めた．◇この意味では名詞の前でのみ用いる．

inexorable [inéksərəbl]
止めようがない
原 祈りきれ(exorable) ない(in)
イメージ (どう祈っても)がんとして動かし難い

関 oracle 神託(⇨祈って神に変わって語る)
例 The father couldn't change his son's inexorable resolution. 父親は息子の断固とした決意を変えることはできなかった.

infant [ínfənt]
幼児, 乳児
原 しゃべれ(fant) ない(in)
イメージ (まだしゃべれない)⇨未熟な赤ん坊
解 baby(赤ん坊)を気取っていうと infant(乳児)になる.
解 fa-には〈しゃべる〉イメージがある. (⇨ fame)
派 infantile 子供じみた, 子供らしい / infantility 小児性
関 infanticide 幼児殺し / infantry 歩兵
例 The average newborn infant weighs 3.4 kilograms and is about 51 centimetres long. 新生児の平均体重は 3.4 キロ, 身長は 51 センチである.

infect [infékt]
感染させる
原 中に(in) 作る(fect)
イメージ (中に作る⇨体の中に働きかける)⇨感染させる
派 infection 感染 / infectious 伝染性の
関 fact 事実(⇨起こされたこと) / affect 影響を与える(⇨~に+働きかける)
例 Six young people are infected with the AIDS virus every minute. 毎分 6 人の割りで若者がエイズウイルスに感染している. / They accidentally distributed floppy discs infected with a computer virus. 彼等は誤ってコンピュータウイルスに感染したフロッピーを配布してしまった.

infer [infɔ́:r]
推量する
原 中に(in) 運ぶ(fer)
イメージ ことばや様子から悟られる真意を頭の中に運び込む⇨推し量る
解 発言者が暗示的に言う時 imply(ほのめかす⇨(真意を表に出さず)中に+込める)と言う. その imply されたもの(⇨ことばの表面下にあるもの)を受け手が推し量る時 infer(推測する⇨頭の中に+運び込む)と言う.
派 inferable 推し量れる / inference 推理
例 What do you infer from his remarks? 彼の発言をどう捉えますか. / I inferred from his facial expression that he was unwilling to accept the suggestion. 表情から彼はその意見には否定的であると思った.

inflict [inflíkt]
押しつける
原 中に(in) 打つ(flict)
イメージ (相手に打ち込む)⇨相手に痛手を与える
解 -flict は〈棒で振りかかる〉と捉えると音の類似性があり記憶し易い: conflict 衝突(⇨共に+棒で振りかかる)
派 infliction 苦痛の押しつけ
例 I hate inflicting pain on dumb animals. 物言わぬ動物に苦痛を与えるのは遺憾だ.

influence [ínfluəns]
影響; 影響を及ぼす
原 中に(in) 流れ込む(fluence)
イメージ あるものが他のものに流れ込んで作用する⇨影響する
解 -flu- は〈流れ〉のイメージがあり flow(流れ)と同系語: influenza(=flu)流感 / influx(=inflow)流入, 殺到 / fluent 流暢な / fluid 流体 / fluctuation 流動, 変動 / confluence 合流(⇨共に+流れ込む)
派 influential 影響力がある
例 What you eat may influence your emotions. 食べ物は人の気質に影響を与えることがある. / Some people believe in the influence of the stars upon people's lives. 星が人の運命に影響を及ぼすと信じている人がいる.

inform [infɔ́:rm]
知らせる
原 中に(in) 形作る(form)
イメージ 自分の持っている情報を相手の頭の中に形作る⇨情報を与える
解 自分の持っている情報を相手と share(共有)するとも言える.
派 information 情報 / informative 有益な情報がある
例 He didn't inform us that he got

married. 彼は結婚したことを知らせて こなかった． / Do keep me informed of any changes. 変化があればとにかく 知らせて下さい． / No information is available concerning who started the riot. 誰が暴動を起こしたかについての 情報は入っていない．

infringe [infríndʒ]
侵害する
原 破って(fringe) 入り込む(in)
イメージ (法律に)ごり押し侵入する，抵触する
解 fri-に〈ごり押し〉の響きがある：friction 摩擦
例 No law shall infringe on the freedom of the press. いかなる法も報道の自由を侵害してはならない．

ingenious [indʒíːnjəs]
巧妙な，器用な
原 中に(in) 生む(genious)
イメージ (生む能力がある⇨才能がある)⇨上手に作りだせる
解 ingenuous(無邪気な⇨生まれるままに)を artless と捉えると ingenious は artful と捉えられる．
派 ingeniously 巧妙に / ingenuity 巧妙さ，独創性
例 The majority of his plays are ingenious adaptations on themes of romantic love borrowed from India's two great epics. 彼の劇の多くはインドの2大叙事詩の愛のテーマを巧妙に脚色したものである．

inhabit [inhǽbət]
居住する，生息する
原 〜に(in) 持つ(habit)
イメージ 〜に(住処を)持つ⇨〜に住みつく
解「住みつく」のは習慣(habit)の中で最大のものと言える(⇨ habit)．
派 inhabitant 住民，生息動物
例 Fur seals inhabit cold water regions. オットセイは冷たい海域に住む． / North America was originally inhabited by Indians. 北アメリカは元々はインディアンが住んでいた．

inherit [inhérət]
相続する
原 〜に(in) 相続する(herit)
イメージ 親や先祖から財産や性質を受け継ぐ・相続人になる
派 inheritance 遺産
関 heir 相続人 / heredity 遺伝
例 She loves the water and must have inherited that from her father. 彼女は海が好きだがきっと父親ゆずりだろう． / Money from an inheritance enabled him to devote most of his life to scholarship. 彼は相続した金のおかげで生涯のほとんどを学問に打ち込むことができた．

inhibit [inhíbət]
抑制する
原 内に(in) 保つ(hibit)
イメージ (自由な活動・思いを)内側に封じ込める⇨抑える
関 exhibit 展示する(⇨外に＋保つ) / exhibitionism 自己顕示癖，露出癖
例 Women used to be inhibited from enjoying their sex life. 昔，女性は性生活を楽しむことを抑えつけられていた． / I learned to make love without inhibition. 開放的な気持ちで(⇨抑圧を感じることなく)セックスできるようになった．

initiate [iníʃièit]
始める，伝授する，
原 中に(in) 行く(iti) ようにする(ate)
イメージ (ことの中に入る)⇨ことを始める⇨(人に)あることに引き入れる
派 initial 初めの；頭文字 / initially 最初は / initiation 開始，手ほどき / initiative 主導権
例 Petting is initiated by the male more often than by the female. ペッティングを始めるのは女性よりも男性からの方が多い． / My father initiated me into the wonders of nature. 父が自然界の素晴らしさを教えてくれた．

injure [índʒər]
傷付ける
原 法にもと(jure) らない(in)
イメージ (法にもとらない⇨しかるべき状態にしない)⇨(身体に)傷を付ける⇨(名誉，感情などを)傷付ける
関 injury 傷 / just 公正な
例 He was badly injured in a car crash. 彼は車の衝突事故で重傷を負った． / I'm afraid I have injured her feelings. 彼女の気持ちを傷付けてしま

ったようだ． / She felt injured at not receiving an invitation to the wedding. 結婚式に招待されなかったことで彼女は傷付いた． / He injured his reputation badly by trying to hush up the scandal. 彼は不祥事のもみ消しを図ろうとして自己の名誉が大きく傷付いた．

injury [índʒəri]
傷，傷付けること
原 でない(in) 法にもとづいている(jury)
イメージ (法にもとづいていない⇨まっとうでない)⇨傷が付いている
関 injure 傷付ける
例 Radiation can cause various types of injury to the skin. 放射能は肌にさまざまな傷を付ける原因となる．

innate [inéit]
生まれつきの
原 〜に(in) 生まれる(nate)
イメージ (〜に生まれついて)⇨生来〜である
解 -nate は〈生まれる〉の意味合いがある：cognate 同血族の(⇨共に＋生まれる) / natality 出生 / nature 自然，性質(⇨生まれもったもの，生(なま)のまま)
例 He argued that people have an innate desire to avoid incest. 彼は人間は近親相姦を嫌う生来の欲求を持っていると主張した． / Self love is innate, hating others is acquired. 自己を愛するのは先天で，他を憎むのは後天である．

innocent [ínəsənt]
無罪である，無邪気な
原 〜でない(in) 害(nocent)
イメージ (無害である)⇨悪気のない；(無害である)⇨罪を犯していない
解 -nocent の否定的イメージは nuisance(不快なもの)や annoyance(困りごと)と同じく，-n- の音から生まれる．
派 innocence 無罪，無邪気
例 He was innocent of the crime. 彼はその罪を犯してはいなかった． / How innocent you are to believe all what he says! 彼の言うことを全部信じるなんておめでたいね．◊ innocent は naive(世の中の汚いところを知らない⇨世間知らず)の意． / To this day, he maintains his innocence. 彼はずっと自分はやっていないと言い続けている．

innumerable [in(j)ú:mərəbl]
数え切れない
原 ない(in) 数えられる(numerable)
イメージ 数え切れないほど多くの
関 numerable(⇨ number ＋ able)
例 The discovery of insulin saved the lives of innumerable patients affected with childhood diabetes. インシュリンの発見によって無数の小児糖尿病患者の命が助かった．

inquire [inkwáiər]
尋ねる
原 中に(in) 求める(quire)
イメージ 情報を求めて尋ねる ◊ ask のお堅い版
解 -qu- は〈追求〉のイメージ：question 質問(⇨答えを求める) / request 頼み(⇨繰り返し＋求める)
派 inquiry 問い合わせ，調査 / inquisitive 詮索好きな
例 He inquired whether or not it was possible to find a cheap apartment in New York City. 彼はニューヨークで安いアパートが見つかるか尋ねた．

insect [ínsekt]
昆虫
原 切れ(sect) 込み(in)
イメージ (切れ込み⇨節＋節＋節)⇨昆虫 ◇頭(head), 胸(thorax), 腹(abdomen)の３つ(の節)にくびれている．
例 The insect has a body that is divided into three sections. 昆虫は３つの部分からできている． / Insects have no backbone. 昆虫には背骨がない．

insert [insə́:rt]
挿入する
原 中に(in) ＋つなぐ(sert)
イメージ (中でつなぐ)⇨挿入する
派 insertion 挿入
関 series 続き物(⇨前につながっていく) / serial 連続している / assert 言い張る(⇨〜を＋つなぐ⇨自己に結びつける)
例 He inserted a short summary of his theory halfway through the presentation. 彼は発表の中ほどで簡単に彼の論のまとめを入れた． / Can you insert the thread into the needle for me, please. I don't see well. 針に糸を通して

おくれ．よく見えないのだよ．

insidious [insídiəs]
陰険な
[原] 中に隠れて(in) 座っている(sidious)
[イメージ] (中に潜んで仕掛ける)⇨危険が潜んでいる⇨油断できない
[関] assiduous 懸命な(⇨じっと座ってがんばる)
[例] Computer addiction is more subtle than drug one, but no less insidious. コンピュータ中毒は麻薬ほど症状があらわでないが，同じように油断のならないものである． / The onset of the disease is insidious, with gradual enlargement of the gland and tenderness occurring only rarely. この病気の初期は症状が潜行性で，段々と腺が腫れてくるが痛みは通例ない．

insight [ínsait]
洞察力
[原] 中を(in) 見る力(sight)
[イメージ] 物事の内面を見抜く眼，心の眼
[例] Writers should have a good insight into human character. 作家は人間の性格を鋭く見抜ける力が必要だ．

insist [insíst]
言い張る
[原] 〜の上に(in) 立つ(sist)
[イメージ] (〜の上にしっかり立つ)⇨自分の論拠の上に立って強く言う
[解] 力を込めて言うと〈主張〉あるいは〈要求〉
[解] -sist は〈しっかり立つ・動かない〉の意味合いがある：assist 援助する(⇨そばに＋立つ) / consist 構成する(⇨共に＋立つ)
[派] insistent しつこい / insistence 強要，主張
[例] David insisted that the accident wasn't his fault. デイビッドは事故は自分のせいではないと言い張った． / My parents insist that I pay for the phone. 親は電話代は私が払えと言う． / The teacher insists on exercise, play, and plentiful sleep. その教師は運動と遊びと十分な睡眠が大切だと力説している．

inspect [inspékt]
点検する，視察する
[原] 中を(in) 見る(spect)
[イメージ] (中を見てじっくり)調べる，目を光らせる
[解] spect は〈見る〉のイメージ．
[派] inspection 点検 / inspector 検査官
[関] spectacle 壮観 / spectacles 眼鏡 / respect 尊敬する(⇨振り返り＋見る) / suspect 〜じゃないかと思う(⇨下から＋見る)
[例] They inspect eggs against a penetrating light in a darkened room for signs of defects. 彼らは暗い部屋で光を透かせて卵が腐ってないかを調べる． / You need to have your automobiles inspected regularly. 車は定期的に見てもらう必要がある．

inspire [inspáiər]
奮い立たせる
[原] 入れる(in) 息を(spire)
[イメージ] やる気にさせる，息息(生き生き)させる
[解] -spire は〈息⇨意気〉の意味合いがある：aspire 熱望する(⇨〜へ＋気迫) / expire 満了する(⇨出る＋息)
[派] inspiring 鼓舞する / inspiration 霊感
[関] spirit 気
[例] Japan's rugged and beautiful terrain has inspired poets and painters. 日本の険しく美しい地形は詩人や画家の心をそそってきた． / I'm afraid it wasn't a very inspiring performance. あまり心を揺さぶるような出来ではなかった．

install [instɔ́:l]
据える / 配属する
[原] 中に(in) 置く(stall)
[イメージ] (物・人を)使うために引き入れる
[解] 全体の中の一角を占める感じ．パソコン用語では，ハードディスクにソフトを組み入れることを言う．
[派] installment 分割払いの1回分，連載の1回分(⇨全体の中の1回分の割り当て)
[関] stall 馬小屋の1つの仕切り，露店(⇨これらの両義も全体の中の一角を占める感じがある)
[例] I recommend that you install a home smoke detector. 家庭用の煙検知

機を付けた方がいいですよ． / The writer has two serial installments to write every month. その作家は月に2本の連載物を持っている．

instant [ínstənt]
瞬間

原 そこに(in) 立っている(stant)

イメージ その場で，たちまち；ほんのちょっとの間

解 日本語「たちまち(⇨たったままで待つ間に)」は発想が同じである．

派 instantly すぐに(⇨その場で)

関 distant 遠くに(⇨離れて＋立っている) / instance 実例(⇨その場にある) / constant 一定の(⇨しっかり＋立っている)

例 The instant I saw her I knew she failed the exam. 見たとたんに，彼女は試験に落ちたと分かった． / The car slammed into a group of school kids, instantly killing one and sending another to the hospital. その車は生徒達の集団に突っ込んだ．1人が即死，もう1人が病院へ運ばれた． / Whenever an important event happens, people all over the world know it almost instantly. 重大事件が起こると，ほとんど同時に世界中に伝わる．

instead [instéd]
その代わりに

原 その(in) 場所(stead)に

イメージ 本来は～の場所に～を振り替える，～に代えて

解 元来, -stead に place(場所)の意があった．in place(＝stead) of～(～の代わりに)と同じ発想．

例 Tom is allergic to alcohol, so he had juice instead. トムはアルコールはだめなので，代わりにジュースにした． / If you don't want to go, I'll go instead. 君が行きたくないのなら，僕が代わりに行こう． / Could I come on Saturday instead of Friday? 金曜じゃなくて土曜に来てもいいでしょうか．

instill [instíl]
徐々に教え込む，しみ込ませる

原 中へ(in) 滴らす(still)

イメージ 徐々に滴らせ，浸透させる

解 still を〈スッと落ちる水滴〉の音のイメージで捉えるとよい．

派 instillation(思想などを)吹き込むこと

関 distill 蒸留する(⇨分けて＋滴らせる)

例 The educator aimed to instill virtue, wisdom, and good breeding into the minds of the young. その教育者は若い人たちの心に高潔，知恵，行儀作法を浸透させることを目指した． / Confidence is instilled in the minds of youngsters. 子供達の心に自信がついてきた．

instinct [ínstiŋkt]
本能，直観

原 ～を(in) 突つく(stinct)

イメージ (突っついてピリピリ)直観，(ピリッと突くように刺激される)本能

派 instinctive 本能的 / instinctively 本能的に

例 Trust your instincts and do what you think is right. 自分の勘を信じて，いいと思ったことをやりなさい． / He acts on instincts alone. 彼は本能のままに行動する．

instruct [instrʌ́kt]
指示する

原 中に(in) 築く(struct)

イメージ (相手の頭の中に情報を築く)⇨教える⇨指図する

派 instruction 指示 / instructive ためになる

関 construct 組み立てる(⇨寄せて＋築く) / obstruct 邪魔する(⇨反して＋築く) / instrument 道具，器具(⇨築くための手段)

例 The head coach was instructed to act as manager. ヘッドコーチは監督代理を命ぜられた． / He instructs us on how to swing and hit the ball. 彼はボールの打ち方を教えてくれる．

instrumental [ìnstrəméntl]
助けになる

原 中に(in) 築く(strument) ような(al)

イメージ 道具(instrument)のごとく役立つ

派 instrumen 道具，器具(⇨ものを築くもの)

例 He was instrumental in starting the organization. 彼はこの協会を始め

る上で貢献をした．◇人が事業完成のための道具の役をする．

insulate [ínsəleit]
遮断する，隔離する
原 島(insul) にする(ate)
イメージ (島にする)⇨(接触すると不都合なものから)引き離す⇨隔離する
派 insular 島の / insulation 絶縁 / insulator 絶縁体
関 isolate 隔離する
例 I thought my own life was insulated from such a calamity. 自分だけはそんな災害には縁がないものと思い込んでいた．/ Glass is an efficient electrical insulator. ガラスは効率的な電気の絶縁体である．

insult [insʌ́lt]
侮辱する
原 上に(in) 飛びかかる(sult)
イメージ ことばで相手につかつかと襲いかかる⇨相手をことばで辱める
解 元来は襲うの意であったが次第に比喩的意味でのみ用いられるようになった．
関 assault 襲う
例 He insulted me in the presence of other people. 彼は人前で私をなじった．/ They were shouting insults at each other. 彼らは互いに罵り合っていた．

insure [inʃúər]
保険を掛ける，保証する
原 に(in) 安全(sure)を
イメージ 保険をかけて安全状態に入れる
解 〈保険＋保証〉の意がある．ensure は〈確保する，保証する〉の意味で用いる．
派 insurance 保険
例 Do they insure bank deposits against loss in the event of a bank failure? 銀行が倒産した場合預金の損失に対して保証していますか．/ Poetic incantations are needed to insure the success of certain tribal activities. 詩的な呪いを唱えることが，部族の行動の成功を確かにするために必要であった．

intact [intǽkt]
無傷である，完全な
原 触れ(tact) ない(in-)
イメージ 触らない⇨無傷⇨元のまま
解 日本語で「触る」は「障る」に通ずる．◇untouched(無傷の)と同意．
例 In spite of financial failure, his reputation remained intact. 経済的破綻にもかかわらず，彼の評判は傷が付かなかった．

integral [íntəgrl]
不可欠な，完全な
原 触れて(tegral) ない(in)
イメージ (触れてない⇨そのまま⇨完全な)丸くなるに必要である；丸く収まっている
派 integrate 完全にする / integration 調和のとれた統合 / integrity 高潔，無傷
関 intact 完全な(⇨触れて＋ない)
例 Japan is an integral part of the new global technological society. 日本は新しい全世界的技術社会における欠くことのできない国である．◇十全(⇨丸い)に必要 / Our teacher is trying to integrate the Internet into our classes. 先生はインターネットを授業に取り入れようとしている．◇取り入れて丸く収める(治める) / In most South American countries, integrated road networks have developed rapidly since the 1960s. 南アメリカ諸国では1960年代からよく張り巡らされた道路網が整備されてきた．◇欠けることなく，全体に行き渡っている / You have already integrated (=are already integrated) in this new community. あなたはこの新しい地域社会にもう馴染んでいる．◇丸く収まる

intelligent [intélidʒənt]
賢い
原 分けて(intel) 選べる(ligent)
イメージ (分けて選べる⇨区別がつく)⇨分別がある⇨聡い
派 intelligence 知能 / intellectual 知性のある / intellect 知性
関 legible 文字が読み易い(⇨情報が集め易い) / lecture 講義(⇨文字から情報を読み(集める)が元来の意) / elegant 優雅な(⇨選び出された)
例 My dog is intelligent. 私の飼っている犬は賢い．◇intelligent は〈頭〉のよさ，intellectual(聡明な，知性がある)は〈頭＋人格〉のよさ．両者を発音してみ

ると，後者の方が，重い感じがするだろう． / That's an intelligent response to the question. その質問にそう答えるは賢明だ．

intend [inténd]
～するつもりである

原 に(in) 伸びる(tend)

イメージ 気持ちが～に向かう

解 -tend は〈張る〉のイメージである：attend 注意する(⇨気を張る) / contend 争う(⇨互いに張り合う) / distend 膨張する(⇨外へ+張る) / extend 延ばす(⇨外側に+張る) / pretend ふりをする(⇨前に幕を張る) / portend 前兆になる(⇨方へ+張り出す) / tend 傾向がある(⇨～に張り出す) / ten 10(⇨指全部を張ったら 10)

派 intention 意図，つもり / intentional 意図的な / intentionally 意図的に

例 He intends to go back to his hometown after retirement. 彼は定年後は生まれ故郷へ帰ろうと思っている． / The result was not what was intended. 結果は思い通りにはいかなかった． / Jogging is a sport I intend trying when mentally tired. ジョギングは私が精神的に疲れた時にする(⇨私の気が向かう)スポーツです． / The event is intended to help deepen the public's understanding of human rights. この催しは人々の人権についての理解を深めることを狙いとしている．

interact [intərǽkt]
相互に作用する

原 相互に(inter) 作用する(act)

イメージ 互いに関係する

派 interaction 相互作用 / interactive 相互に作用する

関 act 行い

例 Human beings usually interact with each other through conversation. 人間は普通会話を通して互いに関わり合う． / Public baths used to be the centers of social interaction. 銭湯は社会的交流の中心的な場であった． / We must be careful that the Internet doesn't replace real face-to-face human interaction. インターネットは生身の人と人の関係にとって替わることはできないことに注意しなくてはならない．

intercourse [íntərkɔːrs]
性交，交際

原 間を(inter) 走る(course)

イメージ 〈互いの間を行く〉⇨互いに関係を持つ

解 sexual intercourse(性交)の意があるが，これを〈互いに行く，行く〉と読むのも一興であろう．ちなみに I'm coming. (行きそう)．

関 course 進路

例 Was the Edo Shogunate positive about intercourse with other countries? 江戸幕府は外国との交流に積極的でしたか． / Sexual intercourse used to be the only way for a woman to conceive a baby. 以前は妊娠は性交によるしかなかった．

interest [íntərəst]
興味，利益

原 間に(inter) いる(est)

イメージ 〈ある対象の中にいる〉⇨〈対象への〉没入・没頭・興味・関心⇨関わり・利害⇨面白くなければ人は傍観(そばで眺める)するのが精々である．

解 〈関わり〉は必然的に〈利害〉関係となる．

例 He has great interest in Greek Mythology. 彼はギリシア神話にとても関心を持っている． / It is to your interest to learn to use the computer. コンピュータは覚えた方が得ですよ． / The saleswoman failed to interest him in the company's new health insurance policy. 勧誘員は彼に新しい医療保険に関心を持たせることができなかった．◇動詞 interest は〈中に引き込む⇨興味を持たせる〉の意．

interested [íntərəstəd]
興味がある

原 中に(inter) 入れられた(ested)

イメージ 〈没入した〉⇨興味を持っている

例 He is interested in Greek Mythology. 彼はギリシア神話に興味を持っている． / I'm very interested in news from the American music world. アメリカの音楽界のニュースはとても興味がある．

interesting [íntərəstiŋ]
おもしろい
原 中に(inter) 入れるような(esting)
イメージ (中に引き込むように)おもしろい
例 I find boxing very interesting. ボクシングはとてもおもしろい． / I have seen an interesting scene. おもしろいことを見たよ．

interfere [ìntərfíər]
邪魔する，干渉する
原 互いの間(inter) を打つ(fere)
イメージ (間に打ち入る)⇨間に入って邪魔する
派 interference 干渉，妨害
例 The monks acquired high political positions and began to interfere in secular affairs. 僧侶が政治的に高い地位を得，次第に俗事についても干渉するようになった． / A tree outside my bedroom window interferes with my vision of the lovely morning horizon. 寝室の窓の所の木が邪魔するのですばらしい朝の地平線の光景が見れない．

interior [intíəriər]
内部の
原 内(inter) の比較級
イメージ 奥地，内部
解 日本ではインテリアデザイン(室内装飾)の意のみで用いられるので，注意が必要．
関 exterior 外部の
例 The temperature often falls as low as 4 degrees C in the mountainous interior of the island. この島の山奥では気温は4度Cまでも落ちることがよくある． / The island's interior is lush and green. 島の奥地は植物がうっそうと茂っている．

intermittent [ìntərmítənt]
断続的な
原 中に(inter) 送り込む(mit) ような(tent)
イメージ (中に分け入る)⇨事が起こったり止んだりする
派 intermittently 断続的に
例 Intermittent and usually dry, the river flows generally west for about 600 miles. この川はとぎれとぎれに，そしてふつうは干上がっているが，ほぼ西方向へ600マイルほど流れている． / The row went on intermittently for several days. その騒ぎは断続的に数日間続いた． / The aftershocks went on intermittently for days after the earthquake. 地震の後，余震が断続的に数日間続いた．

international [ìntərnǽʃənl]
国際的な
原 間の(inter) 国家の(national)
イメージ 国家間の
関 nation 国家
例 The UN is the best known international organization in the world. 国連は世界で一番有名な国際的機関である． / That player was chosen as a Japanese international. あの選手は日本代表選手に選ばれた． ◇ international は名詞で国際試合の代表選手．

internet [íntərnet]
インターネット
原 間(inter) 網(net)
イメージ 各拠点間をつなぐ通信網
解 インター・ネットワーク(inter-network)とも言う．英語では the Internet あるいは the Net と言う．この情報網システムは世界にクモの巣のごとく張り巡らされているので World Wide Web あるいは単に Web と呼ばれる．
例 People are increasingly using the Internet to communicate with each other. インターネットを使って互いの連絡をとる人たちがどんどん増えてきている．

interpret [intə́:rprət]
解釈する，通訳する
原 仲介する(inter) 値段を(pret)
イメージ 意味を仲介する⇨解釈・通訳する
解 元来の意は相互の取引の仲介役のことであった．
派 interpretation 解釈，通訳
例 Although American informality is well known, many non-Americans interpret it as a lack of respect when they first encounter it. アメリカ人のざっくばらんさはよく知られているのに，初めてそれに接した外国人はそれは尊重の気持ちが欠けているからだと解釈する人が多い．

interrupt [intərʌ́pt]
中断する
原 間を(inter) 割る(rupt)
イメージ (割って入る) ⇒ 邪魔する, 他人の仕事の中に割り込む
解 -u-に割り込む時の〈圧迫〉が感じられる. rupt は〈壊す, 破る〉の意味合い.
派 interruption 中断, 妨害
関 rupture 破裂 / corrupt 退廃した(⇒ 完全に壊れた)
例 Don't allow the phone to interrupt important moments. 大切な時に電話で邪魔されないようにしなさい. / I'm sorry to interrupt but there's a phone call for you. お仕事中お邪魔ですがお電話です. / I need one whole week without any interruption. 雑用が入らない丸 1 週間が要る. / Congenital malformation arises from interruption in the early development of an organism. 先天的奇形は組織体のできる初期の発達段階の障害によって起こる.

intersection [intərsékʃən]
交差点
原 互いに(inter) 切る(section)
イメージ 互いに切る ⇒ 交差する
例 He ran a red light at an intersection. 彼は交差点で赤信号を突っ切った.

intertwine [intətwáin]
からみ合わせる
原 中に(inter) ひねる(twine)
イメージ 2 つのものが互いにからみ合う. 縄やロープの束の編み込みをイメージするとよいだろう. -twine には〈twist(ひねる)+two(2 つ)〉の意が潜んでいる.
例 Language and culture are closely intertwined. 言語と文化は深く関わり合っている.

interval [íntərvl]
間隔
原 間(inter) 城壁(val)
イメージ 2 つの事の間の時間, 2 つの物の間の距離
解 -val は wall(城壁)の意で城壁と城壁との空間的間隔を指すのが原義だが, 時間的間隔の意でより多く用いられる.
例 Buses leave at intervals of ten minutes. バスは 10 分間隔で出ている. / Those road signs are set at regular intervals. この道路標識は一定の間隔で設けられている.

intervene [intərvíːn]
間に入る
原 中に(inter) 来る(vene)
イメージ 間に介入する
派 intervention 介入, 干渉
例 You should not intervene in the internal affairs of my family. 家庭の中のことに干渉しないでよ. / I'm in trouble with the police on a mistaken identity. Can you please intervene on my behalf. 警察に誤認されて困っているんだ. 頼むから仲介に入ってくれないか.

interview [íntərvjuː]
面接, 会見, インタビュー
原 相互間で(inter) 見る(view)
イメージ (互いに見合う) ⇒ 面接する, インタビューする
例 The President was interviewed by reporters on the incident. 大統領はその件について記者会見をした. / I had an interview for a job. 就職のための面接を受けた. / Personality assessment is carried out during interviews. 人物評価は面接の時行われる.

intestine [intéstin]
腸
原 中に(int) ある(estine)
イメージ お腹 ⇒ 腸
解 ワープロで「おなか(⇒ 原義)」と打ち込むと「お腹」と変換する.
例 The small intestine is the longest part of the human digestive tract. 小腸は人間の消化管の中で一番長い部分である.

intimate [íntəmeit]
親密な, 詳しい
原 中に(inti) ずっと入った(mate)
イメージ (中に入り込んで)親密な ⇒ 個人的な ⇒ 詳しい
派 intimately 親しく / intimacy 親密な関係 / intimation ほのめかし(⇒ 情報を中に + 入れ込む)
例 His most intimate thoughts and secrets are revealed in the autobiography. その自伝には彼のきわめて個人的な考えや秘密が書かれている. / She has an intimate knowledge of writers

in the Edo period. 彼女は江戸時代の作家にとても詳しい． / I don't feel comfortable attending to people's intimate affairs. 他人の内輪のことに関わるのは嫌いだ．

intimidate [intímideit]
脅迫する
原 臆病(timid) に(in) する(ate)
イメージ 怯えさせる
派 intimidating 気後れさせるような / intimidation 脅し
関 timid 臆病な
例 The motorist intimidated the police officer into turning a blind eye to his traffic offense by telling him of his friends in high places. 運転手は警官に自分の友人に権力を持った人達がいることを話して自分の交通違反を逃れた．/ The thought of running 26 miles can be intimidating. 26マイルも走ることを考えると気後れがする．

into [íntuː]
〜の中へ
原 〜の中へ
イメージ (ある場所への)進入；(ある状態への)変化
例 A good idea has just come into my mind. いい考えを思いついた．◇進入 / Tadpoles will change into frogs. オタマジャクシはカエルになる◇変化．

intricate [íntrikət]
込み入った，複雑な
原 中に(in) もつれ込んだ(tricate)
イメージ もつれて複雑な
解 tri-に〈引き込む〉感じがある．
派 intricacy 複雑さ
関 extricate 救い出す(⇨出す＋もつれから) / trick だます(⇨巻き込む)
例 This bon dance is characterized by intricate steps performed on one spot. この盆踊りの特徴は1か所で複雑に踏まれる足運びにある．

intrigue [intríːg]
陰謀を企てる，興味をそそる
原 中に(in) もつれ込ませる(trigue)
イメージ (人を事件に)引き込む：(関心を事に)引き込む
派 intriguing 興味をそそる(⇨引き込む)
関 intricate 複雑に入り組んだ

例 I am finding Japanese very difficult, but very intriguing. 私にとっては日本語は難しいのですがとても魅かれるところがあります．

intrinsic [intrínsik]
本質的な
原 内部に(intrin) 入った(sic)
イメージ (内部の⇨中身の)⇨内に元々備わっている
例 The use of coins developed out of the use in commerce of ingots of bronze and other metals that possessed an intrinsic value. コインの使用は元々価値を備えている青銅などの金属塊の取り引きに使われていたことから発展してきた．

introduce [intrəd(j)úːs]
紹介する，導入する
原 中に(intro) 引く(duce)
イメージ (白紙状態のところへ)新しく(情報・こと・ことを)導き入れる
解 -duce は〈引く〉のイメージがある：produce 生産する(⇨引き＋出す) / reduce 減らす(⇨後へ＋引く) / introductory 紹介的な / introduction 紹介, 導入
例 Yukichi Fukuzawa introduced Western thought to Japan during the Meiji Period. 福沢諭吉は明治時代に西洋思想を日本に紹介した．/ Industrialization introduced many new types of land uses. 産業化は多くの新しい土地利用法をもたらした．/ Would you introduce yourself to everybody? 皆に自己紹介をしてくれますか．

introvert [íntrəvəːrt]
内向的な人
原 内に(intro) 向いた(vert)
イメージ 気持ちが内に向かう⇨内向性・内気
関 extrovert 外向的
例 He is a bit of an introvert. 彼は少し内向的だ．/ I am introverted and get depressed easily. 私は内向的で落ち込みやすい．

intrude [intrúːd]
無理に押し付ける，侵入する
原 in(中に) trude(押し込む)
イメージ 他者の領域へ押し入る
解 -trude の-u-に〈圧迫〉が感じられ

る．-trude は extrude(突き出す)，thrust(ぐいと押す)，threat(脅迫⇨恐怖の押し付け)，abstruse(深遠な⇨遠くへ＋押しやった)などに見られる．
派 intrusion 押しつけ，侵入 / intrusive 押しつけがましい
例 As always, on retiring to bed, lewd thoughts intruded to disturb his sleep. 床に就くといつものように淫らな考えが入り込んできて彼の眠りをじゃました．

intuition [ìntjuíʃən]
直観
原 を(in) 観る(tuition)
イメージ 直観⇨the sixth sense と俗にいう．◇tuition(授業(料))は〈(勉強を)見てやる〉から．
派 intuit 直観する / intuitive 直観力のある
例 Women are sometimes said to be more intuitive than men. 女性は男性よりも直観が働くと言われることがある．
◇woman's (=female's) intuition(女の六感) / She knew by intuition what he was thinking (=She knew intuitively what he was thinking=She was able to intuit what he was thinking). 彼女は彼が何を考えているのか勘で分かった．
◇intuit は intuition からできた語で know by intuition(直観する)の意．

inundate [ínʌndeit]
水浸しにする，溢れさせる
原 うねる波(undate) の中に(in)
イメージ うねる波のごとく押し寄せる
派 inundation 浸水，殺到
関 undulate うねる / undulatory(= undulating)起伏する ◇(⇨ swamp)
例 We have been inundated with inquiries about the new car model. 新型車の問い合わせが殺到している．/ Sorry, I can't see you now. I'm inundated with work. 今はお会いできません．仕事が一杯なんです．

invade [invéid]
侵略する，侵入する
原 中に(in) 入る(vade)
イメージ 他者の領域へひたひたと入る
解 wade(水やぬかるみの中を歩く)は同系語．
派 invader 侵略者 / invasion 侵略
例 I dislike the commercialism that has invaded amateur athletics. アマチュアスポーツ界に入り込んだ商業主義は気に入らない．/ Public-opinion polling may cause annoyance and lead to invasion of privacy. 世論調査は苛立ちを引き起こしプライバシーの侵害につながることがある．

invent [invént]
発明する
原 中に(in) 来る(vent)
イメージ (これまでになかった物を)存在させる，発明する；(実在しなかった事を)でっちあげる
解 -vent は come の原義を持ち，come には〈物がやって来る，〜事が起こる〉の意味合いがある．(⇨ come)
派 invention 発明，でっちあげ / inventory 商品目録(⇨存在している品のリスト)
関 adventure 冒険(⇨あえて会うこと) / event 出来事(⇨出て＋来る)
例 Paleolithic man invented the bow and arrow and the spear. 旧石器時代人は弓矢や槍を発明した．/ He invented a cast-iron alibi. 彼は強力なアリバイを(欺くために)こしらえた．/ Necessity is the mother of invention. 必要は発明の母．

invest [invést]
投資する，与える
原 中に(in) 着せる(vest)
イメージ 金をかける・つぎ込む
解 利益を見込んで〈金，努力，権利〉を対象に(in)付ける〈vest＝着せる〉こと．◇日本語でも「予算を付ける」などと言うのは同じ発想．
派 investment 投資
関 vest ベスト / vestment 礼服
例 It's time we invested in new computers. 新しいコンピュータを購入する時期だ．/ They invested heavily in their children's education. 彼らは子供の教育に多額の投資をした．/ The company invests time and money in training the employees. 会社は社員を教育するために時間と金を投資する．

investigate [invéstəgeit]
調査する
原 跡(vestigate) の中に(in)
イメージ 跡をじっくり追う

派 investigation 調査
関 vestige 形跡
例 A committee was appointed to investigate these complaints. これらの訴えを調査するために委員会が設けられた。

invite [inváit]
招待する, 招く
原 中へ(in) 求める(vite)
イメージ (中に入るように求める)⇒(人を)招く；(下手をして不快なことを)招く
派 invitation 招待 / inviting 魅惑的な
関 vie 競う(⇨勝ちを求める)
例 My statement that I had nothing to do with the affair has invited some skepticism. 自分はその件に全然関係してないと言ったら疑いを招いてしまった。 / You're just inviting trouble if you attend the wedding. 君が結婚式に出るならわざわざ面倒を招いているようなものだよ。 / My flower garden is in full bloom now, and it is very inviting. 今、花壇が花一杯でとても魅力的です。

invoke [invóuk]
祈願する, 呼び起こす
原 ～に(in) 呼びかける(voke)
イメージ 神に呼びかける, 祈願する；声をかける(⇨物事を)引き起こす
解 -v-には〈声の力, 魔力〉が込められている。
関 convoke(会議を)招集する / evoke 呼び起こす / provoke 怒らせる / revoke 取り消す
例 The president invoked his veto power. 大統領は拒否権を発動した。 / Every thesis invokes its own opposite. ある説を打ち出すといつも反対の説が出るものだ。

involve [inválv]
巻き込む, 関係させる
原 中に(in) 巻く(volve)
イメージ 巻き込む⇨(必然的に)伴う
派 involved 難解な(⇨込み入っている) / involvement 関わり合い
例 Building space stations involves the expenditure of much time, energy, and money. 宇宙ステーションの建設は多くの時間、労力それに資金を伴う。 / Take care not to get involved in street fights. 通りでのけんかに巻き込まれないように注意しなさい。 / My children are very involved with soccer now. 子供たちは今サッカーに夢中です。 / I didn't realize so much work was involved in making a film. 映画の製作にそんなに多くの仕事が関わっているとは知らなかった。 / His explanation was long and involved. 彼の説明は長くて込み入っていた。

irk [ə́ːrk]
うんざりさせる
原 疲れさせる
イメージ (処処の仕方がなくて)悩ませる, うんざりさせる
解 work(働く⇨(疲れさせる))に関係がある(音的に近いことにも注目)。
派 irksome うんざりするような
例 He has been irked by his wife's constant complaint about his low earnings. 彼は妻が自分の稼ぎにいつも注文をつけるのに辟易していた。 / He found his administrative duties as Dean too irksome. 彼は学部長としての行政の仕事があまりにうんざりする程だと気づいた。

irony [áiərəni]
皮肉, 皮肉な事態
原 しらばくれる
イメージ しらばくれて皮肉を言う。
派 ironical 皮肉な
解 皮肉とは〈あてこすり⇨骨の随までこたえないで, 英語には「皮肉」に対する類語に sarcasm((骨の随までこたえる)皮肉)がある。sarcasm は〈直接手厳しいことばを投げて嫌味を言う〉感じである。
例 What an irony (= It is ironic) that his novel proved to be a crib the day it was published with such fanfare. 鳴り物入りで出版された日に盗作と分かったのは皮肉だ。

irritate [íriteit]
苛々させる, ひりひりさせる
原 刺激する
イメージ (神経をなでる)⇨苛々させる, (神経をなでる)⇨ひりひりさせる
派 irritable 怒りっぽい / irritation 苛々
解 irritate と「苛々」はなんとなく似

ている感じ．
[例] Alva irritated his teacher by asking too many questions. アルバ少年はとてもたくさんの質問をして先生を苛々させた．／ The bus is never on time; it is very irritating. バスがいつも遅れるのは腹が立つ．

isolate [áisəleit]
孤立させる，隔離する
[原] 島にする
[イメージ] 集団から引き離す・孤立させる◇〈島流し〉の発想に似ている
[解] イタリア語 isola は「島」の意．島は大陸から見ると孤立・分離した存在である．
[派] isolation 孤立
[例] After losing the election, he felt more and more isolated. 落選以後彼はだんだんと孤立感を深めていった．／ People with a communicable disease should be isolated. 伝染性の病気を持った人は隔離されねばならない．／ One and a half centuries ago, Japan was isolated from the rest of the world. 日本は150年前には他の世界から孤立していた．／ Isolated signs of economic recovery were evident, but they were short-lived. 景気回復の兆しが散発的に見られたがみな長続きしなかった．(◇ isolated＝〈島のようにぽつんと在る〉⇨一時的〉

issue [íʃuː]
発行，問題
[原] 外へ(is) 出る(sue)
[イメージ] (出て来る，表沙汰になる)問題，(出て来る)印刷物，出版物
[解] problem は〈困った〉問題〉で，これが議論の場に出されると issue〈(討論すべき)問題〉になる．たとえば上司が職場でぷかぷか平気で喫煙するのは problem だが，His men don't like to make an issue of it. (周りの者はそれをことさらあげつらって問題にしたくない)ということはあり得る．
[例] I want to raise the issue of overtime work at the meeting. 会議で残業の件を議題にしたい．／ Do you have last month's issue of this magazine? この雑誌の先月号を持っていますか．／ The Bank of Japan stopped issuing ¥100 notes in 1972. 日本銀行は100円札の発行を1972年に止めた．

it [it]
それ
[原] それ
[イメージ] (例の)それ，(今注目している)それ；(今ある)環境・状況
[解] 「それはリンゴです」のつもりで，いきなり It's an apple. と言えないのは〈今注目しているリンゴ〉が決定されていないからである．it は自己の置かれている状況を全体的・包括的に捉えるので様々な相を含んでいる．
[例] "What's this?"—"It's an electronic dictionary." これは何ですか―電子辞書です．／ It's really crowded today. 今日は混んでますね．／ It's five o'clock in the morning. 午前5時です．

item [áitəm]
項目，品目，品物，条項；記事
[原] 同じく(の品)
[イメージ] (同一の)品目⇨(1つ1つの)品物；(1つの)項目⇨(1つの)記事
[解] 輪郭がないと item とは言えない；小麦，木材，事件は原材料であるがこれを加工すると item(それぞれケーキ，机，記事)になる．◇アメリカのスーパーマーケットには，EXPRESS のサインがあるレジがある．これには less than ten items などと書かれており，少量の買い物をした人たちがレジで長い時間待たされないための工夫である．ところで less than ten items は10品以下ではなくて，10品目以下の意味である．品目が少なければ，数量は多くても掛け算で済むからである．◇物品の場合，item の前の形状のものを commodity と言い，指標としての物価は commodity price と言うが，これは原材料(たとえば砂糖)が品目(たとえばキャラメル)の値段を決めるからである．
[派] itemize 箇条書きにする
[例] The government restricts a variety of items imported from USA. 政府はアメリカからのさまざまな輸入品目の種類を制限している．／ Before submitting the report, we have to examine the contents item by item. 報告書を出す前に内容を項目ごとに検討しなくてはいけない．

J

jail [dʒéil]
監獄, 刑務所；監獄に入れる
原 小さなおり
イメージ (おりに入れる) ⇨ 監獄に入れる
派 jailer；jailor 看守
例 He was jailed for five years. 彼は5年間監獄に入った.

jam [dʒǽm]
ジャム；詰め込む, 電波を妨害する
原 詰め込む
イメージ 狭い場所に詰め込む ⇨ 動きがままならなくなる
解 「電波を妨害する」の意は, ある電波に別の電波を故意に押し込むと, 妨害することになる理からである. また名詞用法でジャムの意は多分果物の果肉を押しつぶして容器に詰め込むようそう呼ぶようになったと思われる.
例 Forty of us jammed into a bus designed for 30. 30人乗りのバスに40人が詰め込んだ. / All the roads were jammed with student cars heading for their hometowns. 故郷へ向かう学生の車でどの道路も一杯であった. / This broadcast is being jammed by someone. この放送は誰かに妨害されている.

jaw [dʒɔ́:]
あご
原 あご
イメージ 下あご(the lower jaw)と上あご(the upper jaw)のうち, ふつう, 下あごの部分を jaw と言う.
解 あごに対する英語は jaw と chin(下あごの先端部分)がある. 外れる(dislocate)のは jaw である.
例 My father has a strong square jaw. 私の父がしっかりした角ばったあごをしている.

jealous [dʒéləs]
嫉妬深い, 嫉んでいる
原 熱意(jeal=zeal)が一杯である(ous)
イメージ 熱意は過ぎると嫉み・嫉妬になる
解 zeal(熱意)と同系語 ⇨ zeal(情熱)と jealousy(嫉み)は紙一重の差.
派 jealousy 嫉み
例 The older child may become extremely jealous when a baby is introduced to the family. 新しく赤ちゃんが生まれてくると, 上の子はその赤ちゃんをひどく嫉むようになることがある.

jeopardy [dʒépərdi]
危険
原 五分五分
イメージ (五分五分 ⇨ 失敗の可能性が大) ⇨ 失敗・損害の可能性が大きい
解 五分五分なら成功の可能性もあるのだが, この原義がマイナス方向へ傾くのは人間の性(さが)であろうか.
派 jeopardize 危険にさらす
例 Those staff who surveyed the cause of the nuclear leak had to put their lives in jeopardy (=jeopardize their lives). 核漏れ事故の原因を探る職員は生命を危険にさらすはめになった.

jet [dʒét]
噴出, ジェット機；噴出する
原 放る
イメージ (一気に放り出す) ⇨ 噴出する ⇨ ジェットエンジン ⇨ ジェット機
解 ジェット機は本来はジェットエンジン搭載機の意味であったが, ジェット機そのものが放り出されているようにも映るので, 機体そのものをも指すようになった. jet は音的にも〈噴出して空中へ放り出す〉意味合いが感じられる：jettison 投げ荷(する) / jetty 突堤, 防波堤(⇨ 海に投げ出されたがごとく築かれている)
例 The fireman released a jet of water on the burning house. 消防士は燃える家に向けて放水をした. / I'm having

(＝I'm suffering from) jet lag. 時差ぼけになっている． ◇ jet lag ⇨ jet(ジェット機移動による)＋lag(生理反応の遅れ)

job [dʒáb]
仕事
原 1つの仕事
イメージ 1つの仕事(◇仕事に名前がある)・ひと仕事(◇仕事に名前が付けられない)
解 job とは① work を切り取って明確な輪郭が描けるいわば a piece of work と，② work に意味が近く，輪郭のぼけた job とがある．
例 The supermarket closed down and she lost her job. スーパーが閉鎖したので彼女は職を失った． ◇1つの仕事 / Dish washing was my job at the camp. キャンプでは皿洗いが僕の仕事だった． ◇1つの仕事 / It's quite a job to pass the bar examination. 司法試験に受かるのは並大抵ではない． ◇ひと仕事 / Matsui belted a grand slam in the bottom of the 9th inning to win the game. He did a great job. 松井は9回裏に満塁ホーマーを打って試合に勝った．彼はあっぱれな仕事をした． ◇ひと仕事

join [dʒɔ́in]
つなぐ，加入する
原 結ぶ
イメージ (同種のもの，たとえば，川と川が)合わさる，つながる，(人が活動に)加入する
解 〈加入する〉は join＋所属クラブ，〈ちょっとだけ加わる〉は join in＋〜ing の形をとる．
派 joint 継ぎ目，関節 / junction 合流点 / juncture 接合 / joiner 建具屋(⇨部分と部分をつなぎ合わせて製品(テーブルなど)を作り上げる)◇「あちこちの組織に加入・参加するのが好きな人」の意味もある．
例 Many places, where two rivers or two roads join, are named junction city. 2つの川あるいは道路が合流するところはよくジャンクションシティと言う名がついている． ◇日本では川の合流するところが落合という名がついている． junction city は英語版「落合」だ． / Every child must join a club in this school. この学校では誰もがクラブに入ることになっている． / Won't you join in the singing? 一緒に歌いませんか．

jostle [dʒásl]
押す，突く，押し合う
原 突き当たる
イメージ 人に身体ごとぶつかる
解 jo-や ju-には〈出合い・ぶつかり合い〉の意味合いがある：join 出会う / juxtapose 並べる(⇨出会わせる) / jog 軽くつつく / jolt 揺さぶる(⇨衝突させる) / jot ちょとメモする(⇨書きつける，つまりペン先を紙にぶつける) / jungle ジャングル(⇨樹々が押し合いへし合いしている) / just 公正な(⇨行動と規則が丁度合う)
例 The pickpocket jostled a victim toward an accomplice who then slipped the man's wallet out of his back pocket. スリは餌食を相棒の方へ押し込むと，相棒は後ろポケットから財布を抜き取った．

judge [dʒʌ́dʒ]
裁く，審査する，判断する
原 法(ju)に従って言う(dge)
イメージ 法や理性に合っているかどうか判断を下す
解 語源辞典では ju＝「法」と説くが，ju は〈突き合わせる⇨行動と規範を突き合わせる〉まで遡れる．(⇨ just, jostle)
派 judicial 裁判に関する / judicious 賢明な
関 jury 陪審員
例 We shouldn't judge others by only what we think or feel. 自分の考えや思いだけで他人を判断してはいけない． / We judged it wiser to put a stop to this dealing. この取り引きは止めた方が賢明だと判断した．

juggle [dʒʌ́gl]
曲芸をする，ごまかす
原 手品を使う
イメージ 皿や玉の曲投げ，あるいはバランスの曲芸(⇨うまく操作する)⇨ごまかす
解 手先の器用さを表わす語はしばしば相手を「欺く」意にもなる(⇨ cook, fabricate).
例 He is juggling knives. 彼は短剣を曲

投げしている． / The accountant seems to have juggled the figures. 会計係が数字をうまく操作したらしい． / She's finding hard to juggle her roles of mother, wife, and business executive. 彼女は母親と妻と仕事のバランスが難しいので苦労している．

jump [dʒʌ́mp]
跳び上がる
原 地面に足を踏みつけて反動で跳び上がる
イメージ 地面をぐんと蹴って跳び上がる
解 ju-には〈足と接地面との衝突の音〉が感じられる．(⇨ jostle の解説)
例 All the people jumped for joy at the news of the victory. 勝利の知らせに皆は跳び上がって歓喜した． / She jumped to her feet and walked out of the room without saying a word. 彼女はすっくと立ち上がり何も言わずに部屋から出て行った． / His lecture was fitful; he kept jumping from one subject to another. 彼の講義は一貫性がなく，話があちこちへと飛んだ．

just [dʒʌ́st]
正しい，丁度，ほんの，ほんとうに
原 ちょうど合う
イメージ ちょうど〜である：(ちょうど法に合う)正しい・公正である
解 ju-には〈合う〉の意味合いがある(⇨ jostle の解説)．◇形容詞(正しい・公正である)はほとんど用いられず，副詞(ちょうど)，動詞 justify(正当化する)や名詞 justice(公正・正義)の中に生きている．
派 justice 公正 / justify 正当化する
例 She looks just like her sister. 彼女は姉にそっくりだ． / I just caught the train. やっと電車に間に合ったよ． / Forget about the details. Just tell me: Did you meet him? 細かいことはいいから，彼に会ったのかどうか言いなさい． / How can you justify spending so much money on such insects. 昆虫なんぞにそんなにお金を注ぎ込む理由があるのかね．

K

keen [kíːn]
熱中している，激しい
原 勇敢な⇨鋭い
イメージ 気合いが入っている，鋭い
派 keenly 熱心に / keenness 熱心さ
例 My grandfather is keen on growing chrysanthemums. 祖父は菊作りに熱心だ． / Most birds have keen vision (＝are keen-sighted). 大概の鳥は目が鋭い．

keep [kíːp]
保つ
原 掴む
イメージ （くずれないように）そのままの状態に保つ
関 keepsake 記念品，形見
例 You can keep it; I have another one. それあげますよ．もう1つありますから． / He tried to keep calm while he was on the stage. 彼は舞台に立った時冷静でいようとつとめた． / I'll drive you out, Jenny, if you don't keep quiet. ジェニィ，静かにしてないと追い出すよ． / Raising the price of cigarettes may keep young people from smoking because they can't afford it. タバコの値段を上げれば若者がタバコに手をそめることから守れるかも知れない． / The UN was established to help keep peace among nations. 国連は国家間の平和の維持を目的に設立された． / My job has kept me very busy since returning to Ellensburg. エレンズバーグへ帰ってから仕事でとても忙しくしています．

kidnap [kídnæp]
誘拐する
原 子供(kid) を捕まえる(nap)
イメージ 子供などをさらっていく◇大人も対象となる
派 kidnaper / kidnapper 誘拐犯，人さらい◇本来は kidnap は kidnaper から派生(kidnaper から逆派成)したもの．
例 Unable to have a child of their own, the couple kidnapped a baby to raise as their own. その夫婦は子供を産めないので，自分達の子として育てようとして赤子を誘拐した．

kill [kíl]
殺す，枯らす，だめにする
原 打つ
イメージ 危害を加えて殺す⇨大切なものをだめにする
例 The opposition party killed the government's bill on tax breaks for the rich. 野党は政府の金持ちのための減税法案を否決した． / He drives like a nut; he'll kill himself one day. 彼の運転はむちゃだ．いつか死んでしまうぞ．
◇ kill oneself は(意図的)自殺とは限らない．

kin [kín]
親族，血縁がある
原 (同じ)生まれ
イメージ 生まれを同じくするもの⇨家族・親族・同族
関 kind 親切な(⇨生まれのよい)，種類(⇨生まれながらの属性) / kindred 血縁(⇨生まれ＋状態) / akin 類似している
例 The boy lost his parents in the accident. His next of kin is going to take care of him. その少年の両親が事故で亡くなったので，一番近い親族が彼の面倒を見ることになっている．

kind [káind]
親切である；種類
原 生まれながらの
イメージ （生まれながらの⇨無垢な）⇨性質のよい；（同じ生まれの）⇨ある種に属する
解 gen〈生まれ〉が gentle(優しい⇨生まれの良い)の意を持つのと同じ関係．
例 They accept payment either in

cash and in kind. 彼らはお金による支払いでも物品による支払いでも受けつける． ◊ payment in kind(金に変換される前の生(なま)のままの物品の値打ちによる支払い) / It takes all kinds to make a world. 世の中さまざまである． / Thank you for your kindness to our daughters. 娘達にご親切を頂いてありがとうございます．

knee [níː]
ひざ
原 曲がる
イメージ ひざ
解 ひざの一番の特徴といえば〈曲がる〉ことである．〈曲は屈〉で knee は〈屈服・服従〉の意味合いを持つ．日本語の世界では「上半身を折り曲げて」英語の世界では「ひざを曲げて地面に落として」服従を表現する．
派 kneel ひざまずく
例 The bribery scandal brought the self-righteous politician to his knees. 収賄事件のために強気だった政治家は屈服に追い込まれた． / The common people used to kneel on the ground when they spoke to nobles. 平民は貴族と話す時はひざまずいていた．

knife [náif]
ナイフで刺す
原 ナイフ
イメージ ナイフで切る
例 He was knifed in the stomach and died from loss of blood. 彼は腹をナイフで刺されて、出血多量で死んだ． / Jet-propelled aircraft can knife through the sky faster than sound. ジェット機は音よりも速く空を切って飛行できる．

knock [nák]
叩く，ノックする
原 コンと叩く
イメージ 叩く⇨叩きつける；(生きて行く中で)叩かれること
例 Some of life's hard knocks can help build one's backbone. いくつか苦い思いを経験すると人は根性ができる．

knot [nát]
結び目
原 こぶ，節
イメージ 結び目
解 船の航行速度を表わす単位ノットはロープの結び目と結び目の間隔を約1852メートル(⇨1ノット)に決めてロープを海面上に繰り出して船の航行速度を計ったことによる．
派 knotty 解くのがやっかい，ほどけにくい
関 knit 編む / knob ノブ(⇨こぶ状)
例 This knot is very tight－I can't undo it. この結び目はきつくてほどけないよ． / Being trapped, they knotted sheets together and lowered themselves down. 逃げ場を失った人達はシーツを結び合わせて伝って降りた． / A ship moving at 20 knots is traveling as fast as a land vehicle at about 23 miles per hour. 20ノットで航行中の船は時速23マイルで走っている車と等速である． / This is quite a knotty problem. これはなかなかやっかいな問題だ． ◊ solve a problem(問題を解く)の solve の原義は〈ほどく〉である．

know [nóu]
知る，分かる
原 知る
イメージ 知っている(情報・知識が頭にあること⇨既知)，〜と分かる(情報・知識が頭にさっと入る⇨新知識)
派 knowledge 知識(⇨知る＋こと) / knowledgeable よく知っている ◊ knowledgeable is having knowledge(知り得ている⇨知識がある)の意味である(「知り得る」ではない)．また、名詞＋able は他には日常的には用いられていない．
例 I know his phone number. 彼の電話番号は知っています． ◊既知 / "She's from China."－"I know." 彼女は中国人です 知ってるよ． ◊既知 / "Thank you for the information."－"I hadn't known he is in town." 知らせてもらってありがとう－彼がこの町にいるとは知りませんでした． ◊既知 / How long have you known Jane? いつからジェーンと友達になったのですか 既知 / I knew him by sight. 見ただけで彼と分かった． ◊新知識 / You'll know my home when you see it; it is just next to the post office. 私の家はすぐに分かりますよ，郵便局のすぐ隣ですから． ◊新知

識 / I know her. 彼女は(交流があって)よく知っています． ◇知識＋体験 / I know of her. 彼女のことは(交流はないが)知っています． ◇知識のみ / No one wants to get to know an unkind person. 誰も優しくない人とは友達になりたがらないものだ． ◇知り合いになる / Most extramarital intercourse is done secretly without the knowledge of the spouse. 大概の婚外交渉は配偶者が知らないうちに密かになされる． ◇ knowledge は学問的な知識とは限らない． / She is very knowledgeable about jazz. 彼女はジャズのことにとても詳しい．

L

label [léibl]
レッテル，ラベル
原 切れ端
イメージ (紙の切れ端)⇨ラベル⇨ラベルを付ける⇨レッテルを貼る
解 レッテルはオランダ語でラベルのこと．
例 The media in unison labeled new Prime Minister as powerless and incompetent. マスコミは一斉に新首相は力不足で能力に欠けているとレッテルを貼った．

labor [léibər]
労働，働く
原 苦労する
イメージ 骨折る
派 laborer 労働者 / laboratory 実験室 (⇨働く＋場所) / elaborate 入念に仕上げた(⇨苦心した) / laborious 骨の折れる
例 The candidate pledged his determination to labor for the good of people. 候補者は人々のために進んで骨折ることを公約した． / She went into labor 30 minutes ago. 彼女は30分前に陣痛が始まった．◇苦痛の最たるものは子供を産む時の陣痛である(最も聖なる労働と言えよう)．◇女性の生理現象については婉曲表現することが多い：have a period 生理になる / be expecting 妊娠している

lace [léis]
レース，締めひも
原 輪縄で縛る
イメージ (結ぶ)紐⇨紐で結ぶ：レース⇨(織りまぜる)⇨加味する
解 string(糸，糸を通す)，thread(糸，糸で縫う)に比べて，lace には〈紐を引いて縛る〉意味合いがある．これは元来の「輪縄をかけて縛る」の意をとどめているから．
関 lasso 投げ縄
例 My son still has some trouble lacing up his shoes. 息子はまだ靴ひもがうまく結べない． / The curry eaten by the victims before they fell ill was laced with cyanide. 犠牲者が倒れる前に食べたカレーには青酸カリが混入されていた．

lack [lǽk]
不足している，欠けている
原 欠けている・漏れている
イメージ 一部が欠けて不完全である
関 leak 漏れる
例 All the plants died from lack of water. 水不足で植物がみな枯れた． / He lacks (= is lacking in) common sense. 彼は常識に欠けている． / The most distinctive feature of a snake is its lack of limbs. 蛇の一番目立つ特徴は腕や脚がないことである．

lag [lǽg]
のろのろ進む
原 のろのろ進む
イメージ ぐずぐず＋のろのろ
例 We must not lag behind other nations in our efforts to help those made homeless by the earthquake. 我が国は地震によって家を失った人々の救済努力が他の諸国に遅れてはならない．

lame [léim]
足が不自由である，下手な
原 不自由
イメージ (足が)不自由である⇨ぎこちない
派 lamely ぎこちなく / lameness ぎこちないこと
例 The player is still lame from an injury on the baseball field. あの選手は野球でけがしてまだ足が不自由である． / He gave me a very lame excuse for opening my letter. 彼は私の手紙を開けてしまったことについて下手な言い訳をした．

lament [ləmént]
嘆く, 後悔する
[原] 嘆く
[イメージ] (失策・損失・死去を)悲しく思う
[派] lamentable 嘆かわしい / the lamented 故人
[例] The nation lamented the death of its great political leader. 国民は偉大な政治指導者の死を悲しんだ． / The increase in juvenile delinquency is to be lamented. 青少年の非行の増加は嘆かわしい．

lamp [lémp]
ランプ, 灯火
[原] 輝く
[イメージ] (光源が輝いて見える)ランプ
[解] lump(塊)との混同は lump の -u- が〈圧迫〉を表わすことを理解すれば容易に避けられる．
[関] lantern 手提げランプ, ちょうちん
[例] Lamps with frosted bulbs give off softer light than those with unshaded clear glass bulbs. つや消し電球のランプは裸電球よりも柔らかい光をだす．

land [lænd]
陸, 土地；上陸する
[原] 囲まれた土地
[イメージ] (地理的には)陸地, 国, (経済的には)所有地；上陸する⇨着陸する⇨物にひょいととまる
[解] 不動産(real estate)から連想されるのは land と building(土地と建物)である．
[派] landing 着陸, 陸揚げ
[例] After drifting for a whole month, they finally came in sight of land. まる1か月漂流し, 彼らはついに陸地を目にした． / People in different lands can see each other clearly through satellites. 異国にいながら衛星を通して互いをはっきり見ることができる． / He had to sell his land to send his son to college. 彼は息子を大学へやるために土地を売らねばならなかった． / The troops landed on the beaches in Normandy. 軍隊はノルマンディーの海岸へ上陸した． / A fly landed on my nose. 蝿が僕の鼻にとまった．

language [læŋgwidʒ]
言語
[原] 舌
[イメージ] (舌でぺらぺらしゃべる)⇨ことば◊⇨tongue
[解] 話しことば(spoken language)と書きことば(written language)に大別される．
[関] linguistics 言語学
[例] No one knows when and how language began. 誰も何時どのようにことばが始まったのか知らない． / He often uses language that does not become a man of his education. 彼は教育ある人にふさわしくないことば遣いをする．

lap [lǽp]
ひざ, かさなり合う部分, 一周
[原] (スカートの)裾
[イメージ] (スカートの裾)⇨座った時の腰からひざ頭までの部分, (スカートの裾が巻くように身体に)覆い重なる, (スカートの裾が)ぐるり一周する．
[関] flap はためく(◊スカートの裾もはためく) / overlap 重なる, かち合う(◊上に＋覆う)
[例] The baby was on his mother's lap. 赤ん坊は母親のひざに抱かれていた． / She lives in the lap of luxury. 彼女は贅沢に囲まれて生活している． / He is on the third lap. One lap to go. 彼は今3周目です．あと1周です． / What gets lost every time you stand up?—Your lap. 立ち上がるたびになくなるものは？—おひざ(なぞなぞ)◊「ひざ」と言っても人体の部位名ではないので人が立つとその役(お座りの場)をなさないので, knee(ひざ, ひざ頭)は残るが lap (おひざ)は消えてしまう． / We could hear the waves lapping the shore. 岸辺で波がひたひたと打っている音が聞えた．◊この lap の原義は〈なめる〉であるが,〈ぴちゃぴちゃ〉という音が聞こえてきそうで flap(はためく)などと関係がありそうだ．

lapse [lǽps]
失敗, 経過；しだいに〜の状態になる, 消滅する
[原] 滑る
[イメージ] 滑りはすってんころり(ちょとしたしくじり), 滑るがごとく流れる

は時(時の経過);滑るがごとくある状態に落ち込む
関 elapse 時が過ぎて行く(⇨行く+滑る) / collapse 崩壊する(⇨共に+滑る) / relapse 逆戻りする(⇨再び+落ち込む)
例 I often experience memory lapse (=lapses of memory) these days. 最近よく度忘れしてしまう. / After a lapse of ten years in Hong Kong, she returned to her home. 彼女は香港で10年間過ごした後,帰郷した. / After losing his only son, he lapsed into idleness. 一人息子を亡くして彼は無気力になってしまった.

large [láːrdʒ]
大きい, 広い
原 豊富な
イメージ 豊かに広がる
解 large が〈大きい〉なら, big は〈おっきい, でっかい〉. これは tall〈高い〉:high〈高ーい〉, あるいは small〈小さい〉:little〈ちっちゃい〉の関係も同様.
例 The monkey which escaped from the zoo is still at large. 動物園から逃げた猿はまだ捕まっていない. large には元来〈豊かな広がり〉の意味合いがあったので at large は not yet captured(捕まっていない)の意になる.

lark [láːrk]
ヒバリ, ふざけ
原 はねまわる
イメージ ヒバリ(skylark)がはしゃいでいる
解 語源的にヒバリ(skylark)とふざけの関連は不明だが, 関連づけて理解すると定着し易いだろう. lurk(待ち伏せる)は-u-に〈圧迫〉〈緊迫〉が感じられるので lark との混同は避けられる.
例 We hid John's glove for a lark, but he reported it to the teacher. ふざけてジョンの手袋を隠したのだが, 彼はそれを先生に言いつけてしまった.

lash [læʃ]
鞭で打つ
原 鞭で打つ音
イメージ 鞭がしなってバシッと打つ
解 そういえば eyelash(まつげ)はしなうようにパチパチ打つ.
派 lashing 痛烈な非難
例 The jockey gave his horse a final lash at the third corner. 騎手は第3コーナーで最後の鞭を入れた. / Dad gave me a verbal lashing for doing drugs. 父は僕が薬を使ったのでひどく叱られた.

last ① [lǽst]
ずっと続く, 持ちこたえる
原 ずーとたどって行く
イメージ (食いつぶしつつも)ずっとそのままの状態であり続ける⇨〜ほどの期間継続して消えていく
解 continue はある行為が継続すること.
派 lasting 長持ちする
関 outlast より長持ちする(⇨しのぐ+続く)
例 Baseball games in Japan last nearly three hours on the average. 日本の野球の試合時間は平均3時間近くになる. / The Edo period lasted for about 260 years. 江戸時代はほぼ260年続いた. / Happy times cannot last forever. 幸せな時が永遠に続くことはない. / Our marriage, which lasted ten months, was a nightmare. 私たちの結婚生活は10か月もったが, 悪夢のようであった. / The engine of a car is likely to outlast the body, since the body often cannot withstand rust. 大抵エンジンの方が車のボディよりも長く持つがそれはボディはよく錆にやられるからである.

last ② [lǽst]
最後の, この前の
原 一番遅い
イメージ 一番遅い⇨一番最後の⇨直前の
解 latest ⇨ latst ⇨ last と変化したもの(つまり late の最上級). ◇ latest は〈一番最後に起こる⇨現在に一番近い⇨最新である〉
例 He was the last runner to cross the goal. 彼が最終ランナーだった. ◇一番最後 / I had a cold last week. 先週風邪を引いた. ◇この前 / Tokyo's oldest department store closed its doors for the last time. 東京で一番老舗のデパートが最後の閉店をした. / We bring you the latest news on the incident. 事件の最新のニュースをお送りします. ◇

最新の
late [léit]
遅れた，終わり頃の，最近の
原 のろい
イメージ 事が時間的・時期的に基準よりも遅れて起こる
例 Spring is late this year. 今年は春が遅い． / He called me late last night. 彼は昨晩遅くに電話して来た． / Holidays are for sleeping late. 休みの日は遅くまで眠っているためにある．

lately [léitli]
最近
原 遅くに
イメージ このごろ(⇨最近の一連の時を帯状にイメージして捉える)
解 通例，現在完了時制と共に用いる．
例 He has not been looking well lately. 彼はこのごろ顔色が冴えない．◇類義語 recently は現在に近いある任意の一点を指して〈最近(⇨点的に時を捉える)〉のイメージ．過去時制(時に完了時制)で用いられる：I visited Seoul recently. 最近ソウルへ行った．◇日本語で「このごろソウルへ行った」はおかしい．

latent [léitənt]
潜在する
原 隠れている
イメージ 潜んでいる
派 latency 潜在 ◇ latency period 潜伏期間
例 AIDS can remain latent for five or six years with no symptoms. エイズは症状がでないままで5〜6年も潜伏することもある． / The sexual impulse and responsiveness are present in varying degrees in most children and latent in the rest. 性衝動や性反応は程度に差があるが大抵の子供にあり，そうでない子供にも潜在している．

later [léitər]
もっと後の，後で
原 late の比較級
イメージ その後の，後ほど
例 Dante had a tremendous influence on later writers. ダンテは後の作家に多大な影響を与えた． / He saw her again nine years later. 彼は彼女に9年後に再会した．

latitude [lǽtət(j)u:d]
緯度
原 広がっている
イメージ 赤道からの広がり⇨地球の表面に赤道と平行に横に通した仮定の線◇緯とは横糸のこと．
解 longitude(長さがある⇨経度)地球の両極を縦に通した仮定の線．◇経線(縦横の糸)とは「物事を織りなしたそのいきさつ」を言う．
関 dilate 広げる
例 "What is the latitude of Tokyo?"—"It is thirty-five degrees thirty minutes north." 東京の緯度はどれほどですか—北緯35度30分です． / If you want me to do a good job, you'll have to give me some latitude. 私にいい仕事をさせたいなら，すこし気まま(⇨自由な選択幅)にさせてください．

laugh [lǽf]
笑う；笑い
原 笑いの擬音語
イメージ あはは！
派 laughter 笑い
例 The story made us all laugh (＝We all had a good laugh when we heard the story). その話にみんな笑った． / Sounds of laughter came from the next room. 隣の部屋から笑い声が聞こえてきた．

launch [lɔ́:ntʃ]
(船を)進水させる，(ロケットを)発射する
原 放り出す
イメージ 勢いよく放り出し，慣性にまかせて進める
関 lance 槍(⇨投げ出す)
例 The UN launched a new campaign to try to slow the spread of the epidemic. 国連はこの伝染病の蔓延を抑えるべく新しいキャンペーンを張った． / The great majority of ships are launched stern first from the berth. 大抵の船は造船場から船尾を先にして進水される． / Matsui launched a three-run homer to centerfield to rally the Giants past the Tigers. 松井はタイガース戦でセンターオーバーの逆転3ランを放った．

lavish [lǽviʃ]
気前がよい，たっぷりある

原 土砂降り
イメージ 惜しみなく与える；溢れるほどである，潤沢
解 lava 溶岩(⇨溢れでる)は関連語
派 lavishly 惜しげなく
例 Donating half of one's hard-earned money to municipal welfare work would be generous but recklessly lavish. 稼ぎの半分を市の福祉事業に寄付するとはなるほど気前がいいが，出し過ぎでもある． / He lavished his affection on his grandchildren. 彼は孫達を猫可愛がりした． / That politician are lavish with government aid only to his supporters. あの政治家は自分の支援者への政治的援助は惜しみなくやる．

law [lɔː]
法，法律
原 敷かれたもの(that which has been laid down)
イメージ 法，法律
解 綴る時に low と混同してしまう学習者がいる．これは原義の説明にあるように lay が関連語であることを知れば避けられる．日本語でも「法律を敷く」という言い回しがある．
派 lawful 合法の / lawfully 合法的に / lawless 不法な / lawlessly 不法に / lawyer 弁護士
例 A new law has just come into force to strengthen the nation's defense. 国防強化のために新しい法律が施行された． / In the past, the eldest son was the only lawful heir of his father's property. 昔は長男だけが父親の財産の法律上の後継者であった．

lay [léi]
置く，横にする
原 置く
イメージ 横たえるように置く
解 同じ物を縦長方向に置けば stand(立てるように置く)になる．◇他動詞用法の lay と自動詞用法の lie は母語話者でもまごつく場合があるという．lay, laid, laid と，lie, lay, lain の発音を比べてみると，如何にも前者が他動的(なにかを横倒しにする)感じがあり，後者は自動的(なんとなく働きかけが弱くソフトな響きがする)感じがあることを体感すれば混同は避けられる．
派 layer 層，地層(⇨横たえた＋もの)
関 layout 割り付け，レイアウト(⇨置く＋ちゃんと) / ledger 原簿，台帳
例 The nurse laid the wounded soldier on a stretcher. 看護婦は負傷兵を担架に寝かせた． / She laid a blanket over the baby. 彼女は赤ちゃんに毛布を掛けてやった．

lazy [léizi]
怠惰である，ものうげである
原 だらりとした
イメージ (力を込めず)だらだらしている；(力を込めず)動きがゆったりしている
派 lazily なまけて，ゆったりと
関 lay 横たえる(⇨動いていない)
例 Teachers found the child bright but lazy. 教師はその生徒は頭はいいが，なまけものだと思った． / Cattle were grazing lazily in green pastures. 牛がのんびり牧草を食んでいた．

lead [líːd]
導く，生活を送る
原 進ませる
イメージ 先頭に立って物事を進めていく
派 leader 指導者，リーダー，社説 / leadership 指導 / leading 主な，有力の
例 In 1939 DiMaggio led the American League in batting, with a .381 average. 1931年にディマジオは3割8分1厘でアメリカン・リーグの打率で一番になった． / Tell me what led you to calling for his resignation. あなたが彼の辞任を要求するようになった理由を話して下さい． / Tohgo Heihachiro led the Japanese fleet to victory in the Russo-Japanese War. 東郷平八郎は日露戦争で日本艦隊を率いて勝利に導いた． / A narrow path led to their cottage. 細い道を行くと彼らのコテージに着いた． / He is leading a busy life in Tokyo. 彼は東京で忙しい生活を送っている．◇「人生行路」という発想が英語にも伺える． / He took a leading part in founding the institution. 彼はその学会を創立する上で中心的役割を果たした．

leaf [líːf]
葉

原 葉
イメージ （平べったい）葉；一葉（1枚の紙）；ページをめくる
派 leafy 葉の茂った / leaflet ちらし（⇨一葉＋小さな）
解 leaf は平べったい葉についてのみ言う。松葉は pine needles と言う。
例 A book is made up of leaves of paper. 本は紙の1枚1枚からできている。 / Each leaf of paper has two sides known as pages. 本の各1葉は両面にいわゆるページを持っている。 / He was leafing through the telephone directory. 彼は電話帳をめくっていた。

leak [líːk]
漏れる；漏れ
原 漏れる
イメージ 隙間から外にぽたぽた漏れ出る（⇨（外側から見ると）内に漏れて来る）
解 漏れ出るは視点を変えると漏れ来るにもなる：The boat is springing a leak. 船が浸水を始めている。
例 Water has leaked through the ceiling and spoilt the carpet. 雨が天井から漏れてカーペットを汚した。 / Someone has leaked the news of the cabinet reshuffle to the press. 誰かが内閣改造のニュースをマスコミに漏らした。

lean [líːn]
傾く、寄りかかる
原 傾く
イメージ （直立状態から見て）傾いたり、のめったりしている
解 この傾き状態が重力に抗しきれない時は倒れるので壁などの支えが必要となる（⇨下記例文の第3～4例）。◇tilt は〈水平を基準として傾く〉こと。◇lean（やせた）は〈傾く⇨片寄る⇨ふっくらした肉が片寄る⇨肉が縮まってくる⇨肉がしまってやせた〉と考えればよい。
例 The tower is leaning to the right. 塔は右に傾いている。 / Leaning far out of the window, the girl waved me good-by. 窓いっぱいに乗り出して、少女は私にさよならと手を振った。 / Tom leaned his bicycle against the wall. トムは自転車を壁に立てかけた。 / The man leaned against the tree. その人は木にもたれかかった。 / Though David studied Buddhist philosophy at college, he has no leanings toward Buddhism. デイビッドは仏教哲学を大学で勉強したが、仏教に少しも傾いていない。

leap [líːp]
跳ぶ、跳ねる
原 駆ける
イメージ 勢いよく跳ねる、跳ぶ
解 閏年を leap year というのは、該当する年は2月28日から3月1日の間に29日が加わるために28日と1日の間に1日分の時間的距離ができてその距離を跳ね跳ぶことをイメージするから。2月29日を leap day と言う。
関 lope（ウマなどが）駆ける
例 The dog leapt at me. 犬が僕に跳びついてきた。 / You need to run if you want to take a long leap. うんと跳ぶためには助走が要る。

learn [lɚ́ːrn]
身につける、学ぶ、知る
原 道をたどって経験する
イメージ 先行・既存のものをたどることにより身につける
解 learn の定訳に「学ぶ」があるが、study の学び方とは大きく異なる。learn は五感を通して総身（頭）で学びの対象に向かうが、study は目で学びの対象に向かう。従って learn なる行為は具体的には目に見えない（あるいは絵に描けない）が、study なる行為は目にする（あるいは絵に描く）ことができる。She has been learning (=studying) Engish. において learning の場合は学習者の姿や態度が描きにくいが、studying なら学習者の様子が具体的にイメージしやすい。
例 We learned that John's father is in a critical condition. ジョンのお父さんが危篤だそうだ。◇learn＋情報 / She is learning French. 彼女はフランス語を勉強している。◇learn＋知識 / My son has learned how to tell time. 息子は時計の読み方を覚えた。◇learn＋技術 / I've learned to ask for help when I need it. 必要な時は助けを求めればよいことを知った。◇learn＋知恵 / You learn from your mistakes. 人は失敗から学ぶものだ。◇learn＋知恵 / Our two-year-old daughter has just

learned to change her clothes on her own. 2歳の娘は一人で着替えができるようになった． ◇learn+技術 / Some people never learn that you can't get something for nothing. 棚からボタ餅は落ちてこないことがどうしても分からない人がいるものだ． ◇learn+知恵 / Oliver couldn't learn to love his father. オリバーは父親を愛するようになれなかった． ◇learn+感情

lease [líːs]
賃貸する
原 (縛りを)ほどく
イメージ (占有をほどいて)貸し出す，借り出す
解 原義は〈縛りをほどく〉なので〈貸すと借りる〉の両義が生まれるのも自然の理である．leak に〈水が出ていくと水が入ってくる〉の両義があるのと同じである． ◇日常のちょっとした品物の貸し借りには lend を用いる．◇ let にも〈ほどく〉の意味合いが底流にあるので，house to let (貸し家)のように用いられる．
関 release 釈放する(⇨再び+ほどく)
例 We leased the house while we were abroad. 外国にいた期間は家を貸していました． / We lease all our computers at this college. この大学ではコンピュータは全部リースで借りています．

leave ① [líːv]
許可，休暇
原 愛する
イメージ (愛する⇨認める)⇨許可・休暇
関 believe 信じる(⇨強く+認める) / love 愛する
例 We have a faculty member who is on sick leave. 病気による休暇措置で休んでいる教員が1人いる．

leave ② [líːv]
去る，残す，任せる
原 残す⇨(その場を)去る
イメージ 出かける⇨そのままにして去る⇨後は任せる
例 I leave home for work early in the morning. 私は出勤のために朝早く家を出ます． / The minister left office because of the disclosure of an extortion scandal. 大臣は汚職事件が発覚して辞任した． / Never leave objects on stairs. 階段に物を置き去りにしてはだめだよ． / There are many people who can't leave work behind even when they go on vacation. 休暇に行く時でも仕事を放っておけない人が結構いる．

leg [lég]
脚(あし)
原 脚
イメージ 太もも(thigh)から足首(ankle)までの脚；(机などの)脚 ◇「足」は foot.
例 This spider has long legs. このクモは脚が長い．

legal [líːgl]
法律上の，合法である
原 法律(leg)の(al)
イメージ 法律に関する，法律に適う
関 ligalize 法律にする / illegal 法律に反する
例 In the days before abortion was legalized, many women died as a result of illegal abortions performed by incompetent practitioners. 中絶が合法化されるまでは，不適格な医師によって非合法な中絶が行われたために多くの女性が命を落とした．

legible [lédʒəbl]
読みやすい
原 集められる
イメージ (文字から意味・情報が集められる)⇨文字が読みやすい
解 gather (集める)に〈意味を推測する〉意が生まれるのも同じ発想である(⇨gather)．
派 legibility 読み易さ / legibly 読み易く
関 eligible 適格である(⇨選び+出される) / legend 伝説(⇨読まれるべき話) / lecture 講義(⇨読む+こと) / collect 集める
例 The writer's handwriting appears beautiful but is barely legible. この作家の筆跡は美しく見えるが，判読しにくい． / Please write more legibly. もっと読みやすいように書いて下さい．

legitimate [lidʒítəmət]
合法である，嫡出である
原 法律(leg)に定めた(itimate)
イメージ 法に適う

[解] 動詞としても〈合法化する〉の意で用いられる．
[派] illegitimate 法に適わない
[例] It used to be hardly legitimate for students to question their teachers even if they were wrong. 昔は先生が間違っていても，先生を追及することは非常に悪いこととされていた． / Leonardo was the illegitimate son of a legal specialist and a peasant girl. レオナルドは法律家と百姓の娘の間に生まれた非嫡出児だった．

lend [lénd]
貸す，与える
[原] 貸す
[イメージ] (金/物/手)を貸す⇨力になる・役立つ
[関] loan 貸す
[例] I will lend you the latest issue. 最新号をお貸ししましょう． Would you lend me some money? 少しお金を貸して下さい． / Distance lends perspective. 距離をとって見るとものごとが見えやすい．

lenient [líːniənt]
寛大な，慈悲深い
[原] 柔らかい
[イメージ] (柔らかい)⇨対処が手ぬるい・甘い
[解] la-, le-, lo-は〈ながーい・だらーん・ゆるめる〉イメージを生むことが多い: long 長い / lax 手ぬるい / lazy 怠惰な / leak 漏れる / leather なめし革
[派] leniency 寛大さ
[例] Societies tend to be more lenient toward males than females regarding extramarital affairs. 社会は婚外交渉についは概して女より男に甘い． / I find today's criminal punishment for teenage offenders too lenient. 十代の犯罪者に対して今日の刑罰は軽すぎると思う．

less [lés]
より少ない
[原] little(少ない)の比較級
[イメージ] 程度・量がより少ない
[派] least 一番少ない / lessen 少なくする(⇨より少なく+する)
[解] less は音韻的に舌の両側から保持していた息が〈抜けていく〉感じがある．これは more が音韻的に息を保持して発せられるので〈膨らむ〉感じがあるのと対照的である．more には〈もっと〉という日本語が意味的にも，音韻的にもとても似ているので捉え易いが，less には同じ概念を表わす日本語の単語はないので慣れる必要がある．
[例] I earn less money than I used to. 以前より稼ぎが少ない． / You have less responsibility in the matter than I. この件では僕より君の方が責任が軽い． / I found the movie less interesting than I expected. その映画は思っていたほどにはおもしろくなかった． / It is probably making Tokyo less attractive to visitors from overseas. 海外からの旅行者にとって東京はだんだんと魅力的でなくなってきているようだ． / Pregnancy is less likely during menstruation. メンスの期間は妊娠が起こりにくい． / An object weighs less on the moon than it does on the earth. 物体は地球上でより月面での方が軽量になる． / If you're overweight, eat less and exercise more. 体重オーバーなら，食事を減らし，運動を増やしなさい．◇[解]の欄に記したように，同じ比較表現でも優等(more)に比べ，劣等(less)の方が日本人には抵抗のある表現である．これは日本語が劣等比較表現を持たないからである．A is more interesting than B. は「AはBよりもおもしろい」とすんなり解釈できるがA is less interesting than B. は「AはBほどおもしろくない」のように解釈せざるを得ない．つまり，A is not as interesting as B. の思考形式に直して解釈しているわけで，less 〜than を日本語に直すことは実はできないのである．◇less の用法：become less plentiful / painful / powerful 少なくなる / 痛みが和らぐ / 弱くなる，などにも慣れる必要がある．

lessen [lésn]
減らす
[原] より少なく(less) する(en)
[イメージ] 減らす，減る
[解] increase(増やす)の反意語は decrease だけではない．
[例] The new constitution lessened the government's control over the people's lives in many ways. 新憲法は国民の生

活を抑えつけてきた政府の規制を多方面にわたり軽減した．

lesson [lésn]
授業，レッスン
原 読まれるもの
イメージ 授業(⇨読むことから始まる)，けいこ，教訓(⇨経験から読み取る)
解 発音は lessen(減らす)と同じ．
関 lecture 講義(⇨読む+こと) / legible 読みやすい
例 She gives singing lessons. 彼女は歌い方を教える． / I hope we can learn some lessons from this incident. この事件から私たちはいくつかの教訓を学べるものと思います． / As you look at this entire experience, what are the big lessons to be drawn from it? この経験全体を考えて見て，それから引き出せる大きな教訓はどんなことですか．

let [lét]
させる
原 許す
イメージ ある対象を拘束状態から解放してやる，気ままにさせる，そのままにしておく
解 le-に〈ゆるめる〉のイメージがある(⇨ lenient)．許す(⇨原義)とは〈きつい拘束をゆるめて解放してやる〉こと．
派 sublet 又貸しする(⇨次に+貸す)
例 He let her go. 彼は(行きたいというので)彼女を行かせた． ◇ He made her go. なら〈強制〉の意味合いがある． / Winners make it happen, and losers let it happen. 成功者はことを自ら起こすが，敗者は起こるに任せる． / Let me do it, please. 僕にやらせてよ． / As a special favor, I'll let you stay up late tonight. 今日は特別に夜更かししてもいいよ． / We're not going to let this go on indefinitely. こんなことをずっと続けさせるわけにはいかない． / There's no way I'm letting go of the issue. この問題をいい加減にすますわけにはいかない． / I told myself I'm not going to let these silly thoughts bother me anymore. こんなつまらない考えにもう悩まされまいと思った． / I never let a boy kiss me on the first date. 男の子と最初のデートの時には決してキスは許さないわ． / Don't let what John said worry you; that man's opinion is beneath your notice. ジョンが言ったことでくよくよしないで：あいつの発言には気にすることなんか何もないよ． ◇ let が「(家などを)貸す」の意になるのは対象(家とか部屋)は無生物なので意思を持たないが，(他人は使用できないという)拘束を解く(⇨イメージ)意に変わりはないからである． / I'm going to let my room during the summer. 夏の間，部屋を貸すつもりだ． ◇ Room to let. (掲示)貸部屋あり

letter [létər]
手紙，文字
原 文字
イメージ (ある)文字；(文字+文字+文字+…)⇨手紙・文書⇨文学
解 a, b, c や「あ，い，う，え，お」は letter, 漢字(表意文字)は character と言う．
例 My boy has learned the 26 letters of the English alphabet. 息子はアルファベット 26 文字を覚えた． / I read the "letters to the Editor" column. 私は「編集者への手紙」欄を読むことにしている． / Letters don't always need to be formal sounding. 文書はいつもお硬いおもむきが必要ということではない． / No need to follow his advice to the letter. 彼の助言に厳密に(一字一句)従うことはありません． / He is one of the foremost men of letters in Japan today. 彼は現代の日本文学界の最高峰の 1 人である．

level [lévl]
水平，水準；平らな，同等である，冷静な
原 水平秤(天秤)
イメージ 水平⇨水準⇨高さ；水平な⇨平らの(同じ高さ)⇨同等の⇨(均衡がとれて)安定している；水平にする⇨狙いを付ける⇨(ぺたんと)倒す ◇ flat(平らな，さっぱりした)および flatten(ぺしゃんこにする)と発想が似ている．
例 You should be very careful when driving through a level crossing. 平面交差の踏み切りを通り抜ける時は注意をよく払いなさい． / Nina, at present, is indifferent to salary level. ニナは今の

ところ給与がいくらもらえるかにこだわりはない． / Wilderness areas are leveled to make room for farms. 荒れ地が農業用地のために整地された．

levy [lévi]
税を課す
[原] (兵を)挙げる
[イメージ] (兵を挙げる⇨兵を招集する⇨賦役を課す)⇨負担を課す
[解] lever てこ(⇨持ち上げる道具)は関連語であることを知ると定着しやすい．
[例] The government tried to raise revenue by levying a high tax on imports. 政府は輸入品に高い税金をかけて収入を増やそうとした． / Many nations levy taxes on people's income. 所得に対して税を課する国は多い．

liability [laiəbíləti]
責任，負債，～しがちなこと
[原] (負債に)結びつけること
[イメージ] 借りができてくる⇨(借りを返すべき)責任・負債・労苦
[例] The store cannot accept liability for damage to cars in its parking lot. 駐車場での車の損傷については店は責任を負わない． / Our liabilities are going to exceed our assets. 負債が資産額を越えそうだ．

liable [láiəbl]
責任がある，負債がある；陥りがちである
[原] (負債に)結びつく
[イメージ] (不利と結びつきがちな)⇨不都合な状態に陥りやすい
[解] apt は〈陥る〉感じが liable ほど強くないので，マイナスイメージのない時にも用いられる．
[関] liaison(相互を結びつける)連絡, 不倫 / ligament(骨と骨を結びつける)靱帯 / obligation 任務(⇨役目に＋人を結びつける)
[例] Meetings are liable to drag on unduly. 会議は必要以上に長引きやすい． / Apples are liable to be worm infestation. リンゴには虫が付きやすい． / The global economy is liable to slip into a recession next year or the year after. 世界経済は来年か再来年には不景気に陥るであろう．

libel [láibl]
中傷，中傷文書
[原] 文書
[イメージ] 不当に相手を非難する文書
[解] 原義には中傷の意はないが，文書が中傷のための最たる手段になるのは容易に理解できる．
[派] libelous 中傷するような
[関] library 図書館, 書斎
[例] He is going to sue the weekly for libel. 彼は名誉毀損でその週刊誌を訴えることにしている． / He claims he has been libeled in the magazine. 彼は雑誌の記事で中傷されたと訴えている．

liberal [líbərl]
自由である，気前がいい
[原] 自由である
[イメージ] 自由である⇨拘束されない⇨惜しまず与える
[解] li-は〈ほどく〉のイメージを生ずる．
[派] liberalism 自由主義 / liberality 寛大さ
[例] She is very liberal with her contributions to social welfare programs. 彼女は社会福祉事業に援助を少しも惜しまない． / I believe in liberal democracy. 私は自由民主主義がいい．

liberate [líbəreit]
自由にする，解放する
[原] 自由に(liber)する(ate)
[イメージ] (人を縛りから)解放する；(心を縛りから)解放する
[例] They fought to liberate black people from slavery. 彼らは黒人を奴隷から解放するために戦った． / It's liberating knowing I'm not going to be called. 自分には電話がかかってこないと分かっていると気が楽だ．

liberty [líbərti]
自由，解放，特権，権利
[原] 自由
[イメージ] (縛りからのほどき)⇨解放；(道徳・規定からの解放)⇨勝手気まま
[例] "Give me liberty or give me death," said Patrick Henry. パトリック・ヘンリーは「自由を，さもなくば死を」と言った． / He took liberties with the facts in the presentation. 彼は事実を勝手に解釈して発表した． / He may come to you for favors, but make sure that he does not take liberties. 彼が君

のところへ無心にくるかも知れないが，彼の勝手にさせたらだめですよ．

library [láibreri]
図書館，書斎，蔵書
原 本(liber) の場所(ary)
イメージ (本のある所)⇨図書館，図書室，書斎；蔵書
派 librarian 図書館員
例 Do you borrow books from the library? あなたは図書館で本を借りますか？ / She has an impressive library on jazz. 彼女はジャズに関する本やレコードをたくさん持っている．◇libraryは「蔵書」と訳されることが多いが，レコードとか写真などの資料も含むことがある．

license [láisəns]
免許，気まま，逸脱
原 許されている
イメージ (公的組織が与える)活動の許可；(人が自分に勝手に与える)行動の自由(自分勝手)
解 li-に〈縛りからのほどき〉がイメージされる．
派 licentious 性的に放縦
関 leisure 余暇(⇨自由を許されている時間)
例 Do you have a license to practice medicine? 医師の免許をお持ちですか．/ What is the difference between freedom and license? — License often treads upon another's freedom. 自由と放縦の違いは？―放縦は他人の自由を踏みにじることがしばしば起こることだ．/ There is something licentious about her behavior. 彼女の行動にはどうも淫らなところがある．

lick [lík]
なめる
原 なめる
イメージ 物をなめる，身体の一部をなめる
解 li-に〈縛りからのほどき ⇨ 欲望に任せる〉イメージがある．
例 The dog licked the dish clean. 犬は皿をきれいになめとった．/ Can I have a lick of your ice-cream? あなたのアイスクリーム一口なめさせてくれない．/ My dog wants to lick my hands every time I feed it. 私の犬は餌をやる時いつも私の手をなめたがる．

lie ① [lái]
横たわる
原 横たわる
イメージ (人・動物が)寝そべる；(ものが)横たわる，でんと在る
解 lie に〈縛りからの解放 ⇨ 立位の姿勢を解放して大地にまかせる〉イメージがある．
例 He was lying on his back, watching the clouds sail by. 彼は仰向けに寝て流れていく雲を見ていた．/ Coral reefs lie off the coast of Guam. グアムの沿岸の沖にはサンゴ礁が横たわっている．

lie ② [lái]
嘘をつく
原 嘘をつく
イメージ 嘘をつく
解 lie は〈縛りからの解放 ⇨ 良心からの解放 ⇨ 嘘をつく〉という展開で捉えるといいかも知れない．
派 liar 嘘つき
例 Don't lie to me. 嘘をつかないでよ．/ People sometimes lie to protect themselves. 人は自分を擁護するために嘘をつくことがある．

life [láif]
命，生物，人生，生活，活気
原 生き抜く
イメージ 生き抜く ⇨ 生活，人生；生きているもの ⇨ 生命，生物；生き生きしていること ⇨ 活気，生気；生きている(偽物でない) ⇨ 実物
関 alive 生きている / live 生きる
例 Without plants, there could be no life on earth. 植物が存在しなかったら地球上に生物は全く存在できないだろう．/ There was no life in his eyes. 彼の目には生気がなかった．/ Her love was life to him. He did not want to live without her. 彼女の愛情は彼にとって命であった．彼は彼女なしでは生きていきたくなかった．/ It has been estimated that in life a tyrannosaur weighed almost 8 tons. ティラノザウルスは実物は8トン近くあったと推測されている．

lift [líft]
持ち上げる

原 空中
イメージ (空中へ)持ち上げる
派 lifter 万引き ◇ shoplifter とも言う．lift は音を感じさせないので，〈こっそり＋引き上げる〉意味合いが生じる．
関 lofty 高尚な
例 While the Japanese lift tableware to serve themselves during meals, the Koreans don't. 日本人は食事のとき食器を持ち上げるが韓国人は持ち上げない． / Lifting heavy boxes can seriously damage your back. 重い箱を持ち上げると腰をひどく痛めることがある．

light [láit]
明るい；軽い；明かり；観点
原 光，軽い
イメージ 明るい＋軽やか；明かり；(光を当てるとその部分が浮かび上がる)物事の観点(⇨ aspect)
解 l-の音の響きは〈明るい〉. right(正しい)の r-は響きが〈重い，重厚〉な感じ．
派 lighten 明るくする；軽くする / lightly 軽く
関 lightning(稲光 ⇨ lightening から) / lucid 明快な / Lucy ルーシー(⇨女性の名) / luminous 輝く / lunar 月の(⇨光る) / luster 光沢 / lung 肺(⇨空気が一杯で軽い)
例 He took the letter over to the window to read it in a good light. 彼は明るいところでその手紙を読もうと窓辺に持って行った． / People in the Edo period worked by candle light. 江戸時代の人たちはろうそくの明かりで仕事をした． / Some new information about the cause of the airplane crash came to light. 墜落事故の原因に関して新たな情報が明るみに出た．

like [láik]
好む；似ている
原 外見
イメージ 外見が似ている⇨好きになる
解 〈似ている⇨好きになる〉の関係は，affinity(類似性⇨親近感)や Birds of a feather flock together. (類は類を呼ぶ)などにも見られる．
派 likeness 似ていること / like-minded 同じ意見を持った / liken たとえる / likewise 同じように / liking 好み
例 Gloria is very much like her mother. I like them very much. グロリアは彼女のお母さんにとてもよく似ている．私はあの人たちが大好きです．

likely [láikli]
起こりそうな，本当らしい
原 様子が似ている
イメージ (様子が似ている⇨様相を呈する)⇨(様子から)どうやら〜になりそう
解 〈似る〉と はく近い〉こと； It looks like rain. (雨になりそうだ⇨雨が近いよ)
派 likelihood 見込み / unlikely 起こりそうにない
例 It's likely to rain any minute now. いまにも雨が降りだしそうだ． / It is likely that he'll win the election. 彼が選挙に勝ちそうだ． / Babies born to teen mothers are two to three times more likely to die in their first year of life. 十代の母親に生まれた子は生後1年以内に死ぬ可能性が2〜3倍高い． / It's unlikely (=less likely) to rain this afternoon. 午後は雨は降りそうにない． ◇ It's unlikely that it will rain this afternoon. とも言える． / A further increase in interest rate is now considered unlikely. 金利のこれ以上の高騰はもうないだろうと予測されている．

liken [láikn]
たとえる
原 似させる
イメージ なぞらえる
例 Likening the spokes to flight routes, a hub airport is a key airport (=If we were to liken the spokes of a wheel to the flight routes of an airline company, the hub airport would be the key airport). スポークを航空路線に見立てると，ハブ空港とは中心空港ということになる．

limb [lím]
手足，翼，大枝
原 枝
イメージ (胴体・幹から出ている)肢，翼，枝
例 He lost a limb in the war. 彼は戦争で片腕(片脚)を失った． ◇この場合上肢

(upper limb)か下肢(lower limb)かは分からない．He lost an arm (a leg). の婉曲表現と言える．婉曲表現をするほどでもない文脈で limb を用いると不自然になる：He cut his limb. ⇨ He cut his arm (leg).

limit [límit]
限度，境界
原 端・境界
イメージ 許されるぎりぎりの線；ある範囲・線のなかに制限する
派 limited 少ない(⇨(少なく)限られている) / limitation 限度
例 His behavior tested the limit of my patience. 彼の行動は我慢の限界だった．/ What's the speed limit on this road? この道路での速度制限はいくらですか．/ They limit the number of children in a family to just one in China. 中国では子供の数を1人に制限している．/ His experience in teaching is limited. 彼の教職経験は少ない．/ They sought to limit their mutual agreements as far as possible. 彼らは互いの申し合わせ事項をできるだけ少なくするように努めた．/ You should be aware of your strengths and limitations. 自分の長所と短所をちゃんとわきまえておくべきだ．◇「限界⇨弱み」の意味では limitations といつも複数形をとる．

line [láin]
線，ひも
原 (麻)ひも
イメージ 線(状)をなすもの
派 lineage 血統(⇨線でたどる) / lineal 直系の / lineament 顔だち(⇨輪郭線) / linear 直線の / liner 定期船(⇨海に往復する航跡の線を描く) / linen リンネル(⇨亜麻が材料) / line 裏地をつける(⇨麻地を用いる) / align 直線状にする，提携する
例 People tend to take the line of least resistance. 人は抵抗の一番少ない道をとりたがるものだ．/ Small homes with gardens of papaya trees line the streets. パパイヤの生えた庭のある小さな家が通りに並んでいる．/ How is the coat lined? このコートの裏地はどうなっていますか．/ Every cloud has a silver lining. どんな雲にも銀色に輝いている裏地がある．

linger [língər]
居残る，ぐずぐずする
原 長引く
イメージ ある現象・状態が普通より長ーく留まる
解 longer に似ている．li- は〈だらー〉のイメージを生む．
例 The lingering scars of the quake can still be seen in this city. この都市では今でも地震の傷跡が見られる．/ The summer heat lingers on till mid-September every year. 毎年夏の暑さが9月半ばまで残る．◇ the lingering summer heat(残暑)

link [líŋk]
つなぐもの；つなぐ
原 鎖
イメージ a link + a link + a link + a link +⋯ ⇨ a chain(チェーン)
例 There is a link between the activity of the sun and weather conditions on the earth. 太陽の活動と地球の気象の間には関連がある．/ The Internet links all the relatives of my family. インターネットで家族の皆がつながっています．

lip [líp]
唇
原 垂れているもの
イメージ 唇◇身体部位で垂れていると言えばまずは唇である．
解 li- や la- には〈だらーん〉のイメージがある．その他の垂れている身体部位：lingua 舌 / labia 陰唇
例 The dish was so good, I unconsciously smacked my lips. 料理がとても美味しかったので思わず舌鼓を打った．◇日本語では「舌」を打つが英語では「唇」を打つと表現する．

list [líst]
表にする
原 一覧表
イメージ 一覧表(を作る)◇li- は〈だらーん〉のイメージがある．なるほど一覧表は〈ぺらぺら〉している．ただしこれはイメージ獲得の上で役立つ情報にはならないだろう．
解 日本語でリストアップするというが

英語では list あるいは make a list と言う．
[例] My mother always goes shopping with a list. 母はいつも買い物リストを作って買い物をする． / List the top ten problems in your life. 生活上の10大問題をリストアップしなさい．

listen [lísn]
注意して聞く，耳をかす
[原] 聴く
[イメージ] 情報を含む音に耳を傾ける
[解] 音は四方八方に存在するので listen する時には耳を音源に向ける（⇨ to の働き）必要がある．音源の存在を探る時は listen for（聞き耳を立てる）．
[例] Listen! ねえ，聞いて！ / "What are you doing?"—"I'm listening to the birds." 何してるの―鳥の鳴き声を聞いてるの． / She has been listening for her husband's coming home. 彼女は夫がいつ帰ってくるか聞き耳を立てていた． / Listen to what your teacher tells you. 先生の言うことをよく聞きなさい．

listless [lístləs]
気乗りしない，無関心な
[原] やる気(list) のない(less)
[イメージ] 覇気のない，無気力
[解] list- は lust (欲望) と同系語．
[例] His listless pitching continued into the third inning. The Giants hit his half-hearted balls for another run. 彼の覇気のない投球は3回まで続き，ジャイアンツの打者は気合いの入ってない球を打ちもう1点入れた．

literal [lítərl]
文字通りの，正確な
[原] 文字(liter) の(al)
[イメージ] 文字そのままをたどった
[派] literally 文字通り / literary 文学の，文学的な
[例] A literal translation often fails to convey the intended meaning. 直訳は本意を伝えないことが多い． / You shouldn't take him literally. 彼の言うことをそのまま信じない方がいいよ．

literature [lítərətʃər]
文学，文献，印刷物
[原] 文字(literat) の集まり(ure)
[イメージ] 文字+文字+文字+… ⇨ 文学・文献
[解] letter (文字) が綴りのなかに潜んでいる．
[例] He has good knowledge of German literature. 彼はドイツ文学に詳しい． / Doctors have to keep abreast of the latest medical literature. 医師は最新の医学文献を追っていかないといけない．

little [lítl]
小さな，つまらない
[原] 小さな
[イメージ] ちっちゃな，ほんのちょっぴりの
[解] 対象の規模・量が小さいとき，その様子を客観的には small (小さい)，感情を込めて言うと little (ちっちゃな) になる．
[例] A cute little girl was holding a little kitten. かわいい女の子が子猫を抱いていた． / Historians know little about the childhood of Jesus. 歴史家はイエスの子供時代についてはほとんど分かっていない．◇ a little と言うか little と言うかは話し手の判断による．客観的に見て小量である状態を，主観的には2通り―(肯定的)小量と(否定的)小量―に捉えるのは人の常．たとえば同じ酒瓶をみて，There is little sake left in the bottle. (酒がないぞ) と見るのは酒好きの主人であり，There is a little sake left in the bottle. (まだあるわ) と見るのはその夫の健康を気遣う妻の発言ということになる．

live [lív]
生きる，住む
[原] 留まる
[イメージ] (生命の留まり) ⇨ 生きる：(ある場所への留まり) ⇨ 住む
[解] 漢字「住」の字義は〈人が一定の場所に留まる〉の意で，live の原義に共通する．
[派] livestock 家畜 (⇨ 生きている+蓄え) / lively 活発な / livelihood 暮らし (⇨ 生きる+道)
[例] Living things cannot live without water. 生物は水なしでは生きていけない． / Where do you live? どちらにお住まいですか． / Giant pandas live deep in the mountains in China. パンダは中国の山奥に生息している． / I

wonder how he earns his living. 彼は何で生計を立てているのだろう．

load [lóud]
積み荷，重荷；荷を積む
原 荷を運ぶ
イメージ どっさり積み込む，ディスクやフィルムを受け皿に詰め込む
派 unload 荷を下ろす
例 We have finished loading all the luggage. 荷を全部積み終った． / Turn on the computer and load the disk into the A drive. コンピュータの電源を入れてディスクをAドライブに入れなさい． / It is dangerous to leave a loaded gun in the open. 弾丸の入った銃を置き去りにしていては危険だよ．

loan [lóun]
貸し付け；貸し出す
原 貸し付け金
イメージ ローン，貸し出し
例 How much interest do you charge on loans? ローンの利率はいくらですか． / These reference books are on loan from the city library. これらの資料図書は市の図書館から借りたものです．

local [lóukl]
その土地の，局部の
原 ある場所(loc)の(al)
イメージ その土地の；(身体の)一部分
派 localize 場所を限定する / locate 位置を定める / location 場所，ロケ地 / locomotive 機関車，移動する(⇨場所間を＋動く)
例 We subscribe to a national paper and a local one. 我が家では全国紙と地方紙を購読している． / The operation for appendicitis is generally done with a local anesthetic. 盲腸炎の手術は普通局部麻酔剤を使って行われる． / Can you locate the polar star? 北極星の位置はどこだか分かりますか．

lock [lák]
鍵をかける，閉ざす
原 閉じ込める
イメージ ロックをかける⇨封鎖する⇨しっかり固定する
派 locker ロッカー(⇨ロックのついている箱) / unlock 鍵を開ける
例 You should lock the car every time you leave it. 車を離れる時はいつもロックしなさいよ． / The ship was locked in ice. 船は氷に閉じ込められた． / The door won't unlock. ドアの鍵がどうしても開かない．

lodge [ládʒ]
山小屋；泊まる
原 木の葉の付いた枝で屋根を葺いた小屋
イメージ 山小屋；がっちりとどめる，がっちり食い込ませる
例 He lodged at a friend's house for his first term in college. 彼は大学の最初の学期を友達の家に間借りした． / Fallen leaves have lodged in the gutter. 溝に落ち葉が溜まっている． / The fishbone got lodged in my throat. のどに魚の骨が刺さった． / He lodged a complaint with the police about his noisy neighbor. 彼は隣の人がうるさいので警察に苦情を申し入れた．

log [ló(:)g]
丸太，航海日誌；丸太にする，航海日誌をつける
原 丸太
イメージ 丸太にする；航行日誌をつける
解 ネットワークのサーバーに接続することを log on (ログオン)あるいは log in (ログイン)というが，これも log の〈通信行程を記録する〉の意味がある．lo-に〈どでーんと横に転がった〉イメージがある．「航海日誌」の語源は定かではないが，航行中の速度を計測する時丸太を浮かべて測ったとする説がある．
派 logbook(＝log) 航行日誌
例 We used to chop logs for fire. 昔は焚きつけ用に丸太を割っていたものだ． / He was exhausted he slept like a log. 彼はとても疲れて丸太のように眠りこけた．◇log の〈どでーんと転がった〉イメージを利用したイディオム表現である． / In order to log on (＝in) you need a special password. サーバーにつなぐには専用のパスワードが要ります．

logic [ládʒik]
論理，論理学
原 理を説く(log) 学問(ic)
イメージ 理(ことわり⇨物事を分析し

説明する)の学問
[派] logical 理にかなった
[例] There is no logic in your argument. 君の言い分には論理性がないよ． / Scientists have provided logical explanations for many UFO reports. 科学者は多くのFUOの目撃情報に対して合理的説明を与えている．

loll [lάl]
だらしなく寄りかかる，だらりと垂れる
[原] だらりと垂れる
[イメージ] だらりと垂れる
[解] lo-に〈だらーん〉のイメージがある；loiter ぶらぶらうろつく / log 丸太(⇨どでーん) / lob 耳たぶ(⇨だらーん) / lob ロブ(⇨ゆるく高く打つ) / loafer のらくら者 / logy のろまな / lollop よたよた歩く / loom ぼんやりと現われる / loony まぬけの / loose ゆるんだ / lop だらりと垂れる / lounge もたれかかる
[例] Because of fever, the dog was lying with its tongue lolled out. 熱のために，犬は舌をだらりと垂らして横になっていた．

lonely [lóunli]
寂しい，人気(ひとけ)のない
[原] ただ１人の
[イメージ] １人ぼっちである
[解] alone は〈１人である〉あるいは〈彼らだけである〉の意で，寂しさなどの感情的要素は入らない：I was alone in the library. 図書館には僕１人だけだった．
[派] lonesome 寂しい(⇨孤独＋気味)
[例] More and more people are leading lonely lives in their old age. 晩年に寂しい生活を送る人が増えてきている． / She felt very lonely after her husband died. 夫が死んでから彼女はとても寂しく思った．

long [lɔ́(ː)ŋ]
長い；切望する
[原] 長い
[イメージ] (距離が)長い，(時間が)長い；長く思える⇨千秋の思いがする
[関] longing あこがれ / length 長さ / lengthen 長くする，伸ばす / lengthy 長い / linger 長引く / prolong 延長する(⇨前へ＋伸ばす)
[例] I think it's going to be a long time before that occurs. そうなるまでには時間がかかると思います． / How long have you known this? このことをいつ知ったのですか(⇨どれほど長く知っているのか)． / He wrote a cycle of poems expressing the individual longing for freedom and independence. 彼は自由と自立への自分の憧れの気持ちを表わした一連の詩を書いた．

longitude [lάndʒət(j)uːd]
経度
[原] 長さ
[イメージ] グリニッジを縦に通る経線からの東西への距離(経度)
[解] long が潜んでいる．地球の各帯を考える時，東西へは長さで，南北へは幅・広がりで捉えるのが普通である．(⇨latitude)
[例] A place halfway around the world from Greenwich lies at 180 degrees longitude. グリニッジから地球を半周した地点は経度が180度のところにある．

look [lúk]
見る；様子が〜に見える
[原] 見える
[イメージ] (関心を持った対象に)視線を送る⇨対象の様子が目に映る◊この一連の動きを look という．前半の動きは〈意識的〉，後半は〈無意識的〉である．
[解] look はどの辞書も「(注意して)見る」とあるが，むしろ〈顔を向ける，(視線をさっと送って)見る〉感じである．
[例] Look, look!! 見て，見て!! / As I looked at the crowd, I saw the whole school staring at me. 皆の方に目をやると生徒達は全員僕を好奇の目で見つめていた． / A look of surprise came over her face. 彼女は驚きの表情を見せた． / I wish I saw the look on her face, but I coudn't look back. 彼女の顔の表情を見てみたかったが，振り返ることができなかった． / Looks won't get you anywhere in this business; you've got to have brains. 容姿ではこの業界はやっていけないよ．頭だよ．◊名詞 look は〈一瞬の表情〉，looks は〈総体的表情・容姿⇨ looks と複数形になるのは表情は刻々に変化するから / Did he reject you? Don't worry, he is going to be the loser for it.―That's a good way

to look at. 彼はダメと言ったの．心配いらないわ，損をするのは彼なんだから—それはいい考え方ね．◇look at+物事は〈物事に考察の目を注ぐ〉といった感じ．

loom [lúːm]
ぼんやり現われる
原 ぼんやり現われる
イメージ だんだんと見えてくる
例 If trouble looms during pregnancy, it's important to take proper steps to prevent the baby from being aborted. 妊娠中に問題が起こって来ると，中絶を避けるために適切な処置を取ることが大切である．/ Darkness loomed in front of us as we drove in the twilight. たそがれ時にドライブしていると夕闇が前方に迫ってきた．

loose [lúːs]
ゆるい，つながれていない，だらしのない，下痢気味の
原 ほどかれている
イメージ （とかれて）だらんとしている
派 loosen とく，ほどく
関 analysis 分析（⇨すっかり+ほどく），dialysis 透析（⇨(有害物質を)通過させて+ほどく）
例 I think there are still many loose ends in the agreement that need to be tied up. この協定についてはまだちゃんとしていないところが相当ある．◇端(ends)がほどけている(loose)のでtie up(ちゃんと結ぶ)必要がある．/ She loosened her abundant chestnut hair and it fell to her shoulders. 彼女が豊かな栗色の髪を解くと髪は肩まで落ちた．

lose [lúːz]
失う
原 失う
イメージ ある状態・ある物・居る者を失ってしまう
解 音韻的に〈舌の両側から保持している息が抜けてなくなってしまう〉イメージがある．
例 I've lost my keys. キーをなくしてしまった．/ She lost her only child. 彼女は一人っ子を亡くした．/ He lost a leg in the accident. 彼は事故で脚を失った．/ She lost her interest in art. 彼女は芸術への興味を失った．/ She easily loses her temper. 彼女は感情のコントロールを失いやすい．/ Nixon lost to John F. Kennedy. ニクソンはケネディに負けた．

lot [lát]
くじ，運命，1区画，分け前，一群
原 くじ
イメージ くじ⇨(くじによる)割り当て⇨分け前，1グループ：(くじは人の定めを割り当てる)⇨運命
解 くじは〈割り当て〉のために用いるもの．a lot of...＝lots of... は lot が分け前の山と解釈して〈たくさんの〜〉の意に発展した．parking lot 駐車場（⇨駐車用に割り当てられた場），the (whole) lot 全部（⇨ひと山全部）
関 lottery くじびき / allot 割り当てる
例 Let's draw lots to decide who is to pay. 誰が払うかくじで決めよう．/ This tea is no good, but the next lot may be better. この茶はおいしくないが次のものは少しはいけるかも知れない．/ Worms are a confusing lot: There are segmented worms, roundworms, flatworms, tapeworms, and several others. 虫は区別がやっかいな集団である：体節のあるもの，丸いもの，平たいもの，さなだ状のものその他なおいくつかの形状がある．/ Learn to live with your lot. 天命に任せることを学びなさい．

lousy [láuzi]
ひどい，嫌な
原 シラミ(louse)だらけの(y)
イメージ （シラミだらけの)嫌な，汚らしい
例 There's a well-known cliche: this is a lousy job, but somebody has to do it. よく知られている言い回しがある：これは嫌な仕事だが誰かがしなければならない．

love [láv]
愛する，大好きである
原 好きである
イメージ （理屈なしに)大好きである
解 lo-に〈理性をほどいて感情にまかせる〉イメージがある．
派 lovely かわいい
例 I love my family. 私は家族を愛している．/ I love gardening. 庭いじりが

大好きです. / We have agreed that we'll wait until our wedding night to make love. 結婚式の日の夜まで性交渉は待つことに2人で決めています. ◇ make love は婉曲表現. / Maternal love is a universal instinct. 母性愛は普遍的本能である.

low [lóu]
低い, 元気のない
[原] 横たわる
[イメージ] 低い位置にある
[解] lo-は〈すっと落ちる〉感覚が生まれる.
[派] lower 低くする / lowly 低く / lowness 低いこと
[関] lie 横たわる
[例] The ceiling is low. この天井は低い. / The well is getting low. 井戸の水位が下がっている. / Venus was low in the western sky. 金星が西の空に低く出ていた.

loyal [lɔ́iəl]
忠実である
[原] 合法である
[イメージ] (合法である⇨敷かれた線に沿う)⇨他に逸れることがない
[派] loyalty 忠誠心
[例] The slugger remained loyal to the club even though he was tempted to play for a stronger club and a higher salary. その強打者はもっと強くて高給を出すチームに誘われたが, 自分のチームを離れなかった.

luck [lʌ́k]
運
[原] 偶然〜する
[イメージ] (偶然〜する)⇨巡り合わせ⇨(たまたまの)運
[解] lu-に〈(天命に)あずける・おまかせ〉のイメージがある.
[派] lucky 運のいい / luckily 運よく / unlucky 運が悪い
[例] Luck is beginning to be on the Giants side. つきはジャイアンツの方に傾きかけている. / He carries a charm for luck (= a good luck charm). 彼はお守りを付けている. / We were lucky in today's game. 今日の試合はついていた. / Luckily, the office is only a five-minute drive away. 幸いにオフィスは車でほんの5分のところにあります.

luggage [lʌ́ɡidʒ]
手荷物
[原] 引きずる(lug) もの(age)
[イメージ] suitcases+bags+boxes+… ⇨ luggage
[解] 荷物を形よりも量的に捉えている. これはたとえば〈tables+desks+beds+…⇨ furniture〉の関係と同じ. アメリカでは baggage と普通言う.
[例] Shinkansen platforms were packed with passengers and luggage. 新幹線のプラットホームは乗客と荷物で一杯だった.

lukewarm [lùːkwɔ́ːrm]
(水が)なまぬるい
[原] いい加減に(luke) 暖かい(warm)
[イメージ] なまぬるい, いい加減である
[解] lu-に〈(運に)おまかせ〉のイメージがある. 類義語に tepid(なまぬるい)があり, ほぼ同じ文脈で用いられる.
[例] This coffee is lukewarm. このコーヒーはなまぬるいよ. / Gloria was a lukewarm Protestant. グロリアは生半可なプロテスタントだった. / The ineffective Congressman received a lukewarm reception from his constituents. あまりぱっとしない議員は選挙民から熱の入らない歓迎を受けた.

lull [lʌ́l]
あやす
[原] 擬音語(lu+lu+lu…)
[イメージ] ♪坊やはよい子だ寝んねしな…♪
[解] -ll-に繰り返しが込められている. lullaby(子守歌⇨ラの繰り返し+よって)とは単調な♪ラ, ラ, ラ, ラ, …♪の繰り返しによって眠りに誘い込む歌である.
[例] Sitting in the soft sunlight by a running creek, I quickly became languid and was lulled to sleep. 流れる小川のそばで, 柔らかい日差しを浴びて座っていたら, 急にけだるくうつらうつらしてきた. / My mother would sing lullabies to lull me to sleep. 母は子守歌を歌って寝かせてくれていた.

lump [lʌ́mp]
塊

原 一塊
イメージ 小さな塊
解 -u-に〈圧縮〉のイメージがある．
例 It's important to check with your physician if you do discover a lump in your breast. 乳房のしこりに気づいたら医者に診てもらうことが大切です． / The cook melted a lump of butter in the flying pan. コックはバターの塊をフライパンに溶かした．

lunch [lʌ́ntʃ]
昼食，軽食
原 食べ物の塊
イメージ (食べ物の塊)⇨軽い食事
解 lump(塊)は関連語である．luncheon(昼食会)が短縮されて lunch になったとも考えられる．
例 I had soba for lunch. ソバを昼食で食べた． / Let's chat over lunch. 食べながら話しましょう．

lure [lúər]
誘惑する
原 おびき寄せる
イメージ (見せかけをつくろって)引き込む
解 lu-に〈理性をほどいて)落とし入れる〉感じがある．
例 Many young people are lured by the dream of glamorous lives in big cities. 多くの若者があでやかな生活に憧れて都会に出てくる． / You should carefully gather in the line to lure the fish to bite. 糸を慎重にたぐって魚が食いつくようにおびき寄せないとだめですよ．

lurk [lə́ːrk]
潜む，待ち伏せる
原 潜む
イメージ 潜む
解 -u-に〈圧迫・窮屈〉がイメージされる．
例 LA is a city where danger lurks. ロスは危険が潜んでいる都市だ． / The tiger lurked behind tall grass before making a charge at its prey. 虎は獲物に襲いかかる前に高い草陰に身を伏せた．

luscious [lʌ́ʃəs]
甘い，おいしい，香りのよい
原 delicious(おいしそう)から de が消えたもの
イメージ 潤沢＋甘くおいしい
解 上記の原義は一説であり，これに luxury(潤沢)などが影響を与えている様である．
関 delicious おいしい
例 This cherry tree produces a luscious, fragrant fruit. このサクランボの木はおいしい，香りのよい実をつける． / Luscious women tend to attract attention. 妖艶な女性は人の関心を引く．

lush [lʌ́ʃ]
青々と茂った
原 やわらかい
イメージ みずみずしく豊かな緑
解 lu-に〈みずみずしさ・潤沢〉がイメージされる．
例 Tahiti has lush vegetation and sandy beaches. タヒチには青々とした植物と砂浜がある． / It is rain that makes the forests lush and green. 雨が森林を豊かな緑にしているのだ．

lust [lʌ́st]
肉欲，強い欲望
原 喜び，楽しみ
イメージ ぎらぎらした欲望
解 lu-に〈(欲望に)任せた・引かれた〉のイメージがある．
派 lustful 好色な
例 He went to extraordinary lengths to satisfy his lust for power. 彼は自分の権力欲を満たそうとして度外れなことをした． / All religions condemn lusting after beautiful women. 全ての宗教が美しい女性に欲情することを非難している．

luster [lʌ́stər]
艶，輝き
原 輝き
イメージ (輝きがいっぱいである)⇨艶々している
派 lustrous 艶がある / lackluster 輝きのない
例 The pearl had an exquisite luster. その真珠は見事な艶をしていた． / The luster on her face disappeared after her husband died. 夫が亡くなると彼女の顔から輝きが失せた． / He has a lackluster attitude to most things in

life. 彼は人生のほとんどのことに精気のない態度をとっている.

luxury [lʌ́kʃəri]
贅沢
原 豊富
イメージ 潤沢に揃っている
解 luxu-は〈(欲望に)まかせて潤沢にある〉イメージがある.
派 luxurious 贅沢な
例 He has lived in the lap of luxury (＝a luxurious life) since childhood. 彼は子供の頃から贅沢な生活をしている.

M

machine [məʃíːn]
機械
[原] 機械装置
[イメージ] 機械(装置)⇨エンジン⇨車,モーターバイク
[解] 最近では office machine(特に computer)の意で使うことも多い. また, 留守番電話は an answering machine(⇨ answer)と言う.
[派] machinery 機械類, 機構
[例] He let the machine idle while he chatted with me. 彼は車のエンジンをかけたままにして私とおしゃべりした. ◇これを「彼は私とおしゃべりしている間機械を遊ばせておいた」と訳している英和辞典がある. machine の連想は先ず「車」である.

mad [mǽd]
気が違っている, 夢中である, 腹を立てている
[原] 変化した
[イメージ] (平常心が保てなくて)腹を立てた, (平常心のたがが外れて)狂った
[解] mad(気が狂った)はどぎついので mentally ill と言うことが多い.
[派] madness 狂気, 夢中
[関] mutate 変化する
[例] Losing her only child drove her nearly mad. 一人っ子を亡くして彼女は気も狂わんばかりになった. / What are you mad about? 何を怒っているの. / He got mad with me for criticizing his new work severely. 新作を酷評したので彼は私に腹を立てている.

magazine [mǽɡəzìːn]
雑誌, 弾薬庫, 弾倉
[原] 倉庫
[イメージ] (倉庫)⇨武器・弾薬の倉庫⇨(情報の倉庫にたとえて)雑誌
[例] Magazines provide a wide variety of information and entertainment. 雑誌はいろいろな情報や娯楽を人に与える. / On ships, magazines are placed as far as possible from the engines. 船の火薬室はエンジンからできるだけ離れたところに配されている.

magnify [mǽɡnəfài]
拡大して見せる
[原] 大きく(magni)する(fy)
[イメージ] 実際よりも大きく見せる
[解] magn- や maj- や max- は〈大きさ, 力強さ〉がイメージされる.
[派] magnificent 壮大な
[例] The importance of his theory has been magnified out of proportion. 彼の理論の重要性は実際より過大評価されている. / The magnifying power of a lens depends on its focal length. レンズの倍率はレンズの焦点距離によって変わる. ◇ a magnifying glass(虫眼鏡)

magnitude [mǽɡnət(j)ùːd]
大きさ, マグニチュード
[原] 大きな(magni)状態(tude)
[イメージ] 重要性, 地震の大きさ, 星の明るさ
[例] The board attempted to instill in all would-be teachers the magnitude of their responsibility in education. 委員会は教員の卵たち全員に教育の責任の大きさについて植え付けようとした. / The discovery of penicillin was a medical event of the first magnitude. ペニシリンの発見は医学上最大の事件の1つであった. / First magnitude stars are about 100 times as bright as sixth magnitude stars. 1等星は6等星のほぼ100倍の明るさである.

mail [méil]
郵便; 郵便を出す
[原] 郵便袋
[イメージ] (郵便袋の中味)⇨郵便物; 郵送する
[派] e-mail e-メール; e-メールを送る
[例] Is there any mail for me? 私に郵便

来てますか◊mailは手紙，葉書，小包などを〈郵便物〉として集合的にイメージされる．これは原義が「郵袋」であることを確認すると理解がし易い．/ She has been e-mailing me with many questions about this area. 彼女はこの地方のことについてのいろいろな質問をe-メールで送ってきます．

main [méin]
主要な；(ガス・水道・電気の)本管，本線
[原] 力のある
[イメージ] (力を持っている)⇨主となる，本流となる
[解] ma-は発音される時息が溜められるので，まさにパワーを実感する音となる．
[派] mainly 主として
[関] may～できる / might 力 / mighty 力強い
[例] When do you have your main meal? どの食事が一番のごちそうですか．/ You should turn off the main when repairing. 修理する時は元栓を閉めておきなさい．

maintain [meintéin]
維持する，整備する，扶養する，主張する
[原] 手(main)に持つ(tain)
[イメージ] 努力して(ちゃんとした状態に)保ち続ける，(意見を曲げないで)保ち続ける
[派] maintenance 維持，主張
[例] They have maintained the old traditions of the village. 彼らは昔からの村のしきたりを守ってきた．/ He maintained his voice in the soprano range even after puberty. 彼は思春期後も声域をソプラノに保った．/ He has maintained his innocence in the crime. 彼はその件の無実を言い続けている．/ Routine maintenance is a preventative measure. 定期的に整備することは予防策となる．

major [méidʒər]
大きい方の，主要な；長調の
[原] 大きい(maj)の比較級(or)
[イメージ] (他に比較して)大きくて重要な；(いろいろな学科のうち～を主に学ぶ)⇨専攻する

[派] majority 多数派
[例] We traditionally do major cleaning of the house toward the end of the year. 昔から歳の暮れに大掃除をする習わしがある．/ She is majoring in law (=She is a law major=Her major is law). 彼女は法学を専攻している．/ The majority of Taiwanese are Buddhists or Taoists. 台湾人のほとんどは仏教徒か道教の信者である．

make [méik]
作る
[原] 作る
[イメージ] 作り出す，ある状態になる
[解] makeは〈無から有〉を生み出すので〈人の尽力・自然の力・妙〉が背景に感じられる．◊ma-に〈力〉を感じる．
[例] Would you make me a cup of coffee? コーヒーいれてくれませんか．/ I made him finish his homework. 彼に宿題をちゃんとやらせた．(⇨let) / The boy made believe that he was a private detective to tackle a difficult incident. 少年は(探偵ごっこで)難題に取り組む私立探偵を装った．◊make believe～(～のふりをする)は〈make (a person) believe=(わざと)作る+(人が)…を信じるように〉が深層にある．/ This dress makes you look thin. このドレスを着ると細くみえますよ．/ These cigarette ads try to make smoking seem cool to consumers. このようなタバコの宣伝は消費者に喫煙はかっこいいと思わせようとしている．/ The Japanese made flower arranging into an art. 日本人は花を活けることを芸術にした．/ Depending on how a story is constructed, we can be made to feel good or bad about a person or a situation. 人は話のもっていき方で，人や物事についてよく思ったり悪く思ったりするものだ．/ We all make mistakes. 誰でも間違いをする．/ She'll make a good teacher. 彼女はよい教師になるだろう(⇨彼女の資質あるいは努力によって)．/ The beautiful weather really made our holiday. 好天だったので休日は最高だった．(⇨天気が要因となって生み出す) / The project is still in the making. その企画は依然進行中である．

makeshift [méikʃift]
間に合わせの；間に合わせのもの
原 作る(make) 調整(shift)
イメージ しかるべきものが無いので次善のもので調整する⇨うまく間に合わせる
解 shift の「変更・変換・移動」などの意は野球の守備の位置で「～シフトをしく」やキーボードの shift key で馴染みのものである．この知識を生かせば〈代わりをつくる⇨間に合わせ〉のイメージに至ることができよう．
例 When young and poor, I used a discarded table as a makeshift for a desk. 若くてお金がない時には，廃物のテーブルをデスク代わりに使った． / When busy, I make cookies and coffee my makeshift lunch. 忙しい時はクッキーとコーヒーでランチの代わりにする．

malady [mǽlədi]
病気，欠陥
原 まずい(mal) 状態(ady)
イメージ (まずい状態)⇨制度の欠陥；疾病
解 mal- は〈まずさ〉を表わすが，これの語源は定かでないが small と関係がある(小さい⇨不十分⇨まずい)とする説もある．
例 Despite a painful spinal malady, he continued to produce novels. 痛みを伴う脊椎の疾患にもめげず彼は小説を書き続けた． / Extreme materialism is a serious societal malady. 行き過ぎた物質主義は深刻な社会の弊害である．

malaise [məléiz]
不快感，倦怠感
原 悪い(mal) 楽(aise)
イメージ (不快)⇨何となく体調がすぐれない感覚⇨倦怠感
解 -aise は ease と同じ意で音も似ている．
例 There spread social malaise across the nation after the burst of bubble economy. バブル経済がはじけて以来社会全体に倦怠感が漂った．

male [méil]
男性，雄
原 男
イメージ (筋肉の発達した)男性族
解 関連語に masculine(男らしい)，mascle(筋肉)，macho(筋肉むきむきの)がある．
例 This is a magazine designed mainly for male readers. これは主に男性読者を対象とした雑誌です． / In most animals the male is bigger than the female. 大抵の動物では雄の方が雌よりも大きい．

malign [məláin]
悪意のある
原 悪意(mali) 含んだ(gn)
イメージ (悪意で人にあたる)⇨中傷する
派 malignant 悪意がある(⇨悪意+含んだ)
関 pregnant 妊娠している(⇨前+含んでいる)
例 The politician was maligned a lot in the media. その政治家はマスコミにいろいろと中傷された． / Not all unwanted growth is malignant; some are benign. すべての腫瘍が悪性とは限らない；良性のものもある．

mammal [mǽml]
哺乳類
原 乳房
イメージ 乳房のある動物⇨哺乳動物
関 mamma 乳房 / mammary 乳房の / mammy ママ
例 Mammals suckle their young. 哺乳動物は子供に乳を与える． / In males, the mammary glands remain undeveloped. In females, they enlarge and develop. 男性では乳腺は未発達のままだが，女性の場合は膨らんで発達する．

manage [mǽnidʒ]
管理する，どうにか～する
原 馬を御する
イメージ (困難を)手を尽くしてのりきる
解 man- には〈手〉の意がある：manual (手引き) / manicure マニキュア(⇨手+世話)
派 manager 監督，経営者(⇨手をいろいろ尽くす人) / management 管理，経営
例 She manages quite well on very little money. 彼女は少ない予算でとてもうまくやり繰りする． / We managed to persuade the other party to

accept our terms. 我々はなんとか相手側を説得してこちらの条件を認めさせた． / "Would you like me to help you?"–"No, thank you. I'm sure I can manage." 手伝いましょうか？－だいじょうぶ，自分でできると思うわ．

mandate [mǽndeit]
命令書；権限を与える，義務づける
[原] 手(man) を与える(date)
[イメージ] (相手に手をゆだねる)⇨支配権を与える
[解] 日本語「手」にもく支配権〉の意味合いがある：お手のもの(⇨自由になる) / 手の者(⇨家来) / 手なずける(⇨命令を聞くように仕向ける)
[派] mandatory 義務上の(⇨相手が支配権を持っている)
[例] I insist that doctors don't have the mandate to experiment new medicines on human beings. 人体に新薬をためす権限は医者にはないはずである． / Afternoon tea is practically mandatory in Britain. 英国では午後の紅茶はいわば義務的(習慣)である(⇨習慣に任せざるを得ない，当方が従わざるを得ない) / Growing old is mandatory, but growing up is optional. 歳をとるのはいかんともし難いが，成長するのは個人の努力に関わることだ．

manifest [mǽnəfest]
明示する，現われる
[原] 手(mani) で掴まれた(fest)
[イメージ] (手で触れられる⇨触知できる)⇨存在が分かる⇨確かに現われる
[派] manifestation 表明，現われ / manifesto 声明書(⇨考えをはっきり表わす)
[例] Asthma may manifest in a wheezing sound. 喘息はゼーゼーいう症状として現われる． / Terrorism is certainly not a manifestation of religious faith. テロは決して宗教的信仰の表明ではない．

manifold [mǽnəfould]
多様である
[原] たくさん(mani) 重なった(fold)
[イメージ] (たくさん重なる)⇨色々になる
[例] The problems that lie before us are complicated and manifold. 我々の前に横たわる問題は複雑で多様である．

manipulate [mənípjəleit]
操作する
[原] 手(mani) に満たす(pulate)
[イメージ] うまく扱って自分のものにする
[解] mani-, manu-, mane-はラテン語で〈手〉を意味している：manicure マニキュア(⇨手+世話) / manifest 明白である(⇨手に+感触がある) / (⇨manual 手動の，マニュアル(⇨手引書) / manufacture 製造する(⇨手で作る) / manuscript 原稿(⇨手で+書いた) / maneuver 操る(⇨手で+動かす)
[例] The report accused the government of using the public broadcasting system to manipulate public opinion. 記事は政府が公共放送を使って世論を操作していると非難した．

manner [mǽnər]
方法，態度
[原] 手での扱い方
[イメージ] ものを扱う方法⇨やり方(個人のやり方(方法，態度)～社会のやり方(作法，風習))
[派] mannered 気取った(⇨方法に(manner)こだわった(ed)) / mannerism マンネリ(⇨方法＋方法＋方法＋方法…)
[関] manage 管理する(⇨手で扱う)
[例] We enjoyed tea prepared and served in the traditional Japanese manner. 私達は日本古来の方式で用意され点てられたお茶を楽しんだ． / She has good manners. 彼女はマナー(態度)がいい． / Manners are not optional. マナー(行儀作法)は従わなくてはならないもの． / It is bad manners to use a cell-phone in a crowded bus, isn't it? 混み合ったバスの中で携帯を使うのはマナーが悪いと思わない？

manual [mǽnjuəl]
手動の；マニュアル
[原] 手(manu) の(al)
[イメージ] 手を使って行う；(手を引いてくれる本)⇨手引き・マニュアル
[解] manu-は〈手〉の意がある：manufacture 製造する(⇨手で+作る) / manuscript 原稿(⇨手で+書かれた)
[例] He looked haggard after years of manual labor. 彼は長年の肉体労働でやつれて見えた． / I can't drive manual

cars. マニュアル車は運転できない． / He has good manual dexterity with everything from bamboo works to computers. 彼は手先が器用なので竹細工からコンピュータまで何でもこなせる． / I hate reading computer manuals because they are full of computer lingoes. コンピュータのマニュアルを読むのは専門用語が一杯なので嫌だ．

manufacture [mænjəfǽktʃər]
製造する；でっちあげる
原 手で(manu) 作る(facture)
イメージ 製造する；(都合のために)こしらえる
解 原義は〈手で作る〉だが世の発達に伴い〈手で作る〜機械で製造する〉に用いるようになった．
派 manufacturer(メーカー)
関 factory(工場)
例 Toyota is the top car manufacturer in Japan. トヨタは車の製造では日本のトップだ． / The friendship you see between the leaders of the two parties is genuine, not one manufactured for media consumption. 2党首の友情は本物でマスコミ受けを狙って工作した友情なんぞではない． / Sperm are being manufactured in the testicles on a continuous basis. 精子は絶えず睾丸で作られている．

manuscript [mǽnjəskript]
原稿
原 手で(manu) 書かれた(script)
イメージ (手書きまたはタイプによる)原稿
例 I always have my writing read in manuscript by my wife. いつも書き物は原稿の段階で妻に読んでもらう．

many [méni]
多数の，たくさんの
原 たくさん
イメージ (人や物の数が)相当ある，かなりある
解〈数が相当ある〉とは漠然とした数であり，割合で言えば総数に対してほんの数パーセントからせいぜい50パーセント近くまでの範囲について言う．◇日本人に many からイメージされる総数に占めるパーセンテージを問うと大抵80パーセント位という間違った答えが返ってくる．定訳「多数の」は誤解を生みやすい．はっきり〈多数を占める〉の意なら most を用いる．
例 Most people in the United States speak English, of course, but many do not. もちろん，アメリカでは大抵の人が英語をしゃべるが，しゃべらない人も相当いる．◇この例文における many は割合でいえば1割にも満たない． / That was an opinion held by many people in this country. それはこの国でかなりの人が持っている考え方である．◇many を「多くの人」と解釈すると，「大方の(the majority of people in this country)」と区別がつきにくくなる． / Many people throughout the world believe in astrology. 占星術を信じる人は世界各地にかなりいる．◇この例でも割合でいえば1割にも満たないであろう． / Pop music is not the only kind of music Japanese young people enjoy. Many are also into jazz. ポップスだけが日本若者の気に入っている音楽ではない．ジャズもかなりの若者が入れ込んでいる． / "How many students applied for the summer course?"—"Not many did." 何人位夏期講習に応募がありましたか—少ないです．

map [mǽp]
地図；地図を作る
原 (地図が描かれた) 布
イメージ 地図；(地図のごとく)綿密に描く
例 Will you draw a rough map of your home state for us? あなたの州の地図を簡単に書いてくれますか． / "May I see a map of Japan?"—"Yes, of course; we have an atlas." 日本地図見せてもらえますか—ええ，地図帳があります． / She had her professional career mapped out by the time she graduated from High School. 彼女は高校を卒業するまでに自分の職業の計画をきちんと描いていた．

margin [má:rdʒin]
余白，へり，票差，利ざや
原 縁
イメージ 全体(主要部分+周辺部分)から主要部分を除いた部分．(余り，余分，傍ら)

派 marginal 余白の，重要でない
関 mark 印(⇨境界の標)
例 There is no margin for error. エラーは許されない状態である．/ I make notes in the margins of a book. 私は本の余白に書き込みをする．/ There is a large margin for profit in this deal. この取り引きは利ざやが大きい．/ People in ghettoes live at the margins of society. スラム街の人たちは社会の底辺で生活している．/ He won the Presidential election by a small margin. 彼は大統領選挙に僅差で勝った．/ The new law will have only a marginal effect, after all. 新しい法律は結局は大した効果をもたらさないだろう．

maritime [mǽritaim]
海に関する，沿岸の
原 海(mari) 近くの(time)
イメージ (海に近い)⇨沿岸の⇨海に関係した
関 mariner 船員 / marine 海の，海に住む
例 Every North American nation has a maritime coast. 北アメリカの諸国はどの国も海岸線を持っている．/ There is a good maritime museum in Vancouver. バンクーバーには立派な海洋博物館がある．

market [mάːrkit]
市場，売買，相場
原 市場
イメージ 市場に出す⇨売買する
派 marketable 市場価値のある
例 Japanese corporations produce and market their products everywhere in the world. 日本企業は製品を製造し世界の市場に出している．/ Your skill in English is marketable. あなたの英語力は金になるよ．

marry [mǽri]
結婚する，結婚させる
原 結婚させる
イメージ 結婚する
派 marriage 結婚(⇨結婚＋状態)，
例 He married young. 彼は若くして結婚した．/ She married an American. 彼女はアメリカ人と結婚した．/ When are you going to get married? いつ結婚するのですか．/ Intermarriage between whites (notably the French) and Indians was much more common in Canada than in the United States. 白人(とりわけフランス人)とインディアンの結婚はアメリカよりもカナダではるかに多かった．

martial [mάːrʃl]
戦争の，軍隊の
原 軍神マルス(Mars) のような(tial)
イメージ (軍神マルスのような)⇨戦いの雰囲気が一杯である
関 Mars 火星(⇨戦(いくさ)のエネルギーを発光している) / March 3月(⇨風の吹き荒れる季節を軍神マルスにちなんで名づけた)
例 In wartime, the President may declare martial law in zones of military operations. 戦時には，大統領は軍事を展開している地域に戒厳令を宣告できる．/ Karate is one of several Oriental forms of martial arts. 空手はいくつかの東洋の格闘技の様式の1つである．/ Soldiers march to martial music in a parade. 兵士は軍歌に合わせてパレードする．

marvel [mάːrvl]
驚異，感嘆する
原 不思議なこと
イメージ 不思議⇨驚く⇨すごーい！
派 marvelous すばらしい
例 It's a marvel that your son has completely recovered from so terrible an injury in a traffic accident. 息子さんがあのようなひどい交通事故の怪我から完全に回復されたのは驚きです．/ We marveled at her perfect performance in the gymnastics competition. 体操競技会での彼女の完璧な演技に凄いなと思った．/ The marvelous ability to fly makes birds seem the freest of all animals. 鳥の素晴らしい飛翔能力は鳥が動物の中で一番自由であるように思わせる．

masculine [mǽskjələn]
男性的な
原 男，雄
イメージ 男の雰囲気を持っている
解 muscle(筋肉)は関連語ではない．
派 masculinity 男らしさ
例 Because your daughter has a mas-

culine voice like yours, I often confuse the two of you over the phone. お宅の娘さんは君のような男っぽい声をしているので電話の時はどちらかよくまごつきます。◇ The boy has a very masculine voice. を直訳すると「少年はとても男性的な声をしている」となりやや不自然になってしまう。真意は少年はまだ未成年なのに大人の男性の声をしていると言う意味になる。/ Her handwriting is very masculine. 彼女は男っぽい字を書く。◇この文に対して、ある米国人は "I don't know what a masculine handwriting is as opposed to a feminine one." と反応した。

mask [mǽsk]
仮面、覆面；仮面を被る
原 仮面
イメージ （仮面で実体を）隠す、（付け髭などで）変装する◇変装は mask（仮面）以外の場合も用いられる。
関 masque 仮面劇 / masquerade 見せかける
例 Who was that masked man? あの変装している男は誰だ。◇このときの文脈では fake mustache（付け髭）とサングラスで変装していた。/ Masking a foul smell with deodorizer is an age-old practice. 異臭を防臭剤で隠すのは昔から行われている。/ He approached the king under a mask of loyalty. 彼は忠誠を装って王に近づいた。

mass [mǽs]
塊；大量に集まる
原 塊
イメージ 大きな塊；寄せ集める
解 物理学では mass は「質量」。
派 massive 巨大な
例 The greater an object's mass, the more difficult it is to speed it up or to slow it down. 物の質量が大きくなるほど、加速あるいは減速が難しくなる。/ A railroad locomotive has a greater mass than an automobile. 機関車は自動車よりも質量が大きい。/ Books are one of the oldest methods of mass communication. Television is one of the newest. 本は一番古くからのマスコミの1つであり、テレビは一番新しいマスコミの1つである。◇マスコミのマスとはメディアが情報を送りつける読者、視聴者の大きな塊のことである。

master [mǽstər]
主人；熟達する、支配する
原 より大きな者
イメージ 主人⇨支配する⇨自分のものにする⇨ものにする（マスターする）
解 master の -a- は〈広がり・大きさ〉が感じられるが、muster（集める）の -u- は〈圧迫〉のイメージである。
派 masterpiece 傑作 / mastery 支配、熟達
例 He is a master of his home; he is in control of his wife, his children, and his dogs. 彼は家の主人である、つまり彼は妻、子供達、それに犬達を支配しているのである。/ I don't like being part of any organization because I want to be my own master. 私は自分を支配したいので、組織の中に入るのは嫌いである。/ He is a master interpreter. 彼は熟練した通訳者だ。/ I tried to master the Tokyo dialect so as not to be fooled by the local people. 地元（⇨東京）の人に馬鹿にされないように東京弁をマスターしようとした。

match [mǽtʃ]
釣り合う、似合う
原 連れ合い
イメージ （連れ合い）⇨釣り合う⇨似合う；(2人、2組でやる)試合、(2人間の)縁組み
派 matchless 匹敵するもののない
関 mate 仲間
例 I am no match for her when it comes to singing. 歌は彼女にはかなわない。/ The tie and the shirt are a perfect match (= The tie matches the shirt quite well = The tie and the shirt match perfectly). そのネクタイとシャツはぴったりだ。

mate [méit]
仲間
原 食事（肉＝meat）を共にする人
イメージ （同じ釜の飯を食う）仲間⇨（連れ合い）⇨番（つがい）う
解 原義にあるように meat（肉）は関連語である。company（⇨ company）も同じ発想。「食事」⇨「連れ合い」⇨「番う」の意味の展開は現代のデートも同じ

過程をたどることを知れば納得できよう．
[例] I eat out lunch with my co-workers on weekdays. 平日は昼は職場の仲間と外食する． / The majority of birds have one mate at a time. 大抵の鳥は同時に2羽の連れ合いを持つことはない． / Most birds mate in the spring. 大抵の鳥は春に交尾する． / I saw dragonflies flying and mating. トンボが番って飛んでいるのを見た．

material [mətíəriəl]
材料，資料；物質の，重要な
[原] 物質(mater) の(ial)
[イメージ] (加工品の元となる)材料；(論文・小説の基となる)材料
[関] matter 物
[例] Whenever he traveled, Mark Twain gathered material for his stories. 旅するたびに，マーク・トゥエインは話の題材を収集した．

matter [mǽtər]
物質，事柄，問題；問題である
[原] 物質
[イメージ] もの，こと；ことである(問題である)
[関] 世の中は<もの+こと>でできているが matter は<もの+こと>について言う．これは thing についても同様である．
[関] material 材料
[例] It is what we do that really matters, not just what we say. 重要なのは何をするかで，何を言うかではない． / What's the matter with you? どうしたの？

mature [mətúər]
成熟した，満期になる
[原] 時期のよい
[イメージ] (時期のよい)⇨機が熟す⇨ころあいになる
[派] maturity 成熟
[例] He is mature in years. 彼は熟年だ． / Since protein content decreases and fiber content increases as the crop matures, forage should be harvested in early maturity. 成熟するにつれて蛋白質の含有量が減り繊維質が増えるので，牧草は成熟したら早めに収穫しなければいけない． / It is said that many handsome men never mature sexually because they feel too secure on the basis of their looks. ルックスの点で自信を持ち過ぎて性的に未熟になってしまうハンサムボーイが多いそうだ．

maximize [mǽksəmaiz]
最大限にする
[原] 最大限(マックス)にする
[イメージ] 限度いっぱいにする
[解] 反対語は minimize(最小限にする)．
[関] max(=maximum)最大限 / maxim 格言(⇨大きな生活指針)
[例] They tried every possible way to maximize productivity. 生産性を最大限にするためにあらゆる方法を試みた．

may [méi]
〜してもよい，〜かも知れない
[原] 力がある
[イメージ] (ちょっと気取った感じで)〜してもよい，(〜と考えてもよい⇨〜と考えられ得る)⇨〜かも知れない
[解] can の可能性は<〜できる，可能である>に比して may の可能性は<〜の可能性もあり得る>の感じである．
[関] dismay たまげる，うろたえる(⇨失う+(思考)力) / might 力 / maybe ひょっとすると，ことによると
[例] May I leave this to you?—Sure. この件お任せしていいですか—いいですよ． / He may pass or he may not. 彼は受かるかもしれないし，受からないかもしれない．

mayor [méiər]
市長，町長
[原] より大きい(major)
[イメージ] (自治体の)長⇨市長，町長
[解] 住民を代表する major(重要な)人が mayor(市長，町長)である．
[関] major より大きい，より重要な
[解] ma-は<拡大>，mi-は<縮小>がイメージされる：macro-大きい / micro-小さい / maximum 最大の / minimum 細小の / maximize 最大限度にする / minimize 最小限度にする
[例] A mayor takes the leading part in a city's administration. 市長は市政において中心的役割をする．

maze [méiz]
迷路
[原] 方角を失ってしまうような迷路

イメージ 曲がりくねった迷路
関 amaze 仰天させる / daze 目をくらます
例 She was lost in a maze of narrow winding streets in Osaka. 彼女は大阪の狭くて曲がりくねった通り(の迷路)に迷い込んだ.

meal [míːl]
食事
原 定刻の食事
イメージ 朝食(breakfast), 昼食(lunch), 夕食(supper)
解 食事時間を意識した時の食事の総称.
派 mealtime 食事時間
例 Sumo wrestlers take two meals a day. 相撲取りは1日2食である. / There are more and more families who don't meet even at meals. 食事時間でさえ一緒に過ごさない家族が増えて来た.

mean ① [míːn]
意味する
原 〜のつもり
イメージ (裏にある)本意や(自体は語らない)様子をことばにして表に出す.
解 本意とことばの中間にあって仲立ちする.
例 What I meant was I'd like to be left alone. 実は1人にしておいて欲しかったのです. ◇本意=what I meant ⇨ことば=I'd like to be left alone / I mean what I say. 本気でそう言っているのですよ. ◇本意=I(mean)⇨ことば=what I say / I meant no harm. 悪意でそう言ったのではありません. ◇本意=I(meant)⇨ことば=no harm / A red light means you have to stop. 赤信号は止まれということです. ◇様子=a red light(means)⇨ことば=you have to stop / Spring meant picnics. Mom would prepare a feast of fried chicken, salads, sandwiches and lots of desserts the night before. 春といえばピクニックであった. 母さんはフライドチキンやサラダやサンドイッチそれにたくさんのデザートを前の晩に用意してくれたものでした. ◇様子=spring(meant)⇨ことば=picnic / We sometimes say things that we don't mean. 私たちは時々心にもないことを言うことがある. / I have symptoms that I think might mean diabetes. 僕はどうも糖尿病と思われるふしの症状がある.

mean ② [míːn]
卑しい, 意地の悪い, 中間
原 ありふれた
イメージ (ありふれる⇨つまらない⇨心が狭い)⇨狭量である
解 中間は極端の間に位置し一番多い(⇨原義), さらにありふれることは〈愚〉につながる. ◇common(どこにもある⇨並みの⇨つまらない)は同様の発想.
例 It may seem mean, but I don't let my daughter go out with her boyfriend. ひどいと思えるかもしれないけど, 娘にはボーイフレンドとのデートを許してないの.

mean ③ [míːn]
平均の; 手段; 財産
原 中間
イメージ 最高と最低の中間が〈平均〉, 動機と目的の中間にあるのが〈手段〉, 人間と生活の中間にあるのが〈収入〉
例 The mean of 3, 4, and 5 is 4. 3と4と5の平均値は4である. / You should try every possible means. できるだけの手段を試みるべきだ. / I resumed jogging as a means of regaining fitness. 体力をつける手段としてジョギングを再開した. / You have to learn how to live within your means. 収入に応じて暮らすようにしなくてはだめだよ.

meander [miǽndər]
曲がりくねって流れる
原 the Maeander(メアンダー川)が曲がりくねって流れていることから.
イメージ ゆっくり曲がりくねって流れる, あっちへ行ったりこっちへ来たり
例 The river meanders through the tropical rain forests of Guyana. その河はガイアナの熱帯雨林の中をうねって流れている.

meantime [míːntaim]
合間
原 間の(mean) 時間(time)
イメージ (in the) meantime で〈その間に〉
例 My husband won't be back till next

month. Meantime, my daughter and I have arranged to do the sights of Okinawa. 夫は来月まで帰ってこないので，その間娘と私は沖縄観光を計画した．

measure [méʒər]
計る；計量法，対策
原 測る
イメージ 大きさや量を測る⇨～ほどのサイズを持っている；(測る)⇨計る⇨図る)計測，対策
解 名詞用法では〈測る〉は〈計る・図る〉へ意味が展開している．
派 measurement 計量，大きさ
関 immense 計りしれない(⇨否＋計る)
例 The doctor measured my blood pressure, pulse, and took my temperature. 医者は血圧，脈，それに体温を計った．◇体温を計るのを普通 take one's temperature というのは，昔は体温計による数値ではなく，手を額や身体に当てて感じ取っていたからであろう．/ The moon measures about 2160 miles across. 月は直径約 2160 マイルだ．/ Don't take extreme measures to get rid of something quite trivial. ささいなことを処置するときに過激な手段をとらないようにせよ．

meddle [médl]
干渉する
原 混ぜる
イメージ 他人のことに介入する⇨おっせかいする，でしゃばる
解 自分(⇨第三者)を当事者間の中に入れる(⇨ put oneself in the middle)ことが meddle. つまり，「put oneself in the 'middle' が 'meddle'」と数回唱えればすぐに身に付く．◇ mid-, -med- は〈中間，中，混ぜる〉のイメージ．
派 meddlesome おせっかいな
関 medley 混成曲
例 Don't meddle in my affairs. おせっかいしないでよ．

media [míːdiə]
メディア，マスコミ
原 中間，媒体
イメージ 現場と視聴者の間に入るもの―新聞・雑誌・ラジオ・テレビ―(情報の媒体)
例 Manufacturers and businesses use the media to reach consumers with information about what they produce and sell. 製造元や会社はメディアを使って消費者に製品や売り物の情報を伝える．

mediate [míːdieit]
調停する
原 中間(medi) にする(ate)
イメージ 仲介して折り合わせる
派 mediation 調停 / mediator 調停者
例 A neutral third party is trying to mediate the dispute between labor and management. 中立的立場の第三者が労資間の抗争を仲裁しようとしている．

medicine [médəsn]
薬，医学
原 癒し
イメージ (癒す)薬；(癒す)医術
解 med- は〈癒し〉の意味合いがある；remedy 治療，治療する(⇨元に＋直す) / medicinal 薬用の / medication 薬物(治療)
例 You have to take the medicine as prescribed. 処方通りに薬を飲まなくてはいけません．/ Medicine seeks to save lives and relieve suffering. 医療は命を救い苦しみを癒そうとする．/ Some plants have medicinal value. 植物には薬効のあるものがある．

mediocre [miːdióukər]
平凡な，劣った
原 丘の(ocre) 中途(medi)
イメージ (丘の中腹)⇨図抜けていない⇨並みの⇨劣った
解 丘と -ocre の音の類似はご愛敬．なるほど目立つのは山の峰であって，丘の中腹は頗る平凡である．日本語の「並み」は〈劣る〉の婉曲表現だが，mediocre も同様．
例 He reads mediocre novels. 彼はつまらない小説を読む．/ Our former mayor was a man of mediocre abilities. 前市長は能力がなかった．/ He has a great body but a mediocre mind. 彼は体格はいいが，頭が弱い．

meet [míːt]
会う，出迎える，交わる，衝突する，応じる
原 集合する
イメージ (計画をして)会う，(たま

ま)出会う，条件にうまく合う

解 meet は mete(割り当てる)，measure(測る)などと関連語で〈意図的に会う〉の意味合いが流れている．

例 Nice to meet you. 初めまして．◇2度目からは Nice to see you again. などと言う．Long time no see. (長くお会いしてませんでした)あるいは同意味の I haven't seen you for a long time. に meet は使えない．/ I'll meet you at the front desk at noon. フロントで正午にお会いしましょう．/ I'm going to the station to meet my son. 息子を迎えに駅に行きます．◇駅や空港に人を出迎えることを meet で表わす．/ I happened to meet her at the theater last night. 彼女に昨夜映画館で会った．◇ meet は元来は意図的会合を言うので〈出会う〉意で使う時は happen to meet, meet unexpectedly, meet by chance などと言うことが多い．/ This is really an incredibly beautiful place, where the Inland sea meets the mountains. ここは内海が山々に迫っていて本当に美しいところです．/ His lecture will meet the needs of students. 彼の講義は学生の要求に応えるものとなろう．/ The pupils are supposed to meet the standards for their age group before being promoted to the next grade. 生徒は進級するためには同じ学年の基準に達していなければならない．

mellow [mélou]
まろやかな
原 粉のように柔らかである
イメージ mellow は〈まろ＋やか〉◇音の響きが，訳語と似ている．
例 Beer mellows after standing for a time. ビールは少し寝かせておくと味がまろやかになる．/ The harpsichord produces a characteristic mellow tone. ハープシコードは独特のまろやかな音色を出す．/ The man's temperament has mellowed with age. 彼の気性は歳とともに穏やかになった．

melt [mélt]
溶かす，溶かす
原 溶ける
イメージ 固体が溶けて液体になる
解 固形物が液体に〈溶け込む〉ときは dissolve と言う．また凍結状態のにあるもの(氷・雪・冷凍食品)が溶ける時は thaw とも言う．
例 The snow on the roof began to melt in the sun. 屋根の雪が日にあたって溶け始めた．/ The iron frames of the window melted in the explosion. 爆発で鉄の窓枠が溶けた．/ These cherry pies really melt in your mouth. このチェリーパイはとろけるように美味しい．/ My heart melted at the sight of my mother. 母の姿を目にして気持ちが和らいだ．◇怒りや緊張が和らぐの意で用いる．

member [mémbər]
一員，メンバー；器官
原 身体の器官
イメージ (組織を構成する)一員，会員；(身体を構成する)器官⇨手・脚
派 membership 会員資格
関 membrane(器官を覆う)膜 / dismember 身体をばらばらにする(⇨はずす＋手足)
例 This exercise gym is open to members only. このスポーツジムは会員のみ利用ができます．/ It would be cruel to expose dismembered bodies for the TV viewing public. バラバラ死体をテレビの視聴者にさらすのは残酷である．

memoir [mémwɑːr]
回顧録
原 思い出
イメージ ある人物の回想録
関 memory 記憶
例 Anne Lindberg's memoir, "Under a wing," makes an outstanding companion to her husband's book. アン・リンドバーグの『翼のもとに』と言う回想録は彼女の夫の本のすぐれた姉妹編となっている．

memory [méməri]
記憶，記憶力；メモリ(パソコンの記憶装置)
原 記憶
イメージ 記憶，記憶力
解 mem-, men-, min- は〈頭，記憶〉をイメージさせる：memorize 記憶する / commemorate 記念する(⇨共に＋思い出す) / comment 論評する(⇨しっかり＋考える) / mention 述べる(⇨考え

る) / mind 頭脳 / remember 思い出す (⇨再び＋考える) / remind 思い出させる(⇨再び＋考えさせる)

例 I am very happy to be home again with such pleasant memories of your country. あなたの国でのとても楽しい思い出を持って帰国できてとても嬉しい． / My father is over 90 years old, but still has a good memory. 父は90歳を越えているが，記憶力は衰えていない． / I am going to add another 64 megabytes of memory to my computer. 僕のパソコンに64メガバイトほどメモリを増設するつもりです．

menace [ménəs]
脅し
原 圧倒する
イメージ 相手を見下すがごとく威圧する
解 menace されると相手は怯え・小さくなる
例 During the Revolution, Delaware was invaded by a British army en route to Philadelphia and was constantly menaced by British ships. 独立戦争の時，デラウェア地域はフィラデルフィア経由で英国軍に侵入され，絶えず英国戦艦の脅威を受けていた．

mend [ménd]
直す
原 amend(⇨障害(mend)を除く(a))の語頭音の消失
イメージ 修繕する，繕う◇repair は固いもの，mend は柔らかいものを対象にする傾向がある．
例 I used to have holes in my socks that were mended by my mother. 昔母に靴下の穴を繕ってもらっていた． / These shoes need mending. この靴は修繕が必要です． / He got injured in skiing, but I hear he is on the mend. 彼はスキーで怪我したが，快方に向かっているそうだ．

menstruation [menstrúeiʃən]
月経
原 月(mens)ごと起こるもの
イメージ 月経
解 メンス(mens)はマンス(month)から．日本語でも婉曲的に<月のもの>と言っていた．英語では月経(⇨1月の経過で定期に起こる)を意味する period を日常では使う．
派 menstruate 月経になる / menstrual 月経の / menses メンス
関 menopause 閉経(⇨月＋停止)
例 She is having her period. 生理中だ． ◇period＝menstruation period / Some women have irregular menstruation. 生理不順の女性もいる．

mention [ménʃən]
話題にする，述べる；言及
原 思い出させる
イメージ (〜をとりあげて相手に思い出させる)⇨〜を話題にする
解 men-, mem-は<考え・思い>をイメージさせる語：mental 知能の(⇨考える上の) / memory 記憶 / remember 思い出す
例 The professor mentioned David as one of the best students ever. 教授はデビッドのことをこれまでで一番の学生だと話した． / He made no mention of the event in his last e-mail. この前の彼からのe-メールにはその件については何も触れていなかった．

menu [ménju:]
メニュー，献立表
原 細かな表(menu)
イメージ 供する料理の品目のリスト
例 Most fast-food restaurants offer limited menus. 大抵のファースト・フードのレストランでは献立品目が少ない．

mercy [mɔ́:rsi]
(弱者への)慈悲，情け；恵み
原 (褒美として与えられる)褒美，許し
イメージ 弱い立場にいる者に対するいつくしみの心
解 フランス語のメルシー(merci)と同系語．
例 He showed no mercy, and sent the begger away. 彼は無情にも乞食を追い払った． / Many people are at the mercy of their moods. 感情のなすがままになる人が多い(感情を抑制できない人は多いものだ)．

mere [míər]
ほんの，単なる
原 純粋の
イメージ 単に〜にすぎない

派 merely 単に
例 Don't be so hard on David. He is a mere child. デビッドにそんなにきつくあたるなよ。まだほんの幼い子供じゃないか。/ People somtimes attend other's weddings merely from a sense of obligation. 人は単なる義理で他人の結婚式に出ることがある。

merge [mə́ːrdʒ]
溶け合う、併合する
原 水に浸す
イメージ (あるものを浸すと溶けて混ざる)⇨混ざる、交じる
解 merge と「交じる」は音的に似ているのは愛敬。me-はく中・混じる)意味合いが生まれる：meddle 干渉する
派 submerge 沈める(⇨下に+浸す) / emerge 水中から現われる(⇨出てくる+水中から) / immerse 浸す(⇨中に+沈める) / merger 合併
例 Crayon colors do not merge with one another. クレヨンの色は互いに混ざらない。/ The two main falls merge into one in spring when the water volume is the greatest. 2つの滝は水量が最大になる春には1つの滝になる。

merit [mérət]
長所、価値
原 得られたもの、稼ぎ
イメージ (得られるもの、褒美)⇨利点、価値；(得たもの)に値する
派 meritorious 価値のある / demerit 欠点(⇨否+稼ぐ)
関 mercy 慈悲(⇨弱き者が得られる恵み)
例 We should try to find merits rather than demerits in others. 他人の欠点よりも長所を見つけようと努める方がよい。/ Promotion should be made according to merit. 昇進は実績に応じて行われるべきである。◇原義から「稼ぎに応じて…」と理解するとより鮮明にイメージできる。/ Shakespeare's merits can survive translation into other languages. シェクスピアの作品の素晴らしさは他の言語に翻訳しても損なわれることがない。/ He did not merit the early promotion he received. 彼は早く昇進したのにそれに答えなかった。

merrily [mérili]
陽気に、愉快に
原 愉しく
イメージ いそいそと、わくわくして
解 merrily の弾むような音を、〈いそいそと、わくわくして〉とイメージするといいだろう。
派 merry 愉しい / merriment 陽気な騒ぎ
例 Life is short; live merrily! 命は短いのだから心躍らせて生きよう。/ There was a merry gathering going; lots of merry laughs, lots of merry eyes, and lots of merry smiles. 集まりが陽気に行われていた。弾む笑い声、愉しそうな目、にこやかな笑顔が一杯あった。

mesmerize [mézməraiz]
魅了する
原 Mesmer 博士(⇨催眠術療法の元祖)
イメージ (催眠にかける)⇨うっとりさせる
例 She mesmerized a number of strapping males who gravitated to the bar. 彼女は酒場に集まって来る多くの頑健な男たちを魅了した。

mess [més]
乱雑；散らかす
原 皿に雑然と積まれた食べ物
イメージ ぐちゃぐちゃ、めちゃくちゃ、ごたごた
派 messy 散らかった
例 My room is (in) a mess (＝is messy). 僕の部屋は散らかっている。/ If you don't change your current life style, you will get into a terrible mess. 今のままの生活態度ではひどく困ったことになりますよ。/ I don't want you to mess up your life by doing drugs. 薬をやって君の人生を台無しにして欲しくない。

message [mésidʒ]
言付け、メッセージ
原 送られる(mess) もの(age)
イメージ 人から人へ送られる情報(メッセージ)
派 messenger 使者
関 mission 使節団、伝道(⇨送り出す)
例 I got an e-mail message that said David is coming next Sunday. e-メール

でディビッドが次の日曜日に来るという知らせをもらった． / Will you take a message to my daughter for me? 娘に言付けを願えますか．

meticulous [mətíkjələs]
几帳面な，小心な
原 こわごわ
イメージ 細心の注意を払う
派 meticulously 事細かに
例 He kept a meticulous record of his experience in prison. 彼は獄中での体験を事細かに記録した． / My mother meticulously attended to a small flower garden. 母は小さな花壇を念入りに世話した． / She is meticulously accurate in pronunciation. 彼女は発音が細かなところまで正確だ．

metropolis [mətrápəlis]
大都市
原 母(metro) 都市(polis)
イメージ （母体のような都市）⇨大都市
派 metropolitan 大都市の
例 New York City's transition from a small village to a world metropolis in the first two decades of the 20th century was one of the wonders of the century. ニューヨーク市が20世紀の最初の20年間で小さな村から世界的大都市へと転換したことは世紀の驚異の1つであった．

microbe [máikroub]
微生物
原 小さな(micro) 生物(be)
イメージ 細菌
解 micro-〈微細〉はいろいろな語を形成している：microphone マイクロホン（⇨小さい＋音を拾う） / microbiology 細菌学 / microbus マイクロバス / microscope 顕微鏡（⇨小さなもの＋観察器械）
例 Humans and other animals have the ability to resist and overcome infection by invading microbes. 人間や動物は細菌の身体の侵入による感染に抵抗したり打ち勝ったりする能力を備えている． / Microbiology began with the development of the microscope. 細菌学は顕微鏡の発達によって始まった．

middle [mídl]
中央，真ん中
原 中間
イメージ 真ん中；(体の真ん中)胴回り
解 mid-, med-は〈中間，中に入る〉意味合いがある：mediate 調停する（⇨中に入って仲裁する） / medium 中位，メディア（⇨ニュースの媒体） / middling 中ほどである，まあまあである◇at the beginning of / in the middle of / toward the end of〜の初め頃に / 中頃に / 終わり頃に
例 The singer made her debut in his mid (=middle) twenties. その歌手は20代半ばでデビューした． / Japanese men are also getting flabby around the middle. 日本の男子も胴回りがたるんできている．

migrate [máigreit]
移住する
原 変わ(migr) る(ate)⇨移る
イメージ 必要のために居を移動する◇渡り鳥＋出稼ぎ労働者
派 migration 移住 / migratory 移住性の / migrant 渡り鳥，季節労働者 / emigrate 移住して行く（⇨外へ＋移る） / immigrate 移住して来る（⇨中へ＋移る）
例 Many birds migrate to survive. たくさんの鳥が生き抜くために渡りをする． / People often had to migrate because they outgrew their food supply. 人は食糧が皆に行き渡らなくなると別の土地へ移住しなければならないことがしばしばだった． / After migrants finish work in one area, they seek jobs elsewhere. 出稼ぎ労働者はある土地で仕事を終えるとどこか他の土地で仕事を求める．

mild [máild]
穏やか，温和な
原 柔らかい
イメージ まろやか◇同じ m-音の訳語を求めてみた．
派 mildly 穏やかに / mildness 穏やかさ
関 melt 溶ける / mollify なだめる
例 It's been mild so far this winter. 今のところ穏やかな冬だ． / This whisky is too strong. I want to have a milder one. このウイスキーは強すぎるよ．もうすこし口当たりの柔らかいのが

欲しいよ．/ I think my son has too mild a nature to get angry at the unfair treatment he has been receiving. 息子は性格がおとなしすぎて不公平に対しても怒らないのだと思う．

mile [máil]
マイル(1 マイルは約 1.6 キロメートル)
原 1000 歩
イメージ 1 マイル◇マラソンというと 42 キロだが，これをマイルでいうと 26 マイルである．陸上競技のトラックレースにマイルレースがあるが，これは 1609 メートルで，1500 メートルレースより 109 メートル長い．
解 millennium(千年紀 ◇ 1000＋年)や million(百万 ◇ 1000×1000)でお馴染みのように mile は〈千〉をイメージさせる語である．ところで，マイルを解説している英語の文献には 1 mile＝1000 paces / steps とあり英和辞典の解説にはこれを参考に，1000 歩の距離 ◇ 1.6 キロメートル書いてある．ところが，1000 歩で歩ける距離は普通の大人で，800 メートルである．この謎を解く鍵は pace / step の定義＝an act of moving one foot and bringing it down somewhere else にある．つまり pace / step とは足が地を離れてその(同じ)足が次に着地するまでの距離で，これは普通の大人が測ると大体 1.6 メートルである．
例 A mile is roughly 5000 feet, which works out to about 1,000 paces. 1 マイルは大体 5000 フィートで 1000 歩になる．◇慣例上，pace を歩と訳したがこの歩は実は 2 歩分の長さを持つものである．

mimic [mímik]
まねをする，よく似せる
原 まねる
イメージ mim-に〈模倣〉の意味合いがあるが，mimic の mim(◇ m の繰り返し)の部分に〈まね〉を音で体感できる．
派 mimicry ものまね；擬態
関 mime 物まね / mimosa ミモザ(オジギソウ科◇触るとちぢかまる◇動物のまね) / pantomime パントマイム(◇全てを＋まねる) / mimeograph ガリ版印刷(◇まねる＋文字)
例 The word for hiccup in many languages mimics the sound. 多くの言語でしゃっくりを表わす単語はその音をなぞっている．/ Some animals mimic their surroundings so as to deceive other animals. 他の動物をあざむくために周りの環境に自分を似せる動物がいる．

mind [máind]
心，精神；心配する
原 考える
イメージ 思考活動の場・思考の宿るところ◇頭；(考える)◇気にする
解 多くの英和辞典ではその第 1 義を「心・精神」と訳しているために mind は胸に宿るものと誤解し勝ちである．mind(頭)は body(身体)の対極にあるもの．◇〜-minded の形で〈〜に気持ちが向いている，関心がある〉の意で用いる．
関 mental 知能の / remind 思い出させる / reminisce 追憶する
例 I'd like to buy a new car; I have a Honda in mind right now. 新車を買いたいんだ．今のところホンダ車を考えてるんだ．/ I am glad the physics test is over. At least it's off my mind now. 物理のテストが終わって嬉しいよ．とにかく今は物理のことは頭にないよ．/ She looks as if she had something on her mind. 彼女は何か気に掛ることがあるようにみえる．/ He is money (sports, career) -minded. 彼は勘定高い(スポーツ好きだ，出世を気にしている)．/ Edison did not mind being deaf because he found it easier to concentrate. エジソンは耳が聞こえないことを気にしなかった，というのはその方が集中しやすかったからである．

mine [máin]
鉱山，宝庫，地雷；採掘する，地雷で爆破する
イメージ 鉱山◇豊かな宝庫◇(鉱山を爆破して切り開く)地雷；地雷・魚雷を施設する，地雷・魚雷で爆破する
解 地雷は a land mine，魚雷は a naval mine, a torpedo．
派 miner 坑夫 / mining 鉱山業 / mineral 鉱物(◇採掘物)
例 Mines may be planted by soldiers or fired into an area by artillery. 地雷は兵士によって埋設されたり，(魚雷の

ように)大砲で発射されたりする(mine には地雷と水雷の意がある). / Some mines explode when stepped on. 人が踏みつけると爆発する地雷がある. / The ancient Romans were the first to have begun mining commercially. 最初に鉱山業を営んだのは古代ローマ人である.

mingle [míŋgl]
混ぜる
- 原 こねて(min) 混ぜる(gle)
- イメージ 混ぜる・混じる⇨交じる⇨交際する
- 解 -gle は〈混じる〉のイメージがある: gaggle ガチョウの群れ / angle 角(⇨辺と辺が交わる) / jungle 密林(⇨木々の交わり) / strangle 絞め殺す(⇨両手を合わせて絞める) / tangle もつれる / entangle もつれさせる / jingle チリンチリン(⇨音の交わり) / commingle 混合する / single たった1つ(⇨1つ+混じり)
- 例 My son doesn't like mingling with other children at school. 息子は学校で他の子供達と遊ぶのを嫌う. / He found it difficult to mingle among such an educated elite. 彼はあんなエリート集団の中でやっていくのは大変だと思った.

minimize [mínəmaiz]
最小限にする
- 原 最小限(minim) にする(ize)
- イメージ 起こりうる規模の内で最小限のものに押さえる
- 解 反意語は maximize(最大限にする)
- 派 minimum 最小限(の) / minimal 最小の
- 例 We have to find ways to minimize the risks of infection. 感染の危険を最小限にする方法を見つけなければならない. / Breathing techniques can minimize discomfort and help the process of childbirth. 呼吸法によって不快感を最小に止め, 出産の過程を楽にすることができる. / The U.S. Constitution sets the minimum voting age at 18. アメリカ合衆国憲法では投票権のある最小年齢を18歳と定めている.

minister [mínəstər]
大臣, 牧師
- 原 小さい者⇨仕える者
- イメージ (国家に仕える)大臣, 公使, (神に仕える)牧師;〜に仕える
- 派 ministry 省, 大臣の職
- 関 administer 管理する
- 例 The Prime Minister appoints ministers who make up the cabinet. 首相が内閣を構成する大臣を任命する. / The President of the United States appoints ministers. アメリカの大統領は公使を任命する. / A minister conducts worship, preaches, and assumes responsibility for the pastoral care of the congregation. 牧師は礼拝を司り, 説教をし, 牧師として集まった人々の世話取りをする責任をとる. / Jesus described himself as one who came not to be ministered unto, but to minister. イエスは自分は仕えられるためではなく, 仕えるために来たのであると言った.

minor [máinər]
小さい方の;未成年者
- 原 小さい(min) より(or)
- イメージ よりミニである
- 解 綴りに mini(ミニ)が潜んでいる.
- 派 minority 少数(派)(⇨より少ない+こと)
- 関 minimum 最小 / minimize 最小にする ◇ min-には〈小さい〉イメージがある. 反対に maj-には〈大きい〉イメージがある. 音韻的にも前者は閉じるが後者は開く感じである.
- 例 Minors have many privileges that are not given to adults. 未成年者には成人には与えられていない多くの特権が与えられている. / The professor approved my dissertation with only minor changes. 教授はほんの少しの変更だけで僕の論文を通してくれた. / In a minority of cases, but a substantial minority, petting leads to orgasm and may be a substitute for coitus. ペッティングでオルガスムに達して, 性交の代わりにすることは少数派といっても, 結構多いケースである. ◇minority は〈ほとんど0％から50％未満まで〉を指す. / Boys are very much in the minority at the department of literature here. 男子はここの文学部では非常

な少数派である.

minute [名=mínət, 形=mainú:t]
分, 議事録；細かい
原 小さく分けた
イメージ (時間を小さく分けた)分；(ちょっとした)覚え書き, (話題を項目ごとに分けた)議題；詳細な, 細かい
解 秒は分をさらに60等分したものであるから second minute となる理. minute を省略して second という.
関 diminish 減らす(⇨分けて+減じる)／mince ミンチ(⇨細かく刻んだひき肉)／minus マイナス(⇨より小さい)
例 It's a ten minute ride from my place to the office. 自宅から職場まで車で10分です.／I want my point to be minuted (=I want my point recorded in the minutes). 私の意見を議事録に書き留めておいて欲しい.／Can you take the minutes in place of the secretary? 秘書の代わりに議事録とって下さいませんか.／I'll be ready in a minute. すぐ参ります.／The witness described the accident in minute detail. 目撃者は事故の様子をこと細かにしゃべった.

mirror [mírər]
鏡；写し出す, 反映する
原 驚き見入る
イメージ 鏡⇨(そのままでは見えない像を)映し出す
解 古代の人達にとって自己の姿を映し出す鏡は〈驚きの道具〉であったに違いない. mir に〈驚き見入る〉の意味合いがある：admire 賞賛する(⇨見とれる)／miracle 奇蹟(⇨見とれる)／mirage 蜃気楼(⇨見とれる)
例 Try on these glasses and have a look in the mirror. この眼鏡掛けて, 鏡を見てごらん.◇look at a mirror(⇨鏡を見ても自分の姿は映っていない)は単に鏡に目をやることになってしまうので, 姿として使う時は look in a mirror(⇨鏡の正面に相対して覗き込めば自分の姿が見える)と言う. look at a blackboard ならなどの角度からでも黒板の文字は見えるので問題は起こらない.／The mountains were mirrored in the lake. 湖に山脈が映っていた.

miscellaneous [misəléiniəs]
種々雑多である
原 混ざり(miscellane)合っている(ous)
イメージ 種々雑多なものを集めている
関 promiscuous 乱交の, ふしだらな(⇨好む+ごたまぜ)
例 Items that are beyond categorization are dealt with in a miscellaneous section. 分類のできない項目は雑の分野で扱われている.

mischief [místʃif]
いたずら；損害
原 悪い(mis) 結果となる(chief)
イメージ 害を与える⇨(迷惑を掛ける)⇨(子供っぽい)いたずらをする
解 chief は〈頭になる⇨現われる〉の意で, chief 長, チーフ(⇨頭)とは関連語.
派 mischievous 有害な, いたずらな
例 Cupid was sometimes mischievous in his matchmaking, the mischief often directed by his mother, Venus. キューピッドは恋の仲介の際, 時々いたずらをしたが, これはしばしば母であるヴィーナスの指図によるものであった.

misery [mízəri]
惨めさ, 不幸；不平家
原 ひどく哀れな
イメージ うらぶれ, うちひしがれて見える(惨め)
解 misery と「惨め(⇨まともに見られぬほどの状況)」は音の類似性で逃せない訳語と言える.
派 miserable 惨めな, みすぼらしい, 卑劣な／miser しまり屋(⇨ケチは miserable に見えるのである)◇A miser is one who is only happy when he is miserable.—One who lives poor to die rich. (金を持って死ぬために, 貧しく生きることに幸せを感じる者を, ケチと言う)は味わい深い定義である(作者不祥, Webster's Unafraid Dictionary).
例 Don't be such a misery! そんなに不平ばかり言うなよ！不平家は miserable に映るとはこれまた言い得て妙.／Tell me the end of the story, put me out of my misery. じらさないで, 結果を早く教えてよ.◇いらいらと不安な様子(⇨惨めである)も misery の描く範囲である.／Don't be such a miser (=

Don't be so miserly). ケチケチするなよ．

misgiving [misgíviŋ]
不安，疑念
原 誤り(mis)を与える(giving)
イメージ (誤りを与える)⇨(誤りを引き起こすかも知れぬ)懸念，不安
例 It is natural to have misgivings when entering a new career. 新しい職に就く時不安を持つのは当然である．/ He spoke openly of his doubts and misgivings about introducing computers to children at too early an age. 彼は早期にコンピュータ教育を導入することに対する疑念と不安をはっきりと公言した．/ There was reluctance and misgiving about recording the words of the Prophet, lest they be confused with the contents of the scripture. 聖典の内容と混同するといけないので，預言者のことばを記録するについてはためらいと懸念があった．

mislead [mislí:d]
(判断を)誤らせる
原 誤り(mis)導く(lead)
イメージ 本来とは違った方向へ導いてしまう
関 misleading 判断を誤らせる
例 A testimony that consists of what the witness has heard others say may be misleading (=The testimony of a second-hand witness may be misleading). 他人の噂に基づいた証言はまちがった判断をうながしかねない．/ Ordinary language is vague, misleading, and sometimes contradictory. 日常の言語はあいまいで誤解を与えやすく，時には矛盾することもある．

miss [mís]
のがす，いないのを淋しく思う，避ける
原 やり損なう
イメージ (対象を)取り逃がす⇨(取り逃がしたものを)欲くなる；(対象を)外れる
解 〈逃がす〉と〈淋しくなる〉の接点は〈会えなくなると淋しくなる〉という人情の常にある．〈遺憾ながら miss する〉場合と〈意識的に miss する〉場合とがある．
派 missing 行方不明，欠けている
関 amiss 不都合である
例 I was on the wrong platform and missed the train. プラットホームをまちがえて列車に乗り損ねた．/ I will miss you. 君がいなくなると淋しくなるよ．/ You are missed by everyone！あなたがいなくて皆淋しがっているよ．/ Meg misses living in Matsue. メグは松江での生活を恋しがっている．/ I miss Hawaii terribly. I miss my family, lifestyle, food, music and the aloha spirit. ハワイがとても恋しいです．私の家族，生活様式，食べ物，音楽，それにアロハ精神がとっても懐かしいのです．/ Charles Lindbergh took off and narrowly missed some telephone wires. リンドバーグは数本の電話線をからくもかすめて離陸して行った．/ He missed school to go to the fair. 彼は学校をさぼって祭りに行った．/ "Is the railway station near here?"—"Go straight ahead, you can't miss it." 駅は近くですか―そのままいけば，すぐに分かりますよ．◇すぐに分かる＝見逃しようがない

missing [mísiŋ]
欠けている，行方不明である
原 欠けて(miss)いる(ing)
イメージ (あるべきものが)ない；(帰ってこなくて)行方不明である
例 Each year many thousands of persons are reported missing to the police. 毎年何千もの行方不明者の報告が警察にある．/ Even one missing tooth may affect the whole function of the body. 1本の歯が欠けていても身体全体の働きに影響することがある．

mission [míʃən]
使節団，使命，布教
原 ある目的のために一団を送り(miss)出すこと(ion)
イメージ (ある目的のために一団を送り出す)⇨派遣団⇨使命
解 つい最近までは mission といえば布教活動が真っ先にかつ唯一連想された．現代では Mission Control Center (NASA の宇宙飛行管制センター)なども連想される．
派 missionary 布教師(⇨伝道＋人)
例 The Mission Control Center moni-

tors and controls the flight of a spacecraft. NASAの管制センターでは宇宙船の飛行状況を監視し制御する． / Francis Xavier planned a mission to China, but died while trying to gain admission to the mainland. ザビエルは中国への布教を計画したが，本土への入国許可を獲得しようとした矢先死んでしまった． / People who have a mission in life are likely to be focused, hardworking, and successful. 使命をもって生活する人は集中し，真面目で，成功することが多い．

mistake [mistéik]
間違える；間違い
原 間違って(mis) 受け取る(take)
イメージ 取り違える
派 mistaken 誤った
例 Rabbits and hares are often mistaken for each other. 飼いウサギと野ウサギは互いによく取り違えられる． / You can't mistake him; he is no less than 2 meters in height. 彼はすぐ分かるよ．なにしろ2メートルもあるんだから． / He seems to be under the mistaken impression that classical music is stiff and boring. 彼はクラシック音楽は堅苦しくて退屈であるといった間違った印象を持っているようだ． / You learn from your mistakes. 人は間違いから学ぶ．

mitigate [mítəgeit]
やわらげる，静める
原 やわらかく(miti) する(gate)
イメージ 害・痛みの影響を軽減する
派 mitigation 緩和
例 The effects of the disease were mitigated by the experimental drug treatment. 病気の影響は実験的な薬の処方によって緩和された．

mix [míks]
混ぜる
原 混ぜる
イメージ 混ぜ合わせる
解 mi-に〈中へ〉，-xに文字通り〈掛け合わせ〉を感じる．
派 mixture 混合 / mixer ミキサー，交際する人
例 Mix a spoonful of sugar into the flour. 小麦粉にさじ1杯の砂糖を加えなさい． / I will leave here for home with mixed feelings. 母国に帰るのだけど気持ちは嬉し悲しだよ． / She speaks English, mixing it with Japanese (＝She speaks English mixed with Japanese). 彼女は日本語混じりの英語を話す．

moan [móun]
呻く，(風が)うなる
原 嘆く
イメージ 痛みや苦しみを耐えつつうめく
解 moan and groan(うなりうめく)は韻を踏むのでイディオムのようにして用いられる．両語とも音が喉にこもるように発されるので音で意味のかなりの部分を伝えている．
例 He uttered a moan in pain (＝He moaned in pain). 彼は痛みに呻いた． / He moaned and groaned under the beam of a fallen roof. 彼は落ちた屋根の梁の下で，うなりうめいていた．

mob [máb]
暴徒，やじ馬
原 動く(mobile) 大衆(vulgus)
解 原義の前半のみが残っている．
イメージ 興奮してもみくちゃ，混乱
解 mobと日本語「揉む，揉み合う」は音と意味合いが似ている．筆者の地方(山口県周防大島)の方言で「もぶれる」といって〈多数のものが群がる〉の意味で使っていたが，これなどはmobのイメージに近似している．
関 mobile 動かせる，変わりやすい / move 動く / mobster (＝gangster) ギャング員
例 Nomo was mobbed by teammates when he completed a no-hitter. 野茂はノーヒット試合を達成するとチームメイトにもみくちゃにさた． / The film star was surrounded by a mob of fans. その俳優は大勢のファンに取り囲まれた．

mobile [móubl]
動ける
原 動き(mob) やすい(ile)
イメージ あちこちへ動くことができる
解 mob-, mot-, mov-は〈動く〉の意がある：motive 動機 / motor モーター / movie 映画

moderate

派 mobility 可動性 / mobilize 動員する

例 I'm more mobile now that I have my own car. 自分用の車を持ったので行動範囲が広がった. / Modern modes of transportation have tremendously increased human mobility. 現代の交通機関は人の行動範囲を素晴らしく広げた.

moderate [mάdərət]
適度の, 中くらいの
原 尺度(mode) に適った(rate)
イメージ 度を越さない, 節度ある
解 モードは度(物事の基準)の意味合い. m-は〈真ん中〉を意味することが多い(⇨アルファベット26文字の真ん中(13番目)でもある). つまり極端を避け真ん中, 中庸を目指すのが moderate の核にある意味である.
派 moderation 節度 / moderator 司会者, 調停者(⇨過度にならないようまあまあと抑える役)
関 mode 様式(⇨尺度にはめる) / model 模型(⇨形にはめたもの) / modest(謙虚な) / modern 現代の, 近代の(⇨遠い過去でも遠い未来でもない)
例 Most Americans consider the moderate use of alcohol acceptable. アルコールを少し嗜むのは許されると大抵のアメリカ人は考えている. / He drinks beer in moderation on weekends. 彼は週末に少しビールを嗜む. / Moderation is the name of the game. 何事も慎みが肝要. / Who will moderate the debate? 誰がディベートの司会をするのですか.

modest [mάdəst]
慎みがある
原 尺度(mode) を持っている(est)
イメージ (形から外れない)⇨謙虚な；(形から外れない)⇨形通りの(⇨目立たない, ささやかである)
派 modesty 慎み / modestly 慎み深く, そこそこに
例 She is very modest about her victory at the Olympics. 彼女はオリンピックで優勝しても少しも威張らない. / The President comes from a very modest socio-economic background. その大統領はごく普通の家の出である.

modify [mάdəfai]
修正する, (語句を)修飾する
原 適切な尺度(modi) にする(fy)
イメージ ちょうどいいように加減する
派 modification 修正, (語句の)修飾
例 The design of the automobile has been modified very many times to improve gas efficiency. 車の設計は燃費の効率を良くするために何度も修正された. / An adverb modifies the meaning of a verb. 副詞は動詞の意味を修飾する.

moist [mɔ́ist]
湿っている
原 カビが生えている, 湿っぽい
イメージ じっとりしている
派 moisture 湿気, 水分 / moisten 湿らせる
解 must(カビ) / musty(カビ臭い) / mold(カビ) / moldy(カビ臭い) / mucus(粘液)は関連語である. m-の音は「むっとする / 蒸す」のように日本語でも〈湿気〉のイメージがある.
例 The lawn in the garden was moist with morning dew. 庭の芝は朝の露で濡れていた. / The steak is soft and moist:it's great. このステーキは軟らかくて潤いがあるよ(⇨ぱさぱさしていない)：おいしいよ.

mole [móul]
モグラ；ほくろ；防波堤；分子
原 塊
イメージ (真っ黒いこんもりとした塊に見える)モグラ；(皮膚面上に現われた黒い塊)ほくろ；(石垣で築いた塊)防波堤；(原子の塊の単位)モル
解 イメージはややこじつけがあるかもしれないが, 当たらずとも遠からずであろう.
派 molecule 分子
例 The mole is nearly blind, but it does not need keen vision in its burrows. モグラはほとんど視力がないが, 地下の穴の中では鋭敏な視力は用がないのである. / A mole is a birthmark, even though it may appear long after a person is born. あざは母斑であるが, 長い間そのまま残ることが多い. / The mole is a unit in chemistry to measure amounts of chemicals that

take part in chemical reactions. モルは化学反応を起こす化学物質の量を測る化学上の単位である.

molest [məlést]
性的嫌がらせをする
原 邪魔する
イメージ (固まって流れを邪魔する)⇨いじめる⇨性的にいじめる
派 molestation 痴漢
例 He was arrested for molesting a woman. 彼は痴漢をはたらいて逮捕された. / When the toad is molested, poison is secreted or ejected. ヒキガエルがいじめを受けると, 毒が出てきたり飛びだしたりする. / Incest and child sexual molestation are particularly underreported. 近親相姦や子供の性的虐待はことさらに表に出にくい.

moment [móumənt]
瞬間；今；重要性；モーメント
原 動き
イメージ (ほんの少し動く)瞬間, (瞬間)この時, (ことを動かす)重要性
派 momentous 重大な(⇨動因となる) / momentary 束の間の
例 When you have a moment, please come over to my place. 時間がある時, ぜひお寄り下さい. / His discovery was a great moment in the development of genetics. 彼の発見は遺伝子学の発展に重要な契機となった. / What is more momentous in a man's life than the day he meets the woman he marries? 男の人生で結婚することになる女性に初めて会う日以上に重要なことがあるだろうか. / Information stored in large computer memories is not lost during a momentary electric power failure. 大きなコンピュータのメモリーに保存された情報はちょっとした停電では失われることはない.

momentum [mouméntəm]
勢い
原 動力
イメージ 蓄積動力◇蓄積が臨界点に達すると動きが始まる
例 A ball rolling down a slope gathers momentum. 斜面を転がる球は勢いがだんだんつく.

mongrel [mʌ́ŋɡrəl]
雑種犬
原 混ざり
イメージ 血が混じった雑種犬
解 among の間に(⇨混ざり+合って)にも見られるように, mong は〈混ざり〉のイメージがある.
例 Mongrels make up a great majority of all the dogs. 犬では雑種が一番多い.

monitor [mɑ́nətər]
モニター；監視人；監視する
原 警告する
イメージ (履行が順調であるか)監視する
解 新聞—The Christian Science Monitor—は有名である. この monitor は〈社会の監視人たる新聞〉の意気が込められた新聞社名である.
関 admonish 忠告する(⇨に+警告する) / premonition 悪い予感(⇨前+警告)
例 One can easily draw pictures on a computer monitor by using a mouse as a pointer. コンピュータのモニター画面にマウスを筆先として用いて簡単に絵を描くことができる. ◇モニターとはどのように入力されているかを画面に映し出して確認するからそう呼ぶ. / Weather satellites are designed to monitor meteorological conditions around the world. 気象衛星は世界の気象状況を監視するように設計されている.

monopolize [mənɑ́pəlaiz]
独占する
原 単独で(mono) 売る(polize)
イメージ (販売権を独占する)⇨一人占めする
関 monopoly 独占, 独占企業
例 She does not realize how much she monopolizes the conversation at dinner parties. 食事会のとき彼女は自分がどれほど会話を一人占めしているか気づいていない. / Parents shouldn't monopolize their children. 親は子供を独占してはならない.

monotonous [mənɑ́tənəs]
単調な
原 1つ(mono) 調子(ton(e)) の(ous)
イメージ モノトーンである, 一本調子

である
例 He gave a rather monotonous speech for an hour. 彼はひどく単調なスピーチを1時間もした。/ The plateau consists of a gently undulating, monotonous desert. その台地はゆるやかにうねる、単調な砂漠でできている。

monumental [mánjəməntl]
記念すべき、巨大な
原 記念碑(monument) 的な(al)
イメージ (記念碑的な)⇨記念すべき；(記念碑のように)巨大な
例 Sending men to the moon was a monumental achievement. 人間を月へ送るのは大変な偉業であった。/ The discovery of penicillin was a monumental step in medical history. ペニシリンの発見は医学史の上で巨大な一歩であった。

mood [mú:d]
気分
原 気分の在り方
イメージ ある状況下における気持ちの状態
解 mood は mode(モード)の関連語で、どこかく形式・枠〉を感じさせる。さらには、a frame of mind(気持ち、機嫌)を連想させる。文法用語で mood のことを「(動詞の)法」と訳すがこれは、話者の気分の在り方に対応する語のとるべき形のこと。(eg.命令法 the imperative mood)
関 moody お天気屋(⇨気分がよく変わる) / moodiness むら気 / moodily 不機嫌そうに
例 He is in a good mood today. 彼は今日は上機嫌だ。/ He is in a mood (= He is moody) today. 彼は今日は不機嫌だ。/ Moodiness is part of being an adolescent. むら気は若者につきものである。

moral [mɔ́(:)rl]
道徳の；道徳、教訓
原 習慣(mor) 上の(al)
イメージ (習慣に叶う)⇨道徳的である
派 morality 道徳心 / moralize 道徳を論じる
例 The mass media and the lack of parental guidance are to blame for the decline in moral standards. マスメディアと親の指導が欠けているので道徳の程度が落ちている。/ What is the moral of the story? この話の教訓は何ですか。

mortal [mɔ́:rtl]
死に至る
原 死(mort) に至る(al)
イメージ 死ぬ運命にある
解 fatal はく事故・病気で死に至る〉
派 immortal 不滅の / mortality 死ぬべき運命
関 mortgage 担保(⇨死+約束) / mortify 心を傷付ける、禁欲する(⇨殺す) / mortuary 霊安室
例 Everything is mortal. 全てのものは滅びる。/ His words and ideas are immortal. 彼のことばや思想は不滅である。

most [móust]
大抵の
原 more+est から
イメージ more+est(最上級)⇨もっとも⇨ほとんどすべて
派 mostly 大部分は
例 Guam has warm weather most of the year. グアムは年間のほとんどが暖かい気候である。/ What surprised me most was how early their marriage ended: the couple got divorced at Narita Air Port after their 10-day honeymoon trip to Europe. ひどく驚いたのは彼らの離婚のスピードである。新婚旅行に10日間ヨーロッパに行って成田空港で離婚したのである。/ Japan is mostly a mountainous country (= Japan is for the most part a mountainous country). 日本は大部分が山に覆われている。

mountain [máuntn]
山
原 盛り上がり
イメージ 大地が盛り上がったところ—山
派 mountainous 山地の / mound 盛り土 / mount 登る / mountaineer 登山家 / mountaineering 登山
関 amount 総計〜になる(〜に+上る) / paramount 最高の(〜に+登る) / tantamount〜と同等である(⇨それほどに+登る)
例 Japan is generally a mountainous

country. 日本は全体的に見ると山国である。

mourn [mɔ́ːrn]
死を悼む
[原] 想い嘆く
[イメージ] 人の死去・物事の喪失を想い嘆く
[解] 音韻的に低く鈍い感じで悲嘆の呻きのようである。
[派] mourner 会葬者 / mournful 痛ましい / mourning 哀悼
[例] She still mourns for her dead son. 彼女はまだ亡くなった息子のことを想い悲しんでいる。 / The old government was voted out, but few people mourned its passing. 前政府は否決されたが、それが消えてしまうことを嘆くものは稀であった。

move [múːv]
動く，動かす
[原] 押す
[イメージ] (物・事・心)を突き動かす，(物・事・心)が動く
[派] motion 動き / emotion 感情(⇨で る＋心の動きが) / motor モーター / moment(動きの)瞬間 / moving 感動的な / movie 映画(⇨動画)
[例] We moved the table aside. テーブルを横へ移動した。 / She is going to move to Matsue. 彼女は松江へ引っ越します。 / Send me your new address if you move. 引っ越したら新しい住所送ってください。 / Her story moved us to tears. 彼女の話を聞いて涙が出た。

much [mʌ́tʃ]
多くの，たくさんの，多量の
[原] 多量の
[イメージ] (物の量が)漠然と多い
[解] 漠然とした量を描くので，たとえば Ten thousand yen(⇨具体的な量)for a child is much(⇨漠然とした量)。は不自然な表現に感じられる。(too much とか a lot of money に改めれば主部と相性がよくなる)もう1つ例を挙げると，I have much money. とあまり言わない。これは話し手には金額の量が具体的に分かっているのに，much は漠然とした輪郭しか描かないからである。(I have a lot of money. が自然な言い方)。How much money do you want? のような疑問文や I don't have much money. のような否定文とは相性がよい。疑問や否定は漠然たる性格と相容れるからである。このことは much の名詞用法や副詞用法についても言える：He knows *much (ふつう a lot) about baseball. I like his novel *much(ふつう a lot あるいは very much)。
[例] There wasn't much food left. 食料はあまり残っていなかった。 / Do you have much time to study at home? 家で勉強する時間はたっぷりありますか。

mud [mʌ́d]
ぬかるみ，泥
[原] 泥
[イメージ] ぬかるんだ泥
[解] m-には〈水と土の混じり〉が感覚される。
[派] muddy 泥だらけの，ぬかるんだ
[関] muddle ごちゃまぜにする
[例] My car got stuck in the mud. 車がぬかるみにはまり込んでしまった。 / If you tell my mother I shoplifted, my name will be mud. 僕が万引きしたことを母さんに告げたら，困ってしまうよ。◇name is mud / 口語で〈困ってしまう：悪い評判が立つ〉の口語 idiom. / Muddy shores have more forms of life than do sandy beaches. 浅瀬には砂浜よりも多様な生物が住んでいる。

multiply [mʌ́ltəplai]
掛け算する，増やす
[原] たくさん(multi) 重ねる(ply)
[イメージ] 重ねる＋重ねる＋重ねる⇨どんどん増える
[解] ply，pli は〈重なり〉の意味合いがある：complicated 複雑な(⇨一緒に＋重ねる) / explicate 説明する(⇨ほどく＋重なりを) / explicit 明白な(⇨ほどいた＋重なりを)
[派] multiple 多数の / multiplication 増殖；掛け算 / multitude 多数(⇨多い＋状態)
[例] Cancerous cells multiply uncontrollably. 癌細胞は無制限に増殖する。 / Three multiplied by two equals six. 3掛ける2は6。〈〈掛ける〉は〈重ねる〉〉こと。 / She is sexually active with multiple sex partners. 彼女は多くの相手と性関係を持っている。

mumble [mʌmbl]
もぐもぐ言う
[原] もぐもぐ言う
[イメージ] もぐもぐ言う
[解] 音がいかにもくぐもっていることを感じよう．m の音(⇨口腔内にこもる)の繰り返しは日本語の「黙々と」と言う表現を連想させる．m の音のくぐもりは次のような語にも見られる；muffle 包みこむ / munch むしゃむしゃ噛む / murmur 呟く / mute 無言の / mum 押し黙る
[関] mumps おたふく風邪(⇨むーっとふくれて見える)
[例] The old lady was mumbling incoherently. 老女はとりとめないことをもぐもぐ言っていた．

municipal [mjuːnísəpl]
市の
[原] 義務(muni)をとった(cipal)
[イメージ] 市民権を持った⇨市の
[派] municipality 地方自治
[例] She works at a municipal office. 彼女は市役所に勤めている．/ This city was constituted a municipality in 1961. この市は 1961 年に市制をしいた．

must [mʌst]
～しなければならない，～にちがいない
[原] ～せねばならない
[イメージ] (～すること，～であること)を避けられない(義務＋必然)◇定訳の「～に違いない」はとてもきつい感じがする．〈～のはずである〉という感じも捨て難い．
[解] must は音韻的に〈窮屈さ，圧迫〉が感じられる．
[例] I must go. 行かなければならない．/ She must be over thirty. 彼女は 30 を越えてるはずだ．

myth [míθ]
神話，作り話
[原] 話，物語
[イメージ] こしらえた話⇨(天地創造の，大自然の)神話；(巷に流れる)いい加減な説，風説
[解] 日常では〈作り話，いい加減な説〉の意でよく使われる．
[派] mythical 神話の，架空の / mythology 神話(学)
[例] There is a myth among some women that douching is a form of birth control. It isn't. 女性の中には膣洗浄は避妊の 1 つのやり方だという説を信じる人がいる．実はそうではないのである．

N

nag [nǽg]
小言を言う
原 つつく、かじる
イメージ がみがみ言う
解 いかにも神経に障りそうな音である。-g に音が聞こえる：gag さるぐつわをはめる、ギャグを言う / jag かぎ裂きにする / hog ガツガツ食べる / jog ジョギングする / dig 掘る / hug 抱き締める / peg 木釘を打ち込む
例 He in fact wanted to escape his wife's continual nagging. 彼は実は妻のしっこい小言から逃れたかったのである。

nail [néil]
(手足の)爪、釘
原 爪
イメージ 爪⇨(押しつけて物を固定する)⇨釘
例 Your nails need trimming. 爪が伸びてるよ。 / He drove nails into the pillar. 彼は柱に釘を打ち込んだ。

naive [nɑːíːv]
幼稚な、世間知らずである
原 生まれたままの
イメージ (世知にたけず)未熟である、
派 naivety 未熟さ
例 She is so naive that she hardly understands what is going on. 彼女はとても幼稚だから起こっていることがほとんど理解できない。 / He showed his naivety in women when he got engaged to a woman with a shady past on their first meeting. 彼は女性についての経験不足を露呈した。過去のある女と初めての出会いで婚約してしまったのである。

naked [néikid]
裸である
原 衣服を脱ぎとった
イメージ むきだしである
関 nude 裸体

例 He secretly shot her in the naked. 彼は彼女の裸の写真をこっそり撮った。 / He shot her in the nude. 彼は彼女のヌード写真を撮った。 / You cannot see stars with magnitude seven or less with the naked eye. 裸眼では 7 等星以下は見えない。

name [néim]
名前；名前を付ける
原 名前
イメージ 名前(を付ける)；指名、指定する
派 namely すなわち
関 nominate 指名する / noun 名詞 / anonymous 匿名の(⇨無い＋名) / synonym 類義語(⇨同じ＋名前) / antonym 反意語(⇨反対＋名前)
例 Diamonds are named after the Greek word 'adamas', which means unconquerable. ダイヤモンドはギリシア語のアダマス(難攻不落の意)に由来している。 / Where shall we meet next time?—You name it. 次はどこで会いましょうか—あなたが決めてください(⇨指定する)。 ◊ You name it. は「(任せるから)あなたが決めてよ」の意味で頻用するが、多くの英和辞典はこれを採録しそこねている。 / He named excellent men to most key posts. 彼は有能な人をほとんどの重要な役職に指名した。

narrate [nǽreit]
語る、述べる
原 知ら(nar)しめる(rate)
イメージ できごとについて物語る
解 発音は knowrate に近い
派 narration 物語ること / narrative 物語
例 Reciters narrated myths and legends during official ceremonies and banquets. 語り部は神話や伝説を公式のイベントや宴の時に語った。 / His narration became highly rhythmical, lead-

ing up to a dramatic climax. 彼の語りは劇的な結末に向かう時, 非常にリズミカルになった.

narrow [nǽrou]
狭い
[原] 窮屈(きゅうくつ)
[イメージ] 狭い；狭くなる, 範囲を絞る
[派] narrowly ぎりぎりで
[例] The path was narrow and steep. 山道は狭く急であった. / The road narrows from here down to the village. 道路はここから村まで狭くなっている. / We have to narrow down the number of the items in the questionnaire to at most ten. アンケートの項目数を多くても10項目に絞らなくてはいけない. / He narrowly won / lost the election. 彼はやっと当選した / 惜しいところで落選した.

nasty [nǽsti]
不快な, いやな
[原] 汚い
[イメージ] 不快である；嫌らしい
[例] The beggar's cloths had a nasty smell. 乞食の服は嫌な臭いがした. / Morgan always gets quite nasty when you try to persuade him against his will. モーガンは気に入らないことを説得しようとするといつもひどくふくれる.

native [néitiv]
生来の, 原産の
[原] 生まれた(nat) ままの(ive)
[イメージ] ある土地に生まれついた
[解] 土の匂いのする語である.
[関] nation 国家(⇨生まれたもの)◇国造りの神話などを想うと〈国が生まれる〉の感じが理解できる. / nature 自然 / innate 生まれつきの
[例] Salzburg is the composer's native city. ザルツブルグはその作曲家の生まれた町である. / Most cherry species are native to the Northern Hemisphere. チェリーのほとんどの種は北半球が原産地である.

nature [néitʃər]
自然, 性質
[原] 誕生
[イメージ] 生まれたまま⇨(そのままの)自然；生まれたまま⇨(生まれもった)性質
[解] natureの定義：Nature is the way it is. (自然とはあるがまま)
[派] natural 当然の, 生まれつきの / naturally 自然に, 生まれつき
[関] nation 国家 / naturalize 帰化させる(⇨生まれた国として認める)
[例] Mothers are, by nature, caring. 母親は生来優しいものだ. / He has always been very bright, efficient, and on top of things, a natural leader. 彼はいつも快活で仕事ができ, なかんずく天性のリーダーであった. / His eyesight is naturally very keen. 彼の視力は生まれつきとても鋭い.

naughty [nɔ́ːti]
いたずらな
[原] よこしまな
[イメージ] (子供が)親や教師の言い付けを何とも思わない⇨腕白, いたずらな, 下品な
[解] naughtには〈無⇨貧しい⇨悪い〉の意味があるのだ, 〈何とも思わない⇨人の気持ちを無にする悪い仕打ち〉と考えればよい. / Peter's wild appearance was matched by his naughty behavior. ピーターの荒っぽい風貌は彼のいたずらな行動に似合ったものであった. / I think we should place stricter control over naughty and indecent pictures. 下品でわいせつな写真にはもう少し厳しい規制が必要だと思う.

navy [néivi]
海軍, 艦隊
[原] 船舶
[イメージ] 国家の組織下にある海軍
[派] navigate 操縦する, 方向を指示する(⇨船＋動かす)
[例] The U. S. Navy is charged with the defense of the nation at sea. アメリカ海軍は海域に関して国防の役がある.

near [níər]
近くに
[原] nearer
[イメージ] (距離, 時間, 程度, 関係が)近い；近くなる
[派] nearby 近くの(⇨近く＋ところに) / nearly ほとんど
[例] Any full moon rises near the hour of sunset. 満月はいつも日没近くの時間

に上る．／ Twenty years of civil war in Afghanistan appeared to be nearing an end. 20 年におよぶアフガニスタンの内戦が終結に近づいているように見えた．／ Nearly all of those arrested for indecent public exposure are men. 性器露出で捕まるのはほとんどが男性である．

neat [níːt]
きちんとしている
原 きれいな
イメージ 整ってきちんとしている，こざっぱりしている
例 You should keep your room neat and tidy. 部屋をちゃんと片付けておきなさいよ．／ Oh, that's a neat idea. それはいい考えだね．

necessarily [nèsəsérəli]
必然的に
原 必然的に
イメージ お定まりのコースを歩む
例 It does not necessarily follow that the dearest is the best. 一番値のいいものが一番品がいいということには必ずしもならない．

necessary [nésəseri]
原 譲れ(cessary) ない(ne)
イメージ (譲れない)⇨物事の存在のために欠くことのできない⇨必要な⇨避け難い
解 -cess-は-cede と同じ意味で〈go〉つまり〈なくなる〉と関連がある．〈行ってはいけない〉〈なくなることとあたわず〉が necessary の心とも言える．
派 necessity 必要／ necessities 具体的必要品／ necessitate 必要とする
例 If you live in the country, a car is necessary. 田舎に住むのなら車が必要だ．／ I don't like polluting the air, but driving a car is a necessary evil for my living. 空気を汚したくはないけど車の運転は生計を立てるための必要悪なんだ．／ Necessity is the mother of invention. 必要は発明の母．／ When the necessity arises, we will help you. 必要が起これば，援助します．

need [níːd]
必要とする；困窮，必要，要求
原 困窮
イメージ 欠けている要素を取り込む必要がある
解 欠けていて欲しがるのは want，欠けていて必要と判断するのは need である；We want some more money. もう少し金が欲しい．◇主観的欲求／ We need some more money. もう少し金が必要だ．◇客観的欲求
派 needless 無駄な／ needlessly 無駄に
例 My eyesight has deteriorated, and I need to wear glasses. 視力が落ちてきたので，眼鏡を掛ける必要がある．／ I need you to work overtime today. 今日は君に残業してもらう必要がある．／ This computer will meet your needs. このコンピュータはあなたのお役に立つでしょう．／ Many persons die needlessly. 無駄な死に方をする人が結構多い．

neglect [niglékt]
無視する，怠る
原 集め(lect) ない(neg))
イメージ (集めない⇨注意力を対象に集めない)⇨無視する⇨いい加減にする
解 neg-は negative(否定の)で，-lect は collect(集める＋集める)で理解を深めたい．対象に関心があれば collect information on〜(〜の情報を集める)のために真剣になるだろう．
派 negligence 怠慢／ neglectful 無関心な／ negligent 怠慢な／ negligible 取るに足らない(⇨無視＋できる)
例 Some people neglect their health until they become fatally ill. 手遅れになるまで自分の健康をないがしろにする人がいる．／ Don't neglect to pay taxes. 納税を怠ってはいけないよ．／ She admitted her ex-husband had been neglectful of her in bed. 別れた夫はベッドでは彼女におざなりであったと彼女は告白した．／ I want this suit. —You can get the second one at a negligible cost. このスーツを欲しいのですが―2着お求めになれば2着目はほんのちょっぴりの値段(⇨無視できる)で買えますよ．

negotiate [nigóuʃieit]
交渉する
原 暇(otiate) でない(neg)
イメージ (暇でない)⇨相手と関わる，行き来する◇原義の〈暇がない〉は busy

〈忙しい◇仕事に関わっている〉の発想と似ている．
解 接頭辞 neg- は〈否定，打ち消し〉のイメージ：neglect 無視する(◇集め＋ない) / negative 否定の(◇ない＋と言う) / negligee ネグリジェ(◇気を遣わ＋ない)
派 negotiation 交渉 / negotiable 交渉の余地がある
関 otiose 暇な，むだな
例 We negotiated with the landlord over the rent. 家主と家賃の交渉をした． / The driver failed to negotiate the curve. 車はカーブを曲がり損ねた．◇主体(ドライバー)とその相手(カーブ)の関わりがうまく行かないと衝突する．

neighbor [néibər]
隣人
原 近い(neigh) 住人(bor)
イメージ 近所の人
解 neigh は元来 nigh(近い)で，現代英語では well-nigh(ほとんど)に原形を留めている．音的にも near(近い)に似ている．
派 neighborhood 付近(◇隣人＋社会) / neighboring 隣の
関 boor 百姓
例 Our next-door neighbors are all good. 隣の人達は皆いい人だ． / The neighborhood children were playing hide-and-seek. 近所の子供達がかくれんぼして遊んでいた．

neither [ní:ðər][náiðər]
どちらも〜ない；〜でもない
原 not＋either
イメージ どっちでもないさー；でもないさー
例 Neither my wife nor I was told about our daughter's whereabouts. 妻も私も娘の所在については何も知らされなかった． / He couldn't pass the exam.—Me neither (=Neither could I). 彼は合格できなかった．一私もだめだった．

nerve [nə́:rv]
神経，神経過敏，勇気
原 筋，神経
イメージ nerve で堂々神経，nerves でいらいら神経
解 神経は太かったり，細かったりするので〈度胸，図々しさ〉と〈臆病，神経質〉の対照的意味がある．the nerve は〈神経の塊，まとまり(従って単数形)◇自信，nerves は〈神経の散在(従って複数形)◇いらいら，不安〉と感覚できる．
派 nervous 神経質になっている
例 She had the nerve to ask for another day off. 彼女は図々しくももう１日休暇を願い出た． / She didn't have the nerve to tell the truth. 彼女は本当のことを言う勇気がなかった． / He tried to calm his nerves. 彼はいらいらを鎮めようとした． / Her endless complaints get on my nerves. 彼女がたえず不平を言うのは癇に障る．

nest [nést]
巣；巣を作る
原 落ちつき(ne) 座る(st)所
イメージ (鳥・昆虫の)巣；巣を作る
解 動物の巣は home といえばよい．
例 Most birds make nests in springtime for their eggs. 大抵の鳥は卵を孵すために春に巣を作る．

nestle [nésl]
心地よく身を落ちつける
原 座る(stle) 込む(ne)
イメージ のどかに横たわる・ひっそりたたずむ
関 nest 巣(◇座り込むところ)
例 A clapboard homestead was nestled at the foot of a small hill. 板葺きの農家が小高い丘の麓にひっそりとあった． / The little twins nestled against their mother. 双子は母親に寄り添っていた．

net [nét]
ネット，網；網を掛ける，純利を上げる
原 捻る，縛る
イメージ (ひもを捻り結んで編み上げた)網，ネット
派 nettle イラクサ(◇net＋net＋net ◇苛々する) / network 情報網(◇網＋細工)
解 net の見出しのところで形容詞の〈正味の〉の意味が大抵の英和辞典に採録されている．読者はこれではあたかも〈網〉と〈正味の〉の間に何かつながりがあるのだろうかと苦しむこと必定である．net (正味の)は neat と関連語で〈きれいな◇純粋な◇混ざり気を除いた◇正味の〉

と発展したもの．
例 I saw fishermen casting a net in the lake. 漁師達が湖に網を打っていた．／ What is your net income? 手取りいくらですか．／ The sale of my old car netted ninety thousand yen. 僕の車は9万円で売れた．◇ net（純益をあげる）

neutral [n(j)ú:trl]
中立である
原 でない(ne) どちらか一方(utral)
イメージ どちらでもない⇨中間である
派 neutrality 中立 ／ neutralize 中立化する
関 neutron 中性子
例 Switzerland is a neutral nation, being in neither bloc. スイスはどちらのブロックにも入らない中立国である．

never [névər]
決して～でない
原 でない(ne) 常に(ever)
イメージ not＋ever ⇨常に～でない◇ever の否定だから意味が強くなる．
例 He never talks about his personal background. 彼は自分の生い立ちを決してしゃべらない．／ "Haven't you ever shoplifted?"―"Never ever." 万引きしたことないだろうね―決して一度も．

nevertheless [nevərðəlés]
それにもかかわらず
原 決してない(never) それだけ(the) 少なくなる(less)
イメージ (それだけ少なくなるってことにはならなくて)⇨それにもかかわらず
例 Stormy weather is expected, nevertheless they headed off on a camping trip to the mountains. 荒天になりそうだったが，彼らは山でのキャンプに出かけた．

new [n(j)ú:]
新しい，初めての
原 新しい
イメージ 新しい，これまで知らなかった
解 ＜これまで知らなかった＞の意でよく使われるが，これに日本人は馴染みが少ないと思われる．例文はこの用法に絞ってある．
派 newly 新しく ／ news ニュース（⇨ new＋s(複数)）
例 This word is new to me. この単語は知らなかったよ．／ His resignation is news to me. 彼が辞職したとは知らなかったよ．

next [nékst]
次の
原 nearest 一番近い
イメージ ～のすぐ後に来る，一番近い
例 I'll see you next week. 来週お会いしましょう．／ How far is it to the next town? 次の町までどのくらいの距離がありますか．／ She sat next to me. 彼女は僕の隣に座った．

nightmare [náitmeər]
悪夢
原 夜(night) 悪霊(mare)
イメージ 恐ろしい夢，恐ろしい経験
例 I had a nightmare in which I lost all my teeth. 歯が全部抜けてしまうぞっとする夢を見たよ．／ Having lost all of the teeth in the accident was a nightmare. 事故で歯を全部失ったのはひどい災難であった．

noble [nóubl]
気高い，高貴な
原 知る((g)no) に値する(ble)
イメージ (知るに足る)⇨注目を浴びるほどの気質，家柄
派 nobility 高貴，貴族
関 ignoble 卑しい
例 He is from a noble family in India. 彼はインドの名門の家の出である．／ The king had noble and generous feelings. 王は気高く心の大きい人だった．

noise [nɔ́iz]
騒音，雑音
原 船酔い(nausea)
イメージ (船酔い)⇨げーげー(騒音＋混乱)
派 noisy 騒々しい
例 I hate this place; the traffic is too loud outside. この家は嫌いだ．外の車の騒音がひどすぎるよ．／ Many teachers complain that children these days are noisy in class. 最近の子供達は授業中騒々しいとこぼす先生が多い．

nominal [námənl]
名目上の，名ばかりの
原 名前(nomin) のある(al)

nominate

イメージ （実際ではなく）名前だけの，名ばかりである
派 nominally 名目上は
例 He is a nominal President; his son makes all the decisions. 彼は名目上の会長で，実際は息子が全ての決定を行っている． / An original first edition of a book may be of great value; a facsimile of only nominal value. 初版本の原本なら価値があるかもしれないが，写本ならささいなものだよ．

nominate [náməneit]
候補に指名する
原 名前(nomin) を言う(ate)
イメージ 候補として名前を挙げる
派 nomination 任命，指名
関 name 名前
例 The committee nominated the chemist as a candidate for Nobel prize. 委員会はノーベル賞候補者としてその化学者の名を挙げた．

noncommittal [nɑnkəmítl]
あいまいな
原 追い込む(committal) ことのない(non)
イメージ 自己を追い込まない⇨難を避ける⇨当たり障りのないようにする
例 I hate that politician; he always gives noncommittal answers to pointed questions. あの議員は嫌いだよ，厳しい質問にはいつも当たり障りのない返事ばかりするんだから．

normal [nɔ́ːrml]
ふつうの
原 定規(norm) 通りの(al)
イメージ （常軌の）⇨標準
解 標準(normal)から外れる(ab-)とabnormal(異常な)になる．
関 norm 規範，ノルマ(⇨標準の仕事量)
例 It's perfectly normal to get depressed sometimes. 時々落ち込むのはごく普通のこと． / The social situation in Peru has returned to normal. ペルーの社会情勢は正常に戻った．

nostril [nɑ́strl]
鼻孔
原 鼻(nos) の穴(tril)
イメージ すっと抜けた鼻の穴
解 -tril は through(抜けた)と関連語である．
例 Human beings breathe and smell through nostrils. 人は鼻孔で息をしたり匂いを嗅いだりする．

nosy [nóuzi]
詮索好きな
原 鼻の
イメージ （好奇心から他人事を）クンクン嗅ぎ回る
解 nosey とも綴る．poke one's nose into〜(詮索する)あるいは snoopy(詮索好きな)が連想される．
派 nosiness 詮索
例 Our new neigbor is terrible; she is noisy and nosy. 今度来た隣の人はひどいよ，騒々しい上に詮索好きなんだ．

notch [nɑ́tʃ]
刻み目
原 溝
イメージ V字状の刻み目；段，級(⇨段階ごとに刻む)；狭い道(狭い山道は中央部が削れてV字形になっている)
関 topnotch 一流の(⇨ランクが最上)
例 His intellectual capability is several notches above those of the others. 彼の知的能力は他のものより数段上である．

note [nóut]
覚え書き，音符，紙幣，注目
原 印(しるし)
イメージ （印しておく）覚え書き，（音階を印す）音符，（価値が印してある）紙幣，（心に印す）気配；（心/網膜に印す）気づく，注目する
解 ワープロに「しるす」と入力すると「記す」「印す」と変換される．
派 noted 有名な(⇨印された) / notable 目立つ(⇨注目に値する)
例 You should learn how to take notes from a lecture. 講義のメモの取りかた覚えた方がいいよ． / This is just a note to thank you for having us at the party. パーティへお招き頂いたお礼の一筆です． / I am poor at reading musical notations. 音符を読むのが苦手だ． / I am poor at singing high notes. 高音が上手く歌えません． / There was a note of tension and anger in her voice. 彼女の声には緊張と怒りが感じられた． / He noted a slight change in

the writer's writing style. 彼は作家の書き方が少し変わったことに気づいた.

notice [nóutəs]
気づく, 注意する；注意, 掲示
[原] 知る
[イメージ] はっと気づく
[解] 音の中に原義の know が潜んでいる.
[派] noticeable 人目を引く
[関] notion 観念
[例] Hair loss is noticed first on both sides of the front of the head. 禿げは最初額の両脇に見つかるものだ. / We noticed that the waiting room was quite crowded. 見ると待合室はとても混んでいた. / There is a considerable advantage in noticing a trend before other people do. 他の人よりも世の風潮に早く気づくと非常に有利になる.

notify [nóutəfai]
通知する
[原] 知らしめる
[イメージ] 情報をいれる
[例] He arrived one hour late to work without notifying anyone. 彼は誰にも連絡せずに1時間遅刻して出勤して来た.

notion [nóuʃən]
考え, 意見
[原] 知る
[イメージ] 頭に宿る考え
[例] Mrs. Edison had the notion, unusual for those times, that learning could be fun. エジソン夫人は当時としてはまだ珍しく学習は愉しいはずだという考えを持っていた.

notorious [noutɔ́:riəs]
悪名高い
[原] よく知られた
[イメージ] 悪いことで知られた
[解] noble も原義は〈知られた〉であるが, プラスイメージで〈高貴な, 気高い〉の意へ発展した.
[例] This taxi company is notorious for its unfair fares and bad service. このタクシー会社は不正料金と悪いサービスで有名である.

noun [náun]
名詞
[原] 名前
[イメージ] 人・物・物事につけた名前
[例] In the sentence, I bought a paper, "I" and "paper" are nouns.「私は新聞を買った」では「私」と「新聞」が名詞である.

nourish [nə́:riʃ]
栄養を与える
[原] 乳を吸わせる
[イメージ] 栄養を与える；(気持ちを)抱き続ける
[派] nourishing 栄養になる / nourishment 栄養
[例] Chocolate is a nourishing sweet. チョコレートは栄養価の高いお菓子だ. / She nourishes the hope of living in Paris with a rich Parisian. 彼女は金持ちのパリっ子と一緒にパリで生活する夢を抱いている.

nuclear [n(j)ú:kliər]
核の
[原] ナッツの核
[イメージ] 核兵器
[関] nucleus 核
[例] Nuclear energy is the most powerful kind of energy known. 核エネルギーは知られている中で最大のエネルギーである. / Nuclear energy results from changes in the nucleus of atoms. 核エネルギーは原子核の変化によって生じる.

nuisance [n(j)ú:səns]
迷惑行為
[原] 損害
[イメージ] (損害)⇨迷惑なこと, 迷惑な人
[解] (petty)annoyance(迷惑ごと)として記憶すると, 音的に似ているので有効である.
[例] An odorous slaughterhouse is a public nuisance. 悪臭のする屠殺場は地域に迷惑である. / John is a nuisance to me; he is always finding fault with whatever I do. ジョンは不愉快な奴だよ, 僕のすることにいちいちちゃもんつけるんだから.

number [nʌ́mbər]
数
[原] 分配
[イメージ] 量が amount なら, 数は

number だ
派 numerous たくさんの
例 The number of Internet users in the world reportedly exceeds 10 million. 世界のインターネットのユーザーの数は1000万人を超えているそうだ． / Thanks to an international ban on humpback whaling, their numbers have increased dramatically. ザトウクジラの捕鯨の国際間禁止によってその頭数は激増した． / Xavier was one of the greatest missionaries, and his converts numbered hundreds of thousands. ザビエルは偉大な宣教師の1人で，彼ゆえの改宗者は何十万人にもなった．

nurse [nə́:rs]
看護婦；看護する，大事に育てる
原 乳を与える
イメージ 乳をやる⇨世話して育てる；看病する
派 nursery 育児所，園芸店
関 nurture 育てる / nutrition 栄養
例 Nurses are caring and patient people. 看護婦は思いやりがあり辛抱強い．

O

obese [oubíːs]
肥満の
原 食べ(ese) 尽くした(ob)
イメージ 異常に肥えている⇨b-にお腹の出っぱりを連想するのも一興である．
解 obese は〈病的に太っている〉, fat は〈脂ぎって太っている〉, chubby は〈ぽっちゃり太っている〉, overweight は〈(客観的に)体重が標準をオーバー〉．
派 obesity 肥満
例 It's no fun to be obese. 肥満になるのはごめんだよ． / Lack of exercise can lead to obesity. 運動不足は肥満の原因となることがある．

obey [oubéi]
従う
原 ～に(ob) 耳を傾ける(ey=audire)
イメージ おとなしく聞き入れ従う
解 follow(従う)には自己の意志がある．
派 obedient 素直な / obedience 従順
関 audience 聴衆
例 I obeyed my teacher and she gave me the feeling she liked me. 先生の言うことをよく聞いたので先生は僕を気に入っているようだった． / He gave the orders, and the people below him obeyed, and the massacre took place. 彼が命令を下すと部下は服従し大量虐殺が起こった． / She disobeyed her parents and joined the cult. 彼女は両親の言うことを聞き入れず，カルト教団に加わった．

obituary [əbítʃueri]
死亡記事
原 向こう(ob) 行く(itu) に関する(ary)
イメージ (向こうへ行く⇨あの世へ逝く)⇨死亡に関する記事
関 itinerary 旅程(⇨行くこと)
例 "So many more people seem to die nowadays," an elderly lady said, scanning the obituary columns of a famous daily.「最近亡くなる人が多いようね」と有力紙の死亡記事欄に目をやりながら老婦人は言った．

object [ábdʒikt]
反対する；物体，対象，目的
原 ～へ(ob) 投げる(ject)
イメージ (物を前に投げる)⇨じゃまする⇨反対する
解 名詞 object は〈(投げ出される)物⇨(前にある)物体・対象・目的〉
派 objection 異議
関 abject 惨めな(⇨遠くへ+放られた) / eject 追い出す(⇨外へ+投げる) / deject 落胆させる(⇨下へ+投げる) / reject 拒絶する(⇨元へ+投げる) / inject 注入する(⇨中へ+投げる) / subject 従わせる(⇨下に+投げる)
例 I'd like to work on the project, if no one objects. 誰も反対しなければ企画を実行したい． / Some people have a strong moral objection to abortion. 中絶に対して倫理的理由で強く反対する人達がいる． / I saw some strange objects gleaming on the seabed. 海底に何か光る物体が見えた． / The minister was the object of attack by members of the opposition party. 大臣は野党の攻撃の的になった． / Chess has as its object making the king surrender. チェスはキングを降参させるのが目的である． / I wonder what the object of human life is. 人生の目的はいったい何だろう．

objective [əbdʒéktiv]
客観的な；目的
原 物(object) 的な(ive)
イメージ (物的な)⇨情を入れない⇨客観的な；(遠くへ置いた)目標
解 元々の原義をたどり〈視線を向こうへ投げ出す⇨距離をおいて物事を見る⇨客観的〉とイメージしてもよいだろう．

oblige [əbláidʒ]
義務づける，恩義を施す
- 原 の方に(ob) 縛る(lige)
- イメージ （義務で）縛る・拘束する
- 解 -lig-, -li- は〈つなぐ・縛る〉の意味合いがある：ligament 靭帯(⇨骨と骨を結び付ける), liable 責任がある(⇨～に縛られている)
- 派 obligatory 義務上の / obligation 義務
- 例 The new law obliges us to pay consumption tax. 新しい法律では消費税を払わなければならない。◇法による縛り / I am much obliged to you. あなたにはとても恩義を感じている。◇受けた好意で結果的に負い目を感じることで縛られることになる(好意の量の関係が相手とイコールになれば縛り(obliged)が解ける)。

oblique [əblíːk]
斜めの
- 原 ～に対して(ob) 傾いた(lique)
- イメージ 斜めの⇨はすの⇨遠回しの
- 解 斜線は a diagonal [an oblique] line; a slanting line と言う。
- 例 To avoid resonance, music practice rooms are often made with oblique walls. 反響音を避けるために、音楽室の壁は斜めに傾いていることがよくある。/ The newspaper columnist made an oblique attack on the President's behavior. その新聞のコラムニストは大統領の行動を遠回しに非難した。

obliterate [əblítəreit]
消し去る
- 原 外す(ob) 文字を(literate)
- イメージ （契約の文字）を消す⇨消し去る⇨跡形を無くする
- 解 名前などを〈抹消する〉の時は erase や cross out / off を用いる：I'll cross your name off the list. (リストからあなたの名前を削除します)
- 派 obliteration 抹消、壊滅
- 例 The whole city was obliterated by the air raid. 市は空襲で全滅した。/ He hit 35 homers to obliterate the previous record of 17. 彼は35本のホームランを打って、これまでの自己記録17本を一蹴した。

oblivious [əblíviəs]
忘れている、気がつかない
- 原 忘れっぽい
- イメージ 忘れっぽい
- 関 oblivion 忘却
- 例 There is a growing number of children who seem oblivious to the pain inflicted on other people. 他人に与えた痛みに気づかないと思える子供が増えてきている。

oblong [ábləː)ŋ]
長方形の、楕円形の
- 原 ～の方へ(ob) 長い(long)
- イメージ 縦長の、横長の◇長方形あるいは楕円形の性格を述べている。
- 解 長方形は rectangle, 楕円形は oval と言う。
- 例 The tree grows to about 15 meters and has oblong leaves. この木は15メートルほどに育ち、楕円形の葉を付ける。

obnoxious [əbnákʃəs]
不快な
- 原 に対して(ob) 害になる(noxious)
- イメージ （むっとするような）嫌な、気に障る
- 関 noxious 害になる / innocuous 無害の(⇨害(nocuous)のない(in))
- 例 She is a bothersome and obnoxious person. 彼女は気難しくて嫌な人だ。/ Some snails and slugs secrete noxious chemicals. カタツムリやナメクジの中に有毒な化学物質を分泌するのがいる。

obscure [əbskjúər]
はっきりしない、あいまいな
- 原 上を(ob) 覆う(scure)

すると、対照語の subjective は〈視線をすぐ下へ投げる⇨距離をおかずに物事を見る⇨近視眼的⇨主観的〉とイメージできる。
- 派 objectively 客観的に
- 例 I wonder what his objective in life is. 彼の人生の目標は何だろうか。◇ objective in life の方が the object of life よりも具体性が高い。objective の方が生活臭が強く、object の方が哲学的だとも言える。/ Meteorologists are now capable of making weather forecasts objectively (= they are capable of objective forecast). 気象学者は今では予報を客観的にできる。

イメージ (雲が覆って)見えにくい⇨はっきり見えない⇨あまり知られていない
解 元来「雲」は sky と言っていた. sky と -scure は音が似ていることに気づくであろう.
派 obscurity 無名
例 The sign is obscure; you should be all eyes. 標識は見えにくいから見逃さないようにね. / He gave an obscure explanation of his conduct. 彼は自分の行動についてはっきりしない説明をした. / He was an obscure country doctor. 彼は名もない田舎の医者だった. / Joyce lived in poverty and obscurity until 1922, when the publication of Ulysses made him a most celebrated novelist. ジョイスは貧困と無名のうちに過ごしたが, 1922 年にユリシーズが出版されて大変有名な作家になった.

observe [əbzə́ːrv]
観察する, 述べる, (法律や習慣を)守る
原 〜を(ob) 保つ(serve)
イメージ (目をそらさずに)見極める, 守る⇨見極めたことについて述べる
派 observer 立会人(⇨見極める人) / observation 観察, (観察に基づく)意見
関 conserve 保護する(⇨しっかり+守る) / reserve 予約する(⇨奥に+保つ) / preserve 保存する(⇨前もって+守る)
例 Astronomers observe the stars. 天文学者は星を観察する. / Astrologers observe the stars. 占星家は星を観察して見極めたことを言う人だ. / Good laws and systems should be observed and encouraged. よい法律と制度は守られ奨励されねばならない. / It is a common observation that human beings everywhere demand the realization of diverse values. 人間は皆多様な価値観の実現を求めるものであるというのは一般的な見方である.

obsess [əbsés]
取りつく
原 そばに(ob) 座る(sess)
イメージ (そばに居座る⇨離れない)⇨取りつく
派 obsession 妄想 / obsessive 取りつかれている

例 She is obsessed with cleanliness; she takes a shower several times a day. 彼女は潔癖性だ(清潔であることにとりつかれている); 1 日に何度もシャワーを使う.

obsolete [ὰbsəlíːt]
すたれている
原 離れる(ob) 馴れ(solete)
イメージ 今はもう使わなくなっている ◇= out of use
派 obsolescent 廃れつつある
例 The term, chastity, is almost obsolete. 純潔ということばはほとんど使われなくなっている.

obstacle [ɑ́bstəkl]
障害物
原 〜に向かって(ob) 立つもの(stacle)
イメージ (向かって立つ)⇨前に立ってじゃまする
解 be (=stand) in one's way(じゃまになる)が連想される.
関 obstetrics 産科学(⇨(妊婦に向かって+立って出産を助ける))
例 She felt that her child was an obstacle to her remarriage. 彼女は子供が再婚をする上でじゃまになると思った.

obstinate [ɑ́bstənət]
頑固な
原 反対に(ob) 立つ(stinate)
イメージ (立場をなかなか譲らない)⇨頑固である
派 obstinacy 頑固
例 When Noah was loading the ark, he had trouble with the typically obstinate donkey. ノアが箱船に積み込んでいるとき, 困ったのは例の強情なロバであった. ◇ as obstinate (=stubborn) as a mule(ひどく頑固である)という idiom がある. ロバやラバはなかなか言うことを聞かない動物として描かれる. / There are some who get more obstinate as they grow older. 歳をとるほどに頑固になる人がいる.

obstruct [əbstrʌ́kt]
妨げる
原 対抗して(ob) 建てる(struct)
イメージ 通路に邪魔を築く⇨通路を塞ぐ
派 obstruction 妨害

例 The crash obstructed the road for several hours. 衝突事故で数時間道路が塞がった．

obtain [əbtéin]
獲得する
原 完全に(ob) 持つ(tain)
イメージ しっかり手に入れる
解 -tain は語呂合わせ的に〈手にする〉と理解しよう：attain 達成する(⇨〜を手にする) / retain 維持する(⇨再び＋手にする)
例 You can obtain the application form at the office. 申請書は事務所でもらえます．

obtrude [əbtrúːd]
押しつける
原 〜を(ob) 押す(trude)
イメージ 突き出す⇨押し付ける
派 obtrusive 押し付けがましい / unobtrusive 控えめな
例 He always tries to obtrude his opinions upon others. 彼はいつも自分の意見を人に押し付けようとする． / The sound of the bassoon is loud and obtrusive. バスーンの音は大きく迫力がある． / He farted unobtrusively. 彼はそっとおならをした．

obtuse [əbt(j)úːs]
鈍角の，鈍感な
原 反対に(ob) 打たれた(tuse)
イメージ (鋭い刃が打ち付けられて)鈍くなった⇨頭が鈍⇨角度が鈍角
解 an obtuse / acute angle 鈍角，鋭角
関 contusion 打撲傷(⇨共に＋打つ) / toil 骨折る
例 The mint has small oval, obtuse leaves. ミントは小さな楕円状の丸っこい葉を持っている． / Don't be so obtuse, think! ぼんやりしないで，しっかり考えなさいよ！

obvious [ábviəs]
明白である
原 道の(vious) 上に(ob)
イメージ (行く手にある)⇨目の前にある⇨難なく見える⇨当たり前である
派 obviously 明らかに
例 It was obvious that he had no intention of accepting our offer. 彼が我々の申し出を受け入れる気持ちがないことは明白であった． / In today's competitive society, we're losing sight of what's obvious—when you see someone having trouble, you lend a hand. 現代の競争社会で我々は当たり前のこと，つまり困っている人がいたら手を貸してあげるという光景を見なくなってきている．

occasion [əkéiʒən]
機会，行事；引き起こす
原 人に(oc) 落ちる(casion)
イメージ 人に降りかかる⇨事が発生する；ある出来事，機会
解 occasion の中に case(場合，事例)が潜んでいる．英語ではいつも〈事は降ってくる〉のである：befall 起こる(⇨そばに＋落ちる) / case 出来事(⇨落ちて来る) / chance 出来事，偶然(⇨降り注ぐ)
派 occasional 時々の / occasionally 時々
例 Christmas is coming. How do you celebrate the occasion? クリスマスが近づきました．どんな風にクリスマスを祝いますか． / The arrest of the mayor occasioned a sensation among the townspeople. 町長の逮捕は町民の間に大評判を巻き起こした．

occupy [ákjəpai]
占める
原 完全に(oc) 摑む(cupy)
イメージ (しっかり取る)⇨占める
例 The eyes of dragon-flies occupy most of the surface of the head. トンボの頭の表面は目玉がほとんどを占めている．

occur [əkə́ːr]
起こる
原 へ(oc) 走る(cur)
イメージ (走りくる)⇨(ぱっと起こる)⇨(予期せぬことが)ふと起こる・(考えが)ふと浮かぶ
解 -cur をクルと読んで〈クル⇨来る⇨起こる〉と理解しておこう．
関 current 今起こっている / curriculum 履修課程
例 Most traffic accidents occur in a crossing. 交通事故の多くは交差点で起こる． / A good idea occurred to me. いい考えが浮かんだ．

odd [ád]

奇妙な, 奇数の
原 突き出ている
イメージ 突き出ている⇨はみ出ている(常識からのはみ出し), 余分である(平衡からのはみ出し), (2で割るとはみ出しの出る)端数・奇数の
例 It's odd that a 20-year-old man should read nothing but comics meant for boys. 20歳の成年が少年マンガばかり読んでいるのは奇妙だ. / It took ten-odd years to bring the rotary engine to market. ロータリーエンジンを市場に出すまでには10数余年要した. / Seven is an odd number as it cannot be divided exactly by two. 7は2で割り切れないので奇数である.

of [ʌ́v, əv]
～の
原 ～から離れて
イメージ ～から分離して⇨部分, 起源, 分離, 関連
解 from は<本元からの分離がすっきり>しているが, of は<本元の雰囲気, 性質などを引きずりつつの分離>である.
例 I didn't expect to see you here, of all places! 場所もあろうにこんなところで君に会うとは思ってもいなかった. ◇部分 / She came of a noble family. 彼女は名門の出だ. ◇起源 / He died of cancer. 彼は癌で死んだ. ◇die of～は内因, die from～は外因に用いる / This house is made of wood. この家は木造です. ◇材料 / The doctor relieved me of my pain. 医者は痛みをとってくれた. ◇分離 / This is of no importance. このことは少しも重要ではない. ◇関連

off [5(ː)f]
～から離れて
原 ～から離れる
イメージ (付いていたものが)離れている(静的):(付いていたものが)さっと離れる, さっと動きだす(動的)
解 of と同系語で, of<離れる>の副詞的用法として発達したもの.
例 We enjoyed whale-watching off Vancouver Island. バンクーバー島沖でホエール・ウオッチングを楽しんだ. ◇静的 / I am off duty today. 今日は非番です. ◇静的 / The Namamugi Incident set off a war between Satsuma and Britain. 生麦事件は薩英戦争の発端となった. ◇動的 / He switched off the light. 彼は明かりを消した. ◇動的 / The picture frame came off the wall. 額縁が壁から落ちた. ◇動的

offend [əfénd]
気分を害させる, 不快感を与える
原 ～を(of) 打つ(fend)
イメージ (ことばや行為で)傷付ける
派 offense 違反(⇨法を傷付ける), 不愉快, 攻撃 / offensive 不快な, 無礼な, 攻撃的な
関 defend 防ぐ(⇨外す+打ち込みを)
例 Have I said anything to offend you? 何か気に障ることを言いましたか. / It is a traffic offense to ride a bicycle double. 自転車の二人乗りは交通違反だ. / He takes offense at trifles. 彼はつまらないことに腹を立てる. / He always says things that are offensive to me. 彼はいつも癇に障ることを言う.

offer [5(ː)fər]
～を提供する, 申し出る
原 ～へ(of) 運ぶ(fer)
イメージ (役立つものを)相手の所へどうですかと差し向ける
派 offering(教会への)献金；贈り物
関 proffer 差し出す / ferry フェリー
例 Can I offer you a seat. この席にお座りになりませんか. / I offered to drive him home. 彼に家まで車で送ってあげようと言った. / I had expected to be offered a better salary for my work at Rikadai next year but it seems that is not going to happen. 理科大での給料が来年にはもっといいものが示されると期待していたのですが, どうもそうはならないようだ. / This institution offers a wide variety of programs and courses for people from all over the world. この学校は世界の各地から来る人のためにさまざまな課程や学科を提供します. / The restaurant offers a menu ranging from steak to udon. このレストランにはステーキからうどんまでのメニューがある. / The island's highest peak offers a panoramic view of the blue sea. 島の頂から青い海原が一望できる(⇨眺望を与える). / Personal computers offer a lot

of advantages for even everyday writers like me. パソコンは私のような平凡な書き手にも多くの便利を提供してくれる．

offhand [əfhǽnd]
素っ気ない；即座の
原 離れて(of) 手(hand)
イメージ (手持ちのままで)⇨ぞんざいな；(手持ちのままで)⇨即座に
派 offhanded＝offhand
例 I can't answer offhand; the contract is too important to decide and sign by myself. 今即座に返事できません．自分だけで判断し契約できるようなものではありませんから．/ She has became increasingly offhanded with me recently. 彼女は最近とみに僕に素っ気ない態度になった．

office [ɑ́fəs]
事務所，会社，研究室，役所
原 仕事(of) をする(fice)
イメージ 仕事をするところ
解 do(する)のラテン語版はfic-, fact-, fect-, -feat である．
派 officer 役員，警官 / official 公の，公式の；役職者 / officious おせっかい，細かいことによく口出しする(⇨ official (役人)の性格はいずこも同じか)
例 We have to get to the office by 9 o'clock. 9時までに出勤しなければいけない．

offset [ɔ́(ː)fset]
相殺(相殺)する，埋め合わせる
原 消えた(off) 状態にする(set)
イメージ (消えた状態にする)⇨帳消しにする
例 My wage increase was offset by higher tax payment. 給料が上がっただけど税金が高くなって帳消しになった．

offspring [ɔ́(ː)fspriŋ]
子孫
原 出る(off) はじける(spring)
イメージ (親の身体から)離れて(off) 湧きでる(spring)もの⇨生まれ出る子
例 Humans usually have only one offspring at a time. 人間は普通1度に1人だけ子を生む．/ Genes are passed on to offspring(s). 遺伝子は子に伝えられる．

old [óuld]
古い，歳とった，昔の
原 成長した
イメージ (現われてからの存在時間が長くて)古い；(改まる前の)旧の；(現われてからその時までの)時間の長さが～ほどである
例 The old are not always wise. 老人が賢明であるとは限らない．◇古い old people(老人，年寄り)は婉曲的に elderly people, senior citizens(年配者)と言う．/ We sold our old house. 昔の家は売りました．◇旧の / The baseball season was only five weeks old. 野球シーズンは始まってほんの5週間しか経っていなかった．◇経過時間 / Taxation is as old as government. 政府ができると税制も敷かれた．◇時間経過

omit [oumít]
省略する，抜かす
原 ～に対して(o) 送る(mit)
イメージ 追いやる⇨退ける⇨(意識して)抜かす；(無意識に)抜かす
派 omission 省略，脱落
例 We are going to omit the next two items to save time. 次の2項目は時間の制約上省きます．/ The teacher omitted to call my name from the roll. 先生は出席簿の私の名前を抜かして読んでしまった．

omnibus [ɑ́mnibʌs]
総括的な
原 すべての(omni) の人のバス(bus)
イメージ (誰もが利用できるバス)⇨乗り合いバス⇨色々なものを載せた本，扱った講義．
関 omnipotent 全能の(⇨全ての＋力を持っている)
例 I read through a Dickens omnibus. ディケンズ作品集を読了した．/ The city has special omnibuses for foreign tourists. この都市には外国人旅行者専用の乗り合いバスがある．

on [ɑn, ɔ(ː)n]
～の上に
原 ～に接触している
イメージ (物が)あるものに付いている(付着)；(事が)起こっている(活動中)
解 日本語でも「つく」は〈付着〉とく従事・活動〉を表わすことがある(⇨「火が点く」は〈付着＋活動の発生〉)．

例 The restaurant is on the Ohashi river. そのレストランは大橋川沿いにある．◊もちろん川の上ではなく川に沿って接しているのである．/ He is on duty now. 彼はいま勤務中です．◊勤務についている / The house is on fire! 家が燃えている．◊火が点いている．/ The gas was on. ガスが点いていた．/ He was on NHK last night. 彼は昨晩NHKのテレビに出ていた．◊スクリーン上に〈付着＋活動〉/ Your computer does not have to be on all the time because your e-mail messsages will be stored in your provider's computer. コンピュータを終日つけておく必要はありません．各人宛のメールはプロバイダーのコンピュータに保存されるのだから．

once [wʌ́ns]
1度，1回
原 1度の
イメージ 1度(いちど)，一度(ひとたび)
解 1度を上のように2様に読めば，副詞の用法と接続の用法が分かる．
例 I do walking for half an hour once a day, either in the morning or evening. 毎日1度30分ほど朝か夕刻に散歩します．/ Once I stopped doing exercise, I started gaining weight. ひとたび運動を止めると，体重が増え始めた．

one [wʌ́n]
ある(こと，もの，人)
原 an と同一語
イメージ やつ
解 ことばが乱暴になるが one は「やつ(奴)」という感じで捉えると解りやすい．不特定多数の中から，最初に目をつけた任意の1つを one と言う．2番目，3番目…は another と言う．2番目がなければ，それは特定されるので the other と呼ばれることになる．
例 Which one will you take?—I'll take this one? どいつ(⇨どのやつ)をとりますか—これ(⇨このやつ)にします．/ This book is too difficult. Will you show me another one. この本は難しすぎます．他の(⇨他のやつ)を見せてくれませんか．/ An unknown danger is much more frightening than one we have already experienced. 未知の危険の方が経験しているやつ(⇨危険)よりはるかに怖い．

oneself [wʌnsélf]
自分自身
原 自分自身
イメージ 自分の身体・考え・行い
解 〈自分の目で自分(の身体，の考え，の行為)を見るとき oneself (= myself, himself, …)と言う．
例 She managed to get where she is today by selling herself as a prostitute. 彼女は今の状況になるためには売春婦として身体を売らねばならなかった．◊身体 / To be understood by others, one sometimes needs to explain oneself more than once. 他人に理解してもらうには何度も考えを説明しなくてはならない時がある．◊考え / Behave yourself! 行儀よくしなさい！◊自分をわきまえて行動せよが真意

only [óunli]
唯一の，唯1つの
原 one + ly
イメージ 1つだけである⇨ほんのちょっとだけ
例 I only met Jane. 僕だけがジェーンに会った．ジェーンには会っただけだ．(他には何もしていない) / I met Jane only yesterday. ジェーンには昨日会ったばかりだよ．

onset [ɑ́nset]
(悪いことの)始まり
原 ～に(on) けしかける(set)
イメージ (不快なこと)が取りつく
解 set on 襲う
例 There is no normal age for the onset of menstruation. 月経の始まりには正常な年齢というものはない．/ Quite often patients attribute the onset of arthritis or cancer to some blow they received. 患者はよく関節炎や癌の原因を何か過去に受けた傷害にかこつけるものだ．

open [óupn]
開ける，始める，広がる；開いている，覆いのない，広々とした，率直な
原 (蓋を)上げる⇨開ける
イメージ (閉じてなくて)開いている⇨(中が見える，すーっと入れる)

例 He propped the door open with a chair. 彼は椅子をつっかいにしてドアを開けたままにしておいた。/ The supermarket is open from 10a.m. to 10p.m. そのスーパーは午前10時から午後10時まで開いている。/ The post of assistant manager is still open. 副店長のポストはまだ空いている。/ After a two-month hospitalization, he felt quite good to be in the open air again. 2か月入院していたので再び戸外に出るととても心地よかった。/ I don't think executions should be open to the public. 私は処刑は公開すべきではないと思う。◇動詞 open もく(閉じている状態を)開く、開ける〉のイメージで用いる。/ He opened his mail. 彼は郵便物を開けた。/ They are going to open a coffee shop. 彼らはコーヒー店を開く予定だ。/ We will open our meetings to the public. 我々は会議を公開にします。/ Pakistan has no obligation to open its nuclear facilities for international inspection. パキスタンには国際査察のために核施設を公開する義務はない。/ We have an opening for a clerk. 事務員の職が1つ空いている。◇opening は「開(ひら)いている穴⇨空間」とよく定義されているが nostril 鼻孔(⇨空間がある)だけでなく anus 肛門(⇨空間がない)も身体の opening として捉える。つまり〈開く穴〉の定義も加わるべきである。

operate [ápəreit]
作動する、手術をする、作用する
原 働き(opera)をする(ate)
イメージ 働きかける
派 operation 作動、手術
例 Do you know how to operate a heavy tractor? 大型トラクターを運転できますか。/ Religious groups operated hospitals, orphanages, and poorhouses. 宗教の団体が病院や孤児院や救貧院を経営していた。/ The surgeon started the operation by making an incision in the skin of the abdomen. 外科医は腹部の切開から手術を始めた。

opinion [əpínjən]
意見
原 考える
イメージ 判断して生まれるまとまった考え
解 定訳「意見(⇨ある問題についての考え)」でのみ解釈とすると、What's your opinion of this wine?(このワインはどうですか)などとは発想できなくなる。ワインは討議すべき問題ではないから「ワインについての意見」という日本語はおかしいとも言える。
派 opinionated 頑固な(⇨自分の考えに固執する)
関 option 選択(⇨考えて選びとる) / opt 選ぶ
例 In our opinion, it was the best concert we have ever attended in Japan. 私達の見たところそれは日本で今まで聴いたコンサートの中で一番であった。/ I think you should seek a second opinion from another doctor. 別の医者の診断(医者の考え)も聞いてみた方がいいと思うよ。/ His news reports, always very opinionated, brought him both admirers and detractors. 彼の報道記事はいつも個性の強い意見だったのでファンもいればケチをつける者もいた。/ Public opinion on politics can be volatile. 政治に対する世論は移り気である。

opportunity [ɑpərt(j)ú:nəti]
機会、好機
原 へ(op) 港方向(portuni) 向いていろ(ty)
イメージ (風が)港方向へ向かっている⇨(寄港するのに)好都合⇨チャンス、きっかけ
解 綴りの中に port(港)が潜んでいる。日本語でも「いい風が吹いている」とか「追い風が吹いている」など、チャンスを「風」で表現することがある。
派 opportune 好都合の / opportunism ご都合主義
例 If you miss this opportunity you will have to wait long before another opportunity comes around. このチャンスを逃すと次のチャンスが巡ってくるまでずっと待つはめになるよ。/ I failed to find an opportunity to approach her. 彼女に話しかけるきっかけが掴めなかったよ。

oppose [əpóuz]

反対する，対立する
原 反対に(op) 置く(pose)
イメージ (反対に身を置く)⇨相対する，相反する
解 形容詞 opposite は〈対称〉，opposing は〈対立〉；the opposite sex 異性◇敵対する性ではない / opposing enemy 対立する敵 / the opposing is party 反対の党◇異なる党ではない．
関 opponent 相手，敵 / pose 姿勢をとる / posture 姿勢
例 Who is going to oppose the mayor in the forthcoming election? 今度の選挙では市長の対立候補は誰ですか． / The younger members opposed (= were opposed to) the plan. 若手の会員達がその案に反対した． / These students are eager and very alive, as opposed to other students I've had. この生徒たちはこれまでの生徒と違って，熱心で活発だ． / This pitcher is a master at striking out opposing batters. このピッチャーは相手のバッターを三振にとるのがとてもうまい．

oppress [əprés]
圧迫する
原 反対に(op) 押す(press)
イメージ 相手を押さえ付ける
解 -pp-と-ss-の重なりに圧力を意識するとイメージが描き易い．
派 oppression 圧迫 / oppressive 弾圧的な，うんざりするほどの / oppressor 弾圧者
関 press 押す
例 The nobility and priesthood became more and more tyrannical, the common people more and more oppressed. 貴族や僧侶階級の者はだんだんと暴虐になり，庶民はますます圧迫を受けた．

optimistic [ὰptəmístik]
楽天的な
原 最善(optim) の(istic)
イメージ あるがままを最善として考える
派 optimal 最適の / optimism 楽天主義(⇨ 最善(optim)主義(ism)) / optimist 楽天家
例 My daughter is very optimistic about her getting a good job after graduation. 娘は卒業してからの就職についてはとても楽観的である． / A plant grown under optimal conditions will stay healthy and bloom profusely. 最適な条件下の植物が生き残り繁茂する． / An optimist sees the better side of every situation. 楽天家は何事もいい方に解釈する．

option [ὰpʃən]
選択の余地，選択肢
原 選ぶ(opt) こと(ion)
イメージ 選択肢の中から選べる，選択肢
派 optional 随意の
例 You have the option of taking French or Spanish as a second foreign language. 第2外国語としてフランス語かスペイン語が選べる．

or [ɔːr]
～または～，すなわち
原 other ⇨ o'r ⇨ or
イメージ A でなければB；A 別のことばでB◇言い方を換えれば
例 Are you coming or not? 来るのそれとも来ないの？ / Don't drive so fast, or you'll be caught and fined. そんなにスピード出さないでよ，(でなければ)捕まって罰金食らうんだから． / I major in linguistics, or the science of language. 私は言語学，つまり言語の科学を専攻しています．

ordeal [ɔːrdíːl]
試練
原 分ける(or) 配る(deal)
イメージ (正邪を振り分ける)悲惨な体験
解 昔は拷問に耐えられるか否かで白黒を裁定した．
関 deal 分配する
例 The mother lost her only son in the accident. The ordeal so impaired her health that she nearly lost her own life. 母親は一人息子を事故で亡くした．その悲劇は彼女の健康をひどくそこない命を落としかねなかった．

order [ɔːrdər]
順序，整頓，規律，命令，注文
原 並び，列
イメージ 順序⇨整頓⇨秩序⇨注文⇨命令；命令する，注文する

派 disorder 無秩序 / orderly きちんとした
関 ordinary 普通の(⇔並びから外れない) / coordinate 同等の；調和させる
例 When order was restored, the two sides proceeded to implement their agreement. 秩序が回復すると、双方は協定の履行に乗り出した。/ You should put your desk in order. 机を整頓しなさいよ。/ In the army, you never neglect orders at any time. 軍隊では、命令は何時も無視できない。/ Has the waitress taken your order, sir? ご注文伺っていますか。

ordinary [ɔ́ːrdəneri]
普通の，普段の
原 順序通り
イメージ (順序通り)⇒通常の；並の
解〈普通(中立イメージ)〉と〈並(マイナスイメージ)〉が文脈によって生じる。
派 ordinarily 普段は / extraordinary 非常な(⇔外＋普通の)
関 order 順序
例 Visiting our family grave is part of my mother's ordinary routine. 墓参りは母が普通にしているいつものことです。/ No ordinary person would be able to do such a feat. 並の人間ではそんな凄いことはできないね。/ These days there's nothing out of the ordinary about seeing people walking and talking on the phone at the same time. この頃は歩きながら電話している人を日常的に見かける。◇ out of the ordinary＝uncommon / I don't ordinarily serve alcohol here, but since this is your birthday party we'll make an exception. ここでは普段はアルコールは出さないんだけどあなたの誕生パーティだから特別ですよ。

organ [ɔ́ːrɡn]
オルガン，器官，機関
原 道具
イメージ 身体の各部位を道具と見立てて(器官)
解 organ＋organ＋organ…＝system(さまざまな要素から構成された活動体、たとえば人体、機関)◇the system で「五体、身体」の意がある。organ は、元来音楽の道具の意味で楽器全般を指していたが現在ではオルガンの意味で使う。また、ハーモニカのことを mouth organ と言う。
派 organic 有機的，生物の
例 Electronic organs are popular in many homes. 電子オルガンは家庭に普及している。/ Doctors started transplanting such organs as kidneys, hearts, and livers. 医者は腎臓や心臓や肝臓の臓器移植を始めた。

organize [ɔ́ːrɡənaiz]
組織する
原 要素で構成する
イメージ 部分＋部分＋部分⇒統一体
例 Ten of us decided to organize a tennis club. 私たち10人でテニス部を作ることにした。/ Daniel organized an Easter egg hunt for us. ダニエル君がイースターの卵探しゲームをやってくれた。◇「組織する」という訳語だけで理解するとフォーマルな感じが色濃いので日常生活語彙を目的語に取りにくくしてしまう。/ She is very organized. 彼女はちゃんとした人だ。/ I'm not very organized today. 今日はどうもへばかりだ。/ The company is well organized. その会社はやることがしっかりしている。/ ◇ organized〈各部分がちゃんと機能していて、ものごとに対処できる〉の意味合い。

orient [ɔ́ːriənt]
東洋；適応させる
原 (太陽が上る東に) 方向づける
イメージ 方向づける
解「社会上の事については全く方角が付かなかった」(福翁自伝)では「方角が付く」は「理解する」の意であり、「西も東も分からない」など日本語でも方角と理解を関連づけて発想している。
派 oriental 東洋の / orientation 方向付け / disorient 混乱させる
例 The discussions with my seniors helped me orient myself to college life. 先輩との話し合いは大学生活をどう送るかを知るのに役立った。/ I was suddenly awakened by the phone in the middle of the night and felt disoriented for a while. 真夜中に突然電話で起こされてしばらくの間何のことやら分からなかった。◇ be disoriented まごつく

origin [ɔ́(ː)ridʒin]
起源
[原] 上る
[イメージ] (日が上る)⇨全ての始まり
[関] orient 方向付ける / original 最初の / originate 始まる / originality 独創性
[例] Most blacks, including American blacks, are of African origin. アメリカの黒人を始めとしてほとんどの黒人はアフリカ起源である． / There are different accounts of the origin of the universe. 宇宙の始まりについていろいろの説がある． / The manner of lifting tableware takes its origin from the ritual of tea ceremony. 食器を持ち上げるマナーは茶道の儀式に原点がある． / No one knows how the incest taboo originated. 誰もどのようにして近親相姦を禁じる風習が始まったのか分かっていない． / The practice of jogging originated in New Zealand. ジョギングの習慣はニュージーランドで始まった． / The Internet was originally limited to users in scientific and academic circles. インターネットは初めは科学や学問的分野のユーザーに限られていた．

ostensible [asténsəbl]
見せかけの
[原] 眼前に(os) 張る(tensible)
[イメージ] 見栄を張った⇨表面上の
[解] pretended(上辺だけの)も同様である(⇨ tend に〈張り〉の意がある)が，日本語でも見栄の幕を〈張る〉という発想がある．
[例] Her ostensible reason for going to France was to study the language. 彼女のフランス行きの表向きの理由はフランス語の勉強だった．

other [ʌ́ðər]
他の
[原] その他の
[イメージ] その他の
[解] 〈その他の〉と意識するために先立つものは〈(最初に意識する対象つまり) one〉なる存在である．対象が2つある時，最初に意識した方を one と捉えると，残りの1つは the other, 対象が3つ以上の時，最初に意識したものを one と捉えると，残りのいくつかは the others となる．その1つ1つは another となる．
[例] When aiming a gun at an object, we automatically open one eye and close the other. 銃で狙いをつける時，自然に片目を開きもう一方の目を閉じる． / Point one finger up and close the others. 指を1本立てて，他の指は閉じたままにしてください． / I don't like this show. Turn to another channel. この番組は嫌いだよ．他のチャンネルにしてよ． / Treat others as you would have them treat you. 自分が他人にしてもらいたいように他人に接しなさい．○漠然と(決まっていない)他のものについて言う時は others という．

otherwise [ʌ́ðərwaiz]
他の方法で；そうでなければ
[原] 他の(other) 方法で(wise)
[イメージ] (それとは)違った風に；他の点では；そうでないと
[例] Many say the incumbent Prime minister lacks leadership, but I think otherwise. 今の総理は指導力に欠けると言う人が多いが，私はそうは思わない． / Some words were misspelled, but otherwise he wrote the report pretty well. 少し誤字があるが，彼のレポートは他の点ではまずまずだ． / You'd better decide on studying painting in France now, otherwise you will miss the chance for ever. いま絵画の勉強をフランスでする決心をしないと，機会は永遠にないよ．

ought [ɔːt]
～すべきである
[原] 借りがある⇨owe(負う) の過去形であった．
[イメージ] (借りがある)⇨～しなければならない
[例] There, on an inside page, was an article that I believe ought to have been the front-page headline news. 新聞の中のページに一面扱いにした方がよいと思われる(注目すべき)記事があった． / I keep losing weight no matter how much I eat. I know I ought to go to a doctor, but I'm scared. いくら食べても体重が減るのです．医者に行かなき

ゃいけないのは分かっているのですが怖いのです.

oust [áust]
追放する
- 原 眼前に(ou) 立つ(st)
- イメージ (前に立って)じゃまをする⇨追い払う
- 解 〈前に立ってじゃまするもの〉は obstacle, 〈(産婦の)前に立って助ける者〉は obstetrician(産科医)◇〈前に〉が〈予防, 防御, 反対〉を意味することが多い: prevent 防ぐ(⇨前に+来る) / preach 諭す(⇨前もって言う) / object 反対する(⇨前に+投げる)
- 例 The Russian President ousted him as secretary. ロシア大統領は彼を書記官の任から追放した.

out [áut]
外に, 現われて, 尽きて, はっきりと
- 原 中から外へ
- イメージ 中から外へ⇨(内側から見ると)姿がなくなる⇨(外側からみると)現われてくる⇨(外へ現われるほど)徹底的である(◇強意)
- 例 I was out in the garden. 庭に出てました. / He is out (of the office). 彼は今不在です. ◇He is out of office. なら「彼はもう会社を辞めました」の意になる. / You came out well in the photo. この写真あなたきれいに撮れてるよ. / Cherry blossoms are coming out. 桜がほころび始めた. / Two batters are out. 2人の打者がアウトになっている(ツーダウンです). / The flowers opened out. 花がぱーっと開いた. / He is an out-and-out liar. 彼は徹底した嘘つきだ. ◇類似の意味を持つ off は面を対象にし, out は立体を対象にする: The cat got off the bed. 猫はベッドから降りた. She got out of bed. 彼女はベッドから(抜け出て)起きた. He got off the bus. 彼はバスを降りた(床面から). He got out of the car. 彼は車から降りた(箱から). He managed to get the stains off. 彼はしみを取り除くことができた(布面から). He managed to get the tooth out. 彼はようやく歯を抜くことができた(歯茎から).

outbreak [áutbreik]
突発
- 原 出る(out) 割れる(break)
- イメージ 平静を破ってことが突然発現する
- 解 通例, 戦争とか疫病などについて言う.
- 例 When was the outbreak of World War I? 第一次世界大戦の勃発はいつでしたか. / The Public Health department did everything to prevent the outbreak of cholera in the city. 衛生局は町にコレラが発生することを防ぐために万全を尽くした.

outcome [áutkʌm]
結果, 成果
- 原 出る(out) 来る(come)
- イメージ 事柄が一連の経過をへて最後に行きつく結果
- 解 come out 現われる(⇨来る+尽く)
- 例 The outcome of pancreas cancer is usually fatal. 膵臓癌の(治療後の)結末は大抵死である. / What was the outcome of the soccer final match? サッカーの決勝戦の結果はどうだった?

outdated [autdéitəd]
時代遅れの
- 原 外れて(out) 日付けられた(dated)
- イメージ 常識的日付から外れた⇨時流から外れた◇out of date は同じ意の idiom 表現.
- 例 North Korea has an outdated economy based on inefficient agriculture and obsolete heavy industry. 北朝鮮は非効率的な農業と過去のものとなっている重産業に頼る時代遅れの経済体制になっている.

outdo [autdú:]
まさる, 出し抜く
- 原 まさって(out) する(do)
- イメージ 相手をしのぐ
- 例 He doesn't like to be outdone by anyone in anything. 彼は何でも負けず嫌いだ. / Not to be outdone by my brother, I stayed up late studying every night. 弟に負けないように, 毎晩遅くまで勉強した.

outgrow [autgróu]
～より大きくなる
- 原 抜けて(out) 大きくなる(grow)
- イメージ 成長してある基準より大きくなる, ～ある段階を卒業する

例 You should outgrow your habit of complaining every time you don't get your own way. 思い通りにならないといつも不平を言うのはもう卒業しなさいよ. / He has outgrown his older brother by two inches. 彼は兄よりも2インチ背丈が高くなった.

outlandish [autlǽndiʃ]
奇妙な
原 外(out) 地(land) のような(ish)
イメージ (外地のような)⇨見なれない⇨奇妙な
解 国の間の交流が乏しい時代にはoutland(外地, 異郷)のものはほとんど全ての物・物事が奇異なものとして映った.
例 The couple was constantly beset by outlandish encounters and mishaps. その夫婦はいつも奇妙な出会いや災難に付きまとわれていた.

outlet [áutlet]
コンセント, はけ口, 直販
原 外に(out) 放つ(let)
イメージ (溜まっているものが放出される)⇨(溜まっている電気を放出するところ)⇨コンセント, (生産者から直に放出される)⇨直売
例 Tears are a frequent female emotional outlet. 泣くのは女性がよくやる感情のはけ口だ. / I wonder if moral educators have any kind of sexual outlet. 道徳家はなにか性のはけ口があるのだろうか. / Many manufacturers try to attract more customers by having outlet stores without middle men. 仲買なしに, 直売店を持って顧客を増やそうとしている生産者はかなりある.

outline [áutlain]
輪郭
原 外側の(out) 線(line)
イメージ (ものの概略の形を描きだす外側の線)⇨輪郭
例 He outlined the incredible events that had taken place during my absence. 彼は私の留守中に起こった信じられない出来事をおおまかに説明した. / Please submit an outline of your book to the publisher. あなたの書く本の概略を出版社に出して下さい.

outlive [áutliv]
～より長生きする
原 ～を凌いで(out) 生きる(live)
イメージ (人・事が)なくなった後もあり続ける
例 The sale of Presley-related merchandise became a lucrative industry that outlived the man himself. プレスリー関係の品はよく売れて本人の死後も依然そうであった.

outlook [áutluk]
見通し, 見解
原 外を(out) 見やる(look)
イメージ 外の見晴らし; 物事の見通し
例 The Mainichi is a national newspaper, serious in tone and generally liberal in outlook. 毎日新聞は全国紙でまじめな雰囲気で全般的にリベラルな見解を持っている. / She has a pessimistic outlook on life. 彼女は人生について悲観的見方をしている.

outrage [áutreidʒ]
暴行, 激怒
原 過度(outr) である(age)
イメージ (中庸を超えて)常軌を逸している⇨怒り狂う
解 ultra-(過度の)と同系語でultra(過度の)-age(状態)が本来の原義であるが, 現代はout(外へ)+rage(激怒)と(誤って)分析して, その意味で多く用いられる.
派 outrageous 常軌を逸した◇本来の原義に近い.
例 He is temperamental and becomes outraged when he is not properly fed. 彼はお天気屋で十分食べさせてもらえないと暴れる. / We must act to prevent such outrageous incidents in the future. 将来このようなひどい事件が起こらないように行動しなければならない.

outshine [autʃáin]
～より優れている
原 ～を凌いで(out) 光る(shine)
イメージ 他を凌いで光り輝く
例 She outshines all the other contestants. 彼女は出場者の中でひときわ光っている. / Brahms's concertos have withstood the wear and tear of time far better than many works thought in

their day to outshine them. ブラームスの協奏曲は当時はもっとすぐれていると評価された多くの曲よりもはるかに長く風雪に耐え生き残っている．

outskirts [áutskə:rts]
町外れ，郊外
[原] 外側(out) 縁(skirt)
[イメージ] (町の中央部から見てずっと離れた)町や市の周辺部
[解] I live on the outskirts of Tokyo. と普通言い，I live in the suburbs of Tokyo. と言う．前者はちょこんと縁に乗っかっている発想をしている(従って視点は中央部から発している)ことが知れる．また，the outskirts of Tokyoでは依然都内だが，the suburbs of Tokyoなら都外になる．
[関] skirt スカート◇なるほどスカートはあの縁どり部をもっとも特徴とし，意識させられる衣服ではある．
[例] Industrial plants have been constructed on the outskirts of the city area. 産業工業団地が市街地の外れに建設された．

outstanding [autstǽndiŋ]
傑出している，未解決の
[原] 外に(out) 立っている(standing)
[イメージ] 頭抜けている；(依然まだ外に立っている)未解決の
[解] stand out(際立っている)は原義をなぞっている(◇1語になる時は副詞＋動詞の順になる)．
[例] The sweetness of Meg's voice is outstanding (=Meg has an outstanding sweet voice). メグは声の美しさが際立っている．/ All of the outstanding problems were settled. 懸案の問題はみな解決した．

outweigh [autwéi]
〜に勝る
[原] 超えて(out) 重い(weigh)
[イメージ] 〜より重要性が大である．
[例] Some couples stay married because the good outweighs the bad. 夫婦の中には嫌なことがあっても好いことの方が多いので結婚を続けているケースがある．

over [óuvər]
覆っている，向こうに
[原] もっと(er) 上(ov=up)
[イメージ] 〈あるものの上を覆う〉・〈ある距離・時間を渡る(渡り尽くす)〉，比喩的に〈上位・支配〉．
[解] かぶさるようにある(静的)；かぶさるように(なめるように)移動する(動的)
[例] They agreed in principle but quarreled over the details of the plan. 彼らは大筋で計画に合意したが，細かな点では対立した．◇覆う＝関わり / The meeting should be over by five, at the latest. 会議は遅くとも5時までには終わるはずです．◇渡り尽くす / The teacher has no control over her children. その先生は自分のクラスの生徒をうまく指導できない．◇支配 / This club is for those over 50s. このクラブは50代以上の人達のものです．◇上位 / Come over here. ここまで来なさい．◇距離を渡る．Come here. と同じ場面で使えるがoverが加わると距離が感じられる．/ Let's talk over a cup of coffee. コーヒー飲みながら話しましょう．◇discuss something over (a cup of) coffee(コーヒーを飲みながら話す) ⇨互いの声がコーヒーの上を行き交うイメージ．ビジネスマンがよくやるのはdiscuss something over a game of golf(ゴルフしながら議論する)である．/ We are doing just fine over here. こちらでは皆元気です．◇距離を渡る

overcome [ouvərkʌ́m]
克服する，圧倒する
[原] 越えて(over) 来る(come)
[イメージ] (困難を)乗り越える
[解] 日本語では〈乗り越えて行く〉と発想するが，英語では〈乗り越えて来る，今の位置・状態に至る〉と発想する．
[例] The early settlers had to overcome lots of difficulties. 初期の開拓者たちは多くの困難を乗り越えねばならなかった．/ We must use intelligence as an instrument for overcoming obstacles. 障害を乗り越えるために知恵を発揮しなければならない．/ She was overcome by grief. 彼女は悲しみに打ちひしがれた．◇悲しみに乗り越えられる

overhaul [ouvərhɔ́:l]
点検調整する
[原] 十分に(over) 引く(haul)
[イメージ] (しっかり帆を引いて風向き

に合わせる)⇨うまく機能するように調整し直す
例 The dock is for major repairs and overhauls of vessels. ドックは船の大規模な修理修繕のための施設である． / The ministry of education has issued a total overhaul of the education system. 文部省は教育システムの全面的改訂を打ち出した．

overhear [òuvərhíər]
立ち聞きする，漏れ聞く
原 越えて(over) 聞く(hear)
イメージ 他人の話が向こうから聞こえて来て耳に入る
例 Don't discuss business in elevators. You never know who may overhear you. エレベーターの中で仕事のことは話したらだめですよ．誰が聞くか分からないのだから．

overlook [òuvərlúk]
見渡す，見逃す
原 越えて(over) 見る(look)
イメージ 遠くまで見渡す(over 一面にわたる)；見過ごす(over＝越える)
解 look＋over が 1 つの動詞になる時は overlook，動詞句になる時は look over になる原則を心得ておくと look-over か overlook か，comeover か overcome かなどのとまどいは解決される．動詞の構造の原則は look と over では look の方が重要なので主要な要素は語尾に来ると理解しておくとよい．
例 The castle overlooks the whole town. 城から街全体が見渡せる． / The storefront is so small that people usually overlook it. その店先はとても小さいので人は大抵見逃してしまう． / The police overlooked our speeding for it was our first offense. 警察は初犯だったのでスピードオーバーを大目に見てくれた．

overnight [óuvərnáit]
1 晩中；急に
原 1 晩(night) にわたって(over)
イメージ (1 晩にわたって)⇨1 晩中；(1 晩過ぎるうちに)⇨一夜にして
例 The fever lasted overnight, keeping me from sleeping. 熱が 1 晩中続いて眠れなかった． / The sleeper is a railroad coach designed for overnight passenger travel. 夜行列車は夜間に旅する人の列車である． / The community grew up almost overnight with the coming of irrigation and a Union Pacific branch railway. この町は灌漑用水とユニオン・パシフィック鉄道の支線が引かれるとほとんど一夜で急成長した．

overseas [óuvərsí:z]
海外へ，海外の
原 海を(sea) 越えて(over)
イメージ 海を越えて⇨海外へ，海外から
解 語尾の-s は副詞を形成する．
例 This college offers some scholarships that allow students to study overseas. この大学には留学できるスカラシップがある． / She is one of the overseas students from China. 彼女は中国からの留学生です．

overtake [òuvərtéik]
追いつく
原 捕まえて(take) 越す(over)
イメージ 追い越す
解 over-に〈超える〉の意味合いがある：overflow 氾濫する(＝flow over) / overstep 行き過ぎる(＝step over).
例 I was glad to be able to overtake him just a few meters from the finish line. ゴールラインからほんの数メートルのところで彼を追い抜くことができて嬉しかった．

overthrow [òuvərθróu]
転覆させる；転覆
原 放り投げて(throw) 返す(over)
イメージ 放り投げる＋ひっくり返す
例 They were dedicated to the overthrow of the government (＝They dedicated themselves to overthrow the government). 彼らは政府打倒に専心した．

overture [óuvərtʃuər]
交渉開始，提案，申し入れ
原 (心の内にある考えを意見にして)表に繰り出す(overt) こと(ure)
イメージ 考えの繰り出し・提案・(交際の)持ちかけ
関 overt 包み隠しのない / covert 隠された(⇨覆われた)

例 They trusted the U. S. President's peace overtures. 彼らはアメリカ大統領の和解提案を信用した． / In sociosexual behavior the female generally rejects or accepts the male's overtures, refraining from playing a more aggressive role. 性に関わる行動に関しては，一般に女性側が男性側の交際の申し入れを受け入れたり受け入れなかったりし，積極的にふるまう役はしない．

overturn [ouvərtə́ːrn]
ひっくり返す
原 ひっくり(over) 返す(turn)
イメージ ひっくり返す
例 The wind reached a speed of more than 100 km and knocked people down and overturned vehicles. 風は時速100キロを越え人を倒し，車をひっくり返した． / The Supreme Court overturned the lower court's ruling on the election results. 最高裁判所は下級裁判所の選挙結果に関する判決を覆した．

overwhelm [ouvərhwélm]
圧倒する
原 圧(whelm) を被せる(over)
イメージ (威圧する力で)襲い被さる，圧倒する
例 Jelen was overwhelmed by McEnroe's net play. ジェレン選手はマッケンロー選手のネットプレイに翻弄された． / She felt overwhelmed by guilt. 彼女は罪悪感にさいなまれた． / He won the senate race by an overwhelming majority. 彼は上院議員の選挙に圧倒的多数でもって勝利した．

owe [óu]
負っている
原 返さねばならぬ
イメージ お返しの義務がある
関 ought～すべきである
例 If you should run into John Smith, tell him he owes me a letter. ジョン・スミスさんに会うことがありましたら，私に返事するように言って下さい． / Your daughter definitely owes you an apology. 娘さんは絶対あなたに謝るべきですよ． / I owe all my success to my teacher (＝Owing to my teacher's help I was quite successful). うまくやれたのはみな先生のお陰だ．

own [óun]
持っている；白状する；自分の
原 所有する
イメージ (物を権限で)自分のものとする；(事柄を良心で)自分のものと認める
派 owner 所有者 / owenership 所有権
例 Until the 1980s, virtually all railways were owned by the state in Japan. 日本では1980年代までは，鉄道はほとんど全て国家によって所有されていた． / He owns that he was wrong. 彼は自分の過ちを認めている． / She has decided to have a look around on her own. 彼女は自分1人で見て歩いてやろうと思い立った．

P

pacific [pəsífik]
太平洋の, 穏やかな
原 平穏(pac) になる(fic)
イメージ 太平洋(○穏やかな海洋)
派 pacify 鎮める
関 peace 平和
例 The Pacific Ocean occupies about one-third of the surface of the Earth and is by far the largest of the world's oceans. 太平洋は地球表面の約3分の1を占め, 断然世界一の大きな海洋である. ◇ the Pacific ocean の呼称はマゼランが南アフリカ南端で眼前に開けてきた海洋が穏やかであったので pacfic(穏やかな)海と形容したことから.

pack [pǽk]
まとめる
原 包み
イメージ 隙間なくきっちり詰める：隙間なく集まったもの
派 packing 包装 / package 小包, 包み / packet 小さな包み(○包み＋ちっちゃい)
例 The train was packed with commuters. 列車は通勤客で一杯だった. / Have you finished packing yet? もう荷造り終わりましたか. / The Beatles had the packed hall swaying and foot-tapping to the beat of their music. ビートルズは会場一杯の人達を奏でる曲に合わせて揺らせ, 足で拍子をたたかせた. / Do you have a pack of cards I could borrow? トランプ(1組)貸してもらえない？

pact [pǽkt]
協定, 条約
原 縛られたもの
イメージ (取り決めて互いに縛りを生む)協定
例 The Warsaw Pact provides for the common defense of Russia and six Communist countries in Europe. ワルシャワ条約はロシアとヨーロッパの6つの共産主義国を共通に防衛することを規定している. / Dr. Faustus made a pact with the devil; he exchanged his soul for magic powers. ファウスト博士は悪魔と契約した. 彼は自分の魂を魔法と交換したのである.

pain [péin]
痛み, 骨折り
原 罰
イメージ (肉体的)痛み, (精神的)苦悩, 苦労；痛みを起こす
解 pain-, pen-, pun-は〈痛み〉の意味合いがある：punish 罰する / penalty 刑罰, 罰金 / repent 悔やむ
派 painful 痛い
例 The drunkard pays for his evening pleasure with the pain of hangover the next morning. 酒飲みは夜の酒の味を翌朝の二日酔いの苦痛なしには味わえない. / Any severe painful experience is not soon forgotten. 非常な苦痛の経験はすぐには忘れ難いものである.

pair [péər]
一対
原 等しい
イメージ 2つで一揃いになること：眼鏡, 靴, 夫婦
解 対になって1つのものを構成しているが, ①分割できるもの, ②分割できないものがある. たとえば①では socks 靴下 / sneakers スニーカー / gloves 手袋 / shoes 靴, ②では trousers ズボン / binoculars 双眼鏡 / forceps ピンセット / scissors ハサミ ○①も②も半分割したのでは無用になるので, 我々には('a pair of〜'とわざわざ)言わずもがなと思えるが, 姿・形を描き出すことを意識する英語の特徴がこの言い回しにも見られる.
関 par 等しい
例 She wears a nice pair of sun-

glasses. 彼女はいいサングラスを掛けている。/ He has several pairs of trousers. 彼はズボンを数本持っている。/ Adam and Eve were not a very compatible pair. アダムとイブはあまり性格の合った夫婦ではなかった。

palate [pǽlət]
口蓋；味覚
[原] 口の蓋(天井)
[イメージ] 口蓋⇨口蓋は味覚の局所〈味覚器官〉
[解] 日本語では味覚⇨舌、英語では味覚⇨口蓋である。よく観察すると食べ物を味わう時、ビールを咽ごしに味わう時でさえ、舌を口蓋へ押しつけていることに気づくであろう。英語では「舌」は〈発声器官〉(⇨ tongue)
[派] palatable 味がいい
[例] Times are changing, and so is the Japanese palate. 時代は変化しつつあり、日本人の味覚もまた変わりつつある。/ I got up this morning with a tender and painful palate. 今朝起きてみると咽の奥が赤くなって痛かった。

palm [pάːm]
手の平
[原] 手の平
[イメージ] 手の平
[解] palm は植物の「シュロ」の意も持つがこれは形が手に似ているから。
[派] palmist 手相見 / palmistry 手相術
[例] He made a living by reading people's palms. 彼は人の手相を観て生計を立てた。/ Tokyo cab drivers are supposed to know the city like the palm of their hands. 東京のタクシー運転手は東京の地理を完全に掌握して(⇨自分の手の平のごとく知って)おかねばならない。/ The salesman palmed off those shoddy goods onto the old couple. あのセールスマンは安物を老夫婦につかませた。◇ palm off は〈手の平のものを相手に向けて押し付ける・つかませる〉イメージがある。身体部位名詞の動詞化は英語では普通(⇨ hand)。

pamper [pǽmpər]
甘やかす
[原] 飽食させる
[イメージ] 欲しがるものを皆叶えてやる
[解] diaper(おしめ)と言えば、pampers がすぐに連想される。ネーミングの由来はそれを着用している赤ん坊が濡れても気づかぬ程の面倒見のよさとそれを活用する親側の面倒もついでに見る(⇨お漏らししても赤ん坊が泣かないので親にとっても便利)ことになるので、母子共々を spoil するほど面倒見のよいおしめという訳である。
[例] She pampered her grandson to the point where he resented the slightest discipline. 彼女は孫を溺愛したので少しも言うことを聞かない子になってしまった。/ It's fun to pamper yourself by sleeping late on weekends. 週末に朝寝を決め込むのは楽しいものだ。

pang [pǽŋ]
苦痛
[原] 激痛
[イメージ] 差すような痛み、(良心の)痛み
[解] pain(痛み)は同系語
[例] Many parents and children suffered the pang of separation at the height of the war. 多くの親子が戦争が酷くなると離別の痛みに苦しんだ。/ Modern medical science has reduced the pangs of birth for women. 現代医学は女性のお産の苦しみを軽減した。

panic [pǽnik]
パニック；うろたえる
[原] Pan(パン神)の
[イメージ] うろたえる
[解] Pan は半人間＋半羊(a half man and a half goat)の姿で、突然現われて人々を驚かすというギリシア神話の中の神。
[例] I went into panic when I found out I had lost my passport. パスポートをなくしたことに気づいて狼狽した。/ He would panic during an examination, unable to call up even what he knows to answer questions. 彼は試験になるとパニックに陥って知っている答えでも思い出せなくなることが多かった。

pant [pǽnt]
息を切らす
[原] ハアハアと息をつく
[イメージ] ハアハア、ゼイゼイ
[例] A dog sticks out its tongue and pants to cool its body. 犬は体温を下げ

るために舌を出してハアハアと息をつく．

par [pάːr]
同程度，標準
原 等しい
イメージ 相手・基準と同じ程度である
関 pair 1組
例 As far as the population goes, these two countries are on a par. 人口だけなら，この2か国は同じである．/ Salary increases in this company are below par. この会社の昇給は標準以下だ．

parable [pǽrəbl]
寓話，たとえ話
原 そばに(para) 投げる(ble)
イメージ (そばに置く)⇨(例を並べる)⇨たとえ話
例 Jesus often illustrated his teachings with parables. イエスは自分の教えをよくたとえ話を使って説明した．

paradox [pǽrədaks]
逆説
原 定説(dox) の逆(para)
イメージ (常識からは外れるような)逆説
関 paradoxical 逆説的な
例 It may sound paradoxical (=like a paradox), but the faster you read, the better you understand. 逆説めくが，速く読めばそれだけ理解が深まる．

parallel [pǽrəlel]
平行している，類似している；平行，類似
原 そばに(para) 互いに(llel)
イメージ 互いに平行する；互いに似る
解 日本語で「平行する⇨平行線をたどる」というときの「食い違う」の意はない．
例 There are some parallel passages in these two reports. この2つのレポートには類似のくだりがある．/ The railroad runs parallel to the river. 鉄道は川に平行に走っている．/ They danced in two parallel lines. 彼らは2列にならんで踊った．/ Price seldom parallels the taste and quality of various brands of bottled waters. 種々のボトル入りの水は値段と味あるいは質が一致することは少ない．

paralyze [pǽrəlaiz]
麻痺させる
原 力がそれて(para) 失う(lyze=lose)
イメージ 感覚を削いでしまう
派 paralysis 麻痺
例 He became paralyzed from the neck down following a fall from his horse. 彼は落馬して首から下が麻痺状態になった．/ She was momentarily paralyzed by the sudden news of her husband's death. 彼女は夫の急死の知らせに一瞬頭が真っ白になった．◇精神活動の麻痺についても言う

paramount [pǽrəmaunt]
最高の
原 頂(amount) に(par)
イメージ (頂にあって)他より抜んでている
関 amount ～に達する / mount 登る / mountain 山
例 Plants were of paramount importance to early man. 植物は大昔の人にとって非常に重要なものであった．/ Harmonious relations are paramount to success at work and at home. 調和ある関係が職場でも家庭でもうまくやるために一番重要である．

paraphrase [pǽrəfreiz]
他の言葉で言い換える
原 そばに(para) 言う(phrase)
イメージ 難解な表現のそばにやさしい表現をおく⇨言い換える
解 para-は〈側〉の意：parasite 寄生虫(⇨そばで+食べる)
例 Could you paraphrase this part of the contract? 契約書のこの部分をやさしく言い換えてくれませんか．

pardon [pάːrdn]
(過失などを)許す
原 完全に(par=per) 与える(don)
イメージ すっかり許す
解 これは forgive (許す⇨しっかり+与える)と同じ．関連語に donation (寄付)があることを知れば，-don(与える)もすぐに感覚できる！〈与える⇨許す〉については forgive を参照のこと．
例 If I have offended you, I ask your pardon. もし気を悪くされたら，お許し下さい．/ Such offense shouldn't be

pardoned. そのような侮辱は許されないよ.

park [pάːrk]
公園, 駐車場；駐車させる
原 囲まれたところ
イメージ (囲まれた)公園, 駐車場：車やバイクや自転車を置き, 身をあずける
解 アメリカでは野球場のことを ball park というが,〈ボール公園〉ではなく, 原義の〈囲まれた球技場〉ととれば違和感なく受け入れられる.
派 parking lot 駐車場 ◇ 英国では car park と言う.
例 My apartment overlooks a huge botanical park. 僕のアパートから大きな植物公園が見える. / Can I park here? ここに駐車していいですか. ◇自転車やバイクについても言える. / If Father sat in his favorite chair to read the newpaper, I would park myself at his feet. 父さんがお気に入りの椅子に座って新聞を読んでいると, 僕はその足元にいつも座っていたものだ.

part [pάːrt]
部分；分かれる
原 分ける
イメージ 分ける, 分かれる；部分,（分けて当てられた)分担
派 partly ある程度は
例 We feel more affection for our relatives when they are parted from us. 人は身内の者と離ればなれになると, 一層想いが募るものだ. / She looks the part no matter what she does. 彼女は何をしても絵になっている. ◇ part はいわば〈はまり役〉のニュアンス. / It's not his own fault; you are all partly to blame. 彼だけ悪いのではない, 皆にも責任があるよ. ◇ partly〈ある程度・かなりの程度〉のイメージである. 英和辞典では「ある程度, 幾分かは」が定訳になっているが, 文脈によっては〈かなりの程度〉の意で用いられる. これは in part についても同様のことが言える. 理屈を言えば, 2 割でも part であり 8 割でも part であることに相違はないからである.

partake [pɑːtéik]
共に～する
原 部分(part) を取る(take)
イメージ 全体の中の一部をなす
解 take part in(～に参加する)は原義をなぞったイディオム.
例 Did you partake in the music competition? 音楽のコンテストに出たの？

partial [pάːrʃl]
部分的な, 不公平な；大好きである
原 部分的な
イメージ ある部分に片寄る ⇨ 不公平である ⇨ 偏愛する ⇨ 大好きである
派 partiality 不公平, 強い好み / partially 部分的に, えこひいきして
例 He has only a partial knowledge on European history. 彼の西洋史の知識は断片的でしかない. / Parents should not be partial to anyone of their children. 親はどの子にも片寄った愛情を持ってはならない. / She's very partial to sweets. 彼女は甘いものが大好きだ.

participate [pɑːrtísəpeit]
参加する
原 部分(parti) をとる(cipate)
イメージ 全体の中の一部をなす；活動に関わる
派 participation 参加, 関与
例 Thirty-two of the nation's outstanding high school teams are invited to participate in the tournament. 全国で 32 の優秀な高校のチームが招待を受け, トーナメントに出場する. / Unless the clitoris participates, orgasm does not take place. クリトリスが関わらないとオルガスムは起こらない.

particular [pərtíkjələr]
特別な, 気難しい
原 細かな部分
イメージ わざわざ細かい部分にこだわる, 全体の中からある特定部分を取り上げる
派 particularly とりわけ
関 part 部分 / particle 分子, 微粒子
例 I have no particular reason to reject it. 断る理由は特別ありません. / This particular case is an exception. このケースは例外です. / Is there anything in particular you're looking for? (店員がお客に)何かお探しですか. / He is particular about the

coffee he drinks. 彼はコーヒーにうるさい．

party [pá:rti]
パーティ，政党，団体，関係者
原 部分
イメージ 集合している人の塊(⇨全体から見たときには部分を構成している)⇨パーティ，政党，団体，一行；(ことに関わっている)人
例 We're having a party on Christmas Eve. クリスマス・イヴにパーティをするよ． / A party of tourists is visiting this town. 旅行団の一行がこの町を訪れている． / Many politicians put their party before their country. 国よりも党を優先する政治家が多い． / I couldn't help giving in to the other party's offer. 相手方の提案に屈せざるを得なかった．

pass [pǽs]
通過する，渡す，過ごす
原 歩む
イメージ 歩む⇨通り過ぎる⇨〜へ渡る
派 passable まずまずである / passage 通路，通行，一節 / passenger 乗客(⇨旅人⇨歩む人)
例 I passed the exam！試験通ったよ．◇〈通る⇨パスする〉は日本語も同じ発想をする． / Every thing in this busy age passes very fast. この忙しい時代には万事が早く過ぎて行く． / The first pack of runners passed the middle point. 先頭集団は中間点を通過した． / You shouldn't pass on this road. この道路では追い越しはいけません． / Please pass me the sugar. 砂糖を渡してください．◇sugar が大切な情報なので文尾に置かれる(⇨文尾は新情報が来る)．Pass the sugar to me. と言うと不自然に響く． / A passing remark of the man suggested that he was involved in the case. その男のふともらしたことばは彼がその事件に関わっていることを暗示していた．◇形容詞 passing は〈さっと通過している，さっとよぎる，たまたま出くわした〉の感じ．次例も同じ． / Despite the passing resemblance, treachery has no etymological connection with treason. 一見似ているが，treachery(裏切り)と treason(反逆)は語源的には無関係である．

passion [pǽʃən]
情熱，激怒
原 苦悩
イメージ 情熱，情念のほとばしり(⇨抑えきれないで苦しむ)
解「喜悦」の表情は「苦悩」の表情と区別がつかない．「恋は苦しいもの」とは演歌だけの世界ではない．あるいは「煩悩」という概念が思われる．
派 passionate 情熱的な，激しやすい
関 passive 受け身的な(⇨苦しみを受けうる) / impassive 淡々とした(⇨苦しみを＋受けない) / compassion 哀れみ(⇨一緒に＋苦しむ)
例 Passions may be associated with sin and wrongdoing. 情欲は罪とか悪を連想することがある． / My boss easily gets into an emotional passion when contradicted. 僕の上司は反対されるとすぐに怒る． / Burning passion for anything lasts shorter than does normal enthusiasm. 何事も燃える情熱は落ち着いた熱意ほどには長続きしない．

pat [pǽt]
軽く叩く
原 軽く叩く音のなぞり
イメージ パッと叩く
例 The coach patted me on the back and said a few encouraging words. コーチは私の背を叩いて頑張れと激励してくれた．

path [pǽθ]
小道，通り道
原 踏み固め(pad)られてできた道
イメージ (踏まれてできた)小道
解 日本人は pass(峠)と混同し易い；pass はこちらの村から向こうの村への〈歩み・渡り〉を意識した語である．path は〈踏み固めた道〉である．
例 Let's stroll along the garden path. 庭の道を散歩しよう．

pathetic [pəθétik]
哀れみを感じさせる，(見るも)哀れな
原 感動的な
イメージ 心に哀れみを持たせる
解 path-に pad(打つ)意味合いがあり，〈心打つ⇨悲しみを催させる〉と理解するとよいだろう(⇨定説ではないがイメー

関 pathos 哀感、ペーソス(□苦しい感情) / pathology 病理学(□苦しい病の学問)
例 Many local and traditional folksongs are very pathetic both in tone and words. 多くの各地の民謡は調子も歌詞もとても哀感があるものが多い。/ The local team was pathetic, losing to the visitors by the score of 0-50. 地元チームは相手に0対50で負けて見るも哀れであった。

patience [péiʃəns]
辛抱強さ
原 耐える(pati) こと(ence)
イメージ 困難に我慢強く耐える
派 patient 辛抱強い；患者(□病苦に耐える人)
例 You need patience (=should be patient) with slow students to be a good teacher. よい先生になるには遅れ気味の生徒に対して辛抱強さが必要だよ。/ He loses patience whenever he has to join a long queue. 彼は長い列を作るはめになるといつも機嫌が悪くなる。

patrol [pətróul]
パトロール(する)
原 泥水の中をざぶざぶ歩く(paddle) □見回る
イメージ 警戒の目を光らせて巡回する
例 Guards patrol regularly (=make regular patrols) on the campus. 警備員が定期的に構内を巡回する。/ Pirates were patrolling the seas around the Strait of Malacca. 海賊船がマラッカ海峡あたりを目を光らせて航行していた。
◇警察や兵隊だけが patrol するとは限らない。

patron [péitrən]
後援者, 常連客
原 後援者
イメージ 特別の気持ちを注ぐ人
解 patr-に〈父〉の意がある：patriot 愛国者(□父なる国(=祖国)＋愛する者) / paternal 父方の, 父の / paternity 父性 / patriotism 愛国心
派 patronage 後援 / patronize ひいきにする
例 This is a special offer for our regular patrons. これは上得意様への特別提供です。/ This is the convenience store we patronize. これは私達がいつも利用しているコンビニです。

pattern [pǽtərn]
パターン, 模様, 見本
原 父(patronus) □模範
イメージ (模範) □定型□繰り返し
解 patron と pattern は同系語。
例 The ex-Prime Minister would wear ties with a polka-dot pattern. 前首相はよく水玉模様のネクタイをしていた。/ I don't see a pattern of misconduct in this young man's school life. この若者の学校生活での非行の繰り返しが理解できない。

pause [pɔ́:z]
休止(する)
原 休止する
イメージ ちょっとだけ立ち止まる
関 pose ポーズをとる
例 The lecturer paused and drank water before continuing his presentation. 講師は一息入れるため水を飲み発表を続けた。

pay [péi]
払う, 償う
原 借りを支払って波風が立たないようにする
イメージ 与えられるものに対して見返りを与えて平衡, 平和を図る
解 「払う」とは〈受益に対する負債・負い目を金・行為などで払い除けるの意。finance(金を調達する)も原義は〈終わりにする□ケリをつける〉で同じ発想と言える。
派 payment 支払い
関 pacify 気持ちを鎮める / peace 平和
例 She paid ten dollars for the hat. 彼女は帽子に10ドル払った。◇受益＝帽子；与える見返り＝10ドル / He has been paid to remain silent about the incident. 彼はその事件についてしゃべらない約束をして金を受け取っている。◇受益＝金；与える見返り＝秘密を守ってやる / All the students paid attention to the lecturer. 学生は皆講師の言うことに耳を傾けた。◇受益＝講義の内容；与える見返り＝傾聴すること(attention を払わないと相手を無視する

ことになり穏やかでなくなる)． / He paid a visit to his former teacher. 彼は昔の先生を訪問した．◇受益＝面会できること；与える見返り＝訪問する努力 / This business pays. この商売は引き合う．◇受益＝儲け；与える見返り＝経営努力 / You have to pay for what you have done. しでかしたことは償わないといけない．◇たとえばしでかしたことが賄賂の受諾とすると，受益＝金；返すべき見返り＝苦痛・恥辱・不名誉・信用の失墜 / A giant whale broke the surface. The waiting had paid off. 巨大な鯨が海面に現われた．待った甲斐があった．◇受益＝目撃；与える見返り＝待ち時間

peace [píːs]

平和

原 穏やか

イメージ 穏やかで落ち着いている

派 peaceful 平和な / pacify なだめる

関 pay 支払う(⇨平和にする) / appease 静める(⇨〜へ＋平和)

例 People in both warring nations were tired of war and longed for peace. 交戦国の人々は戦争に疲れ，平和に憧れていた． / Peace at any price. 何としてでも平和を．

peak [píːk]

峰，絶頂

原 尖っている

イメージ 山の頂；ものごとの絶頂期

例 He planted the national flag on the mountain peak. 彼は山の頂上に国旗を立てた． / Traffic reaches its peak at around eight in the morning. 交通量は朝8時頃ピークに達する．

peck [pék]

ついばむ

原 pick(つつく)と同系語．

イメージ 嘴(beak)でつつく，ものごとを軽く噛ってみる

例 The bird is pecking at the tree in search of insects. 鳥が虫を取ろうとして木をつついている． / I just pecked at German when I was in high school. 高校のときドイツ語を噛った．

peculiar [pikjúːljər]

変な，独特の

原 私有の

イメージ (私有の)⇨固有の⇨一風変わった⇨ちょっと変な

派 peculiality 特性

例 That children have to stay up and study as late as mid-night every day seems peculiar to me. 子供がいつも真夜中まで起きて勉強しなくてはいけないのはちょっと変だと思う． / Many people don't agree with that flavor peculiar to "natto." 納豆独特の臭いが嫌いな人が多い．

pedal [pédl]

ペダル；ペダルを踏む

原 足(ped) の(al)

イメージ ペダル；ペダルを踏む

関 impede 邪魔する(⇨入れる＋足を) / pedicure ペディキュア(⇨足の＋世話) / pedestrian 歩行者(足(pede)＋人(ian)) / pedigree 家系図(⇨足＋鶴；系図が鶴の足の形に似ている)

例 I pedaled all the way up the hill. ペダルをこいで坂道を登り切った．

peer [píər]

仲間，同僚

原 同じ

イメージ 同じ年頃の仲間，同じ職場の仲間

派 peerless 比類のない

関 par 同等，基準 / pair 対(⇨同じ種類からなる2つ) / parity 同等

例 Youngsters tend to conform to the expectations of their peer group. 若者は自分達の仲間の期待に添おうとしがちだ． / The pediatrician told me that my child was bigger than 95 percent of his peers. 小児科医は私の子は同年代の子と比べて大きい方の5パーセントに入ると教えてくれた． / Shakespeare is a peerless dramatist. シェイクスピアは比類のない劇作家だ．

penalize [píːnəlaiz]

ペナルティを課す

原 刑罰を課す

イメージ 痛手を与える

解 pain(痛み)が関連語であることを知るとイメージしやすい．

派 penal 刑の / penalty 罰金，罰 / penance 償い，ざんげ(⇨苦痛を伴う)

関 pain 苦痛 / pine やつれる / punish 罰を与える

例 The fast-paced information technology penalized people who didn't learn how to type. 急速に発展する情報技術はタイプができない人たちを不利にした． / The player was penalized with a red card for yelling at the referee and had to leave the game. その選手は審判に暴言を吐いたのでレッドカードをもらい，退場になった．

pending [péndiŋ]
未解決の，懸案の
原 宙ぶらりん
イメージ (宙ぶらりんで)定まっていない
関 pendant ペンダント(⇨ぶら下がっている) / pendulum 振り子(⇨ぶら下がっている)
例 The decision on whether or not to do is still pending. するかしないかはまだ決まっていない． / We delayed our final plan pending Father's return tomorrow. 明日父が帰ってくるまで計画の決定を延ばした． ◇ pending は前置詞用法で「～までの間」の意．

penis [píːnis]
陰茎，ペニス
原 尻尾，筆
イメージ 陰茎
解 原義「筆」を日本語「筆下ろし」と関連づけるのは一興か．
派 penile ペニスの
関 pencil 鉛筆(⇨小さな筆)◇(芯入りの)鉛筆は 17 世紀に発明されたもので元来は絵筆のことを言った) / penicillin ペニシリン(⇨尻尾の形状をしている)
例 Two testicles are encased in the scrotum, which hangs under the penis. 2 個の睾丸が陰嚢の中に納まって陰茎の下側にぶら下がっている．

pension [pénʃən]
年金，恩給
原 支払い
イメージ 過去の働きに対する報酬
派 pensionable 年金を受けられる / pensioner 年金受給者
例 Survivors of workers who have died may receive pensions. 勤労者の遺族は年金を受け取れる．

pensive [pénsiv]
物思いに沈んだ
原 重さをかけた
イメージ 悩みがぶら下がって物思いに沈んだ
解 日本語「思い」は「重い」の関係を示唆する人もいる(語源大辞典：東京堂)(⇨ weigh)
例 "What's wrong?" she said, "You look very pensive."「どうしたの，えらく深刻な顔して」と彼女は言った．

people [píːpl]
人々，国民
原 大衆，人々
イメージ 人々，国民；ある場所に住みつく
解 people は〈人＋人＋人〉，peoples は〈民族＋民族＋民族〉の意味合いになる．
関 popular 人気のある(⇨人々＋の) / populous 人口の多い / population 人口，生物の数
例 People are interested in scandal about their neighbors. 人は近所の醜聞に興味をいだくものだ． / The peoples of the Northwest Pacific Coast depended for their livelihood almost entirely on salmon. 北西太平洋岸地域の民族は生活の糧をほとんど鮭に頼っていた． / The dances of a people can reveal much about their way of life. ある民族のダンスを見るとその民族の生活の仕方がいろいろと分かるものだ． ◇ a people は〈ある 1 つの民族〉 / The section of the town is peopled by many Japanese-Americans. 町のその地区は多くの日系アメリカ人が住んでいる．

perceive [pərsíːv]
気が付く
原 しっかり(per) 摑む(ceive)
イメージ 人間の感(五感・六感)を通して外の現象を捉える(感づく)
派 perception 認識
関 conceive 考えを抱く
例 He perceived a faint sound in the attic. 彼は屋根裏部屋でかすかな音がするのに気づいた． ◇五感の 1 つ(聴覚)による感知 / He soon perceived that he was not welcome at the meeting. 彼は集まりで自分が歓迎されていないことにすぐに感づいた． ◇第六感による / The perception that Hawaii is behind the times is true. ハワイは時代より遅れて

いるという直観はその通りである．

perfect [pə́ːrfikt]
完全な；完全にする
[原] 完全に(per) なす(fect)
[イメージ] 完全にする
[解] complete と perfect の違いを野球用語で見てみよう：pitch a complete game 最後まで投げきる(完投する) / pitch a perfect game 最後まで投げかつ全打者を凡退させる(完全試合をする)
[派] perfection 完全 / perfectly 完全に
[関] factory 工場(⇨作るところ) / manufacture 製造する(⇨手を尽くして＋作る) / effect 結果(⇨出る＋なす) / fashion 流行, 方法(⇨作り出す)
[例] The runner seems to be in perfect condition. その選手は絶好調のようだ． / He perfected the technique of producing wholly spherical cultured pearls. 彼は完全な球形の養殖真珠を作る技術を完成させた．

perform [pərfɔ́ːrm]
成し遂げる
[原] 完全に(per) 仕上げる(form)
[イメージ] ちゃんとやる◇do のかしこまり版と言える
[解] do が〈やる〉なら, perform は〈ちゃんとやる〉の心である．
[派] performance ちゃんと行うこと
[例] Our baseball team performed very well. 我々の野球チームは大活躍をした． / I am worried about how my daughter will perform in the concert. 娘はコンサートでうまくやれるか心配だ． / Participation is more important than performance. いかにうまくやるか(成績)よりも参加することが大切だ． / It is performance, not size, that counts. 大切なのは性能であって, 大きさではない．

perfume [pə́ːrfjuːm]
香り；香らせる
[原] すっかり(per) 煙(fume)
[イメージ] 漂う香り
[関] fume 煙
[例] People use perfumes in many ways to create a pleasant odor. 人はよい匂いをさせるために香りを多様に用いる．

perfunctory [pərfʌ́ŋktəri]
おざなりの
[原] 通じて(per) 仕事上(functory)
[イメージ] (仕事上から⇨義務から)⇨義理で⇨仕方なく⇨いい加減に
[解] ぱーっと(per)やっちゃう(functory)とイメージするのも一法．
[派] perfunctorily おざなりに
[関] function 機能, 役目
[例] The inquiry was brief and perfunctory. 調査は簡単でおざなりであった． / The audience applauded in a perfunctory way, pitying the speaker who they thought had failed. 演説が失敗したと思った聴衆は気の毒に思って熱のこもらない拍手をした．

perhaps [pərhǽps]
ことによると
[原] 偶然(haps) を通して(per)
[イメージ] ひょっとして, ことによると
[解] 実現の率はどちらに転ぶか分からない程度．
[関] happen たまたま起こる / happy 幸せな
[例] Perhaps he's in that bookstore. 彼はあの本屋にいるかも． / Do you think it'll be sunny tomorrow？—Perhaps. 明日晴れると思う？―多分ね． / Will he pass？—Perhaps not. 彼は合格するだろうか？―だめかもね． / Could I perhaps borrow this book？ この本お借りできますかね．◇依頼がぐっと丁寧になる． / You'd better visit the doctor, perhaps. お医者に診てもらった方がいいと思いますよ．◇提案が柔らかくなる．

peril [pérl]
危険
[原] 試す
[イメージ] 出くわすかもしれない災難(地震, 雷, 火事, 事故など)
[派] perilous 危険な
[例] Nothing substantiated the stories of peril in the Bermuda Triangle. かのバーミュダトライアングルの危険性を実証するものは何もなかった． / Unemployment in the city suddenly skyrocketed, plunging the city's economy down a perilous path. 町の失業率が急激に高くなり, 町の経済状況が危機的状況に落ち込んだ． / Albatrosses were sighted by perilous expeditions

to the outlying rocks. アホウドリは、奥地の岩場まで危険な遠征をして観察された。

period [píəriəd]
期間、授業時間、月経、終止符
原 巡り(peri) 行く(od)
イメージ (時の1巡り)⇨期間、時期；(1月毎に巡ってくる)月経；(1区切りを示す)終止符
解 peri〈回る〉の関連語：perimeter(囲む)境界線 / peripatetic 巡回の / periphery 周囲 / periphrasis 遠回しの言い方 / periscope 潜望鏡 / peritoneum 腹膜。od〈行く〉の関連語：exodus 出国(⇨出て+行く) / method 方法(⇨添って+行く)
派 periodical 定期刊行物
例 Fewer and fewer people born in the Meiji period are alive today. 明治時代生まれの人はだんだん少なくなってきている。/ The subject for our third class period of the day is Japanese history. 今日の3時間目は日本史です。/ I had my first period about three months ago and haven't had another since then. 初潮が3か月ほど前にありましたが、それ以後ありません。

perish [périʃ]
死ぬ、消滅する、消滅させる
原 離れて(per) 行く(ish)
イメージ 逝ってしまう⇨滅びる
派 perishable 腐り易い
例 The soldiers perished in the service of the country. 兵士達は国への奉仕のさなかに死んで行った。/ Perish the thought! とんでもないよ！(⇨そんな考えはよしてくれ)

permit [pərmít]
許可する
原 完全に(per) 通す(mit)
イメージ 望みのところへ行かせてやる、(要求を)通過させる
派 permission 許可
関 admit 認める(⇨へ+送る) / commit 委託する(⇨あえて+送る)
例 This visa permits you to stay in the US for more than three months. このビザならアメリカに3か月以上滞在できます。/ I'll come again next week, if things permit. 都合がつけば来週また来ます。/ Did the boss give you permission to take a day off? 休みの許可はもらえましたか。

perpetual [pərpétʃuəl]
永久に続く
原 ずっと(per) 求めるような(petual)
イメージ いつまでも続く、どこまでも続く
派 perpetually 永久に / perpetuate 永遠なものにする / perpetuation 永続性
関 petition 請願する
例 Those mountain peaks have perpetual snow (= Those peaks are perpetually covered with snow). 峰々は根雪に覆われている。/ He is in a perpetual state of drunkenness. 彼は何時も酔った状態である。/ Her appetite for pleasure was perpetual. 彼女の快楽への欲求はとどまることを知らなかった。/ She fostered no illusions about perpetuating their relationship. 彼女は2人の関係をずっと続けるという幻想を抱いてはいなかった。

perplex [pərpléks]
当惑させる
原 完全に(per) 重ねる(plex)
イメージ (完全に折り重ねる)⇨(からまって)身動きがとれなくする、困惑させる
派 perplexity 困惑
例 She was perplexed as her new students wouldn't listen to her. 新しく担任した生徒達が言うことを聞かないので先生は困ってしまった。

persecute [pə́ːrsəkjuːt]
虐待する
原 完全に(per) 追いかける(secute)
イメージ 最後まで追い詰める⇨しっこく追い詰めいじめる
派 persecution 迫害
関 sequence 連続(⇨後に続く)
例 Roman authorities feared revolution and began to persecute the Christians. ローマ王朝は革命を恐れてキリスト教徒の迫害に乗り出した。/ The emperor Nero started the first wave of persecutions in 64 A. D. ネロ皇帝は一連の迫害を紀元64年に始めた。

persevere [pəːrsəvíər]
辛抱する、やりとおす

原 貫く(per) 懸命を(severe)
イメージ (困難に対して)頑張りぬく
派 perseverance 忍耐
関 severe 厳格な
例 You need to persevere in this situation to be successful in the end. 最後に笑いたければ、ここは辛抱しなくちゃだめだよ。 / They often say that people from cold areas are more persevering. 寒い地方の出身者の方が粘り強いとよく言います。

persist [pərsíst]
執着する、言い張る
原 貫き(per) 立つ(sist)
イメージ 頑固に貫き通す、しっこく居座り続ける
派 persistent 粘り強い / persistently 執拗に
例 If you persist in smoking, I'll call your father. タバコを止めないならお父さんに言うからね。 / See your doctor if your symptoms persist. 症状がどうしても治まらないときは医者に行きなさい。 / I hate salesmen who are too persistent. しっこいセールスマンは嫌いだ。 / He kept after her persistently. 彼はしっこく彼女につきまとった。

personal [pə́rsənl]
個人的な
原 人(person) の(al)
イメージ 個人的な⇨(プライバシーに)立ち入った
派 personality 性格 / personally 個人的には、直接自分で
例 How much money did you make?—Oh, that's personal (=a personal question). いくら儲けたの？—答えたくないわ。 / He got his personal belongings together and left the prison. 彼は身の回り品をまとめて刑務所を出た。

perspective [pərspéktiv]
眺望
原 貫いて(per) 見る(spective)
イメージ 遠くまで見通すことができる
例 You should learn to see things in perspective. 見通しを伴ったものの見方ができるようになりなさい(⇨近視眼的になるな)。

perspire [pərspáiər]
汗が出る
原 通して(per) 呼吸(spire)
イメージ 汗が出る
解 原義の呼吸と汗の関係は結びつきにくいが、spire は〈(元来一方向へ)吹き出る〉イメージで捉えると納得がいく。
派 perspiration 発汗
例 People perspire in cool weather as well as warm weather. 人は気温が低い時でも発汗している。

persuade [pərswéid]
説得する
原 完全に(per) 促す(suade)
イメージ 説き伏せてやらせる、説き伏せて信じさせる
解 定訳「説得する」であると、その成果が否の場合もありうるが、persuade はいつも成果を伴う意味合いがある。
派 persuasion 説得 / persuasive 説得力がある / dissuade 思いとどまらせる(⇨反対に+説き伏せる)
関 suave 物腰が和らかい(⇨説得に役立つ)
例 He persuaded her to change her mind. 彼は彼女を説き伏せて考えを変えさせた。 / Perry's show of force persuaded Japan to open two ports to U.S. trade. ペリー提督は力の威嚇によって日本に2つの貿易港をアメリカに開くことを説き伏せた。 / Their advertising campaign for the book was so persuasive that more than one million copies were sold. 宣伝のやり方がとても説得力があったのでその本は100万部以上も売れた。

pertain [pərtéin]
関係する
原 しっかり(per) 保つ(tain)
イメージ しっかりした関わりを持つ⇨しっくりする
派 pertinent しっくり合う
例 What you say is good, but it doesn't pertain to me (=isn't pertinent to me). 君の言っていることはいいんだけど、僕には関係ないよ。 / That is not the kind of behavior pertaining to preachers. それは聖職者にはふさわしくない行為だよ。

perturb [pərtə́ːrb]
狼狽させる
原 すっかり(per) 乱す(turb)

ィメージ ひどく心を混乱させる
関 disturb かき乱す(⇔ひどく＋乱す) / turbid 濁った
例 I am deeply perturbed by the alarm he raised about obese people's difficulty in getting jobs. 肥満だったら職が見つかりにくいという彼の警告にとても不安になった． / Don't be perturbed; everything will be fine by tomorrow. 心配ないよ；明日までには万事片付くよ．

peruse [pərúːz]
熟読する
原 完全に(per) 使う(use)
ィメージ 念を入れて読む
解 元来「使いきる」の意であったが現在では本の読み方についてのみ言う．
派 perusal 熟読
例 You should peruse the contract. 契約書はちゃんと読まないとだめですよ．

perverse [pərvə́ːrs]
ひねくれた
原 ひどく(per) 曲がった(verse)
ィメージ ひねくれた
関 pervert ゆがめる；性的倒錯者
例 She has the perverse habit of turning down every invitation. 彼女はひねくれていて招待はいつも断る．

petrify [pétrəfai]
石に変える
原 石(petri) にする(fy)
ィメージ ショックを与えて石のように硬直させる
解 petrified forest は太古の樹林が化石した所、いわば化石の森．
関 petroleum 石油 / petrifaction 石化作用
例 She became petrified on reading the anonymous threatening letter. 匿名の脅迫文を読むや彼女は恐怖で引きつった．

phenomenon [fináːmənɑn]
現象；珍しい現象
原 現われたもの
ィメージ 現象⇨(全ての現象は不可思議)⇨驚異的なこと
派 phenomenal 目を見張るような
関 phantom 幻影
例 Mozart, who could compose a symphony at a young age, went on to become a musical phenomenon. 子供の時交響曲を作曲できたモーツアルトは驚異の音楽家となった． / The computer industry has been experiencing phenomenal growth. コンピュータ産業は驚異的な発展を遂げつつある．

philosophy [fəlɑ́səfi]
哲学
原 愛する(philo) 知恵(sophy)
ィメージ 物事を〈明らめる〉学問
解 philosophical(達観した)は〈明らめる〉は〈諦める(諦観)〉に通ずるから．
例 My business philosophy is to sell quality goods at a reasonable price. 私の商売哲学はいい物を安く売ることです． / Whether or not we realize, we all have a philosophy of life. 意識のあるなしにかかわらず、我々は誰もが人生哲学を持っている． / He was quite philosophical about his failing the entrance exam. 彼は入試の失敗を潔く諦めた． / He took the whole thing philosophically. 彼は事のすべてを冷静に受け止めた．

phoney [fóuni]
偽の
原 Forney という人物が模造の宝石の製造者だったことから
ィメージ 偽り、偽物
解 phony とも綴る．
例 His diploma was phoney. 彼の卒業証明書は偽物だった．

pick [pík]
摘む、選ぶ
原 突き刺す
ィメージ 一点に定めて選び取る
解 pick は音韻的に先の尖った感じがある；ice pick 氷割用の錐 / picket 尖った杭 / peak 尖った山頂 / pike 槍
派 picky 選り好みする
例 Don't pick wild flowers. 野生の花を摘まないように． / The judge picked his words so as not to upset the accused. 判事は被告が取り乱さないように言葉を選んで言った． / He was picked to play for the all-star game. 彼はオールスターゲームの選手に選ばれた． / It seems unfair that I got picked. 私が選ばれちゃって不公平みたいね． / She is picky about shampoos

and conditioners. 彼女はシャンプーやリンスにとてもうるさい.

picture [píktʃər]
絵, 状況；絵にする
[原] 描く
[イメージ] 絵に描く(画像), 心に描く(心像)
[解] キャンバスに描く絵と頭に描くイメージとしての絵がある.
[派] pictorial 絵画の / picturesque 絵のようにきれいな
[関] paint ペンキ / depict 描く / pigment 顔料, 色素
[例] She spent all day drawing pictures. 彼女は1日中絵を描いていた. / In fables, the fox is often pictured as sly, the owl as wise. 寓話では, キツネはずるいもの, フクロウは賢いものとして描かれることが多い. / Did you get the picture of how the ceremony would be performed? どのように式が行われるのか分かりましたか. / Can you picture what Thailand is like. タイがどんな国か想像がつきますか. / Leonardo da Vinci is the picture of a genius. レオナルド・ダヴィンチは絵に描いたような天才だ. ◇ picture〈絵に描いたような典型〉

piece [píːs]
かけら, 作品, 記事
[原] 1切れ
[イメージ] 1個, 1作品
[解] 総体(a whole)を分割すると1つずつは a piece(一品)となる. たとえば, a piece of furniture というとき a piece は机とかベッドとかテーブルであり, その総体は部屋の備品である. a piece of music であれば, a piece は1曲で総体は音楽である.
[例] How many pieces of baggage do you have? 手荷物いくつお持ちですか. / Would you like another piece of cake? ケーキもう1切れ如何ですか.

pile [páil]
(ものを積み重ねた)山, 杭
[原] (尖っている)塔；(尖っている)杭
[イメージ] ぐいぐいと積み重ねたもの；ぐいぐいと打ち込むもの
[例] The pile of gifts at the base of the Christmas tree grew day by day. クリスマス・ツリーの下のプレゼントの山は日毎に高くなっていった.

place [pléis]
場所；(場所に)置く
[原] 広場
[イメージ] 場所；慎重にものを置く, 場所を占める
[関] plaice カレイ(☆だだっ広い魚) / plaza 広場 / plate 平皿(☆ぺたんと広い)
[例] I'd like to invite you to my place. 私の家にあなたをお招きしたい. ◇ one's place で「人の家」/ Some people eat rice by placing it on the back of the fork. ライスをフォークの背に乗せて食べる人がいる.

plague [pléig]
災難, 疫病；悩ませる
[原] 一撃
[イメージ] 打撃・苦痛を与える
[解] 元来〈磯を打つ波の音を模したもの〉
[例] I would like your advice on a problem that has plagued me all my life. ずっと私を悩ませてきた問題についてアドバイスが欲しいのです. / Every male is plagued by the question of how big the normal penis is. 男は誰もペニスの正常なサイズはどれほどかの問題に悩む.

plain [pléin]
平易な, 明白な, 質素な, 率直な
[原] 平らな
[イメージ] (素うどんの / 素顔の)素
[解] flat は〈ぺたん, ぺたっと平たい〉の感じ.
[関] plane 飛行機 / かんな / 平面図(☆いずれも平たいという特徴を持つ)
[例] You should wear a plain tie with this checked shirt. このチェックのシャツには無地のネクタイがいいよ. / The plain fact is that we aren't well prepared for it. 率直なところ十分な準備ができていません.

plainly [pléinli]
はっきりと, 質素に
[原] 平らに
[イメージ] 飾らずに ☆ (本質がそのまま)はっきり見える
[例] He was plainly but not ill clad. 彼は質素だがちゃんとした服装をしてい

た． / Speak plainly and to the point. 平易なことばで要点を外さないように話しなさい． / Chagrin was plainly written on her face. 無念さが彼女の顔にはっきりと書かれていた．

plan [plǽn]
計画，設計図；計画する，設計する
原 平たい図面
イメージ 平たい図面，計画表
例 Leonardo drew plans for a flying machine and a parachute. レオナルドは飛ぶ機械装置やパラシュートの図面を描いた． / What are your plans for tomorrow? 明日の計画はどうなってますか．

plane [pléin]
飛行機，水準，面，かんな
原 平らな
イメージ 飛行機，水準，面，かんな
解 これらに共通する性格的特徴は〈平たい〉である．
例 He often travels by plane. 彼は飛行機でよく旅行する．

plant [plǽnt]
植物，工場；植え付ける，据える
原 植えるために大地を平たく踏みならす
イメージ 大地にしっかり根を張る植物；大地にしっかり立つ工場．植物を植え付ける；装備を据え付ける
例 We planted a cherry tree in the garden. 桜の木を庭に植えた． / Someone planted a time-bomb in the train. 誰かが時限爆弾を列車に仕掛けた．

plaster [plǽsər]
しっくい；しっくいを塗る
原 塗り付ける
イメージ しっくいを塗り付ける
派 plasterer 左官職人
例 Beavers build lodges with logs and branches and plaster them with mud. ビーバーは木や枝で枠を組みそれを泥で固めて住み家を作る．

plastics [plǽstik]
プラスチック
原 型どれる
イメージ 固いプラスチック．柔らかいビニール
解 plastics(プラスチック，合成樹脂)は plastic(粘土など)と区別して複数形で用いる．
例 Transparent plastics keep food fresh and clean, and allow customers to see what they buy. 透明なビニールは食物を新鮮に清潔に保つ上に，消費者は中身を確認できる．

plausible [plɔ́:zəbl]
もっともらしい
原 拍手に値する
イメージ (拍手に値する)⇨話がいかにもそうだと思えるような
解 plausi-は-plode と同系で喝采の音をなぞっている．
例 His excuse sounds plausible, but I'm not sure I believe it. 彼の言う口実は本当みたいだけど，どうも信じ難いね．

play [pléi]
遊ぶ，演奏する，やる
原 踊る
イメージ 何かをして楽しむ
派 playful おどけた
例 Is he going to play today? 彼は今日のゲームに出るの？ / Can you play tennis? テニスできますか？ / He often plays truant. 彼はよく学校をさぼる．

plead [plí:d]
弁護する，弁解する，嘆願する
原 和ませる
イメージ 自己を和ませるために相手に申し立てる
関 plea 嘆願・弁解 / please 喜ばせる
例 He pleaded with her to forgive him. 彼は彼女に許しを乞うた． / The man accused of the shotgun massacre pleaded not guilty on the grounds of insanity. ショットガン虐殺による被告は精神異常だったとして無罪を求めた．
◇裁判長の "How do you plead?"(判決をどう求めますか)に対して被告は "not guilty"(無実を申し立てます)あるいは "I plead guilty."(罪を認めます)と申し立てる．後者は処罰を受けることによって自己の不祥事を清算し，更生を図るという欲求あるいはポーズが底流にある表現である．

please [plí:z]
楽しませる，気に入る；どうぞ
原 気持ちを和ませる
イメージ 気持ちを和ませる，楽しませ

る
派 pleasant 楽しい / pleasure 楽しみ, 満足
関 plea 嘆願, 口実(⇨気持ちを落ち着かせるもの) / plead 弁解する
例 It always pleases me to hear from you. あなたからの便りはいつも嬉しいです。 / I'm pleased to hear that you're coming. あなたが来られると知って嬉しいです。 / Can we go on to the next item on the agenda, please? 次の議題にいってもらえますか。 / Would you like tea or coffee?—Coffee, please. 紅茶かコーヒーは如何ですか—コーヒーをお願いします。 It is pleasant to be with Bill (= Bill is pleasant to be with). ビルと一緒にいると楽しい。 / I get great pleasure out of reading mysteries. ミステリー小説を読むのがとても楽しいです。 / We had the pleasure of greeting your relatives the other day. あなたの御家族に先日ご挨拶できたんですよ。

pledge [plédʒ]
担保;誓約する
原 保証する
イメージ 世間に向けて約束をする
関 plight 誓う
例 They pledged to find a peaceful solution to the territorial dispute over the northern islands. 北方領土に関する論争に平和的解決をする約束をした。 / We pledge our support for him in the coming Parliamentary election. 我々は今度の議員選挙では彼を支持することを約束する。

plenty [plénti]
たくさん, 豊富
原 いっぱい
イメージ なみなみ・たっぷり
解 pl- には〈重なり〉の感じがある: plethora 過多・過度 / plenitude 十分 / plentiful たくさんの
派 aplenty 十分な
例 We still have plenty of time before the exams start (=There is time in plenty before the exams start=There is time aplenty before the exams start). 試験までにはまだ十分時間がある。

pliant [pláiənt]
しなやかな
原 曲がる
イメージ (曲がる)⇨しなやかな
解 pli-に〈重なり, 曲がり〉の意味合いがある。
例 The pliant tree bends before the wind and is not damaged by the storm. しなやかな樹は風に吹かれるとたわみ, 嵐にも害を受けない。

plight [pláit]
悲惨
原 曲がり, ねじれ
イメージ ねじれ⇨苦しい状況
例 Few young people are aware of the plight of refugees. 難民の悲惨さを分かっている若者は少ない。

plod [plád]
とぼとぼ歩く, こつこつ働く
原 とぼとぼ
イメージ とぼとぼ, こつこつ
解 音のイメージから意味を体得したい。
例 The tortoise plods along steadily and eventually passes the hare. 亀はとぼとぼと着実に歩み, ついには兎を追い越すのである。

plot [plát]
陰謀, 区画, (物語りの)筋
原 区画
イメージ 位置を図の上で示す⇨(位置を順に示す)⇨筋道を組み立てる⇨秘密の計略を立てる
例 The captain plotted another course to beat the typhoon. 船長は台風を避けるための別の進路を示した。 / Some men were plotting to kill the gang-leader. 数人の男がヤクザの親分を殺すことを企らんでいた。

plug [plʌ́g]
プラグ, 栓
原 木栓
イメージ 栓⇨(穴を詰める)⇨プラグ; 宣伝する(⇨番組の中に差し込む)
解 plug の -u- は〈圧迫〉
例 Pull the plug out to drain the old water. 栓を抜いて古い水を流しなさい。 / Be sure to put the plug in the outlet. プラグはちゃんとコンセントにさしておきなさい。 / He has been plugging his

new album on TV. 彼は新しく出したアルバムをテレビで宣伝している．

plumb [plʎm]
重り
[原] 鉛
[イメージ] 重りがブランとぶら下がる⇨水深を測る⇨探り当てる
[解] plummet とも言う．
[例] The wall must be plumb to the floor. 壁は床に垂直でなくてはならない．◇be plumb ブランと垂れる⇨垂直をなす / He tried to plumb the function of the human mind. 彼は人間の心の働きを探ろうとした．

plump [plʎmp]
ふっくらとした
[原] 丸々太った
[イメージ] ブランと垂れるほどにふっくらしている
[例] The baby was cute and plump. 赤ん坊はかわいくて丸々としていた．

plunge [plʎndʒ]
突っ込む；飛び込み
[原] 鉛を水中に沈める
[イメージ] どーんと落下する
[例] The mercury plunged to minus 5.2 C in Tokyo yesterday. 昨日東京では気温がマイナス5.2度Cに下がった．

plus [plʎs]
～に加えて
[原] さらに
[イメージ] さらに加えて⇨有利な
[解] pl- には〈重なり〉のイメージがある．
[関] plural 複数
[例] A lot of experience with different firms could be considered a plus rather than a minus in the job market. 求職において，種々の会社での豊富な経験が有利に考慮されることもある．

ply [plʎi]
往復する，精を出す，しっこくすすめる
[原] 重ねる(ply) (⇨ apply の語頭音が落ちたもの)
[イメージ] 自己を対象に重ねると〈精を出す〉，行き来を重ねると〈往復する〉
[解] ply の〈重なり〉を意味する語は多い：plywood ベニヤ板 (⇨ 合板) / apply 適用する (⇨あてはめて用いる) / three-ply 三重の，三枚合わせの / reply 応答する (⇨折り返す＋かさねる) / multiply 増やす (⇨たくさん＋重ねる) / imply ほのめかす (⇨含める⇨中に重ねる) / comply 応じる (⇨完全に重ねる) / panoply 盛大な儀式 (⇨ pano (すべて) ply (備えた)) / supply 供給する
[例] He plied himself with alcohol. 彼は酒にひたった． / He plied me with questions. 彼は私に質問をたたみかけてきた． / The clipper plies between the two cities. 快速艇は両都市間を往復している．

poach [póutʃ]
密猟する，侵入する，横取りする，熱湯で茹でる
[原] 小袋 (ポーチ＝pouch) に入れる
[イメージ] 袋にこっそりしまい込む
[解] 卵を軽く茹でると落とし卵になるがこれは白身が袋となって黄身を包み込むから poached egg と言う．
[派] poacher 密猟者
[関] pouch 小袋
[例] They were arrested on suspicion of poaching orangutans. 彼らはオランウータンを密猟した容疑で逮捕された． / Our rival company poached our design of a new model and marketed it with great success. ライバル会社が我々の新型車のデザインを盗用して売り出し成功した．

pocket [pάkət]
ポケット
[原] 袋(pock) 小さな(et)
[イメージ] ポケットに入れる⇨しまい込む，着服する
[例] Pocket your pride and ask for advice. プライドは捨てて (⇨ポケットにしまい込んで) 助言を求めなさい． / The President of the company pocketed all the profits of the last quarter. その会社の社長が前四半期の全収益を着服した．

point [pɔ́int]
点；指し示す
[原] 尖った先端
[イメージ] 注目の点，要点；指差す
[解] 尖ったものは〈鋭い〉
[派] pointed 鋭い / pointedly 鋭く (⇨刺すように)
[関] poignant 辛辣な (⇨心を刺す) /

punctual 几帳面な(⇨細かい点まで)

例 There's no point continuing any further with the negotiations. その交渉を続けても無駄だ(＝得る点はないよ).
◇ point は〈得点の点〉／ He pointedly refused to amend what he had said or to apologize for it. 彼は発言したことを改めたり，謝ったりすることは舌鋒鋭く拒否した. ◇「口をとがらせて否定した」とイメージできる. ／ We all turned to look in the direction she was pointing. 皆は彼女が指差している方に目を向けた. ／ Colonel George Washington made a point of turning up in uniform. ジョージ・ワシントン大佐はいつも制服で姿を現わした(⇨～を旨とする). ◇ point は〈要(かなめ)の点⇨大切⇨旨とする〉

poise [pɔ́iz]
バランスをとる；平衡，落ち着き
原 重さを計る
イメージ バランスをとる⇨(セルフ・コントロールができて)落ち着いている
解 重さを測るとは天秤で平衡をとることであった.
例 He never loses his poise under any circumstances. 彼はどんな時でも取り乱すことがない. ／ He was poised when summoned to appear before the Diet. 国会へ召喚された時彼は落ち着いていた. ／ The slugger's poise at batting is more graceful than powerful. その強打者の打撃の時の身のこなし(⇨体勢の保ち方)は力強いというよりむしろ優雅である.

poison [pɔ́izn]
毒；毒をもる
原 飲みもの
イメージ 飲み込むもの⇨(特に)毒薬
解 poison は音韻的に咽に〈流し落とす〉感じがある.
派 poisonous 有毒な
例 Some wild mushrooms can cause food poisoning. 野生のキノコには食べると食中毒を引き起こすものがある. ／ Poisonous gases make breathing difficult and can cause death. 毒ガスは呼吸困難を引き起こし死に至ることもある.

polar [póulər]
極地の
原 棒(pole) の(ar)
イメージ 地球の地軸(axis)に棒(pole)を貫通させると北極(the North Pole)と南極(the South Pole)に pole が出ることになる.
派 polarization 分極化 / polarise 分極化させる
例 Amundsen was the most famous among polar explorers for his first reaching the South Pole. アムンゼンは最初の南極地点到達者として極地探検家の中で一番有名であった.

police [pəlíːs]
警察，警察隊
原 公安，管理
イメージ 人民の統治⇨警察
関 policy 政策(⇨統治の方法)
例 I reported the incident I witnessed to the police. 目撃した事件を警察へ通報した.

policy [pɑ́ləsi]
政策，保険の証券
原 統治
イメージ 管理方針，統治手段
関 police 警察
例 The government has to evolve new policies to deal with the pressure to deregulate foreign imports. 政府は輸入品の自由化への圧力に対処するために新しい政策を展開しなければならない.

polite [pəláit]
丁寧な
原 磨く
イメージ (磨きをかける)⇨ちゃんと丁寧にする
派 politely 丁寧に
関 polish 磨く
例 Your children are all polite and well-behaved. お宅のお子達は皆丁寧で，行儀がいい. ／ She politely refused the invitation. 彼女は丁寧に招待を断った.

politics [pɑ́lətiks]
政治，政見
原 賢明な政治
イメージ 政治，自治，組織の運営
例 I'm not enjoying being Department Chair because the department's politics is too much for me to be comfort-

able with. 学科長の役は私には重荷が多すぎて面白くありません．◇この例のように politics は〈国家の行政から町に，さらに学校などの自治・運営〉について言うことができる．

pollute [pəlúːt]
汚染する
[原] 汚す
[イメージ] 純粋なものを汚す
[派] pollution 公害 / pollutant 汚染物質
[例] The underground water has been polluted by the untreated water from the factory. 工場からの汚水で地下水が汚染されている．/ I'm afraid that there are lots of web sites that pollute young minds. 若者の精神をむしばむウェッブサイトがたくさんあるのは由々しきことだ．

ponder [pándər]
熟考する
[原] 重さを計る
[イメージ] いろいろな問題を秤(はかり)にかけて考える⇨当面している問題をじっくり考える
[解] weigh にも〈重さを量る〉とくじっくり考える〉の意がある．日本語でも「思い」は「重い」と関係があるとする説もある．現代のデジタル式の秤だと「熟考」は連想できないが，昔のアナログ式の天秤であれば，「熟考」へ容易につながる．
[派] ponderous 重々しい
[関] pensive 物思いに沈む(⇨重い感じ) / pound ポンド(⇨重量の単位) / poise 落ち着き，身のこなし(⇨量ってバランスをとる)
[例] He pondered for a few minutes before he began to write the report. 彼はしばらく考えてから報告書を書き始めた．

poor [púər]
貧しい，下手な，かわいそうな
[原] 乏しい
[イメージ] 乏しい⇨(財が)乏しい⇨(才が)乏しい
[派] poverty 貧乏
[関] pauper 貧乏人
[例] He is a friend of the poor. 彼は貧しい者の味方だ．◇the poor (貧乏な人達)は婉曲的に needy people, the economically disadvantaged などと言う．/ I was too poor to buy a kimono for the ceremony. 貧しくて式のための着物が買えなかった．/ They blamed the failure of the talks on poor pre-negotiation tactics. 彼らは会談の失敗は根回しが十分でなかったからだと非難した．

popular [pápjələr]
人気がある，よく知られた，大衆の
[原] 人々(popul) の(ar)
[イメージ] 人々の⇨人々に広まった⇨人々に好まれる
[関] people 民衆 / population 人口 / popularity 人気
[例] The war happened because of popular patriotic clamor encouraged by the newspaper. 新聞報道に刺激を受けて民衆の愛国の叫びを呼んだため戦争が起こった．/ Castration was popular during the Middle Ages. 去勢は中世によく行われた．/ "Robinson Crusoe" has become one of the most popular books in English. ロビンソン・クルソーは英語で書かれた中でもっとも人気のある本の１つになった．

population [pàpjəléiʃən]
人口
[原] 人々(popul) になる(at(e)) こと(ion)
[イメージ] (ある区域の)人口，人々 / (動物の)総数
[解] 動物・昆虫などの個体数についても言う．
[派] populate 人が住む / populous 人口の多い
[関] people 人々
[例] Metropolitan population constitutes one-tenth of the country's total. 首都圏の人口は国の総人口の10分の1を占める．/ We need a secure system for the evacuation of the prison population during emergencies. 非常時に囚人が脱出するための安全装備が必要だ．/ The largest population of the jaguar exists in the Amazon rain forest. ジャガーはアマゾンの熱帯雨林に一番多く生息している．/ The most densely populated areas of the world are in Europe and in Asia. 世界で一番人口密

度の高いところはヨーロッパとアジア地域にある． / Japan is the seventh most populous nation in the world. 日本は世界で7番目に人口が多い．

pore [pɔ́:r]
じっくり調べる
原 見つめる
イメージ じっくり見つめる
解 pore は名詞で「毛穴・気孔」の意味がある．語源的には両者は異なるが，動詞は〈眼光鋭く射抜く，穴が開くほど見つめる〉，名詞は〈孔(あな)〉と考えれば屁理屈が可能．
例 The scholar spent a whole month poring over the ancient document. その学者は古文書を調べるために丸1か月を要した．

port [pɔ́:rt]
港，左舷
原 入るところ⇒港．荷役口のある左舷を港に横着けする⇒左舷
イメージ 港；左舷
関 porch 玄関(⇒入るところ)
例 I saw lots of ships making and leaving port. 多くの船が港を出入りしていた．

portend [pɔ:rténd]
前兆になる
原 前もって(por) 広げる(tend)
イメージ (勘を)先方へ張る⇒前兆となる
派 portentous 不吉な
例 Warmer weather these past several years portends disastrous shortage in agricultural products in the near future. ここ数年の温暖化現象は近い将来の農業の破壊的減収の前兆である．

portrait [pɔ́:rtrət]
ポートレート，肖像画；描写
原 前に(por) 引き出す(trait)
イメージ 前に引き出して描く⇒肖像画，ことばでの描写
派 portray 描く
例 The king commissioned a portrait of the queen. 王は女王の肖像画を描くように頼んだ． / In this novel, Hojyo Masako is portrayed as a clever, wicked woman. この小説では北条政子は抜け目のない狡猾な女性として描かれ

ている．

pose [póuz]
姿勢をとる；ポーズ
原 置く
イメージ ある姿勢をとる，ある状態に置く
関 pause 休止する
例 Placental accretion can pose a serious problem to the mother. 胎盤の増大は母体に重大な問題をもたらすことがある．

position [pəzíʃən]
位置，身分，立場，職，状態
原 置く(posi) こと(tion)
イメージ ちゃんとした位置・立場・地位・姿勢
解 日本語ポジションには〈姿勢・体位〉の意がないので注意．
例 What position do you play on the baseball team? その野球チームではどこを守りますか． / They succeeded in putting the satellite into position. 衛星をしかるべく位置に乗せることに成功した． / The man stood in a very stiff position with his hands clasped in front. 男は手を前で組んでこわばった姿勢で立っていた． / This chair adjusts its shape to accommodate the sitter's position. この椅子は座る人の姿勢に応じて形を変える．

positive [pázətiv]
確信がある，肯定的である
原 ちゃんと置かれた
イメージ (ここにあり)⇒(立場の主張)⇒確かに～である
関 pose 姿勢をとる / position 位置
例 Are you sure?—Positive. 確かかね？—確かです． / Three athletes were caught using drugs; five more tested positive. 3人の選手が薬を使って捕まり，さらに5人が陽性とでた． / A positive attitude may not remove a misfortune but it makes it easier to bear. 前向きの姿勢は災いを避け得ないとしても災いに耐えることを容易にする． ◇ positive attitude＝肯定的生き方

possess [pəzés]
所有する，とりつく
原 力を持って(pos) 座る(sess)
イメージ 所有する；(がっちり捕える)

⇨とりつく
派 possession 所有, 夢中
例 It is illegal to possess a gun without a license. 認可なしに銃を持つことは違法です． / He was possessed by love of her. 彼は彼女への恋にとりつかれていた．

possible [pásəbl]
可能である，ありうる
原 成し得る
イメージ (努力すると)起こり得る，(ひょっとすると)起こり得る
派 possibility 可能性，見込み / impossible 不可能な，手に負えない / possibly ことによると，どうにかして
例 Astronauts take every possible precaution. 宇宙飛行士は可能な限りの注意を払う．◇努力 / I'll do everything possible to help you. お役に立つことなら何でもやります．◇努力 / The surgery was a success, but we're worried about possible rejection. 手術は成功だったが，まだひょっとすると起こる拒絶反応が心配である．◇なりゆき / Lightning is possible tomorrow. 明日はひょっとすると雷があるかもしれない．◇なりゆき / Could you possibly spare me a few minutes this afternoon? 今日午後少し時間を割いていただけませんか．◇ possibly を Could (Can) you do . . .? の中で効果的に使うととても丁寧な言い方になる．

post [póust]
柱，郵便，地位；掲示する，配置する，投函する
原 置かれた
イメージ (置かれた)部署，(置かれた)郵便；(人を置く)配属する，(知らせを置く)⇨公表する，(郵便にする)⇨郵送する
派 postage 郵便料金 / postal 郵便による
例 I got posted to the sales department. 私は販売課へ配属になった． / Test results are posted on the wall. テストの結果は壁に貼り出されている． / Please keep me posted about your new life in New York City. ニューヨークの新しい生活のこと，これからも知らせて下さいね．

posthumous [pástʃəməs]
死後の
原 土になった(humous) 後に(post)
イメージ 土に返った後⇨死後の
解 ラテン語の接頭辞 post-は〈後ろ〉の意がある：postpone 延期する(⇨後ろへ+置く) / postscript 追伸(⇨後で+書いた) / posterity 後世の人々
例 The artist acquired a notable posthumous reputation. その画家は死後非常に有名になった．

postpone [poustpóun]
延期する
原 後へ(post) 置く(pone)
イメージ 予定の行為を～の後へずらす，後まわし
派 postponement 延期
例 The finals have been postponed. 決勝戦は延期された． / Many women these days postpone childbirth for careers. この頃は職業を続けるために出産を遅らせる女性が多い．

potential [pəténʃəl]
潜在的な；潜在能力
原 内に潜む力がある
イメージ 潜在能力
関 power 力 / potent 能力のある / impotent 無力の，インポの / potentiality 可能性
例 A seed may appear insignificant in size but the organizing potential it contains is huge. 種は大きさの点ではちっぽけかもしれないが莫大な形成能力を秘めている． / The job has no potential. この仕事は将来性がない．

pour [pɔ́ːr]
注ぐ，激しく降る
原 注ぐ
イメージ (人工の容器から)水などをさっと注ぐ，(天然の容器から)水などがどんどん出る
解 天然の容器とは雲，湖，川，太陽などを指す．
例 She poured wine into a glass. 彼女はワインをグラスについだ． / It is pouring outside. 外は土砂降りです． / When I opened the curtains, bright sunshine poured into the room. カーテンを開けると，明るい日射しが部屋一杯に差し込んできた． / Perspiration

poured from every pore. 汗があらゆる毛穴から滴った。/ The river pours into a lake three miles below. この川は3マイル下流の湖に流れ込んでいる。

power [páuər]
力
[原] 力がある
[イメージ] (内に潜んでいる)力
[解] 同じ力でも force の場合は〈(形に現われる)力、(触れたら感じる)力〉である。たとえば、爆弾自体にある力は power であり、それが爆発する時、power は破裂という force となって現われる。(⇨ force)◇ po- には〈破裂直前の力の溜め〉が感じられる：potential 潜在的能力のある / possible 可能な◇「電気」の意で使われる例：power plant (=station) 発電所 / power lines 電線
[派] powerful 力のある
[例] Every healthy person has the power to think. 健康な人は誰でも考える力がある。/ The fortuneteller claims to have the power to see the future. その占い師は自分は将来を見通す力を持っていると言っている。/ The power of the leading party has decreased. 与党の力が落ちてきた。

practice [prǽktis]
実践、習慣、練習、仕事
[原] ものごとをする
[イメージ] (ものごとを目的を持って)いつも行う、よくやること
[解] practice と言うと「けいこ、練習」と一つ覚えにしている人が多いがそれは〈いつもやること〉の一端に過ぎない。
[派] practical 実用的な
[例] She practices the habit of rinsing her mouth before going out. 彼女は出掛ける時いつもうがいをする。/ A person must obtain a license or certificate to practice law or medicine. 法律事務所や医院を開業するには免許あるいは証明書がいる。/ He is no longer practicing dentistry. 彼はもう歯科医療を止めました。/ I've made it a practice never to answer the phone while deep-frying tempura. てんぷらを揚げている時は電話に出ないことにしている。/ It is the usual practice to classify persons as right-handed, left-handed, or ambidextrous. 人を右利き、左利き、両手利きで分けるのはよくやるやり方だ。/ It sounds good on paper, but I'm not sure it works in practice. 机上ではよさそうだが実際にうまくいくかは分からない。◇〈(理論に対して)実践〉の意味合いが生まれる。/ Democracy in practice often falls short of democracy as an ideal. 民主主義の実践は理想通りにはいかないことも多々ある。

praise [préiz]
賞賛する
[原] 評価する
[イメージ] (評価する)⇨誉める
[解] 日本語でも「評価する」「評価できる」等の場合には、高い評価を指すことが多い。
[派] praiseworthy 賞賛に値する
[例] The media praised him for his courage in saving the drowning child. マスコミは溺れる子を助けた彼の勇気を称えた。

pray [préi]
祈る
[原] 求める
[イメージ] (求めて)祈る
[解] pray とは具体的には、① to give thanks(感謝を捧げる)こと、② to ask divine favor(神の恩寵を乞う)こと。
[派] prayer 祈り
[関] precarious 不確かな(⇨祈りによって得られるような)
[例] They visit a Shinto shrine to pray for good luck. 彼らは幸運を祈って神社に参る。/ He prays (=says his prayer) to God for his safety every time he goes abroad. 外国へ出掛けるとき彼はいつも安全を神に祈る。/ Please don't do that, I pray you. それは止めてくれよ。お願いだから。

preach [príːtʃ]
説教する
[原] 前で言う
[イメージ] 説教する
[派] preacher 牧師
[例] He preached that salvation was guaranteed for all believers. 彼は信仰するものには救済が約束されると説いた。/ Don't preach to me! 説教しない

でよ！

precarious [prikéəriəs]
不確かな
原 祈る(precari) ような(ous) ⇨ 不確かな
イメージ どう転ぶか分からない、いまにもだめになりそうな
解 自助努力できなくて祈りに頼るのはいかにも〈心もとない〉。
派 precariously 不安定に
関 pray 祈る
例 Dickens' health remained precarious after the punishing African tour. ディケンズの体調はきついアフリカ旅行の後ずっとすぐれなかった。/ He was living precariously from one job to another. 彼は職を転々として不安定な生活をしていた。

precaution [prikɔ́ːʃən]
用心, 予防
原 前もっての(pre) 用心(caution)
イメージ （万一に備えての）用心
派 precautionary 予防の
関 caution 用心
例 Doctors inoculate children as a precaution against infectious diseases. 医者は病気の感染を用心して子供に予防接種をする。

precede [prisíːd]
先行する
原 前を(pre) 行く(cede)
イメージ ～より前に起こる
派 precedent 先例 / predecessor 前任者
関 proceed 次に進む / concede 認める, 譲る(⇨共に+行く)
例 The growth spurt in human beings precedes the onset of puberty. 人間の急激な成長は思春期が始まる前にくる。/ The results of the poll are given in the table on the preceding page. 世論調査の結果は前ページの表に出ている。/ I don't want to set a precedent by allowing you. あなたを許すことによって前例を作りたくありません。

precious [préʃəs]
貴重な
原 価値がある
イメージ きわめて価値がある
関 price 価格
例 The Prime Minister's time is precious; he could only give us five minutes. 首相の時間は貴重だよ, 私達にもらえる時間はほんの5分だよ。/ He knows precious little about psychology. 彼は心理学についてはほとんど何も知らない。◇ precious little=very little

precise [prisáis]
正確な, 几帳面な
原 端を(pre) 切る(cise)
イメージ （半端な部分を除いて）ちょっきり
解 -cise(切る)は concise 簡潔な(⇨切りつめた) / incise 切開する(⇨中を+切る) / circumcise 割礼する(⇨周りを+切る)にも見られる。
派 precision 正確さ
例 He is quick and precise at figures. 彼は計算が早くて正確だ。/ She is a very precise lady. 彼女はとてもきちょうめんな人だ。/ He writes clearly and precisely. 彼ははっきりきちんと正確に書く。

preclude [priklúːd]
防げる
原 前もって(pre) 閉じる(clude)
イメージ 前もって閉じ込める⇨ことの発生を封じ込める
例 Love cannot preclude periodic feelings of anger and hostility. 愛情があっても時々怒ったり, 憎しみを感じることを止めることはできない。

predecessor [prédəsesər]
前任者
原 前に(pre) 離れて(de) 行く人(cessor)
イメージ （以前に去って行った人）⇨前任者・前身
例 First, I want to finish what my predecessor couldn't during his term in office. まず, 前任者が任期中にやり残したことを片付けたい。/ In 1931, Shibaura Seisakusho, the predecessor of Toshiba Corp., made the first vacuum cleaner in Japan. 1931年に東芝の前身である芝浦製作所が日本で最初の真空掃除機を作った。

predict [pridíkt]
予測する, 予言する

原 前もって(pre) 言う(dict)
イメージ 未来のことを前もって言う
解 dict は〈言う〉の意味合い：unpredictable(天気などが)不安定な(⇨予測できない) / diction 発声法, 言い回し / edict 命令(⇨出す(e)＋言う(dict)) / verdict 評決(⇨本当を(ver)＋言う(dict))
派 prediction 予測
例 They can predict the weather for the next 24 hours pretty accurately. これからの24時間の天候を相当正確に予測できる.

predominant [pridámənənt]
優勢な
原 前を(pre) 支配する(dominant)
イメージ 他を圧倒する⇨他を支配下におく
解 dominate は(〜を支配する)の意. ◇dome＝家, 国
派 predominate 優位を占める / predominantly 圧倒的に
関 dominion 支配権 / domain 領土, 領域
例 Yellow is the predominant color of Vincent van Gogh's paintings. ゴッホの絵で一番目立つのは黄色である. / The population of the West Indies is predominantly black or mulatto (=There is a predominance of black or mulatto in the population of West Indies). 西インド諸島の人口は圧倒的に黒人あるいはムラート(白人と黒人の混血)が多い.

prefer [prifə́:r]
好む
原 前に(pre) 運ぶ(fer)
イメージ 好きな方を前に運んで来る⇨(〜よりも)好む
解 選ぶ対象が2つある時より好きな方を前に持って来たいのが人情の常である.
派 preference 好み
例 I prefer coffee. コーヒーの方が好きです. ◇この文には coffee の比較の対象, たとえば tea が言外に意味されている. 従って, I like coffee. とは意味合いが異なる. / I prefer coffee to tea. 紅茶よりコーヒーの方が好みです. / I'd prefer to stay here. ここに残っていたいな. / She is kind of shy and prefers books to people. 彼女はシャイなところがあって人と交わるよりも本の方を好む. / Beavers show preference for small rivers, but also live around the margins of lakes. ビーバーの好みは小さな川だが, 湖の畔にも棲んでいる.

pregnant [prégnənt]
妊娠している
原 生まれる(gnant) 前(pre)
イメージ 赤ちゃんを産む前のお腹をかかえた妊婦
解 pre-は〈すぐ前に⇨自分のものにする〉イメージが生まれる：predator(略奪者), comprehend(把握する). -(g)nant〈生まれる〉は nature(自然), native(出生地の), nation(国家)などに見られる.
例 She is pregnant (=expecting=having a baby). 彼女は妊娠している. / She is six months pregnant. 彼女は妊娠6か月です. / The doctor decided to terminate the pregnancy. 医者は人工流産させることに決めた.

prejudice [prédʒədəs]
偏見, 先入観, 損害
原 前もっての(pre) 判断(judice)
イメージ 思い込み⇨損をする
解 予断はしばしば損失を生む.
派 prejudicial 害がある
例 He has a prejudice against people with little academic background. 彼は学歴のない人に対して偏見を持っている. / You should be free from racial prejudice. 人種の偏見を持ったらいけないよ. / He continued to work overtime, to the prejudice of his family life. 彼は家庭生活を犠牲にして残業を続けた.

preliminary [prilímə̀neri]
予備的な
原 敷居(liminary) の前(pre)
イメージ 本番の前, 予選の
解 予選のことを略して prelim と言う.
関 limit 境界
例 Petting may occur as a preliminary to coitus. ペッティングは性交の前段階の行為としてよく起こる.

premise [prémis]
前提, 不動産

原 前に(pre) 送られた(mise)
イメージ （前に申し送ったこと）⇨前提，（前に申した財産物件）⇨不動産
解 前提と不動産(ふつう premises)間には意味のギャップがあるが，契約書で物件名を最初に述べて〈前述の物件〉の意味で用いたことによる．
例 In a democratic government, issues are dealt with on the premise that majority decision is final. 民主主義政府では案件は多数決が決め手になることを前提に議論される． / These premises all belong to me. これらの家や土地は全部私のものです．

premium [príːmiəm]
割り増し金，保険料
原 報奨
イメージ 付加価値，保険料(⇨付加価値を持っている)
例 Society tends to put a premium on size in males. 世間は男は体格が大きいことに付加価値を付けがちである． / I hate hotels that charge premium rates during the holiday season. 行楽シーズンに割り増し料金になるホテルは気にくわないよ． / How much is your annual premium on your life insurance policies? 生命保険に年間いくら払うの？

preoccupy [priákjəpai]
心を奪う
原 先に(pre) 占める(occupy)
イメージ ある場を先に覆い尽くす⇨他のものが入る余地がない⇨(ある場が頭の時)ある考え・想いで一杯にする
例 She is preoccupied with her new boyfriend. 彼女は新しい恋人のことで夢中だ． / He seems preoccupied. 彼は何か物思いにふけっているようだ．

prepare [pripéər]
準備する
原 前もって(pre) 整える(pare)
イメージ 前もって用意する
派 preparatory 予備の / preparation 準備
関 separate 分ける(⇨離して+整える) / apparatus 器具(⇨用意するもの) / apparel 衣服
例 Kindergartens help prepare children for the learning experiences that follow in elementary school. 幼稚園は子供が小学校での学習体験のための準備をするのを助ける． / Students at this school can prepare for careers that require the use of English. この学校の学生は英語を必要とする職業に備えることができる． / The prisoner stared at the soldiers defiantly as they prepared to shoot him. 捕虜は兵士達が銃を構えるときっと睨み返した． / The better prepared you are, the less frightened you will be. 準備がちゃんとできれば，それだけ怖くなくなるでしょう．

preposterous [pripástərəs]
途方もない
原 前(pre) 後ろ(poster) になった(ous)
イメージ 着物を前後ろに着たらひどく馬鹿げた，途方もない様子になる．
解 put the cart before the horse(荷車を馬の前に付ける⇨本末転倒)という決まり文句が連想される．
例 It is preposterous to spend millions of yen for a wedding. 結婚式に何百万円も使うのは馬鹿げている．

prerequisite [prirékwəzit]
必要条件
原 前もって(pre) 必要な(requisite)
イメージ 前提条件
関 request 要求
例 This national examination is a prerequisite for admission to most universities. この全国共通の試験を受けることがほとんどの大学への入学のための前提条件である．

prescribe [priskráib]
処方する，定める
原 前に(pre) 書く(scribe)
イメージ 前に(処方・規約を)書いて示す
解 pre-は〈前もって(時間)〉あるいは〈前に(位置)〉ともとれる．
派 prescription 処方箋
例 Sedatives are prescribed mainly to ease anxiety or to induce sleep. 鎮静剤はたいてい不安を和らげたり眠りを誘うために処方される．

presence [prézns]
存在
原 前に(pre) いること(sence)

例 I didn't notice her presence at the party. 彼女がパーティに出ていたことに気づかなかった． / It is considered polite in some societies for children to be silent in the presence of elders. 子供は大人がいるところでは口を出すべきではないと考える社会もある．

present [préznt]
存在している，現在の，当面の；贈る，提示する
原 前に(pre) 居る(sent)
イメージ 目の前にある；目の前にあるようにする
派 presentation 発表 / presentable 人前に出せる / presently 間もなく，目下
例 Sexual impulse and responsiveness are present in most children. 性的衝動や反応は大抵の子供にあるものだ． / I know the present mayor. He is one of my old friends. 現町長を知ってるよ，昔からの友人だよ． / Most of the members present were for the motion. 出席委員のほとんどが動議に賛成だった． / I presented myself in court for hearing. 尋問のために出廷した． / They presented a petition to the UN. 彼らは請願書を国連へ提出した．

preserve [prizə́:rv]
保護する，貯蔵する
原 前もって(pre) 守る(serve)
イメージ 先手を打って(悪化しないように)守る
派 preservation 保存 / preservative 防腐剤
関 observe 守る / reserve 予約する(⇨奥に+保つ)
例 Efforts to preserve law and order have failed. 治安を保とうとする努力は実らなかった． / You can preserve salmon by smoking. 鮭を煙でいぶして保存できる．

preside [prizáid]
司会する，統括する
原 前に(pre) 座る(side)
イメージ 皆の前にどっしり座って場をとりしきる
派 presidency 大統領職 / president 大統領，会長(⇨とりしきりの典型と言える)
関 reside 住む(⇨奥に+座る) / subside 沈む，静まる(⇨下に+座る)
例 She presided over the seminar. 彼女がセミナーの司会をした． / That judge presides over civil litigation. あの裁判官は民事訴訟を裁く．

press [prés]
押す，押し付ける
原 押す
イメージ 押し付ける
解 press すると press を受ける対象物に変形(ゆがみ・くずれ)が起きる．これは精神力学的にも同様で，心が press の対象になると〈精神的圧迫〉を受けることになる．類義語 push の場合その対象物に位置の移動(動き・ずれ)が起こる．press が〈ぐぅーと押す〉なら push は〈ぐぃーと押す〉感じ．カメラのボタンを押すとき，press も push も使えるが，press the button と言う時はカメラの本体にボタンをのめり込ませる感じで，push the button と言ったときはボタンの移動だけに視点を向けているのである．
派 pressure プレッシャー；強制する
関 repress 抑圧する(⇨強く+押す) / compress 圧縮する(⇨共に+押す) / suppress 鎮圧する(⇨下に+押す) / oppress 圧迫する(⇨～を+押す) / print 印刷する(⇨押し付けて印字する)
例 The little girl pressed her lips against the window. 少女は窓に唇を押し当てた． / I'm pressed for time (money). 時間(金)が切迫している． / He pressed his opinion upon me. 彼は自分の意見を私に押し付けた． / Many have been pressured into early retirement due to depression. 不況で多くの人が早期の退職に追い込まれている． / People generally put more pressure on boys than girls to get a good job. 世間は大抵就職に際しては女学生よりも男子学生にプレッシャーをかける． / He's under a lot of pressure. 彼には大きなプレッシャーがかかっている．

prestigious [prestídʒiəs]
名声のある，威信のある
原 前を(pre) 縛る(stigious)⇨幻惑する

イメージ (まばゆいほどの)⇨目を見張るほどの貫禄を備えている

例 It's much more prestigious to say that you're a communications consultant for Boeing in Seattle than a marketing specialist for Bank of Hawaii. ハワイ銀行の市場調査専門員というよりもシアトルのボーイング社のコミュニケーションコンサルタントという方がうんと箔がある. / "Sony" has now become one of the most prestigious brands in the electronic world.「ソニー」は電子業界で最も権威あるブランド名の1つになった.

presume [prizjúːm]
推測する
原 前もって(pre) 取る(sume)
イメージ (明確な根拠なしに)推測する, 思い込む, 厚かましくする
解 -sume は〈取る〉の意味合い：assume 態度を取る / consume 消費する(⇨尽くす＋取り) / resume 再開する(⇨再び＋取りかかる)
派 presumption 推測, 厚かましさ / presumptuous 差し出がましい / presumably 思うに
例 You are married, I presume? 結婚しておいでですよね. ◇この用法から presume に〈厚かましくする〉の意味合いが生まれてくる. presumptuous に〈厚かましい, 出しゃばり〉, presumption に〈推測, 厚かましさ〉の意があることが理解できる. / I don't wish to presume, but don't you need a better computer? 差し出がましいのですが, もう少しよいコンピュータがお入り用ではないですか. / He thought Mr. Smith's advice very presumptuous. 彼はスミス氏のアドバイスはとても僭越だと思った. / Presumably, he was not in good shape today. 多分, 彼は今日は体調がよくなかったのでしょう.

pretend [priténd]
〜のふりをする
原 前に(pre) 張る(tend)
イメージ 強いてつくろいの表情・姿を張り(貼り)出す⇨装う・見せかける
解 日本語の「張る」と「貼る」は〈一面におおうように広げる〉の意が原義. -tend は日本語の「(見栄を)張る」と発想が似ている.

派 pretense 見せかけ / pretended 上辺だけの / pretension 主張, 気取り / pretentious もったいぶった
関 tend 傾向がある, 気を配る / tense ぴんと張った
例 He pretended ignorance when questioned by the police. 警察に尋問を受けた時彼は知らぬ振りをした. / I pretended to be reading. 本を読んでいるふりをした. / She is pretending to be asleep. 彼女は寝ているふりをしている. / He has no pretensions, in spite of being such a famous writer. 有名な作家であるが, ぶったところがひとつもない.

pretext [príːtekst]
口実
原 前もって(pre) 編んだ文(text)
イメージ (叱責を防ぐために)前もって編んだ言い訳・口実
解 口実はいつも前もって考えておくものだ. text(テキスト・文)は文字や単語を編んで作る. textile(織物)は糸を編んで作る.
関 context 前後関係(⇨共に＋織る) / textbook 教科書
例 He didn't attend the party on the pretext of being sick. 彼は体調が悪いことを口実にパーティに行かなかった. / The president used a border incident as a pretext for declaring war with Mexico. 大統領は国境紛争を口実にメキシコに宣戦布告した.

pretty [príti]
かわいらしい, 見事な
原 かわいい
イメージ かわいい⇨けっこういける
例 The baby is pretty. 赤ちゃんがかわいい. / The movie was pretty interesting. その映画まあまあ面白かったよ. ◇不評の映画を見ての発言なら「結構おもしろかったよ」の意になる◇pretty は形容する語を和らげたり, 言い切りを避ける感じがある. / I am well. と I am pretty well. を比較すると, 前者は健康であることを飾り気なく表現しているが, 後者はむしろ〈どうやら健康である〉を表現したものである.

prevail [privéil]

優勢である，普及する
原 前に(pre) 強さが及ぶ(vail)
イメージ 強さが(控えることなく)前に及んでくる⇨競り勝つ⇨広まる
解 -vail〈強い〉の感じは valiant(勇敢な)，valid(有効な)，valor(勇気)，value(価値ある)などにも見られる．音的にも強さが感じられる(v は破裂音)．
派 prevailing 広く行われる / prevalent 流布している / prevalence 流行
例 Justice will prevail in the end. 正義が結局は勝つ． / The minimum wage that now prevails (= The prevailing minimum wage) is 600 yen per hour. 現在広く行われている最低賃金は時間当たり 600 円だ．

prevent [privént]
予防する，邪魔をする
原 前に(pre) 来る(vent)
イメージ 他者の進んでいる前に来る⇨先回りして立ちはだかる⇨通せん坊する
解 物事の進展にストップをかけるのだから文脈により〈予防〉または〈邪魔〉をするの意になる．
派 prevention 予防 / preventive 予防の / preventable 予防できる
関 invent 発明する(⇨中に+来る) / advent 到来(⇨へ+来る)
例 Her family's opposition prevented Nightingale from working in a hospital. 家族の反対でナイチンゲールは病院で働くことができなかった． / No medicine can prevent AIDS from spreading. エイズの広がりを予防する薬はない． / Doctors prescribe drugs to treat or prevent many diseases. 医師はいろいろな病気を治療あるいは予防するために薬を処方する．

previous [prí:viəs]
前の，早まっている
原 前の(pre) 道(vious)
イメージ これより 1 つ前の行程
派 previously 以前は
関 obvious 明白な(⇨道の+上に)
例 Can you come this evening?—Sorry, I have a previous appointment. 今晩来れる—ごめんなさい，先約があるのよ． / Previous to 1990 there were no women members on the committee. 1990 年以前はこの委員会に女性はいなかった． ◇ previous to (= prior to)

prey [préi]
餌食
原 捕まえる
イメージ 前に(pre) 捕える(y)◇蛇に睨まれたカエル
解 対照語は predator 略奪者(前に+捕らえる者)で，たとえば海の predator なら shark が最初にイメージされる．蛇に睨まれたカエルで，predator と prey をイメージしておくとよいだろう．構文では prey on〜(〜を餌食にする)がよく用いられる．
関 prison 牢獄(⇨捕われた罪人を入れる所) / prize 賞品(⇨勝って捕らえる物) / comprehend 理解する(⇨しっかり+捕らえる)
例 Birds of prey are birds that kill other animals for food. 猛禽とは他の動物を餌食にする鳥のことである． / The thought of the coming summons is preying on his mind. 次の召喚のことを思うと彼の心は苦しんだ． / The Japanese military preyed on people's anxiety over an unstable world situation to build up its strength. 不穏な世界情勢に対する人々の懸念にかこつけて日本軍部はその勢力を強化した．

price [práis]
価格，代償
原 報酬(prize の異形)
イメージ 欲しいものを入手するために払うもの⇨代価：代償
解 相手の損失・犠牲を相殺するのに要する当方の金額・労力を表わしたもの．〈埋め合わせの量，相殺のための必要量〉とイメージするのもよい．〈埋め合わせの量〉は金額でもって表わすのがもっとも普及しているやり方である．
例 What was the price of your new car? 新車はいくらでしたか． / They paid a high price for freedom. 彼らは自由を手に入れるために多くの犠牲を払った． / I think lung cancer is a high price to pay for the pleasure of smoking. タバコの楽しみのために肺癌になるのは高い代償だと思う．

prick [prík]
ちくりと刺す
原 刺す

[イメージ] ちくちく刺す、ほじくる
[派] prickle とげ、針 / prickly 棘の多い
[例] Don't prick yourself on the thorns in the rose bush. バラの茂みでは棘でひっかかないようにね。 / He is in a very prickly mood today. 彼は今日はひどく不機嫌だよ。◇ prickly 怒りっぽい(◇棘々しい)

pride [práid]
誇り、うぬぼれ;自負している
[原] 誇り
[イメージ] 誇り、うぬぼれ
[派] proud 誇りに思って
[例] I wish I had asked her for a date, but my pride wouldn't let me. 彼女にデートを申し込みたかったけど、プライドが許さなかった。 / Soon after Ichiro joined the Mariners, Seattle fans regained their city's baseball pride. イチローがシアトル・マリナーズに入団すると、シアトルの野球ファンは自分達の球団への誇りを取り戻した。

priest [prí:st]
僧侶、司祭、牧師
[原] 長老
[イメージ] 教会の長老⇨司祭・僧侶
[例] A priest was conducting a ceremony in a Buddhist temple. 僧侶が寺院で儀式を執り行っていた。

primary [práiməri]
一番の、初等の
[原] 一番目
[イメージ] 一番重要な
[関] prime 一番の / primitive 原始の(⇨最初の) / prince 王子(⇨重要な地位) / principal 校長 / principle 原則(⇨根本の)
[例] The primary aim of this book is to enrich your vocabulary. この本の一番の目的は語彙の増強です。 / Red, green, and blue are the primary colors in light. 赤、緑、青は光の三原色である。

principal [prínsəpl]
主要な;校長
[原] 重要(princip) である(al)
[イメージ] もっとも重要な
[関] prince 王子(⇨第1の地位)
[例] The bow was a principal weapon of war and of the hunt throughout the world. 弓はどこにおいても戦いや狩猟のための重要な武器であった。

principle [prínsəpl]
原理、主義
[原] 源、第1のもの
[イメージ] (人の行為の元になる)筋の通った考え方・節操
[解] prin-には〈第1の⇨重要な〉の意味合いがある:prince 王子(⇨第1の地位) / principal 校長(⇨第1の地位)
[例] He is a man of no principles. 彼は節操がない。 / The basic principle of astrology is that heavenly bodies influence what happens on the earth. 占星術の原則は天体が地上の出来事に影響を及ぼすということである。

print [prínt]
印刷;印刷する、活字体で書く、焼き付ける
[原] 押し付ける
[イメージ] 押し付けて印刷し、押し付けて書き、押し付けて焼き付ける
[例] The publisher prints 50,000 copies of this magazine every other week. 出版社はこの雑誌を隔週で5万部印刷している。 / Please print your name and address. 住所氏名は活字体で書いてください。 / The scene is printed in my mind. その光景は脳裏に焼き付いている。

prior [práiər]
前の、先の
[原] 前の(pri) の比較級(or)
[イメージ] ～より先の
[派] priority 優先事項
[例] I have a prior engagement. 先約があります。 / Do things in the order of priority. 優先順に仕事をしなさい。 / Top priority should be given to safety. 安全が最優先されるべきだ。

prisoner [prízṇər]
囚人、捕虜
[原] 囚われた人
[イメージ] 囚われた人
[解] 必ずしも罪人に限らない。
[関] prison 刑務所
[例] The girl was held a prisoner by her kidnapper. 少女は誘拐犯に監禁された。

private [práivət]

私的な，内密の
原 他の関与をとりのぞいた⇨個人の
イメージ 他者の介入を許さない状態
派 privacy プライバシー / privy 密かに関与している / privation 欠乏 / privatize 民営化する(⇨政府の力を奪う)
関 deprive 奪う(⇨完全に＋奪う)
例 Don't read my private letters. 私宛の私信を読んだらダメですよ。 / This is a private land; you can't trespass. この土地は私有地です。入れませんよ。 / This is my private opinion. これは私の個人的な意見です。◇他者の息のかかっていない。 / Please keep this matter private. このことは内緒ですよ。 / The actor is tired of publicity; he would love some privacy. あの俳優は世間の注目に辟易している。彼はあまり騒がれずに暮らしたいと思っている。

privilege [prívəlidʒ]
特権，特典
原 私的(privi) 法(lege)
イメージ ある個人にのみ与えられる規則⇨特権
関 legal 法律上の
例 Did the duke own the privilege of exemption from compulsory military service and taxes? 公爵は国家への兵役義務および納税の免除の特権を持ってましたか。

prize [práiz]
賞，高く評価する
原 褒美(⇨勝ちとったもの)
イメージ 褒美⇨価値を認める⇨重要と考える
関 praise 褒める(⇨価値を認める)
例 Beavers are highly prized for their fur. ビーバーは毛皮のためとても珍重されている。 / Spinoza prized independence and freedom of thought. スピノザは自立と思想の自由を価値あるものと考えた。

probable [prábəbl]
ありそうな，起こりそうな
原 証明(proba) できる(ble)
イメージ 証明できそうな⇨どうやらそうなりそうな
解 確率は高い感じがある。
派 probably おそらく / probability 見込み，確率
関 probe 試す / prove 真実であることを示す
例 It is probable that more students will apply for admission to computer science programs than ever before. コンピュータ・サイエンスに受講申し込みする学生が今までになく増えることが予想される。 / Thomas Edison was probably the greatest inventor in history. トーマス・エジソンはおそらく史上最高の発明家だった。

probation [proubéiʃən]
試験期間
原 試すこと
イメージ (自由を与えても)いいかどうか試す / (雇っても)いいかどうか試す
関 probable 多分起こりそうな(⇨試して見て認める) / probe 探る(⇨試しに探りを入れる)
例 He was put on probation for two years. 彼は2年間の保護観察に付された。 / He is on probation for drug possession. 彼は不法麻薬保持で執行猶予中である。◇parole(釈放)はある期間実刑に服した後に行われるもので，probationは刑に服していない場合について言うのが普通である。 / He is a programmer on probation. 彼は見習い中のプログラマーです。 / He came out from probation into regular employment. 彼は見習いから本採用になった。

probe [próub]
厳密に調べる
原 探り針
イメージ 探りを入れて調べる
派 probation 試験雇用期間(⇨探りを入れる期間)
例 The doctor probed my abdomen for signs of ulcer. 医者は潰瘍の兆候がないか腹部を入念に調べた。 / The police started to probe (into) the mystery of the missing woman. 警察は女性の失踪事件を調べ始めた。 / The doctor used a probe to diagnose my ailment. 医者は病状を診断するために探り針を使った。 / He was hired as a regular staff member after a six-month probation. 彼は6か月の試験雇用期間の後正式採用された。

problem [prάbləm]
問題
原 前に(pro) 投げ出されたもの(blem)
イメージ 投げ出されたもの⇨(行く手のじゃまになる)⇨ぶつかる問題
解 行く手を遮るものを解く・溶く(solve)ことあたわずして前進は図れない訳である．solveに失敗するとtrouble(困った状態)に陥る．solve a problem(問題を解く)とは言ってもsolve a troubleと言わない訳が分かる．problem(問題)を取り上げて議論の場に出すとissue(話し合うべき問題)になる．
派 problematical 問題のある
関 emblem 象徴(⇨中に＋(意味を)投げる)
例 Declining population is a problem in farming villages. 過疎化が農村では問題となっている． / These are problems that quick-fix approaches can't solve. これらは付け焼き刃の対処方では解決できない問題だ． / Will you help me with this?―No problem. これ手伝ってくれる―いいですよ．

proceed [prəsíːd]
進む，続行する
原 前へ(pro) 行く(ceed)
イメージ 次へ進む
解 proceed against(事件を訴訟へ)進める / proceed from(から次に)生じる
派 proceedings 議事録(⇨議事の進行を記録したもの) / proceeds 収益(⇨生じた利益) / procedure 手続き / process 過程 / procession 行列，行進
例 We will proceed to the third item on the agenda. 議題の3番目に移ります． / He proceeded against his neighbor over the noise of the piano. 彼は隣の人のピアノがやかましいと裁判に訴えた． / Our misunderstandings often proceed from lack of communication. 誤解はしばしばコミュニケーションの不足から生じる． / The proceeds of our bazaar will go to charity. バザーの収益は慈善のために使われます． / Four Englishmen were attacked after they crossed the path of a procession headed by Shimazu Hisamitsu. 島津久光の行列を横切ったために4人の英国人が襲われた．

proclaim [plouklèim]
宣言する
原 前に(pro) 叫ぶ(claim)
イメージ (公に叫ぶ)⇨意志や決定を世間に発表する
派 proclamation 宣言(文)
例 When floods covered the land, the Governor proclaimed a state of emergency. 洪水に見舞われた時，知事は非常事態を宣言した．

procrastinate [proukrǽstineit]
後回しにする
原 先へ(pro) 延ばして明日にする(crastinate)
イメージ ぐずぐずして用事を先送りする
派 procrastination 遅延
例 Don't procrastinate—call a doctor before it's too late. 手後れにならないうちに医者にかかりなさい． / It is better to do a thing even after much procrastination than not to do it at all. 遅れても，全然しないよりもする方がよい．

procure [prəkjúər]
手に入れる，手に入れてやる，斡旋する
原 ～のために(pro) 世話する(cure)
イメージ いろいろ手を尽くして手に入れる
関 accurate 綿密な(⇨注意を注いだ)
例 I think I know how to procure a ticket for you for the final game. 決勝戦のチケットを斡旋してあげられると思います． / I finally procured the book I had been looking for at a secondhand bookstore. 探していた本を古本屋で見つけてやっと手に入れたよ． / Visitors must procure a permit from the local government to land on the island. 観光でその島に上陸するには地元の役所の許可が要る． / After procuring the degree, his drive to study decreased. 学位を手に入れると，彼の研究意欲は薄れてしまった．

prod [prάd]
突くこと，刺激
原 突く
イメージ (突っつく)⇨突っついて促す⇨けしかける
例 My mother keeps prodding me to

work hard. 母さんは僕に真面目に勉強しなさいとことあるごとに言う. / Men have yearned for a magic elixir to prod the reluctant penis into action. 男は勇み切らないペニスを行為にかりたてる妙薬に憧れてきた.

prodigal [prɑ́digl]
浪費する, 放蕩する
原 前へ(pro) 押し出す(digal)
イメージ 惜しみなくどんどん押し出す
例 I hate my son's prodigal lifestyle. 息子の放蕩的生活を遺憾に思う. / His sharp mind is prodigal of all kinds of ideas. 彼の切れる頭はアイディアをどんどん生み出す.

produce [prəd(j)úːs]
作り出す
原 前へ(pro) 引く(duce)
イメージ (前へ引き出す)⇨生じさせる
派 product 産物 / production 生産 / productive 生産力がある / productivity 生産性
例 Brazil produces more coffee than does any other country. ブラジルは他のどの国よりもコーヒーを多く生産する. / The magician produced a rabbit from his hat. 手品師は帽子からウサギを取り出して見せた.

profane [prəféin]
神を冒瀆するような, 世俗の；冒瀆する
原 前(pro) 神殿(fane)
イメージ (神殿の前側)⇨世俗の世界⇨神聖でない
解 鳥居におしっこをかけるのはprofanity(冒瀆)の典型だ.
派 profanity 冒瀆
例 A group of hooligans profaned the cemetery by pulling down several tombstones. フーリガンの連中が墓石を引き倒して墓地を冒瀆した. / Don't use profanity in front of your kids. 子供の前で汚いことばを使うな.

profess [prəfés]
公言する, ふりをする
原 前へ(pro) 言う(fess)
イメージ (前に向けて考えをしゃべる)⇨はっきりしゃべる, (嘘のことを)であるとしゃべる
解 fe-や fa-には〈しゃべる〉イメージがある. これはことばが口からはじけてでる様子を破裂音でなぞったものである.
派 professed 公言してはばからない, 見せかけの / professor 教授(⇨前に向けてしゃべる人)
例 He professed his indifference to the opposite sex. 彼は異性には興味がないことを公言した. / He professed to know nothing about the scandal. 彼はスキャンダルのことは何も知らないと強く言った. ◇文脈により嘘の公言にもなる. / He is a professed woman-hater. 彼は女性は嫌いだと公言してはばからなかった. / He is a self-professed poet. 彼は自称詩人である.

profession [prəféʃən]
専門職, 告白
原 前へ向けて(pro) しゃべること(fession)
イメージ (人の前でしゃべること)⇨人前でするに値する仕事
派 professional 専門職の, 専門家肌の
例 She is a writer by profession. 彼女の職業は作家です. / His golf skills are professional. 彼のゴルフの腕前はプロ級だ.

proficient [prəfíʃənt]
熟達している
原 前へ(pro) 作り出す(fici) ような(ent)
イメージ 実績を生み出すことができる
派 proficiency 熟達した技量(⇨実績を生み出せる技量)
例 Long hours of practice made him very proficient in operating the computer. 長く訓練したので, 彼はコンピュータの操作がとてもうまい. / His proficiency in computers helped him get his present job. 彼はコンピュータの技術があるので今の職に就いた. / I'm beginning to feel more confident of my English proficiency. 英語の運用能力にだんだん自信を持ち始めています.

profile [próufail]
プロフィール, 横顔
原 前へ(pro) 糸(file)
イメージ (糸を引き出す)⇨線を引く⇨(横顔の)輪郭を描く
関 file ファイル(⇨元来糸で綴じ込んだ帳面)
例 She keeps a low profile and so I

didn't know my neighbor was an ex-actress. 隣の人はめだたない態度なので昔女優だとは知らなかった. / A Nobel laureate is profiled in this column. ノーベル賞受賞者のプロフィールがこのコラムに出ている. ◇人の横顔を描く⇨人の側面を描く / Prince Charles and Camilla have been to clubs, restaurants and friends' weddings together but have always kept a low profile. チャールズ皇太子とカミーラさんはクラブやレストランや友人の結婚式に一緒に出ていたが, 常に目立たないようにしてきた.

profit [práfət]
利益; 利益を得る
原 前へ(pro) 作る(fit)
イメージ (前進する)⇨利益を生み出す
派 profitable 利益になる
関 proficient 上達した(⇨前進した)
例 The dealer complained about the meager profit he makes from the sale of gasoline. ガソリンを売っても儲けは少ないことを業者がこぼしていた. / They make a profit of only 3 yens per liter. 1リッターあたりほんの3円しか儲からない. / You may also profit from the experience of others. (自分で経験しなくても)他の人達の経験からも学べる(⇨利を得る)のですよ. / Many farmers found it more profitable to lease land for residences than to cultivate it. 多くの農家では土地を耕作するよりも宅地用に貸すほうが利益が上がることが分かった.

profound [prəfáund]
深遠な
原 底(found)に向かう(pro)
イメージ (底までずっと向かう)⇨うんと奥深い
派 profoundly 深く, 心から
関 found 基を築く / foundation 創立, 土台
例 He is profound in his view, and accurate in his judgment. 彼は物の見方が深くて, 判断が正確である. / The current recession is having a profound effect on Japanese society. 現在の不況は日本社会に深い影響を及ぼしている.

profuse [prəfjúːz]
大量の, 惜しみない
原 前に(pro) 注ぐ(fuse)
イメージ どんどん注がれる
派 profusion 大量 / profusely 豊富に
例 Africa is well known for its profuse wild life. アフリカはたくさんの野生動物がいることで知られている. / When we gave our old bicycle to a neighbor's son, his joy was profuse (=his face beamed with profuse joy). 隣の人の息子に中古の自転車を譲ると, その子は大喜びだった. / Imari ware is characterized by profuse decoration done in nonnaturalistic colors. 伊万里焼きは超自然的な色調で豊かな装飾がほどこされているのが特徴である. / We were greeted by a profusion of beautiful wisteria flowers. 私達はたわわに咲いた美しい藤の花に迎えられた.

program [próugræm]
プログラム
原 前に(pro) 描く(gram)
イメージ 前もって書き込む
解 gram は〈描く・書く〉の意味合いがある / telegram 電報(⇨遠く+書く) / epigram 警句(⇨上に+書く)
派 programmer プログラマー
関 photograph 写真(⇨光で+描く)
例 Human newborns come programmed to prefer sweet tastes to all others. 新生児は何よりも甘い味を好むように仕組まれて生まれてくる. ◇遺伝子に書き込まれている

progress [prágres]
前進する, 進歩する
原 前へ(pro) 進む(gress)
イメージ (前進する)⇨次へ進む⇨進歩する
解 -gress の ss の重なりが音的にくぐいぐいとした前進〉運動を感じさせる. これは日本語「すすむ」の〈くすす〉の重なりに同様の響きを感じるのとよく似ている.
派 progression 前進, 連続 / progressive 進歩的な
例 The ship progressed very slowly (=made a slow progress) in the mist. 船は霧の中をゆっくり進んだ. / He hasn't made much progress with his English. 彼はあまり英語が上達してい

prohibit [prouhíbət]
禁じる
原 前に(pro) 保つ(hibit)
イメージ （前に保って侵入を許さない）⇨行動を許さない
派 prohibition 禁止 / prohibitive やる気をくだくような
例 Taiwan and China prohibit the sale and import of tiger products. 台湾と中国は虎からできる品物の売買と輸入を禁じている． / People under twenty are prohibited from drinking alcohol. はたち未満の者は酒に禁じられている． / There probably are unreasonable rules that prohibit what isn't wrong. 間違っていないことを禁ずる不合理な規則もありうる． / His small size prohibited him from becoming a professional wrestler. 彼は体格が小さくてプロレスラーになれなかった．

project [prάdʒekt]
企画；企画する，予想する，投影する
原 前に(pro) 投げる(ject)
イメージ 前もって案や考えを打ち出す⇨企画する，予想する
解 -ject は jet ジェット機(⇨気体の噴出により推進力を得る)と同系語で〈投げ出す〉意味合いがある．
派 projection 投射，推定 / projector 映写機
関 inject 注射する(中に＋投げる) / jetsam 捨て荷(⇨緊急時に積み荷を投げ捨てる) / jettison 積み荷を投げ捨てる
例 Most of the townspeople are against the newly projected nuclear power plant. ほとんどの町民は新しく計画された原子力発電所建設に反対している． / The children are doing a project on water pollution. 生徒たちは水質汚染の課題に取り組んでいる． / He is one of the projected candidates for the next president. 彼は次期大統領と目(もく)されている候補者の1人だ．

prolific [prəlífik]
多産の，多作の
原 子孫を(proli) 作る(fic)
イメージ ボロボロ生み出す
解 -fic に〈作る〉の意がある：pacific 平和な(⇨平和＋作る) / soporific 眠くさ

せる(⇨眠り＋作る)
派 proliferate 増殖する
関 proletarian 無産階級の人(⇨子供をよく生む)
例 The guppy is hardy, energetic, easily kept, and prolific. グッピーは丈夫で活発に動き，飼いやすくてそれによく繁殖する． / Kunisada was the most prolific of all the painters of the ukiyo-e. 国貞は浮世絵師の中で一番多作であった．

prolong [prəlɔ́(:)ŋ]
引き延ばす
原 前へ(pro) 長くする(long)
イメージ 期間を引き延ばす
例 He prolonged his stay by two weeks in order to finish his business. 彼は仕事にケリをつけるために2週間ほど滞在を延ばした． / Women are more likely than men to have prolonged telephone conversations. 女性の方が長電話の傾向がある．

prominent [prάmənənt]
突出した，目立つ
原 前に(pro) 盛り上がった(minent)
イメージ （盛り上がる)⇨突出して目立つ⇨卓越し有名である
関 mountain 山(⇨盛り上がっている) / eminent 著名な / menace 脅迫(⇨せり上がるようにして迫る) / imminent 切迫した(⇨せり上がるように迫っている)
例 The President hired a very prominent lawyer to defend him. 大統領は弁護のために著名な弁護士を雇った．

promise [prάməs]
約束する，見込む；約束，見込み
原 前に(pro) 送る(mise)
イメージ （ことばを前に送る)⇨約束する，（様子を前に送る)⇨見込む
派 promising 見込みのある
例 Once I make a promise, I won't break it. いったん約束したらちゃんと守るよ． / The evening glow promises fine weather tomorrow. 夕焼けすると翌日は晴れだよ． / He is a promising young writer (＝a young writer of promise). 彼は将来性のある若手作家だ． / I promised my son a new car. 息子に車を買ってやると約束した． /

There may soon be a promising new medicine for breast cancer. 乳癌に対する新しい期待の持てる薬がもうすぐ出るであろう．

promote [prəmóut]
昇進させる，促進する，主催する
[原] 前へ(pro) 動かす(move)
[イメージ] 事を前に押し進める ⇨ 促進する，主催する
[派] promotor 発起人，興行主 / promotion 昇進，促進
[関] motor モーター(発動機) / move 動かす
[例] He was promoted to chief of the section. 彼は課長に昇進した． / Right diet promotes good health. 適切な食事は健康を増進する． / An army of salespeople canvassed the area to promote the new product. セールスマンの一団が新製品の販売促進のためにその地域を勧誘して回った． / Many efforts have been made to promote trade among nations. 国家間の貿易促進の努力がいろいろとなされてきた． / He promotes boxing matches. 彼はボクシングの試合を興行する．

prompt [prámpt]
即座の；思い付かせる，刺激する
[原] 前に(pro) 取った(mpt)
[イメージ] (前に取り出す) ⇨ 目の前にすぐにもたらす
[派] prompter プロンプター / promptly 敏速に
[例] Thanks for your prompt reply. さっそくの返事ありがとう． / I hate him because he is always prompt to criticize me. 彼は僕をいつでもすぐに批判するので嫌いだ． / Their favorable reviews prompted me to write more. 好意的に書評がなされたのでさらに書く気になった．

prone [próun]
～しがちな，うつ伏せになった
[原] 前に傾く
[イメージ] ～に落ち込む傾向がある
[例] People on rich diet are prone to diabetes. 贅沢な食事の人は糖尿にかかり易い． / Babies are very prone to hiccups, and there seems little to do but wait until they pass. 赤ん坊はしゃっくりがとても出易いが，その場合は発作が過ぎるのを待つほかないようである． / We are accident-prone when we are stressed or irritated. 緊張していたりイライラしている時に事故を起こしやすい．

pronounce [prənáuns]
発音する，宣告する
[原] 前へ(pro) 言う(nounce)
[イメージ] 発音する，はっきり～であると言う
[派] pronouncement 宣言 / pronunciation 発音
[関] announce 発表する / denounce 非難する / renounce 放棄する
[例] You must learn how to articulate before you can pronounce foreign words properly. 外国語を正しく発音するにはまず発声法を学ぶ必要がある．

proof [prú:f]
証明
[原] 試験済み
[イメージ] (試験済み) ⇨ ～に対する強度が十分である
[解] probe(探り針)と同系の語であることを知ると〈探りを入れて適切であると証明する〉という proof の原義が理解しやすい．
[関] proofread 校正する(⇨(誤植がないか)試し読みする)
[例] Everything that is printed must be proofread before it finally goes to press. あらゆる印刷物は印刷に回される前に校正(読み)されねばならない． / Since, the use of the computer is very difficult, it would be very good to have "fool-proof" computers. コンピュータは難しいので「サルにも分かる」コンピュータが待たれる．◇fool-proof(バカにも耐えうる)の意．

prop [práp]
支柱
[原] 支柱
[イメージ] 傾くものを支える
[例] Kangaroos prop themselves up with their tails. カンガルーは尾で体を支えて立つ姿勢をとる．

proper [prápər]
適切な，本来の
[原] 固有の

イメージ (間に合わせでない)ちゃんとした、(仕来たりに適って)ちゃんとした、礼儀正しい

派 property 財産(⇨本人に本来のもの) / propriety 妥当性

例 Jack is a very proper and competent guy. ジャックは礼儀正しくて能力のある男である。 / Everyone has his own ability; one needs proper education to bring out the best of oneself. 誰でも独自の能力を持っているので、人はその人の一番いいところを引き出す適切な教育がいる。 / I struggled to find proper words to console the survivors. 遺族の人達を慰める適切なことばがなかなか見つからなかった。

property [prápərti]
財産、所有地
原 自分の(proper) ものである(ty)
イメージ 動産(車)、不動産(家、土地)
例 You must keep your dog off our property. うちの敷地に犬を入れてはいけませんよ。

prophesy [práfəsi]
預言、予言する
原 ために(pro) 語る(phesy)
イメージ 人のために未来を予言する
解 pro-に〈ために〉の意味合いが生まれるのは〈前へ向く⇨好ましく思う⇨気持ちが向かう〉の展開があるから。-ph は f と同音で〈しゃべる、語る〉の意味合いがある(⇨ fame, fable)。
派 prophecy 予言 / prophet 予言者
例 To prophesy accurately one must have extraordinary powers. 正しく予言するには特殊な能力が要る。 / The French astrologer Nostradamus is famous for his prophecies of major things in the world. フランスの占星術家であるノストラダムスは世界の重大事の予言で有名である。

proportion [prəpɔ́:rʃən]
割り合い、釣り合い
原 ために(pro) 各分け前(portion)
イメージ 部分部分の釣り合いがとれている
派 proportional(= proportionate) 釣り合った
関 portion 部分、分け前
例 Most Eskimos have short legs in proportion to their height. 大抵のエスキモー人は身長の割に脚が短い。 / The force of a body's gravitational pull is propotional to its mass. 引力の強さは物体の質量に比例する。 / The hymen used to get attention all out of proportion to its function, which is, nothing. 処女膜はその機能に対してまったく不釣り合いの関心を持たれていた。その機能とは全くのゼロなのである。

propose [prəpóuz]
提案する、つもりである、プロポーズする
原 前に(pro) おく(pose)
イメージ 考えを頭から出して見せる
派 proposal 提案 / proposition 提案、命題
例 I propose to have an exhibition of my photos this fall. この秋に写真の個展を開くつもりだ。 / Benjamin Franklin was the first to propose a daylight-saving time system. ベンジャミン・フランクリンが最初にサマータイム制を提案した。 / Descartes' basic proposition was "I think, therefore I am." デカルトの表わした基本的考えは「我考える、ゆえに我あり」であった。

proscribe [prouskráib]
禁止する
原 前に(pro) 書き出す(scribe)
イメージ (公に書いて知らせる)⇨お触れを出す⇨禁止する
例 The bill proscribes payment of money for dates with teenage girls. その法案は十代の少女と金を出して交際することを禁止している。

prose [próuz]
散文
原 率直な
イメージ 韻文の制約を受けず率直に書いた文
解 散文の散とは〈とりとめなく、制約なく〉の意である。韻文は verse(⇨方向の規約を受けた)という。prose は proverse(⇨(方向の制約を受けず)前へ向かった)の短縮形である。
例 His prose is so lyrical, it almost sounds like poetry. 彼の散文はとても感情豊かでまるで詩のような響きがあ

る。

prosecute [prásəkjuːt]
起訴する、遂行する
[原] 前へ(pro) 追う(secute)
[イメージ] 法に訴えて相手を追い詰める、求めるものを追及する
[派] prosecution 起訴、告発
[関] sequence 連続(⇨次に続く) / pursue 追跡する(⇨前に＋追い詰める)
[例] The police decided to bring the suspect to court and prosecute him. 警察は容疑者を裁判にかけて起訴することにした。/ He tried to evade prosecution by bribing the officials. 彼は役人を買収して起訴を逃れようとした。

prospect [práspekt]
展望、有望な候補
[原] 前を(pro) 見る(spect)
[イメージ] 前もって見通す
[派] prospective 予想される / prospector 試掘者
[例] The prospect of a summer vacation is always pleasant. 夏休みのことをいろいろ思うのはいつも愉しいものだ。/ The administration emphasized the prospects for an early recovery from the recession. 政府は不況からの早期の回復の展望を強調した。/ What qualities would you look for in a prospective marriage partner? 将来の伴侶にどんな資質を求めますか。

prosper [práspər]
繁栄する
[原] 応じて(pro) 勢い(sper)
[イメージ] (勢いがある)⇨繁昌している
[派] prosperity 繁栄 / prosperous 繁栄している
[例] Farmers are prospering, as the price of farm goods has risen. 作物がいい値になったので、農家は繁盛している。/ He came from a prosperous and socially prominent family. 彼は裕福で、社会的に有名な家の出であった。

prostitute [prástit(j)uːt]
売春婦
[原] 前に(pro) 立つ(stitute)
[イメージ] 街頭に立って売春の交渉をする⇨街娼
[派] prostitution 売春
[例] Through the ages prostitutes have been shunned and reviled by society in general. どの時代にも売春婦は一般社会からうとんじられ悪く言われてきている。

prostrate [prástreit]
屈服した
[原] 前に(pro) 伸ばす(strate)
[イメージ] 前に身を投げ出す⇨全部を相手にあずける
[例] Germany was completely prostrate at the end of the war. ドイツは終戦の時、完全に打ちのめされた。/ The criminal prostrated before the judge and asked for mercy. 犯人は裁判長にひれ伏して情状酌量を乞うた。

protect [prətékt]
保護する
[原] 前を(pro) 覆う(tect)
[イメージ] 表面を覆って中身を護る
[解] pro-はしばしば〈前もって予防する〉の意味合いを持つ：prohibit 禁じる
[派] protection 保護 / protective 保護のための / protector プロテクター
[関] detect 検出する(⇨取る＋覆いを)
[例] Freedom of the press is protected by law in Japan. 日本では報道の自由は法律によって保護されている。

protest [próutest]
抗議(する)
[原] 前で(pro) 証言する(test)
[イメージ] (権力に抗して)自己の主張をする
[解] protest one's innocence(無実を主張する)を〈自分の無実に抗議する〉と理解したらおかしい。protest とは〈不平・不満を抱いて訴える〉の意味で、日本語でも、「政府を訴える」、「無実を訴える」と言うのと同様である。
[例] Waves of protest spread throughout the major cities of China. 抗議のうねりが中国の主要都市の間に広がった。/ All the local farmers protested against the new airport. 地元農民は誰もが新空港の建設に抗議した。

prove [prúːv]
証明する、判明する
[原] よしとして前に(pro) おく(ve)
[イメージ] 試して～であると前に示す、試して結局～であると判明する
[関] approve 賛成する(⇨よいと認める)

/ probe 探りを入れる / probable～でありそうな(⇨証明されるだろう)

例 Benjamin Franklin proved that lightning is electricity. ベンジャミン・フランクリンは稲妻は電気であることを証明した． / He proved (himself) excellent in reading. 彼は読解力に素晴しい才能を示した．

proverb [právərb]
諺
原 前へ出す(pro) ことば(verb)
イメージ 公に向けて出すことば⇨諺
派 proverbial 折り紙つきの(⇨口々に言われている)
関 verb 動詞(⇨本来は言葉の意味) / verbal ことばを用いた
例 A proverb tells a truth or some bit of useful wisdom in a short sentence. 諺は短い文の中で真実とか有益な知恵を語っている． / His wisdom and generosity have become proverbial in our community. 彼の知恵と寛大さはこの辺では有名になっている．

provide [prəváid]
与える，備える
原 前を(pro) 見る(vide)
イメージ 前もって見ておいて必要に備える
解 プロバイダー(provider)はインターネットの接続サービスを与える会社のこと．
関 vision 視力，未来像 / improvise 即席で行う(⇨備えて(provided)ない(in-)状態で対応する) / provision 将来への備え / proviso 条件 / purvey 調達する / prudent 慎重な(⇨困難・危険を前もって見る) / provident 先見の明ある ⇨ provided(＝provided that＝providing＝providing that)が接続詞として〈～の条件が与えられれば〉の意で使われる．
例 A range is an appliance that provides heat for cooking. レンジは料理のための熱を与える器具である． / This scheme can provide only a short-term relief. この方策は一時しのぎにしかならない． / Are you sure you're provided for? ちゃんとみな用意できてるでしょうね． / Education is the best provision for old age. 教育こそが老後のための一番の備えである．

provoke [prəvóuk]
挑発する
原 前に(pro) 声を出す(voke)
イメージ 声を出させる⇨(怒りを)呼び起こす
解 先生が生徒に〈怒らせるなよ〉の意で「声を出させるなよ」とよく言うことを思い出すだろう．
派 provocation 挑発 / provoking うるさい
関 evoke 思い出させる(⇨外へ＋呼ぶ) / revoke 取り消す(⇨後へ＋呼ぶ)
例 Darwin's theory of evolution provoked a storm of controversy. ダーウィンの進化論は論争の嵐を引き起こした． / Japan's attack on Pearl Harbor provoked a major war with the US and the other Western powers. 日本の真珠湾攻撃はアメリカと他の西洋の列強との大戦を引き起こした． / The dog is unaggressive, unless it is provoked. その犬は怒らせなければおとなしい． / He gets angry upon minor provocation. 彼はちょっとした挑発で直ぐ腹を立てる．

proximity [praksíməti]
付近，近接
原 一番近い
イメージ 接近している
関 approach 近づく / approximate おおよその / approximately おおよそ
例 The city, formerly a small village, developed after the War because of its proximity to Tokyo. この市は昔は小さな農村であったが，東京に近いために戦後発展した．

prudent [prú:dənt]
思慮深い
原 前を(pru) 見る(dent)
イメージ (先を見越す)⇨用心深い⇨思慮深い
解 provident(先見の明ある)の変形．
派 prudently 慎重に / prudence 分別
例 You should be more prudent in what you say to others so that you won't hurt their feelings. 相手を傷付けないように発言にはもっと気を配りなさい． / She purchased a computer with money she prudently saved up in the

bank. 彼女は必要な時に備えて預金していた金でコンピュータを購入した。

puberty [pjúːbɚti]
思春期
原 (性的に成熟した) 成人
イメージ (局所に毛の生えてくる)年頃
関 pubic 陰部の
例 At puberty, the penis enlarges and pubic hair appears. 思春期になるとペニスは大きくなり、陰毛が生えてくる。

public [pʌ́blik]
公共の；公衆
原 人々の
イメージ 人々一般⇨大衆が利用できる⇨大衆に開かれた
解 対照語は private(私的な、内密の)
派 publication 出版 / publicity 周知 / publicly 公然と
関 publish 公にする
例 Public opinion is against the new tax. 世論は新税に反対している。 / He decided to make that information public. 彼はその情報を公表しようと決めた。 / Should I make this knowledge public? このことを皆に知らすべきだろうか。 / Some writers use pen names to avoid publicity. 作家の中には本人であることが知られないようにペンネームを使う人もいる。 / This place is too public. ここは人目が多すぎる。 / We rarely see a man weeping publicly. 男が人目をはばからず泣くのを余り見かけません。

publish [pʌ́bliʃ]
出版する、発表する
原 人々のものにする
イメージ (情報を人々と共有のものにする)⇨本にして出す⇨公表する
派 publisher 出版社
例 The true war situation was not published so as not to discourage the nation. 国民の士気を挫かないために本当の戦況が知らされなかった。

pull [púl]
引っ張る
原 引っ張る、むしる
イメージ 前方にあるものを引っ張る(自分の方へ近づける)、後方にあるものを引っ張って進む(自分と一緒に進む)
例 They managed to pull the boy out of the hole. 彼らはその子をやっと穴から引き出せた。 / Slow down so that the car running beside us can pull in front. スピードを落として横の車を入れてあげなさい。◇ pull は運転手が、一番前でハンドルを操作してく(後方に伸びている)車両を引く⟩イメージ(⇨ drive)。 / The train pulled into the station. 列車が駅に入った。◇ これは〈機関車(engine を備えている)が後続の車両(cars,coaches)を引く⟩イメージ。◇セーターのことを別名 pullover というのは着るときに頭に被せて(over)引く(pull)ようにして着るからである(You put on a pullover by pulling it over your head (OWD).

pulse [pʌ́ls]
脈；脈打つ
原 押しつける
イメージ 心拍で血液が血管壁をぐいぐい押す
解 pul-は pel⟨押す⟩と同系。
派 pulsate 脈が打つ / pulsation 動悸
例 Feel (= Take) your pulse. 脈を計りなさい。

punctual [pʌ́ŋktʃuəl]
時間に正確な、几帳面な
原 先の尖った
イメージ 時計の針が定刻を指してきっかり
解 point(点)と同系語。従って〈失った先端で指す(刺す)〉イメージが生じる：puncture パンクする(⇨ものが刺さって起こる) / acupuncture 鍼(はり)療法(acu＝neddle(針)⇨ acute)
派 punctuality 時間厳守
例 "Be punctual!" "Don't worry. Punctuality is my middle name. (＝I am very punctual)"「時間守ってね」「心配無用、時間ちゃんと守る君ですから」

punish [pʌ́niʃ]
罰する
原 痛み(pun) を与える(ish)
イメージ 痛い目に合わす⇨罰を食らわす
解 pun は〈痛い〉の意味合い。
派 punishment 罰 / punitive 刑罰の、過酷な
関 pungent 辛辣な / penalty 刑罰
例 He was punished for speeding. 彼は

スピード違反で罰せられた． / The queen decided to punish him for refusing to take orders. 王女は彼が命令を拒否したので罰することにした． / He was forced by the threat of punishment to obey the decision. 彼はひどい仕打ちを食うと脅されて決定に従わされた． / The referee saved Lee from further punishment. レフェリーは李選手がこれ以上打たれないよう試合を止めた． ◇ punishment(乱打)は原義通りの用法．

pupil [pjúːpl]
生徒，瞳(ひとみ)
原 小さな子
イメージ 生徒，瞳
解 相手の目に映る自分の姿はまるで童(わらべ)のごとくである．目＋童＝瞳．
例 He was one of my best pupils. 彼はとてもできた教え子の1人だ． / The physician directed light into my eyes to check the reaction of my pupils. 医者は目に光を当てて瞳孔反応を調べた．

purchase [pə́ːrtʃəs]
購入する
原 前へ(pur) 求める(chase)
イメージ (前向きに求める)⇨買い求める
解 buy が〈買う〉なら，purchase は〈買い求める，購入する〉の感じ．
関 chase 追跡する
例 He purchased the land in hopes of reselling it later for a profit. 彼は転売で儲けるつもりでその土地を購入した．

pure [pjúər]
純粋な
原 きれいな
イメージ 混ざり気のない
派 purify 純化する
関 purge 一掃する
例 This is pure gold. これは純金です． / His motives are pure. 彼の動機は純粋だ． / Before adoring God, the believer must purify himself by means of ablutions in pure water. 神に祈る前に信者は沐浴(もくよく)して身体を清めなければならない．

purge [pə́ːrdʒ]
一掃する
原 きれいに(pur) する(ge)
イメージ (不純なものを)一掃する
解 pur は pure(純な，きれいな)と同系．
例 He was purged from the Party. 彼は党から追い出された． / A sweeping purge of the Communist Party occurred after the sudden death of the leader. リーダーの急死によっていっせいに赤狩りが始まった． / This tea works to help purge waste matter from the bowels. このお茶は腸の老廃物をきれいに取り除く効果がある．

purpose [pə́ːrpəs]
目的
原 前に(pur) 置く(pose)
イメージ 前に置いて見据える目標・意図
解 pur- は〈前に〉の意味合い：purchase 購入する・買い求める(⇨前へ＋追う)．pose は〈置く〉の意味合い：pose ポーズをとる，提出する．
派 purposeful 目的のちゃんとした / purposely 故意に
関 propose 提案する(⇨前に＋置く) / proponent 提案者 / propound 提議する
例 What is the purpose of life? 人生の目的は何ですか． / What is your purpose in life? あなたの人生における目的は何ですか． / The purpose of our meeting is to decide what to do about the pollution of the city. この会議の目的は市の環境汚染についての対策を決定することです．

pursue [pərsjúː]
追いかける
原 前へ(pur) 追う(sue)
イメージ 追いかける
解 sue〈スユー〉には求〈キュー〉に似た意味合いがある．
派 pursuit 追跡，追求
関 sue 訴える / prosecute 起訴する(⇨前へ＋問い詰める)， / suit 訴訟(⇨追い詰める)
例 The dachshund pursued the badger into its burrow. ダックスフンドはアナグマを巣まで追いかけた． / I came out to New York to pursue a career in magazine journalism. 雑誌記者になるためにニューヨークにやって来た． / The pursuit of wealth is one of the

traditional aims in life. 富を求めるのは昔からある人生の目的の1つである． / She neglected her family in pursuit of her own pleasure. 自分の楽しみのために彼女は家庭をないがしろにした． / Growing cereals and potatoes is the chief agricultural pursuit in the district. 穀物と芋を育てることがこの地方の農業活動の中心である．

push [púʃ]
押す，せきたてる
原 押す
イメージ あるものを前へ押しやる(⇨主体は動かない)，ほかのものを押して自分も前へ進む(⇨主体も動く)
解 -u-に〈圧力〉が感じられる．
関 pulse 脈(⇨血液を押す)
例 He pushed the opponent out of the ring. 彼は相手を土俵から押し出した． / John pushed his way through the crowd. ジョンは人混みを押し分けて進んだ． / It's not good to push children too hard. 子供に無理を要求するのはよくない． / Don't push yourself too hard. あまり無理したらだめだよ． / The settlers pushed America's frontier from the Appalachian Mountains to the Pacific Ocean. 移住者達はアメリカの辺境をアパラチア山脈から太平洋へと押し広げた．

put [pút]
置く，(ある状態に)する，述べる
原 置く
イメージ (ある位置に)置く，(ある状態に)置く，(頭にある考えを口から出して)置く⇨表現する
解 put(言う)の意は〈考えを書いて，あるいは声にしてさっと出し置く〉のイメージから．ゴルフ用語のパット(putt)は同系語．
例 You should put a period at the end of a sentence to indicate completeness. 完結を示すために文の終わりにピリオドを打たないといけない． / My words put her in a bad mood. 私のことばで彼女は不機嫌になった． / He is going to be put on trial. 彼は裁判にかけられます． / This comet weighs 500 billion tons. Put another way, it is larger than Mt. Everest. この彗星は重量が5兆トンある．別の言い方をすればエベレスト山よりも大きいと言うことだ． / The mayor knows how to put his ideas across. 市長は自分の考えを相手に伝える術を心得ている． / Einstein was, to put it mildly, adept at physics. アインシュタインは控えめに言えば物理学が得意だった．

puzzle [pʌ́zl]
パズル；頭を悩ませる
原 疑問をおく
イメージ 疑問に思わせる，疑問に思って考える
解 pose(a question)の意味で poseとpuzzle は音的に近似している．
例 His bizarre symptoms have puzzled all the doctors. 彼の珍しい症状にはどの医者も考え込んだ． / After hours of puzzling over the problem, he gave up. 彼はその問題に何時間も取り組んだが，結局投げ出した．

Q

qualify [kwάləfai]
資格を与える
原 質(quali) を与える(fy)
イメージ 資格を与える，資格を得る
関 quality 品質
例 None of the Japanese athletes qualified for the final. 日本選手は誰も決勝への出場資格を得られなかった． / Years of experience with polio cases qualified him as an expert. 彼は小児麻痺患者を長年扱ってきたので権威になった．

quality [kwάləti]
質
原 ある質(qual) の状態(ity)
イメージ 品質，内容
例 We need better facilities to improve the quality of our work. 仕事の質を高めるためにもっとよい施設が必要である． / It is quality not quantity that counts. 大切なのは質であって量ではない．

quantity [kwάntəti]
量
原 ある量(quant) の状態(ity)
イメージ 分量，数量
例 Japan sells large quantities of automobiles abroad. 日本は海外で多量の車を売っている．

quarrel [kwɔ́(:)rl]
口げんか；口げんかする
原 不平を言う
イメージ 角(つの)を立てて口げんか
解 quar-は square(四角) と同系で，〈角(かど)を立てて口論する〉イメージが生まれる．◇「物も言いようで角が立つ」
派 quarrelsome けんか好きな(□-some は雰囲気・傾向を表わす接尾辞)．
例 I have never quarreled with my wife. 妻とは口論したことがない． / George had a quarrel with his father over a trifle. ジョージは父親と些細なことで口論した． / He is greedy and quarrelsome. 彼は欲張りでけんかっ早い．

quarter [kwɔ́:rtər]
4分の1
原 4番目
イメージ 4分の1
解 a fourth(4分の1)の意の日常語．日本語で対応する日常語を探すとすれば「四半分」というあまりなじみのない語しかない．◇quarter が日常生活語として用いられている例：a quarter 25 セント貨 / a quarter to five 5 時 15 分前 / quarter system 4 学期制 / the residential quarter 住宅区域 / quarterly 季刊誌 / quarterfinal 準々決勝
例 The moon is in its first quarter. 今は上弦の月だ．◇上弦の月は見た目は半月だが，月齢では 7 日目の月(7 / 28 = 1 / 4)になるから first quarter と言う．下弦の月は last quarter と言う． / Local calls from a pay phone used to cost only a quarter. 公衆電話で市内なら以前はほんの 25 セントだった．◇1 ドルの 4 分の 1

quell [kwél]
鎮圧する
原 殺す
イメージ 力で押さえ込む
解 quell と kill は原義と音が似ている．
例 Troops were called out to quell the riot. 暴動を鎮圧するために軍隊が出動した．

question [kwéstʃən]
質問，質問する
原 尋ね求める
イメージ (分からなくて尋ねる)⇨質問する，(疑って尋ねる)⇨疑いを掛ける
解 quest-は〈求〉に音も意味も似ている．
関 quest 探究 / request 要求する(□再び+求める) / acquire 身に付ける(□を+求める) / inquire 尋ねる(□中

へ＋求める）
例 The president was questioned about a conversation he had with Monica Lewinsky. 大統領はモニカ・ルウィンスキーさんと話したことについて聞かれた．◇質問／ Recently, some researchers have questioned this explanation. 最近，研究者でこの説明に疑問を呈している人がいる．〈懐疑〉

queue [kjúː]
列を作る
原 尻尾
イメージ 人や車が順番を待つために列を作る
解 劇場を胴体と考えると開場を待って列をなす人のラインは尻尾に見える．イギリス英語でよく用いられる．アメリカでは line と言うのが普通．
関 cue（玉突きの）キュー，おさげ（⇨発音も queue と同じで，形もやはり尻尾に似ている）
例 Many cities queued up to host the Olympic Games. 多くの都市がオリンピック開催をしようとして列をなした．／ There were 200 homeless men in queue for dry biscuits at the town hall corner. 町役場の角には 200 人のホームレスたちが乾パンをもらうために列をなしていた．／ There was a long queue of people waiting for tickets. チケットを求めて皆が長い列を作っていた．

quick [kwík]
すばやい
原 生きている
イメージ （生き生きしている）⇨勇んでいる⇨すばやい
派 quicken 早める／ quickly 早く
例 She is quick to learn (＝She's a quick learner＝She's quick at learning). 彼女は物覚えが早い．／ Come quick; smoke is belching from the neighbor's house. 早く来て！隣の家から煙が出ているよ．／ Time passes quickly when you are absorbed in something. 何かに熱中していると時間は早く過ぎる．／ The pace of change in information technology has tremendously quickened since the 1980s. 情報技術の変化のスピードが 1980 年代から驚異的に加速している．

quiet [kwáiət]
静かである
原 止んだ
イメージ （活動が止んで）静かである（⇨ quit）
派 quietly 静かに／ quietness 静かさ
関 acquit 放免する（⇨解放（quit）する（ac））
例 Quiet! I'm on the phone. 静かにしてよ．電話してるんだから．／ I prefer a quiet life in the country. 田舎の静かな生活の方が好きだ．

quit [kwít]
辞める
原 （ある場から）去る
イメージ 〜から身を引く
解 quit と quiet と quite は同系語：（活動の場）から〈去る（quit）〉と〈静か（quiet）〉になり，〈（義務）から去る・解放される（quit）〉と〈すっきり（quite）〉する．
派 quitter 諦めの早い人
例 I quit smoking. タバコを止めた．◇ I stopped smoking. ならその場限りの中断．／ I am going to quit teaching next year. 来年教職を退きます．／ He quit school at thirteen and worked as a coal miner. 彼は 13 の時学校を止めて炭坑夫として働いた．／ He is a quitter. 彼は諦めが早い．

quite [kwáit]
すっかり，かなり
原 解放された
イメージ （解放されてすっきり）⇨すっかり，かなり（⇨ quit）
例 You're quite right. 君の言い分は全く正しいよ．／ Contrary to its bad reputation, I found the movie quite engaging. その映画はあまり評判がよくなかったけれど，なかなかよかったよ．

quote [kwóut]
引用する
原 （何番目かを言う）⇨ある項目を引き合いに出す
イメージ 引き合いに出す
派 quotation 引用
例 Many people quote (from) the Bible. 聖書からの引用をする人が多い．

R

race ① [réis]
競走(する)
[原] 急ぐ
[イメージ] 競争する，先を急ぐ
[派] racer レーサー
[関] rush 急ぐ
[例] I don't like racing against time. 時間と競争するのは嫌だ．/ He found himself short of breath with pulse racing. 彼は呼吸が浅くなり，脈が早鐘を打っているのを感じた．

race ② [réis]
人種，種族
[原] 同族
[イメージ] 人種，種族
[解] race ①と race ②の間に関連はない．
[例] Despite our ethnic and cultural differences, all human beings belong to one race, the human race. 民族的，文化的に違いがあっても人間はみな人類と言う１つの種族に属している．

racket [rǽkət]
大騒ぎ
[原] ガチャガチャ
[イメージ] ガチャガチャ，騒ぎ⇨(恐喝，ゆすり，詐欺などによる)不正な金儲け
[解] たかりやゆすりは机をどんどん叩き，ドスの利いた声で迫り騒がしいことこの上ない．◇総会屋は racketeer と英訳されている．◇ラケットの意は原義は〈手の平〉である．昔の子供はラケットがなかったのでよく手の平をラケットの代わりにしてテニスをしていたものである．現代では，ラケットを手の平の代りに用い始めたと言うべきかもしれない．
[関] rattle ガチャガチャ鳴る
[例] Who could be making that awful racket? いったいあんなに騒々しいのは誰なんだろう．

radical [rǽdikl]
根本の，急進的な
[原] 根(radic) の(al)
[イメージ] 根っからの，根こそぎするほどの⇨過激な
[解] 関連語に radish(大根)がある．日本語「根本」は同様の発想である．
[派] radicalism 急進主義
[例] You have to make a radical change in your eating habits. 食習慣を根本から変える必要がありますよ．/ He has radical opinions about politics. 彼は政治について過激な(⇨根こそぎ変えるような)意見を持っている．

radius [réidiəs]
半径
[原] (車輪の) 幅(や)，スポーク
[イメージ] 光源の作る放射状の円◇radiation(放射)を連想させる語である．
[関] ray 光線
[例] A large number of young men and women go to college within a 500-mile radius of their hometowns. 故郷から500マイルの範囲の大学に進学する若者が多い．

rage [réidʒ]
激怒
[原] 狂気
[イメージ] 怒り狂っている
[派] raging 荒れ狂う
[関] rabies 狂犬病
[例] He smashed the mirror in a fit of rage. 彼は怒り狂って鏡を投げつけた．/ I looked down from the helicopter and saw fire raging through the tall dry grass of the savanna. ヘリコプターから見下ろすとサバンナの乾燥した長く伸びた草むらから炎が激しく上がっていた．

ragged [rǽgid]
ぼろぼろの，不ぞろいな
[イメージ] ぼろぼろ＋ざらざら
[関] rag ぼろ布
[例] Many wore ragged clothes just after the war. 戦後はたくさんの人がぼ

ろをまとっていた.

raid [réid]
不意の襲撃
[原] 馬に乗って襲う
[イメージ] (馬に乗って)攻撃・急襲する
[解] ride(馬に乗る)と同系語で,馬に乗って襲う場面を想像すればこの語はすぐに身につく. raid や ride は road(道⇨馬に乗って道を急ぐ)とも同系語である.
[例] Sometimes outlaws raided a settlement and stole horses and cattle. 時には暴漢が集落を襲い馬や牛を盗んだ.

raise [réiz]
上げる, 育てる
[原] 引き上げる
[イメージ] さっと引き上げる, 育て上げる
[解] rise は「上がる」, raise は「上げる」⇨類義語 lift の対象になるものは重量を感じさせる.
[関] rise 上がる / rear 育てる
[例] We raised the temperature of the laboratory. 実験室の温度を上げた. / They are planning to raise the price of cigarettes. タバコの値上げが計画されている. / Farmers in Guam raise crops, mainly corn, and livestock. グアムの農家ではコーンを始めとする農産物や家畜を育てている. / That I cannot, after separating from my wife, raise my two children at home makes me very sad. 妻と離婚してからは2人の子供を家で育てられないのはとても悲しい.

rally [rǽli]
集結する
[原] 再び(r) 集める(ally)
[イメージ] (再び集める)⇨力を結集する, (再び集まる)⇨回復する
[解] テニスやバドミントンのラリーも〈集中した連続の打ち合い〉を描いている. / The Giants rallied for four runs in the ninth inning for a 4-3 victory. ジャイアンツは9回に一挙に4点を集め4対3で勝った. / My son has rallied from his flu. 息子は流感がよくなった. / The Labor Union staged a rally against the World Trade Organization meeting. 労働組合は世界貿易機関の会議に反対して集会を開いた.

ramble [rǽmbl]
ぶらつく
[原] 雄羊(ram) が雌羊(ewe)を求めてうろつきまわる
[イメージ] あちこちぶらつく
[関] ram 雄羊
[例] This article rambles on for pages without focusing on any subject. この論文は論点が定まらず,何ページもとりとめもなく書かれている.

random [rǽndəm]
でたらめの
[原] 大急ぎで
[イメージ] いきあたりばったり, 手当たりしだい
[例] To test the condition of merchandise they buy in bulk, buyers resort to random sampling. まとめ買いする品物の状態を調べるために買い手は無作為に抜き出して検査する.

range [réindʒ]
列に並べる, 分布する
[原] 並べる
[イメージ] そこからあそこへ及ぶ, 広がる
[解] あることを順にならべると範囲・広がりができるのは自然の理.
[派] ranger レンジャー部隊員(⇨特定区域の警備)
[関] arrange 並べる / rank 階級
[例] The student age in this institution ranges from 18 to 22 (=Students in this institution range from ages 18 to 22). この学校の学生の年齢は18から22迄だ. / The onset of menstruation ranges anywhere from six to eighteen years of age. 月経の始まりは6歳から18歳までの幅がある. / Dogs come in a wide range of shapes and sizes. 犬は型や大きさが多岐にわたる. / The levels of social and economic status span a wide range. 社会的, 経済的地位は広範囲にわたる.

rank [rǽŋk]
階級; (階級が)位置する
[原] 列をなす
[イメージ] 列をなす⇨順をなす
[関] range 列
[例] Soccer ranks as one of the most popular sports in the world. サッカー

rapid [rǽpid]
速い
原 力ずくで奪う⇨すばやい
イメージ 急速な
解 原義から rapid の速さには〈ぐい(⇨突発的)〉あるいは〈ぐいぐい(⇨断続的)〉と進む力がイメージされる．
派 rapidity 速さ / rapidly 急速に
関 rape 強姦する
例 He made rapid progress in math. 彼は数学が急速に伸びた． / The current is very rapid at the strait. 海峡では潮の流れがとても速い．

rapture [rǽptʃər]
大喜び，有頂天
原 略奪
イメージ (心を奪われる)⇨心ここにあらず
解 rupture(破裂)と rapture(大喜び)の区別は rupt-の〈圧迫⇨壊れる〉を rapt の〈奪う⇨とりこにする〉をそれぞれイメージすればよい．
派 rapturous 大喜びの
関 rapt うっとりとした / rape 強姦する
例 The audience went into raptures over the prodigy's piano recital. 聴衆は若い天才ピアニストの演奏に聴きほれた．

rare [réər]
めったにない
原 布地の目が粗い⇨疎ら
イメージ 稀にある，類い稀な
解 漢字〈希〉のイメージで，この語の成り立ちも〈布地の粗い〉ことを意味しており，rare の原義と同じである．
派 rarely 稀に / rarity 希少
例 It is very rare for her to raise her voice in anger. 彼女が声を荒らげることはめったにない． / Breast cancer is quite rare among teenagers. 乳癌は十代ではめったに起こらない． / He is a rare scholar. 彼は類い稀な学者だ． / He collects rare coins. 彼は珍しいコインを収集している．◇ rare は〈稀少価値がある〉ことになる． / I have rarely seen him reading a book (=Rarely have I seen him reading a book). 彼が本を読んでいる姿はあまり見たことがない． / My mother rarely, if ever, goes out. 母はあったとしてもめったに外出しない． / Newly-promoted grand champions rarely do well in their debut tournaments. 新横綱はデビューの場所で好成績を収めることがあまりない．

rash [rǽʃ]
軽率な；発疹
イメージ (にわかに起こす)軽はずみの；(にわかに起こる)発疹，頻発
解 rush(殺到)は-u-に〈圧迫〉の意味合いがあることを意識すると rash(発疹)との区別ができる．
例 My child has broken out in a rash. 子供に発疹が出た． / He made a rash attempt to enter the burning house to take out money. 金を持ち出そうとして彼は燃える家の中に無謀にも飛び込んだ． / The police warned of a rash of fatal traffic accidents. 警察は交通死亡事故多発を警報した．

rate [réit]
率，速度，料金；評価する
原 計算する，見積もる
イメージ (見積もる)⇨割合，料金；評価する
派 rating ランク付け / ratio 比率 / ration 配給，割り当て / rational 合理的な(⇨割り当てが正しい)
例 The birth rate is falling in Japan. 日本では出生率が下がっている． / How do you rate his performance today? 彼の今日の出来(演技・演奏・試合振りなど)をどう評価しますか．

rather [rǽðər]
(〜より)むしろ
原 より早く
イメージ 〜の方に気がはやる⇨〜よりむしろ⇨相当に
解 古英語 rathe(すぐ)の比較級で rash (気の早い)と同系語．日本語でも心が進むとき「気がはやる」というのは発想がよく似ている．
例 I would rather stay here (than go

home). (帰るより)ここにいたい. / I would rather be dead than to be on drugs again. また麻薬をやるよりは死んだ方がましだ. / It's rather hot today. 今日はかなり暑い. / She did rather well. 彼女はかなりよくやった.

rational [rǽʃənl]
合理的な, 理性的な
原 比率(ration) にかなった(al)
イメージ (割り当てがちゃんとしている)⇨バランスがとれている
派 rationalization 合理化 / rationalize 合理化する
例 His explanation of the situation was rational. 彼の状況説明は筋が通っている. / Man is a rational animal. 人間は理性を持った動物である.

ravage [rǽvidʒ]
荒廃(させる)
原 強奪する
イメージ 奪うがごとく荒らす
関 ravish 強奪する
例 The Black Plague ravaged Europe in the sixteenth century. 疫病が16世紀のヨーロッパに猛威をふるった. / It took years to repair the ravages of war. 戦争の荒廃の修復に何年も要した.

raw [rɔ́ː]
生の, 皮のむけた
原 生(なま)の
イメージ (加工せずそのままの)⇨生の ⇨皮膚がめくれて出ている
解 raw の -r- は〈厳しさ〉の意味合いが感じられる.
例 Wouldn't eating raw fish be considered barbarous in this country? この国では生の魚を食べるのは野蛮と思われないのですか.

ray [réi]
光線
原 光源から延びる光
イメージ 雲間から射す光の筋
関 radiant 輝いている / radius 半径 (⇨中心点からの円周へ延びる線) / radio ラジオ(⇨一点(放送局)から周囲へ延びる電波の線) / rayon レーヨン (⇨人造の絹の光沢を現わす)
例 The rays of the morning sun shone through the shutters of my bedroom. 寝室の雨戸から朝の光が射し込んでき

た. / There's a ray of hope left for the patient: a kidney donor. 患者には助かる望みが残されている. 腎臓の提供者が現われることである.

reach [ríːtʃ]
到着する;届く範囲
原 (手を)伸ばす
イメージ たどり着く
解 reach では話者の眼は出発地側にある. reach は〈到達〉, arrive は〈到着〉のニュアンス. (⇨ arrive)
例 Our team reached the finals. 私たちのチームは決勝へ進出した. / We'll never reach the town before dark. 私たちは日暮れまでにはとうてい町に着けない. / Who will reach the goal first? 誰が最初にゴールインするだろうか. / This manual should be kept at close reach for future reference. このマニュアルは今後参照する時のために身近なところに保管しておくとよい. / Keep out of the reach of children. 子供の手の届かぬところへ保管しなさい.

react [ri(ː)ǽkt]
反応する
原 反(re) 作用する(act)
イメージ 手応え(働きかけに対する反応)
派 reaction 反応
例 How did they react to your new suggestion? 新しいあなたの提案に対してどういう反応がありましたか. / What is your reaction to the way this peace process is unfolding? この和平へ向けての展開をあなたはどう見ていますか.

read [ríːd]
読む
原 読み解く
イメージ 文字を読む, 読み解く, 事態を読む, 読み解く
派 readable 読み易い
関 riddle 謎々(⇨読み解く)
例 What's the average American reading on the global warming conference last year? アメリカ人は一般に去年の世界温暖化会議をどう評価していますか. / Let me know your reading of the present situation. あなたは現状をどう解釈しているか教えてください. /

How do you read the last line of the poem? この詩の最後の行をどう解釈しますか。/ His style is concise and readable. 彼の文体は簡潔で読みやすい。

ready [rédi]
用意ができている, 手近にある, 即座の
原 用意ができている
イメージ (精神的・物理的条件が飽和状態で)すぐにもことが起こせる・起る(臨界状態)
派 readily すぐに, 簡単に / readiness 用意
例 My neighbors are always ready to help each other when they are in trouble. 私の近所の人達は困った時はいつもお互い助け合う気持ちでいる。/ She was ready to cry with frustration. 彼女は悔しさで今にも泣き出しそうだった。/ These melons are ready to eat (= ready to be eaten). メロンはもう食べられますよ。/ He readily admitted that he was wrong. Don't you think he was too ready to give in. 彼はすぐに自分が間違っていると認めたんだ。諦めるのが早すぎると思わないかい。/ She showed great readiness to study abroad. 彼女は留学に盛んなやる気を見せた。

real [ríːəl, ríəl]
本当の
原 物としてある
イメージ (想像ではなくて)実際にちゃんとある, (嘘ではなくて)本当の
派 reality 現実 / realize〜が実際にあると気づく, 〜を現実にする / really 本当に, 本当は
例 His novels are based on real life. 彼の小説は現実の生活に基づいたものだ。/ What is the real reason he resigned? 彼の辞職の本当の理由はなんですか。/ He didn't realize he was infected with AIDS. 彼はエイズに感染しているとは気づいていなかった。/ He finally realized his ambition to become an astronaut. 彼はついに宇宙飛行士になる大望を実現させた。

reap [ríːp]
刈り取る
原 刈り取る
イメージ 種を蒔いて実ったものを刈り取る
関 ripe 熟した
例 The president himself has sown the wind and he is reaping the whirlwind. 大統領が自身が悪い種を蒔いて今その報いを刈り取っている。

reason [ríːzn]
理由, 理性；推論する
原 計算する
イメージ 合理的に考える, 筋道立てて考える；ちゃんとした訳(わけ)
派 reasonable 妥当な
関 ration 配給(◇計算された量) / ratio 比率(◇計算) / rate 割合(◇計算)
例 He moved to another job, but wouldn't tell me his reason. 彼は仕事を変えたが、理由は言わなかった。/ There is some reason in his argument. 彼の言い分にも一理ある。/ You can love a newborn dearly, but you can't reason with it. 人は生まれてきた赤ん坊をいとしく愛することはできるが、赤ん坊と話し合うことはできない。

reasonable [ríːznəbl]
道理に合っている
原 理(reason)に合う(able)
イメージ (理屈のつけられる)もっともな, (値が法外でなく)手頃な
例 He backed up Smith's statement with a reasonable argument. 彼はスミスさんの発言を筋の通った論で応援した。/ The price is reasonable. 値段は手頃である。

rebel [動 ribél, 名 rébl]
反逆する；反逆者
原 反対に(re) 戦う(bel)
イメージ 権威に反逆する
派 rebellion 反乱 / rebellious 反抗的な
例 Children naturally rebel against their parents after a certain age. 子供はある年齢に達すると親には反抗するものだ。

rebuff [ribʌ́f]
にべもなく断わる
原 反対に(re) 吹く(buff)
イメージ 申し出に対してプンとはねつける, プイと断わる
例 She rebuffed all my offers of assis-

tance. 彼女は私の援助の申し出をことごとく断わった．

recall [rikɔ́ːl]
思い出す，呼び戻す，リコールする
原 再び(re) 呼ぶ(call)
イメージ (呼び戻す)⇨(記憶を)呼び戻す，(活動の舞台から)呼び戻す
例 I'm afraid of doctors. I've never had a physical exam that I can recall. 私は医者が怖くって，検診を受けた覚えがありません． / Automakers have to recall cars that may have safety defects. 自動車会社は安全性に問題のある車はリコールしなければならない．◇ recall＝会社へ呼び戻して無償で修理する

recede [risíːd]
後退する
原 後ろへ(re) 行く(cede)
イメージ 勢いが後退する
関 accede 応じる(⇨ 方へ＋行く) / cede 譲る(⇨行かせる) / precede 優先する(⇨先に＋行かせる) / secede 脱退する(⇨離れて＋行く) / concede 認める，与える(⇨与えて＋行く(譲る))
例 The fortunes of the "bubble economy" started receding in 1991. バブル景気は1991年に後退の兆しを見せた． / He has a receding baldhead. 彼は額のところが禿げかけている．

receive [risíːv]
受取る
原 再び(re) 取る(ceive)
イメージ 受取る，受ける
派 receipt 領収 / recipe 調理法(⇨鍋に食材を受ける) / reception 接待・反応・受信状況 / recipient 受取人
例 I received many birthday greetings through the Internet. インターネットで誕生祝いをたくさんもらった．

recently [ríːsntli]
最近，近ごろ
原 新しく
イメージ 最近
解 類義語 lately は⟨近ごろ⟩つまり捉える時間が帯状(⇨幅がある)が，recently ⟨最近⟩は捉える時間が(過去の)一点である．◇定訳として⟨近ごろ⟩があるが，⟨最近⟩に絞る方がよい．
例 I recently chipped my tooth playing football. 最近フットボールをやっていて歯を欠いてしまった．◇ chip したのは過去の一点 / I finished the book recently. その本を最近読み終えた．◇ finish したのは過去の一点．「近ごろ読み終えた」は不自然な日本語．

recess [ríːses]
休憩；休会に入る
原 後へ(re) 行くこと(cess)
イメージ 奥へ引っ込んで休む
派 recession 不景気(⇨景気の後退)
例 The Diet is in recess until September. 国会は9月まで休会だ． / There's a hint of recovery from the recession. 景気回復の兆しがある．◇隣の人の失業なら recession，これが自分の失業にまで及ぶと depression (下へ(de) 押しつけられる(pression) ⇨大不況)になる．

recipe [résəpi]
料理法
原 取れ！
イメージ (〜を食材として取り鍋に入れなさい)⇨調理法，献立法◇ recipe は献立を象徴する動詞であった(⇨解説)．
解 "Recipe!" は現代では "take" で，次のように用いる：Take a pint of milk and pour it into the mixture slowly while stirring constantly. (牛乳を1パイントほど取り，かき混ぜながらゆっくり注ぎなさい．)
例 I'd like to have the recipe for the soup. そのスープのレシピ欲しいわ．

reciprocal [risíprəkl]
相互的な
原 受けたり(reci) 送ったり(procal)
イメージ 行ったり来たり⇨相互の
例 Their hatred is reciprocal (＝They hate each other). 彼らは互いに憎悪している．

recite [risáit]
暗唱する
原 繰り返し(re) 呼ぶ(cite)
イメージ (記憶を呼び起こす)⇨暗唱する
派 recitation 暗唱，列挙
例 I can recite the poem wholly. その詩は全部暗唱できる． / The recitation of their complaints took a whole hour. 彼らの苦情の列挙は丸1時間かかった．

reckless [rékləs]

むちゃな
[原] 注意(reck)しない(less)
[イメージ] 慎重さを欠いている
[解] reck(注意)は現代の英語では使われない。
[例] I separated from my husband because he was reckless with money. 夫は金使いが無茶だったので別れた。 / He was fined for reckless driving. 彼は無謀運転で罰金を食らった。

reckon [rékn]
数える、考える
[原] 数え上げる
[イメージ] さっと計算する⇨〜であると判断する
[例] I reckoned up the expenses of the wedding party. 結婚式の費用をざっと計算してみた。 / The defending champion reckoned he would have a very tough time beating his challenger. チャンピオンは自分は挑戦者に苦戦するだろうと読んだ。

recognize [rékəgnaiz]
認める、分かる
[原] 再び(re) 知る(cognize)
[イメージ] (すでに知っているものについて)それであると知る、改めて〜であると確認する、(存在が具体的姿をとらないものについて)その存在を認める
[派] recognition 承認
[関] cognition 認知 / reconnaissance 偵察
[例] I was able to recognize John by the way he walked. 歩き方でジョンと分かった。 / I couldn't recognize you. あなたとは気づかなかったよ。 ◇recognize〈認識する=再び+知る〉が可能なのはrecognizeの時に以前の付帯情報と同じ付帯情報を対象が維持していることが条件となる。例文の場合は普段掛けていないサングラスを掛けていなかったとか、随分しわが増えていたとかが考えられる。 / I recognize his voice. 僕は声を聞いたら彼だと分かる。 / "Sayonara" is the Japanese word most recognized by foreigners. 「さよなら」は外国人に日本語としてとてもよく知られていることばである。 / The father recognized his son's genius. 父親は息子の非凡な才能を認めていた。 / He recognized that he had made a mistake (=He recognized his mistake). 彼は間違っていたことを認めた。 / Sometimes we don't recognize the value of the things we have until we've lost them. 失って初めて持っているものの価値を知ることがあるものだ。

recoil [rikɔ́il]
ひるむ
[原] 後へ(re) 尻(coil)
[イメージ] ひるんで後ずさりする
[解] coil(巻く)とは無関係。元来は〈お尻〉の意味合いがあった。日本語「尻込む」は同じ発想。
[例] Most people recoil from a snake on sight. 蛇を見たら大抵の人はひるんで後ずさりする。

recollect [rekəlékt]
思い出す
[原] 再び(re) 集める(collect)
[イメージ] 断片情報を集めて頭に描き出す
[派] recollection 記憶、思い出
[関] collect 集める
[例] I couldn't recollect her name. 彼女の名前を思い出せなかった。 / To the best of my recollection (=as far as I can recollect), he was teaching history at a college in New York city. 私の記憶では彼は確かニューヨークの大学で歴史を教えていたよ。 / His recollection of the event is rather patchy. その件についての彼の記憶はかなり断片的だ。

recommend [rekəménd]
推薦する
[原] 再び(re) 強く(com) 任す(mend)
[イメージ] (〜を任せてよいとし、強く)薦める
[解] commend(誉める)の繰り返し(re)だから〈「これいいよ！」+「これいいよ！」⇨推薦する〉と原義をイメージするといい。
[派] recommendation 推薦
[関] commend 誉める
[例] I would like to recommend Professor Smith for the chair of the department. 学科長にスミス教授を推薦したい。

recompense [rékəmpens]
返礼する、償う

原 共に(com) 考え(pense) 返す(re)
イメージ (釣り合うように返礼する)⇨償いを返す
例 People wounded in war are recompensed for their suffering by the government. 戦争で負傷を負った人はその苦痛に対して政府から補償を受ける.

reconcile [rékənsail]
和解させる
原 再び(re) 呼び集める(concile)
イメージ 再び互いに歩みよらせる
解 やや堅い感じなので友達などとの仲直りなら, make up with(〜と仲直りする)と言うのが普通.
派 reconciliation 和解
関 council 協議会(⇨集める)
例 She was finally reconciled with her husband's mother after years of feud. 彼女は義母と長年のいさかいの後やっと和解した. / Descartes tried to reconcile science and religion. デカルトは科学と宗教の和解を図ろうとした. / I do hope that one day a reconciliation will take place. いつか互いの和解が成立することを望んでいる.

record [rékərd]
記録；記録する
原 再び(re) 心に入れる(cord)
イメージ 記録する
解 文字と筆記具の普及以前は心に留めるのが記録であったであろう.
関 accord 調和する(⇨心を合わせる) / core 核心 / cordial 心からの
例 He has a criminal record. 彼は前科がある. / These songs were recorded live from a concert. これらの歌はコンサートから生録されたものだ.

recourse [rí:kɔ:rs]
頼みの綱
原 元へ(re) 走る(course)
イメージ 困ると助けを求めて引き返すもの→頼みとするもの
例 The firm had no option other than to have recourse to borrowing (= The company had no other recourse but to borrow). その会社は借金に頼る以外どうしようもなかった.

recover [rikʌ́vər]
回復する, 取り戻す
原 再び(re) 覆う(cover)
イメージ 傷が再びふさがる⇨回復する⇨取り戻す
派 recovery 回復, 取り戻し
例 He has lung cancer and is unlikely to recover. 彼は肺癌で, 治りそうにない. / She recovered consciousness in the ambulance. 彼女は救急車の中で意識を取り戻した. / The police recovered most of the stolen goods from their hiding place. 警察は彼らの隠れ家から盗品のほとんどを回収した.

recruit [rikrú:t]
新人, 募集する
原 再び(re) 増える(cruit)
イメージ (さらに増やす)⇨募る・増員する
解 「募る」にも〈増える〉の意がある(cf. 恋しさが募る).
関 crescent 三日月(⇨だんだん大きくなる) / increase 増える
例 Many schools started recruiting teachers from abroad. 多くの学校が海外から教師の募集を始めた. / He is the company's latest recruit (= newest employee). 彼は最近会社に雇われた人です.

recuperate [rik(j)ú:pəreit]
回復する
原 再び(re) 取る(cuperate)
イメージ 再び得る⇨健康を回復する
派 recuperation 回復
関 capture 捕らえる / captivity 監禁
例 He needs time to recuperate at home after the operation. 彼は手術後少し自宅療養の時間がいる.

recur [rikə́:r]
再発する, 戻ってくる
原 再び(re) 走る(cur)
イメージ (再び走る)⇨また経験する
派 recurrence 再発 / recurrent 反復する
例 Some cancers are likely to recur. 再発しやすい癌がある. / The recurrence of nightmares annoyed him. 悪夢が繰り返し彼を悩ました.

redeem [ridí:m]
弁償する, 挽回する, 履行する
原 取り(deem) 返す(re)
イメージ (不利・犠牲を)取り戻す, 挽

回する
派 redeeming (欠点を)補う / redeemable 弁済できる,換金できる,救い出せる / Redeemer 救い主 / redemption 救済
例 He sent an emissary to redeem the Christians captured during Slavic invasions. 彼はスラブの侵攻を受けた時囚われていたクリスチャンを救出するために密使を送った. / His new novel is absolute trash with no redeeming qualities. 彼の今度の小説は(読んでも)何の足しにもならない駄作だ. / The redeeming feature of our job is the flexibility of office hours. そうであっても私たちの仕事のよい点は勤務時間が自由だということです.

reduce [rid(j)ú:s]
減らす
原 後ろへ(re) 引く(duce)
イメージ 減ずる,引き降ろす
解 マイナス方向への数や状態の変化をいう.
関 duct 水道管(⇨引く) / educate 教育する(⇨資質を引+出す) / introduce 導入する(⇨中に+引き入れる) / induce 引き込む
例 Fruits and vegetables contain a type of salt that may reduce the risk of stroke. 果物や野菜には卒中にかかる率を減らすタイプの塩分を含んでいるようだ.

redundant [ridʌ́ndənt]
余分な,余剰人員となった
原 再び(red) 溢れる(undant)
イメージ (溢れる)⇨あふれる,冗長な
解 undant は〈溢れる波〉のイメージを持つ. 仕事にありつけないことを「あぶれる」というがこれは原義が〈溢れる〉であり,はからずも redundant の原義と発想が同じである.
派 redundancy 余剰人員
関 abound 豊富な(⇨出る+溢れる)
例 Twenty men at the firm were suddenly made redundant because of the closure of the export department. 輸出課が閉鎖になったのであの会社ではいきなり20人ほどあぶれた.

refer [rifə́:r]
言及する,参照する,関連がある
原 元へ(re) 運ぶ(fer)
イメージ ～へ差し向ける
派 reference 参考 / referee レフェリー(⇨裁きを差し向けられた人) / referendum 住民投票(⇨賛否の決を委ねる)
例 They decided to refer the matter to the general assembly. その件は総会に委ねることにした. ◇総会に送る / I have been referred to this office by the receptionist. 受付でこの部屋に来るように言われました. ◇差し向けられる / Please refer to the publisher for information about the author. 著者については出版社に照会ください. ◇refer (yourself / your question) to =「質問を～へ差し向ける」のように( )の中を補うと分かりやすい. / The professor advised us to refer to the Oxford English dictionary. 教授は OED に当ってみるように助言をくれた. ◇参考(図)書(百科事典・辞書・年鑑など)を reference books と言う訳がよく分かる. / Prince Shotoku referred to his country as a place from where the sun rises. 聖徳太子は日本を称して日出ずるところと言った. ◇～と称して日本を指した. / What does 'it' in the third line refer to? 3行目の it は何を指していますか.

refine [rifáin]
洗練する,精錬する
原 再び(re) 仕上げる(fine)
イメージ さらに仕上げる⇨精製する
解 fine は〈仕上がっている⇨(粗くなく)細かい⇨きれい⇨元気である⇨晴れている〉と意味が展開している.
派 refinery 精錬所 / refinement 精製, 洗練
例 Crude oil has to be refined before it can be used. 原油は使用するためにはまず精製しなければならない. / He has such refined manners. 彼はとてもあか抜けた作法を身に着けている.

reflect [riflékt]
反射する
原 反対に(re) 曲げる(flect)
イメージ (光を)反射する,(事態を)反映する,(行為を)振り返る
派 reflection 反射, 熟考, 反映
関 flexible 曲げられる, 融通がきく

例 The water reflected the sunlight. 水面は太陽光を反射していた． / The townspeople's questions for the mayor reflected a lot of confusion on their part. 町民の町長への質問は町民の間に非常な混乱があることの現われであった． / One who reflects too much will accomplish little. 反省ばかりの者は大を成すことがない． / On reflection, I realized I was wrong. よく考えてみると，自分が間違っていた． / I constantly check my posture by looking at my reflection in shop windows. 私はいつもお店のウインドーに映っている自分の姿を見て自分の姿勢をチェックしている．

reform [rifɔ́ːrm]
改善する，改心させる；改善，改心
原 再び(re) 形づくる(form)
イメージ 作り直す
派 reformation 改善
例 Nightingale brought about worldwide reforms in hospital administration and nursing. ナイチンゲールは世界的に病院の行政と看護の仕方の改革をもたらした． / He has fully reformed himself. 彼は完全に更生した． ◇reformatory＝reform school(少年少女更生施設)

refrain [rifréin]
差し控える
原 後ろへ(re) 抑える(frain)
イメージ はやる気持ちを後ろに抑えておく
例 The promise of a contract is to do something or to refrain from doing something. 契約とはあることをする，または控えることを約束することである．

refresh [rifréʃ]
さわやかにする
原 再び(re) 新鮮にする(fresh)
イメージ さわやかな気持ちに戻す
派 refreshment 軽い飲食物，疲労回復
例 I can go back to my books mentally refreshed, after walking. 散歩すると，さわやかな気持ちで再び書物に向かえる． / Let's refresh ourselves with a cup of coffee. コーヒーで一休みしましょう． ◇refreshment＝紅茶，コーヒー，ケーキなど

refuge [réfjuːdʒ]
避難
原 奥へ(re) 逃げる(fuge)
イメージ 逃げ場
派 refugee 難民(⇨避難民)
関 fugitive 逃亡者
例 Reservoirs and lakes created by dams could give refuge to fish and wildlife. ダムによって池や湖ができると魚や野生動物に憩の場を与えることができるだろう． / He finds refuge in alcohol. 彼は酒が慰めだ．

refuse [rifjúːz]
拒絶する
原 注ぎ(fuse) 返す(re)
イメージ (融け合わず)きっぱり断わる
派 refusal 拒絶
関 refute 論破する / confuse 混乱させる(⇨共に＋注ぐ)
解 丁寧な断わりには decline(辞退する)を用いる．
例 The patient refused to get a shot. 患者はどうしても注射を拒んだ． / I asked her to answer the questionnaire, but she refused. アンケートを頼んだが，彼女は応えてくれなかった．

regard [rigáːrd]
みなす，気にかける；配慮
原 再び(re) 目をやる(gard)
イメージ ～にちゃんと目を向ける⇨気にかける
派 regarding～に関して / regardless ～のいかんにかかわらず
関 guard 見張る
例 He has little regard for others. 彼は他人への配慮が足りない． / William Shakespeare has been widely regarded as the greatest writer of all time. ウィリアム・シェイクスピアは古今最高の作家であると広く思われている．

regret [rigrét]
残念に思う，後悔する；残念，後悔
原 再び(re) 嘆く(gret)
イメージ 起こったことを残念に思う，後悔する
派 regretful 残念に思っている / regrettable 嘆かわしい
例 Later on, I regretted my decision not to accept his offer. 後になって，彼

の申し出を受けなかったことを悔いた.

regulate [régəleit]
規制する
[原] 規則にする
[イメージ] 規則で縛る
[派] regular 規則に沿った / regulation 規定
[解] reg-には〈支配する〉意味合いがある：regal 王者のような / regency 摂政政治 / regent 摂政 / regime 政治体制 / regiment 統制する
[例] The National Police Agency began to regulate pornographic sites on the Internet. 警察庁はインターネット上のわいせつ画像のサイトの規制に乗り出した.

rehabilitate [riːhəbíliteit]
社会復帰させる,修復する
[原] 再び(re) 能力を付ける(habilitate)
[イメージ] 再び(re)＋能力(ability)⇨元に戻す
[派] rehabilitation 社会復帰
[例] The community should understand and help rehabilitate criminals once they've left prison. 世間は罪人が出所したら更生するのを理解し援助してやらなければならない. / During WW II, extensive efforts were made to rehabilitate disabled veterans. 第二次世界大戦の時に,傷痍軍人を社会復帰させるための大々的な努力がなされた.

reign [réin]
統治する
[原] 王として統治する
[イメージ] 君臨する
[関] regent 摂政
[例] Aladdin succeeded the sultan and reigned for many years. アラジンは皇帝の後を継ぎ長く国を治めた. / Queen Victoria's reign has been the longest in English history. ビクトリア女王の統治が英国史上一番長い.

reimburse [riːimbə́ːrs]
払い戻す,弁償する
[原] 再び(re) 中に(im) 財布の(burse)
[イメージ] (元の所へ金を返す)⇨かかった費用を払い戻す
[解] burse は purse と同じ.
[例] The company will reimburse your travel expenses for the interview. 面接のための旅費は会社が後から払い戻してくれる.

rein [réin]
手綱；御する
[原] 抑える
[イメージ] 手綱；手綱を引く
[解] re-はここでも〈後ろへ〉抑える〉の意を持っている.
[関] retain 保持する / retinue 随行員(⇨後ろで持つ・支える)
[例] Keep a tight rein on your temper. 感情はしっかりとコントロールしなさい. / During a relaxed or free walk, the rider holds the reins slack, freeing the horse's head and neck. ゆっくりとした常歩(なみあし)の時,騎手は手綱をゆるめ,馬の頭と首に力がかからないようにする. / The statesman gained fame for his selfless devotion in a time of crisis and for giving up the reins of power when the crisis was over. その政治家は危急の時に無欲の献身をし,危機が去ると政治活動(＝権力による統制)を止めたので名声を得た.

reincarnate [riːinkáːrneit]
生まれ変わらせる
[原] 魂を再び(re) 肉体(carnate)に入れる(in)
[イメージ] 新しい肉体に魂を入れる
[解] resurrection は「蘇生・再生」
[関] carnival 謝肉祭 / carnal desire 肉欲
[例] If you could be reincarnated (＝born again), what would you like to be? 生まれ変われるなら何になりたいですか.

reinforce [riːinfɔ́ːrs]
補強する
[原] 再び(re) 中に(in) 力を(force)
[イメージ] 補いを入れて強化する
[解] reinforced concrete 鉄筋コンクリート (⇨鉄筋で補強されたコンクリート)
[派] reinforcement 補強
[例] The Giants were reinforced in the new season by the arrival of two good pitchers from Korea. 今シーズン,ジャイアンツは韓国から2人の好投手を得てチームを補強した. / The wall was reinforced with strong concrete pillars. 壁は強いコンクリートの柱で補強

された．

reject [ridʒékt]
拒絶する，捨てる
原 逆に(re) 投げる(ject)
イメージ 受け入れずに投げ返す
解 -ject〈放り投げる〉の意味合い：abject 救い難い(⇨外へ＋投げ出す) / deject 落胆させる(⇨下へ＋投げ出す) / eject 追い出す(⇨イジェクト・ボタンを押せばカセットが飛び出てくる) / inject 注入する
派 rejection 拒絶
例 The bank rejected his request for a loan. 銀行は彼のローンの依頼を断わった． / He secretly rejected Christian beliefs. 彼は密かにキリスト教の信仰を捨てた．

relate [riléit]
関連づける，～について語る
原 元へ(re) 運ぶ(late)
イメージ 元に付ける⇨関連させる；事件の話を持ち(late) 返る(re)⇨語る
解 「語る」の意は report 報告する(⇨(話しを)持って(port)＋帰る(re))と原義の発想が同じ．(⇨ report)
関 tolerate 我慢する(⇨ 運ぶ) / extol ひどく褒める(⇨外へ＋運ぶ◇日本語の「持ち上げる」と発想が似ている)
派 relation 関係，話 / correlation 相関関係 / relative 相対的；親族，家族
例 Physics is closely related to mathematics. 物理学は数学に緊密に関係している． / He related the story of his three-year stay in Tibet. 彼はチベットでの3年間の話をした． / Dante's "Divine Comedy" relates his spiritual development. ダンテの「神曲」は彼の精神的成長について語っている． / There seems to be a correlation between health and happiness. 健康と幸福の間には相関関係があるようだ．

relax [riláeks]
ゆるめる，くつろぐ
原 再び(re) ゆるめる(lax)
イメージ 気の張りをゆるめる
解 弛緩が初めにあって緊張が次に生じるという発想が元にある．-lax の-l-は〈だらーん〉のイメージを生む；long なが—い / slow ゆーっくり / loose ゆるんだ
派 relaxation くつろぎ
関 lax ゆるんだ / laxative 下剤
例 Just lie back and relax. お掛けになってくつろいで下さい． / His advice helped me feel very content and relaxed. 彼のアドバイスで納得しほっとしました．

relay [ríːlei]
中継する
原 後へ(re) 置く(lay)
イメージ (後続へあずける)⇨中継する
例 In most relays, team members cover equal distances. リレー競技ではふつう各走者は等距離を分担する．

release [rilíːs]
解放する，発売する
原 再び(re) ほどく(lease)
イメージ 拘束からほどく，手元から放つ
関 lease 賃貸する(⇨占有を解いて貸し出す) / relax くつろぐ(⇨元に＋ゆるめる) / relish 風味(⇨後に＋放つ(食べた後香る) / lax ゆるんだ / laxative 下剤(⇨腸をゆるくする) / languish だらんとする
例 Photos of the sunken ship have just been released. 沈没した船の写真が公開された． / Hundreds of doves were released into the air as a symbol of peace. 何百羽もの鳩が平和のシンボルとして空に放たれた．

relieve [rilíːv]
和らげる，救援する
原 再び(re) 軽くする(lieve)
イメージ 負担を除いて気持ちを軽くする(気持ちの沈みからの引き上げ)
関 elevate 高める / relief レリーフ(⇨浮き彫り) / relief 安堵，救済(⇨不安・困窮からの引き上げ)
例 He was relieved to see an end to the more than 100-day crisis. 彼は100日以上にわたる危機が終わるのを目にして安堵した． / He breathed a sigh of relief. 彼はほっと息をついた． / The government decided to provide relief for refugees. 政府は難民に救援物資を送ることを決めた．

religion [rilídʒən]
宗教
原 強く(re) 結び付ける(ligion)

イメージ 人と神との結び付き⇨宗教
解 -ligion は〈結び付ける〉の意味合いがある：ligament 靱帯 / ligature くくること
派 religious 信心深い、良心的な
例 What are the three great religions of the world? 世界の3大宗教は何ですか。/ She is a religious woman. 彼女は信心深い人だ。

relinquish [rilíŋkwiʃ]
放棄する
原 後ろへ(re) 離す(linquish)
イメージ 手放す
例 He relinquished leadership of the team as a sign of his responsibility for its poor showing. 彼はチームの成績不振の責任をとって指揮をとることをやめた。

relish [réliʃ]
味わい、風味
原 後に(re) 残る(lish)
イメージ 中身から後に残る風味⇨じっくり味わう
関 release 解放する(⇨元に＋ゆるめる)
例 I have had many occasions this week to relish the spring flowers and trees. 今週は春の花や木々を楽しむ機会がたくさんあった。/ She didn't relish the prospect of having to meet her mother-in-law. 義理の母に会わなくてはならないことを思うと彼女は楽しめなかった。

reluctant [rilʌ́ktənt]
気の進まない、嫌々ながらの
原 対して(re) 逆らう(luctant)
イメージ しぶしぶ、嫌々ながら(⇨相手の要求と自己の逡巡の葛藤)
派 reluctance ためらい / reluctantly しぶしぶ
例 Father was rather reluctant to lend me his car. おやじは僕に車を貸したがらなかった。/ Soldiers were understandably reluctant to march through a field sown with mines. 兵隊達は当然のことだが地雷があちこち埋められている地帯を行軍することを嫌がった。/ He agreed to go with some reluctance. 彼は少し躊躇しながらも行くことに同意した。

rely [rilái]
当てにする、頼みにする、信頼する
原 強く(re) 結ぶ(ly)
イメージ 人が自己をあるものに結び付けることはその対象に寄りかかる⇨頼る
解「頼る」とは(⇨た(手)＋寄る)つまり、寄りすがっていくが原義で日英の発想が似ている。
派 reliant 頼って / reliance 信頼 / reliable 信頼できる / reliability 信頼できること
関 ally 同盟する(⇨結び付く) / liable 責任がある(⇨縛られている) / religion 宗教(⇨人と神との結び付き)
例 I don't like having to rely on my parents for money. 金を親には頼りたくない。/ Can I rely on you to keep a secret? 秘密を内緒にしてくれますか。

remain [riméin]
残存する
原 後ろに(re) 残る(main)
イメージ (変化・変動せずそのままの状態に)留まる：残りもの、遺体
関 remnant 残り、余り / manor 領地(⇨動かぬ地所) / permanent 永久性の(⇨ずっと＋留まる) / remainder 残り
例 He remained silent. 彼は黙ったままであった。/ Some couples choose to remain childless. 子供を持たないようにする夫婦もいる。/ If you take 15 from 20, 5 remain (＝the remainder is 5). 20から15引くと5残る。◇5 remains も可。/ Mammal's body temperature remains about the same even when the air or water temperature changes. 哺乳類の体温は周りの温度が変わってもほぼ同じ体温のままである。/ Some grasshoppers can remain submerged in water for several minutes. バッタの中には水に入って数分間潜ったままでいられるものがいる。/ His novels were considered so obscene that many of them remained unpublished until quite recently. 彼の小説はひどく猥褻だと考えられていたので多くがつい最近まで出版されないままだった。/ Police matched the remains with the dental records of the victim. 警察は被害者の歯型の記録と遺体の一致を見た。

remark [rimáːrk]
述べる；意見
[原] さらに(re) 記す(mark)
[イメージ] 強くことばで述べる
[解] mark は本来は文字で記されるが，remark では〈音声で記す⇨であると言う〉の意．
[派] remarkable 驚くほどの(⇨発言に値する)
[例] He remarked that it was too late (= "It is too late," he remarked). 彼はそれはもう手遅れだと発言した． / This is a remarkable achievement. これはすばらしい成果である．

remedy [rémədi]
治療法；直す
[原] 元に(re) 癒す(medy)
[イメージ] 元の健全な状態に直す
[解] -medy は medicine 医学(⇨癒しの学問)と同系．
[例] A good rest would be the best remedy for your backache. この手の腰痛には十分休養をとるのが一番でしょう． / There is no easy remedy for the recession. 不況の対応策は簡単ではない．

remember [rimémbər]
覚えている，思い出す
[原] re(再び) member(考える)
[イメージ] 思い浮かべる⇨覚えている
[派] remembrance 思い出，追悼
[関] memory 記憶 / mind 記憶
[例] Please remember to feed the dog. 犬に餌をやるの忘れないでね． / Remember to stop and smell the roses. 立ち止まってバラの香りをかぐことを忘れないように(⇨仕事に忙殺されるな) / Takahashi was playing with glove and ball as long as he can remember. 高橋選手はもの心ついた頃からグローブとボールで遊んでいた． / We are here to remember (=in remembrance of) the victims. 犠牲者の追悼のためにここに集まった． / I remember the man well. その男の人をよく覚えています．
◇「覚えている」ということは実は「再び思い浮かべる」ことが脳内で起こること(記憶＝想起)．

remind [rimáind]
思い出させる
[原] 再び(re) 頭に入れる(mind)
[イメージ] 思い出させる(記憶の喚起)・思い付かせる(注意の喚起)
[派] reminder 忠告(⇨気づいていないことを喚起させる)
[例] This hotel reminds me of the one we stayed in last summer. このホテルは去年の夏泊まったホテルを思い出させる．◇記憶の喚起 / I tried to remind the boy that talking without permission was not acceptable. その子に私語はだめなんだよと言い聞かせようとした．◇注意の喚起 / Why can't children do their work without being reminded? なぜ子供たちは一々言われなきゃ自分の仕事ができないのでしょう．◇注意の喚起 / I had a reminder from the library that the book was overdue. 貸出し期限が切れているという催促状が図書館から来た． / Your gentle reminder may help the teacher to be more considerate now and in the future. 穏やかに注意をしてあげれば先生はこれからはもっと気を配ってくれるでしょう．

remorse [rimɔ́ːrs]
良心の呵責
[原] 再び(re) 噛む(morse)
[イメージ] 良心に噛みつく⇨良心を痛める
[関] morsel ひと口・少量
[例] She was filled with remorse for having left her child at the orphanage. 子供を孤児院に置いてきたので自責の念で一杯になった．

remote [rimóut]
遠隔の
[原] 奥へ(re) 動いた(mote)
[イメージ] 奥地の方まで移動した⇨遠く離れた⇨かすかな
[関] remote control 遠隔操作 / motor モーター
[例] Eskimos live in the remote areas of Greenland. エスキモーはグリーンランドの奥地に住んでいる． / His proposal has only a remote chance of being accepted. 彼の提案は採用の可能性が少ない．

remove [rimúːv]
取り除く
[原] 後ろへ(re) 動かす(move)

イメージ (定着状態から)はがす、取り除く
関 remote 遠隔の(⇨奥まで+動かされた)
例 She had her moles removed for cosmetic reasons. 彼女は容姿のためにほくろをとってもらった。/ Please remove my name from your mailing list. 送付リストから私の名前を除いて下さい。

render [réndər]
与える
原 元へ(re) 与える(der)⇨返す
イメージ 引き起こす・与える
関 donate 贈与する / rent 賃貸する
例 She was rendered speechless by the news of her father's tragic accident. 彼女は父親の悲惨な事故のことを知っても何も言えなくなった。/ I would never have attained my goal without the help you rendered. 君のくれた援助がなければとうてい成功していなかっただろう。/ The boy poured soy-sauce all over his food, rendering it inedible. その子は食べ物に醤油をいっぱいにかけてしまって食べられなくしてしまった。

renown [rináun]
名声
原 再び(re) 名付ける(nown)
イメージ 名+名+名…=名を得る
関 noun 名詞 / nominate 指名する
例 His renown as a painter spread throughout the country. 画家として彼の名は国中に知られた。

rent [rént]
賃貸料；賃貸借する
原 相手に与える
イメージ (金をもらって)物を与える、(物を借りて)金を与える
関 render 与える
例 Many college students rent an apartment instead of staying in a dormitory. 寮に残らずアパートを借りる学生がかなりいる。/ She is going to let her flat in the city, rent a cheaper flat for herself on the outskirts , and live on the difference. 彼女は市内のアパートを人に貸して、自分は郊外の安いアパートを借りてその差額で生活するつもりだ。

repair [ripéər]
修理する
原 元に(re) 整える(pair)
イメージ 元通りにちゃんとした状態にする
関 prepare 準備する(⇨前もって+整える)
例 He knows how to repair a car engine. 彼はエンジンが直せる。/ I am afraid this computer is beyond repair. このコンピュータは修理ができません。

repeat [ripíːt]
繰り返す；繰り返し
原 再び(re) 求める(peat)
イメージ 繰り返し言う、繰り返しする
解 -peat の音に〈求め・狙い〉を感じよう：compete 競う(⇨共に+求める) / perpetual 永続する(⇨ずっと+追い求める) / petulant すねる(⇨求める)
派 repetition 反復 / repetitious 繰り返しの多い
例 These problems forced me to repeat an academic year. こういった問題があったために留年する(⇨もう1年繰り返す)はめになった。

repel [ripél]
追い払う
原 追い(pel) 返す(re)
イメージ 追い返す
解 -pel は pulse 脈(⇨血管壁を打ちつける)や push と同系で関連語が多い：compel 強いる(⇨共に+押す) / impel 駆り立てる(⇨に+押す) / propel 推進する(⇨前へ+押す) / dispel 払いのける(⇨外へ+押す) / a mosquito repellent(coil) 蚊取り線香 / a water-repellent fabric 防水性の布
例 They developed a coating material that would effectively repel rain and snow. 彼らは雨や雪をうまくはじく上塗り材を開発した。/ That ointment repels mosquitoes (= That ointment is a mosquito repellent). その軟膏は蚊を追い払う。

repercussion [riːpərkʌ́ʃən]
反響
原 再び(re) 強く(per) 打つ(cussion)
イメージ (事件の後の)反響
関 concussion 脳震盪 / percussion 衝撃、打楽器

例 The scandal may have immediate repercussions but its traces will soon fade away. このスキャンダルは直後には反響があるだろうが人の噂も75日ですよ.

replace [ripléis]
取って代わる
原 再び(re) 置く(place)
イメージ ((代わりのものを)再び置く)⇨新しいものが古いものに取って代わる
解 replace Aは〈Aを取り除く〉, substitute Aは〈Aを置く〉の意であることを確認しておきたい;replace A by/with B(Aを取り除き, Bをそこに置く), substitute A for B(Aを立てる, Bの代わりに).
派 replaceable 交換できる / replacement 交換, 交換要員
例 Horses were replaced by automobiles with the advent of Model T. モデルTの出現によって馬は車に取って代わられた. / Since John is going to retire, we need someone to replace him. ジョンは退職するので, 誰か代わりの人がいる. / Relief-ace Sasaki replaced starter Saitoh with two outs in the eighth inning after Saitoh gave away a solo homer. リリーフエースの佐々木は先発の斎藤がソロホームランを許した8回ツーアウトから彼に代わって投げた. / The replacement of hair, skin, or feathers occurs throughout the animal kingdom. 毛や皮膚や羽毛の生え換わりは動物界全般に起こるものである. / We have a faculty member on sick leave, and I've been very busy finding (=looking for) a replacement. 教員が1人病気で休んでいるので, 交代要員を見つけるのに忙しくしている. ◇ replacementは〈交換〉のほかに〈代替品, 交代要員⇨ replace A with BのBに当るもの〉の意もある.

replenish [ripléniʃ]
補充する
原 再び(re) 満たす(plenish)
イメージ 再び満たす
関 plenty 豊富
例 The Kenyan marathoner didn't care about replenishing his body. He passed nearly every water station without stopping. ケニアのマラソン選手は水分補給には目もくれずほとんどの給水所をやり過ごした.

reply [riplái]
返事をする;返事
原 元に(re) 折る(ply)
イメージ (折り返す)⇨折り返し返答する
関 ply(バスや船などが)往復する(⇨折り返す) / replicate 模写する(⇨折り返すと模写(複製)ができる)
例 Have you replied his letter? (=Have you sent a reply to his letter?) 彼からの手紙に返事しましたか. / I have written to her three times but she hasn't replied. 彼女に3度手紙を書いたが返事がない.

report [ripɔ́ːrt]
報告する, 報道する, 出頭する;報告, 報道
原 元へ(re) 送る(port)
イメージ 記事や情報を得て依頼者の元へ送る
解 export 輸出(⇨外に+運ぶ), import 輸入(⇨内に+運ぶ)は物を運ぶが report(元へ+運ぶ)は情報を運ぶ.
例 The meeting of Asian Foreign Ministers is reported in today's newspapers. アジア外相会議の記事が今日の新聞に出ている. / The crew were reported to be safe (=It was reported that the crew were safe). 乗員は無事そうだ. / He drew up a report on the incident. 彼はその件に関する報告書をまとめた.

repose [ripóuz]
休む;休息
原 再び(re) 置く(pose)
イメージ (しっかり休める)⇨休まり, 安らぎ
関 pause 休止 / repository 納骨堂
例 The king founded a temple for the repose of his beloved daughter's soul. 王は愛娘の魂の平安のために寺院を建てた.

represent [rèprizént]
表わす, 代表する
原 再び(re) 目の前に出す(present)
イメージ (集合体の中から再び(re)出す(present))⇨代表する, (考えを言

葉・記号で再び表わす)⇨表わす
派 representation 表現、代表
関 present 出席している
例 The red circle in the Japanese flag represents the sun. 日本の国旗の赤丸は太陽を表わしている。/ He is an Olympic athlete, representing Japan. 彼は日本代表のオリンピック選手だ。

reproach [ripróutʃ]
非難する；非難
原 再び(re) 近付ける(proach)
イメージ (しでかした行為に人を連れ戻して対面させる)⇨行為に対して反省を促す
派 reproachful 非難に満ちた
関 approach 近付く
例 Your team lost, but you have nothing to reproach yourself with. チームは負けたけれど、君に責められる点はないよ。

reproduce [ri:prəd(j)ú:s]
再生する
原 再び(re) 作り出す(produce)
イメージ 子を産む
派 reproduction 生殖、再生
例 All mammals reproduce sexually. 哺乳類はみな性によって繁殖する。

reprove [riprú:v]
非難する
原 逆に(re) 認める(prove)
イメージ (認められない)と言う⇨だめじゃないかと叱る
派 reproof 非難
例 The teacher reproved some students who failed to do their homework. 先生は宿題をして来なかった生徒を叱った。

reputation [repjətéiʃən]
評判
原 繰り返し(re) 考える(pute) こと(tion)
イメージ (度々(人々の)思考に上る)⇨評判
派 reputable 評判の良い
関 compute 計算する / computer コンピュータ
例 The new Prime Minister has a reputation for getting things done. 新首相は実行力があると言う評判だ。/ The judge is reputed to be very fair. その判事はとても公平だと評判だ。

request [rikwést]
要求する；要求
原 再び(re) 求める(quest)
イメージ 要求する
関 require 要求する / question 質問 (⇨回答を求める)
例 The labor union requested an interview with the president. 労働組合は社長との会見を要求した。

require [rikwáiər]
要求する
原 繰り返し(re) 求める(quire)
イメージ 強く求める
派 requisite 必要条件 / requirement 必要なもの
例 A prestigious school requires dedication to studies and good behavior from its students. 名門校は熱意ある学習と正しい行動を学生に要求する。/ Ability to speak English is a requisite for success as a diplomat. 英語を話せることは外交官として成功する必要条件である。

rescue [réskju:]
救助する；救助
原 振るい(cue) 落とす(res)
イメージ (危険を振り払う)⇨(危機にあるものを)救い出す
関 percussion 打楽器
例 The children were rescued from the burning house by fire fighters. 子供達は燃えさかる家から消防士に助け出された。/ No one came to her rescue. 誰も彼女を助けに来なかった。

research [ri:sə́:rtʃ]
調査する；調査
原 再び(re) 調べる(search)
イメージ 繰り返し調べる⇨じっくり調べる
関 search 探す
例 Scientists have spent years researching the nature of cancer. 科学者たちは何年も癌の性質の研究をしている。

resemble [rizémbl]
似ている
原 とても(re) 似ている(semble)
イメージ あるものが他のあるものに似ている

派 resemblance 類似
関 similar 似ている
例 Mary resembles her sister in looks but not in character. メアリーは姉に顔は似ているが性格は違う．

resent [rizént]
憤慨する
原 反して(re) 感じる(sent)
イメージ 反感を持つ
派 resentful 憤慨している / resentment 憤慨
関 assent 同意する / consent 同意する / sense 感覚
例 In 1071, when Moslems captured Jerusalem, Europeans resented being driven away. 1071年に，イスラム教徒がエルサレムを占領した時ヨーロッパ人は追い出されることに対して反発した． / She resented having to wait. 彼女は待たされて腹を立てた．

reserve [rizə́ːrv]
予約する，保留する
原 奥に(re) 保つ(serve)
イメージ 使わずに奥にとっておく(◇(他者は)手を付けられない)
派 reservation 予約 / reserved (性格が)控えめな(◇感情を外に出さずに内に秘めておく) / reservoir 貯水池
例 The parking lot is reserved for customers only. 駐車場はお客専用です． / Any judgment should be reserved until credible evidence is introduced. 確かな証拠が入るまでは判断はすべて控えるべきである． / He is too reserved to be captain. 主将にするには彼はおとなし過ぎる．

reside [rezáid]
住む，存在する
原 しっかり(re) 座る(side)
イメージ ちゃんと〜に在る，いる(定着)
解 -side は sit(座る), sedentary(座業の), residue(残余，かす), session(会議，開廷(◇席に座る))と同語源だが，side(側)とは無関係．
派 residence 住居 / resident 住人
例 His chief attraction resides in his character. 彼の主な魅力は彼の性格にある． / He has resided in the US for five years. 彼はアメリカに住んで5年になる．

resign [rizáin]
辞める，諦める
例 署名(sign)を戻す(re)
イメージ (署名を戻す⇨契約を取り消す)⇨辞める⇨投げ出す
解 assign が(職場に配属する)の意味であるから，その逆が resign(職場を去る)と理解するとよい．
派 resignation 辞職，諦め
関 He resigned his post as general manager due to the firm's poor performance. 彼は会社の業績不振のために総支配人の役を辞任した． / There are times when you have to resign yourself to your fate. 運命に身を委ねるしかない時があるものだ．

resist [rizíst]
抵抗する，阻止する
原 反対に(re) 立つ(sist)
イメージ 押し寄せるものを押し返す，突っぱねる
解 -sist は〈頑張って立つ〉意味合いがある．
派 resistance 抵抗 / resistant 抵抗力がある
関 desist 思い止まる(◇止める+頑張り) / persist 固執する(◇ずっと+頑張る) / insist 言い張る(◇について+頑張る) / subsist 生存する(◇下で+頑張る)
例 Rubber resists water and is thus a suitable material for raincoats (= Because rubber is water resistant, it is a suitable material for raincoats). ゴムは水をはじくのでレインコートの素材に適する． / The air resists falling bodies. 物体が落下すると空気抵抗が生ずる． / I can't resist making fun of my brother. 弟をついからかってしまう． / Resist giving advice concerning matrimony. 夫婦関係についての助言だけは(したくても)言わないことだ． / The train is streamlined to cut down wind resistance. この列車は空気抵抗を下げるために流線型になっている．

resolve [rizάlv]
決意する，解明する
原 再び(re) ほどく(solve)
イメージ (固まりを溶いて元に戻す)⇨

懸案の問題を解く⇨(からまった気持ちをほどいて)すっきりさせる
派 resolved 決心している / resolution 決意，決議
関 solve 解決する
例 There are some ways to resolve the matter. その問題を解くにはいくつか方法がある． / Don't try to change my mind; I am resolved on quitting my job. 仕事をやめることに決めているんだから心変わりさせようとしないでくれよ．

resort [rizɔ́ːrt]
頼みの綱，リゾート地；頼る
原 元へ(re) 行く(sort)
イメージ (困った時，戻る所)⇨頼みの綱，(休養のために戻る所)⇨リゾート地
例 The Supreme Court is the court of last resort in determining questions of constitutionality. 最高裁は合憲性の問題を決める最終の拠り所である． / Karuizawa is the most popular summer resort for Tokyo people. 軽井沢は東京の人達に最も人気のある夏のリゾート地である． / Never resort to force for whatever reason. 理由は何であれ，武力に頼ってはいけない．

resound [rizáund]
鳴り響く
原 再び(re) 響く(sound)
イメージ 鳴り響く，反響する
例 An echo is a fancy word for sound that resounds. こだまとは反響する音をうまくとらえたしゃれたことばである． / Chile's new economic system seems to be a resounding success. チリの新しい経済システムは目覚ましい成功を収めているようだ．⇨resounding を〈鳴り物入りの〉と読むのも一興．

resource [riːsɔ́ːrs]
財源，やりくり
原 再び(re) 湧く(source)
イメージ (たとえば)湧き出る原油は資源・資産である；困ったとき湧き出てくるのはやりくりの策⇨頼みの綱である
派 resourceful やりくりが上手(⇨困難に際して知恵がどんどん湧きでる)
関 source 源，情報源(⇨湧き出るところ) / surge うねり(⇨せり上がる)
例 Japan is poor in natural resources. 日本は天然資源に恵まれていない． / Adjust your expenditure according to your resources. 財源に見合った金の使い方をしなさい． / She lost her only son who was her only resource. 彼女は彼女の生き甲斐(⇨生きるための源泉)であった一人息子をなくした．

respect [rispékt]
尊重する；尊重，事柄
原 再び(re) 見る(spect)
イメージ (軽視せず)何度も見る⇨尊重する，(注意を注ぐ)事柄，点
派 respectability 世間体 / respectable まともな / respectful 敬意を表わす / respecting ～に関しては
例 I promise to respect your wishes. あなたの希望は十分考慮します． / He bared his head as a sign of respect. 彼は敬意を表わすために帽子をとった． / You should have respect for (the feelings of) others. 他人の気持ちを考えてやらないといけないよ． / I agree with you in some respects, but on the whole I don't think you are right. 君の言うことはいくつかの点では賛成できるが，全体的には適切だとは思えない． / She is from a respectable home. 彼女はちゃんとした家庭で育った． / They used to get married after a certain age for the sake of respectability. 昔はある年齢になると世間体のために結婚していた．

respective [rispéktiv]
それぞれの
原 再び(re) 目をやる(spective)
イメージ それぞれの
解 re-(また)spective(目をやる)は「それぞれ」のなぞりと同じ発想である．つまり，対象が2つ(以上)ある時，最初の注目対象は「それ」，次の注目対象も「それ」となる．この連続する動きをなぞるとく respectively + ly ⇨それぞれ〉となる．
派 respectively それぞれ
例 The captain made sure that the eleven players were at their respective positions before a kickoff. キャプテンはキックオフのときイレブンがそれぞれの位置にちゃんと着いているか確認した．

respond [rispánd]
応答する，反応を示す

[原] 応じて(spond) 返す(re)
[イメージ] 事に応じる⇨反応する
[派] response 返事, 反応 / responsive 敏感である
[関] sponser 保証人, スポンサー(⇨求めに応じて責任をとる) / spontaneous 自発的な(⇨思わず反応する) / spouse 配偶者(⇨(結婚の申し出に)応じた相手) / responsible 責任がある・原因がある(⇨起こったことに対してちゃんと応じる)
[例] She responded to my "Hi!" with a smile. 「やあ!」と言ったら, 彼女はにこっと笑いを返した. / Most diseases respond well to the right treatment. 大抵の病気は適切な治療をすると治るものだ. / There was no response when we knocked on the door. ドアをノックしたけれど応答がなかった.

responsible [rispánsəbl]
責任がある
[原] 応じて(spons) 返(re) せる(ible)
[イメージ] 結果に対して応じる⇨責任を持つ;結果に対してその元になる⇨原因となる.
[派] responsibility 責任
[例] Who's responsible for this? これは誰の責任ですか. / We must find those responsible for these evil acts. こういった卑劣な行為を引き起こした面々を見つけ出さねばならない. / Over the centuries earthquakes have been responsible for millions of deaths and an incalculable amount of damage to property. 何世紀にもわたって地震のために何百万という人命が失われ, 数えきれない建築物への被害をもたらしてきた. / As manager, I must assume (= take) responsibility for the team's poor performance. 監督として私がチームの成績不振の責任を取らなくてはいけない.

rest [rést]
休息, 残り;休む, 置く
[原] 後に(re) 立つ(st)
[イメージ] (後に残る)⇨(表に取り上げた以外の)残りのもの, (後に残る⇨表に出ない)⇨休む
[派] restive 落ち着きのない(⇨休み勝ちな, 動くのを嫌がる)◇意味が原義と一見逆転した感があるので注意.
[関] arrest 逮捕する / stand 立つ
[例] You should rest (=take a rest) from all that hard work. あんなに頑張ったのだから身体を休めた方がいいよ. / I have finished most of the work and am going to do the rest tomorrow. 仕事はほとんど片付いたので, 残りは明日やります.

restless [réstləs]
落ち着かない
[原] 休息(rest) がない(less)
[イメージ] (休息がない)⇨平穏がない⇨(不安で)そわそわ, (期待で)そわそわ
[例] Just the thought of going camping makes us restless for the freedom of the outdoors. キャンプと聞くとあの野外での開放感を思ってわくわくする. / The couple spent a very restless night, worrying about their missing child. 行方不明の子が心配で, 夫妻はほとんど眠れぬ夜を過ごした.

restore [ristɔ́r]
取り戻す, 復元する
[原] 再び(re) 蓄える(store)
[イメージ] (元通りに)回復する
[解] restaurant(レストラン)は同系語で〈(食べて)元気を回復するところ〉の意が込められている. 明治維新は the Meiji Restoration(⇨王政復古)と英訳される.
[派] restoration 回復, 返還
[例] Peace was finally restored in 1945. 平和は1945年に再び戻ってきた. / Solzhenitsyn's Soviet citizenship is restored after two decades of political repression. ソルジェニツィン氏のソビエト市民権は20年にわたる政治的抑圧を受けた後回復した. / We pray for the speedy restoration to health of those injured. 負傷した方々が早急に健康を回復されることを祈ります.

restrain [ristréin]
抑える
[原] 後へ(re) 引っぱる(strain)
[イメージ] (表に出るのを引き止める)⇨抑える
[解] str-に〈真っ直ぐに引く〉感じがある.
[派] restraint 拘束
[例] You can't restrain him from leav-

ing this company; there are no legal restraints against workers moving from one firm to another. 彼が会社を辞めるのは止められないよ。会社を変わってはいけないという法的拘束はないのだから。

restrict [ristríkt]
制限する
[原] 元へ(re) 縛る(strict)
[イメージ] 縛りつける
[派] restriction 制限
[関] strict 厳しい(⇨縛りがある) / string ひも(⇨張っている) / stringent 厳しい(⇨縛っている)
[例] Foreign trade in Japan was restricted to Chinese and Dutch traders in the 17th century. 17世紀には日本の外国貿易は中国とオランダの商人に限られていた。

result [rizʌ́lt]
結果；結果として起こる
[原] 再び(re) 跳ねる(sult)
[イメージ] (跳ね返る)⇨結果が出る
[解] -sult, -sault に〈飛びかかる〉イメージがある：assault 襲いかかる / insult 侮辱(⇨~に飛びかかる) / desultory 散漫な(⇨ de(ばらばらに)sultory(関心が跳ぶ)
[派] resultant 結果として生じた
[関] resultant force 合成された力
[例] Nothing has resulted from his efforts. 彼の努力は実らなかった。/ The illness resulted from eating contaminated fish. 汚染魚を食べたでこの病気になった。/ Some inadvertent physical contact can results in sexual arousal. その気がなくても触り方によっては性的興奮を起こすものがある。

resume [riz(j)úːm]
再開する
[原] 再び(re) 取る(sume)
[イメージ] 再び取りかかる
[派] resumption 再開
[関] assume ~と考える(⇨~と取る)
[例] In a soccer game, after a goal, play resumes with a kickoff by the team scored upon. サッカーでは、ゴールが決まると点を入れられたチーム側のキックオフでゲームは再開される。/ I resumed running as a means of regaining fitness. 体力回復のためにランニングを再開した。

retail [tíːteil]
小売り(する)
[原] 再び(re) 切る(tail)
[イメージ] (再び切る)⇨(切り売りする)⇨品物を小売りする
[解] 対照語は wholesale(卸売りする)。
[派] retailer 小売商
[関] tailor 洋服屋(⇨裁断する人)
[例] We retail out-of-season clothing at cost price. 季節遅れの衣料は仕入れ値で売ります。

retain [ritéin]
維持する
[原] 後ろに(re) 持つ(tain)
[イメージ] 失わないようにしっかり持つ
[例] The boxer retained his title. そのボクサーはタイトルを守った。/ Each country must retain its own national identity. 国はその国独特の性格を失ってはならない。

retaliate [ritǽlieit]
報復する
[原] 同様にして(taliate) 返す(re)
[イメージ] 同じにして仕返す、目には目を歯には歯を
[派] retaliation 報復
[関] tally 符合、一致
[例] You should retaliate against anyone who is rude to you. 失礼を働く人には仕返しをすべきだよ。

reticent [rétəsənt]
無口な
[原] 再び(re) 静かな(ticent)
[イメージ] とても静かな⇨ことば数が少ない
[派] reticence 無口
[関] tacit 暗黙の / taciturn 無口な
[例] Unlike Martin Luther, Calvin was a reticent man; he rarely expressed himself in the first person singular. マルチン・ルターと違って、カルビンはおとなしい人であった。彼は自分のことを一人称単数で言うことはめったになかった。

retire [ritáiər]
退職する、就寝する
[原] 後ろへ(re) 引っぱる(tire)

イメージ 表舞台から身を引く, 引かせる
解 tire は tear(引き裂く)と同系語.
派 retirement 退職 / retiring 内気な
例 Nomo retired 10 batters on strike outs. 野茂は10人を三振で退けた. / I am going to retire at the age of 60. 60歳で退職するつもりだ.

retort [ritɔ́ːrt]
言い返す
原 元へ(re) ひねる(tort)
イメージ ひねりを加えて相手のことばを返す
解 -tort は〈ねじ曲げる〉の意味合い：torture 拷問 / torment 苦しめる
例 "Nonsense!!" she retorted.「くだらない！」と彼女は言い返した. "Needless to say" invites the retort—"Why then say it?"「言うまでもないことだが」と言う言い方は「じゃなぜ言うの」という反発を買う.

retreat [ritíːt]
後退する
原 後へ(re) 引く(treat)
イメージ 相手の圧力に負けて奥へ引っ込む
例 We were forced to retreat because we were overwhelmingly outnumbered by the enemy (=We had to retreat because we were overwhelmed by the enemy numbers). 圧倒的多数の敵を前にして我々は後退をよぎなくされた.

retrieve [ritríːv]
取って来る, 検索する
原 再び(re) 見つける(trieve)
イメージ (再び見る)⇨取り返す, 見つけて取って来る⇨検索する
解 golden retriever(ゴールデン・リトリーバー)は獲物を見つけて取って来る猟犬. 情報を見つけて取って来ることを retrieval(検索)と言う.
例 Don't use time or words carelessly. Neither can be retrieved. 時間やことばは不用意に使わないようにしなさい. どちらも一端使ったら取り返しがつかないのだから. / You can retrieve necessary information in a matter of seconds on this computer. このコンピュータで瞬時に必要な情報を見つけて取り出せる(検索できる).

retrospect [rétrəspekt]
回顧
原 後ろを(retro) 見る(spect)
イメージ 過去を振り返り見る
例 A past experience may seem better and more carefree in retrospect. 昔のことは振りかえりみれば今よりもよくかつ暢気だったように思われるかもしれない.

return [ritə́ːrn]
返す；返却
原 元に(re) 返す(turn)
イメージ 元のところへ返す, 帰る
関 turn 回る
例 After recovering from a long illness, he returned to his old post. 長患いが治ると彼は昔の仕事に復帰した. / Return borrowed vehicles with the gas tank full. 借りた車は満タンにして返しなさい. / What time does your husband return from work? ご主人は何時に勤めからお帰りになりますか. / We are looking forward to your return (from the US). あなたの(アメリカからの)お帰りを待っています.

reveal [rivíːl]
暴露する
原 取る(re) ベールを(veal)
イメージ ベールをはぐ⇨(隠れているものを)明かす
関 veil ベール
例 She doesn't wear a bra or a slip and her skin is quite revealing. 彼女はブラジャーやスリップを着ていないので肌があらわである.

revenge [rivéndʒ]
仇を打つ
原 返す(re) 怨み(venge)
イメージ 怨みをし返す⇨怨みをはらす
例 Hamlet took revenge on his uncle, his father's murderer. ハムレットは父を殺した叔父に復讐をした.

revenue [révən(j)uː]
収入
原 元へ(re) 来る(venue)
イメージ 戻ってくる金⇨収入
例 Loans raised overseas were another important source of revenue. 海外での公債(外国債)も重要な収入源であった.

revere [rivíər]
崇める
原 強く(re) 恐れる(vere)
イメージ 畏怖を持って見る
派 reverence 崇拝 / reverend 尊師
例 The Ganges has been revered and regarded as the holiest of rivers by Hindus. ヒンズー教徒はガンジス川を敬いかつ一番神聖な川と考えている。

reverse [rivə́:rs]
逆にする
原 逆に(re) 向かう(verse)
イメージ 通常の順・方向・状態を逆にする
派 reversible 裏にできる
関 controversy 論争(⇨反対へ+向かう) / diverse 種々の(⇨あちこちへ+向かう)
例 A high court judge may reverse lower court decisions. 高等裁判所の判事は下級裁判所の決定を覆すことがある。/ I reversed the car into the garage. 車をバックさせて車庫に入れた。/ He can recite the alphabet in reverse order. 彼はアルファベットを逆から言える。

revise [riváiz]
修正する
原 再び(re) 見る(vise)
イメージ もう1度見直す
例 I usually revise my manuscript a couple of times before it is printed. 私は原稿はふつう印刷の前に何度か手直しする。

revoke [rivóuk]
取り消す
原 後ろへ(re) 呼ぶ(voke)
イメージ (出した免許・約束などを)強い口調で呼び戻す
解 recall リコール(⇨呼び+戻す)と発想が同じ。
関 vocal 音声の / voice 声 / evoke 呼び起こす / invoke 呼び掛ける / provoke 扇動する(⇨前へ+呼ぶ) / convoke 会議を招集する(⇨呼び+集める)
例 He had his driving license revoked. 彼は運転免許を取り上げられた。

revolt [rivóult]
反乱を起こす
原 逆に(re) 回転させる(volt)
イメージ (ひっくり返す)⇨反乱、反発をする
解 天下の形勢を一変させることを〈回天〉と言った。
派 revolting むかつくような
関 revolution 革命、回転
例 In 66 AD the Jews combined in revolt against the Empire and expelled the Romans from Jerusalem. 紀元66年にユダヤ人は結束して帝国に反乱を起こし、ローマ人をエルサレムから追放した。/ Oshio Heihachiro raised a revolt against government officials and rich merchants. 大塩平八郎は役人と豪商を相手に反乱を起こした。

revolution [revəl(j)ú:ʃən]
革命、回転
原 再び(re) 回転させること(volution)
イメージ (既成の歩みを)ひっくり返す ⇨革命的事柄、回転
派 revolutionary 革命的な
例 The Origin of Species caused a revolution in biological science.「種の起源」は生物学に大変革をもたらした。

revolve [riválv]
回転する
原 再び(re) 回る(volve)
イメージ 回転する
例 The Earth rotates and revolves around the sun simultaneously. 地球は自転しかつ太陽の周りを公転している。

reward [riwɔ́:rd]
ほうび；報酬を与える
原 再び(re) 見る(ward)
イメージ 見返り；見返りがある
関 wardrobe 洋服ダンス(⇨衣装(robe)を見守る(ward))
例 Chris' efforts have been rewarded in the admiration of many of her friends for her work. クリスの努力は彼女の作品を多くの友達が素晴らしいと誉めることで報われた。/ You'll reap double the reward. 二重の成果が得られるだろう。/ Research is not immediately rewarding most of the time. 研究は大抵の場合すぐ成果が出るわけではない。

rich [rítʃ]
金持ちである、豊富である

[原] 権力のある
[イメージ] 〈力がある〉⇨金がある，豊かである
[解] rich の r- には〈力強さ〉が感じられる：right 権力
[例] Sunflower seeds are rich in protein. ヒマワリの種は蛋白質に富んでいる．/ He received a rich education in the classics. 彼は豊かな古典教育を受けた．

rid [rid]
取り除く
[原] 更地にする
[イメージ] 不要なものを取り除く，空（から）にする
[解] 原義の〈更地にする〉を理解すると構文「rid＋場所＋of＋取り除く物」が容易に納得できる．
[例] Diuretics are used to rid the body of extra fluid. 利尿剤は余分な水分を身体から除くのに使われる．/ Nasser wanted to rid Egypt of British influence. ナセルはエジプトから英国の権威を取り除きたかった．

ride [ráid]
乗る，乗って行く
[原] 馬に乗る
[イメージ] またがって（馬，自転車などに）1人で乗る；車，バスに乗る
[解] 「馬に乗って（ride）襲撃（raid）する準備が完了（ready）したら，道（road）を突進する」という展開でそれぞれ関連語．◇bed-ridden（床に伏せている），debt-ridden（借金まみれ），hagridden（悪夢にうなされた），fear-ridden（恐怖にかられた），weed-ridden（雑草の生い茂った）などは ride〈乗る ⇨ 乗りかかる ⇨ 取り憑く ⇨ 苦しめる〉の意味の展開から理解できる．
[派] rider ライダー
[例] Riding a bike is fun. 自転車に乗るのは愉しい．/ A cowboy in a rodeo event attempts to ride a bucking horse for a specified time. ロディオではカウボーイが暴れ馬を決まった時間乗りこなそうとする．/ Can you give me a ride to the mall? (＝Can I ride with you to the mall?) モールまで車に乗せてくれませんか．

ridiculous [ridíkjələs]
馬鹿げた
[原] あざけり（ridicul）に富む（ous）
[解] 名詞は ridicule（嘲笑）
[イメージ] 道理や常識から外れてあほらしい
[例] They dismissed his claim—More guns, less crime—as ridiuculous. 彼らは「銃が増えれば，犯罪は減る」という彼の主張をお笑いだとして退けた．

right [ráit]
正しい
[原] 適合する
[イメージ] ぴったり，ちょうどいい
[解] よくある定訳「正しい」はこの語の意味を十分には伝えない．あるものの性格・状態がある基準に適うことを言う．類義語 correct（正しい）は〈絶対的〉基準に基づくが，right は〈相対的〉基準に基づいた正当性：Your spellings are all correct. 君のスペルは全部正しい．
[派] righteous 正義の，もっともな
[例] The taste is just right. (この料理の)味は(私の味覚に)ぴったりだ．/ She waited till the moment was right. 彼女は頃合のいい時まで待った．/ In the afternoon we swim, if the tide is right. 午後，潮がよかったら泳ぎます． / If the weather is right, we'd like to do it tomorrow. 天気が好都合なら明日それをやりたい．◇この場合，天気は必ずしも晴天に限らない．/ Plants require the right amount of sunlight and rain to grow and ripen. 植物は適量の太陽光と雨が成長，成熟のために必要だ．/ We should place the right person in the right place. 適材を適所に配することが大切だ．/ I think schools should have the right to search students' belongings. 学校は生徒の所持品を調べる権利があると思う．◇right 権利（◇正統性がある）◇right には〈直〉のイメージもある：right now 直ちに / right in the middle of 〜の真っただ中 / right after 〜の直後 / make a right angle 直角をなす

rigid [rídʒid]
固い，堅苦しい
[原] 固い
[イメージ] かちかちで融通がきかない
[関] rigor 厳しさ / rigorous 厳しい
[例] The dormitory rules were very

rigid; residents could not visit each other at night. 寮の規則はとても厳しくて夜間は互いに訪問してはならなかった。

riot [ráiət]
暴動
原 わめく
イメージ 奔放に騒動を起こす，馬鹿騒ぎをする
解 r-の音に〈音のうねり〉が感じられる。
派 riotous 暴動の，馬鹿騒ぎの
関 uproar 騒ぎ
例 People rioted in the street calling for the President to retire. 民衆は大統領の退陣を求めて街で暴動を起こした。/ We ought to be tolerant of people's riotous behavior on New Year's day as it comes but once a year. 年に1回のことだから正月に人が馬鹿騒ぎするのを大目にみてやるべきだ。

rip [ríp]
裂く，剝ぎ取る
原 剝ぎ取る
イメージ ばりっと裂く⇔裂いて取る
解 ripe の原義〈もぎとる〉と同系語。
例 I've ripped my shirt on a nail. 釘に引っかけてシャツを裂いてしまった。

ripe [ráip]
熟している
原 もぎとる
イメージ (果物が)熟した，(機が)熟した
派 ripen 熟する
関 reap 収穫する / rip 剝ぎ取る
例 Oranges are picked when fully ripe, for they do not ripen or improve in quality after being picked. オレンジは完熟してからもがれる，それはもがれてから熟したり，質がよくなるといったことがないからである。

rise [ráiz]
上がる；上昇
原 上がる
イメージ 上がる(上昇)，湧き起こる(発生)
解 raise は「上げる」
例 The moon has risen. 月が昇った。/ Mountains rise in the interior of the island. 島の奥地には山がそびえている。/ Some historians believed that civilizations rise and fall in constant cycles. 文明は絶えず繁栄と衰退を繰り返すと考えた歴史家もいる。/ The river rises on the southern slopes of the Hida Mountain Range. この川は飛騨山脈の南山腹に源を発している。

risk [rísk]
危険；危険を覚悟でやる
原 危険をぬって行く
イメージ あることを目指す時あえて危険を犯してやる
解 獲得・到達を目指す時に伴う危険，いわば〈挑戦すべき危険〉，danger は〈避けるべき危険〉．risk は危険を乗り越えたら，新境地を得られるが，danger は乗り越えても，ただ無事という状態が存在するのみである。
派 risky 危険な
例 Where there is no risk, there is no achievement. 危険を犯さなければ何事も達成されない。/ He risked all his savings on a 10,000 stock investment in one company. 彼は預金を全部はたて，ある会社の株式を1万株購入した。/ Most people think casino gambling is very risky. 大抵の人がカジノでの賭博はとても危険だと思っている。

ritual [rítʃuəl]
儀式の
原 儀式(rite) 上の(al)
イメージ お決まりの；決まりきったやり方
例 The management issued a ritual excuse for its poor performance. 会社は経営不振に対してお決まりの口実を発表した。

rival [ráivl]
競争相手；対抗する
原 川の(river) 対岸に住む人
イメージ (川の利権を争う人)⇔競争相手
解 綴りに river が潜んでいる。
派 rivalry 競争関係
例 Tom and I are rivals in math. トムと僕は数学でライバル同士だ。/ There has been a long rivalry between the universities. 両大学は古くからのライバル同士だ。

rob [ráb]
強奪する

[原] 剥ぎ取る
[イメージ] 襲って金品を奪う
[解] 〈剥ぎ取る〉からすぐ連想されるのは〈追い剥ぎ〉である。追い剥ぎはまず人を襲い次に金品を奪い取る(こっそり盗むのではない)。「rob＋人＋of(○分離を表わす)＋金品」の構造をとる所以である。steal はコソ泥の仕業で〈こっそり盗む〉。従って、こっそりと金品に手をかけるので「steal＋金品」の構造をとる。
[派] robber 強盗 / robbery 強奪
[関] robe 衣服(○人を殺(あや)めて剥ぎ取ったもの) / rout やっつける(○破る) / route 道筋(○踏み倒されてできる)
[例] I've been robbed. 襲われて金を取られた。/ The thieves robbed the passengers of all their money and possessions. 盗賊は乗客全員から金と所持品の全てを奪った。

role [róul]
役割
[原] 役者の役割の書いてある巻物
[イメージ] 巻物に記載してある(割り振られた1つの)役・役割
[解] 全体の中の1つの役割。この意味では part もほぼ同義。
[関] roll 巻く、名簿
[例] In classical Greek plays, men are cast in the major roles. ギリシア古典劇では男性が主な役に配される。/ The Fujiwara family played a very important role in the Taika reforms. 藤原氏は大化の改新において非常に重大な役割を果たした。

roll [róul]
転がる
[原] 車輪
[イメージ] くるくる回る、回す、(左右に)揺れる：名簿(○巻き物状であった)
[派] rolling ゆるやかにうねる
[関] rotate 回転する / rotund 丸々太った / round 丸い / role 役割 / roll call 出席調べ
[例] I rolled my window down to smell the sweet air from the redwood trees. 車の窓を開けてセコイアの香りの漂う爽やかな空気を嗅いだ。/ He designed a flashlight that won't roll off a table. 彼はテーブルから転がって落ちないような懐中電灯をこしらえた。/ The boat rolled up and down the crest of each wave. 波の山が来るごとに船はぐらりぐらりと揺れた。

room [rú:m]
部屋、空間、余地
[原] 空間
[イメージ] (生活上の)広さとして感じる空間
[解] 「空間」の意の room には生活臭(=活用空間)がある。space は〈(物理的)空間〉である。
[派] roomy 広い
[関] rural 田舎の(○広々している) / rummage かき回す(○隅々までひっくりかえす)
[例] The largest jets have room for nearly 500 passengers. 最大のジェット機なら500人近く乗れる広さがある。/ You should make room for the aged on the bus. バスではお年寄りに席を譲りなさい。◇上記2例では room の輪郭は不明瞭であるが、room に壁などで輪郭を付けると a room (部屋、室)である。/ Buy a coat roomy (=loose) enough to accommodate a suit jacket. スーツの上着が中に十分収まるようなゆったりしたコートを買いなさい。

root [rú:t]
根；根付く
[原] 根
[イメージ] 根、根元、ルーツ；根を下ろす
[例] These roses have rooted nicely. バラはうまく根付いた。/ Those who put down roots on the mainland are least likely to return (to the island). 本土に根を下ろした者は島に帰ってくることは滅多にない。/ Half the school came to root for their team at the final. 学校の半数の者が決勝戦の自チームの応援にやってきた。◇root for (応援する)は廃語となった rout (叫ぶ)が root と混同された idiom。

rough [ráf]
粗い
[原] 荒い、でこぼこ
[イメージ] ざらざら○荒い
[解] ゴルフ場は fairway (芝の刈り込まれた区域)＋rough (芝の刈り込まれていないでこぼこの区域)からなる。

rumor 391

派 roughage 繊維質の多い食事
例 The boat was rolling and tossing on the rough sea. 船は荒波にもまれていた． / Bring a rough draft of the plan to the meeting tomorrow, will you, please? 明日の打ち合わせにあらましの企画書を持って来てくれませんか． / You should have a diet high in roughage. 繊維素の多い食事を採りなさい．

roundly [ráundli]
丸く，激しく
原 丸(round)く(ly)
イメージ 丸まる⇨すっかり
例 Our team was roundly defeated by a score of 0 to 8. 僕達は0対8で完敗した．

routine [ru:tí:n]
決まりきった；慣例
原 道筋(route)
イメージ 道筋に沿ってやること⇨お決まりのこと
例 My parents' coming upset my daily routine. 両親が訪ねてきたので平生のペースが狂った．

row [róu]
列
原 列
イメージ 横並びの列
解 日本語は列と言えば，〈縦列〉を発想するが，英語では〈縦列(line)〉あるいは〈横列(row)〉が発想される．因に「縦列」という語はあるが，「横列」という語は日常の日本語にはない．
例 I took a seat in the front row. 最前列の席をとった． / He hit three homers in a row. 彼は3連続ホームランを打った．

rub [ráb]
こする
原 こする
イメージ (消しゴムで)こする
派 rubbery 弾力性のある，肉がゴムみたいでおいしくない
関 rubber ゴム(⇨消しゴム) / scrub ごしごしこする
例 Helen rubbed her hands together to keep them warm. ヘレンは手をこすり合わせて暖めた． / Apply a little of the lotion and rub it into the skin. ローションをすこしとって肌に擦り込みなさい．

rude [rú:d]
粗雑な
原 粗い，生のまま
イメージ 粗雑な⇨無作法な
派 rudeness 粗雑 / rudiment 基本(⇨初歩の段階) / rudimentary 初歩的な
関 erudite 学識ある(⇨外+粗野な) / erudition 博学
例 She was so rude as to spit on the floor. 彼女は無作法にも床につばを吐いた． / I have picked up the rudiments of the German language. ドイツ語の初歩を習得した． / Our knowledge of this area is still rudimentary. この分野の我々の知識はまだ初歩的なものでしかない．

rugged [rágid]
でこぼこのある
原 ごつごつした
イメージ (rug(敷物)の表面は)凸凹，ごつごつ
関 rug 敷物(⇨粗い)
例 The moon has a rugged surface. 月面はでこぼこしている．

ruin [rú(:)in]
荒廃；荒廃させる
原 くずす
イメージ すっかりだめにする
例 The ox has ruined most of our precious vegetables in the garden. 牛が菜園の貴重な野菜のほとんどをめちゃくちゃにした．

rule [rú:l]
規則，支配
原 真っ直ぐな棒
イメージ (真っ直ぐな線に従わせる)⇨規定⇨定める⇨統率する
派 ruling 支配している
関 rail レール(⇨真っ直ぐな棒)
例 Jesus offered His followers rules to live by. イエスは信者達に守って生きていくべき規則を与えた． / Great Britain ruled over a quarter of the world at the dawn of the twentieth century. 英国は20世紀初頭には世界の4分の1を統治していた．

rumor [rú:mər]
噂

原 ざわめき
イメージ どこからともなく伝わってくる風の噂
解 音的に〈ざわざわ・がやがや〉の感じがある．rumble(ごろごろ)と murmur(ざわざわ)を足して2で割ったような語である．
派 rumored 噂が立っている
関 rumble 騒音(ごろごろ)
例 Rumor has it that that bank is having financial problems. あの銀行はうまくいってないと聞いている．/ It's rumored that he is seeing another woman. 彼はどうも他の女性と関係があるという噂だ．

run [rʌ́n]
走る，経営する
原 動く
イメージ ものごとが継続的に動く(継続的活動)
解 run は〈継続＋活動〉が強く意識される．◇定訳「走る」だと〈移動〉が強く意識されるが「走る＝〈移動〉」は〈活動〉の一面にすぎない．
例 Your provider's computer runs twenty-four hours a day. プロバイダーのコンピュータは終日稼働している．/ The exhibition will run until Thursday. 展示会は木曜日までやっています．/ Don't leave the car running while you are parked. 駐車中はエンジンをかけたままにしないこと．/ What the President does in his private life doesn't have anything to do with running the country. 大統領が私生活ですることは国策とは無関係だ．/ We are also having a remarkably long run of nice autumn weather. 当方も秋の好天が素晴らしく長く続いています．

rural [rúərl]
田舎の
原 広い空間のある
イメージ 広々とした田舎の，田園の
関 rustic 田舎らしい
例 Rural areas have often been depopulated. 田舎はしばしば過疎化している．

rush [rʌ́ʃ]
急ぐ，突進する
原 突進する
イメージ 無理に追い詰める⇨急がせる
解 push と同じように -u- に〈圧迫〉が感じられる．
例 I'm in a rush. 急いでいます．/ Don't rush into making an important decision. 性急に重要な決定をするなかれ．

rut [rʌ́t]
わだち
原 壊す
イメージ (車輪が平らな面を凸凹)にする(⇨壊す) わだち
解 rut は rupture(破裂)と関連語．わだちの意から route(ルート，道筋)や routine(決まった手順)の意が生まれた．rut の -u- を象形的に〈窪み〉と見るのは一興である．
例 The deep wagon wheel ruts carved by mid-19th century migrations on the Oregon Trail are still visible. 19世紀中頃の移住の際にオレゴン・トレイルに刻まれた幌馬車の深いわだちを今でも見ることができる．

S

sacrifice [sǽkrəfais]
犠牲にする；犠牲
原 神聖な(sacri) 作る(fice)
イメージ 生け贄にする⇨より重要な目的のために大切なものを捧げる
関 consecrate 清める / sacred 神聖な
例 He sacrificed his health for his career. 彼は仕事のために健康を犠牲にした． / Animal sacrifice is no longer a part of religious worship these days. 動物を生け贄にして神に捧げる宗教儀式は今では行われなくなった．

sad [sǽd]
悲しい，悲しそうな
原 満ち足りた
イメージ (満ち足りた⇨飽き飽きした)⇨気持ちが沈んだ
解 sad(悲しい)は〈満ち足りた⇨うんざりした⇨気が塞いだ〉の意に展開したもの．日本語で「(欠けているところを)満たす⇨詰める⇨塞ぐ」の展開に似ている．
派 sadden(悲しませる)
関 satisfy 満足させる / saturate 満たす / sated うんざりした
例 I am sad to hear of your mother's death. あなたのお母様が亡くなられたと聞いて悲しく思っています． / We are deeply saddened by this tragedy. この惨事を深く悲しんでいる．

sail [séil]
帆，帆船；航行する
原 布
イメージ (布)⇨帆⇨帆を揚げて船を走らせる
派 sailor 船乗り
例 Commodore Perry sailed his warships into Edo bay in 1853 and 1854. ペリー提督が軍艦を率いて1853年と1854年に江戸湾へやって来た．

sake [séik]
ため
原 訴訟⇨事件
イメージ (訴訟を起こす)⇨〜のために争う⇨〜のためにあえてする
解 seek(求める)は関連語．
関 forsake 見捨てる(⇨反対に(for)争う(sake)) / keepsake 形見
例 He just likes speaking English for the sake of it. 彼は英語をしゃべるために英語をしゃべっている．〈その他の目的はない． / Heads of state hate to apologize but they sometimes do so for the sake of their countries. 国の首脳は詫びることは嫌いだが，時には国のために仕方なく謝ることがある．

same [séim]
同じ
原 1つ(single)である
イメージ 同一種・同一物
例 Your car is the same make as mine. 君の車は僕のと同じだ．◇同一種 / You should do it in the same way as I did. 私がやったようにやるといいでしょう．◇同一種 / My mother and I graduated from the same high school. 母と僕は同じ高校の出です．◇同一物 / We bought our cars from the same dealer. 僕達は車を同じ店で買った．◇同一者

sample [sǽmpl]
見本
原 抜き(ex) 取ったもの(ample)
イメージ (多くの中からの)1つの見本，1つの実例，手本；味を試す
関 example 実例
例 Our teacher made a sample self-introduction. 先生は自己紹介の手本を見せてくれた． / The boy sampled the business world, without receiving a high school diploma. その少年は高校の卒業資格を持たずに実社会を試してみた． / Some stores invite customers to sample food items before deciding

whether or not to buy them. 買う前にお客に味見をさせる店がある．

sanction [sǽŋkʃən]
認可，制裁；許可する
原 神聖化(sanction)
イメージ 認可，制裁
解 ある行動領域をよくしと定める⇨認可する〉ことはその行動領域外を悪しと定める⇨制裁(する)〉ことにつながる．◇関連語 sanctuary も鳥達から見れば保護区域，狩猟者側から見れば禁猟区の意になる．
例 The doctor started using the medicine without the sanction of authorities. 当局の認可がないのに医者はその薬を使い始めた． / If a nation endangers world peace, the UN security Council may apply economic sanctions against that country. ある国が平和を脅かすようなことがあれば，国連安全保障理事会はその国に対して経済制裁を与えられる．

sane [séin]
正気の，健全である
原 健全である
イメージ 健全な思考ができる
派 sanity 正気 / insanity 精神異常(⇨医学用語ではなくて法律用語である)
関 sanatorium 療養所 / sanitary 衛生的な
例 The court decided that the criminal was sane and should be punished. 裁判所は犯人は精神が正常であり罰を受けるべきだと判断した． / The court decided that the criminal was insane and should be treated in a mental hospital. 裁判所は犯人は精神異常であり病院で治療を受けるべきだと判断した．

sarcasm [sáːrkæzm]
皮肉，あてこすり
原 肉(sar) 裂く(casm)
イメージ 相手を逆撫でするような発言
派 sarcastic 皮肉な / sarcastically 皮肉を込めて
関 sarcoma 肉腫
例 "You played a great game!" said the coach with sarcasm (=sarcastically). 「見事な試合だったよ」とコーチは皮肉たっぷりに言った．

satisfy [sǽtisfai]
満足させる，償う
原 十分(satis) 作る(fy)
イメージ 〈欠損を埋める〉⇨満足させる
解 〈償う〉の意が生まれるのは〈欠損を埋める〉の意味合いになるから．
派 satisfaction(渇き，不満を満たす)満足，賠償 / satisfactory 満足な
関 satiate(欲求を)満たす / sate うんざりさせる / saturate 満たす
例 He is very hard to satisfy—he's always complaining. 彼はなかなか満足しない人でいつも不平ばかり言っている． / Seizure of property is common as a means of obtaining satisfaction for crime, breach of contract and non-payment of debt. 財産の差し押さえは犯罪や違約や借金の返済不履行に対する損害賠償(⇨欠損を埋める)としてよく行われる．

save [séiv]
救う，とっておく
原 無傷の
イメージ 窮地に陥らないようにする，そのままの状態に保つ
解 save は〈窮地への陥落を防ぐ〉，つまりその心は〈予防〉である．help は〈窮地からの引き上げ〉，つまりその心は〈治療〉である．野球用語のセーブとは〈負け予防／リードをそのまま守る〉の意である．
関 safe 安全な / savior 救い主 / salvage 海難救助 / salvation 救済
例 A stitch in time saves nine. 今日の1針，明日の9針◇予防 / I'll save it on the disk. それをフロッピーディスクに保存(消さないでそのままに)しておこう．◇そのまま / Save an evening a week for just you and your wife. 1週間に1晩はあなたと妻のために(用事に使わないでそのまま)とっておきなさい．◇そのまま

say [séi]
言う；発言権
原 指摘する
イメージ 〜であると言う
解 考えや気持ちを音声に変えて空中に発すること，従って四方八方に飛ぶので相手を定める時は到達点を示すためのto が必要になる(同じ「言う」でも tell

は〈方向性〉よりも〈内容について語る〉意識が強いのでtoは現われない)．◇ sayは漫画や劇画のバルーンを思わせる(⇨バルーンの中に発言そのものが書き出されている)．

例 He said (to me), "I am wrong." (= He said (to me) that he was wrong.= He told that he was wrong.) 彼は「私が間違っている」と(私に)言った．

scale [skéil]
目盛り，段階，規模；よじ登る
原 目盛り ⇨ (目盛りを刻むがごとく)1歩1歩よじ登る
イメージ (1歩1歩登る)⇨階段⇨段階⇨尺度
解 scale には「うろこ」の意味もあるが，「うろこ」の1つ1つの刻みが目盛りに似ている．
例 Do you support the traditional seniority-based pay scale or the merit-based one? 従来からの年功給それとも能力給のどちらに賛成しますか． / How do you rate his performance, say, on a scale of one to ten? 彼の出来は10点満点(=10段階評価)でいえばどれくらいですか． / The rescuers scaled the cliff to reach the climber stranded on the way. 救助隊は途中で動けなくなった登山者の救助のために崖を登った．

scan [skǽn]
細かく調べる，ざっと目を通す，走査する
原 上がって(見渡す)
イメージ 頭を高く保って視界一杯に視線を走らせる
解 sc-に〈さっとかすめる〉響きがある．
関 ascend 上る / descend 下る
例 He scanned his surroundings for any figure that might be spying on his act. 彼は誰か自分を見ている者はいないか周りに目を走らせた． / He scanned the newspaper while eating breakfast. 彼は朝食を食べながら新聞に目を走らせた．

scandal [skǽndl]
不祥事
原 つまずかせるもの(わな)
イメージ 出世・世間体をつまずかせる事柄
派 scandalize あきれさせる / scandalous 恥ずべき
例 The President's sex scandal broke. 大統領のセックス・スキャンダルが明るみに出た． / The entire town was scandalized by the mayor's embezzlement. 町長の使い込みに町民は憤慨した．

scant [skǽnt]
乏しい
原 少ない
イメージ ほんのちょっと
解 sc-に〈ちょっとかすめる〉響きがある．
派 scanty 乏しい / scantily 乏しく / scanties スキャンティー
例 My son paid scant attention to all my warnings. 注意したのに息子はほとんど意に介さなかった．

scar [skɑ́ːr]
傷跡；傷跡を残す
原 傷跡
イメージ 皮膚に残る傷跡，心に残る傷跡
解 sc-に〈さっと擦る，摩擦する〉響きがある．
例 The trauma of a rape scarred her for life. レイプで受けた精神の傷が生涯彼女に残った．

scarce [skéərs]
不足している，少ない
原 選び出された(少しの)
イメージ 1摘みの，数少ない
解 sc-に〈さっとかすめる〉響きがある．
派 scarcity 不足 / scarcely ほとんどない，やっとできる
例 It is argued that present schools spoil scarce resources of gifted children. 現在の学校制度では数少ない英才児なる人材をつぶしてしまうという議論がある． / The scarcity of land has forced real estate prices up. 土地不足で地価が釣り上っている． / He is not living in this town. I scarcely know him. 彼は今この町には住んでいないので消息はほとんど知りません． / Scarcely had I come home when it began to rain. 帰宅するとすぐに雨になった．

scare [skéər]
恐怖；怖がらせる

原 臆病
イメージ 脅えを起こす
解 「かかし」をscarecrow(⇔カラス+脅す)と言う．
派 scary 怖い
例 I was scared by the sound of footsteps on the stairs at mid-night. 夜中に階段で足音がしたので脅えた． / Going to a doctor may be scary, especially if you have never been in the habit of seeking medical care. 医者に診てもらう習慣が全然ないと医者に行くのが怖いかもしれない．

scatter [skǽtər]
撒き散らす
原 撒き散らす
イメージ 四方八方に散り散りにする
解 shatter(粉々にする)と同系語．
例 The mob scattered as soon as a police squad arrived. 群衆は警官隊が来ると散り散りになった．

scene [síːn]
場面，現場
原 舞台の1場面
イメージ (1場面)⇔目の前の状況◇状況の1駒
派 scenic 景色のいい / scenery 風景
例 There were scenes of great rejoicing when our team won. 自分達のチームが優勝すると歓喜の状況を呈した． / Let's read Act 3, scene 1 of Hamlet. ハムレットの3幕，1場を読みましょう．

scent [sént]
匂い，香り；匂いを嗅ぐ
原 (鼻に)感じる
イメージ 鼻をかすめる香り，ほっと立ち上る香り
解 sc-に〈かすめる〉響きがある．
例 Everyone loves the scent of roses. 誰でもバラの香りは好きだ． / The air was scented with roses. あたりはバラの香りが漂っていた． / The deer got scent of us (=scented our presence) and ran away. 鹿は私達がいるのを嗅ぎつけて逃げて行った．

schedule [skédʒuːl]
予定表，表；予定する
原 紙片
イメージ (紙片への書き込み)⇔一覧表⇔予定表
例 Would you consult the schedule for the next train to Boston? 次のボストン行き列車は何時か時刻表調べてくれますか． / May I have a price schedule of the bikes in your store? この店の自転車の価格表をもらえますか．

school [skúːl]
学校，授業，学業
原 余暇を活用して学問する所
イメージ 学校◇学業；訓練をする
解 動詞用法では〈訓練する〉の意味合いがある．『広辞苑』や『国語大辞典』には〈学校＝学舎〉の意しか記していないのは不十分．たとえば「あの子は来年から学校だ」という文をこれらの辞典はどう説明するのだろうか．
関 scholar 学者 / scholastic 学問的な
例 My wife went to the local high school to observe a teacher giving lessons. 妻は地元の高校へ授業参観に行った． ◇ school＝教育施設 / Before I go to work, I have to take my children to school. 会社へ行く前に，子供たちを学校へ連れて行かねばならない． ◇ school＝教育施設 / Lucy is too young to go to school. ルーシーはまだ学齢に達していない． ◇ school＝学業 / Most used to get a good job after they were finished with school. 大抵の者は学校を終えるといい職に就いていた． ◇ school＝学業 / The dog is well schooled in obedience. この犬はよく訓練されている． / Columbus had little schooling. コロンブスはほとんど学校教育を受けていない． / Socrates had so schooled himself to moderation that his scanty means satisfied all his wants. ソクラテスは自分を自制できるように訓練したのでわずかの収入で欲求はすべて満たされた．

scoff [skáf]
あざ笑う
原 あざ笑う
イメージ 馬鹿にしてせせら笑う
解 -ff にく息の吐き出される音を聞こう〉：boff 高笑い / rebuff すげなく断わる / huff ぷりぷりする / chuff シュッシュッポッポ / puff プッと吹く
例 Many people scoff at superstitions because they consider such beliefs

unscientific. 迷信を信じるのは科学的ではないといって馬鹿にする人が多い。

scold [skóuld]
叱る
[原] 叱る
[イメージ] 口やかましく叱る
[例] The mother scolded her son for getting into the house with muddy shoes. 母親は息子が泥まみれの靴で入ってきたので叱った。

scoop [skú:p]
すくい上げる，特ダネで出し抜く
[原] 掘り出す
[イメージ] すくい取る，ニュースを掘り出す
[解] sc-に〈掘り出すときの速い動きと摩擦音〉が感じられる。⇨スクーター(scooter)は風を切って疾走する。スコップ(schop)はオランダ語に由来する。
[関] shape 形(⇨掘り出す，彫り出す)
[例] How many scoops? — Two scoops, please. (アイスクリーム)何杯いれましょうか？— 2杯にして下さい。 / At one time, ore was so abundant in this town that they scooped it up with their bare hands. かつてはこの町には鉱石が素手ですくい取れるほど豊富にあった。 / The photo weekly's scoop on his affair quickly turned it into a public scandal. この写真週刊誌が彼の女性関係を出し抜いたのでたちまち巷のスキャンダルになった。

score [skɔ́:r]
得点，楽譜；得点する
[原] 刻み目(⇨切り込む)
[イメージ] 刻み目を入れる⇨点を書き加える⇨音符を連ねていく
[解] sc-に〈刻むときの音〉を感じよう。
[関] share 分け前(⇨切り分け) / underscore 強調する(⇨下に＋印をする)
[例] The score is 2–1, in favor of the Giants. 2対1でジャイアンツが勝っている。 / She learned how to score for piano. 彼女はピアノ曲の作曲を学んだ。

scrape [skréip]
こすり落とす
[原] ひっかく
[イメージ] こすり落とす
[解] scr-に〈強い摩擦音〉を聞こう：screech キャー，キーッ / scream 鋭く叫ぶ / screw ねじで締める / scribble 走り書きする / scratch ひっかく
[例] You should scrape your shoes clean on the doormat. ドアマットでこすって靴の汚れを落としなさい。

screen [skrí:n]
衝立，画面；遮る，ふるいにかける
[原] 遮蔽物(柵，衝立)
[イメージ] 遮蔽する⇨遮る⇨ふるいにかける
[解] scr-に〈摩擦音〉が感じられる；遮蔽物(⇨原義)があれば摩擦が生じるの理である。日本版スクリーンは「障子」であるが，視線を遮る意で「障」を充てているのは同じ発想からである。映画のスクリーンは投影光線を受けとめる(⇨つまり，遮る)衝立の面である。
[例] You should screen yourself from the burning sun with this lotion. このローションを使って強い太陽光から肌を守った方がいいよ。 / We have so far screened out seven out of the ten candidates for the new position. 新しい職の10人の候補者の内これまでに7人をふるいにかけた(＝3人に絞った)。

script [skrípt]
台本
[原] 書かれたもの
[イメージ] がりがりと書いた脚本
[解] scr-に筆記具と紙の間で生ずる摩擦音が聞こえる：scripture(聖典，聖書)は〈筆と紙との摩擦の成果〉のもっとも重要なものであった。
[例] The novelist writes film scripts, too. あの作家は映画の台本も書く。

scroll [skróul]
スクロールする
[原] くるっと(sc) 巻く(roll)
[イメージ] スクロールする(⇨コンピュータ画面をすべるように上下させる)
[解] scr-に〈さっとした動き・摩擦音〉が感じられる：screw ねじで締める(⇨ねじ込む時の摩擦音が聞こえそう) / scrabble かき回す，なぐり書きする(⇨ひっかきまわす) / scramble ごちゃまぜにする(⇨かき回す)パソコン用語で scroll というのはコンピュータの画面に一度に入り切れない情報を巻物をくるくるすべらせるかのようにして表示していく方法をいう。巻物をくるくる巻きとっ

て読む所作の電子時代版と言える．
【例】 You need to scroll the computer screen with the mouse until you find the part you want. 見たいところが出るまで画面をマウスでスクロールしないとだめだよ．

scrub [skrʌ́b]
ごしごしこすって洗う
【原】 ごしごし（sc）こする（rub）
【イメージ】 （たわしやブラシで）ごしごしこする
【解】 sc-から〈強い摩擦音〉が聞こえる：scream 鋭く叫ぶ／screw ねじで締める／screech きしむ／scribble 走り書きする／scratch ひっかく．rub は〈こすり合わせる〉動作を描いている．scrub には「低木の藪」の意があるがこれも触るとがさがさこするイメージがあるからである．
【派】 scrubby 繁みのある
【例】 She scrubbed the windshield hard to get the stain out. 彼女はフロントガラスをごしごしこすって汚れを落とした．

scruple [skrúːpl]
良心のとがめ，ためらい
【原】 鋭い石
【イメージ】 鋭い石⇨触ると痛い⇨心を痛める
【派】 scrupulous 良心的な／unscrupulous 良心的でない
【例】 He accepted the money without scruples. 彼は平気で（⇨心を痛めず）金を受け取った．／Those gullible people were sucked in by the unscrupulous salesman. お人好しの人達がその悪徳セールスマンに騙された．／He is absolutely scrupulous in handling the company's accounts. 彼は会社の会計事務を実にこつこつ慎重にする．◊ scrupulous は〈こつこつ慎重な（⇨ scr- の音が聞こえる）〉

scrutinize [skrúːtənaiz]
入念に調べる
【原】 ごみ箱をあさる
【イメージ】 （何かを求めて）こつこつ，ごそごそあさる
【解】 scr- に〈摩擦音（ごそごそ）〉が感じられる（⇨ scrupulous／scrub）
【派】 scrutiny 厳密な検査
【例】 The detective scrutinized my every act. 探偵は私の行動をいちいち調べた．／Presidential candidates' private lives will be scrutinized very carefully. 大統領候補者の身辺事情は綿密に調べ上げられるであろう．／His actions come under continuous scrutiny in the press. 彼の行動は絶えず（こつこつ調べる）マスコミの目にさらされている．

seamy [síːmi]
縫い目のある，裏側の
【原】 縫い目（seam）のある（y）
【イメージ】 縫い目のある側⇨裏側⇨見苦しい
【例】 This film gives a vivid description of the seamy side of Japanese political world. この映画は日本の政界の裏側をなまなましく描いている．

search [sə́ːrtʃ]
探す，調べる
【原】 あちこち回る
【イメージ】 物や人の所在を求めてあちこち探し回る
【解】 search＋〈探る）場所〉＋for＋〈求めるもの〉はよく心得ておきたい．
【派】 searching 綿密な
【関】 circle 回る
【例】 The police searched the office. 警察は事務所を捜索した．／The police searched the office for documentary evidence. 警察は証拠書類を押収するために事務所を捜索した．／The police searched the suspect. 警察は容疑者の身体検査をした．／The police searched for the suspect. 警察は容疑者の行方を追った．／Investigators began an intensive search for the flight recorder. 調査員達はフライト・レコーダーを探すために徹底的な捜索を始めた．／The search for knowledge has always been a basic activity of human beings. 知識の探究はいつの時代も人類の基本的活動であった．

season [síːzn]
季節，味付けする
【原】 種を蒔く時期
【イメージ】 季節⇨種を蒔く⇨調味料を振りかける（◊農耕中心の昔の生活では季節と種蒔きの関係は絶大であったはず）．漢字「蒔く」に「時」が含まれているの

は同じ発想がある.
関 seed 種 / sow 種を蒔く / semen 精液(⇔種)
例 Along the Atlantic and Gulf coasts, autumn is the season for hurricanes. 大西洋岸, メキシコ湾岸では秋はハリケーンの季節である. / Season the soup with salt. スープを食塩で調味しなさい. ◇ seasoning 調味料(⇔たとえば食塩, こしょう, スパイスはみな振りかけるものである) / Nomura is a seasoned manager. 野村はベテラン監督だ. ◇ seasoned は〈いくつもの季節を経た⇔年季の入った〉の意味合い. これを〈味のある〉とイメージするのも一興.

seat [síːt]
座席；座らせる
原 座る
イメージ 座るところ；座らせる
関 sit 座る / set 置く
例 This bullfighting arena seats as many as 50,000 persons. この闘牛場は5万人も収容できる. / Kyoto was the seat of government before Tokyo. 京都は東京の前は政府の所在地だった.

seclude [siklúːd]
引き離す, 隔離する
原 離して(se) くくる(clude)
イメージ 集団から引き離して接触を断つ
解 引き離して閉じる感じが生まれるのは cl-に〈閉じる〉意味合いがあるからである(⇔close). 病気のために隔離する時は isolate〈島流しにする〉を用いる. これは isolate の目的(つまり, 患者)は保護の対象ではないからである. seclude の目的語は保護の対象になる.
派 seclusion 隔離 / secluded 世間と没交渉の
例 Hermits often live a life of solitude in secluded places. 仙人は人里離れたところで独居することが多い. / Because of its seclusion, Kure was chosen as the site of a major naval base. 奥まっているので, 呉は海軍の主要基地の場として選ばれた. / Japan's period of seclusion ended with the collapse of the Tokugawa Shōgunate. 日本の鎖国時代は徳川幕府の崩壊とともに終わった.

secret [síːkrət]
秘密, 秘訣
原 離し(se) 分けられた(cret)
イメージ 衆目から分離された⇔他の人には知られないようにする：(知られていないような)奥の手
派 secretive 話したがらない / secretary 秘書(⇔他者から離れた内々の事務官)
例 You should keep your father's cancer secret from him. お父さんが癌だということは言わない方がいいよ. / What is the secret of your success in a competitive market. 激しい市場であなたのように上手くやる秘訣はなんですか. / He was forced to quote from secret documents to which he had access as secretary of the Committee for Foreign Affairs. 彼は外務委員会の秘書として参照できる秘密文書からの引用を強要された. / He is secretive about his past. 彼は自分の過去についてしゃべりたがらない.

secrete [sikríːt]
分泌する, 秘密にする
原 離し(se) 分ける(crete)
イメージ 身体から液を離す⇔分泌する, 人目から離す⇔こっそり隠す
解 secretion(分泌物)とは saliva(唾液), tears(涙), mucus(粘液), sweat(汗), bile(胆汁), digestive juices(消化液)などである.
関 excrete 排泄する(⇔ ex(外に)crete (分け離す)
例 Do human females secrete the same kind of pheromones as insects do? 人間の雌も昆虫の雌が分泌するようなフェロモンを分泌しますか. / He secreted the bribe money in a secret bank account. 彼は収賄金を秘密の口座に隠した.

section [sékʃən]
部分, 区域, 切断
原 分割
イメージ 全体から区切った部分
解 sect-には〈切る〉の意がある：bisect 二等分する(⇔ 2つに+切る) / vivisect 生体解剖する(⇔生きたまま+切る) / Caesarean section(帝王切開) / insect 昆虫(⇔体に切れ目がある) / intersect

交差する(○真ん中を+切る) / dissect 切り裂く(○離す+切る)○sect(分派、セクト)の原義は〈従う者〉の意で〈切る〉の意はない．

派 sectional 部門の、断面の / sectionalism 派閥主義
関 sector 部門
例 What section of town do you live in? 町のどの区域に住んでいるのですか． / I had two sections of an orange for breakfast. 朝食にオレンジを2切れ食べた．

secure [sikjúər]
確実な；確実にする
原 心配(cure) から離す(se)
イメージ 心配(cure)(心配を除いて)安心させる、ちゃんとした状態を確保する
解 cure と care は同根だから、語源をなぞると carefree(心配のない、ほっとした○心配からの解放)と同じ発想．
派 security 安全、担保
例 According to a survey, it takes an average of 128 days for the unemployed to secure new jobs. ある調査によれば、失業者が新しい仕事を確保するには平均128日かかるそうだ． / He secured a lunch date with Dr. Caroline Smith. 彼はキャロライン・スミス博士と昼食の約束を取りつけた． / The ship was secured shortly after nine o'clock. 9時過ぎには船はちゃんと接岸した． / You can feel secure, if you are well insured. しっかり保険をかけておけば安心ですよ． / Make the windows secure. 窓はちゃんと閉めておいてね．

seduce [sid(j)ú:s]
誘惑する
原 引き(duce) 離す(se)
イメージ 正道から離して脇道へ引きずり込む○誘い込む
派 seduction 誘惑 / seductive 魅惑的な
例 Advertisements try to seduce shoppers into buying more goods than they need. 広告は買い物客に必要以上の購買欲をそそろうとする．

see [sí:]
見る、合う、分かる
原 (目に) 見える
イメージ (目に)見える・出会う・体験する、(脳・心で)見る○分かる、(ちゃんと)見る○注意する
例 I've just seen a rat! 今、ネズミ見たよ！ / Have you seen the film? その映画見ましたか． / I saw her at the library. 彼女に図書館で会ったよ． / I chipped my tooth, but haven't seen a dentist yet. 歯が欠けてしまったんだけど、まだ歯医者に行っていないんだ．◇患者が医者に〈出向く〉 / As a general practitioner, Livingstone had seen many patients. 一般開業医としてリビングストーンは多くの患者を診てきた．◇医者が患者を〈注意して診る〉 / The manager of the job center says that in 27 years he had never seen times as bad as this. 職業安定所の所長は27年間で今ほど悪い時代は経験がないと言っている．◇物事を〈体験する〉(○日本語の「ひどい目を見る」とか「いい目を見る」と言う発想と同じ) / Everybody laughed, but I couldn't see the joke. 皆笑ったけど、僕はジョークが分からなかった． / Do you see the difference between the two? 両者の違いは分かりますか． / See that you don't get a ticket for speeding. スピード違反で捕まらないようにしてね．

seed [sí:d]
種；種を蒔く
原 種を蒔く
イメージ 種を蒔く、種ができる
派 seedy 種の多い
解 semen 精液(○種) / seminar セミナー(○知識の種蒔き) / disseminate(種をばら蒔く)
例 We seed watermelon early May. スイカは5月初めに種蒔きをします． / Most flowers seed in the fall. 大抵の花は秋に種を付ける．

seek [sí:k]
求める
原 追い求める
イメージ ひたすら求める
解 search は〈あちこち探し求める〉意味合いが強いが、seek は〈一途、ひたすら求める〉の感じ．
関 beseech 嘆願する
例 The mayor announced he would

seek a second term in the next election. 知事は次の選挙で2期目を目指すことを発表した． / Thousands of refugees were seeking food and shelter. 何千人もの難民が食糧と寝るところを求めていた． / Alcoholics seek intoxication to forget something or someone. アル中の人は世間を忘れるために酩酊を求める． / Mozart left Salzburg to seek his fortune in Vienna. モーツァルトはザルツブルグを発ってウィーンで成功を目指した．

seem [síːm]
〜のように見える，〜のように思われる
原 適合する
イメージ (似合う)⇨それらしい⇨らしく映る
派 seemingly 外見上は / seemly 上品な
例 The bird seemed very friendly. その鳥はとても(人に)馴れているようだった． / Anything we can't get seems to be better than what we have. 何でも手にしているものより手に入らないものの方がよく見えるものだ． / Such a seemingly harmless object as paper can cause painful cuts. 紙のような一見何も危険性のないものでも痛い切り傷を作ることがある．

segregate [ségrəgeit]
分離する，差別する
原 群れ(gregate)から離す(se)
イメージ 群れ・集団から引き離す
解 greg-は〈群れ〉の意味合いがある：aggregate 集合する / congregation 集会(⇨共に＋群れる) / gregarious 群生する
派 segregation 分離
例 For the sake of the healthy kids, we must segregate those children who have measles. 健康な子供のために麻疹に罹っている子供達を隔離しなくてはいけない．

seize [síːz]
捕まえる
原 没収する
イメージ 捕らえて自分のものにする
派 seizure 発作，没収
例 Taira Kiyomori seized control of the government about 1160. 平清盛は1160年頃に政権を握った． / The freighter was seized and later disposed of by pirates. その貨物船は海賊に捕らえられた後，棄てられた．

seldom [séldəm]
めったに〜ない
原 稀に起こる
イメージ 稀にしか起こらない
例 The writer seldom goes out. あの作家はめったに外出しない． / Seldom does a day pass without their having a quarrel about something or the other. 2人の間で何らかのことでけんかのない日はめったにない．

select [səlékt]
選ぶ
原 選び(lect)分ける(se)
イメージ (3つ以上の選択対象から)選び抜く；選り抜き
解 se-は〈離す・区別する〉の意味合いがある：separate 離す / sex 性別 / sever 切断する．-lectは〈(選び)集める〉の感じ：collect 集める / neglect 軽視する(⇨注意を集めない)
派 selection 選択 / selective 好みがうるさい
例 He was selected to run the Boston Marathon for Japan. 彼はボストン・マラソンの日本代表選手に選ばれた． / To play in the major league is to belong to a select group of sportsmen. メジャーリーグでプレイすることは選り抜きのスポーツマンの集団に加わることを意味する．

send [sénd]
送る
原 行かせる
イメージ 郵便物を送る・人を行かせる・ある状態に送り込む
例 She asked me to send her my address. 彼女は私に住所を送ってくれと言ってきた． / The father sent his son to buy a pack of cigarettes. 父親は息子にタバコを買いにやらせた． / The impact of the blow sent him reeling. 殴られた衝撃で彼はふらついた． / Leave this house now, or I will send for the police. 家から出て行ってよ，でないと警察を呼ぶわよ． send for the police＝call the police on you＝call

senior [síːnjər]
年上の，先輩の
原 より年上の
イメージ 年長である，年輩である
解 -ior はラテン語形容詞の比較級を表わす；junior 年下の / inferior 下位の / superior 上位の / prior 前の
派 seniority 年上であること
関 senile もうろくした
例 Her husband is three years her senior (= Her husband is senior to her by three years). 彼女の夫は彼女より3つ年上だ． / Seniority is very important in determining the salary and benefits of employees in Japan. 日本では勤続年数が従業員の給料と福利の質を決める上で重要である．

sense [séns]
感覚，分別，意味
原 感じる
イメージ (五感による)感覚，(六感による)センス，意味
解 〈感づく ⇨ 〜であると分かる ⇨ 意味が分かる〉の展開がある．
派 sensible 分別がある / sensitive 敏感な
例 The new office manager sensed a distant, cold attitude in his staff. 新しく着任した部長は部下が冷淡でよそよそしいと感じた． / Good business sense made him a millionaire. 彼は商売のセンスがあったので大金持ちになった． / He's got a good sense of humor. 彼はユーモアのセンスがある．

sentence [séntəns]
文，判決文；判決を下す
原 意見，判決
イメージ (意見 ⇨ 判断) ⇨ 判決する；(判決)文
関 sense 感覚 / sensation 感じ，大評判 / sententious 教訓めいた
例 A man who admitted torturing and killing adopted cats was sentenced to 12 years in jail. もらった猫を苛め，殺していた男が12年の実刑を受けた．

separate [sépəreit]
引き離す，別れる
原 分けて(se) 配置する(parate)
イメージ 本来はつながっているものを引き離す
解 se- は〈切り離す〉の意；sever 切断する / select 選ぶ (⇨ 選り分ける)
派 separation 分離
例 The Pacific Ocean separated my mother and the rest of her family for many years. 太平洋に隔てられて母と残りの家族は長い間離れて暮らした． / The brothers met again after a ten-year separation. 兄弟は10年ぶりに再会した．

sequence [síːkwəns]
連続，ひと続き
原 続いて起こる(sequ) こと(ence)
イメージ 次から次へと物事が進展していく
解 sequ- には〈後を追う〉感じがある：consequence なりゆき (⇨ 共に + 後に続く) / sequel 続き / obsequious へつらう (⇨ に + 付き従う)
例 He studied the sequence of events that led to the firm's bankruptcy. 彼は会社の倒産に至るまでの一連の事件を調べた．

serious [síəriəs]
真剣な，深刻な
原 重みのある
イメージ 人が真剣に思う，事が重大である
例 Don't laugh at me, I'm serious. 笑わないでよ，本気なんだから． / Government officials are getting serious about keeping young people from smoking. 政府の役人は若者の喫煙を阻止することに真剣になってきた． / Hepatitis is a serious illness. 肝炎はやっかいな病気である．

serve [sə́ːrv]
仕える，務める，役に立つ
原 奴隷
イメージ (奴隷) ⇨ 人に役立つことをする
派 service 奉仕，勤務
関 serf 農奴 / slave 奴隷 / deserve 価

session [séʃən]
会期、集まり
原 座ること
イメージ 座る⇨一緒になって活動する(期間)
関 assess 査定する(⇨横に座って定める)
例 School is not in session during legal holidays. 学校は法定の休日は休みです。

set [sét]
据える、整える、定める
イメージ ちゃんとした所に据える
例 The sun is setting. 太陽が沈みかかっている。◇この文脈では set を「沈む/没する/傾く」と訳すことが多いが、set 自体は太陽が大地や大海に接触している状態を描いている。ところで be setting は set に向かって進行中ということであるから、太陽が西に傾いておれば(大地あるいは水平線に接していなくても)The sun is setting. と言える。これは The bus is stopping. という文脈において、bus は止しているのではなく、stop に向かって進行中、つまりバスは止まろうとしているの意になるのと同様である。/ Book week is a week set aside each year in November to promote interest in reading books. 読書週間とは読書への関心を高めるために毎年11月にあてている1週間のことである。◇ set aside (脇へ+置く⇨特別に切り離して割り当てる)の意。

settle [sétl]
解決する、定住する、落ち着かせる
原 座席
イメージ 浮遊状態・不安定状態から所を得て定着する
派 settlement 植民地、集落 / settler 開拓者
関 saddle 鞍、サドル / unsettle 乱す
例 The problem has finally been settled. 問題はやっと解決した。/ Write to me as soon as you're settled. 落ち着いたら便りをくれよ。/ People settle where water is plentiful—near lakes and rivers. 人は水の豊かなところ―湖や川の近く―に定住する。◇この例文から settlement に「集落」の意が、settler に「開拓移民」の意があることが分かる。/ He felt emotionally unsettled, as though his whole life has turned up-side-down. 彼は人生がひっくり返ったみたいに取り乱した。

sever [sévər]
切断する
原 切り分ける
イメージ 切り分ける⇨断ち切る
派 severance 分離、契約解除
関 several いくつかの(⇨いくつかに分けられた) / separate 分ける
例 The emperor Kammu shifted the capital to Heian-kyo to sever connections with the temples of Nara. 桓武天皇は奈良の寺院との関係を断つために都を平安京に移した。

several [sévərl]
いくつかの、それぞれの
原 分けられた
イメージ (分けられて)いくつかの
解 severally は〈別々に〉の意のみで用いる
関 sever 切断する
例 I visited him in Tokyo several times. 彼を東京に訪ねたことが何度かある。/ I think it is better to consider these problems severally (=separately). これらの問題は別々に考えた方がよいと思う。

severe [sivíər]
ひどい、厳しい
原 深刻な
イメージ 心身に手加減なくあたる
派 severely 厳しく / severity 厳しさ
例 The teacher is very severe in disciplining the kids. あの先生は子供の躾にとても厳しい。/ The severity of a long, hard winter had a depressing effect on settlers. 長く、きつい冬の厳しさが移住者たちの気をめいらせた。

sewage [súːidʒ]

下水、汚水
[原] 排出された(se) 水(wage)
[イメージ] 排水
[解] wastewater とも言う．
[派] sewer 下水道
[例] Most sewage eventually flows into waterways. 大抵の汚水は最後には川や海に注ぐ．

shabby [ʃǽbi]
みすぼらしい，卑怯な
[原] かさぶたのついた
[イメージ] 薄汚い⇨(やり方が)汚い
[関] scab かさぶた
[例] He loves wearing a shabby old trench coat to the office. 彼はよれよれの古いトレンチコートを着て仕事にでかけるのが好きだ． / He played a shabby trick to evade taxes. 彼は税金を逃れるためにずるい手を使った．

shade [ʃéid]
日陰，色合い
[原] 日陰
[イメージ] 木陰⇨陰影⇨色合い；陰にする⇨濃淡を付ける
[解] sh-は〈太陽光と遮るものとの衝突の時に生じる摩擦音〉がイメージされている(⇨ screen).
[派] shady 日陰になった
[関] shed 小屋(⇨日を避けるところ)
[例] We rested in the shade of a tree. 木陰で休んだ．

shadow [ʃǽdou]
影(かげ)
[原] 影
[イメージ] 影⇨暗がり，影⇨もの陰
[派] shadowy 影のような
[例] The tower threw its shadow on the street. 塔は通りに影を落としていた． / Glancing around, I caught sight of a figure in the shadows. 振り向くと暗がりの中に人影が見えた．

shake [ʃéik]
振る，揺らす
[原] 揺する
[イメージ] 小刻みに震える，震わす
[派] shaky ふらつく
[例] What's the matter? You're shaking. どうしたの？ 震えているよ． / Right after the baby came, our relationship was very shaky. 赤ん坊が生まれたとたん，私たちの関係が怪しくなった．

shame [ʃéim]
恥ずかしさ，恥じ；恥じをかかせる
[原] 恥じ
[イメージ] 行いを悪いことだと思う；行いを悪いことだと思わせる
[派] shamefaced 恥じ入った(⇨恥じた＋顔をした) / shameful 恥ずべき / shame-less 恥知らずの / ashamed 恥じている
[例] She was full of shame at what she had said. 彼女は自分の言ったことが恥ずかしくなった． / Finally he was shamed into paying his share of the bill. やっと彼は悪いと思って自分の分を支払いした．

shape [ʃéip]
形を作る，形を整える
[原] くり取る，彫る
[イメージ] くり抜いてちゃんとした形にする，整った形になる
[解] sh-には〈(形にくりぬく時の)切り離す音〉が感じられる：share 分ける(⇨切り分ける) / sharp 鋭い(⇨よく切れる) / shear 刈り取る
[例] Plans for our trip are shaping up very well. 旅行の計画はうまく進んでいる． / The teachings of religions have shaped the lives of people since olden times. 宗教の教えは昔から人々の生き方を形作ってきた． / I am in good shape. 体調がよい． / The business is in good shape. 仕事は順調である．

share [ʃéər]
共有する，分けあう
[原] 切り分ける
[イメージ] 1つのものを2人(以上)間で分け合う(⇨典型的場面はタクシーの相乗り，相合い傘，食堂での相席)
[解] sh-に〈切り分けるときの音〉を聞こう：shirt シャツ(⇨布を切って作る) / short 短い(⇨短く切る) / shear 刈り込む / shave 毛を剃る / sheet シーツ(⇨布を切り取る) / shape 形(⇨切り取る) / sheath(刃物の)さや(⇨裂いた棒)
[例] May I share your umbrella? 傘に入れていただけますか． / Let's share a taxi to the station. 駅までタクシーに相乗りしよう． / Enclosed is a snapshot I took. Share it with your family. 写真

1枚同封しました．ご家族と一緒に見てくださいね．/ I wish I could share this beautiful sunset with you. この美しい夕日を君と一緒に眺められたらいいのに．/ I'd like you to share your thought with me. 考えていることを教えて欲しいわ．/ It can help a lot to share your fears and feelings with others. 不安に思うことや気持ちを他人に打ち明けるのはとても役に立つものである．/ Sadat and Begin shared the 1978 Nobel peace prize. サダトとベギンの両者が1978年のノーベル平和賞を受賞した．

shatter [ʃǽtər]
粉々にする
[原] くだく
[イメージ] ガシャンとくだく
[関] scatter 撒き散らす
[例] Ice is a brittle material and shatters like glass when struck with a hammer. 氷はもろいものでハンマーでたたくとガラスみたいに砕ける．/ The lives of the Lindberghs were shattered by the kidnapping and murder of their first son. リンドバーグ家の生活は長男が誘拐され殺害されたことで破壊された．

shave [ʃéiv]
ひげをそる，削る
[原] 削りとる
[イメージ] 剃り落とす
[解] sh-には〈切る音〉が感じられる：share 分ける / shear 刈り込む / sharpen 研ぐ / sheer 切り立った
[例] I shave every morning. 毎朝ひげを剃る．/ My son started shaving (himself). 息子はひげを剃り始めた．

shed [ʃéd]
落とす，（涙を）流す
[原] 切り離す
[イメージ] ひっついているものを振り落とす
[解] sh-に〈切り離す〉時の音がイメージされる．
[関] share 切り分ける / shear 刈り取る
[例] The snake sheds its skin regularly. 蛇は定期的に脱皮する．/ I am shedding not only clothes but vanity. 私は衣服だけでなく虚栄心も脱ぎ捨てている．/ He is trying to shed some of the 100 kilograms he has packed into his 170-centimeter frame. 彼は170センチの体躯にため込んだ100キロの体重から何キロか落とそうとしている．

sheer [ʃíər]
全くの，切り立った，ごく薄い
[原] 輝く
[イメージ] 切り立った⇨全くの，とても薄い
[例] His argument was sheer nonsense. 彼の議論は全くのナンセンスだ．/ You need to wear a bra or a slip regularly with sheer clothing. 薄いものを着る時はいつもブラジャーかスリップをつける必要があります．

sheet [ʃíːt]
シーツ，1枚
[原] 敷布
[イメージ] 薄くて平たい紙，布，ガラス
[解] sheet に布や紙を切り取る時の音がイメージされる．
[例] Give me a sheet of paper to write on. メモのための用紙1枚ちょうだい．/ Let's call Room Service for a clean set of bed sheets. ルームサービスを呼んで新しいシーツにしてもらおう．

shelf [ʃélf]
棚板，棚
[原] 棚
[イメージ] 棚
[解] sh-に〈切った(板)〉のイメージがある．
[派] shelve 棚上げする，棚に乗せる
[例] On the shelf were a couple of potted-plants. 棚にはいくつか鉢物が置かれていた．/ Let's shelve the matter until we have more time. この件はもっと時間がある時まで持ち越しましょう．/ The bill was shelved. 法案は見送られた．(⇨ table)

shell [ʃél]
貝殻，殻，鞘，砲弾；殻をとる，砲撃する
[原] 殻を剥く
[イメージ] 貝殻⇨殻を剥く；砲弾⇨砲撃する
[解] 貝，殻，鞘，砲弾は外皮が中身を包んでいる点で互いに似ている．○ sh-に〈殻を剥くときの音〉が感じられる．

関 seashell 貝殻 / eggshell 卵の殻 / nutshell 木の実の殻◇shellfish は(食用となる)貝, カニ, エビ(○いずれも殻を剝いて食べる)などを言う.
例 They use a machine to remove the pineapple shells. 機械を使ってパイナップルの皮をむく. / She is shelling prawns. 彼女はクルマエビの皮を剝いている. / Hundreds of people died in the shelling. 何百人もの人が砲撃を受けて死んだ.

shelter [ʃéltər]
避難；避難する
原 楯で守られたところ
イメージ 雨風を凌ぐところ
関 shield 楯 / bus shelter バス待合所(○雨除け, 風除けがある) / fallout shelter 核シェルター
例 There was a time when human being depended upon plants as sources of food, clothing, and shelter. 人間は衣食住の資源として全て植物に頼っていた時代があった.◇日本語では,「衣食住」が決まった言い方であるように, 英語も普通例文の語順で言う. 覚え方は food は身の内, clothing は身につき, shelter は身の外, つまり内, 中, 外の順に言う. あるいは food(小) ⇨ clothing(中) ⇨ shelter(大)と覚えるのも1つの手. / We took shelter from the sweltering sun under umbrellas. 傘に入って強烈な太陽光を避けた. / They made shelters to shield themselves from wind and rain. 彼らは雨風から身を守るために避難所を作った.

shield [ʃíːld]
楯；保護する
原 楯○木を割って作った板
イメージ 楯, 中身を守る
解 sh-に<さっと動く音>がイメージされる.
関 shelter 住居(○雨風から人を守る)
例 Parents tried to shield their children from harmful information. 親は有害な情報から子供達を守ろうとした.

shift [ʃíft]
移す；移動
原 置き換える
イメージ 位置・方向を変える
解 sh-に<さっと動く音>がイメージされる
関 make-shift 間に合わせの(○本物がないので代替で凌ぐ)
例 In 710 the Imperial capital was shifted a short distance from Asuka to Nara. 710年に都は明日香からすぐ近くの奈良へ移された.

shimmer [ʃímər]
ちらちら光る
原 ちらちら光る
イメージ 水面にゆらめき反射する光
解 sh-に<光のちらちらとした動き>がイメージされる.
例 The distant city lights were shimmering on the surface of the lake. 遠くの街の光が湖面にちらちら輝いていた.

shine [ʃáin]
輝く
原 輝く
イメージ きらきら輝く
派 shiny 輝いている
解 sh-に<光が空中を走る時の摩擦音>がイメージされている.
例 The store will once again have a chance to shine. この店はもう一度繁栄する機会があるだろう.

ship [ʃíp]
船；船で運ぶ, 輸送する
原 船
イメージ 船, 船で運ぶ⇨輸送する
解 輸送の歴史では水上輸送が原形である.
派 shipment 輸送, 積み荷
関 shipbuilding 造船 / shipyard 造船所 / shape 形
例 Newspapers to be sold on newsstands are shipped by airplane, train, and truck. スタンド売りの新聞は飛行機や列車やトラックで運ばれる.

shit [ʃít]
大便；大便をする
原 分離
イメージ 分離⇨ぶりっ⇨大便をする
関 schism 分裂 / schizo 精神分裂症の
例 Be careful where you step; you could step on some dog shit. 歩く時気を付けてよ. 犬の葉踏んじゃうよ.

shock [ʃák]
ショック；ショックを与える
原 打撃

イメージ 心への打撃
解 sh-には〈打撃の切るような音〉がイメージされている．
例 The news of his failure was a great shock to us (= shocked us greatly). 彼が失敗したという知らせはショックであった． / It was something of a shock to learn my daughter would marry a Greek. 娘がギリシャ人と結婚すると聞いた時には相当なショックだったよ．

shoe [ʃúː]
靴，馬蹄；馬蹄を打つ
原 足を覆う
イメージ 靴；馬蹄をはかせる
派 shod 靴をはいた，馬蹄を付けた
例 We stood watching Uncle Jim shoeing horses. ジムおじさんが馬に馬蹄をはかせているのを立って見つめていた． / Horses that are worked regularly on hard and stony ground must be shod. 固くて石の多い地面でいつも働かされる馬は馬蹄を打たねばならない．

shoot [ʃúːt]
打つ，放つ，シュートする
原 打ち出す
イメージ 目標を狙って弾や矢などを勢いよく打ち出す
解 sh-に〈空気を切る時の音〉がイメージされる．(⇨ shape)
関 troubleshooter 修理人，紛争調停者(♢トラブル＋狩人)
例 The president was shot dead (= to death). 大統領は射殺された．

shop [ʃɑ́p]
店，仕事場；買い物をする
原 仕切り部屋
イメージ 店，仕事場；買い物をする
解 shop の〈店：店で買い物をする〉の関係は garden〈庭：庭いじりをする〉，stage〈舞台：上演する〉，school〈学校：教育する〉，market〈市場：売買する〉と同じ．
派 shopping 買ったもの / shoplift 万引きする(♢店で＋こっそり品物を引き抜く)
例 I shopped all day without finding what I wanted. 1日中探したが欲しいものが買えなかった． / My mother usually goes shopping on Friday. 母は大抵金曜日に買い物に行く．◇「買い物に行く」を英訳する時 go to shopping と言ってしまうことが多い． / She put her shopping on the table. 彼女は買い物をテーブルの上に置いた．

shore [ʃɔ́ːr]
岸，海岸
イメージ 波打ち際
解 sh-には〈波が陸を切り取ってできた〉イメージがある．
関 share 分ける
例 Let's walk along the shore. 岸辺を散歩しよう．

short [ʃɔ́ːrt]
短い，低い，不足している
原 切り落とす
イメージ (切り落とす)⇨短くする(簡潔にする)⇨足りなくなる
解 sh-は〈ものを切る音〉が感じられる：shear 毛を刈る / share 切って分けあう
派 shorten 短くする
関 shirt シャツ(♢短く切った衣服) / skirt スカート(♢短く切った衣服)
例 Democrats in Congress were just three votes short of passing the bill. 民主党はその法案を通すのにわずか3票足りなかった． / Sorry, I'm short of business cards right now. すみません，今，名刺を切らしています． / Call me Bob for short. 簡潔にボブと呼んで下さい．

shortcoming [ʃɔ́ːrtkʌmiŋ]
欠点
原 不足(short) になる(coming)
イメージ short(不十分が)＋coming(生じて来る)⇨一定の基準に達していない
例 We need to revise the plan because there are some shortcomings in it. その企画にはいくつかの欠点があるので見直しが必要だ．

shorthand [ʃɔ́ːrthænd]
速記
原 簡潔(short) 書法(hand)
イメージ 速記
解 速記 shorthand というのは，たとえば，「people」は速記では(in shorthand)「pepl」と〈手短に〉綴られるから，shorthand から見ると普通の綴り方は longhand ということになる．
例 Reporters have to master note tak-

ing in shorthand. 報道記者は速記でメモをとれないといけない．

shortly [ʃɔ́ːrtli]
まもなく，簡潔に
原 短く
イメージ 今からすぐに，〜の後すぐに
例 She is going to fly to New York shortly. 彼女はまもなくニューヨークに向けて飛ぶ．／ The UN was established on Oct. 24, 1945, shortly after WWII. 国連は第二次大戦後すぐに1945年10月24日に設立された．

shoulder [ʃóuldər]
肩；肩に負う
原 肩
イメージ 肩；肩に負う，肩で押し分ける
例 I hate having to shoulder responsibility of this magnitude. これほど重大な責任を負うのは嫌だ．

shout [ʃáut]
叫ぶ；叫び
原 叫ぶ
イメージ 大声で叫ぶ
解 sh-に〈声を投げ出す時の喉・口蓋・口との摩擦音〉がイメージされている．
例 Before Edison's improvement on the telephone, people had to shout into the receiver to be heard. エジソンが電話を改良するまでは人は受話器に向かって大声で叫ばないと声が届かなかった．

shove [ʃʌ́v]
押す；押し
原 ぐっと押す
イメージ 力まかせに押す
解 sh-は〈ぐっと押し込むときの音〉をなぞっている．
関 shovel シャベル（⇨土中へ足で押し込むようにして使う）
例 The shopkeeper dragged out the drunken man to the door and shoved him into the street. 店の主人は酔った男を入り口まで引き出して通りに押し出した．／ Stop shoving! 押さないで下さい！

show [ʃóu]
見せる，案内する
原 示す
イメージ そのままでは見えないものを見せる(意志的)，普通見えないものが見える(無意志的)
派 showy 目立つ，あでやかな
例 He showed me his photos. 彼は写真を見せてくれた．／ Excavations of ancient cities show that land and buildings were carefully laid out. 古代の都市を発掘して見ると土地や建物がきちんと配置されていたことが分かる．／ Some studies have shown that the birth of a first child can be extremely stressful to the mother. 最初の子供は母親にとって非常なストレスになるということを示している調査がいくつかある．／ Anger showed on his face. 怒りが彼の顔に出た．／ The higher the monkey climbs, the more he shows his ass. 猿は高く上ればそれだけ尻の穴をあらわにすることになる．／ Your slip is showing. スリップがのぞいていますよ．

shred [ʃréd]
細かく切る；断片
原 切る
イメージ さっと切る；切れ端
解 shr-に〈切るときの音〉がイメージされる．
派 shredder シュレッダー
例 There is not a shred of evidence linking Jimmy with the crime. ジミーとその犯罪を結びつける証拠は少しもなかった．

shrewd [ʃrúːd]
抜け目のない，鋭い
原 意地悪い
イメージ (意地悪い)⇨抜け目がない⇨機を見るに敏
解 shr-は音韻的に〈切れる，鋭さ〉がある．元来，悪い意味合いであったが，徐々に肯定的意味を持つようになった．
関 shrew ガミガミ女
例 Popular newspapers are written and produced by shrewd writers and editors. 人気のある新聞は頭の切れる記者と編集者によって作られる．

shriek [ʃríːk]
叫ぶ，叫び
原 キャー
イメージ キャー
関 screech キーキー
例 The wounded soldier shrieked in pain (=uttered a painful shriek). 負傷

兵は痛みでうなった.

shrimp [ʃrímp]
小エビ, ちび
原 縮んだもの
イメージ (小さく縮こまったような姿の)小エビ, ちび
例 His brothers nicknamed him "Chibi" meaning "shrimp". 兄達は彼をチビを意味するシュリンプとあだ名して呼んだ.

shrink [ʃríŋk]
縮む
原 縮む
イメージ 縮こまる
解 shr-に〈縮こまり〉が感じられる: shrivel しぼむ / shrug すくむ / shrimp 小エビ(⇨小さく縮こまったようにみえる)
例 I've shrunk the pants. The water in the washer must have been too hot. ズボンが縮んじゃったよ. 洗濯機の湯が熱すぎたのだろう. / We will not shrink from our responsibility to stand against the terrorists. 我々はテロリスト達に立ち向かう重責からひるむようなことはない.

shroud [ʃráud]
覆い, 覆う
原 白布
イメージ シュッと切った布;布で覆う
解 shr-に〈布を切り裂く音〉が感じられる.
例 Those whose sexual behavior is shrouded in ignorance have little chance of finding happiness in their short years on this planet. 性のことに無知な人はこの短い人生の中で楽しみを見つける機会がとても少なくなってしまう.

shun [ʃʌ́n]
遠ざける, 避ける
原 避ける
イメージ 嫌がって接触を避ける
例 Shy people often shun company. 内気な人は人付き合いを避けることが多い.

shut [ʃʌ́t]
閉める
原 さっと閉める
イメージ ピシャリと閉める
解 close は〈一定の速度で閉じる〉が shut は〈一気に閉める〉意味合いである.
派 shutter シャッター
例 Shut your mouth. (黙れ!)〈歯医者さんが患者に言うのなら close your mouth.

shuttle [ʃʌ́tl]
往復便
原 ショットされたもの
イメージ (打たれて左右に動く)シャトル⇨往復する
解 ショットされるとショトルとなり〈音の響き〉が聞こえる. バドミントンのシャトルコックは打たれて往ったり来たりする.
例 There is a shuttle bus from the airport to the city center. 空港から市内までのシャトルバスがあります.

shy [ʃái]
恥ずかしがりの, 臆病な, 不足して
原 恐れる
イメージ 恐れる⇨対面すると縮かまってしまう
解 後悔して恥ずかしいときは be ashamed of~を用いる.
例 Some of us are shy about meeting strangers. 中には初めての人に会うのを嫌がる人もいる. / My dog is shy with strangers. この犬は人見知りするのよ. / Americans in general are not shy about expressing disagreement. アメリカ人は一般に反対意見を遠慮なしに言う. / Musashimaru, with a 12-3 record, was two victories shy of winner Wakanohana. 12勝3敗の武蔵丸は優勝した若乃花に2勝及ばなかった. ◇アメリカの用法である. shy〈怖がり⇨縮かまり⇨不足〉のイメージから. / The new king was shy, reserved, and unprepossessing in appearance. 新しい王はシャイで大人しく, 風采が上がらなかった.

sick [sík]
病気である, 吐き気がする, うんざりする
原 病気である
イメージ 気分が悪い, 吐きそうな, (気分が)うんざりする
例 I feel sick. 気分が悪い. / I'm sick of hearing her complaints. 彼女の愚痴

には辟易するよ． / I have diabetes and I'm really sick of it. 私は糖尿病があり，つくづく嫌になっています．

side [sáid]
横，脇腹；味方する
原 側面
イメージ （対照をなすときの）ある側；ある側に与する
例 She is on the fat side. 彼女は太り気味だ． / It was not long before he was on the wrong side of the law. やがて彼は法を犯してしまった． / Hear both sides before judging. 判断する前に双方の意見を聞きなさい． / The agreement came as a surprise. Only last month the two sides were refusing even to talk to each other. 合意は驚きであった．ほんの先月のことだが，双方は話し合いさえ拒絶していたのだ． / He always sides with my opponent in arguments. 彼は議論になるといつも僕の相手に味方する．

sigh [sái]
吐息をつく
原 吐息の音
イメージ はーっと息をつく
解 退屈，諦め，重圧および解放，喜ぶ時の声をなぞった語．
例 He gave a deep sigh (＝He sighed deeply). 彼は深くため息をついた．

sight [sáit]
視力，光景，名所
原 見ること
イメージ 目に見える
解 see の名詞形で，fly ⇨ flight の変化と同じ．
派 sightseeing 観光（⇨名所＋見る）
例 Blind people may have better other senses than sighted people. 盲目の人の方が晴眼者よりも他の感覚は鋭いことがよくある． / The humpback has become a rare sight in the waters of Okinawa. ザトウクジラは沖縄の海域ではあまり見られなくなった．

sign [sáin]
印，合図；合図する，署名する
原 印
イメージ 背後にある意味を伝える仕草，印；合図をする
例 I saw deaf people signing in the street. 聾唖の人達が手話で話しているのを街で見た． / Taking off your hat is a sign of respect. 帽子をとるのは敬意を表わしている．◇署名（signature）は書面の中身を保証する印として名前を署名（sign）すること．有名人や著者のサインは autograph（⇨ 自＋筆）という．◇sign と signal：traffic sign は〈交通標識〉であるが，traffic signal は〈交通信号〉．キャッチャーがピッチャーに出す球種のサイン（日本の野球では「サインを出す」などと言い，シグナルとは言わない）は英語では signal と言う．

signal [sígnl]
信号，合図；信号を送る
原 印
イメージ 兆しを示す
解 signal は〈sign の提示動作〉である．sign は〈signal（sign の提示動作）の１つの結果〉を言う．従って signal は〈動きがある・流動的である〉が sign は〈固定的〉である．
関 sign 印
例 Loss of hair can signal an underlying illness such as hypothyroidism. 髪の毛が抜けるのは甲状腺機能不全症のような潜伏している病気を知らせてくれることがある． / On the stroke of noon, a gunshot signalled the start of the fiesta. 時計が正午を打つと，大砲が鳴りフェスタの始まりの合図をした．

signify [sígnəfai]
意味する
原 印(signi) にする(fy)
イメージ （印にする）⇨〜の意味を持たせる
派 significant 重要な（⇨意味を作りだすほどの） / significance 意義
例 Please signify your agreement by raising your hands, if you're in favor of the proposal. 提案に賛成の方は挙手してお知らせ下さい． / Some diseases may cause significant hair loss. 病気によっては著しく髪が抜けることがある． / Sugar and coconut plantations, cattle, and tourism are significant to the local economy. 砂糖とココナッツの栽培，牛と観光業が地元経済にとって重要である． / What is the significance of this discovery? この発見の意義は何ですか．

silent [sáilənt]
静かな
[原] 黙っている
[イメージ] 音がしない，声がしない
[派] silence 静けさ，沈黙 / silencer 消音装置
[例] The isolated house was empty and silent. その一軒家は無人で，しーんとしていた． / You have the right to remain silent. 黙秘権がありますよ． / Silence is golden. 沈黙は金． ◇Speech is silver, (雄弁は銀)の後半の言い回しであるが，アメリカの図書館では掲示として独立して用いられる． / Prisoners worked with enforced silence at all times. 罪人達はいつも黙って働くことを強要された．

similar [símələr]
同じような
[原] 同じような
[イメージ] 似ている
[解] sim, sem は〈同じ，1つ〉の意味合いがある；ensemble 調和のとれた(⇨1つになった)resemble 似ている(⇨再び＋同じ)
[派] similarity 類似点
[例] Human beings are similar to other animals in many ways (＝Human beings and other animals have many similarities). 人間は他の動物に似ている点が多くある．

simple [símpl]
簡単である
[原] 同じ(sim) 重なり(ple)
[イメージ] (同じ重なりの)⇨(1つの重なりの)⇨単純である
[解] sim- は〈同じ〉の意で same と同系．
[派] simplicity 単純さ / simplistic 短絡的な / simpleton お馬鹿さん
[例] I prefer a simple lifestyle (＝I prefer living simply). 簡素な生活の方が好きだ．

simply [símpli]
単に，まったく
[原] 同じ(sim) 重なり(ple) で(ly)
[イメージ] 単に；とても
[解] simply が「簡潔に，単に」の意のほか，「実に，とても，絶対に」などの意を持つのは，原義から〈(他のことばを)重ねることなく⇨つべこべいわず⇨一言で言えば〉のニュアンスが生まれるからである．
[例] People used to live more simply. 人はもっと簡素な生活をしていた． / Many people work simply for money. ただ金のために働いている人が多い． / She is simply beautiful. 彼女は実に美しい．

simulate [símjəleit]
再現する
[原] 似た様子に(simul) する(ate)
[イメージ] よく似た状態を作りだす
[派] simulation 再現
[例] It's impossible to make a mechanical device on earth that simulates a condition of zero gravity. 無重力状態を地上で再現する機械装置は作れない．

simultaneous [sàiməltéiniəs]
同時の
[原] 同時に(simul) 起こる(taneous)
[イメージ] 別々のことが同時に起こる
[派] simultaneously 同時に
[例] There were simultaneous explosions in two different parts of the town. 町の別々の2か所で同時に爆発が起こった． / He is a simultaneous interpreter. 彼は同時通訳者だ．

since [síns]
～して以来，～だから
[原] ～の後で
[イメージ] ～以後～である
[解] since はあることの発生以後の状態を言うのだから，因果関係が強い文脈では理由を表わすことにもなる． ◇after が文脈により〈～の後に〉と〈～したのだから〉の意を持つのも同じ理屈．
[例] He has called me several times since he moved. 彼は引っ越してから何度か電話をくれた． / You may take this week's issue since I have read it. もう読んだので今週号はあげるよ．

sincere [sinsíər]
誠実な
[原] 純粋な
[イメージ] 純粋な心を持っている
[解] sin- は sim- と同系で〈1つ ⇨ 純粋〉を表わしている．
[派] sincerely 心から / sincerity 誠実さ
[例] That candidate doesn't deserve to be elected to office; he is not sincere. あ

の候補は議員になる資格はないよ.彼は誠実ではないからね. / I am sincerely sorry for what I did. 私のしたことを心からお詫び致します.

site [sáit]
場所, 用地
[原] 占める場所
[イメージ] ある特定の場所, 注目の場所
[解] ある場所(place)で〈事件・催し〉があるとその注目の場を site と呼ぶ. place(場所)が site(場所!)になるのは do(する)が perform(する!)になるのに似ている.
[例] Sapporo was the site of the Winter Olympics in 1972. 札幌は1972年の冬のオリンピック開催地だった. / Bikini was the site of U. S. atomic-bomb tests. ビキニはアメリカの原子爆弾の試験場だった.

situation [sìtʃuéiʃən]
立場, 状況
[原] 置く(situat) こと(ion)
[イメージ] 人が自分を置くところ⇨置かれた状況
[例] I was in a difficult situation at that time. その時私は苦しい立場にあった.

sizable [sáizəbl]
かなり大きな
[原] 大きさ(size) が評価できる(able)
[イメージ] 結構大きい
[解] sizeable とも綴る.
[例] In Kobe there are sizable communities of Chinese, Indians, and Westerners. 神戸にはかなり大きな中国人やインド人や西洋人の居住区がある.

skeptical [sképtikl]
疑い深い, 懐疑的な
[原] 考えが深い
[イメージ] 本当であるか疑わしく思う
[派] skepticism 懐疑, 無神論
[例] Be skeptical of anything which sounds too good to be true. 本当であるにはどうも都合がよすぎるものはみな疑ってかかりなさい.

ski [skíː]
スキー, スキーをする
[原] 滑る
[イメージ] すーっと滑る
[解] ski は元来は木片で車輪の滑りを止めるために使ったもの. sk-に〈(場所から離れる)滑りの動き・音〉がイメージされる.
[例] Is the snow thick enough to ski on? 雪は十分滑れる状態ですか.

skid [skíd]
横滑りする
[原] 滑る
[イメージ] ずーっと滑る
[解] slip(つるっと滑る)に比して摩擦係数が大きい感じ. sk-に〈ざーっと(足場が)滑る〉イメージがある.
[例] The bus skidded off the road and overturned. バスは滑って道路から落ちてひっくり返った.

skill [skíl]
技術, 技能
[原] 区別
[イメージ] (区別できる) ⇨(切り離せる)⇨器用
[解] 元来は知的能力があることを指していた.
[派] skilled 熟練した / skillful 腕のいい
[例] He shows great skill in skiing (= He is a skilled skier = He is a skillful skier). 彼はスキーがとても上手い.

skim [skím]
すくい取る, さっと目を通す
[原] 上澄み⇨すくい取る
[イメージ] 表面をかすめるように動く
[解] sk-に〈さっと動く〉イメージがある.
[関] scum 灰汁(あく)
[例] She skimmed the job section of the newspaper, searching for a good job. 彼女は新聞の求人広告欄にいい仕事はないかと目を走らせた.

skin [skín]
皮;皮を剥く
[原] 皮を剥く
[イメージ] 皮膚, 肌;皮を剥く, すり剥
[解] se-, si, sk-に〈切り離す〉イメージがある:section 区分 / segment 区切り / sickle 鎌
[関] skin diving スキンダイビング◇ある英和辞典にスキンダイビングとは「シュノーケルや足ひれ(flippers)を着けてする潜水」という説明がある. これは「シュノーケルや足ひれだけをつけてする潜水」あるいは「ダイビングスーツや酸素ボンベを着けないで潜ること」と改めな

いと skin のイメージが全く伝わらない．
例 Her skin is as soft and smooth as a baby's. 彼女の肌は赤子の肌のようにやわらかくすべすべだ． / Can you skin the chicken and cut it in half? チキンの皮を剝いて半分に切ってくれますか．

skip [skíp]
飛び跳ねる，飛ばす
原 飛び跳ねる
イメージ あちこちへ飛ぶ，(あるところを)飛ばす
解 sk-に〈さっと離れる〉イメージがある(⇨ skin, skim)．
例 She always skips breakfast. 彼女はいつも朝食を抜く．

skirt [skə́:rt]
スカート，周辺；避けて通る
原 短い衣服
イメージ スカート⇨周辺・町外れ⇨中心を外れる
関 outskirts 町外れ
解 シャツ(shirt)と同系語．短く切った上半身用の衣服が shirt，下半身用の衣服が skirt である．スカートで一番意識するところは裾回りである．
例 He lives on the skirts (＝outskirts) of the village. 彼は村の外れに住んでいる． / Whenever I mention religion, he skirts the subject and moves on something else. 私が宗教のことを言うと彼はいつも話題を何か他にそらす．

sky [skái]
空
原 雲
イメージ (雲⇨覆う)⇨(大地を覆う)空
例 I saw a plane high up in the sky. 空高く飛行機が飛んでいた． / It is a sunny Sunday, with a cloudless blue sky. 雲1つない青空の日曜日です．

slack [slǽk]
弛んでいる，弛む
原 緩んでいる
イメージ だらんとしている
解 (s)la-に〈力が抜ける〉感じがある．
派 slacken 緩める
関 lax 緩い / languish しぼむ
例 He let the reins go slack and the horse trotted slowly along. 彼が手綱を緩めると馬はトコトコ走りになった． / Summer is the slack period in our business. 我々の商売は夏は不振だ．

slam [slǽm]
ピシャリと閉める，打つ
原 擬音
イメージ バーンと叩きつける
例 When I tried to talk about our new insurance policy, she slammed the door in my face. 新しい保険のことを彼女に話そうとしたら，門前払いを食らった． / Rookie Takahashi slammed a two-run homer in the eighth inning. ルーキーの高橋選手は8回に2ランホームランを打った．◇slam＝hit＝belt

slap [slǽp]
原 擬音
イメージ ぴしゃり
解 sla-のイメージは〈力を溜めて一気に抜く〉の意味合いがある：slaughter 屠殺する / slay (一気に)殺す / slam (急に)叩く，閉める / slander (ことばで)傷付ける / slant (ちらっと)見る / slash (一気に)切る，斬る
例 Mom slapped my face for no good reason. ママはわけもないのにあたしをぶった． / The store clerk slapped down the change on the counter without even looking my way. 店員は見向きもせずにお釣をガシャンとカウンターに置いた．

sleep [slí:p]
眠る
原 眠る
イメージ すーっと眠る
解 sl-に〈力が抜ける，だらんとする〉イメージがある：slack 緩んだ / sleepy 眠そうな
例 There was a sleepy village nestled along a winding road. 静かな村がくねった道路沿いにひっそりとあった．

slide [sláid]
滑る
原 滑る
イメージ バランスを保ってすうーっと滑る
解 遊園地の滑り台は slide という．sle-, sli-は音から〈すーっと滑る〉感じが生じる：sleet 霙らかな / sleet みぞれが降る / sleeve たもと / slice 薄く切る / slick 滑らかな / slide 滑る / slight わずかな /

slim 細い / sling 放り投げる，吊るす / slip 滑る

例 He deftly slid the glass across the table to me. 彼はグラスをテーブルの上で器用に僕のところへ滑らせてくれた． / He slid safely into the second base. 彼は二塁へ滑り込みセーフになった．

slip [slíp]
滑る
原 滑る
イメージ 滑って転ぶ
派 slippery 滑りやすい
解 slip はバランスを失って〈つるっと滑る〉，slide はバランスを保って〈すうーっと滑る〉感じである．
例 She slipped and hurt her leg. 彼女は滑って転んで足を傷めた． / The Japanese economy slipped into recession this year after seven years of sluggish growth. 日本経済は7年にわたる景気停滞をへて今年は不況に陥った． / The steps are slippery when wet. この階段は濡れると，滑りやすい．

slope [slóup]
坂；傾斜する
原 坂
イメージ だらだら坂
派 sloppy だらしない
例 Northern Shikoku slopes downward to the Inland Sea. 北四国は傾斜して瀬戸内海へと至っている． / The composition of this thesis is very sloppy. この論文の構成はいい加減だ（⇨しまりがない）．

slow [slóu]
遅い，鈍い
原 のろい
イメージ ゆっくり，のろのろ，（頭の回転が）遅い
解 slo-には〈だらだら，ゆっくり〉の感じがある：slob のろま / slobber よだれ / sloth ものぐさ / slope だらだらとした傾斜 / sloppy だらしない / slovenly だらしない
派 slowly（ゆっくり）
例 He is slow. 彼は理解が遅い． / She is slow in making friends. 彼女は友達がなかなかできない． / Business is slow in February. 2月は商売が低調だ． / Icy roads slowed the traffic (=Icy road made the traffic slow). 道路が凍っていたので車の流れが遅かった．

sluggish [slʌ́giʃ]
ものぐさである
原 ナメクジ（slug）のような（gish）
イメージ ナメクジののろのろ ⇨ 怠惰，不振
解 sl-には〈のろのろ，だらだら〉のイメージがある：slaver よだれをたらす / slime ぬめり / slimy ぬるぬるした / slob のろま / slobber よだれをたらす / sloppy だらしない / sloth 怠惰 / slow のろい / sludge ヘドロ / sluggard 怠け者 / slumber まどろむ / slurry 混濁液 / slug ナメクジ，怠け者 / slush ぬかるみ / slut だらしない女 / sluttish だらしのない
例 Sales in the underwear section seem sluggish. 下着売り場の売り上げが不振のようだ． / If you don't eat, you're going to feel weak, slow and sluggish. 食べないと，疲れ，だるさを感じますよ．

sly [slái]
ずるい
原 扱いがうまい
イメージ するするりとかわすのがうまい
例 He is sly, amoral, cowardly, and self-seeking. 彼はずるがしこくて，道徳観念がなく，臆病で，利己的だ．

smart [smáːrt]
賢い；痛む
原 刺すような痛み
イメージ 鋭い痛み ⇨ （頭が）鋭い，切れる
解 ひりひり痛む，ぴりぴり冴える
例 Peeling onions makes my eyes smart. タマネギをむくと目がひりひりする． / Mary is a smart girl. メアリーは頭のいい子だ．◇メアリーが成人女性だったら，Mary is an intelligent woman. と言う方が普通．

smash [smǽʃ]
激しく打つ
原 さっと（s）砕く（mash）
イメージ ガッシャーン
関 mash つぶす / smack ピッシャリと打つ
例 The firemen smashed the door

down and rushed into the burning house. 消防士達はドアを打ち砕いて燃える家に突入した．

smear [smíər]
塗りつける, 汚す
原 (油を) 塗る
イメージ (油っぽい)汚れ, しみ；さっと塗りつける
例 There were smears of blood on the clothes of the victim. 被害者の服には血痕が付いていた． / Her clothes got smeared with mud from a passing car. 彼女の服は車の飛ばした泥水で汚れてしまった．

smell [smél]
匂いをかぐ, 匂いがする；匂い
原 匂い
イメージ 匂いが漂ってくる, 匂いを嗅ぐ, 雰囲気を感じる
解 五感は当然ながら感じたり(○無意識的)感じ取ったり(○意識的)する：feel(感じる＋触れる) / look(見える＋見る) / see(見える＋理解する) / hear(聞こえる＋聴く)
例 Her breath smells of cigarettes. 彼女の息はタバコの匂いがする． / Smell these herbs. ハーブの匂い嗅いでごらん． / Humans are less dependent on the sense of smell than dogs. 人間は犬ほどには嗅覚に頼っていない． / Do you smell a serious negotiation about to begin? 真剣な交渉が持たれるような感じですか．

snail [snéil]
カタツムリ
原 のろのろ這う
イメージ のろのろ動くカタツムリ
解 snail(カタツムリ)の shell(殻)がないのが slug(ナメクジ)である．○あるオーストラリアの友人が, 筆者が electronic mail(＝e-mail)に対して郵便によるメールを postal mail と表現したら, 次のように返信をくれた：It seems that postal mail is not the e-mail user's term, rather it is "snail" mail which I've read on e-mail sent by various people from Canada / UK / USA. It's shorter, catchier, wittier, don't you think?
関 snake 蛇(○のろのろ這う)

例 The snail carries its shell on its back. カタツムリは背に殻を負っている．

snatch [snǽtʃ]
ひったくる
原 引きもぐ
イメージ かっぱらう
関 snack 軽食(○ひとつかみ)
例 Mother snatched a napkin from the table, tore a piece, and stuffed my nose to stop the bleeding. 母はテーブルからナプキンをさっと取って引き裂いて僕の鼻にねじ込んで出血を止めた．

sneer [sníər]
冷笑する
原 あざ笑う
イメージ 鼻でふふんといってせせら笑う
解 sn-は鼻に関係する：snarl うなる / sneak こそこそ出入りする(○鼻で様子を嗅ぎながら) / sneeze くしゃみをする / sniff くんくん嗅ぐ(○鼻先を鳴らす) / snivel すすり泣く / snore いびきをかく(○漢字では「鼾」と書く)．咳は鼻にはからないので, その音をとらえて, cough と言う．
例 Their sneers at my educational background were hard to bear (= They sneered at my educational background to my embarrassment). 彼らが私の学歴を冷笑するのはがまんがならなかった．

snoop [snú:p]
詮索する
原 覗き回る
イメージ うろうろ鼻で嗅ぎ回る
解 音から鼻を感じよう．snoopy も nosy (詮索好きな)も〈鼻を他人のプライバシーに突っ込んで嗅ぎ回る様子〉が目に浮かぶ．漫画のキャラクター, スヌーピーの鼻はとてもでかいし, おせっかいな性格である．
例 I wasn't exactly pleased when my mother snooped through my drawers for my private diary. 母が僕の日記を読むために引き出しの中を捜しまわるのはとても嫌だった．

soak [sóuk]
浸す, つける
原 水を吸う

soar

soar [sɔ́ːr]
高く舞い上がる
原 離れて(so) 空へ(ar)
イメージ すーっと高く舞い上がる
例 An eagle soared into the sky. 1羽のワシが空に舞い上がった。/ The cost of energy has soared in the last three months. この3か月でエネルギー費が急騰した。

sober [sóubər]
しらふである
原 離れて(so) 飲んでいる(ber)
イメージ 酒を飲んでいない⇨堅実である
解 -ber は beer(ビール)と関連がある。
派 soberly 冷静に、地味に / sobriety 冷静さ
例 He has been sober since he was diagnosed with diabetes. 糖尿と判ってから彼は酒を控えている。/ We want to hire a sober and intelligent young man. まじめで賢い若者を採用したい。

sociable [sóuʃəbl]
社交的な
原 仲間になれる
イメージ 友+友+友…⇨付き合いが好きな
関 society 社(⇨人々が集団となって)会(⇨交わるところ)
例 She is very lively and sociable. 彼女は活発で社交的である。

social [sóuʃl]
社会の、社交上の
原 仲間の
イメージ 人+人+人…⇨人の集まりの上での
解 social を〈社会の〉だけの意に限定しないように。たとえばデート(date)や友達付き合いでも social meeting あるいは social life と言える。
派 socialism 社会主義 / socialize 交際する

イメージ たっぷりしみ込ませる
関 suck 吸い込む
例 Soak the beans overnight. 1晩豆を水につけておきなさい。/ The rain has soaked through the raincoat. Where did you get that cheap stuff? レインコートがしみてびしょ濡れになった。あんな安物どこで買ったのよ。

例 She has an active social life with celebrities. 彼女は有名人とのお付き合いがお盛んだ。/ He seems poor at socializing with young women. 彼は若い女性との付き合いが苦手のようだ。

society [səsáiəti]
社会、協会、社交界
原 社会
イメージ 人々が集団となって交わるところ◇〈一般社会〉もあれば〈同好の士の集まり〉もあれば〈個人的集まり〉もある。
例 The function of the police is to protect society. 警察の役目は社会を守るためである。/ She is a member of a patchwork quilting society in Matsue. 彼女は松江のパッチワーク同好会の一員だ。/ Father enjoys the society of people who are interested in horticulture. 父は園芸家との交流を楽しんでいる。

soil [sɔ́il]
土；汚す
原 土
イメージ (植物の生育を意識して)土壌◇物質としての土は earth.
解 動詞用法の〈汚す〉は語源学では認めないが、〈(土で)汚す〉の意味の展開と思い込んでいる母語話者が多いので、同様に理解しても混乱は起こらない。
例 Melons don't grow well in this soil. メロンはこの土ではよく育たない。/ The soil in this field is fertile. この畑の土は肥えている。/ We take off our shoes when we enter a house, so we do not soil the mats. 私達は家に入る時は畳を汚さないように靴を脱ぐ。

sojourn [sóudʒəːrn]
滞在する；滞在
原 間(so) その日(journ)
イメージ 一時滞在する
例 It is pleasant and enlightening to sojourn in a foreign country. 外国に短期滞在するのは楽しく目を開かれるものだ。/ My sojourn on the back roads of the Midwest to the west coast has taught me a lot about American life and history. 中西部から西海岸への裏街道を旅したのでアメリカの生活や歴史をたくさん学べた。

sole [sóul]

単独の
原 1人の
イメージ 1人だけの
派 solely 単独で
関 solo ソロ / solitary 単独の / solitude 独居
例 The sole survivor of the plane crash was a baby boy. 墜落事故の唯一の生存者は男の赤ちゃんだった. / I have the sole responsibility for organizing the fair. フェアーの企画の全責任は私にある.

solemn [sáləm]
厳かな
原 儀式的な
イメージ 厳かな
派 solemnity 厳粛さ / solemnly 厳粛に
例 The Japanese National Anthem is very solemn sounding. 日本国歌は厳かな響きがある.

solicit [səlísət]
懇願する
原 完全に(soli) 揺さぶられた(cit)
イメージ (心を引こうと)せがむ (ねえねえと揺さぶって)せがむ
解 cite-は〈心が動く〉の意味合い：excite 興奮させる(◇出す+揺すって) / incite 扇動する(◇〜を+揺さぶる)
派 solicitous 熱心な, 心配な◇anxious にも〈心配して〉と〈切望して〉がある.
例 They solicited the townspeople for contribution to the campaign. 彼らは町民にキャンペーンへの寄付を懇請した.

solid [sálǝd]
固まった；固体
原 塊
イメージ 全体ががっちり固まっている
派 solidarity 結束, 連帯 / solidify 固まる
例 Butterfat is solid at room temperature. 乳脂肪は室温では固形である. / The firm boasts of having lots of hardworking people with a remarkable spirit of solidarity. この会社は団結力を持った勤勉な人を多く擁していることを誇っている.

solve [sálv]
解決する

原 ほどく
イメージ 固まっている問題をほどく, 解く
解 「ほどく」と入力するとワープロは「解く」と変換する.
派 solution 解決. 溶液 / solvent 溶剤 / solvent 支払い能力のある(◇金銭問題を解決できる) / insolvent 支払い能力のない
例 We have the information we need to solve the problem. その問題を解くのに必要な情報を持っている. / There are no simple solutions to environmental problems. 環境問題には簡単な解決策はない.

some [səm ; sʌ́m]
幾らかの, ある
原 ある
イメージ ある
解 some の心は〈ぼかし〉である.
例 I met some students downtown. 町で何人かの学生に会った. ◇数のぼかし / There's some tea in the pot. ポットの中に紅茶があります. ◇量のぼかし / Come and see us some day next week. 来週のいつかおいで下さい. ◇日時のぼかし / He didn't attend for some reason. 彼はなぜか参加しなかった. ◇事柄のぼかし

someone [sʌ́mwʌn]
ある人, 誰か
原 ある(some) 人(one)
イメージ (特定できるがぼかして)ある人, (特定できないのでぼかして)誰か
例 What are you doing?—I'm waiting for someone. 何しているの？—人を待っているの. ◇ある人 / Wipe up spilled liquids immediately to prevent someone from slipping. 人が滑るといけないので床にものをこぼしたら直ぐに拭きなさい. ◇誰か

somewhat [sʌ́mhwɑt]
いくぶん
原 いくら(some) か(what)
イメージ いくぶんか
例 They somewhat resemble each other in the way they express themselves. 彼らは何となくものの言い方が互いに似ている. / Being transplanted is somewhat of a shock to a plant.

移植されるのは植物にとってちょっとした衝撃になる．/ Somewhat to my surprise, that haughty man apologized. ちょっとばかり驚いたんだけど，あの高慢ちきが謝ったよ．

soon [súːn]
すぐに
原 すぐに
イメージ やがてまもなく
解 物事の発生までの経過時間が短いことを言う．
例 How soon do I have to make a decision? 決定はいつまでにしなければいけませんか．/ The glum face soon turned into a smile. 暗い顔がやがて明るくなった．/ I no sooner reached the surface than I was pulled back again. 水面に出ると同時にまた引きずり込まれた．◇ no sooner A than B＝Aの方がBよりも少しも早く起きない⇨同時に起こる．

soot [sút]
煤；煤だらけにする
原 煤がつく
イメージ (すっーとつく)煤
派 sooty 煤けた
関 settle 落ち着く / sit 座る
例 Clouds of soot were rising from the chimney. 煙突から煤煙が立ち上っていた．

sorry [sári]
申し訳なく思う，残念に思う
原 痛んで(sore) いる(y)
イメージ ～のことで心が痛む
解 「(ちょっと)すみません」の意でI'm sorry. と言わぬこと．「(迷惑をかけて)まことにあい済みません」位ならI'm sorry. も出番がある．なにしろ原義では〈心の痛み〉が伴うのであるから．
関 sore 痛む
例 I'm sorry I've kept you waiting. 待たせて悪く思っています．/ I feel sorry for the children's having to go back to school in this heat. この暑さの中，また学校が始まるのは生徒達が気の毒に思います．

sort [sɔ́ːrt]
種類；分類する
原 種類
イメージ 種類⇨種類に分ける
例 Which sort of a dog do you want to get? どんな犬が欲しいのですか．/ At the cannery, pineapples are sorted by size. 缶詰工場で，パイナップルは大きさによって分けられる．/ You have to sort out some suitable clothes to take on holiday. 休暇に持って行く服を選び出しておかないといけないよ．

sound ① [sáund]
音；響く
原 音
イメージ うねる音；音が響く，雰囲気が伝わる
解 -ound, und には〈音のうねり，波，響き〉が感じられる：bound 上下に跳ねる / abound たくさんいる(⇨溢れる) / undulate うねる
例 His voice sounded hoarse. 彼の声はしわがれ声だった．/ The bell sounds on the hour. ベルは毎時に鳴る．/ Don't be fooled. If something sounds too good to be true, it probably is. 騙されないように．何だかうますぎる話だと思ったら，大抵そうなんだから．/ You sound serious, Bob—I am serious. ボブ，本気みたいだけど一本気だとも．

sound ② [sáund]
健全な
原 健全な
イメージ 円満，充実，まどかである
解 この意のsound にも-ound の〈十分なのイメージが関係している．
例 He is sound asleep. 彼はぐっすり眠っている．/ The company's business is very sound. その会社の経営は健全である．/ He always makes sound judgments. 彼はいつも妥当な判断をする．

sour [sáuər]
酸っぱい；酸っぱくなる
原 酸っぱい
イメージ 酸っぱい⇨まずくなる
解 sour(酸っぱい)と口が pucker up (すぼむ)するが，-u-は〈酸っぱさの圧迫〉とイメージできる．
例 The milk has turned sour because it was left in the open. 置きっぱなしにしていたので牛乳が酸っぱくなってしまった．/ The American military presence in Japan served to sour U. S.-

Japan relations. アメリカ軍の日本駐留が日米関係をまずいものにした．

source [sɔ́ːrs]
源, 水源, 情報源
[原] 湧き出る
[イメージ] (湧き出る)源
[関] surge せり上がる
[例] Keep matches away from ignitable sources of heat. マッチは火のつく熱源から離れたところに保管しなさい． / The scientists said cosmetic powders found in the tombs of the Pharaohs could not have come from natural sources. ファラオの墓で見つかった化粧用の粉は自然界から得られたものではないと科学者たちは言った． / According to sources close to the US government, the inspection is expected to begin before long. アメリカ政府筋に近いところの情報によれば，調査はまもなく始まるようだ．

space [spéis]
空間, 宇宙；間隔を作る
[原] 空間
[イメージ] 何もない空間；空間を作る
[解] space が「宇宙」の意で使われ始めたのは 19 世紀以降．〈物と物の間にくできる空間〉が space なら，物と物で囲んで〈作る空間〉は room である：You should make room for the aged on the bus. (バスではお年寄りに席を譲りなさい) / Keep more space between you and the car ahead. (前の車との車間をもっととりなさい)
[派] spacious 広々とした
[例] You can hardly find any parking space in the downtown areas. 市街地では駐車の場所がほとんどありません．

span [spǽn]
期間, 幅
[原] 親指と小指を張った長さ
[イメージ] さっと広がる距離，時間の幅
[解] sp-に〈張る，広がり，発散〉のイメージがある：spasm 痙攣 (⇨筋肉を引っぱる) / sparse 希薄な (⇨散らばった) / sperm 精子 (⇨体液の放出) / sprawl 広がる / spawn 卵を産む (⇨魚などが卵を一斉に射出する) / spread 撒き散らす / spin 回す (⇨ひもを引っぱって回す) / spleen かんしゃく (⇨当たり散らす) / speak 話す (⇨声の発散) / spit 唾を吐く (⇨唾液の放出) / sporadic 時々起こる (⇨撒き散らされた) / spore 胞子 (⇨撒き散らす) / spurn 蹴飛ばす (⇨蹴散らかす)
[例] How long is your arm span? 両腕を広げるとどのくらいの長さですか． / Young children have a short attention span. 小さい子は注意力の持続時間が短い．

spare [spéər]
とっておく, 時間を割く
[原] 控える
[イメージ] 自分のために使わずに他のためにとっておく
[例] The king showed mercy and spared the robber's life. 王は慈悲心から強盗の命を助けてやった． / When we ask Bill to do something for us, he always says he can't spare the time. ビルに何かしてくれと頼むと，決まって時間が割けないと言う．

spark [spɑ́ːrk]
火花；火花を散らす
[原] 火花
[イメージ] ぱっと散る火花
[解] spa-は音韻的に〈一気の放出〉が感じられる (⇨ span)
[派] sparkle きらめく (⇨-le は繰り返しの意)
[例] The rumor sparked off riot on the streets. 噂が元で街に暴動が起きた． / The sea sparkled beneath the warm rays of the sun. 暖かい太陽光の下，海はきらきら輝いていた．

spasm [spǽzm]
痙攣, 発作
[原] 引っ張り
[イメージ] (筋が突然引きつる) ⇨痙攣
[派] spasmodic 痙攣性の．
[例] A hiccup is an involuntary spasm of the diaphragm. しゃっくりは横隔膜の不随意的痙攣である．

spawn [spɔ́ːn]
卵；産む
[原] ばら撒く
[イメージ] 一斉にばら撒く
[解] 音韻的に〈一気の放出〉が感じられる (⇨ span)
[例] Salmon spawn in the cold, clear

waters of lakes or upper streams. サケは湖や上流の冷たい，きれいな水域で卵を放出する．

speak [spíːk]
話す
[原] 話す
[イメージ] ことばを発する
[解] speak は〈音としての言葉を発する〉，say は〈情報としての言葉を発する〉，talk は〈相手に向かって音としての言葉を発する〉，tell は〈相手に向かって情報としての言葉を発する〉．◇ spe- には〈投げ出す勢い〉が感じられる：spear 突き刺す / speech 言葉を発する / speed 速度を上げる / sperm 精液(◇ 飛び出す) / spew (吹き出る)
[例] He was so shocked he couldn't speak. 彼はあまりのショックで口がきけなかった．◇ speak+ことば(音) / I couldn't understand what he said. 彼の言っていることが解らなかった．◇ say+ことば(情報) / Stop talking in class. 授業中は私語を止めなさい．◇ talk+ことば(音)+相手 / Mary told me that she had lied. メアリーは自分が嘘をついたと私に言った．◇ tell+ことば(情報)+相手

specify [spésəfai]
明確に述べる
[原] 目をそそぐ
[イメージ] 絞り込んではっきりと指定する
[派] specific 明確な / specifically 特に，明確に(◇あることにだけ視線をそそぐ) / specimen 見本 / species 種(◇ 見た目が似ている)
[例] Please specify the dates on which you're not available. ご都合の悪い日を言って下さい． / Unless you're more specific, I won't know what to buy for you. もっと具体的に言ってくれないと，何を買ってあげたらいいのか分からないよ． / I can't answer that specifically. その問いには具体的にはお答えできません．

speculate [spékjəleit]
推測する
[原] 目を(specul) やる(ate)
[イメージ] その辺りであると見当を付ける

[派] speculation 憶測，投機
[関] spectacle 壮観(◇ 目を見張る) / specimen 見本 / specify 特定する(◇目をやる) / special 特別の(◇特に目をかける) / species 種族(◇見た目が似ている)
[例] It is difficult to speculate how much Ichiro will be worth in the major leagues. イチローが大リーグでいくらもらえるか予測するのは難しい． / It's hard to speculate about a man's health based merely on appearance, but he didn't look well. 人の健康状態を見た目で憶測するのは難しいが，彼は見るからに悪そうだ．

speech [spíːtʃ]
話すこと，スピーチ，話しことば
[原] しゃべること
[イメージ] しゃべること，スピーチ，話しことば
[解] 〈しゃべり〉や〈しゃべることば〉の意がまずある．スピーチの意は後発．
[派] speechless (啞然として，障害で)口がきけない
[例] She used to suffer from loss of speech. 彼女は以前失語症にかかっていた． / I was asked to give a speech at the occasion. その機会にスピーチをするように頼まれた． / Some Australian English terms like boomerang and kangaroo came from Aboriginal speech. オーストラリア英語単語のうち，ブーメランとかカンガルーは原住民のことばに由来している． / An alaryngeal patient is unable to use the vocal cords and thus becomes effectively speechless. 喉頭を失った患者は声帯が使えないので，事実上話せなくなる．

speed [spíːd]
速さ；急ぐ
[原] 急ぐ
[イメージ] 速度豊かに移動する，移動させる
[関] speedy 迅速な
[例] The Shinkansen trains speed travelers between major cities. 新幹線は主要都市間で旅客を高速で運ぶ． / He was caught speeding. 彼はスピードを出していて捕まった． / Thank you

for your speedy reply. 早速のご返事ありがとう． / I wish you a speedy recovery. 早く元気になられますよう．

spell ① [spél]
綴る，意味する；呪文
原 声にして言う
イメージ （声にして）文字を綴る⇨意味になる；呪文
解 put a spell on〜(〜に呪文をかける)と言うときの spell も原義は同じ．
例 How do you spell the word? その単語はどう綴るのですか． / Another poor harvest would spell disaster for the region. もう一度凶作になるとその地方には大打撃となる．◇spell＝mean / He is infatuated by the girl; it's as though she put a spell on him. 彼はその娘に夢中になっている．まるで彼女が彼に魔法をかけたみたいである．

spell ② [spél]
期間
原 一連の仕事
イメージ 作業期間⇨〜の連続時間
例 We had a long spell of wet weather last summer. 去年の夏は雨続きであった． / He had a hard coughing spell. 彼はひとしきり激しくせき込んだ． / They sat down and relaxed for a spell. 彼らは腰を下ろしてしばらくの間くつろいだ．

spend [spénd]
使う
原 支払う
イメージ 何かのために(金，時間，エネルギー)をかける
解 -pend に〈重みをかける〉のニュアンスがある．この点で，日本語の「時間・金をかける」も発想が似ている．
関 dispense 分配する(⇨計量して＋分ける) / expend 費やす(⇨貨幣を計って＋出す) / expensive 費用のかかる(⇨貨幣をどんどん計る) / pendant ペンダント(⇨重みが掛かる)
例 We had to spend a lot of money on our children's education. 子供達の教育に金をかけねばならなかった．◇金をかけて教育を得る． / I spent all day finishing the thesis. 論文を仕上げるのに丸１日かけた．◇時間を掛けて論文を得る． / Mom would spend the entire day lying on the couch, watching television. 母さんはソファーに寝そべってテレビを見て丸１日を過ごしていた．◇時間をかけて楽しみを得る / He spent all his energy preparing for the exam. 彼は試験の準備に全力を傾けた．◇エネルギーを傾注して知識を得る．

spendthrift [spéndθrìft]
浪費家
原 費やす(spend) 倹約(thrift)
イメージ （他人が溜め込んだ金を浪費する）⇨金使いが荒い人
解 thrift には〈繁栄〉の意もあったので原義を〈繁栄を食いつぶす〉と読んでもよいだろう．
例 Bob is such a spendthrift; he ran through his inheritance in one short year. ボブはひどい浪費家だ．ほんの１年で遺産を使い果たしたよ．

sphere [sfíər]
球，分野
原 球
イメージ 球⇨球面⇨ある一面
解 人は球面の全面を一時に見ることはできないので考察をあてるとく ある一面・分野〉の意が生じるのは理が通る(⇨aspect)．
派 spherical 球の
関 atmosphere 大気(⇨蒸気＋球) / hemisphere 半球(⇨半＋球)
例 In nature, many objects have the form of a sphere ; the sun, apple, dew and so on. 自然界では球形のものが多い．太陽，リンゴ，露の玉など． / I am out of my sphere among people who are always talking about how to make money. 金儲けの話ばかりしている人とはウマが合わない(⇨自分の分野から外れる)．

spill [spíl]
こぼす，漏らす
原 撒き散らす
イメージ うっかりこぼす
解 spill the beans(秘密を漏らす)と言う口語表現がある．
例 I've spilt some coffee on the rug. コーヒーをじゅうたんにこぼしてしまった．

spin [spín]
紡ぐ，くるくる回る

原 糸を引き出す
イメージ 糸を紡ぐ⇨(糸車に)回転がかかる⇨(こまを)くるくる回す
解 spin には〈ピンと張る〉感じがあるが，これは糸車(spinning wheel)にかけた糸の張りを表わす．従って spin の〈回転させる〉の意は二次的意味と言える．◇「物語をする」ことを spin a yarn / yarns と表現するが，そこから生まれるのが text テキスト(⇨編まれたもの)である．
関 spider 蜘蛛(⇨糸を紡ぐ) / spindle 軸棒
例 I am good at spinning a top. こまを回すのが得意だ． / Jane spun round to see who had called her name. ジェーンは誰が自分を呼んだのかと振り向いた． / Spiders spin webs. 蜘蛛は巣を作る．

spiral [spáiərl]
螺旋
原 螺旋状
イメージ くるくる繰り返す
例 If you're unhappy with yourself, you tend to neglect your body and thus get caught up in a spiral of bad feelings, both mental and physical. 人は幸せでない時身体のことを怠り勝ちになるので，精神的にも肉体的にも優れないという悪循環に陥ってしまう．

spirit [spírət]
精神，気力，アルコール
原 息
イメージ (息)⇨意気
解 spirit は heart(心)が〈気〉として表に漂うもの(音韻的にもスーと吐き出す息の音をなぞっている)．従って周りの者は当人の spirit を感ずることができる．
派 spirited 元気のよい / spiritual 精神的な
例 He is over seventy, but has a youthful spirit. 彼は70を越えているが気は若い． / He was in high spirits. 彼は上機嫌だった(⇨意気軒昂)． / The girl asked him spiritedly, "What are you, a schoolmaster or a stationmaster?" その娘はその人に張り切って聞いた．「校長先生ですか？ それとも駅長さん？」

spit [spít]
唾を吐く；唾
原 唾を吐く
イメージ ぱっと唾を吐き出す
解 sp- は音韻的に〈液体状のものが飛び出す〉イメージがある：spew 吹き出す / spill こぼす / splash 水をはねる / splosh バチャバチャ / spout ほとばしり出る / spurt 噴き出す / sputter 唾を飛ばしてしゃべる
例 She took one sip of the beer and spat it out. 彼女はビールを一口飲むとぱっと吐き出した．

spite [spáit]
腹いせ
原 despite 軽蔑(⇨ドス＋見) の短縮形
イメージ (軽蔑して)嫌がらせをする
派 spiteful いじわるな
例 My boss demoted him out of spite. 上司は彼を腹いせに降格させた． / He went out in spite of the heavy rain. 大雨にもかかわらず彼は出かけた．◇ in spite of は「～にもかかわらず」と訳されるが，〈～を軽蔑して，～をかえり見ず〉という原義にそった解釈もできる．

splash [splǽʃ]
はねる
原 パチャ(擬音)
イメージ パチャ，バシャ，ピチャ
解 sp- にはいかにも〈跳ねる〉イメージがある(⇨ spring)．
例 Don't splash water on the kitchen floor. 台所の床に水をはねかしたらだめだよ．

splendid [spléndid]
見事な
原 輝いて(splend) いる(id)
イメージ 輝かしい
派 splendor 壮麗さ
例 The craftsmen created splendid furnishings for the palace. 職人達は見事な宮殿用の調度品を作り出した．

split [splít]
割る，分ける
原 裂く
イメージ パーンと裂く◇薪を割る感じ
例 Let's split the bill three ways. 勘定は3等分しよう． / We split into two groups. 私達は2グループに分かれた．

spoil [spɔ́il]

だめにする，あまやかす
原 皮を剝ぎ取る
イメージ 内容をだめにする
関 despoil 奪略する
例 Constant interruptions spoiled my plans. 絶えず邪魔が入って計画がだめになった． / An abrupt change of the weather spoiled our picnic plans. 天候が急変してピクニックの計画がだめになった． / You're spoiling us (with all this wonderful cooking). 大変なおもてなしですね．◇ごちそうがたくさん出された時によく用いられる． / The robbers divided up their spoils. 賊は盗品を山分けした．◇原義「皮を剝ぐ」がそのまま残っている(cf. 追い剥ぎ)．

sponsor [spάnsər]
スポンサー；スポンサーになる
原 反応をする人
イメージ (事に対して)応ずる人⇨必要に応じて金を出す人⇨スポンサー
解 sponsor = a person who takes responsibility for a person or thing と LDCE が定義している．
関 respond 返答する
例 The firm owner sponsors social functions to help foster a sense of solidarity. 社長は社員の連帯意識を養うために社交の催しに金を出す．

spontaneous [spɑntéiniəs]
自発的な
原 自発する(sponta) ごとく(neous)
イメージ (期せずして)ポッと湧きあがる
派 spontaneity 自発性 / spontaneously 自発的に
例 There was a spontaneous applause when the winner entered the hall. 優勝者が入場すると期せずして喝采が起こった． / We can determine what one means more readily from spontaneous remarks than from prepared ones. 用意した発言よりもふともらすことばに人の真意がよく読み取れる．

sporadic [spərǽdik]
散発的な，斑らに
原 種が蒔かれたような
イメージ ばらばらに起こる，時おり起こる
解 spore(胞子)があちこち散り飛ぶことを連想すれば容易にイメージできる．
例 There were sporadic border clashes. 時々国境紛争が起こった． / The Journal has managed to maintain a degree of independence in news reporting despite sporadic government censorship. この新聞は抜き打ち的に行われる政府の検閲にもかかわらずある程度の報道の自主性を維持してきた．

sport [spɔ́:rt]
スポーツ
原 desport(他へ＋運ぶ)から de が消失したもの．
イメージ (人の気持ちを仕事からそらす)⇨気晴らし⇨愉しみごと
解 人の気持ちを煩わしさから解放するのが sprot で競技スポーツだけでなく，walking や fishing や hiking なども連想される．diversion 気晴らし(⇨そらす＋方向)も同じ発想．原意をなぞった意味では sport(⇨常軌からそれる)は動植物の突然変異を指す．
例 Next to the weather, people probably talk more about sports than any other topic. 人は天候のことについて他のどの話題よりもスポーツのことを話題にするだろう．

spot [spάt]
地点，しみ；見つける，しみをつける
原 しみ，斑点
イメージ しみをつける，汚す，(点のようなものを)見つける
例 My dentist was able to spot a small cavity in the molar. 歯医者さんは奥歯の小さな虫歯を見つけた．

spread [spréd]
広げる；広がり
原 広がる
イメージ (面的・立体的)広がり
解 類義語 stretch は〈線的広がり〉
派 widespread 普及した
関 sprinkle 撒き散らす / spore 胞子(⇨撒く) / spree 馬鹿騒ぎ(⇨ストレスの発散)
例 He spread out the map on the table. 彼は地図をテーブルの上に広げた． / You can spread the payments over three months. 3か月の分割払いにできますよ． / Christianity is more widespread than any other religion. キ

リスト教は他のどの宗教よりも広まっている。

spring [spríŋ]
春, バネ, 跳ぶ, 泉
- 原 はじける
- イメージ はじける
- 解 spr-は〈はじける〉感じ：spray 吹きかける / spread 広げる / spree 浮かれ騒ぎ / sprig 若枝 / sprightly 活発に / springwater 湧き水 / springy バネのような / sprinkle (撒き)散らす / sprint 全力疾走する / sprout 芽を出す / spry すばしこい
- 例 Many springs contain minerals dissolved from rocks. 泉は岩から溶け出したミネラルを含んでいるものが多い。 / Springs are extensively used in machinery. バネは機械装置に広く使われている。 / Animals of prey spring on their victims. 猛獣は餌食に跳びかかる。

squall [skwɔ́ːl]
スコール, 騒動；泣きわめく
- 原 騒がしい
- イメージ ザーと〈強風・スコール〉が襲うと森・海は〈ざわめき〉、まるで〈ギャーギャー泣きわめく〉かのごとくである。
- 解 スコールは gust (突風) よりも強い風で, 雨, 雪, 雷などを伴う。
- 例 The little boat was almost overturned in a squall. 突然の突風に小船は転覆しそうになった。 / The baby came squalling into the world. 赤ん坊はオギャーと泣きながらこの世に生まれてきた。

square [skwéər]
正方形, 広場, 平方；二乗, 四角にする
- 原 四角
- イメージ がっちり, まとも, 真っ向
- 解 qua-は〈4〉の意：quarter 四半分 / quartet 四重唱 / quadruplet 四つ子
- 例 Father looked at me square in the eye. 父はぼくの目を見据えた。 / He and his challenger squared off in the ring. 彼と彼の挑戦者はリングで互いに身構えた。

squeeze [skwíːz]
締め付ける, 絞り出す
- 原 締め付ける
- イメージ 四方八方から中心へ向けて押しつける◇対象物の形がくずれたり, 汁が出たりする。
- 解 野球のスクイズはバント (bunt) によって走者を本塁に迎え入れる, いわば得点を〈絞り取る〉プレーである。
- 例 The doctor squeezed my breasts to see if any fluid came from the nipples. 医者は乳首から何か粘液が出て来ないか乳房を押し絞った。

stable [stéibl]
安定している
- 原 立って (sta) おられる (ble)
- イメージ しっかり立っている, ぐらつかない
- 派 stability 安定性 / stabilize 安定させる
- 関 stable 馬屋 (◻しっかり立っている)
- 例 The ladder wasn't stable, and I thought it might give way at any moment. 梯子がぐらぐらで, 今にも倒れるのではないかと思った。

staff [stǽf]
職員；職員を置く
- 原 杖◇権威の象徴
- イメージ (指揮棒を持って仕事をする人の集まり)⇨職員；職員を配する
- 解 1人を言う時は, a staff member となる。
- 例 He has recently joined the teaching staff of that college. 彼は最近あの大学の教職員になった。 / The clinic is staffed by seven health professionals. その診療所は7人の専門医が置かれている。

stagnant [stǽgnənt]
澱んでいる
- 原 澱んでいる
- イメージ 水溜まりの澱み
- 解 stag-は stand に似て〈動きのない〉感じがある。澱んだ水を standing water とも言う (反対語は, running water)。
- 関 stagnate 停滞する / stagnation 不況, 澱み
- 例 In a recession, business soon stagnates (=becomes stagnant). 不況になると, 商売はすぐに活気がなくなる。 / Water loses its purity from stagnation. 水は澱むと腐る。

stain [stéin]
汚れ, しみ

stain (続き)
原 着色
イメージ (誤って)しみを付ける，(意図的に)色を付ける
解 sta-に<着く，付く>の感じがある．stain は元来は<destain＝取る＋色を>の意であったがこれは discolor(取る＋元の色を⇨変色させる)と同じ発想である．
派 stainless 錆びつかない
関 stained glass ステンドグラス
例 She stained her dress with wine. 彼女はドレスをワインで汚した．

stale [stéil]
新鮮でない
原 じっと立っている
イメージ じっとそのまま⇨澱む⇨新鮮味がなくなる
関 stall 馬小屋，牛舎 / stalemate 手詰まり状態(⇨チェス用語) / stand じっとしている
例 The bread has gone stale. このパンは古くなってしまった．/ Their marriage seems to have gone stale. 彼らの結婚生活はマンネリになってしまったようだ．

stall [stɔ́:l]
止まる，エンストする
原 立つ
イメージ 突っ立ってしまう⇨立ち往生する
関 stand 立つ / station ステーション / stable 厩，安定した
例 The engine stalled on the hill. 坂道でエンストした．⇨「エンスト」は an engine stall あるいは an engine failure と言う．/ Stop stalling and answer my question! ぐずぐずせずに質問に返事しなさい！

stand [stǽnd]
立つ
原 立つ
イメージ すっくと立つ，じっと立つ，立ち続ける⇨がまんする
解 立つこと自体努力がいる(たとえば，平衡をとらなければならない)が，これに不利な条件(風とか圧力とか長時間)が加わると stand するための努力の必要量が増えて<立つ>耐える>の意味の伸展が生まれる．
関 stable 安定した(⇨じっと立っている) / station 駅(⇨建物) / stationary 静止した(⇨立ったまま)
例 His world record in the marathon still stands. 彼のマラソンの世界記録はまだ破られていない．/ I can't stand this hot and humid weather. この蒸し暑さはかなわない．

standard [stǽndərd]
基準，標準
原 旗
イメージ 翻った(旗) ⇨(忠誠の的)⇨基準，標準
解 standard とは extended (flag)のことで，戦場ではこれが，行動の基準となる．
派 standardize 標準化する
例 It is difficult to come up with one universally acceptable standard of right and wrong. どこでも通用する善悪の１つの基準を定めることは難しい．

standstill [stǽndstil]
停止，休止
原 立ち(stand) 止まる(still)
イメージ 活動不能になって立ちん棒，棒立ち
例 The movie project came to a standstill due to a tight budget. その映画の企画は資金不足で行き詰まった．

star [stá:r]
星，スター，運勢；主演する
原 空に広がる星
イメージ 輝く星，星巡り；輝き目立つ
解 星の巡り，つまり運勢の意味でよく使われる．
例 Nixon starred in debating and won several debating awards during his high schooldays. ニクソンは高校時代にディベートで鳴らし，いくつかの賞を獲得した．/ At times we are remarkably lucky and at other times, not. Why? Is the fault in our stars or in ourselves? とてもラッキーな時とそうでない時があるのはなぜだろう．責任は運にあるのだろうか，自分にあるのだろうか．

start [stá:rt]
始める，急に動く
原 跳ねる
イメージ さっと動き出す，あっとびっくりする
関 startle びっくりさせる

例 It's easy to start a rumor; human beings are such rumor-mongers. 噂を流すのは容易である。人は相当な噂好きだから。／ Oh, you made me start(=gave me a start)! I didn't know anyone was here. ああ、びっくりしたよ！誰もいないと思ってたもの。／ The contrast was startling. 両者の違いはびっくりするほどであった。／ Snakes always startle me. 蛇を見るといつもびっくりする。

starve [stáːrv]
飢える
原 硬直する
イメージ 干からびる⇨（水分を）渇望する
解 star- には〈固定・硬直〉の感じがある：stare 凝視する（⇨目が硬直する）／ stark 硬直した／ starch 澱粉（⇨固まる）
例 These children are starving for bread. この子達は食べ物に飢えている。／ The child is starved for love. この子は愛情に飢えている。／ The beggar starved to death. 乞食は飢え死にした。

state [stéit]
状態、国家；はっきり述べる
原 しかと立っている
イメージ （確たる）有様⇨状態・国家；（しかと述べる）⇨ちゃんと言う
解 stand（すっくと立つ）が底流にある。動詞の意は〈ことばにしておく〉の意味合いから生まれたもの。put が〈おく〉と〈言う〉の意味合いを持つのに似ている。state は put（言う）の厳粛版と言える。言い替えれば、ふつうにことばを出すのであれば put, 構えて出すのであれば state になる。
派 statement 声明／ stately 堂々とした
関 estate 土地、屋敷（⇨ちゃんと立っている）／ station 駅、局（⇨すっくと立っている）
例 I am not satisfied with the existing state of affairs. 僕は現状に満足していない。／ The family is more sacred than the state. 家は国家よりも尊いものだ。／ Leonardo da Vinci stated that the sun does not move, though scientists of his day believed that the sun revolved around the earth. レオナルド・ダ・ビンチは同時代の科学者たちが太陽が地球の周りを回ると信じていたときに、太陽が動くのではないと明言していた。／ His statement was untrue. 彼の言ったことは事実と違った。

station [stéiʃən]
駅、局、署；部署に就かせる
原 立っている所
イメージ （がっちりした感じで立っている建物）⇨駅、局、署；居を定める
関 stand 立つ
例 She married a junior soviet diplomat stationed in Tokyo. 彼女は東京に駐在の若いソビエトの外交官と結婚した。／ Let's station a guard at every entrance, shall we? 入り口ごとに守衛を配しましょう。

stationary [stéiʃəneri]
静止している
原 立っている
イメージ （本来動くものが）つっ立っている、じっと動かない
解 stationery（文房具、便箋）と間違いやすい。stationer（文具商）の -er（人を表わす）を記憶しておけばよいだろう。stationer も原義は同じで昔は商いは peddler（行商人）が普通で、店を構えたのは文具を扱う商人であったことから。
例 The train ran into the back of a stationary goods train. その列車は停車中の貨物列車の後部に衝突した。／ I went to buy school stationery for the next academic year. 来学年度用に文房具を買いに行った。

statue [stætʃuː]
像
原 建てられたもの
イメージ 銅像、仏像
解 stand〈立つ、ある、しっかりしている〉の意が底に流れている。
関 status 地位、身分／ state 様子／ static 静止した／ station 駅舎、局／ stationary 動かない／ stature 背丈／ statute 法規（⇨文字で定める）／ statistics 統計（⇨物事の様子を表わす科学）
例 France gave the Statue of Liberty to the United States in 1884 as a gesture of friendship. フランスは自由の女神像を友好のしるしとして 1884 年にア

メリカに贈った.

stay [stéi]
留まる,滞在する
原 しっかり立つ
イメージ (その場,その状態)に留まる・じっとして動かない
関 stand 立つ / staid 落ち着いて地味な(⇨じっとしている) / statue 彫像(⇨立てられたもの)
例 I wanted to stay in her arms forever. 彼女の腕の中でずっとそのままでいたかった. / Each hair on the human head should stay there for two to six years, growing about 1.25 centimeters per month. 1本の髪の毛は2年から6年の寿命を持っており(⇨そこに(抜けずに)留まる),毎月ほぼ1.25センチ伸びる. / Why would Hillary Clinton stay married to this serial womanizer? なぜヒラリー・クリントン夫人はこの何度もフリントンとずっと結婚したままでいるのでしょうか. / The unemployment level has stayed in the lower half of seven percent since the new government took office. 失業率は新政府になってから7パーセント台前半のままである. / Cut flowers stay fresh for several days if their stems are kept in water. 切り花でも茎を水に入れておけば数日間は元気に保てる. / Stay where you are. そこから動かないで. / Most conifers are evergreens and stay green throughout the year. 大抵のコニファーは常緑樹で年中緑である.

stead [stéd]
in one's stead(の代わりに)
原 場所
イメージ 立場
解 in stead of (=instead of=in place of)(〜の代わりに)
関 steady 定まった(⇨場に固定している) / steadfast しっかりした(⇨場所に+固定した)
例 I will act in your stead. あなたの代わりに私がやりましょう.

steep [stíːp]
険しい,急な
原 とても高い
イメージ 坂が険しい

関 steeple 尖塔
例 A locomotive was pulling a long line of freight cars up a steep hill. 機関車が長く連結した貨物車両を引いて急坂を登っていた.

steer [stíər]
舵を取る,ハンドルを切る
原 舵をとる
イメージ 舵をとって進める
関 stern 船尾(⇨舵をとるところ)
例 New Prime Minister is trying to steer Thailand out of its worst economic crisis. 新首相はタイを最悪の経済危機から引き出そうと努力している.

step [stép]
歩み,段;歩く
原 一歩一歩歩む
イメージ 一歩一歩,段階
例 The steps to good health are simple and straightforward, though not easy to follow. 健康への道のりは実践は容易ではないとしても単純であっさりとしたものである. / He stepped out into the moonlit garden for fresh air. 彼は外の新鮮な空気を吸おうとして月明かりの庭に出た.

stereo [stériou]
立体音響
原 個体の
イメージ (しっかり固まった)⇨立体の,(しっかり固まった)⇨形の決まった
解 stare 凝視する(⇨視線の固定)は関連語.
派 stereophonic 立体音響の / stereophony 立体音響 / stereotype 定型,定番 / stereoscope 立体スコープ
例 Petting is usually very stereotyped, beginning with hugging and kissing and gradually escalating to stimulation of the breasts and genitalia. ペッティングは大抵とても定番的で,抱いたり,キスしたりに始まって徐々に胸や性器に刺激を与えることへと進展していくものだ.

stick [stík]
棒;くっつく,刺す
原 突き刺す
イメージ 突き刺す⇨くっつく
解 突き刺した対象が具体物であれば突き刺さってくっつくことになる.

stiff [stíf]
固い，きつい
原 固めた
イメージ こわばり，コチコチ
解 sti- には〈こわばり，ねばねば〉のニュアンスがある：sticky ねばねばした / stifle 息を詰まらせる / stifling 息苦しい / stick 行き詰まらせる / sticker ステッカー / stickle 頑固に言い張る / stickler 気難しい人 / stipulate 規定する(⇨固める) / constipation 便秘(⇨強く＋固める)
派 stiffen 固くする
例 I have a stiff neck. 首がこっている． / Our bodies stiffen with age. 年とともに身体が固くなる．

stifle [stáifl]
息を詰まらせる
原 首を締める
イメージ 息がつまる，締めつける
関 stuff 詰め込む
例 The military stifled truthful reporting on the course of the war by advertising the successes and hiding the failures. 軍部は本当の戦況報告をすることを抑えつけ，成功を宣伝し，失敗を隠して報道した． / The princess wished to escape the restrictions of a stifling marriage. 王女は息の詰まるような結婚生活の束縛から逃れたいと思った．

stigma [stígma]
恥辱
原 恥の烙印
イメージ 烙印
解 sti- は stick(刺す)や stitch(針で縫う)に関連した語であるので，入れ墨のような烙印が連想される．
例 The judge's arrest for accepting bribes left a permanent stigma on his record. 判事の収賄による逮捕は彼の経歴に生涯の汚名を残した．

still [stíl]
まだ，静止している
原 じっと動かない
イメージ じっとして動かない⇨いまだそのままである
解 原義から〈まだ(存在し続けている)⇨肯定指向〉だから，「彼まだ来ないの？」を Hasn't he come still? とか「彼はまだ来ていない」を He hasn't come still. と言ったら不自然であると理屈付けられる．(⇨ yet)〈sti-にくこわばり，不動〉が感じられる．still(スチール)は(動かない)写真，still life 静物(画)，stillbirth(死産)
関 stall 立ち往生する
例 It's still raining. まだ雨が降っている． / He is 70 and is still teaching part time at the college. 彼は70になるがまだ大学で非常勤で教えている． / Stand still! 動かないで！

stimulate [stímjəleit]
刺激する
原 尖った棒で突く
イメージ (突っついて)刺激する
解 sti- には〈尖り / 突く〉の意味合いがある：stick 刺す，棒 / stitch 針を刺して縫う
派 stimulation 刺激 / stimulant 刺激剤
例 Clinton urged Japan to take measures to stimulate its recession-bound economy. クリントン大統領は日本に停滞している経済を刺激する対策を講じるように促した． / Success is a stimulant for further success. 成功は刺激となって次の成功を呼ぶ．

sting [stíŋ]
刺す
原 刺す
イメージ 針で刺す⇨ピリピリ痛む
例 I was stung by a bee. 蜂に刺された．

stingy [stíndʒi]
けちな
原 気難しい
イメージ 頼みに対して難癖をつける⇨(心に痛み(sting)を与える(y))⇨けちである
関 sting 刺す
例 He is so stingy that he hates spending money on his own children. 彼はけ

ちなので自分の子供に金を使うのも嫌がるほどだ．

stir [stə́:r]
かき混ぜる
原 かき混ぜる
イメージ スプーンでかき混ぜる⇨ざわざわを起こす
例 Rachel Carson's "Silent Spring" stirred much controversy in the United States. レイチェル・カーソンの『沈黙の春』はアメリカで大きな論争を巻き起こした．

stock [stɑ́k]
蓄え，在庫品，株，幹
原 幹，丸太
イメージ 幹⇨栄養の蓄え，塊
解 幹が恵みの蓄えのように見える．
例 This bookstore has a good stock of English literature. この書店は英文学関係の本をよく揃えている．/ I am thinking of dabbling in stocks. 僕は株をちょっとやってみようかと思っている．

stool [stú:l]
スツール(腰かけ)
原 立っているもの
イメージ スツール
解 背もたれやひじ掛けがないのですっと立っているように見える
関 stand 立つ
例 She sat on the stool. 彼女はスツールに座っていた．◇囲むものがないので sit in a stool は不可．

stoop [stú:p]
かがむ
原 かがむ
イメージ 姿勢をすーっとかがめる
解 st-に〈サーッ〉とした動きが感じられる；stab 刺す / start 出発する，びっくりする / steam 蒸気を出す / steal すーっと奪う / step 歩を進める / stimulate 刺激する / sting 刺す / stir かき混ぜる / stitch 縫う / stop さっと止まる / strangle さっと絞め殺す / streak 疾走する / stream さーっと流れる / strip さーっと脱ぐ
例 If there is a fire, stoop to avoid smoke. もし火が出たら煙を吸わないように身体をかがめなさい．/ Don't hunch your back and stoop over. 背中を丸くしてかがみ込んだ姿勢をとらないように．/ Nancy has been described in the novel as stoop-shouldered, thin-breasted, and sad. ナンシーは小説の中で，猫背で，胸の薄い，悲しげな女に描かれている．/ Some people will stoop to any level in order to get what they want. 欲しいものを手に入れるためならどんなことでもする人がいるものだ．◇ stoop to〜 〜に身を落とす

stop [stɑ́p]
止める，防ぐ
原 ふさぐ
イメージ 動きをさっと止める，流れをふさぐ
解 st-に〈サーッ〉という動きが感じられる．だから The bus is stopping. という時バスにブレーキがかかり始めた感じを描写していることになる(バスは止まっているという意ではない)．
派 stoppage 閉塞，停止 / stopping 歯の詰め物
関 stuff 詰める
例 A dam stops the flow of water. ダムは水の流れを止める．

store [stɔ́:r]
店，蓄え；蓄える
原 蓄える
イメージ 蓄える：(物を蓄えて置く所⇨物を売るようになる)⇨店
例 Can you run to the store and get some milk? お店に行って牛乳買って来てくれる？/ A dam stores water. ダムは水を蓄える．/ Plants store water in their roots, stems, and leaves. 植物は根，茎，および葉に水を蓄える．/ The fat bears store in their bodies is essential for survival in winter. クマが体にため込む脂肪は冬を生き抜くために必須である．

story [stɔ́:ri]
話
原 出来事の説明，話
イメージ お話
関 history 歴史 ◇ story は昔は history の意でも使われていた．〈(特筆すべき事件についての)話〉と〈(日常的出来事についての)話〉の区別の要のなかった時代(⇨歴史が学問として存在しない時代)があったことは容易に想像できる．◇

story が「(建物の)階」を意味するのは〈建物の階毎のステンドグラスに絵巻物語(story)が描かれていた〉ことによる.
例 They often call the Japanese workaholics. What's the real story? 日本人は仕事中毒とよく言われますが，本当のところはどうなんですか.

straight [stréit]
真っ直ぐな
原 ぴんと張った
イメージ (ピーンと張ったように)ずーっと真っ直ぐな⇨正直な，(垂直方向に)真っ直ぐな
派 straigten 真っ直ぐに直す
関 stretch 伸ばす
例 Keep your back straight! 背を伸ばしなさい. / Is the picture straight? (壁の)絵は真っ直ぐになっていますか. / Are you being straight with me? 君は本当のことを私にしゃべっているかね. / DiMaggio hit safely in 56 straight games in 1941. ディマジオは1941年に56試合連続安打を放った.

strain [stréin]
引っ張る，使い過ぎる，痛める
原 引っ張る
イメージ 頑張る⇨無理をする
解 str-に〈(頑)張り，(踏ん)張り〉がイメージされる；strait 海峡(⇨窮屈な水路) / stress ストレス
派 strainer 茶こし(⇨ぐいとしぼる)
例 I have strained my eyes working on the computer for long hours. コンピュータに長時間取組んで目を痛めた. / I strained my ears as I laid in bed, waiting for the sound of Santa's sleigh bells. ベッドに横になってサンタのそりの音が聞こえてこないかと耳を澄ませた. ◇ウサギなら耳をピンと立てる場面. / The strain of continuous overwork had injured her health. 度重なる無理がたたって彼女は健康を損ねた.

strategy [strǽtədʒi]
戦略
原 軍の統率
イメージ 戦い方の青写真
派 strategic 戦略上の
例 Strategy has to do with planning for war and tactics with actual combat. 戦略は戦争の計画を扱い，用兵は実際の戦い方を扱う.

stray [stréi]
はぐれる
原 (外へ)引っ張られた
イメージ (あらぬ方向へ引っ張られた)⇨迷い込む
例 A fishing boat strayed into enemy waters. 漁船が敵国の海域へ迷い込んだ. / She takes care of stray cats and dogs. 彼女は野良猫や野良犬の面倒を見る.

streak [strí:k]
筋(すじ)，疾走する
原 さーっとはしる筋
イメージ さーと筋を描くように疾走する
解 str-に〈真っ直ぐに伸びる動き〉がイメージされる：straight 真っ直ぐな
派 streaking ストリーキング(⇨裸になって公衆の面前で疾走する) / streaky 縞模様の入った
例 We saw air force jets streaking across the morning sky. 空軍のジェット機が朝方の空を筋を描くように飛んで行くのを見た. / Air force jets left long white streaks across the morning sky. 空軍のジェット機が朝の空に長く白い航跡を残して飛んで行った. / I would be surprised if my daughter were to participate in streaking at her university. 娘が大学のストリーキングに参加でもしようものなら驚いてしまうよ.

stream [strí:m]
流れ，小川；流れる
原 流れ
イメージ さあーっと流れる
解 str-に〈真っ直ぐに伸びる動き〉がイメージされる
派 streamer 吹き流し / streamline 流線形にする
例 Streams of molten lava flowed down the mountainside. 溶けた溶岩が山腹を流れ落ちた. / The morning sunlight was streaming in the window of the kitchen. キッチンの窓から朝の光りが差し込んでいた. / Most vehicles are streamlined so that they are least resistant to the air. 大抵の乗り物は空気の抵抗を最小にするために流線形にな

っている.

street [stríːt]
街路，通り

原 通り

イメージ まっすぐに伸びた通り

解 str-は〈まっすぐに伸びる〉イメージがある. road(道)は町と町をつなぐ経路，street(街路)は両側に店舗や家並があって初めて存在する(二次発生的である).

例 We see many people living on the streets in big cities. 大都会では路上生活者を多く見かける. ◇路上生活者を street people あるいは the homeless と言う.

stress [strés]
圧迫，緊張，強調；強調する

原 圧迫

イメージ 息(声)で強く空気を圧すると強調することになる；事が人の心を圧すとストレスになる.

解 息(声)で空気を圧すると〈発言〉になる. 以下はいずれも空気への圧迫を描いたもの：put 言う / shoot 撃つ / put the breeze だべる / let off steam ぶちまける / express 表現する◇str-は〈張り，厳しさ，真っ直ぐ〉をイメージさせる；straight 真っ直ぐ / strain 引っ張る，くじく / strait 海峡 / strangle 絞める / street(真っ直ぐの)通り / streak 疾走する / stream (真っ直ぐな)流れ / strenuous (頑張って)奮闘する / stretch 伸ばす / strew 振りまく / strict 厳しい / stride 大股で歩く / strike (一気に)打つ / string (ピンと張った)糸，弦 / stringent 厳しい / strip (すーっと)はぐ / stripe 縞 / strive 頑張る / stroke 一撃，発作 / strong 強い / struggle もがく / strum 弦を掻きならす

例 I sensed that you are under a lot of stress. 君にはひどいストレスがかかっているのが分かったよ. / Japanese parents stress (=lay stress on) the importance of effort over innate ability. 日本人の親は(子供の)素質よりも努力の方を大切だと強調する. / Many people suffer from stress-related diseases. ストレスから来る病気に苦しむ人が多い. / Suu Kyi stressed that the efforts of her party were legitimate and non-confrontational. スーチー氏は自分の党の努力は合法的であり他と敵対するものではないことを強調した.

strict [stríkt]
厳しい，厳密な

原 引っ張られた

イメージ ぴーんと張った⇨きちきちして甘えが許されない

派 strictly 厳しく

例 He was sent to work with a strict boss. 彼は厳しい上司のもとで働くことになった.

strike [stráik]
打つ，襲う，心を打つ

原 強く打つ

イメージ ズシーンと打つ

解 str-は〈張り，厳しさ，真っ直ぐ〉をイメージさせる. strike すると対象に何らかの衝撃を与える.

例 A big earthquake struck Kobe in 1994. 1994年に大きな地震が神戸を襲った. / Cancer strikes people of all ages. 癌は老若を問わず人を襲う. / The city's waste management workers went on strike for better pay. 市の清掃課の労働者はベースアップを求めてストライキに入った. ◇ストライキ(strike)は労働者が道具を，ずしーんと下ろして動きが止まってしまうイメージがある. ◇野球用語のストライク(strike)は投げた球がストライクゾーンを通過してキャッチャーミットを激しく打つ様を描いている.

string [stríŋ]
ひも，糸；ひもでつなぐ

原 ぴんと張ったもの

イメージ 糸，弦；ひもでつなぐ，弦を張る，(気持ちが)張りつめる

解 str-は〈張り，厳しさ，真っ直ぐ〉をイメージさせる.

例 One of the violin strings broke just as she hit the last note. 彼女が最後の譜を弾いた時バイオリンの弦の1本が切れた. / May I have my tennis racket stringed. テニスラケットのガット張ってくれますか. / We're giving away one-year golf memberships, absolutely free, with no strings attached. 1年間のゴルフ会員権を全くの無料で付帯条件

なしで提供します. ◇strings は文字通り〈ひも付き条件〉

strip [stríp]
剥ぐ, 裸にする；細長い切れ
[原] 剥ぎ取る
[イメージ] 一気に剥ぎ取る
[解] 〈一気に剥ぎ取る(strip)〉と〈細長い切れ(strip)〉ができ, 〈しま(模様), 筋(stripe)〉が生じる
[例] Johnson was stripped of his gold medal. ジョンソンは金メダルを剥奪された. / He wrote a tanka on a strip of paper. 彼は短冊に短歌を書きつけた.

strive [stráiv]
励む, 戦う
[原] 頑張る
[イメージ] 懸命に頑張る
[解] str-に〈気持ちの張り〉がイメージされている: string ガットを張る / stride 頑張って大股で歩く / strife 頑張って戦う, 紛争.
[例] Striving for mental contentment is more important than striving for material riches. 精神的満足を求める方が物質的富を求めて頑張るよりも大切である. / In striving for perfection, we often spoil what would have been good enough. 完璧を目指して頑張るとそれで十分よかったものまでだめにすることがよくある. / Somalia has been devastated by ethnic strife in recent times. ソマリアは最近の民族紛争で荒廃している.

stroke [stróuk]
なでる；ひとなで
[原] 軽くたたく
[イメージ] 〈さっとした動き〉についていうが, 主体(の質量)によって〈やさしくさっと触れる〉から〈ひどく一撃する〉までの意が生まれる.
[例] She stroked the dog (= gave the dog a stroke) gingerly. 彼女はおそるおそる犬を撫でた. / He killed his foe with one stroke of his sword. 彼は敵を一太刀で殺した. / He's had a stroke. 彼は卒中を起こした. ◇病の一撃は発作・卒中.

stroll [stróul]
ぶらつく, 散歩する
[原] ぶらつく
[イメージ] ゆっくり歩く
[解] st-に〈すっと動く〉足の運びが感じられる: stamp 踏みつける / step 踏み出す / stomp 足を踏み鳴らす / stride 大股で歩く / strut 気取って歩く
[例] I like strolling in the park. 公園を散歩するのが好きだ. / Let's go for a stroll. 散歩に出よう.

structure [strʌ́ktʃər]
建築物, 構造；組み立てる
[原] 積み上げる
[イメージ] 組み立て
[解] 積み上げは〈圧迫〉がかかるので structure や build には-u-(◇圧迫のイメージあり)が綴りの中に見られる.
[関] construct 建設する(◇集めて+組む) / construe 解釈する(◇語義を組み合わせて解釈する) / destruction 破壊(◇崩す+築きを) / obstruct ふさぐ(◇反対に+築く)
[例] All the structures should be built strong enough to withstand strong earthquakes. 全ての建築物は強い地震に耐えられるよう建設されねばならない. / I always wonder how beautifully the human body is structured. 私はいつも人体は何と見事にできているのかと感嘆する. / This essay has neither structure nor meaningful content. このエッセイは構成も内容もダメだ.

struggle [strʌ́gl]
戦う, がんばる
[原] 争う
[イメージ] もがく, あがく
[例] He always struggles to control his temper while debating. 彼は討論の時いつも冷静になろうと苦労する. / The struggle for existence in the animal world can be seen everywhere. 動物間の生存競争は至るところで見られる.

stubborn [stʌ́bərn]
頑固である
[原] 切り株(stub) のごとく(born)
[イメージ] 切り株はちょっとやそっとでは引っこ抜けない
[例] Her stubborn attitude really got my dander up. 彼女の頑固な態度には本当に頭にきた. / My cold is so stubborn (= I've a stubborn cold). 今度の風邪はなかなか抜けない.

study [stʌ́di]
勉強する，よく調べる
原 専念する
イメージ 対象に傾注して観察し考える
解 人間が study するとき一番活用する身体器官は〈目〉である。以下に挙げる例文はいずれもこの意義素が色濃く現われたもので，よく知られた定訳「学ぶ，勉強する」だけでは理解が難しい．
派 studious 勉強好きな
例 He studied her face closely. 彼は彼女の顔を(探るように)じっと見つめた． / Studying pandas is hard work. They like to live in deep bamboo thickets. パンダの観察は容易ではない。パンダは奥深い竹藪に住むのを好むから． / The explorer studied the map to confirm his own whereabouts. 探検家は自分の位置を確認するために地図をじっくり調べた． / His new novel is an amusing study of family ties that span three generations. 彼の新しい小説は3世代にわたる家族の絆の面白い研究である． / An astrologer tells fortunes by studying the stars. 星占い師は星を観察することによって運命を占う．

stuff [stʌ́f]
材料，物質；詰め込む
原 詰める
イメージ ものを詰め込む
解 stuff は詰め込まれた内容なので，定型の輪郭は持たない．stuff は詰め込みの〈圧迫〉をイメージする -u- が綴りの中にある．
派 stuffy 息が詰まるような
例 What's that stuff in your pocket? ポケットの中のもの何なの？ / This novel is poor stuff. この小説はつまらない． / Pauline will make a good pianist; she has good stuff in her (=she's made of good stuff). ポーリーンはよいピアニストになるだろう．彼女はいい素質を持っているから． / What do you want for dessert?—No, no dessert, I'm stuffed. デザートは何がいい？—結構です，満腹ですから． / What do you stuff the cushion with? このクッションには何を詰めるのですか．

stupid [st(j)úːpəd]
馬鹿な，下らない
原 麻痺した
イメージ (思考能力が麻痺している)⇨適切な判断ができない⇨常識がない
派 stupidity 愚かさ
関 stupefy 麻痺させる / stupor 麻痺，茫然自失
例 It is stupid of you to pay $100,000 for a car. 車に10万ドル払うなんて馬鹿げているよ．

subdue [səbd(j)úː]
征服する，抑える
原 下に(sub) 引く(due)
イメージ (頭をもたげようとするものを)抑えつける
派 subdued 控えめな
関 duke 公爵 (⇨領民や家臣を引っ張る) / adduce 提示する (⇨(例を)引き出す) / conduce 導く / deduce 推測する (⇨引き出す) / reduce 減らす (⇨後ろへ＋引く) / seduce 誘惑する (⇨脇へ＋引く)
例 Bob subdued his desire to punch his little brother. ボブは弟を殴りたい衝動を抑えた． / Napoleon subdued all of Europe. ナポレオンは全ヨーロッパを制圧した． / Subdued lighting artificially erased the lines of time from Nina's face. 淡い照明は歳を現わす皺をニナの顔からうまく消していた．

subject [sʌ́bdʒekt]
主題，話題，科目，主語；支配下にある
原 下に(sub) 投げる(ject)
イメージ 足元に～を投げ出す (⇨投げ出されるものはまな板の鯉，無抵抗，言いなり〉状態になる)；足元に～を投げ出す (⇨投げ出されるものは〈主題，話題，主語〉)
例 Bill Clinton has subjected his wife to enormous humiliation. ビル・クリントンは夫人を非常な屈辱に会わせてしまった． / The newly developed drug has been subjected to a number of laboratory tests. 新薬は何度も試験所での検査にかけられた． / Famous people are constantly the subjects of prying photographers. 有名人はいつもカメラマンに虎視眈々と狙われている． / Everything in the world is subject to change. 世の中の万事が移ろう (⇨変化に対して抵抗できない)． / The

Japanese business system was the subject of many articles in the foreign media. 日本企業の在り方が外国のメディアの記事の主題によくとりあげられた. ◇主題, 話題(⇨人の前に投げ出す)

submerge [səbmə́:rdʒ]
水中に沈む
原 下に(sub) 浸す(merge)
イメージ 水面下に入る
解 sub-は〈下, 副, 従〉の意味合いがあるが, -u-には〈上からの圧迫感〉が感じられる.
関 emerge 現われる(⇨出る＋水(⇨混ざり)から) / merge 併合する(⇨混ざる)
例 Some skilled divers can stay submerged for as long as two minutes. ベテランの海女なら2分間も潜れる人がいる. / The heavy rains washed away roads and submerged homes. 豪雨が道路を流し, 家を水没させた.

submit [səbmít]
屈服(する), 提出(する)
原 下に(sub) 送る(mit)
イメージ (身心を)差し出す；(意見, 書類を)差し出す
派 submission 服従, 提案 / submissive 言いなりになる
例 The poor boy submitted to the surgeon's order to amputate his leg. 少年はかわいそうに脚を切断するという医者の指図に従った. / They submitted the resolutions they had adopted to the committee. 彼らは決議事項を委員会に提出した. / The cult leader cleverly seduced his followers into submission. カルトの教祖は信者を巧みに誘い命令通りにさせた. / Children in Iroquois society were taught not to submit to overbearing authority. イロコイ族の子供達は横柄な権力には屈しないことを教わった. / A fight between animals is over when the weaker one shows submissive behavior. 動物のけんかは負けた方が相手の言いなりになる行動を見せたところで終わる. / Submissive behavior was expected of wives in olden times. 昔は妻は従順であることが当然のように求められていた.

subscribe [səbskráib]
寄付する, 定期購読する
原 下に(sub) 書く(scribe)
イメージ (寄付や定期購読の同意文の)下に名前を書く⇨同意の署名をする⇨賛成する
派 sbscription 寄付, 定期購読, 予約
例 She subscribes a twentieth of her income to the Church. 彼女は収入の20分の1を教会に寄付する. / Do you subscribe to the Reader's Digest? リーダーズ・ダイジェストを定期購読していますか. / I was unwilling to subscribe the contract, but I had no choice. 契約にサインしたくなかったけれど, 仕方がなかった. / We serve in the same party, but I do not subscribe to his views on abortion. 私達は同じ党員だが, 彼の堕胎に関する見解には同意できない.

subsequent [sʌ́bsəkwənt]
後の, 次の
原 次に(sub) 続く(sequent)
イメージ 引き続いて起こる
派 subsequently その後
例 Subsequent to November 1, no more applications will be accepted. 11月1日以後は申し込みを受け付けません. / The patriarch died, and the subsequent progress of the family's fortunes went downward. 家長が亡くなり, それからはその家の家運は衰退していった.

subside [səbsáid]
低下する, 沈下する
原 下に(sub) 座る(side)
イメージ 下方へ沈みこむ, 興奮が落ち着く
例 The airport building subsides several inches every year because it stands on the seabed. その空港ビルは海底に立脚しているために毎年数インチ沈み込んでいる. / The singer waited until the applause subsided before starting to sing another song. 歌手は拍手が鳴り止むのを待って, 再び歌い始めた.

subsidy [sʌ́bsədi]
補助金
原 下に(sub) 座っている(sidy)
イメージ (下に控えて支える)⇨援助・

補助

派 subsidiary 補助的な

例 Government subsidies were dwindling and the disbursement of working class salaries was getting erratic and delayed. 政府の補助金が減少してくると、労働者への賃金の支払いは次第に不定期かつ遅れがちになった。

subsist [səbsíst]
生き延びる

原 下に(sub) 立つ(sist)

イメージ 下で生きる⇨どうにか生きる⇨食いつなぐ

イメージ subsistence 最低の生活

例 They subsist on rice and vegetables they get from the temple. 彼らは寺からもらう米や野菜で食いつないでいる。 / You're missing the essential vitamins and minerals, if you subsist on snack foods. スナックフードばかりで食いつないでいると大切なビタミンやミネラルを取り損なうことになる。 / Seventy-five percent of the population live at or below the subsistence level. 人口の75パーセントが最低生活レベルかそれ以下の生活をしている。

substance [sʌ́bstəns]
物質、実質、本質

原 下に(sub) ある(stance)

イメージ 元にあるもの、内にあるもの

派 substantial 実質的な、相当な / substantiate 実証する

例 This cloth is made out of newly developed synthetic substance. この布は新しく開発された合成物質でできている。 / We are in substantial agreement with the proposal. 私達はその提案に大筋で賛成している。 / The damage to the state capitol building was substantial enough that the state legislature is still not able to meet in there. 州会議事堂の被害はかなりひどかったので議会をそこで開けないままでいる。 / There are some minor differences, but they're substantially the same. 細かな違いはいくつかあるが実質上は同じである。 / It is easy enough to make a charge, but quite a different matter to substantiate it. 非難するのは簡単だが、非難を証拠立てる(⇨内容をきちんと説明する)のはそうはいかない。

substitute [sʌ́bstət(j)uːt]
代用する

原 次に(sub) 立てる(stitute)

イメージ 本来のものがなくて〜を代わりに立てる；代用、代理人

解 〈substitute A for B〉のときBは本来のもの、Aは代替のもの。〈replace A by / with B〉のときAは本来のもの、Bは代替のもの。

例 Since Jim is on sick leave, we need someone to substitute for him. ジムさんが病気休暇なので、誰か彼の代行がいる。 / Corn syrup and honey are used as substitutes for sugar. 砂糖の代わりにコーンシロップや蜂蜜が用いられる。 / Edison wanted a substitute for gas, the chief means of lighting at the time. エジソンは当時主流だったガス灯に代わるものが欲しいと思った。

subtle [sʌ́tl]
かすかな、巧みな

原 下に(sub) 織り込む(tle)

イメージ (表織下に織り込む)⇨目立たない⇨巧妙である

派 subtlety 微妙 / subtly 微妙に

関 textile 織物

例 There is a subtle difference between the two. 両者には微妙な違いがある。 / The actor gave a subtle performance. その役者は巧みに演じた。 / It takes close reading to enjoy the subtlety of the humor of the American writer Mark Twain. 米国の作家マーク・トウェーンの絶妙なユーモアを解するにはじっくり読む必要がある。

suburb [sʌ́bəːrb]
郊外

原 次に(sub) 都市(urb)

イメージ 都市の周りの郊外住宅区域・ベッドタウン地域

解 市外の一区域は a suburb。全体的に捉えるとき、the suburbs と言う。定訳の「郊外」だと、田園・田舎のイメージが湧くが、その時は the country あるいは、the countryside と言う。リフレッシュのために「郊外へドライブに行こう」を Let's go for a drive in the suburbs. と英訳すると少し変なことになる。

succeed [səksíːd]
成功する；後を継ぐ
原 次に(suc) 来る(ceed)
イメージ (次に来る)⇨次につながる⇨とぎれずに首尾よく進む⇨成功する
解 Continuity is success in life. (継続は成功なり)と諺にも言う。
派 succeeding 次に続く / successive 連続する / successor 後継者(↔ predecessor 前任者)
例 Nixon was succeeded as President by Vice-President Gerald Ford. ニクソンは副大統領G.フォードによって大統領を引き継がれた。/ He became a doctor and succeeded his father as the chief surgeon in the eye clinic. 彼は医者になり、眼科の主任外科医として父親の後を継いだ。/ He is so intelligent and good, he will succeed anywhere. 彼は頭が良くて善良なのでどこへ行ってもうまくやれるだろう。/ We have to save succeeding generations from the scourge of war. 我々はこれからの世代の人達を戦禍から守ってやらなければならない。/ The old custom of changing the capital with each succeeding emperor was discarded. 天皇が継承するごとに都を移すこれまでの慣習は廃止された。

suck [sʌ́k]
吸い込む
原 吸う
イメージ すーっと吸い込む◇口やストローなどで吸い込む。
解 absorb は〈吸い取る〉。
例 The baby is sucking his thumb. 赤ん坊は指しゃぶりをしている。

sue [s(j)úː]
訴える
原 追う
イメージ (問題点を追いかける)⇨追及する
解 音的にスューはキュー(及・(追)求)に似た響きがある；pursue 追求する(⇨ 前へ＋追う) / suit 訴訟
例 He sued the hospital and the surgeon responsible for the operation. 彼は病院と手術の担当医を訴えた。/ Many people have sued cigarette makers for millions of dollars for damages. タバコ会社に対して健康を損ねたને何百万ドルもの損害賠償を多くの人が訴えている。

suffer [sʌ́fər]
苦しむ、被る、耐える
原 下で(suf) 支える(fer)
イメージ 重圧(痛み、苦悩、損害)を背負う
解 同じ発想の語に sustain(害を被る⇨ sus(下で)持つ(tain))、undergo(耐えるがある。◇-fer にく支える・運ぶ〉の意があるのは ferry(フェリーボート)が代表的。◇語法的には suffer +〈単発的苦痛〉、suffer from +〈慢性的苦痛〉。
例 John suffered a great deal when his parents divorced. ジョンは親が離婚してとても苦しんだ。/ She suffers great stress at work. 彼女は職場でひどいストレスを受けている。/ He suffered two major strokes last year. 彼は去年2度ひどい脳卒中を患った。/ He is suffering from a kidney disease. 彼は腎臓を患っている。/ Many children in Africa are suffering from malnutrition. アフリカでは栄養失調で苦しんでいる子供が多い。/ We can never be completely free from pain and suffering. 我々は完全に苦痛と苦しみから自由にはなれない。/ Afghanistan has suffered from foreign interference. アフガニスタンは外国の干渉に苦しめられてきた。/ The famine caused great hardship and suffering. 凶作はひどい困難と苦しみを引き起こした。

suffice [səfáis]
満足させる、足りる
原 下に(suf) 作る(fice)
イメージ (下に作る⇨元を作る)⇨十分必要を補う
派 sufficient 十分役立つ
例 No one should assume that the expertise one has today will suffice tomorrow. 誰も現在持っている専門知識が将来も十分満足いくものとは考えていない。/ Don't make a long speech;

suggest [səd͡ʒést]
提案する, 暗に示す
- **原** 下から(sug) 運ぶ(gest)
- **イメージ** (下から差し出す)⇨(控えめに)どうでしょうかと意見を出す⇨さりげなく表わす
- **派** suggestive(性的に)思わせぶりな
- **関** congest 充血させる, 渋滞させる(⇨1か所に+運ぶ) / digest 消化する(⇨砕いて+運ぶ) / gesture 身振り(⇨身の運び)
- **例** My mother suggested that I call a teacher for (a piece of) advice. 母は先生に電話してアドバイスを受けたらいいじゃないと言った. / The arrival of spring in Ellensburg suggests warm but windy weather. エレンズバーグに春が来たといえば, 暖かいけど風の強い天候が想われる. / The movements of the rock dance were suggestive. ロックダンスの動きは扇情的(⇨思わせぶり)であった. ◇ suggestive=sexually suggestive

suit [súːt]
~に合う, 適する; スーツ, 告訴
- **原** 追う
- **イメージ** (追う⇨従う)⇨そろえる⇨ぴったりする; (追及する)⇨告訴
- **解** 音的にもこの意味の展開を感覚したい: sue 告訴する(⇨追う, 追及する)
- **派** suitable 適した
- **例** We have to make some changes to suit the new conditions. 新しい状況に合うようにいくつかの変更をしなければいけない. / Once one newspaper raised its price, many others followed suit. 1つの新聞が値上げすると, 多くの他社がそれに従って値上げした. ◇ follow suit は〈同じ組札にする⇨同じようにする〉のイメージ. / He bought a new brown suit for the occasion. 彼はそのために新しいブラウンのスーツを買った. ◇ スーツ(suit)は上着(jacket)とズボン(trousers, pants)あるいはスカート(skirt)が上下揃っている様子を描いたもの. / Only about 15 per cent of the land is suitable for farming. 国土のわずか15パーセントしか耕作に適していない. / Is this water suitable for drinking? この水は飲むのに適していますか. / You may bring a suit to recover property. 財産を取り戻すために訴訟できる.

sullen [sʌ́lən]
むっつりした, 不機嫌な
- **原** 1人で
- **イメージ** (1人ぼっちで)⇨むっつりしておし黙っている
- **関** sole 唯一の / solo 単独の
- **例** The prisoners were obedient but sullen. 受刑者たちは従順ではあったが, みなむっつりしていた. / I hate these sullen winter days in this district. この地方のこのような陰鬱な冬の日々が嫌いだ.

sum [sʌ́m]
合計; 合計する
- **原** 頂点
- **イメージ** (てっぺん)⇨まとめあげる⇨合計する
- **解** まとめあげると summary(概要), 一番上は summit(頂上), 頂上を極めると consummate(完成する).
- **例** Each of Aesop's fables ends with a proverb that sums up its moral. イソップ物語の各々の話は話の教訓をまとめあげた諺でもって終わっている. / The whole of a quantity equals the sum of its parts. 全体は部分の総計に等しい. / To conclude, I'll sum up the main points of my presentation. 終わりに, この発表の要点をまとめておきます.

summon [sʌ́mən]
招集する
- **原** そっと(sum=sub) 警告する(mon)
- **イメージ** (人を)呼び出す, (力を)呼び起こす
- **派** summons 呼び出し
- **関** monition 勧告, 呼び出し / remonstrate 抗議する(⇨反対に+警告する) / demonstrate 証明する(⇨強く+示す) / admonish 忠告する(⇨~に+警告する) / premonition 悪い予感(⇨前もって+警告する)
- **例** We were summoned to a meeting with the director. 私達は主任との会議に招集を受けた. / Aladdin can sum-

mon up powerful jinn by rubbing the ring. アラジンはリングをなでると力の強い精霊を呼び出せる．

sumptuous [sʌ́mptʃuəs]
贅沢な，豪華な
[原] 金を取る(sumptu) たくさん(ous)
[イメージ] (金のかかる)⇨高価な⇨贅沢な
[解] 綴りに-u-が3つもあるので，くもの＋もの＋ものの重なり・圧迫⇨ふんだんにある〉と感じてもよいだろう．
[関] consume 消費する(⇨完全に＋取る)
[例] We were all awed by the sumptuous interiors of the baroque churches of Europe. 私達はみなヨーロッパのバロック式の教会の華美な内装に息をのんだ． / What a sumptuous meal you prepared for us. Thank you! わあ，大変なごちそうだわ．ありがとう！

superb [supə́ːrb]
素晴らしい
[原] 上位に(super) ある(b)
[イメージ] (他を圧して)素晴らしい
[例] The view of New York City from the top of the Empire State Building was superb. エンパイアステートビルディングの頂上からの眺めは最高だった． / Tsubouchi Shoyoh's rendition of Shakespeare's is absolutely superb. 坪内逍遥のシェクスピアの翻訳は実に素晴らしい．

superficial [suːpərfíʃl]
表面的な
[原] 上(super) 面の(ficial)
[イメージ] 上っ面だけ
[例] I have only a superficial knowledge of astronomy. 天文学についてはほんに浅い知識しかありません． / She is lovely and good-natured but rather superficial. 彼女は愛嬌があって気だてがいいがどうも取り繕った感じだ．

superfluous [supə́ːrfluəs]
余分な
[原] 越えて(super) 溢れる(fluous)
[イメージ] (溢れ出る)⇨必要以上にある
[例] The management showed its desire to eliminate superfluous personnel. 経営者側は余剰人員を減らしたいという意向を示した．

supersede [suːpərsíːd]
〜に取って代わる
[原] 上に(super) 座る(sede)
[イメージ] (上に位置する)⇨〜に代わって表舞台にでんと座る
[関] sedentary 座業の / sediment 沈殿物 / session 会議(⇨座って行う)
[例] The e-mail has superseded the snail mail for interpersonal communication. 互いのコミュニケーションをはかる上でe-メールが普通郵便に取って代わった．

superstition [suːpərstíʃən]
迷信
[原] 上に(super) 立つこと(stition)
[イメージ] 常識を越えて在るもの⇨迷信
[派] superstitious 迷信的な
[例] It is a common superstition that walking under a ladder is unlucky. 梯子の下を通るとよくないことが起きると言うのはよく知られた迷信だ． / Many men have a superstitious notion to the effect that they can only have so many ejaculations in the course of a life time. 男の一生で可能な射精はある一定の回数があるという迷信的考えを持っている男性が結構いる．

supervise [súːpərvaiz]
監督する，管理する
[原] 上から(super) 見る(vise)
[イメージ] (上から見守る)⇨ちゃんとやるように監督する
[解] oversee(監督する)も同じ原義をなぞっている．
[派] supervision 管理 / supervisor 管理者 / supervisory 管理の
[例] The children learn to get along in a group supervised by a teacher. 子供達は教師の監督下で集団の中でうまくやっていくことを身につける． / Those children are lacking normal parental care and supervision. あの子供達はあるべき親の世話と監督を受けていない．

supplement [名=sʌ́pləmənt, 動=sʌ́pləment]
補足；補足する
[原] 次に(sup) 足す(plement)
[イメージ] 継ぎ足す，補う
[解] -ple-は〈重なり〉の意．
[派] supplementary 補足の
[関] supply 供給する

例 She supplements her poor income by moonlighting. 彼女は内職して安い給料を補っている。/ Folk medicine was supplemented by Western medicine in some Asian countries. アジアの国では民間療法に西洋医学を取り入れているところがある。

supply [səpláI]
供給する
原 次に(sup) 足す(ply)
イメージ 必要なものを次々補う
解 -ply は〈重ねる〉: multiply 掛ける(⇨多く+重ねる) / apply 塗る(⇨重ねる)
例 We will supply you with everything you need. 必要なものはすべて調達します。/ Plants supply human beings with food, clothing, and shelter. 植物は人間に食べ物、衣類、住居を与える。/ Our muscles need a constant supply of oxygen. 私たちの筋肉は絶えず酸素の供給が必要だ。

support [səpɔ́:rt]
支える
原 下から(sup) 支える・運ぶ(port)
イメージ 活動が続くように下で支える・倒れないように支える。「縁の下の力持ち」
派 supporter 援助者 / supportive 裏付けとなる
関 portable 携帯できる / porter ボーイ・運搬人
例 I have a wife and kids to support. 私には扶養すべき妻と子供がいる。/ My father supported his family as a fireman. 父は消防士として働いて家族を養った。/ Do you support the present government? 現政権を支持しますか。/ He has a lot of data to support his theory. 彼は持論を裏づけるデータをたくさん持っている。

suppose [səpóuz]
想像する、〜と思う
原 下から(sup) 置く(pose)
イメージ (考えをそっと+頭に置く)⇨(やや控えめに)条件を出す⇨(状況から判断して)〜であると思う(けど)
解 assume は考えを積極性を持って抱くが、suppose は消極的な感じがある。これは assume の -sume が〈take〉、suppose の -pose が〈put〉の意を持つことからの差と言える。
派 supposition 推定 / suppository 座薬(⇨下の穴から入れる)
例 Jogging is fine for some people, I suppose. ジョギングは人によってはとてもいいものだと思いますけど。/ You are supposed to report the incident to the police. その件は警察に届けなくてはいけませんよ(⇨自己の判断・圧力ではなくて、規則・慣例だからねといった感じ)。

suppress [səprés]
抑圧する
原 下方へ(sup) 押す(press)
イメージ 押さえつける
解 -press は〈圧する〉の意味合い: depress 憂鬱にする(⇨下に+押す) / repress 抑える(⇨後ろに+押す) / compress 圧縮する(⇨共に+押す) / oppress 圧迫する(⇨反対に+押す)
例 The police started a campaign to suppress the traffic in drugs. 警察は麻薬の不法取り引きの抑圧のキャンペーンを始めた。

sure [ʃúər]
確信している
原 確実な
イメージ (主観性の強い判断で)きっと〜だ
解 certain は(客観性の強い判断)でく確かに・恐らく〜
派 surely 確かに
例 He is sure to win. 彼はきっと勝つよ。〈確信しているのは話し手〉 / I'm sure I've met him somewhere before. あの人はどこかで以前会ったはずだ。

surface [sə́:rfəs]
表面、表面に出る
原 上の(sur) 面(face)
イメージ 表面；水面に姿を出す；表面上
関 superficial 表面上
例 He seems rather blunt on the surface, but he is quite different when you get to know him. 彼は外見はぶっきらぼうに見えるが付き合って見ると全く違う。/ Humpbacks can dive without surfacing for up to 40 minutes. ザトウクジラは40分も海面に浮かび上がるこ

となく潜っていることができる．

surge [sə́:rdʒ]
波となって打ち寄せる
原 下から上に(sur) 押す(rge)
イメージ 波がうねるように湧き上がる
関 resource 資源(⇨再び＋下から湧いてくる) / resurrect 復活する(⇨再び＋はいあがる)
例 Floodwaters surged over a dike, swamping 300 homes. 洪水が堤防を越えて押し寄せ300戸が浸水した．

surmise [sərmáiz]
推測する
原 上に(sur) 送る(mise)
イメージ 憶測を投げかける
例 The professor surmised that there is a link between falling migration and irregular weather. 教授は渡り鳥の減少と異常気象の間には関係があると推測した．

surpass [sərpǽs]
越える，しのぐ
原 超えて(sur) 過ぎる(pass)
イメージ ～よりも抜きん出る
例 The number of infected children has surpassed 800. 感染した児童の数は800人を超えた． / Brazil's production of coffee surpasses that of any country in the world. ブラジルのコーヒー生産高は世界のどの国をもしのぐ．

surplus [sə́:rplʌs]
余り，余剰金
原 超えて(sur) より多い(plus)
イメージ 有り余る
解 plus(プラス)には pl-〈重なり〉が見られる．
例 Many foreign countries protested against Japan's massive trade surpluses. 日本の大きな貿易黒字に対して抗議する国が多かった．

surprise [sə(r)práiz]
驚かす
原 上から(sur) 捕まえる(prise)
イメージ 〈上から捕まえる〉⇨不意を打つ⇨予期されないことをして驚かす
関 prison 監獄(⇨捕まえておくところ) / comprehend 理解する(⇨全部を＋把む) / apprehend 逮捕する / reprehensible 非難すべき(⇨後ろからとっ捕まえるべき)
例 You have surprised me with your good record. 君の成績がよいので驚いたよ．

surrender [səréndər]
降伏する
原 上に(sur) 与える(render)
イメージ ギブ＋アップ⇨すべてを投げ出す
関 render 与える
例 I would like for the rebels to surrender their weapons and come to the negotiation table. 反乱軍兵士が武器を放棄して話し合いの席について欲しい．

surround [səráund]
囲む
原 越えて(sur) うねる(ound)
イメージ 〈うねり溢れる〉⇨溢れるほどの木また木だとかビルまたビルの林立は〈取り囲み〉を思わせ，〈周囲，環境〉を意識させる．
解 環境の意の surroundings は常に複数形で用いる．
例 The enemy forces surrounded us. 敵軍が我々を包囲した． / Japan is surrounded by the sea. 日本は海に囲まれている． / It was hard for me to get used to my new surroundings in Tokyo. 東京の新しい環境に馴れるのは大変だった．

survey [sərvéi]
見渡す，調べる；概説，調査
原 上から(sur) 見る(vey)
イメージ (物事をじっくり)見渡す⇨観察する
解 -vey, -vise, vis-は〈目で見る〉イメージがある：supervise 監督する(⇨上から＋見る) / visit 訪問する(⇨行って見る)
例 His new book surveys how the collapse of the bubble economy affected people's lives in this country. 彼の新著はバブルの崩壊が国民生活に与えた影響を概説している． / The board of education conducted a survey of children's attitudes to violence on television. 教育委員会はテレビの暴力シーンに対する子供の見方を調査した．

survive [sərváiv]
生き残る
原 越えて(sur) 生きる(vive)

[イメージ] 困難を越えて生き続ける
[解] vi-は破裂音で〈生命力〉を感じさせる：live 生きる / vital 活力ある / revive 復活する / vivacious 生き生きとした
[派] survival 生存
[例] Cactuses can survive for many months without rain. サボテンは雨がなくても何か月も生き続ける． / The lorry driver survived the crash. 衝突したが，トラックの運転手は助かった． / He survived the Nazi concentration camps in World War II. 彼は第二次世界大戦の時ナチの強制収容所で生き抜いた． / He was survived by his wife and children. 彼が死んで妻子が残された．◇死亡広告(obituary)で定形の構文． / The soul is often considered to survive the death of the body. 魂は肉体が死んでも生き続けると考える人は多い．

susceptible [səséptəbl]
影響を受けやすい
[原] 下から(sus) 受け入れる(ceptible)
[イメージ] （おずおず受け入れる）⇨（悪い）影響を受けやすい
[関] accept 受け入れる / precept 教訓(⇨前もって+受け入れる) / concept 構想(⇨しっかり+(頭に)入れる) / intercept 横取りする(⇨中で+取る)
[例] The young are susceptible to violence on TV. 若者はテレビの暴力シーンに影響を受けやすい． / It is a universal truth that public officials are susceptible to bribery. 公務員が賄賂に弱いのはどこの国でも同じだ．

suspect [səspékt]
疑う
[原] 控えめに(sus) 見る(spect)
[イメージ] ひょっとすると…だと思う，どうもくさいと思う
[解] doubt は「(提示された事柄に対し)〈…そうではないのでは〉と疑う．suspect は〈…であるらしい〉と疑わしく思う．〈-spect は〈見る⇨判断する〉のイメージがある．
[派] suspicion いぶかり / suspicious 怪しい
[関] respect 尊敬する(⇨再び+見る) / inspect 調べる(⇨中を+見る) / expect 予期する(⇨先を+見る)
[例] I suspect he is in Tokyo. ひょっとすると彼は東京にいるかも知れない． / The world has long suspected that North Korea is developing nuclear weapons. 世界はずっと北朝鮮が核兵器を開発しているのではなかろうかと疑っている． / It was a decision, I suspect, that we will later regret. この決定は後になって後悔することになるのではないかと思う．

suspend [səspénd]
吊るす，一時停止する
[原] 下方に(sus) 吊るす(pend)
[イメージ] 宙ぶらりんにする
[派] suspense サスペンス(⇨はらはら⇨どちらに転ぶか分からない) / suspension 一時停止
[関] depend 頼る(⇨ぶら+下がる) / pendant ペンダント(⇨ぶら下がっている) / pendulum 振り子
[例] The cat can suspend itself from the branches by its tail. その猫は尻尾で枝からぶら下がることができる． / The boy was suspended from school for a week for breaking school regulations. 少年は校則違反で1週間停学になった． / The competitors in the contest were kept in suspense, waiting for the result. コンテストの出場者達は結果の発表を固唾をのんで待っていた．◇宙ぶらりん⇨どちらに転ぶか分からない⇨気をもむ / Oh, don't keep me in such suspense! そんなにもったいつけないでよ．

sustain [səstéin]
支える，こうむる
[原] 下で(sus) 持つ(tain)
[イメージ] 持ちこたえる，(怪我を)負う
[派] sustainable 持続可能な
[例] The cyclist sustained serious injuries in the accident. サイクリストはその事故でひどい怪我を負った．

swallow [swάlou]
飲み込む
[原] 飲み込む
[イメージ] （あれこれと斟酌せず）ぐっと飲み込むこと，(ぐっとがまんして)受け入れる
[解] swa-, swe-, swi-, swo- には〈一気

に，どっと〉の響きがある：swallow ツバメ(⇨すーっと飛ぶ) / swamp どっと押し寄せる / swap さっと交換する / swarm どっと群がる / swash 水をはねかす / swat ぴしゃりと打つ / swat(ter)蝿叩き / sway 身体を振る / swear 思いきり誓う / sweat 汗が吹き出る / sweep さっと掃く / swell 一気に膨れる / swelter 汗だくになる / swerve 急にそれる / swift 即座の / swig 一気に飲む / swill ざあっと水で洗い流す / swim すーっと動く / swimmingly すらすらと難なく / swing さっと振る，さっと動かす / swipe 強打する，かっぱらう / swirl ぐいぐい渦巻く / swish ひゅーっと振る / switch さっと交換する，スイッチをひねる，振る / swivel くるっと回転する / swivel chair 回転椅子 / swoon すーっと気絶する / swoop 急襲する / swot 一気に詰め込み勉強する，ガリ勉する

例 The crow swallowed the worm whole. カラスは虫を丸ごと飲み込んだ． / He swallowed the salesclerk's excuse for not repaying the money. 彼は店員がお金を払い戻さない口実を黙って受け入れた． / A flock of swallows winged across the evening sky looking for insects to feed on. 夕方の空をツバメの群れが餌を求めて飛んでいた．

swamp [swámp]
沼地；水浸しにする，押し寄せる
原 水浸しにする
イメージ 波が襲う⇨あっぷあっぷする(てんてこ舞い)
解 swa-には〈ぐぅい，一気〉の動きが感じられる(⇨ swallow)◇ inundate(水浸しにする，殺到する)と発想が同じ．
例 Dr. Mark Hansen was swamped with offers to speak to Japanese audiences. マーク・ハンセン博士に日本の聴衆への講演依頼が殺到した． / I have been swamped with work this week; I simply can't afford the time to go out with you. 今週は仕事が一杯なのでデートの時間がありません．

swap [swáp]
交換する
原 取り替える
イメージ さっと交換する
解 exchange に比べるとくだけた感じ．
◇ swa-には〈一気〉の動きが感じられる．
例 Can we swap places? 席を入れ替わっていただけますか． / Let's do a swap. 交換しましょう．

swarm [swɔ́ːrm]
群がる；群がり
原 群れ
イメージ ぶんぶん，がやがや(蜂の群がり)
解 swa-には〈どっと〉の響きがある．(⇨ swallow)
例 Can you see bees swarming in the hollow of the tree there? 蜂があの木の胴(うろ)のところに群れているのが見えますか． / A swarm of tourists crowded around the statue. 観光客の群れがその像の周りに寄っていた．

sway [swéi]
揺れる
原 揺れる
イメージ くらーり，くらーりと揺れる
解 草花が風に揺れる(⇨支点は主体の根元にある)のは sway, ブランコが揺れる(⇨支点は主体の上側にある)のは swing. swa-や swi-には〈ぐぅぃー，一気〉の動き・音が感じられる．
例 A flowing sway of the body characterizes the hula dance. うねるような身体のくねりがフラダンスの特徴だ． / They sway their bodies to the rhythm of music. 彼らは音楽に合わせて身体を揺らする． / The treetop was swaying in the wind. 梢が風に揺れていた． / Young people these days tend to be too swayed by fashion. 最近の若者は流行に左右されすぎる嫌いがある． / The tribe held sway over large territories of the district. その部族はその地方の多くの領地の支配力を持っていた．
◇ sway〈左右する力〉

swear [swéər]
ののしる，誓う
原 誓う
イメージ (力をこめて声にして言う)⇨誓う；(ひどい声にして言う)⇨ののしる
解 sw-に〈語気の強さ〉が感じられる．
例 I swear not to tell anyone. 誰にも言わないと誓うよ． / They were shouting and swearing at each other. 彼らは

sweep [swíːp]
さっと掃く
原 さっと掃く
イメージ 一気に端から端までさあーと掃く⇨さーっと覆う⇨さーっと見渡す
解 日本語の「一掃する」と発想が似ている．sw-の音は〈一気の〉響きがある：swift 速い / swipe 強打する，かっぱらう．
例 The plague swept across Europe in 1665. ペストが1665年にヨーロッパ全土に一気に広まった． / Leftists wanted sweeping changes in the nation's way of life. 急進派は国民の生活の全面的変革を望んでいた． / That's a rather sweeping statement. Could you be a little more specific? それはちょっと大雑把な（⇨全体をさーっと見渡した）言い方ですね，もう少し具体的に言ってもらえませんか．

sweet [swíːt]
甘い，気持ちよい，おいしい
原 心地よい
イメージ （気持ちよい）⇨砂糖のように甘い：（気持ちよい）⇨魅惑的な：（気持ちよい）⇨心がやさしい
派 sweeten 甘くする / sweetly 甘く / sweetener 甘味料
例 Saccharin is 400 to 500 times as sweet as table sugar. サッカリンは普通の砂糖よりも400から500倍も甘い． / She is a born singer; her voice is the sweetest. 彼女は歌手に生まれついている．彼女の声はとても魅惑的だ．

swell [swél]
膨れる
原 膨らむ
イメージ ぐんぐん膨らむ，盛り上がってくる
解 swe-は〈ぐうぃ，一気〉の動きが感じられる．
例 Severe chilblains may blister and swell. ひどい霜焼けになると皮膚が水膨れになったり腫れ上がったりする．

swim [swím]
泳ぐ，（頭が）ぼーっとする
原 泳ぐ
イメージ 泳ぐ⇨（頭が泳ぐ）⇨頭がゆらゆらする
解 日本語「泳ぐ」にも〈よろめく，ゆらゆらする〉の意味がある．
例 Then something happened. The world seemed to swim before me. すると何かがおこった．世界が目の前でぐるぐる回りだしたようだった．

swing [swíŋ]
揺れる，振る；ブランコ
原 むち打つ⇨しなう
イメージ （しなう）⇨（ぐいーと）振れる，（ぶらぶら）振れる
解 swing には〈回転〉運動の中心にある〈支点〉の存在が意識下にある．◇swi-は〈しなう〉音が聞こえる：swish しゅっと音をたてる / swirl 渦を巻く / swipe 強打する / switch スイッチを回す
例 The monkeys were swinging on a rope. 猿がロープにつかまってブランコをしていた． / The door swung open and a gentleman came out. ドアがさっと開いて，紳士が出てきた． / The drug party was in full swing when the police burst in. ドラッグパーティーが最高潮の時に警察が踏み込んだ．◇in full swing は〈振れが一杯〉ということで，もし swing（振れ）が零ならぱ〈不振〉いうことになる．

sympathize [símpəθaiz]
同情する，共感する
原 共に(sym) 感じる(pathize)
イメージ 同じ気持ちになる
派 sympathy 同情，共感 / sympathetic 思いやりがある，好意的な / sympathizer 支持者，シンパ
関 pathetic 哀れを誘う / pathos 哀感
例 We all sympathize with you on the loss of your father. お父様を亡くされてご同情申し上げます．

symptom [símptəm]
症状
原 同じように(sym) 起こる(ptom)
イメージ （ある病原に感染すると一様の病状が起こる）⇨症状
解 病気特有の症状があるから病気あるいは病原が特定できることを改めて思わせる語である．
例 She had cold symptoms but went to work. 彼女は風邪の症状があったが出勤した． / Symptoms of social unrest appeared in many parts of China. 中国

各地に社会不安の兆しがみえた.

synchronize [síŋkrənaiz]
同時に起こる
[原] 同じ(syn) 時を持つ(chronize)
[イメージ] 時を同じくする・同時進行する
[例] The academic years of Japan and the United States do not synchronize. 日米の学年暦は異なる. / Let's synchronize our watches. 一斉にみんなの時計を合わせましょう. ◇水中バレエを synchronized swimming と呼ぶがそれぞれが演技を合わせて演ずるからそう言う.

system [sístəm]
方式, 組織
[原] 共に(sy) 置く(stem)
[イメージ] (共に置く⇨合わさったもの) ⇨多くの部分から成り立つ総体・機能体・機能的方法
[解] 多くの器官からなる人体も system の典型.
[関] stand 立つ
[例] He does things without system. 彼は行き当たりばったりで物事をやる. / All this idleness and overeating may be bad for your system. こんなにだらだらして食ってばかりだと身体によくないよ. / Cyanide was detected in a victim's system. 犠牲者の身体から青酸カリが検出された.

T

table [téibl]
テーブル
原 板
イメージ テーブル；(テーブルに)議題として出す；ひとまず棚上げしておく
解 動詞用法の意は、①「議題として出す」(イギリス用法)、②「議題を棚上げする」(アメリカ用法)と正反対である。これはイギリスの場合はあのアーサー王の円卓会議からの伝統でtableと言えば会議を連想するからと思われる。アメリカの場合はtableとはa piece of furniture used for putting things on(ものを置いておく家具 bedside-table, kitchen-table etc.)の連想からであろう。
関 tablet 銘板, 錠剤(⇨小さい板状) / tabloid タブロイド判の新聞(⇨tabletのごとく小さな判に圧縮されている) / tabulate 表にする
例 The bureau of the Census collects and tabulates population statistics. 国勢調査局は人口統計を集め表にまとめる。

tacit [tǽsit]
暗黙の
原 黙っている
イメージ 押し黙っている
関 taciturn 無口な / taciturnity 寡黙 / reticent 無口な(⇨ひどく(re)＋黙った(ticent))
例 His eyes told us that he was giving us tacit consent to go ahead with the plan. 彼の目を見ると計画を続行する暗黙の同意を我々にくれていることが分かった。

tact [tǽkt]
機転, 如才なさ
原 触れる
イメージ (物事・人への)接しかた・手際
関 tactile 触覚の / contact 接触(⇨互いに＋触れる) / contagion 感染(⇨互いに＋触れる) / tangent 接線 / tangible 有形の(⇨触れることができる)
例 You'll need a lot of tact to handle this situation. この状況を切り抜けるには相当の手際よさが要りますよ。

tailor [téilər]
仕立て屋
原 切る(tail) 人(or)
イメージ 体型に合わせて裁断する⇨各人に合うように加減する
関 detail 細部(⇨ばらばらに(de)切る(tail) / retail 小売りする(⇨再び(re)切る(tail))
例 This is a personally tailored (＝a custom-tailored) exercise program. これは個人に合わせた体力強化プログラムです。

take [téik]
取る
原 つかむ
イメージ (手で)つかむ, 連れて行く；(体で)つかむ⇨態度をとる, 体勢をとる；(頭で)つかむ⇨考えを取り入れる；(事が)時間をとる
例 One day Mother took us to Chinatown in San Francisco. ある日、母は僕達をサンフランシスコにあるチャイナタウンへ連れて行ってくれた。◇連れて行く / He was accused of taking a bribe. 彼は賄賂を受けたとして告発された。◇手に入れる / I'm going to take a walk. 散歩にでかけます。◇体勢をとる / He always takes offense at my suggestions. 私が提案すると彼はいつも反論する。◇態度をとる / A mosquito does not have to run to take off. 蚊は助走しなくても飛び立てる。◇take offをいつも「離陸する」で覚えているとこの文は発想できないだろう。off〈さっと離れる〉という体勢をとる(take)ということ。 / It takes Pluto 248 years to circle the sun. 冥王星が太陽を回るのに

248年かかる. ◇時間をとる / Thank you very much for taking the time to show me your facilities. 貴施設の案内に時間をとって頂きありがとうございました. ◇時間をとる / Your health is not something to be taken lightly. 健康は軽々しく考える種のものではない. ◇〜と考える / What do you take this pictograph to mean? この絵文字は何を意味していると考えますか. ◇〜と考える

tale [téil]
物語, 噂
[原] 話されたこと
[イメージ] 作り話
[解] fairy tales(お伽話)などを除いてマイナスイメージになることが多い; an old wive's tale 迷信じみた話 / tell tales out of school 内輪の秘密を漏らす
[関] talk 話す / tell 語る
[例] Whoever tells you tales about other people will tell other people tales about you. 他人の噂をあなたにする人はあなたの噂を他人にする.

talk [tɔ́:k]
話す; おしゃべり
[原] しゃべる
[イメージ] しゃべる
[解] 〈おしゃべり〉なので〈話の内容〉よりも〈しゃべる行為〉を意識させる. 〈しゃべり〉よりも〈内容〉の方を意識する時はtell(語る)を用いる.
[例] The baby is beginning to learn to talk. 赤ちゃんはものが言えるようになってきた. / Stop talking! おしゃべりは止めなさい. / He doesn't talk much. 彼はあまりしゃべらない.

tall [tɔ́:l]
背が高い
[原] 高い
[イメージ] (足元から頭頂までを見て長い)⇨背丈が高い
[解] 類義語 high は頂点に視線を注いで〈仰ぎ見るように高い〉ことを言う.
[例] We have lots of tall oak trees around here. この辺りは高いオークの木がたくさんある.

tame [téim]
おとなしい; 飼い慣らす
[原] 飼い慣らす
[イメージ] 気ままにふるまう動物を飼い慣らす
[派] tamely おとなしく
[例] The monkey is generally active, hardy, and readily tamed. 猿は一般に活動的で, 頑健で, なつきやすい. / Crusoe tamed wild goats. クルソーは野生の山羊を飼いならした.

tamper [tǽmpər]
不正な変更をする
[原] 混ぜる
[イメージ] 勝手にいじる
[関] temper 気分(⇨体液(humor)の混合で決まる)
[例] Someone has tampered with the data in my computer. 誰かが僕のコンピュータのデータをいじっている.

tangible [tǽndʒəbl]
触れて感知できる, 明白な
[原] 触れ(tangi)られる(ble)
[イメージ] (触れられる)⇨(具体的)形のある
[関] tangent 接線の / contagion 接触伝染 / contaminate 汚染する
[例] We have to turn the idea into something tangible. この意見を何か具体的なものにしなければいけない.

tangle [tǽŋgl]
もつれる
[原] もつれあう
[イメージ] (海藻が)もつれあう
[解] tangle は昆布のような海藻を指す.
[例] The string has all tangled up. 糸がひどくもつれてしまった. / A banyan may in time assume the appearance of a very dense thicket as a result of the tangle of roots and trunks. ベンガルボダイジュはやがて根と幹がからみあって深い藪の様相を呈する.

tantamount [tǽntəmaunt]
〜に同等である
[原] 同じほどの(tant) 量になる(amount)
[イメージ] 〜と同じことになってしまう
[解] 望ましくないものと等しくなるの意で多く用いられる.
[関] amount 〜に達する / paramount 最高の
[例] Such a statement would be tantamount to admitting adultery. そのよう

な言い分は不倫を認めるのと同じになってしまう．

tap [tǽp]
蛇口，栓；栓を抜いて出す
原 栓
イメージ 溜まっているものを取り出す
例 We found that our telephone had been tapped. 電話が盗聴されていたことが分かった．／ They tap the rubber from the trees. 彼らは樹からゴムを抽出する．／ I think I can tap my father for another $100. 父からもう100ドル無心できると思うよ．

taper [téipər]
先細る
原 先細りのロウソク
イメージ だんだん細くなっていく
例 Membership of the club has tapered off recently. クラブの会員数がだんだん減ってきた．

target [tá:rgət]
目標，的(まと)
原 盾(targ) 小さい(et)
イメージ 標的；標的にする
例 Terrorists target America. テロリストはアメリカを狙っている．／ The company's production target for next year is a quarter million vehicles. この会社の来年の生産目標は25万台である．

tarnish [tá:rniʃ]
あせさせる
原 曇らせる
イメージ 輝きをなくす
例 I will put my heart and soul into sumo so as not to tarnish the title of yokozuna. 横綱の名を汚さないよう努力精進します．

task [tǽsk]
務め
原 (義務としての) 仕事
イメージ 課せられた仕事
関 tax 税
例 Answering letters in a foreign language is quite a task. 外国語で返事を書くのはけっこう負担になる．

taste [téist]
味，好み；味がする
原 触れる
イメージ 舌への感触；心・気持ちへの感触

派 tasteful 趣味がいい／ tasty おいしい
関 touch 触れる
例 I've got a cold, so I can't taste what I'm eating. 風邪を引いているので食べ物の味が分からない．／ She is a bit religious, overly so for my taste. 彼女は少し宗教がかっており，私の感触では少し過ぎている．／ He was a scholar and had little taste for politics. 彼は学者で政治には肌が会わなかった．

tax [tǽks]
税，負担；税を駆ける，負担をかける
原 押し付ける
イメージ 税を押し付ける，負荷を押し付ける
解 ta-には〈接触〉を感じさせる語が多い：tab 付け札／ tack びょうで留める／ tackle タックルする／ tacky べとつく／ tact 機転，如才なさ(○接し方がうまい)／ tactful 駆け引きのうまい／ tag 付け札／ tangent 接する／ tangible 触れることができる／ tap 軽く叩く／ task 務め(○押し付けられる)／ taste 味覚(○舌に付けて感じる)
例 Exercise using weights will tax the muscles and stimulate growth. ウェイトを用いた運動は筋肉に負荷を与え成長をうながす．／ The job is very taxing to me. その仕事は私には重荷だ．

tear [téə]
引き裂く；裂け目
原 裂く
イメージ 布や紙をバリーと引き裂く
例 The child tore the wrapping off to find his birthday present. 少年は包みを引き裂いて誕生プレゼントを確かめた．／ There's a small tear under the arm of your shirt. シャツの腕の下側に小さなほころびがある．

tease [tí:z]
いじめる，からかう
原 じらす
イメージ (人の気持ちを)つついてからかう
例 My breasts are so big, all the guys at school tease me about them. 私の胸はとっても大きいので学校の皆がからかうの．

technically [téknikli]

技術的に，専門的に
原 技術，技
イメージ 技術的に，専門的に，規則上
解 この語からはテクニックの印象が強いので以下のような「規則上」の意味を持つ用法には注意したい．
例 Child abuse is technically punishable by death in Vietnam, but sentences passed by local courts do not normally exceed seven years in prison. 幼児虐待はベトナムでは法律上は死刑だが，各地の裁判所の求刑では7年の実刑を越えることはあまりない． / The President claims he hadn't technically perjured himself. 大統領は法律上は偽証していないと主張している．◇ある通訳者はこれを「技術的に」とオウム返し的に訳していた．◇ボクシングでtechnical knockoutというがこれはダウンした相手が立ち上がれないわけではないがノックアウトの規則による(たとえば1ラウンド内で3回のダウン)KO勝ちを言うのであり，「技術的」の意ではない．

teem [tí:m]
充満する
原 子を産む
イメージ 子だくさん⇨うようよ
例 A forest teeming with birds is pleasant to walk in. 小鳥がたくさんいる森を散歩するのは楽しい．

tell [tél]
伝える，言いつける
原 物語る
イメージ ある事柄の内容について語る
解 tellは話す内容を強く意識するので他動詞的であり，音声を必ずしも伴わない．talkは話す動作そのものを描写しているので自動詞的であり，音声として響く．tellは〈語る〉，talkは〈しゃべる〉．
関 tale お話
例 I could tell that John was lying because he turned away while he was speaking. ジョンは顔をそむけて話したので嘘を言っていることが分かった． / Tell me about the two of you.—There's nothing to tell. 2人のことについて話して下さい．—話すことは何もありません． / Employees are expected to do exactly what management tells them. 雇用人は経営者の言う通りにやるものだと思われている． / I can hardly tell how old Western people are. 私は(容貌から)西洋人の年齢を判断しにくいです． / He had already been told, so our comments were superfluous. 彼はもう報告を受けていたので，我々の説明は要らなかった．

telling [téliŋ]
効力が十分である
原 ものを言う
イメージ ものを言う⇨影響力がある
例 A high incidence of lung cancer among smokers was a telling argument against smoking. 喫煙者に肺癌が多いことは喫煙反対の有力な論拠となった．

temper [témpər]
気分，腹立ち；和らげる
原 加減よく混ぜる
イメージ (様々な要素が混ざり合って生じる)加減・気分；(混ぜて)和らげる，程よくする
解 気分はさまざまな感情，気質(古来hot, cold, dry, moistの4つの気質があると言われた)の配合の結果としてあるもの．dispositionが〈配分〉と〈気質〉の意を持つのは底流に同じ発想がある．
派 temperament 気性 / temperance 節制，節酒 / temperate 穏やかな◇寒帯(the frigid zone)，熱帯(the tropical zone)は極端な気候帯，温帯(the temperate zone)は程よい気候帯．
例 She is in a bad temper for some reason. 彼女は今なぜか機嫌が悪い(⇨感情の加減がとれていない)． / He is quick to lose his temper. 彼はかんしゃくをすぐ起こす(⇨感情の加減をすることができなくなる)． / The political temper of the times favored the farmers. その時代の政治的流れが農民達に味方した． / He seems to have a very even temperament. 彼はとても穏やかな気性(⇨安定した感情の加減)のようだ． / You should be temperate in drinking. お酒はほどほどにしなさいよ(⇨いい加減にしなさいよ)． / I believe in temperance in everything. 何事も節度が大切だと思う． / Who founded the temperance society? 誰が

その禁酒協会を発足させたのですか。◇この文脈では酒の完全な節制の意になる。／ The burdens of grief will be tempered by the passage of time. 悲しみの重みは時の流れと共に和らぐであろう。／ The extreme heat is greatly tempered by the steady sea breeze. 猛暑は絶えず吹く海風によって大いに和らげられる。

temperature [témpərətʃuər]
温度
原 加減（増えたり減ったり）するもの
イメージ （寒気と暖気の混ざり具合できまる）温度
関 temper 気分（◇上がり下がりする）
例 The temperature is quite low at night. 夜間は気温がかなり低い。／ The average body temperature of a human being is 98.6F. 人の平均体温は98.6度Fである。

temporal [témpərl]
現世の
原 時(tempor) の(al)
イメージ 刻々と進むこの時
解 時を人間が感じるのは刻々と刻々とテンポ(tempo)が原点であろう。刻々と言えば、時計以前では、刻々と脈打つこめかみ(temple)であった。
例 One shouldn't seek only temporal happiness. 刹那の幸福のみをを求めてはならない。

temporary [témpəreri]
一時的な
原 時(tempor) の(ary)
イメージ 現時だけの⇨一時の
例 This is our temporary office. これは仮の事務所です。

tempt [témpt]
誘惑する
原 触れる
イメージ （触れる⇨試みる）誘惑する
派 temptation 誘惑
例 Young people are easily tempted into a life of crime. 若者は悪の世界に染まり易い。／ That cake looks really tempting. あのケーキ本当によだれが出そうだわ。

tenacious [tənéiʃəs]
固執する
原 しっかりつかんでいる
イメージ しっかり握って離さない⇨固執する、粘り強い
解 ten-には〈手を伸ばしてつかむ〉イメージがある。
派 tenacity 固執、粘り強さ／ tenaciously 粘り強く
関 tenable 維持できる／ tenure 保有権／ tenant 借家人（◇保有する人）
例 False ideas one may get in one's early training are apt to be so tenacious that one can't get free of them in later years (= We tend, even as grown-ups, to hold on tenaciously to the false ideas we acquired as children). 若い時受けた教育で間違った考えを持つと後になってもなかなか払拭しにくい。／ A tenacious memory is an asset. 記憶力がいいことは財産だ。

tend [ténd]
傾向がある、世話する
原 張り出す
イメージ （へ向かう）⇨傾向がある；（気を向かわせる）⇨気を配る
派 tendency 傾向
関 attend 出席する、世話をする／ contend 戦う（◇共に＋張り合う）／ tendril 巻髭（◇張りつく）／ tent テント（◇張ったもの）◇10を表わす ten も両手の指を全部伸ばし切った感じからであろう。
例 He tends to get angry when he is criticized. 彼は批判されるとかんしゃくを起こす傾向がある。／ She tends to wear clothes that are inappropriate for school. 彼女は学校へ行くにはふさわしくない服を着る傾向がある。／ When young, I tended cows. 若い頃、牛の世話をした。◇attend の短縮形

tender [téndər]
提出する；やさしい
原 伸ばす
イメージ （手を伸ばす）⇨差し出す
解 tender には形容詞で〈柔らかい、こわれやすい、やさしい〉のイメージがあるがこれは物が伸びた状態（たとえば若枝がすーっと伸びた様子）は薄くて、ひよわになる感じが生まれることを連想すればよいだろう。
派 tenderly やさしく／ tenderness 柔らかさ
例 After the scandal the Minister had

to tender his resignation. スキャンダルで大臣は辞表を出さねばならなかった。/ My mother had to start living apart from her parents at the tender age of five. 母は5歳の幼い時に親と別れて暮らさなければならなかった。/ The tenderness of meat depends on the amount of juice retained during cooking. 肉の軟らかさは料理の時に汁がどれほど保持されているかに左右される。/ The doctor examined the lower back for any sign of kidney tenderness. 医者は腰の下部を腎臓に痛みを感じないか調べた。This bruise is tender. (打撲の)傷がまだ癒えていない(◇さわると痛い)。

tenor [ténər]
趣旨, 進路
原 保持する
イメージ (保持する一定の)筋道, (一貫した)趣旨, 大意
解 音楽のテナーも一定の音域を維持するからそう言う。
関 tenacious 粘り強い(◇保持し続ける) / tenant 借家人(◇金を払って住居を保持する人) / tenure 保有権
例 The accident upset the even and peaceful tenor of his life. 事故によって彼の平穏な人生行路はひっくり返ってしまった。/ I failed to get the tenor of his lecture. 彼の講演の趣旨がつかめなかった。/ He sings tenor in a quartet. 彼はカルテットでテナーを受け持っている。

tense [téns]
張りつめた
原 ぴんと張った
イメージ 緊張した
解 ten- に〈張り, 緊張〉がイメージされる。
派 tension 緊張
例 I was so tense before the night of the recital that I couldn't sleep. リサイタルの前の晩は緊張で眠れなかった。/ Nightmare may occur in times of severe tension. 悪夢は非常な緊張状態の時に見ることが多い。/ Nixon eased the tension that had existed for years between the US and Russia. ニクソンは米ソ間の長年の緊張関係を緩和した。

tentative [téntətiv]
試験的な, 仮の
原 試験的な
イメージ とりあえずの, 一時的な
解 tent- には〈張る, 伸ばす〉の意があり, 〈(手を)伸ばす ⇨ 触れてみる ⇨ 試みる〉の意味合いが生まれている。
関 tentacle 触手, 触角, 触毛
例 The proposal is tentative, subject to change later. この案は一応のもので, 変更になることもある。

term [tə́ːrm]
期間, 条件, 用語
原 範囲を限る
イメージ (時間の長さを限る) ⇨ 期限, 学期; (状況の在り方を限る) ⇨ 条件, ある関係; (意味の範囲を限る) ⇨ 用語, 専門語
解 キイとなる概念は〈限る〉である。
関 determine 決定する(◇範囲を+はっきりする) / exterminate 根絶する(◇区切り+出す) / terminate 終結する / terminology 用語法
例 The president's term of office expires next January. 大統領の任期は来る1月で切れる。/ On what terms are you going to be hired? どういう条件で働くのですか。/ You need some knowledge of legal terms to read this novel. この小説を読むには少し法律用語を知っていないとだめだ。/ The term, velvet, derives from the Middle French velu, "shaggy." ベルベットという単語は中世フランス語のもじゃもじゃの意味の velu に由来している。

terminal [tə́ːrmənl]
終わりの, 末期の; 終着駅
原 終わり(term) の(al)
イメージ (死に至る病の)末期; 交通の終点
例 He has terminal cancer. 彼は癌の末期である。/ He works in an office at the terminal station. 彼は終着駅にある事務所で働いている。

terminate [tə́ːrməneit]
終える, 限る
原 境界・終わり(term) にする(ate)
イメージ そこまでで終わりとする, これから先はだめとする

例 Doctors may terminate a pregnancy when the life of the mother is at risk. 医者は母親の命に関わるときは中絶することもある．

terrace [térəs]
台地，(石やレンガなどを敷きつめて造った)テラス
原 台地
イメージ 盛り上げてならした土地，段々畑
関 territory 領土，領域
例 The farmers have terraced many hills to provide more fields for growing rice. 農夫たちは多くの丘陵をならして稲を育てるための耕地を増やした． / The Chinese call the island Taiwan, meaning terraced bay. 中国人はこの島を台湾と呼ぶ．それは湾から盛り上がった台地という意味である．

terrify [térəfai]
恐れさせる，おびえさせる
原 恐怖(terri)にする(fy)
イメージ 身震いを起こす
解 terror(恐怖)は tremor(震え)，tremble(身震い)を引き起こす．
派 terror 恐怖 / terrible 恐ろしい
例 We got terrified at the revelation of what went on in the Nazi concentration camp. ナチの強制収容所で行われたことを知って人はぎょっとした．

testament [téstəmənt]
遺言，聖書，証
原 証言する(testa)こと(ment)
イメージ ことばが本当であるとする証 ⇨ 契約
解 the Testament(聖書)は神と人間の間の契約書の意味．遺言は普通，will を用いる．
関 testicle 睾丸(⇨男であることを証明するもの)
例 His new novel is a testament of his great talent in literaturre. 彼の新しい小説は彼の大きな文学的才能を示すものだ．

testify [téstəfai]
証言する
原 証言(testi)する(fy)
イメージ 言われていることが事実であると言う
例 I can certainly testify that prices have gone down because when I recently bought an air ticket, it was much cheaper than even two years ago. 物価が下がったことは確かであると言えますよ．先日航空券を買ったのだけど，2年前と比べてもうんと安かったよ． / An accomplice testified against the murderer. 共犯者の1人は殺人犯に不利な証言をした．

text [tékst]
本文，原文，教科書
原 組む・編む
イメージ (文章を編む)⇨本文，テキスト
関 context 文脈(⇨共に＋編む) / pretext 口実(⇨前もって＋編んでおく) / texture 生地，手触り / textile 布地
例 This paper has 10 pages of text and 2 pages of illustrations. この論文は本文が10ページと図表が2ページです．

texture [tékstʃər]
織り目，手触り
原 編み上げたもの
イメージ 編み目のあや ⇨ 手触り
例 I can still remember the texture (= the feel) of the paper in the first novel I ever got from a library. 初めて図書館で借りた小説のページの感触を今でも覚えている． / Some diseases may cause changes in the texture of the hair. 病気の中には髪質を変えてしまうものがある．

thank [θǽŋk]
感謝する；感謝，お陰
原 心から思う
イメージ 感謝する
解 thank と think は同系語．◇名詞用法は thanks と複数形で用いる．決まり文句 Thank you. は I thank you. と言っていたのが短縮されたもの．
派 thankful 嬉しく思う / thankfully ありがたいことに
例 How are you, David?—Much better, thanks (=thank you). 体調はどう？—うんとよくなったよ．◇thanks の方がくだけた感じ．

thick [θík]
厚い，太い，濃い，密な
原 厚い

thin [θín]
薄い，細い，やせた
[原] 引き伸ばされた
[イメージ] (引き伸ばされて)薄くなった，希薄でまばら；薄くする
[派] thinner シンナー(⇨ペンキなどを薄める) / thinly 薄く
[例] I'd like to have the bread sliced thin. パンは薄く切って下さい． / His hair is getting thin. 彼は髪が薄くなってきた． / The interior of the continent is only thinly (=sparsely) settled. この大陸の奥地はほんのまばらにしか人が定住していない．

thing [θíŋ]
物，物事
[原] 集会で話し合う物事
[イメージ] (具体的)物，(抽象的)物事
[解] things ⇨物事＋物事＋物事＝周りの事情，様子◇ the thing 肝心なこと(⇨議題にすべきこと)
[例] Handle those things with care; they are very fragile. それらは丁寧に扱ってね．とても壊れやすいから． / In golf, the thing is to get a low score. ゴルフでは低いスコアをとることが目的だ． / He didn't say a word to me.—Er . . . the thing is . . . he's afraid of you. 彼は私に何も言わなかったぞ．—実は…彼はあなたが怖いのよ．

think [θíŋk]
思う，考える
[原] 〜ように見える
[イメージ] (見える)⇨思える⇨判断する⇨考える
[解] 定訳の「思う」は〈物思う・想う〉で情的であるが，think は道理を働かせた知的判断で，〈〜と考える〉．
[例] I think he is wrong. 彼は間違っていると考えます． / Why is it?—Well, I have to stop and think. 何故そうなの．—えっと，ちょっと考えさせて． / We have to teach children to think for themselves. 子供に自分で考えることを教えないといけない． / Who do you think is going to be elected? 誰が選ばれると思いますか．

thorough [θə́ːrou]
完全な，徹底的な
[原] 突き抜ける
[イメージ] 貫き通す
[解] through(〜を貫いて)と同系語．
[派] thoroughly 徹底的に
[関] thoroughbred 純種種の(⇨純血を貫いている)
[例] A thorough analysis of the cause of these crimes is needed. こういった犯罪の原因の徹底した分析が必要である．

thought [θɔ́ːt]
考え，思想
[原] 思慮
[イメージ] 考え込む，考え
[派] thoughtful 思慮深い，考え込んだ
[例] I'm sorry to have put you to so much trouble.—That's OK; don't give it a thought. ご迷惑かけてごめんなさい．—なんでもないですよ．深く考えないで下さい． / You look very thoughtful; what are you thinking about? ひどく考え込んでいるようだけど，何考えてるの． / His most important works are his thoughtful and finely written essays on the arts. 彼の一番重要な作品は芸術に関する良く考えて見事に書かれたエッセイである．

threat [θrét]
脅迫，脅威
[原] 押しつける
[イメージ] 威圧
[解] thr- は音韻的に〈ぐっと押し付ける〉響きがある：thresh 脱穀する(⇨稲を押し付ける) / thrust ぐいと押す / throng 群がる(⇨押しかける)
[派] threaten 脅す / threatening 脅迫的，荒天になりそうである
[例] The man threatened me with a knife. 男はナイフで私を脅した． / My mom was threatening to take me to a psychiatrist if I didn't stop crying 母さんは僕が泣くのを止めないと，医者に連

れて行くよと脅しをかけていた． / We mustn't give in to any threat. どんな脅しにも負けてはいけない． / It is threatening. 天気が荒れ模様だ．

thrifty [θrífti]
倹約する
原 ぐっと握った
イメージ （ぐっと握る）⇨（上手に倹約する）⇨やりくり上手な
例 My wife is thrifty. 妻はやりくり上手だ．

thrill [θríl]
ぞくぞくさせる；ぞくぞく
原 突き刺す
イメージ （強い刺激は心に突き刺さる）⇨心をわくわくさせる
派 thriller 怪奇小説 / thrilling わくわくさせる．ぞっとさせる
関 through〜を貫いて
例 It was always a thrill when the family went on summer vacation. 家族で夏のバケーションに出掛けるのはいつもわくわくすることだった． / Her victory in the marathon in the Olympic games thrilled the whole nation. 彼女のオリンピックのマラソンでの優勝は全国民を熱狂させた．

thrive [θráiv]
栄える
原 ぐっと握る
イメージ （資産を握り込む）⇨（事業が）繁栄する，（植物が）繁茂する
関 thrift 倹約（⇨握る）
例 Coconut groves thrive throughout the island. ココナッツの森が島全体に茂っている． / Rotterdam developed into a thriving port. ロッテルダムは港町として栄えるようになった． / Business in general may be bad these days, but pachinko-parlors are thriving all the time. 最近は全般に不景気なのにパチンコ屋はいつも繁盛している．

throng [θrɔ́(ː)ŋ]
群がる；群集
原 詰め込む
イメージ 蜜蜂の群がり
例 Throngs of shoppers crowded in the food department. 食料品売り場は買い物客で一杯だった． / The streets were thronging with Christmas shoppers. 通りはクリスマスの買い物客で溢れていた．

through [θrúː]
貫いて，ずーっと，通じて，終わって
原 貫いて
イメージ 通じて⇨通り抜けて⇨終わって
派 throughout 至る所で
例 Tahiti gained worldwide fame as a tropical paradise through the works of many artists and writers. タヒチは多くの画家や作家の作品を通して熱帯の楽園として世界的に有名になった． / I'm halfway through the book. 本を半分読んだところだ． / Mozart's music is known and admired throughout the world. モーツアルトの音楽は世界中で知られ，賞賛されている．

throw [θróu]
投げる，パーティを開く
原 投げる
イメージ さーっと投げる
例 Camilla threw a 50th birthday party for Prince Charles. カミーラさんはチャールズ皇太子のために50歳の誕生パーティを開いた．

thrust [θrʌ́st]
押し付ける
原 押し込む
イメージ くいーっと押し込む
解 th-は〈物と物が擦れ合うときの音〉がイメージされる；thicket 薮（⇨木々が擦れ合う） / thrash むちうつ（⇨むちと空気の摩擦） / thread 糸（⇨よじる時の摩擦） / throb 鼓動する / throng 群れ / throttle 咽を絞める / through 通じて（⇨貫通するときの摩擦） / thwart 妨げる（⇨横切る）
関 obtrude でしゃばる（⇨〜に＋押し付ける） / intrude 押し付ける（⇨〜に＋押し付ける） / threat 脅迫（⇨押し付け）
例 Sara thrust her hands into her pockets and walked on in the chill wind. サラはポケットに両手を突っ込み冷たい風の中を歩いて行った．

tide [táid]
潮，潮流
原 時の流れ
イメージ 波長の長い時のうねり⇨風潮；潮のうねり

[解] 原義のまま使われている諺に Time and tide wait for no man.(歳月人を待たず)とか Christmastide(クリスマス)とか eventide(夕暮れ時)がある．◇昔は太陽や月の他に，潮の干満に時の移りを強く感覚したはずである．

[関] betide 起こる / tidy こぎれいな(⇨折よい)

[例] It's wise to go with the tide. 時勢に従うのが賢明だ．/ The tide turned in our favor toward the end of the game, and we won. 最後に形勢が味方して試合に勝った．/ I need fifty dollars to tide us over till payday. 給料日まで50ドルあれば凌げる．◇ tide over は〈やりくりして窮地(波の山)を乗り越える〉イメージ．

tidy [táidi]
整然とした，なかなかの

[原] 時(=tide) を得た(y)

[イメージ] (時がよい⇨旬(しゅん))⇨充実した⇨整った

[解]「鬼も十八，番茶も出花(⇨どんな器量の女も，娘盛りには美しく見える)」を連想させる．

[例] You should keep your room neat and tidy. 部屋をきちんときれいにしておきなさい．/ Classifying ethnic groups in Africa according to language affinities was a very tidy method. アフリカの民族を言語の類似性によって分類するのはとてもしっかりした方法であった．

tie [tái]
結ぶ；同点になる

[原] 引く

[イメージ] (引いて)しばる；引き分ける，タイにする

[解] draw に〈引く＋引き分ける〉の意味合いがあるのと同じ発想である．

[派] untie ほどく

[関] tug ぐいと引く / tow ロープで引く / team チーム(⇨元来は荷を引く馬や牛の群れを指していた) / teem 溢れる(⇨子をたくさん子宮から引き出す)

[例] Would you tie up the old newspapers in bundles? 古新聞をしばって束にしてくれますか．/ McGwire tied Roger Maris for most home runs in a season. マグワイア選手はシーズン最多本塁打でロジャー・マリスに追いついた．/ Traditionally, family ties are very strong in Korea. 昔から韓国では家族の結び付きが強い．

tight [táit]
きつい，ぴんと張った

[原] ぎっしり詰まっている

[イメージ] ぎっしり詰まって隙間がない；(ぎっしり詰まると)圧迫を受けて余裕がない

[派] tighten きつくする

[例] Sleep tight! ぐっすりおやすみ！ / It is difficult living on my tight budget. I must decide carefully what I want to buy. 逼迫した予算でやっていくのは大変だ．買いたいものを慎重に決めないといけない．

till [tíl]
耕作する；〜まで

[原] 耕す

[イメージ] (ある地点まで耕す)⇨耕す；〜まで

[例] Farmers live by tilling the soil. 農夫は土地を耕して生活している．/ He worked till eleven o'clock most nights. 彼は大抵夜11時まで勉強した．

time [táim]
時間，回

[原] 区切られた時

[イメージ] 刻々と刻む時間

[例] She couldn't find time to care for her children. 彼女は子供達の世話をする時間がなかった．/ Thanks for making time for me today. 今日はお時間を取って頂いてありがとう．/ The force of the gravity on the moon is six times weaker than that on the earth. 月面の重力は地球の6分の1である．/ There are about 500,000,000 sperm in each ejaculation, or twice the population of the United States. 一度の射精の精子の数は約5億で，これはアメリカの総人口の2倍にあたる．

tip [típ]
チップ，先端；傾ける，軽く打つ

[原] 先端

[イメージ] 先端⇨ぱっと触れる；(先端が重くて)傾く

[解] top と同系語；tip(先端)⇨ tipsy(ほろ酔いの⇨足がふらつく)と top(頂き)

⇨ topple(ぐらつく)はいずれも，頭部に重量がかかりすぎてバランスを崩すイメージがある．

例 Christmas trees with straight trunks that have a single tip will be rated "first class." 幹が真っ直ぐで先端が1つのクリスマスツリーは第一級に格付けされる． / I tipped some of the coffee into my plate by mistake. コーヒーを傾けて皿に少しこぼしてしまった． / The customary tip for a waiter or waitress in the United States is 15% (=It's customary to tip a waiter or waitress 15%). アメリカでは，15％のチップが慣例だ．

tire [táiər]
疲れる，疲れさせる
原 止める
イメージ （動きが止む）⇨活気を失う
派 tiresome やっかいな（⇨疲れ＋気味の）
例 As you tire, your running form breaks down. 疲れてくるとランニング・フォームがくずれる． / We tire easily in old age. 歳をとると疲れやすくなる．

to [túː]
〜へ，〜まで
原 〜へ，〜まで
イメージ 到達先を示す
例 I got wet to the skin. びしょ濡れになった．◇肌まで / He drank himself to death. 飲み過ぎて死んだ．◇死ぬまで / It is ten to five. 5時10分前だ．◇5時まで10分

together [təgéðər]
一緒に
原 〜へ(to) 集まり(gether＝gather)
イメージ 一緒に集まって
関 gather 集める
例 Let's sing together. 一緒に歌いましょう．

toil [tɔ́il]
苦労；苦労する
原 捻る
イメージ （捻る）⇨身体を捻られるような辛い思いをする
例 Irrigating a field required months of toil in the hot sun. 畑に水をやるのは炎天下で何か月もかかる辛い仕事であった． / We toiled up the steep path that wound around the mountain. 私たちは山の中をうねっている険しい道をあえいで登った．

token [tóukn]
標(しるし)，記念品，トークン(代用コイン)
原 標
イメージ 気持ちや価値を示す代用品
例 I gave her a bunch of flowers as a token of my thanks. 感謝の標に彼女に花束を贈った． / You must buy a token to use the subway in New York. ニューヨークの地下鉄を利用するにはトークンが必要だ．

toll [tóul]
通行料，代償
原 支払い
イメージ 支払うべき代償
例 You must pay a toll to drive across this bridge. この橋を渡るには通行料を払わないといけない． / Few of us could imagine the emotional toll taken by his terrible experience. 悲惨な体験が引き起こした彼の精神的苦痛はなかなか想像し難い．

tongue [tʌ́ŋ]
舌，ことば
原 舌
イメージ 舌；(舌から発する)ことば
解 英語では tongue は発声器官としてのみ捉える．日本語では発声器官（たとえば，「舌がよく回る」）および 味覚器官（たとえば，「舌が肥えている」）の両方で捉える．英語では，味覚を表わす器官は palate(口蓋)である．生理学的にも味覚は舌だけでなく口蓋や喉の奥まで存在するので理に適っている：Spicy food suits my palate. (辛い食べ物が僕の口に合う)
例 His name was on the tip of my tongue, but I couldn't quite recall it. 彼の名前は出かかっていたのだがどうしても思い出せなかった． / That woman seems gentle but has a sharp tongue. あの女性は穏やかそうだが物言いがきつい．

too [túː]
また，その上，非常に
原 to の強調

イメージ さらに〜へ；十分すぎる
例 Nice to meet you.―Nice to meet you, too. お会いできて嬉しいです．―私も嬉しいです． / I am never too busy to meet with a person like you! あなたのような人に会うのに忙しすぎるなんてことはありません．

tool [túːl]
道具
原 道具
イメージ 目的を達成するための道具・手段
例 Terrorism is the tool of cowards. テロは卑怯者の使う手段である． / Education gives us the tools of success in life. 教育は人生を成功させる道具を与えてくれる．

tooth [túːθ]
歯
原 歯
イメージ 歯
解 歯に関する言い方：deciduous(＝baby / milk / primary)teeth 乳歯 / permanent teeth 永久歯 / a decayed tooth(＝a cavity)虫歯 / fill a cavity 虫歯を詰める / crown a tooth 歯に冠を被せる / buck teeth 出っ歯 / dental checkups 歯科検診
派 teethe 歯が生える / toothache 歯痛 (⇨歯＋痛み)
例 I had a wisdom tooth pulled (out) this morning. 今朝親知らずを抜いた． / Babies begin to teethe at about 6 to 9 months of age. 赤ん坊は生後6〜9か月で歯が生え始める．

top [táp]
頂上部，トップ
原 頭頂
イメージ 一番上の部分(平たかったり，尖ったりしている)；先頭
関 topple ぐらつく (⇨ top(上部)が重くてぐらぐらする)
例 There are new scratches on the top of the table. テーブルに新しい傷ができている．◇平たい上部 / There is an eagle at the top of the tree. 樹のてっぺんにワシがとまっている．◇尖った上部 / She was at the top of her class last semester. 前学期は彼女はクラスで一番だった．◇先頭．

topple [tápl]
ぐらつく，くずれる
原 頭でっかち
イメージ (top(てっぺん)が重くて)ぐらぐらする⇨倒れる
関 top てっぺん
例 The storm, accompanied by high winds, toppled lots of trees. 強風をともなった嵐がたくさんの樹を倒した．

torment [tɔ́ːrment]
苦痛；苦しめる
原 捻り曲げる
イメージ (身体を捻り曲げる)⇨苦痛を与える
解 元来は torment＝instrument of torture(拷問の道具)の意であった．
例 The constant threat of death tormented them to near madness. 絶えず襲う死の恐怖は狂うほどに彼らを苦しめた． / The torments of Hell are supposedly intolerable. 地獄の苦しみは堪え難いものであろう．

torture [tɔ́ːrtʃər]
拷問；拷問にかける，苦しめる
原 捻り曲げる(tort) こと(ure)
イメージ (身体を捩じ曲げるがごとく)苦しめる
関 torment 苦しめる / distort ゆがめる(⇨離す＋捻る) / retort 言い返す(⇨反＋捻る)
例 Torture was practiced during witchcraft trials. 魔女裁判の時拷問が行われた． / He who tortures others is himself likely to die a violent death. 他人を苦しめる者は自身が非業の死を遂げるだろう．

touch [tʌ́tʃ]
触れる，心を打つ；感触
原 トンと叩く
イメージ ものに触れる，手を出す；(心に触れる)⇨喜び，悲しみ，同情などを起こす；(醸し出される)雰囲気
派 touched 感動して，気が触れて(⇨日本語でも気が触れると発想する) / touchy 神経過敏な(⇨触れるとすぐに反応を起こす)◇トンと叩く時に出る音を toc や tock で表わす：toccata トッカータ(ピアノ・オルガン用の華麗で急速な前奏曲) / tocsin 警鐘
例 She touched the keys of the piano

lightly. 彼女はピアノ(の鍵)を軽く叩いた． / Visitors are requested not to touch the exhibits. 展示品に手を触れないで下さい． / He never touches alcohol(women). 彼は酒(女性)には決して手を出さない． / I was deeply touched by his story. 彼の話に感動した． ◇意気が上がったのか，しんみりしたのかは文脈による． / The moment of his record-breaking 62nd home run touched millions of baseball fans. 彼が新記録となる62号ホームランを打ったとき何百万ものベースボールファンが感動した． / Soldiers opened fire, touching off a gun battle. 兵士らは発砲を始め，銃撃戦になった． ◇touch off＝触発する / The news of their victory touched off a wild night of merrymaking in the town. 勝利の知らせに町はその夜一気にお祭り騒ぎになった． ◇touch off は文字通り〈触＋発〉で発想が同じ．off には〈はじける／飛び出す〉のニュアンスがある． / With Christmas decorations, every room in our house had a touch of the season. クリスマスの飾りで，家のどの部屋も時節の雰囲気があった．

tough [tʌ́f]
固い，不屈な，困難な
原 しっかり固まっている
イメージ しつこくてなかなか壊れない，攻略しにくい⇨骨が折れる
解 肉が固くて噛みきれない時 tough という．hard はかちかちに固いこと．
派 toughen 頑健にする / toughness 頑健
例 Becoming a rock and roll star is tough everywhere, especially in Japan. ロックンロールのスターになるのはどこでもなかなか大変であるが，日本においては特にそうである． / It's tough being a man. 男はつらいよ．

tour [túər]
旅行；旅行する
原 回転盤
イメージ （ぐるぐる回る）⇨あちこち巡る
関 turn(回る) / detour 迂回(⇨それて＋回る) / tournament トーナメント(⇨相手が順々に巡ってくる) / contour 等高線(⇨同じ高さをぐるっと巡る) / tourniquet 止血帯(⇨腕や脚にぐるぐる巻く)
例 We made (=went on) a tour of Europe (=we toured Europe) for our holidays. 休暇にヨーロッパ巡りをした．

tow [tóu]
引いていく
原 引く
イメージ 船や車両を引っ張る
関 tug 引っ張る
例 A tugboat is designed to tow barges and large ships. タグボートははしけや大きな船を引っぱるように造られている．

toward(s) [təwɔ́ːrd]
～の方へ
原 ～に(to) 向けて(ward(s))
イメージ ～の方へ；～の頃
解 space(空間)の描写で time(時)を表わす；to は〈到達点〉を示すので時間にしてもはっきりした時点〈～何時まで〉を示すが，towards は〈方向〉を示すので時間についても〈～にかけての頃〉のように少しぼやける．
例 The thief ran toward(s) the railway-station. 泥棒は駅の方へ走って行った． / I'm coming home toward(s) the end of this month. 今月末ごろ帰国します．

tower [táuər]
塔；高くそびえる
原 塔
イメージ 塔；高くそびえる
派 towering そびえるような
例 In junior high, many girls tower over the boys at school dances. 中学生時代はダンスの時に女の子が男の子を見下ろすことが多い．

town [táun]
町，都会
原 囲み
イメージ （囲まれた所）⇨人の住む町
解 God made the country, and man made the town. (神が田舎を創り，人間が町を作った)と言う諺にあるように town〈人間の生活，活動〉は country〈田園，静か〉と対照的意味合いを持つ．
例 In New England, towns are granted powers that are granted only to counties elsewhere. ニューイングラン

ドでは他のところなら国にしか与えられないような権力を町に与えている．/ Ask someone to pick up your mail and daily paper when you're out of town. よそにいって家を空けるときは郵便物と新聞を誰かに取っておいてもらうよう頼みなさい．◊ be out of town では town は〈生活している町(⇨原義)〉の意である．

trace [tréis]
跡；跡をたどる
原 引きずる
イメージ (引きずると跡が残る)⇨跡をたどっていく
解 製図用語のトレースは原図の上の線をたどって，書き写しをすることを知ると，trace の語感がつかみやすい．trac- には〈ひっぱる〉の意味合いがある：tractor トラクター / tractile 引き伸ばせる / attract 引き付ける / contract 契約する(⇨互いに+引く) / distract 気をそらす(⇨引き+離す)
派 tracing 写し，トレーシング
例 Hinduism and Shinto cannot be traced to individual founders. ヒンズー教と神道は1人の創始者まで遡れない．

track [trǽk]
通った跡，小道
原 踏みならしてできた道
イメージ わだち・足跡(⇨後をたどれる)，(踏みならしてできた)小道
解 足跡は追跡の目安となる．◊陸上競技(track and field)のうち(踏みならしたわだちのような)コースを走るのがトラック競技．
関 trade 交易
例 I was following the man, but when he dived into a small restaurant I lost track of him. 男の後を付けていたが小さなレストランに入った時見失ってしまった．/ The girl loses track of her surroundings during orgasm. 女性はオルガスムのとき周りのことが分からなくなる．/ Tomorrow will be Friday, I assume. I'm losing track of days. 明日は金曜日でしたよね．曜日が分からなくなっているよ．

trade [tréid]
貿易，商売；貿易する，商売する
原 (踏まれた) 道
イメージ (交易のために行き交う道)⇨売り買い
解 昔の社会では，〈(踏まれた)道⇨交易〉の連想は現代よりも遥かに鮮明であったであろう(cf.シルクロード)．〈商人の脚の行き交う様子〉を連想するのもよいだろう．
関 tread 歩む / trot 急ぎ足
例 I am unwilling to trade time for money. 時間を犠牲にして金を儲けたくない．/ I can't see the game from here; I'm too short. Would you trade places? ここではゲームが見えにくいよ；背が足りないんだよ．場所を変わってくれる？ / Japan does an enormous amount of trade with the United States. 日本はアメリカとの貿易量が非常に多い．

tradition [trədíʃən]
伝統，しきたり
原 越えて(tra) 与えること(dition)
イメージ 世代から世代へと引き継がれること(昔からのしきたり)
派 traditional 伝統の，慣例の
例 This town enjoys a long tradition of sake-making. この町は酒造りの長い伝統がある．/ In a traditional Japanese house, mats called "tatami" cover the floors. 伝統的な日本家屋では畳と呼ばれるマットが床に敷かれている．

traffic [trǽfik]
交通，不正取り引き；不正取り引きする
原 横切(tra) らせる(fic)
イメージ 人や車の往来⇨交通⇨(不正な)取り引き
派 trafficker 不正な商人
例 There is a phenomenal traffic in live snakes for purposes of display and of use as pets. 生きた蛇の取り引きが見世物やペット用として驚くほど多く行われている．/ Traffic congestion in Seattle is the second worst in the United States. シアトルの交通渋滞は全米で2番目にひどい．

trail [tréil]
引きずる，跡をたどる
原 引きずって行く
イメージ 後ろのものを引きずるように進む，後を引きずられるように進む

解 飛行機雲のことをvapor trail(=contrail)(水蒸気状の跡)と言う。動物が移動するとtrail(足跡あるいは匂いの跡)ができる。

派 trailer トレーラー(⇨牽引車両に引きずられて動く車両),(映画, TV番組の)予告編(⇨後続する)

例 Economically and technologically both Koreas trail behind Japan. 経済的にも技術的にも南北朝鮮は共に日本よりも遅れている。 / Japan trails behind many countries when it comes to the production of world-famous celebrities in the arts and entertainment fields. 日本は芸術や芸能分野では世界的に有名な人物を生み出すことにおいて多くの国の後塵を拝している。 / The tentacles of a jellyfish, which trail its body, can sting severely. クラゲの胴から引きずられるように伸びている触手は鋭く刺す力がある。

train [tréin]
列車, 列, 裾;訓練する

原 引っ張る

イメージ (引っ張る)⇨(導く)⇨(〜へ向けて)訓練する

解 「列車」の意のtrainは〈機関車(engine)が後続の車両を引っ張る〉,「裾」の意は〈長い裾は床を引きずる〉から。

派 training トレーニング

例 These dogs are being trained to guide the blind. これらの犬は盲人を案内するように訓練を受けている。 / We trained the ivy over the wall. ツタを塀にはわせた。 / The bride wore a dress with a long train. 花嫁は長い裾のドレスを着ていた。

transcend [trænsénd]
超越する

原 向こうへ(trans) 登る(cend)

イメージ 乗り越える⇨しのぐ

例 Shakespeare's plays transcend national barriers. Written in the late 16th and early 17th centuries for a small theatre, they are read and performed in more countries today than ever before. シェクスピアの劇は国の壁を越えている。16世紀後半から17世紀初めにかけて小さな劇場用に書かれたものが今やこれまでのどの時代よりも多くの国で読まれ上演されている。

transfer [動=trænsfə́:r, 名=trǽnsfə:r]
移る;移動

原 他方へ(trans) 運ぶ(fer)

イメージ (移す)⇨転勤させる;(移る)⇨乗り換える

解 -fer は〈運ぶ〉の意がある:ferry フェリー

例 That engineer was transferred to Los Angeles. あの技師はロスに転勤になった。 / At Ogori we transferred (=moved) to the Shinkansen. 小郡で新幹線に乗り換えた。

transform [trænsfɔ́:rm]
変化させる

原 他方へ(trans) 形を(form)

イメージ 形を変える

例 The pleasant little town has been transformed into a city of ugly high buildings and crowded streets. 気持ちよい小さな町が醜い高いビルと混雑した通りの都会に変わってしまった。

transient [trǽnʃənt]
つかの間の

原 他方へ(trans) 行く(ient)

イメージ (向こうへ行ってしまう)⇨移ろいやすい

解 日本語の「うつろい」は〈移ろい+虚ろ〉の意味合いがあるがtransientも同様の意味合いを持つ。

派 transition 移行

関 coitus 性交(⇨共に+行く◇言いえて妙) / transit 通行, 輸送(⇨向こうへ+行く) / exit 出口(⇨外へ+行く)

例 We are transient mortal beings of flesh and blood. 我々は肉体というはかない, やがては死ぬ存在である。

translate [trænsléit]
翻訳する

原 他方へ(trans) 運ぶ(late)

イメージ あるものを別のものに移し換える

派 translation 翻訳

関 relate 関係を持つ(⇨元へ+運ぶ)

例 It's not always difficult to translate ideas into action. 考えを実行に移すことがいつも難しいということではない。 / English translation of the Bible published in 1611 under the auspices of

James I of England had a marked influence on English prose. ジェイムズ一世の庇護のもと1611年に出版された聖書の英訳は英語の散文に大きな影響を与えた.

transmit [trænsmít]
送る，伝える，伝染させる
原 他方へ(trans) 送る(mit)
イメージ 他のところへ送る
例 The election results will be transmitted by e-mail, too. 選挙の結果はeメールでも配信されます. / Gonorrhea is one of the most common sexually transmitted diseases. 淋病は性交渉によって伝染するよくある病気の1つである. / Foot size is a hereditary characteristic, transmitted genetically. 足の大きさは親譲りのもので，遺伝的に伝達される.

transparent [trænspǽrənt]
透明な
原 向こうへ(trans) 見える(parent)
イメージ 向こう側へ透けて見える
解 -parent は appear(見えてくる)に似ている.
派 transparency 透明度
関 appear 現われる
例 Shrimpfish are nearly transparent. 小エビは身がほとんど透けて見える. / He tells transparent lies. 彼は見え透いた嘘をつく.

transport [trænspɔ́ːrt]
輸送する，感激させる
原 他方へ(trans) 運ぶ(port)
イメージ 人や物を運ぶ
解 「感激させる」の意になるのは〈心ここにあらずの状態にする〉からで，carry away(興奮させる)と発想が同じ.
派 transportation 輸送機関
例 Upon seeing her long-separated sister, he was transported with joy. 長く離れていた妹に会って，彼は歓喜した. / Since I can't afford a car, I take public transportation to get around. 僕は車が持てないので，移動には公共の交通機関を利用している.

travel [trǽvl]
旅をする；旅
原 苦労させる
イメージ 旅する，(光や音が)伝わる；旅
解 元来は〈3本の杭〉でできた「拷問台」を指した．昔は「旅する」ことがひどい苦痛を伴うものと連想されたことは想像に難くない．(cf.かわいい子には旅をさせよ) ◇ travel は〈旅すること(⇨明瞭な輪郭がないので不可算名詞扱い)〉，この travel を出発と帰着で区切ると trip〈1つの旅⇨(可算名詞)〉になる.
派 traveled 旅なれた
関 travail 苦労
例 Travel widens one's experience and knowledge. 旅は見聞を広める. / Radio waves travel at the speed of light. ラジオの電波は光の速度で伝わる. / Lightweight aluminum arrows travel fast and straight. 軽量のアルミニウム製の矢は速く真っ直ぐに飛ぶ.

tread [tréd]
踏みつける，歩く
原 踏む
イメージ 踏んで進む
解 tr-には〈引く〉の意味合いが感じられるが，tread は交互に足を踏み交わすとき〈後の足を前に引きつける＋引き上げる〉イメージを描いている.
例 Don't tread on those seedlings. 苗木を踏んだらだめですよ. / License is treading upon someone else's freedom. 勝手な行動は誰か他の人の自由を踏みつけていることになる.

treat [tríːt]
扱う，もてなす，治療する，処理する
原 引く
イメージ 〈引く〉⇨〈対象と引き合わせる〉⇨対応する
派 treatment 待遇(⇨人の対応)・治療(⇨病気への対応)
関 treaty 条約(⇨相互の引き合わせ) / retreat 退却(⇨後へ＋引く)
例 Treat everyone you meet as you want to be treated. 接する人皆に自分が対応して欲しいように対応しなさい. / Is there any treatment for impotence? インポの治療法はありますか.

tremble [trémbl]
震える
原 震える
イメージ (恐れて)震える
関 tremendous 物凄い / tremor 震え，

そよぎ / terror 恐怖 / terrorism テロ 多い.
例 Her voice trembled with nervousness when she began her speech. スピーチを始めると彼女は緊張で声が震えた.

tremendous [triméndəs]
もの凄い
原 震えるような
イメージ (震えるほどに)もの凄い
例 His comments sparked a tremendous amount of useful discussion. 彼の発言がもとで非常に多くの有益な議論が展開された. / Home gardening has experienced tremendous growth here in Japan. 家庭のガーデニングがここ日本では大変な発展を見せている.

trend [trénd]
流行
原 曲がる
イメージ (曲がる)⇨ある傾向になびく,風潮
派 trendy 流行に乗った
例 There is a trend towards more compact cars. よりコンパクトな車を求める傾向がある. / There is a trend against getting married at a young age. 若年で結婚をすることを避ける風潮がある.

trespass [tréspəs]
侵入する
原 越えて(tres) 行く(pass)
イメージ 塀を越えて侵入する
解 侵入＋盗み⇨ burglary
例 You shouldn't trespass on private property. 私有地へ入ってはいけないよ.

tribe [tráib]
種族,部族
原 ローマの三(tri) 部族(be)
イメージ 部族
派 tribal 部族の
関 tribune 人民の権利の擁護者,護民官(⇨部族の長が務めた) / tribute 貢ぎ物(⇨部族間で互いに贈る) / contribute 寄付する(⇨共に＋贈る)
例 Many consider the word "tribe" insulting because they believe it implies that they are primitive. 部族(tribe)という語を原始的だという意味合いがあるとして軽蔑的だと考える人が多い.

trick [trík]
計略,手品
原 もつれた状態に引き込む
イメージ もつれた状態に落とし入れる
派 tricky 罠にはまりやすい
関 extricate 窮地から救い出す(⇨出す＋もつれ) / intricate 複雑な(⇨中に＋もつれた) / treacherous 不実な
例 The sun's reflection and the waves can play tricks on the eyes, making you believe you see something you don't. 太陽の反射と波は目をあざむいてないものを見たかのように思わせることがある.

trifle [tráifl]
些細な物,些細なこと；いい加減に扱う
原 些細なこと
イメージ ちっぽけなこと
派 trifling つまらない
原 She stopped at a drugstore to pick up a few trifles. 彼女はちょっとした物を買うためにドラッグストアへ寄った. / She began to think that he is just trifling with her. 彼女は彼が自分を単に弄んでいるのではないかと思い始めた.

trigger [trígər]
きっかけ,引き金；きっかけとなる
原 引くもの
イメージ 引き金になる
解 銃の引き金の部分も trigger と言う.
例 World War I was triggered by the murder of an Austrian archduke in Sarajevo. 第一次世界大戦はサラエボでオーストリアの皇太子が殺されたことが引き金になった. / Two days of heavy rains triggered landslides, killing at least 14 people. 2日にわたる豪雨が引き金になって土砂崩れが起こり,少なくとも14人が死亡した.

trim [trím]
切り揃える
原 揃える
イメージ いらないところを切り落として形よくする
例 Shod horses should have their hooves trimmed and their shoes refitted every four to six weeks. 馬蹄をつけた馬は4〜6週ごとに蹄(ひづめ)をつみそろえ馬蹄を着け直さねばならな

い． / She trimmed down her waistline by aerobic dancing. 彼女はエアロビックダンスで腰回りを細くした．

trip [tríp]
旅：旅する，つまずく
原 ぱっと動く
イメージ (ぱっと動く)外出，旅：(ぱっと動く)⇨つまずく
解 tr-に〈引く，引っかける〉の意味合いがある．
例 Have a good trip! よい旅を！ / Mind you don't trip over the stone. その石につまずかないように気をつけなさい．

trivial [tríviəl]
些細な，つまらない
原 三(tri) 路(vial)
イメージ 立ち話のようなつまらない話⇨とるに足らない
派 triviality 些細なこと
例 Something that seems trivial to you may be very important to others. あなたにとってはつまらなそうなことでも他の人にとってはとても大切なことがあるものだ．

troop [trúːp]
軍隊，一団
原 隊をなす
イメージ 列を作って行進する軍隊⇨人の一団
解 tr-に〈引かれて(行く一団)〉がイメージされる．
関 troupe 一座，一団 / trooper 騎兵隊
例 A troop of boy scouts did a good turn for senior citizens of the community. ボーイスカウトの一団が地元のお年寄りのために奉仕をした．

trouble [trʌ́bl]
悩み，面倒なこと
原 かき混ぜる
イメージ (平安・安定を)かき乱す
派 troublesome やっかいな / troubleshoot 調停する(⇨困難を＋射落とす)
関 disturb 邪魔する(⇨ばらばらに＋乱す) / turbulent 荒れ狂う / turbid 混乱した
例 In times of trouble, people turned to the priest for help. 困った時，人はその僧侶に助けを求めた． / He got her into trouble (=got her pregnant). 彼は彼女を妊娠させてしまった．◊〈結婚しないまま〉の文脈である．

truce [trúːs]
休戦
原 (間違いのない) 約束
イメージ (間違いのない約束)⇨休戦の約束
解 truce は true(間違いのない，誠実)と同系語である．
例 I insist you call a truce until we can discuss this in a civil manner. この件についてはもっと冷静に話せる時まで休戦することにしましょうよ． ◊ call (=declare) a truce 休戦を宣する

true [trúː]
本当の，誠実な
原 がっちりしている
イメージ (がっちりしている)⇨しっかり事実に基づいている⇨言うことが事実と合致している
解 tree 樹(⇨どっしりしている)に関係がある．
派 truth 事実 / truly 間違いなく
関 betroth 婚約させる(⇨がっちり固める) / trust 信用 / truce 停戦(⇨信用に基づいてなされる)
例 I think it is true to say that there are many people who know Japan, even in Egypt, through tourists. エジプト人でも日本人旅行者を通して日本について知っている人は多いと言っても事実に合っていると思う． / The hymen has been regarded as a sentinel at the gates of Venus. Nothing could be further from the truth. 処女膜はヴィーナスの門兵と見なされてきたがこれほど間違っている(⇨実際とかけはなれている)ものはない．

trust [trʌ́st]
信頼する；信頼
原 がっちりしている
イメージ (しっかりしている)⇨頼る⇨信用する
派 trustee 受託者，理事(⇨頼られる人) / trusty 当てにできる
例 You can trust her with a secret (= You can put your trust in her to keep a secret). 彼女の口の固さは信用できますよ．

try [trái]

試みる，努力する，裁判にかける；試み
原 ふるいにかける
イメージ （ふるいにかけてみる）⇨裁判にかける⇨試してみる⇨がんばってみる
解 原義〈ふるいにかける〉を一番色濃くとどめているのが「裁判にかける」の意味である．
派 trying ひどくつらい(⇨のるかそるかの試練) / trial 裁判，試み，試練
例 Try this new kind of liquid detergent. この新しいタイプの液体洗剤を試してみて下さい． / I am sure you can do it if you try. やったらきっとできるよ． / He is going to be tried for murder next month. 彼は来月殺人容疑で裁判にかけられる． / It was a very trying time because I had no friends to talk with in a new place I lived in then. 新しく移り住んだ土地で話す友達がいないのはとてもつらい時だった．

tune [t(j)úːn]
曲，調子，調和；調子を合わせる
原 トーン(＝tone)
イメージ トーンを合わせる⇨調整する
派 tuning 調律，波長を合わせる / tuneful 調子のよい / tuneless 調子の外れた / tuner 調律師，波長調整器
関 attune 調子を合わせる
例 Bikes are machines and they perform best when well tuned and looked after. 自転車は機械であるから整備をよくし手入れをちゃんとすれば最高に動く．

turn [tə́ːrn]
回す，ひっくり返す，曲がる
原 回転する
イメージ 回転する⇨向きが変わる⇨変化する⇨入れ替わる
例 She turned the wheel to the right. 彼女は右へハンドルをきった．◇回転 / The tidal current has turned. 潮の流れが変わった．◇方向転換 / He turned pale. 彼は真っ青になった．◇変化 / He is going to turn 50 before long. 彼はもうすぐ50歳になる．◇入れ替わり / My turn came up. 自分の番になった．◇入れ替わり◇ある近刊の英和辞典がNext year will be the turn of this century. という例文を「来年は今世紀の変わり目となるだろう．(◇向きを変える場所になる)」という意味不明の訳と解説をしている．これはいうまでもなく「来年は新しい世紀に入る」の意． / I'm very sorry for the tragic turn of events in the Nepalese royalty. ネパールの皇室の悲劇的な事件をとても残念に思っている．◇変化

turnout [tə́ːrnaut]
(集会の)出席人数，生産高
原 向けて(turn) 出る(out)
イメージ （ある場へ向けて出かける）⇨人出
例 The voter turnout was about 60 percent. 投票に出かけたものは約60パーセントだった． / Many of the local fans turned out for the finals. 多くの地元ファンは決勝戦を見に出かけた

twice [twáis]
2度，2倍
原 2 (twi) 度(ce)
イメージ 2回，2倍
関 once 1度
例 The Pacific is about twice as large as the Atlantic. 太平洋は大西洋のほぼ2倍である．

twilight [twáilait]
黄昏
原 間(twi) 光(light)
イメージ 陽光と月光の間⇨黄昏時
例 I like walking in the twilight. 黄昏時に散歩するのが好きだ．

twist [twíst]
捻じる，ひねる
原 2本の束を捩りあわせた
イメージ 捩る，ひねる
例 My daughter was born with the umbilical cord twisted around her neck. She wasn't breathing. 娘はへその緒を首に巻きつけた状態で生まれてきて，呼吸をしていなかった． / This story has an unexpected twist at the end. この物語は最後に意外な展開がある． / Let's do (＝dance) the twist. ツイストを踊ろう．

typical [típikl]
典型的な
原 タイプ(type) 通りの(cal)
イメージ （特徴をもっともよく表わしている）典型的な
例 What is your typical day like? あな

たの典型的な1日というのはどんなものですか.

U

ubiquitous [ju(:)bíkwitəs]
至る所にある
[原] どこにでもある
[イメージ] ここにもそこにもあそこにも
[例] Germs are ubiquitous in nature. 黴菌は自然界のどこにでもいる． / Volkswagen Beetle taxis are ubiquitous in Mexico City. メキシコ・シティではフォルクスワーゲンのタクシー車が至る所にいる．

ulterior [ʌltíəriər]
隠された
[原] 遠い(ulter) さらに(or)
[イメージ] ずっと奥の所に隠れている
[関] ultra 越えて / ultimate 究極の(⇨一番遠い) / ultimatum 最終の提案
[例] Don't be quite so gullible; look out for ulterior motives. そんなに簡単に信じ込んだらだめだよ，何か下心があるんじゃない．◇ulterior motives は文字通り〈(表面)下(に隠れた)心〉．

unanimous [ju(:)nǽnəməs]
満場一致の
[原] 1つの(un) 息の(animous)
[イメージ] (息の合った)⇨皆の考えが一致している
[派] unanimously 全員一致で
[関] animal 動物(⇨息をする)
[例] The plan failed for want of unanimous support. 全員の支持がなかったので計画は流れた． / The Diet unanimously passed a bill to ban anyone from paying for sex with minors. 国会は満場一致で未成年者の買春を禁止する法案を通過させた．

uncouth [ʌnkúːθ]
(ふるまいが)無骨な，野暮な
[原] 知られて(couth) ない(un)
[イメージ] (知られていない)⇨風変わりな⇨行儀をわきまえない
[解] 人は自分の常識にないものをマイナスイメージで捉える傾向がある．(cf. pagan(異教徒))
[関] could できた(⇨知った)
[例] Satyrs were represented as uncouth men having a goat's legs and tail. サテュロスは山羊の脚と尻尾を持った野卑な人間として描かれていた． / That guy has a very uncouth way of speaking to his elders. あの男は年配者に向かって無礼なものの言い方をする．

uncover [ʌnkʌ́vər]
暴く
[原] 覆い(cover) を剥ぐ(un)
[イメージ] 覆いを剥ぐ⇨(たくらみを)暴く
[解] 接頭辞 un-は〈反対⇨(静的)〉の意と〈外す・ほどく⇨(動的)〉の意がある：unconscious 無意識の◇静的 / uncover 暴露する◇動的
[関] cover 覆う / discover 発見する(⇨覆いを+取る) / recover 取り戻す(⇨再び(re) + 覆う)
[例] The police have uncovered a plot against the government. 警察は政府を狙った陰謀を暴いた．

under [ʌ́ndər]
下にある
[原] ～の下に
[イメージ] 下方・状況下・下位
[例] Let's take shelter under that tree. あの木の下で雨宿りしよう．◇下方 / There was a bruise under his eye. 彼は目の下に(打撲の)傷あとがあった．◇下方 / Those who are under eighteen aren't allowed to enter. 18歳未満の者は入場できません．◇下位 / The driver was under the influence of alcohol. 運転手は酒気帯びだった．◇状況下 / At last, they brought the fire under control. やっと彼らは火事を消し止めた．◇状況下

undergo [ʌ̀ndərgóu]
体験する

原 下を(under) 進む(go)
イメージ ある状況をくぐり抜ける⇨困難をこうむる、経験する
例 An operation could have cured his deafness, but he refused to undergo surgery. 手術すれば耳は聞こえるようになっただろうが、彼は手術を断固受けなかった。/ With the coming of the Europeans, the North American continent underwent a profound transformation. 北アメリカ大陸はヨーロッパ人の到来とともに、根底から変化した。

undermine [ʌ̀ndərmáin]
傷つける、害する、損なう
原 下を(under) 掘る(mine)
イメージ (土台の下を掘る)⇨土台がぐらついてくる⇨だんだん損なわれる
関 mine 採掘する
例 His health was undermined by the pressure of work. 仕事の心労で彼の健康は蝕まれていった。

understand [ʌ̀ndərstǽnd]
理解する、了解する、分かる、聞いて知っている
原 下に(under) 立つ(stand)
イメージ (ある物事の下に立つ⇨状況下にいる)⇨物事の次第が理解できる
解 understand の意味は〈~と理解している⇨~と聞いています〉のように知的理解から情報確認へと展開する。
派 understandable 理解できる、同情できる / understanding 理解、理解力 / understandably 理解できる
例 Few can understand his theory. 彼の理論が分かる人は少ない。/ I leave early today.—I understand. 今日は早く早退します。一了解。/ I understand that you have decided to quit. 止めることにしたそうですね。/ It is understandable that he quit the job. 彼が仕事を辞めたのは理解できる。/ People are understandably wary of the new government. 人々は当然ながら新政府に注意深くなっている。

undertake [ʌ̀ndərtéik]
引き受ける、取りかかる
原 下に(under) 受ける(take)
イメージ (事業を下から支える)⇨事業に取り組む、請け合う
例 The Red Army undertook several major terrorist operations. 赤軍はいくつかの大変なテロ作戦を行なった。/ Murray undertook the editing of a vast dictionary—OED. マレーは大部の辞書—OEDの編纂に取り組んだ。/ The town's undertaking of health-related work seemed to diminish after the new mayor took office. 新町長になってから町の健康活動への取り組みは縮小していくようであった。

underwrite [ʌ̀ndəráit]
保険を引き受ける
原 下に(under) 書く(write)
イメージ 下側に署名を書いて支払い責任を請け負う
例 Who underwrites the losses of insurance companies? 保険会社の損失は誰が保険を引き受けるのですか。

undulate [ʌ́ndʒəleit]
起伏に富む
原 うねる
イメージ (波の)うねり
派 undulation 地表面の起伏
例 Blood pressure undulates from time to time. 血圧は絶えず変化している。◇波がある

uniform [júːnəfɔ̀rm]
同形の、一定の
原 1つの(uni) 形(form)
イメージ みな同じである
派 uniformly 一様に / uniformity 一様であること
例 We have to wear a uniform at school. 学校では制服を着なければいけない。/ They provide postal service at a uniform price all over the country. 全国一律の料金で郵便業務を提供している。/ Uniformity is often uninteresting. 一様であると往々にして退屈である。

unify [júːnəfai]
1つにする、一様にする
原 1つ(uni) にする(fy)
イメージ 1つにする、統一する
派 unification 統一
例 Common needs unify all peoples, in spite of the differences in their cultures. 文化が異なっていても、共通する必要があれば民族はみんな1つになる。

union [júːnjən]

組合，連邦，団結
[原] 1つになったもの
[イメージ] （1つにまとまった）組織，組合
[派] unionize 組合を作る
[例] Workers form unions (=workers unionize) to promote their welfare. 労働者は自分達の福祉の向上のために組合を作る． / Most societies consider the union between husband and wife sacred. 大抵の社会は夫婦の団結を大切なものと考える．

unique [juːníːk]
唯一の，比類のない
[原] 1つ(uni)である(que)
[イメージ] 他に例のない1つだけの存在である
[解] 〈他との異なり〉に価値を見出しているのは different(⇨different)と同じ．
◇「珍しい(rare)」あるいは「素晴らしい(outstanding)」の意味と誤解しやすいが，相違を端的に言えば，これらは相対的(⇨比較級を持つ)であるが，unique は絶対的(⇨比較級を持たない)であると言える．
[例] Particular weathering and erosion produced unique landforms and landscapes. 特有の風化と浸食が独特の地形と風景を作った． / Soseki made a unique contribution to the world of Japanese literature. 漱石は日本文学の世界に他に例を見ない貢献をした．

unison [júːnəsn]
調和，斉唱
[原] 1つの(uni) 音(son)
[イメージ] 声を1つにして
[関] sonance 響く音 / sonic 音の / sonorous 響きわたる / sound 音
[例] We should act in unison to combat violence and terrorism. 暴力やテロと戦うために一致した行動とらなければならない．

unite [juːnáit]
1つにする
[原] 1つ(uni)にする(te)
[イメージ] 合わせて1つにする，合体する
[派] united 連合した
[例] The people of every continent must unite in defeating terror. 世界の人々はテロを倒すために団結しなければならない．

universe [júːnəvəːrs]
宇宙，世界
[原] 1つの(uni) 方向に向かう(verse)
[イメージ] （1つの方向に向かう）⇨（全体を飲み込む）⇨全体を含む⇨全世界
[解] one なる「1」は1+1+1=3という性質を持つが uni なる「1つ」は，1つ+1つ+1つ⇨「1つ(⇨体積は増している)」の性質を持つ．つまり uni は〈包み込み・包括〉の性質を持つのでいくら加えても膨らむだけで数は増えない．
◇universe(宇宙)という語はあの星雲や銀河系が渦巻き状に1つにまとまろうとしているあの世界を見事に描いている．
[派] universal どこにでもある / university 大学(⇨各学部がまとまって1つのまとまりを持つ研究・教育機関)
[例] The universe is in fact made up of not one but many worlds. 世界は実は1つではなく，多くの世界からなっている． / Goodness and evil are universal concepts. 善と悪はどこにでもある概念である． / Leonardo was a versatile, not a universal genius; he had no interest in history, literature, or religion. レオナルドは多才な天才であったが万能の天才ではなかった．彼はたとえば，歴史とか文学とか宗教には関心を示さなかった．◇英和辞典はふつう a versatile genius も a universal genius もともに「万能の天才」という訳を与えているが，原義的には versatile は多方向，universal は汎方向の違いがある．

unless [ənlés]
〜でなければ
[原] on less than(〜より少なければ)
[イメージ] 〜の状況がなければ
[例] I won't go unless you do. 君が行かないのなら私も行きません． / Don't leave the place unless instructed to do so. 言われるまでその場を離れてはだめですよ．

unveil [ʌnvéil]
ベールをとる
[原] ベール(veil)を剥ぐ(un)
[イメージ] ベールを剥ぐ
[例] The U. S. Treasury Department unveiled the new 20-dollar bill yester-

day. 米国財務省は新 20 ドル紙幣を昨日初公開した．

up [ʌ́p]
上の方へ，すっかり
原 上へ
イメージ 上がる⇨尽きる
派 upper 上の方の(⇨ up の比較級)
例 He looked up at the stars. 彼は星空を見上げた． / Your time is up. 時間切れです． / He's not on this floor. Let us check the upper floor. 彼はこの階にはいません．上の階を見てみましょう．

update [ʌpdéit]
最新のものにする
原 日(date) にする(up)
イメージ （最新の日にする）⇨最新のものにする⇨情報を更新する
関 up-to-date 最新の
例 My new street address will be as follows. So please update your address book. 新住所は次のようになりますので住所録を改めてください(⇨旧情報を新しくする)．

upon [əpán]
〜の上に
原 up＋on
イメージ ぽんと上に乗っかる，ぽんと出くわす
例 Fall has come upon us. 我々のところに秋がやってきました． / Once upon a time there lived a man with a sharp mind in a village. 昔ある頭のきれる男がある村に住んでいました． / Upon the death of Prime Minister Norman Kirk, Bill Rowling was elected premier of New Zealand. 首相のノーマン・カークが死去するとビル・ローリングがニュージーランドの首相に選ばれた．

upright [ʌ́prait]
直立した，正直な
原 上方に(up) 真っ直ぐ(right)
イメージ 真っ直ぐに立つ
例 Some fish have the habit of swimming upright. 魚の中には垂直に立って泳ぐ習性を持っているものがいる． / The dog can walk upright on his hind legs. その犬は後脚で直立して歩くことができる． / Human beings began to walk upright about 4 or 5 million years ago. 人間は 400 万年ないし 500 万年前に直立して歩行し始めた． / He is a good and upright man. 彼は善良で正直な人である．

upset [ʌpsét]
ひっくり返す
原 上方へ(up) 据える(set)
イメージ 物をひっくり返す，気持ちを動転させる；波乱，動転
派 upsetting がっかりさせるような
例 I'm still upset with you about yesterday.—About yesterday? 昨日のことで，まだ怒ってるのよ．—昨日のことって？ / I was really upset when my boyfriend broke up with me last week. 先週，恋人にふられた時とても気が動転した． / The favorite team suffered an upset. 本命のチームが負けた． / I find his arrogance very upsetting. 彼の横柄さにはとても悩まされます．

urge [ə́:rdʒ]
駆り立てる
原 押しつける
イメージ せきたてる
派 urgent 緊急の / urgency 緊急
例 They urged me to sign the contract. 彼らは契約に署名するようにせきたてた． / I had a strong urge to come back to my homeland. 無性に祖国へ帰りたかった． / An almost forgotten urge began to rumble in me again. ほとんど忘れかけていた衝動がまたうずいてきた．

urgent [ə́:rdʒənt]
緊急の
原 押しつけ(urg) た(ent)
イメージ 差し迫った，急を要する
派 urgency 緊急
例 He is in urgent need of medical attention. 彼は早急に医者に診てもらう必要がある． / Take your time. It's not urgent. 時間をゆっくりとって下さい．急ぎの用ではありませんから． / The problem proved less urgent but could not be set aside forever. その件は大して急がなくてもいいけれど，そのままにしておく訳にはいかない問題であった．

use [動＝júːz, 名＝júːs]
使う，使用

[原] 使う
[イメージ] (道具，金，エネルギー，能力，人)を活用する
[解] be(=get)used to〜に慣れた ⇨ used 使い慣れた / used to be(do)〜するのが常だった / 元は〜であった ⇨ used 果てた
[派] usage 使い方 / useful 役に立つ
[関] utensil 使う道具 / utility 効用(⇨使う価値) / utilize 利用する
[例] Plants use carbon dioxide and give off oxygen which humans use. 植物は二酸化炭素を吸い，酸素を放出し，人間はそれを吸っている． / People used water to turn mills. 人は水を使って水車を回した． / Is the phrase in use these days?—No, it's been out of use for some time now. この言い回しはこの頃使われていますか．—いいえ，このところ使われなくなっています． / What is the use of a dictionary?—To find the meaning of words, of course. 辞書は何のために使うのですか．—もちろん単語の意味を知るためです． / A dictionary is very useful if you know how to use it. 辞書は使い方を知っていればとても役立つ． / How can you eat so much pepper in your curry?—I'm used to it. カレーにそんなにたくさんコショウ入れて大丈夫なの？—もう，慣れているんです．

usual [júːʒəl]
いつもの，普段の
[原] よく使われる(use+al)
[イメージ] (よく使う)いつものもの
[解] 「使う(use)」は形容詞になると〈使い慣れた ⇨ いつもの，慣れている〉と〈使う価値がある ⇨ 役立つ〉の2つの意味合いになる；前者の例は，usual(普通の)，used(慣れている)，後者の例は useful (役立つ)．
[派] usually 大抵，普通は
[例] It is the usual practice to classify persons as right-handed, left-handed, or ambidextrous, but ambidexterity is rather unusual. 人を左利きか右利きか，あるいは両手利きかで分けるのはよくあるやり方だが，両手利きは稀である． / I usually wake up at around 6 o'clock. 僕は大抵6時ごろ目が覚める．

usurp [juːsə́ːrp]
強奪する
[原] 使い(usu) 取る(rp)
[イメージ] (使い+取る)⇨自分のものにする⇨奪う
[関] usury 高利貸し(⇨金利を奪い取る)
[例] Buddhist priest, Dokyo, attempted to usurp the Japanese imperial throne. 仏教の僧侶であった道鏡は天皇の位を奪おうと企てた．

utter [ʌ́tər]
全くの；口に出す
[原] もっと外に
[イメージ] 法外な⇨徹底的な；口から言葉・音を外に出す
[解] utter は outer の異綴り
[派] utterly 全く，完全に / utterance 発声，発言
[例] I was too afraid to utter a word. 怖くて一言も言えなかった． / A sudden power outage plunged the city into utter darkness. 突然の停電で町は全くの暗闇になった． / What Timothy McVeigh did in Oklahoma city was not only heinous and diabolic but also utterly stupid. ティモジー・マクベイがオクラホマ・シティでやったことは憎むべき，極悪なことであるばかりでなく全くの愚挙である．

V

vacant [véikənt]
空いている
原 空(から)
イメージ 空っぽ
派 vacancy 空き
関 vacuum 真空 / void 空虚 / avoid 避ける(⇨相手と空間を作る)
例 Changes in the weekend flight schedule left plenty of vacant hours. 週末のフライトの予定が変わったので空き時間がたくさんできた． / She lives in a double-storied red brick house between two vacant lots. 彼女は空き地にはさまれた2階建ての赤レンガの家に住んでいます． / When the phone rang, he sat up on his bed and had a vacant look on his face. 電話がなると，彼はベッドに身を起こしとぼけた顔をしていた．

vacation [vəkéiʃən]
休暇
原 空(から)にすること
イメージ (職場を空にする)⇨休暇
解 vac-は〈空(から)〉の意味合いを持つ：vacuum 真空 / vacant 空いている / vacancy 空きがあること / vacate 立ち退く，開け渡す
例 Atami is a popular weekend vacation area because of its proximity to Tokyo. 熱海は東京に近いので人気のある週末の行楽地である． / The farmers defied government orders to vacate their premises and fertile fields. 農民達は政府による，家と肥沃な土地からの立ち退き命令をはねつけた．

vaccine [væksíːn]
ワクチン
原 牛の
イメージ 牛痘(cowpox)用のワクチン
派 vaccinate 予防接種をする / vaccination 予防接種
例 I was vaccinated against measles when young. 子供のとき麻疹の予防接種を受けた．

vain [véin]
うぬぼれた，むだな
原 空っぽ
イメージ 中身が空っぽ
関 vanity 虚栄 / vanish ぱっと消える
例 The government tried in vain to stem the rising tide of opposition to its policy. 政府は政策に反対のうねりが湧き上がるのを阻止しようとしたがだめだった． / The Tale of Genji reflects a Buddhist conviction of the vanity of this world. 源氏物語には仏教徒の信念である現世の虚しさが映しだされている．

valid [vǽlid]
根拠の確かな，有効な
原 力がある
イメージ (力がある)⇨有効な，使える
解 val-は音韻的にも〈力強さ〉が感じられる．
派 validity 妥当性，有効性 / invalid 無効な，虚弱な / validate 承認する
関 value 価値 / valor 勇気 / valiant 果敢な
例 The passport is valid for ten years from the date of issue. このパスポートは発行日から10年間有効です． / Though the polygraph has been formally used in police intelligence, there is still no complete agreement by psychologists on its validity. 嘘発見器は公式に警察諜報部で用いられているが，心理学者の間でその有効性について完全な合意があるわけではない．

valley [vǽli]
谷
原 谷
イメージ 盆地，平野，流域
関 vale 谷間
解 普通山脈にはさまれた広い平野につ

value [vǽljuː]
価値
原 強い
イメージ 強い⇨価値がある
派 valuable 価値のある / evaluate 評価する(⇨価値を+出す) / invalid 虚弱な(⇨強く+ない) / prevail 普及する(⇨前に+強い) / available 手に入る(⇨価値を生む) / valid 有効な(⇨価値ある状態) / valour 勇気(⇨強い状態)
例 Fox fur is often sold but is not of great value. キツネの毛皮はよく売れるが価格は大したことはない. / I very much value your contribution to the team. チームへの君の貢献を大いに評価している. / Keep your valuables in the safe. 貴重品は金庫へ保管しなさい.

vanish [vǽniʃ]
消える, 消滅する
原 空(から)になる
イメージ パット消えてなくなる
解 disappear は〈ゆっくり消えていく〉感じが強い. ◇va- は〈空(から)〉の意味合いを持つ: vain 無駄な, 虚栄心の強い(⇨中味がない) / vanity 虚栄心 / vaunt 自慢する / evanescent 消えていく, はかない
例 With the scandal, all of his hope vanished. スキャンダルのために彼の希望はすべて消えた.

vary [vέəri]
変わる
原 変わる
イメージ 徐々に変る(漸次変化); 色々である(多様)
解 〈漸次変化〉には時の経過が必須の要因, 〈多様〉には時の経過は必要条件でない.
派 variable 変りやすい / variant 異なる, 変形 / variation 様々であること / varied 様々な / various 色々な / variety 多様性
例 Fashions vary according to the times. 流行は時とともに変っていく. ◇漸次変化 / Stars vary in brightness and size. 星は明るさや大きさが色々である. ◇多様 / Customs vary from place to place. 慣習は地域によって異なる. ◇多様 / Petting varies from kissing to techniques involving genital stimulation. ペッティングにはたんにキスすることから性器刺激まで色々とある. ◇多様 / You need your parents' help in a variety of situations. 色々な状況で親の助けが必要である.

vehicle [víːəkl]
乗り物, 伝達手段
原 運ぶ
イメージ 車両; 伝達するもの
解 すべての陸上車両(バス, トラック, 乗用車, 馬車)について言う.
例 Armored vehicles for military use can move either on wheels or on tracks. 戦車は車輪またはキャタピラーで移動できる. / No thoroughfare for vehicles.「車両通行禁止」 / They used the film as a vehicle for political propaganda. 彼らはその映画を政治的宣伝の伝達手段として用いた.

venture [véntʃər]
事業, 賭け
原 adventure(冒険)の頭韻消失
イメージ 危険を賭けた事業
解 -vent ⇨ come ⇨ happen ⇨ chance の意味の展開がある.
関 adventure 冒険
例 I wish you luck in your new business venture. 新しい事業がうまくいくことを願っています. ◇日本語のベンチャービジネスは英語では business venture の語順となる. / The company ventured its whole fortune on the new type of computer. その会社は社運を新型コンピュータに賭けた. / No venture, no gain. 危険を冒さなければ, 何も得られない.

verb [vɚːrb]
動詞
原 ことば
イメージ (ことば)⇨(動作・状態を表わすことば)⇨動詞
関 verbal ことばで表わした / verbose

ことば数の多い，くどい(⇨ことば＋多い)

例 The word "book" is a verb in "book a room." book a roomという言い方ではbookは動詞の働きをしている．◇book＝予約する

verbal [və́ːrbl]
ことばの上で，口頭で
原 ことば(verb)の(al)
イメージ ことばによる；口頭による
例 There are some verbal mistakes in the article. この記事にはいくつかことば遣いの誤りがある．/ We made a verbal agreement that we would share the profit. 儲けは折半しようと口約束した．

verge [və́ːrdʒ]
縁(へり)
原 竿(さお)棒
イメージ (領地の境界に棒を立てたことから)⇨端：瀬戸際，間際
例 There are some students who are on the verge of failing. 落第しそうな学生が何人かいる．/ The scientists were on the verge of a major breakthrough. 科学者達は重要な発見を間近にしていた．/ Everything in my life is complicated. Sometimes I am on the verge of giving up. 私の人生は何もかも複雑で，時々投げ出したくなります．

versatile [və́ːrsətl]
多方面に渡る
原 方向が(versa)向いている(tile)
イメージ 多方面に向いた
派 versatility 多才
関 verse 詩歌
例 Electricity is far more versatile than the earlier power sources. 電気はそれ以前のエネルギー源よりもはるかに用途が広い．/ Leonardo became one of the most versatile geniuses in history. レオナルドは史上もっとも多才な天才の1人になった．

verse [və́ːrs]
詩歌
原 向かう
イメージ 詩歌，韻文◇(散文に比べて)詩歌へのこだわりが特徴的
解 鋤で土を鋤き返していくと畝ができる．この畝の筋を詩歌のことばの行に見立てたもの．◇対照語prose(散文)は〈(策を弄せず)前へ進むことば⇨散文〉の意が底流にある．ちなみに，散文の「散」は気まま，自由の意味で英語の発想と似ている．verseは原義の畝の筋から(一定の方向に進む)⇨向かう〉の意味合いが生まれる：controversy 論争(⇨反対に＋向いた) / convert 転換する(⇨共に＋代わる) / diverse 種々の(⇨様々に＋向かう) / invert 逆にする(⇨逆に＋向ける) / pervert 曲解する(⇨完全に＋曲げる) / reverse 逆(⇨反対に＋回した) / subvert 転覆させる(⇨下から＋ひっくり返す) / versatile 多才な(⇨向く＋多方面に) / version ～版(⇨転換したもの) / vertigo めまい(⇨目が回る)
派 versed 詳しい(⇨詩歌をよく心得ている)
例 A haiku poem has only 17 syllables.—I don't see how you can get much meaning into such a short verse. 俳句は17音節しかありません．—そんなに短い句のなかに多くの意味をどうやって入れるのですか．/ My mother is well versed in the local history of Shimane. 母は島根の郷土史に詳しい．◇versedは〈精通している⇨目を文字の行によく走らせている〉イメージが元にある．

vertical [və́ːrtikl]
垂直な，直立の
原 渦巻いた
イメージ 渦巻く竜巻きが地面から真っ直ぐ空に伸びている
解 vertex 頂点(⇨元来渦巻きを意味していたがこれが頭頂の渦巻き(つむじ)を意味し，さらに頂点を意味するようになった) / vertigo めまい(⇨ぐるぐる渦巻く)
例 Japanese writing is designed to be written vertically. 日本語の書記は縦書きにするようになっている．/ They were confined between almost vertical cliffs more than 1,000 feet high. 彼らは1000フィート以上ものほとんど垂直に切り立った崖の間に閉じ込められた．

vessel [vésl]
容器，船，管
原 ves(器) sel(小さな)

[イメージ] 容器(⇨中空);船(⇨丸太のくり抜きが原形);管(⇨中空);(器量を持った)人間
[解] 容器⇨舟◇一寸法師の「お椀」は「舟」
[関] vase 花瓶(⇨中が空洞)
[例] The vessels that carry blood away from the heart are called arteries. 心臓から送り出される血液を運ぶ管を動脈と言う。◇人体の管には blood vessels(血管)と lymphatic vessels(リンパ管)がある。/ An oil-carrying vessel often exceeds 500,000 tons deadweight. オイルタンカーは50万重量トンを超えるものが多い。◇船体には a fishing vessel(漁船)、a merchant vessel(商船)、a sailing vessel(帆船)、a towing vessel(タグボート)などがある。

vex [véks]
苛々させる、悩ます
[原] 運ぶ⇨動揺させる
[イメージ] (心が揺らぐ)⇨悩ませる
[解] vex の -x- に cross(不機嫌な、怒りっぽい)を連想したり、まなじりの交差(⇨苛々の表情)を連想したりするのも一興であろう。
[解] 動詞用法では annoy や irritate の方が普通である。
[派] vexatious 苛々を起こす / vexation 苛立ちの種
[例] Don't vex me with that problem right now. 今はその問題で悩まさないでくれよ。/ The President was visibly vexed by the question of his daughter's under-age drinking. 大統領は娘の未成年飲酒の件で見るからに心を痛めている様子であった。/ The Congress finally turned to the vexatious problems of the environment. 議会はやっかいな環境の問題にやっと取り組みを始めた。

view [vjú:]
眺め、見解
[原] 見ること
[イメージ] 事物が目に映る光景⇨眺め;物事が心に映る光景⇨見解
[関] vision 視力;洞察力
[例] The view from my window is very good. 窓からの眺めはとてもよい。/ The committee has formed a clear view of educational reforms in college. 委員会は大学の教育改革の明確な見解をまとめた。/ Some sociologists view crime as the outcome of anthropological and social conditions. 社会学者の中には犯罪は人類学的、社会的状況のもたらすものと見るものがいる。/ Aromatherapy is being viewed more and more as a science. アロマセラピーはだんだんと科学として見られるようになって来ている。

vicissitude [visísit(j)u:d]
変遷、移り変わり
[原] 変化
[イメージ] 次々と変化していく
[解] 「へんせん」の「ん」の繰り返し、「移り変わり」の「り」の繰り返しと同じように、vicissitude にも「スィ」音の繰り返しがあるので、イメージが描きやすい。
[関] vice-副の(⇨次の) / vicar 牧師(⇨神の代理)
[例] Those monuments remained undamaged through all the vicissitudes of the centuries. これらの記念建造物は何世紀もの有為転変の中を無傷で残った。/ Everything human is subject to the vicissitudes of time. 人間のなすことは全て時の流れには逆らえない。

vigor [vígər]
活力
[原] 元気
[イメージ] 活力
[派] vigorous(活力のある)
[例] He put new vigor into protecting civil rights through administrative action. 彼は行政を通して市民権を守る運動に新しい活力を加えた。/ I like Picasso's vigorous strokes. ピカソの力強いタッチが好きだ。

villain [vílən]
悪人
[原] 田舎の家に住む人⇨農奴
[イメージ] (農奴を蔑視して)⇨悪い奴、悪役
[解] 原義には悪い意味はなかった。
[派] villainous 極悪の
[関] village 村
[例] People love stories in which the hero beats up the villain. 人は英雄が

人を退治する話が好きだ.

virginity [vərdʒínəti]
処女であること, 純潔
原 処女性
イメージ 処女(童貞)であること
例 Joey nearly lost his virginity. ジョイは童貞を失うところだった. ◇もちろん女性の場合も使える

virtue [və́:rtʃu:]
美徳, 長所
原 力
イメージ 力⇨勇敢⇨美徳
派 virtuous 高潔な
例 People in this society regard patience as a high virtue. この社会では忍耐を高い徳とみなしている. / Good looks do not always go with virtue, or ugliness with sin. 見目がいいからといって徳を備えているわけではないし, 無器量だから不徳というわけでもない. / There's more virtue in hard work than in intelligence because the latter is merely inherited. 頭のよさは授かるものだから努力のほうが価値がある.

visible [vízəbl]
目に見える
原 見え(vis)る(ible)
イメージ 目に映る, 見える
派 visibility 視界
例 The comet was visible to the naked eye. その彗星は肉眼で見えた. / There's been a visible improvement in your son's condition. 息子さんの体調は目に見えてよくなってます. / Visibility can easily reach up to 50 meters in this lake. この湖の透明度はゆうに50メートル程に達する.

vision [víʒən]
視力, 見通し
原 見る(vis)こと(ion)
イメージ (網膜に映る)視力;(頭に描く)想像力;(頭に映る)像
解 see=「見える」と「分かる」の関係と同じ.
例 The physician checks your vision by asking you to read a special chart on the wall. 医者は壁にある特殊な表を読ませて視力を検査する. / The marksman used a transplanted cornea for better vision. その射撃選手はよりよい視力を得るために移植された角膜を使った. / We need a mayor of great vision. 先見の明の豊かな市長が必要だ.

visit [vízət]
訪問する;訪問
原 見に(vis)行く(it)
イメージ 顔を見に行く
派 visitation 視察, 公式訪問
解 visi-, vide-は〈見る〉の意味合いがある:vision 視力 / television テレビ(⇔遠く＋像) / visible 見える / visual 視覚の / visitor 見物人 / vis-a-vis 向かい合って / visionary 夢のような / vista 展望 / videotape ビデオテープ / vid-kid テレビっ子 / view 見晴らし
例 Visit your dentist at least once a year. 年に1度は歯医者に行きなさい. / The Minister of Construction visited the earthquake-stricken area immediately. 建設大臣は直ぐに地震の被災地を見舞った. / The hospital visitation hours are from 5 to 10 pm. 病院の面会時間は午後5時から10時までです.

vivid [vívid]
生き生きした
原 生き生きした
イメージ 生き生きした
解 vi-に〈生, 活力〉の意味合いがある:convivial 陽気な / revive 復活する(⇔再び＋生きる) / survive 生き残る(⇔超えて＋生きる) / vital 生命の / vitamin ビタミン(⇔命の＋アミノ酸) / vivacious 活発な
例 I have a vivid recollection of my first landing on the Continent. 初めてこの大陸に上陸した時のことをありありと覚えている. / The playwright is noted for his neatly contrived plots and vivid description. この劇作家は上手く考えられた構成とあざやかな描写で知られている.

vocation [voukéiʃən]
職業
原 呼ぶこと
イメージ (神からお呼びのかかった職)⇨職業
解 voc-に〈声〉の意がある:convoke 呼び集める(⇔集める＋呼ぶ) / evoke 呼び出す(⇔外へ＋呼ぶ) / invoke 祈願する(⇔中へ＋呼ぶ) / provoke 怒らせる

(⇨前に＋呼ぶ) / voice 声
派 vocational 職業上の
例 People often change their vocations in later life. 人は晩年に職業を変えることがよくある． / Vocations to the priesthood in the Catholic church have fallen drastically in the United States. アメリカではカトリック教会の聖職者がめっきり減った．

vogue [vóug]
流行
原 船を漕ぐ
イメージ (漕ぐ)⇨(流れるように行く)⇨流行する
例 Miniskirts have come into vogue again. ミニスカートがまた流行っている． / Many kinds of hairdos pass in and out of vogue. 様々な髪形が流行りそして廃る．

voice [vɔ́is]
声；言う
原 声
イメージ 声；意見を声にして言う
関 vocal 声の
例 I voiced my dismay to my companions, but only got the infamous "shoganai" in response. 友達に私が落胆したことを言ったが，例の「しょうがない」が返って来るばかりだった． / We have every right to make our voices heard. 私達の声を聞いてもらう権利がちゃんとある．

void [vɔ́id]
空の，無効の
原 空(から)の
イメージ 中身がなくて虚ろな
関 vacuum 真空 / avoid 避ける(⇨ avoid) / devoid 欠けている
例 Their son's death left a void in their life. 息子を失って彼らの生活にぽっかり穴が開いてしまった． / The contract is null and void. その契約は無効だ．

volume [válju(:)m]
量，体積
原 巻物
イメージ (巻物)⇨(分厚い)書物⇨容量
解 volu-には〈巻き込む，くるむ〉の意味合いがある．書物の原形は巻物である．出席簿を roll book (⇨巻き込んだ名簿)と言うのも同じ発想で捉えたもの．
例 The volume of a box is found by multiplying the length by the width by the depth. 箱の体積は縦×横×高さで分かる． / Would you please turn down the volume of your stereo? I'm trying to concentrate. ステレオのボリューム下げてくれない．集中したいんだよ． / How many volumes is the complete OED? OEDは全何巻ですか．

vomit [vámət]
吐く
原 吐き出す
イメージ 吐く
解 vom のところにストレスをおいて発音すると吐き気がするだろう．throw up(戻す)，be sick(吐き気がする)などを日常では用いる．
例 We usually have a feeling of nausea before vomiting. 吐く前に大抵胸のむかつきを覚える．

vote [vóut]
投票する；投票
原 誓う
イメージ (自己の声を)票に託す⇨投票する
解 当然のことながら，昔は意志・決断の表明は声によっていた．この声を票に託すのが現代の方法(⇨投票)である．
関 voice 声 / vow 誓う / vowel 母音
例 We decided to vote on the matter (= we decided to put the matter to the vote). その件については投票にかけることにした． / Very few people voted for Mr. Brown. ブラウン氏に投票した人はごく少数だった．

W

wag [wǽg]
振る
原 ぶらぶら
イメージ (尻尾を)振る
関 waggle 揺れる / wobble ぐらつく
例 The wagtail incessantly wags its long tail up and down. セキレイはいつもその長い尾を上下に振っている.

wage [wéidʒ]
賃金
原 担保, 約束
イメージ (労働に約束される)賃金；がっちり組み合う
関 engage 約束する
例 We are paid our wages every Friday. 私達の賃金は金曜日ごとに支払われる. / The two tribes have been waging battle for many years. 両部族は長年交戦状態にある.

wait [wéit]
待つ, 給仕をする
原 見張る
イメージ (どうなるかなりゆきにまかせて)待つ
解 wait(給仕をする)も客の様子を注意しながら(⇨原義)接待するからである.
◇接待の「待」に同じ気持ちが込められている.
派 waiter ウエイター / waitress ウエイトレス
関 watch 見張る / wake 目覚めている
例 I waited for her for another ten minutes. もう10分ほど彼女が来るのを待った. ◇日本語の「5時にお待ちしています」を I'll wait for you at five o'clock. と英訳すると不自然になる. 相手の来訪に確信がある時は expect(⇨expect)を用いる. / You have to wait your turn. 君の番が来るまで待たなくてはいけないよ. / Sorry to have kept you waiting. 待たせてごめんなさい. / I have been waiting for you. Thanks for coming. お待ちしていました. よくいらっしゃいました. / They wait on customers courteously at this restaurant. このレストランは従業員の接客態度がよい. / The food was worth the wait (=waiting). その料理は待った甲斐があった.

waive [wéiv]
放棄する
原 権利を放棄する
イメージ 代金を要求しない, (義務を)免除してやる
関 waif 浮浪児(⇨放棄されている)
例 We will waive the tuition for students who meet the following standards. 次の基準を満たす学生は授業料を免除する. / They will waive the penalty if you commit no offense for one year. 1年間無違反なら罰は消える.

wake [wéik]
目覚める
原 見張る
イメージ 目を覚ます, 目を覚まさせる
派 awake 目を覚ましている / waken 目を覚まさせる
例 He was woken up by a terrible noise in the street outside his house. 彼は家の外の通りでのひどい騒音で目が覚めた. / You need to wake up to the reality of the situation. 君は現実の状況に目を覚ます必要があるよ.

walk [wɔ́ːk]
歩く；散歩
原 歩き回る
イメージ 歩く, 連れて歩く；散歩, 歩み
例 She walks every morning. 彼女は毎朝散歩する. / How far is the school? Can you walk it (=Is it within walking distance)? 学校までどのくらいですか. 歩いて行ける距離ですか. / I'll walk you to the site. 会場まで歩いてお

連れします． / Have you walked the dog? 犬を散歩させたかね． / The membership includes people of every walk of life. 会員は様々な職業の人がいます． ◇walk of life は「人生の歩み方⇨人の職業」で，career(⇨ career)と同じ発想．

wander [wǽndər]
さまよう，逸れる
原 道を外れる
イメージ ふらふらと道から逸れる，ふらふら渡り歩く
関 wanderlust 放浪癖(⇨放浪＋欲) / wend 行く ◇go の過去形(went)は実はこの動詞の過去形．
例 He spent most of his early life wandering from job to job. 彼は若い頃のほとんどは仕事を渡り歩いた． / You're wandering off the subject in question. お話が問題点から外れてますよ．

wane [wéin]
衰える；衰退
原 欠ける
イメージ 月がだんだんと欠けていく
解 wan-に〈欠ける〉の意味合いがある： want 欠ける / wanton 尻軽な(⇨欠ける＋躾)
例 The moon is waning. 月はだんだんと欠けて来ている． ◇新月から満月まで，月は wax(だんだん満ちていく)し，満月を過ぎると，wane する． ◇同じ三日月形でも，上弦の時は waxing crescent (三日月)，下弦の時は waning crescent (26日頃の月)と区別して言う．
/ The power of the Edo Shogunate was on the wane towards mid-19th century. 19世紀中頃江戸幕府の力は衰退しつつあった．

want [wɑ́nt]
欲しいと思う，欠けている；必要，欠乏
原 欠けている
イメージ 欠けている⇨(欠けているものが)欲しい；欠乏⇨(欠乏しているので)必要
解 同じような意味の展開は miss〈逃す⇨なくなったものを惜しむ〉にも見られる． ◇lack は〈不足する〉ことを客観的に把えるが，want は主観的に把える： He lacks common sense. (彼は常識が欠けている) He wants common sense. (彼は常識が欠けてるよ)
関 wane 欠ける / wanton 無茶な(⇨節操に欠ける)
例 He is young and wants experience. 彼は若いので経験不足だ． / The bicycle wants repairing. この自転車は修理しないとだめだよ． / This is exactly what I wanted. これ本当に欲しかったのよ． / You are wanted on the phone. 電話ですよ． / Match your wants with your income. 欲しいものと収入のバランスをとりなさい．

wanton [wɑ́ntn]
理不尽な，浮気な，伸び放題の
原 躾(ton) に欠けた(wan)
イメージ (節操に欠けて)好き放題の
解 wan-に〈欠ける〉の意味合いがある： wane 欠ける / want 欠乏
例 The writer tried to prevent many historic buildings and works of art from wanton destruction. 作家は多くの歴史的建物や芸術作品をむちゃな破壊から守ろうとした． / She is a lazy and wanton woman. 彼女は怠惰で尻軽だ．

ward [wɔ́ːrd]
病棟，防ぐ
原 見張る
イメージ (病人を見守る部屋)⇨病室，病棟；監視して侵入を防ぐ
派 warden 監視員
関 wardrobe 洋服ダンス(⇨護る＋衣類) / award 賞を与える(⇨へ＋注目する⇨尊重する⇨賞を与える) / warn 警告する
例 The patient was put in an isolation ward. 患者は隔離病棟へ入れられた． / Good food and sleep help ward off the common cold. 栄養と睡眠が十分なら風邪を防ぐのに役立つ．

warm [wɔ́ːrm]
暖(温)かい；暖(温)める
原 暖(温)かい
イメージ 暖(温)かい；暖(温)める
例 The body temperature of 98.6 degrees is just a little too warm for sperm production. 98.6度の体温は精子の製造には少し温かすぎる． / Warm the glass in your hand while you sip brandy. ブランデーは手でグラスを温め

ながら飲みなさい． / She has a warm, affectionate nature. 彼女は温かくて優しい性格だ．

warn [wɔ́:rn]
警告する
原 注意する
イメージ 目を見開くように警告する
派 warning 警告
例 We have been warned not to swim in the polluted lake. 汚染されたその湖では泳がないように注意を受けている． / There was a warning sign that read: "Don't swim in this polluted lake." 警告の標識には「汚染されているのでこの湖では泳ぐな」と書いてあった．

warp [wɔ́:rp]
歪める，反らせる
原 曲げる
イメージ (板を)反らせる，ひねる
例 Dry conditions cause some wood to warp and split. 乾燥すると反ったり割れたりする木がある． / Why do you take such a warped view of what I say? 僕の発言に対してどうしてそんなにひねくれた見方をするの？

warrant [wɔ́(:)rənt]
正当な理由，証書；是認する，保証する
原 見守る
イメージ (見守る⇨擁護する)⇨〜を適切であると認める
派 warranty 保証
関 wary 用心深い(⇦見守る)
例 They require some type of court-authorized warrant for search and seizure to be lawfully carried out. 合法的に捜索・拘引するためには何らかの法的許可を得た令状が必要である． / His stepping on your toe did not warrant your punching him. 彼が君の足を踏んだくらいで，彼を殴っていいということにはならないよ．

wary [wéəri]
油断のない
原 用心(ware)している(y)
イメージ 目を見開いて警戒している
派 wariness 警戒心 / unwary 不注意な
例 Be wary of any stranger who may approach you in big cities. 都会では知らない人が近づいて来たら油断しないようにしなさい． / We become wary when the topic of borrowing or lending money is introduced. 人は金の貸し借りの話になるととたんに構えるものだ． / I am very wary about believing his story. 彼の言うことはすんなりとは信じられない． / This ad may serve to mislead unwary buyers. 用心しないとこの広告にだまされて買ってしまうだろう． / The security guard opened the mysterious package warily, while everyone else stood back. 皆が遠巻きにする中で警備員は不審な包みを用心深く開いた．

wash [wɑ́ʃ]
洗う
原 水で洗う
イメージ (きれいにするために)水で洗う，水が物を洗う
派 washing 洗濯物
関 water 水
例 Will you wash my car? 車を洗ってくれるかね． / The bridge was washed away by the flood. 橋が洪水で押し流された． / Waves were washing the rocks. 波が岩を洗っていた．

waste [wéist]
無駄にする
原 からっぽ
イメージ (時間，金，努力の)空回り
派 wasteful 無駄な
例 We often waste our time and money on trifles. つまらぬことに時間や金を無駄にしがちだ． / Don't waste time grieving over past mistakes. 過去の過ちにくよくよして時間を無駄にするな． / It was a waste of time listening to him. 彼の話を聞くのは時間の浪費だった．

watch [wɑ́tʃ]
じっと見る
原 見張る
イメージ (注意・関心を持って)じっくり見る
解 ほとんどの辞書に watch は「動くものを見る」とあるがこれは(たまたま動きのある対象が多いという)結果論であって，watch の本来のイメージ(⇦目を見開いてじっくり見る)を伝えるもので

はない.
派 watchful 警戒している
例 Watch me, and try to copy the movement of my lips and tongue. 私をよく見て唇と舌の動きをまねてごらんなさい. / When speculating in stocks, you have to watch the international economic situation. 株に手を出す時は、国際経済の動向に気を配らないといけません.

water [wɔ́:tər]
水；水をやる
原 水
イメージ 水，海；水をかける
例 The best time to water your garden is in the morning. 庭の花に水をやるのは午前中が一番よい.

wave [wéiv]
揺れる，手を振る；波
原 うねり
イメージ 手を振る
派 wavy 波状の
関 waver 揺れる
例 She waved until the bus was out of sight. 彼女はバスが見えなくなるまで手を振っていた. / She has wavy hair. 彼女の髪はウェーブがかかっている.

waver [wéivər]
揺れる
原 揺れる
イメージ 心が揺れる
関 wave 揺れる
例 There are few whose confidence never wavers. 自信がいつも揺るがない人は少ない. / The present governor wavers on important decisions. 現知事は重要案件になると決断が悪い.

wax [wǽks]
月が満ちる，増大する
原 増大する
イメージ 月がだんだん満ちてくる
例 He waxed more eloquent, conscious of his listeners' high tribute to him by their careful attention. 彼は皆が内容を評価して真剣に聴いてくれていることを感じて，ますます雄弁になった.

way [wéi]
道，方法，方向
原 運ぶ
イメージ （人の身の運び）⇨歩み，方法
解 way は「道」としばしば訳されるが，road(道路)や path(道)とは似て非なるもので，見ることも触ることもできない.
例 Please clear the way! 道を空けてください. / I pushed my way forward. 人を押しのけて進んだ. / Do it your own way. あなたのやり方でやりなさい. / We tried to get out but couldn't find a way out. 皆逃げ出そうとしたが，逃げ道が見つからなかった. / They started discussion of ways to end the conflict. 彼らは紛争終結の方法について話し合いを始めた.

wayward [wéiwərd]
わがままな
原 他の方を(away) 向いた(ward)
イメージ （好き勝手に向いて）気ままな
例 She is wayward and fickle, he wayward and stubborn. 彼女は気ままで気まぐれで，彼は気ままで強情だ.

wealth [wélθ]
富，財産，豊富
原 満足(well+th)
イメージ 満足⇨豊である
派 wealthy 裕福な
例 His wealth comes from his interest in the company. 彼の財産は会社の持ち株から生まれている. / He has a wealth of knowledge in modern methods of diagnosis. 彼は最新の診断法の知識が豊富である.

wear [wéər]
身に着ける，すり減らす，長もちする
原 着る
イメージ ⟨(衣服など)身に着け⟩て⟨長く使っている⟩と摩擦で⟨次第に擦り切れる⟩
解 ⟨着用⟩⇨⟨耐久⟩⇨⟨摩滅⟩へとイメージが展開している.
例 He wears sneakers all the time. 彼はいつもスニーカーをはいている. / These sneakers wear well. このスニーカーは長持ちする. / He used the shoes until they were worn thin. 彼はその靴をすり減るまで使った. / Constant dripping wears away the stone. 雨垂れも石をうがつ. / The front teeth of beavers grow continuously

and thus never wear down. ビーバーの前歯は絶えず伸びているので摩滅することはない. 〈〈着用〉の意の wear は身体, 肌に着けるもの〈帽子, 補聴器, コンタクトレンズ, 指輪, 香水, 髭など〉を目的語にできる：The Romans wore diamonds as luck charms. ローマ人はお守りとしてダイヤモンドを身に着けていた. / He wears a hearing aid in each ear. 彼は両耳に補聴器を着けている. / What perfume are you wearing? 何の香水付けてるの？ / Do you wear makeup when you run a race? レースの時お化粧するの？ / She wears no makeup. 彼女は化粧をしない.

weapon [wépn]
武器, 兵器
原 武器
イメージ (保身あるいは攻撃の道具・装置)刀・銃・爆弾
解 歴史とともに刀剣から銃さらに核兵器までを意味する. ◊ firearms は銃器(ピストル, ライフル)を指す
例 They shouldn't allow people to carry any weapon. どんな武器も携帯を許すべきでない.

weather [wéðər]
天気, 天候；風雨にさらす, 乗り越える
原 風
イメージ 風雨, 風雪, 嵐；風雨にさらされる, 風雨をしのぐ
解 定訳の「天気」だと先ず〈好天〉を連想するが weather の連想は〈荒天〉.
関 wither しぼむ(⇨風雨にさらされると衰弱する)
例 The shack had only three walls; the fourth side was open to the weather. 小屋には三面にしか壁がなかった. 四番目の面は吹さらしだった. / I wonder whether our company will weather the crisis. 我々の会社はこの難局を凌げるだろうか. / She has been under the weather since Monday. 彼女は月曜日から体調がすぐれない. ◊ weather は〈荒天〉だから be under the weather は〈悪天候下にある⇨悪条件下にある⇨体調が悪い〉

weave [wíːv]
織る
原 布を織る
イメージ 織る；縫うように進む
関 web クモの巣(⇨織られたもの)
例 She wove a basket from twigs. 彼女は小枝で籠を編んだ. / He wove his way to the front of the crowd. 彼は人波を縫って群衆の前に出た.

wed [wéd]
結婚する
原 抵当
イメージ (抵当を入れて結婚を約束する)⇨結婚する
派 wedding 結婚式 / wedded 執着している(⇨〜に契約している)
例 He wed (＝wedded) his high school sweetheart. 彼は高校時代の恋人と結婚した. / He is still wedded to old-fashioned ideas. 彼は依然古い考え方に執着している.

wee [wíː]
非常に早い時間
原 少量
イメージ 日が変わってからのほんの2〜3時間
例 The children spent the wee hours of New Year blowing firecrackers. 子供達は新年になったばかりの真夜中にかんしゃく玉を破裂させて遊んだ.

weed [wíːd]
雑草；雑草を取る
原 雑草
イメージ 雑草；雑草を引き抜く
解 同じような意味の展開をするもの：bone 骨；骨を除く / dust ほこり：ほこりを除く / skin 皮；皮を剥ぐ ◊ このときの名詞の性格は〈その存在が無用あるいは有害なもの〉
例 We have to weed out those yellow flowers that keep growing among the onions. ネギの間に生えている黄色の花を引っこ抜かなくてはいけない.

weep [wíːp]
涙を流して泣く
原「うえーん」と泣く
イメージ 涙を流して泣く
解 cry tears と言い換えられる.
関 wail 泣きわめく
例 Whatever are you weeping about? いったい何で泣いてるの？

weigh [wéi]
重くする, 重荷を負わせる

原 持ち上げる
イメージ （持ち上げる）⇨ 重さがかかる；（ことの重さ）を考える
解 weigh anchor(出航する)は「錨を引き上げる（⇨ weigh の原義）」から．
派 weight 重量／weighty 重量のある
例 How much does the wrestler weigh? (＝What's his weight?)—He weighs 100 kilos. あのレスラーの体重はどのくらいですか．—100 キロです．／Lindbergh was in a plane that weighed a bit more than an old Volkswagen Beetle. リンドバーグは旧型のフォルクス・ワーゲン・ビートルより少し重いだけの飛行機に乗っていた．／The new responsibilities weighed heavily on him. 新たな責任が彼に重くのしかかった．／You have to weigh your words carefully when taking an oral examination. 口頭試問の時はしゃべることばを慎重に選びなさい．

weird [wíərd]
異様な，奇妙な
原 運命
イメージ 気味の悪い，風変わりな
解 そう言えばスペル自体が〈風変わり〉である．類義語の eerie も見るからに〈気味の悪い〉スペルだ．
例 There have been many movies featuring weird monsters. 異様な怪物を扱った映画がたくさんある．／Anything beyond our experience and imagination seems weird to us. 自分の経験や想像を越えたものは何でも奇妙に見えるものだ．

welfare [wélfeər]
福祉
原 うまく(wel) 事を運ぶ(fare)
イメージ （うまく生きる⇨快適に生活する）⇨人の幸福，(幸福のための)福祉，福祉事業
解 「福祉」ってよく聞くが，何だろう．welfare なら〈年金だとか失業保険だとか生活保護だとか〉がイメージできる．そう言えば，the Ministry of Welfare (厚生省)の「厚生」もイメージの湧かない用語である．
例 Most governments provide many services to promote the health and welfare of their citizens. 大抵の行政府は市民の健康と福祉の増進のためにいろいろなサービスを提供している．／They are living on welfare. 彼らは今生活保護を受けて生活している．

wheel [hwíːl]
車輪；回転する
原 車輪
イメージ 車椅子を押す；ホイール
解 「車椅子で運ぶ」の意でよく使われる．
例 He was wheeled to the operating room. 彼は車椅子で手術室へ運ばれた．／She has to wheel his father everywhere he goes. 彼女は父親をどこへ行くにも車椅子に乗せて運んでやらなくてはならない．

whereabouts [hwéərəbauts]
所在；どの辺に
原 どこら(where) 辺り(abouts)
イメージ どこら辺に
例 We have no idea of my daughter's whereabouts. 娘の所在が全然分からない．／Whereabouts are you going in China? 中国はどの辺りへ行かれますか．

whim [hwím]
気まぐれ
原 きょろきょろする
イメージ 気まぐれ
解 whi-には〈あちこち動く，定まらない〉感じがある：whiff 漂い／whiffle あれこれ変わる／whiffler 移り気な人／whisk 尾を振る／which どちら
例 My every whim was fulfilled with love and care. 私が気ままをいうといつも愛情と配慮で叶えられた．／I had a sudden whim to meet my ex-wife. 急に前の妻に会いたくなった．／You seem to be at the mercy of the whims of others. 君は他の人の気まぐれに翻弄されているみたいだ．

whine [hwáin]
哀れっぽく泣く
原 ウエーン(擬音)
イメージ 泣き出しそうな声を出す
派 whiner めそめそ言う人
関 whimper しくしく泣く
例 I begged my teacher not to phone Mother. "Please!" I whined. 僕は先生が母に電話しないように懸命に頼んだ．「お願い」と泣き出しそうな声で言った．

/ The hungry, lonely dog was whining helplessly in its pen. 腹ぺこの淋しげな犬が檻の中で力なくクーンクーンと呻いていた.

whip [hwíp]
鞭で打つ, 攆拌する
原 鞭がしなうときの音
イメージ ヒュー＋ピシャ
解 whi-に空気の破擦音を聞こう: whisper ささやく / whistle 口笛を吹く / whirl 渦まく / whir ブンブンうなる / whisk さっと払う / whiff ひと吹き / whimper めそめそ泣く / whine くんくん泣く ◇ whimsy (気まぐれ), which (どっち)などにも気持ち, 関心のあちこちへの動きが感じられる.
例 The boy whipped his dog brutally in pure spite. 少年は腹いせに自分の犬をひどく鞭打った.

whisk [hwísk]
ぱっと動かす
原 吹き抜ける
イメージ さっと動かす
例 The child is whisked away from its parents and into a nursery right after birth. 赤ん坊は生まれるとすぐに親からさっと離されて育児室に入れられる.

whole [hóul]
全体の, そっくりそのままの
原 無傷である
イメージ 丸ごと全部, 丸々そのまま
派 wholly 完全に / wholesome 健全な
例 Tell me the whole story. 一部始終を話しなさい. / It rained the whole day. 1日中雨だった. / The snake swallowed the frog whole. 蛇はカエルを丸飲みした. / On the whole, your essay is well-written. 全体的に君のエッセイはよく書けている.

wild [wáild]
野生の, 荒れた
原 野生の
イメージ 自然のまま, 感情のおもむくまま
派 wildly 荒々しく / wildness 野生 / wilderness 荒野 (◇野生の動物(wilder)の住むところ (ness))
例 I arrived at the right answer by making a wild guess. あてずっぽうを言ったら当たった. / Once we were in the park, my brothers and I would run wild on the grass. 公園に着くや, 僕達兄弟は芝生の上を無邪気に走りまわったものだ. / It's exciting to observe animals in the wild. 野生のままの動物を観察するのはわくわくする.

win [wín]
勝つ, 勝ちとる
原 征服する
イメージ (困難を凌いで, 努力して)獲得する
解 win は定訳「勝つ」があるが, 日本語の「勝つ」は目的語に普通〈倒すあるいは退ける対象〉をとるので, win(目的語に獲得するものをとる(◇イメージ))とは大きくずれることが多い. たとえば「チャンピオンは挑戦者に勝った」は The champion beat his challenger. となり, ここに win の過去形 won は使えない. また「獲得」の意では gain があるが, これは〈(増量・増加を目指して)獲得する〉イメージ.
例 Smiling wins more friends than frowning. しかめ面をしているよりもにこにこしてる方が友達ができる. / She won fame with her maiden work. 彼女は処女作で名声を手にした. / He did all he could to win her favor. 彼は彼女に気に入られようとできることは何でもした. / She has won her independence by buying her own flat. 彼女は自分のアパートを買って自立を手にした. / We will never give up the freedom we have won. 獲得した自由を決して手放さないぞ.

wind [wínd]
風
原 風が吹く
イメージ ぴゅーぴゅー吹く風
解 日本語「風」はプラスイメージが強いが, wind は強い風あるいは冷たい風がイメージされる.
派 windy 風の強い ◇ TOYOTA の車や化粧品会社の名前や, 諸々の国産製品に WINDY というニックネームが付けてあるが外国ではまず商売できないだろう. おそらく〈さわやかな風〉のイメージ(これなら breezy)のつもりだろうが, windy はマイナスイメージのことばで〈風の強い, 吹きさらしの, 実のない〉な

どの意でしかない．
例 The wind blew hard last night (＝It was windy last night). 昨夜は風が強かった．

window [wíndou]
窓
原 風(wind) の目(ow)
イメージ (風穴)⇨窓
解 窓の役割は風通し，採光と見晴らしである：It's stuffy in here; open the window. ◇風通し / go window-shopping, look out of the window ◇見晴らし
例 Roll down the window. (車の)窓を開けてよ．◇車の窓を開ける時は open the window とは普通言わない．

winter [wíntər]
冬
原 wet な季節
イメージ 湿っぽい曇天の冬
解 動詞で〈冬を過ごす〉がある．同様な意味の展開に summer(夏を過ごす，避暑する)がある．spring, autumn に比べて winter と summer は〈気候の厳しさを凌ぐ〉意味が生じるからである．
例 Those cranes came from Siberia to winter in Japan. このツル達は日本で冬を過ごすためにシベリアから飛来した．

wise [wáiz]
賢い，分別がある
原 見る
イメージ (見る)⇨見抜く⇨見る目がある⇨判断が理に適っている
派 wisdom 賢明であること(⇨理に適う)
例 It was wise of you to leave her. 彼女と別れたのは良い判断だったよ．/ The director is pondering over the wisdom of accepting the contract. 主任は契約を受け入れることがよいかどうか考えている．

wish [wíʃ]
願う；願い
原 願う
イメージ 願望する
解 wish(願う)は未来指向であるのに wish＋ 過去時制だとく〈であったらよかったのに〉とした願望しか言えない．wish＋ to do なら〈〜したい〉と願望できる．
派 wishful 願望的

例 I wish I was better-looking. もっと器量がよかったらいいのに．/ I wish to learn to speak English. 英語を話せるようになりたい．/ That's nothing more than wishful thinking. それは願望(＝夢)にすぎない．

wit [wít]
機知
原 見る⇨知る
イメージ しゃれたことば(⇨知・智の結晶)
関 witch 魔女(⇨魔術を知っている) / wizard 魔法使い，名人 / unwittingly 知らぬ間に
例 Use your wit to amuse, not to abuse. 機知は人を嘲るためでなく，愉しませるために使いなさい．/ We often unwittingly (＝unknowingly) hurt others' feelings. 私達はうっかり人の気持ちを傷つけがちだ．

with [wíð]
〜を相手に，〜と共に，〜で
原 〜に対して
イメージ 〜と一緒に(中立)；〜に対して(中立と対立)
解 物，人，事の関わりを表わす．
例 Come along with me. 一緒に行こう．◇〜と一緒に / He came in with his hat on. 彼は帽子をかぶったまま入ってきた．◇〜と一緒に / I drink coffee with sugar. コーヒーは砂糖を淹れます．◇〜と一緒に / I want a house with a spacious garden. 広い庭付きの家が欲しい．◇〜の付いた / We should become wiser with age. 年を重ねるにつれて賢明にならないといけない．◇〜と共に / He is down with the flu. 彼は流感でダウンしている．◇〜が付いて / I don't sharpen a pencil with a knife. 私は鉛筆をナイフで削りません．◇〜を使って / We are satisfied with the results. 結果に満足している．◇〜に対して / I fought with him. 彼と喧嘩した．◇〜に対して / I got angry with him. 彼に腹が立った．◇〜に対して

withdraw [wiðdrɔ́ː]
引っ込める
原 後方へ(with) 引く(draw)
イメージ (出したもの・出ているものを)引っ込める

派 withdrawal 撤回
解 with-は〈相手から引き離して自分の方へ引き付ける〉の意味合いを持ち with〈一緒に〉が底流にある．
例 The union withdrew its demand. 組合は要求を引っ込めた． / He withdrew what he said. 彼は発言を取り消した． / The moment she withdrew after class, children scattered onto the playground. 先生が授業を終えて教室から出て行くと，子供達は運動場へ散って行った．

wither [wíðər]
しぼむ，枯れる
原 荒天にさらす
イメージ （日照り，風雨にさらす）⇨萎える，しゅんとなる
関 weather 荒天◇荒天については(⇨weather)
例 Leaves of scabby plants may wither and drop early. 腐敗病にかかった植物の葉は萎えて，早く落ちてしまうことになる．

withhold [wiðhóuld]
抑える
原 後方へ(with) 保つ(hold)
イメージ しっかり保持して放さない(離さない・話さない)，表に出さない
解 with-は〈相手から引き離して自分の方へ引き付ける〉の意味合いを持ち，with〈一緒に〉が底流にある．
例 He seems to have been asked to withhold all information on the incident. 彼はその事件についての情報は一切もらさないように頼まれたようだ．

within [wiðín]
〜の中に，〜以内に
原 一緒に(with) 中に(in)
イメージ ある一定の範囲の中に / ある一定の期間以内に
例 There are some beautiful beaches available within easy distance. すぐ行けるところにいくつかの美しい海水浴場がある． / I have to finish this job within a week. 1週間以内にこの仕事を仕上げないといけない．◇I have to finish this job by the end of this week. (今週中にこの仕事を仕上げなければならない)をI have to finish this job within this week. と誤って言うことが多いが，前置詞(within)は副詞句(this week)を目的語として従えることはできない． / Make your goals high, but within reach with hard work. 目標は高く持ちなさい，でも頑張ればできる範囲の目標にしなさい． / There were people whispering within but no one answered the door. 中で人の声がしていたが，ドアには誰も出てくれなかった．

without [wiðáut]
〜なしで
原 一緒に(with) 外に(out)
イメージ 〜を伴うことなく
例 I had high fevers without any good reason when young. 子供の時，よく原因不明の高熱が出ていた． / Michael Jordan is without doubt the greatest basketball player of his generation. マイケル・ジョーダンは間違いなく同世代の中で最高のバスケットボールプレイヤーだ．

withstand [wiðstǽnd]
耐える
原 相対して(with) 立つ(stand)
イメージ 圧力に抗して立つ
解 語源辞典は with を against の意としているので大抵の語源解説にいきなり〈反対して〉の意があり，〈一緒に〉の意と掛け離れすぎていることを埋める説明がない．実は，with は〈相手にする⇨相対する〉感じなのである．stand は〈立つ⇨倒れない⇨耐える〉の意味合い．
例 The helicopter is powerful enough to withstand some high wind. そのヘリコプターは相当の強風に耐えることができる． / Many germs are unable to withstand more than a few minutes' exposure to the sun. 日光に数分間もさらすと耐えられない細菌は結構多い．

witness [wítnəs]
目撃する，証言する；目撃者，証人
原 見る(wit) こと(ness)
イメージ （偶然）現場を目撃する⇨（従って）立ち合う⇨証言する
解 「目撃する」と「証言する」の間をつなぐ意に「立ち合う」があることを理解したい．◇名詞形のままでその役割をなす意を持つ動詞になることがある：witness 目撃者⇨証言者となる / captain 主将⇨主将を務める / rival 競争相

手⇨張り合う / tailor 仕立て屋⇨仕立てる / tutor 個人教師⇨個人指導する
関 wit 知恵, 機知 / witty 機知に富んだ / wise 博学な, 賢い
例 He witnessed the traffic accident. 彼はその交通事故を目撃した。 / I witnessed his signing the contract. 私は彼の契約書への署名に立ち合った。 / He witnessed against the truck driver in court. 彼はトラック運転手に不利な証言をした。 / Police are looking for witnesses to the traffic accident. 警察はその交通事故の目撃者を探している。

wizard [wízərd]
(男の)魔法使い、名人、天才
原 賢い(wise) 人(ard)
イメージ 天才, 魔法使い
解 女の魔法使いは witch で、魔女、鬼婆の意となりイメージが悪い。wizard はマイクロソフトの製品にウイザード機能がある。たとえば、宛名印刷ウイザードなら宛名印刷名人といった感じである。
派 wizardry 魔法
関 wise 賢い
例 Edison had a laboratory in Menlo Park, N. J. He became known as "The Wizard of Menlo Park." エジソンはニュー・ジャージーのメンロパークに実験室を持っており、メンロパークの天才として有名になった。 / She's a precocious child; she's already a wizard at the piano. 彼女は早熟だ。すでにピアノの名人である。

wobble [wάbl]
ぐらつく, よろよろする
原 よろよろする
イメージ ゆらゆら, ぐらぐら
派 wobbly ぐらぐらする
関 weave 編む
例 The old man wobbled down the street on the bike. 老人は通りを自転車でぐらぐらしながら走っていった。 / Be careful, don't sit on that stool; it's wobbly. そのスツールには腰掛けたらだめだよ。ぐらぐらしてるから。

wonder [wʌ́ndər]
驚く, 不思議に思う；驚き, 不思議
原 驚き
イメージ 驚きだ⇨不可思議だ⇨どうしてだろう⇨～かしら
派 wonderful 素晴らしい
例 We stood in wonder at the great waterfall. 大きな滝の素晴らしさに立ち尽くした。 / I was wondering if I could place a poster in your window. お宅の窓にポスター貼らせて頂けるかしら。 / A bit of cheese sauce can do wonders for asparagus. 少しチーズソースを加えるとアスパラガスは素晴らしくおいしくなる。 / What a wonderful idea! 何と素晴らしい考えだこと！

word [wɔ́:rd]
語, ことば
原 しゃべる
イメージ (しゃべる)ことば
例 I'd like to have a word with you. ちょっとお話ししたいことがあります。◇ a word 短い発言 / Actions speak louder than words. 行動の方がことばよりものを言う。◇ words ことばによる表現 / We have had no word from him in months. 彼から何か月も連絡がない。◇ word 知らせ / He often breaks his word. 彼はよく約束を破る。◇ one's word 約束

work [wɔ́:rk]
仕事, 作品：仕事をする, うまく働く
原 動く, 働く
イメージ 働く, 動く⇨効果が出る
解 work は音的には〈力をひねって出す, 力を絞る〉感じがする。
例 He had to work part time after school. 彼は放課後アルバイトして働かねばならなかった。 / This engine doesn't work. このエンジンは動かない。 / This medicine works. この薬は効く。 / Aren't you supposed to be at work? 今仕事の時間じゃないの？

workplace [wɔ́:kpleis]
職場
原 働く場
イメージ 職場
解 workplace は頻出の日常語であるのに英和辞典の扱いは意外と小さい。
例 They are commuters heading for their workplaces in the city. 彼らは市中の職場に向かっている通勤の人達だ。

worm [wɔ́:rm]
(細長く足のない)虫

原 くねくねする虫
イメージ ミミズ、サナダ虫(⇨くねくねしている)；のらりくらりとうまくやる
解 音的にくねくね、うごめきが感じられる。
派 wormy 虫の食った
例 The swallow flew off with a worm in its beak. ツバメが虫をくわえて飛び立った。 / He always tries to worm his way out of the jobs I give him. 彼は僕が与えた仕事をいつもうまく逃れようとする。

worry [wə́:ri]
心配する、困らせる
原 首を絞める
イメージ 心を苦しめる
関 wring 絞る、苦しめる
例 Don't worry (yourself) about such trifles. そんな些細なことに悩むなよ。 / It was the most worrying day he has ever had. その日ほど彼が苦しんだことはなかった。 / He came out of the room with a worried look. 彼は心配そうな顔をして部屋から出てきた。 / We have no financial worries. 金の心配はない。

worship [wə́:rʃəp]
崇拝；崇拝する
原 価値(worth) ある状態(ship)
イメージ (価値がある)⇨崇拝する
例 My grandfather worshipped the sun and clapped his hands at it every morning. 祖父はお日さまを崇め毎朝柏手を打っていた。 / Where do you worship? (=What church do you go to?) どの教会へ行っていますか？

worth [wə́:rθ]
〜の価値がある；価値
原 価値がある
イメージ 〜ほどの価値がある
解 This book is valuable. (この本は価値がある)は文として完結しているが、This book is worth. というだけではWorth what or how?(どれほど価値があるの)という不満が残ってしまう。
派 worthless 価値がない / worthy 価値のある
関 worship 崇拝(⇨価値あるものを対象とする)

例 How much do you think is this classic car worth? このクラシック・カーはどのくらいの値打ちがあると思いますか。 / I think this novel is worth reading. この小説は読む価値があると思う。 / Oh, yes, it was certainly worth my while. ええ、本当にそれはやり甲斐が(⇨自分の時間を費やす価値が)ありました。 / If anyone is, she is certainly worthy of the Nobel Prize for literature. 1人挙げるとすれば、彼女こそがノーベル文学賞にふさわしい。

worthwhile [wə́:rθhwail]
時間をかける価値がある
原 時間(while) をかける価値あり(worth)
イメージ 時間をかける価値がある
例 She found her own trip across the continent worthwhile. 彼女は大陸の一人旅は価値があったと思った。 / Teaching is a very worthwhile career. 教職はやりがいのある仕事だ。

wrangle [rǽŋgl]
口論する
原 もつれる
イメージ もつれる、仲違う
解 wr-に〈ひねる、違う〉の感じがある：wrong 違う / wrestle 取っ組み合う
例 When his father died, his family spent months wrangling over the property. 父親が亡くなると、彼の家族は遺産のことで何か月ももめた。

wrap [rǽp]
包む、まとう
原 包む
イメージ 包む、包み込む
解 wr-に〈ひねる〉イメージがある。
派 wrapper 包装紙
例 It was a cold night, so he wrapped himself in a blanket before he went out. 寒い夜だったので、彼は外出前に身体を毛布でまとった。 / Save the wrapper for me; it has such lovely flower patterns. 包装紙とっておいてね。花柄模様がとっても素敵だから。

wreak [rí:k]
害を与える、怒りを浴びせる
原 押しつける
イメージ (猛威・怒りを)押しつける⇨

打撃を与える
[解] wr-に〈ぎゅっと押し込む〉意味合いが感じられる．
[例] Few natural phenomena can wreak as much havoc as earthquakes. 地震ほどひどい災害を与える自然現象はまずない．

wreath [ríːθ]
花輪
[原] ひねった輪
[イメージ] （花の茎をひねって編んで作る）花輪
[派] wreathe 花輪にする
[関] writhe もがく（⇨身体をひねる）/ wrist 手首（⇨ねじれる）
[例] She placed a wreath of flowers on a grave. 彼女は花輪を墓に供えた．

wreck [rék]
難破，難破船；難破する
[原] 追いやる
[イメージ] （岩礁に追いやられた船）⇨座礁⇨難破⇨難破船⇨破壊
[解] 建物や車，列車などの残骸についても wreck と言う．
[派] wreckage 残骸
[関] wreak 怒る（⇨感情を追い出す）/ wretch 哀れな人（⇨追い出された人）/ wretched 悲惨な
[例] The strait was the scene of many wrecks but is now protected by a lighthouse. その瀬戸は多くの難破が起こった所だが，今では灯台によって守られている．/ The wreck of the Titanic was found lying on the ocean floor at a depth of about 4,000 meters. タイタニック号の残骸が約 4000 メートルの海底にあるのが見つかった．

wrestle [résl]
取っ組み合う
[原] ひねりあう
[イメージ] 取っ組み合う
[派] wrestling レスリング
[例] They are still wrestling with the problem. 彼らはまだその問題と取っ組んでいる．

wriggle [rígl]
身をよじる
[原] ひねる
[イメージ] よじる，くねくねさせる
[関] wrinkle しわ（⇨よじるとできる）

[例] Some students began to wriggle impatiently by the end of the class. 授業の終わり頃になると何人かの子供がそわそわし始めた．/ He somehow finds a way to wriggle his friends out of their troubles. 彼は何とかして困っている友達をうまく助けてくれる（⇨困難からねじりだす）人だ．

wring [ríŋ]
絞る
[原] ひねる
[イメージ] ひねる，絞りとる
[解] wri-に〈よじり，ひねり〉の意味合いがある．
[例] The wrestler tried to wring his opponent's neck. レスラーは相手の首をひねりにかかった．/ She wrung her hands in nervousness. 彼女は心配そうに両手を揉み合わせた．/ The detective was able to wring the truth from the secretary. 刑事は秘書から真実を聴き出した．

wrinkle [ríŋkl]
しわ；しわになる
[原] ひねる
[イメージ] しわがよる
[関] wrench ねじる
[例] These pants won't wrinkle. このズボンはしわにならない．/ Old age brings wrinkles on the skin. 歳をとると肌にしわがよる．

wrist [ríst]
手首
[原] ひねる
[イメージ] 手首
[解] 手首の特徴は〈ひねりを加えられる〉ことである．◇ wr-は〈ひねり，もだえ，しわ〉のイメージがある：wrench ひねる / wrest もぎとる / wrestle 取っ組み合う / wrinkle しわ / wring 絞る / wriggle よじる / writhe もがく / wreath 花輪（⇨枝などをねじ曲げて組んでいる）
[例] The common sites for sprains are the ankle, wrist, knee, finger or toe joints. 捻挫のよく起こるところは足首，手首，膝，手足の指の関節である．

write [ráit]
書く
[原] 引っ掻く

イメージ 文章にして書く

解 light の li-の〈軽さ，明るさ〉に比べて，write の wr-は音的には〈重い，力のこもる〉感じがする．これは書記の始まりは石や板に引っ掻いて書いていたから現代のように滑らかな動きではなかったからである．今でもチョークや鉄筆などでは〈引っ掻く〉イメージが感じられる．筆記用具の歴史は引っ掻きで生じる摩擦を限りなく零に近づける過程であったと言えよう．◇日本語でも「掻く」と「書く」は同じ語源．

関 writ 令状 / underwrite 保険責務を負う

例 It is difficult to write with certainty an authentic life of Jesus. イエスの本当の生涯を正確に書くことは難しい．

writhe [ráið]
悶え苦しむ

原 ひねる

イメージ もだえる

例 He writhed in agony. 彼は苦しみにもだえた．

wrong [rɔ́(ː)ŋ]
間違っている

原 ひねった

イメージ ひねった⇨曲げた⇨本当と違う

解 wrong は right〈直ぐ，真っ直ぐ〉に対する語．

派 wrongly 間違えて

関 wry ゆがんだ，ひとひねりした / wring 絞る

例 I took the wrong bus. バスを乗り間違えた．／ Everything went wrong today. 今日は何もかもうまくいかなかった．／ I was in the wrong. 私が悪かった．／ Don't get me wrong—I have nothing against you. 誤解しないでください—あなたに反対の気持ちは少しもありません．／ You're wearing the shirt wrong side out. シャツ裏返しに着ているよ．／ The wrong side of the fabric is smooth and shows the weaving pattern. この生地の裏側は滑らかで織り模様が見える．◇この例での wrong は〈紙や生地の裏側〉の意で〈間違った〉の意は消えている．イメージは〈布をひねった側⇨めくった側⇨裏側〉

Y

yarn [jάːrn]
撚り糸, 冒険談
原 糸
イメージ 撚り糸⇨(話を編む)⇨冒険談
例 The old man told us many yarns of his journey to distant lands in his youth. 老人は若い頃の外国への旅行談をたくさん語ってくれた．

yawn [jɔ́ːn]
あくびをする
原 あーん
イメージ あくびをする⇨口が大きく開く
関 gape 口を大きく開く / gap 途切れ, 隔たり
例 A crevasse yawned beneath us. 眼下にクレバスが大きく口を開けていた． / Sometimes a yawn is just a yawn. It has nothing to do with disrespect for a speaker. 時にあくびは単にあくびであって, 演説者に対する無礼とは限らない．

yell [jél]
叫ぶ
原 叫ぶ
イメージ 大声で叫ぶ
例 Mother was running about yelling at my brothers. 母は弟たちにガミガミ怒鳴りながら駆け回っていた． / Some of the kids from my class saw the police officer and me and yelled, "David's busted! David's busted!" 警官と僕をクラスの者が見つけて「デイビッドが捕まった! デイビッドが捕まった!」とやじった．

yet [jét]
まだ; もう
原 まだ
イメージ まだ〜してない(やがて〜するだろう); まだ〜してないかな(もう〜したかな)
解 already の否定および懐疑版：完了の状態(already の状態)に達していないか, あるいは, 達しているかどうか不明の時に用いる．肯定文で用いられる yet も〈否定的な意味合い〉が潜在している．
例 He is not a regular player yet (= He is not yet a regular player). 彼はまだ正選手ではないよ． ◊ already の否定 / I have yet to talk it over with you (= I have yet to talk with you). まだ相談することがあります． ◊ already の否定 / Have you had a chance to visit the exhibition yet? 展示会へもう行かれましたか． ◊ already の懐疑 / He is yet (= still) alive. 彼はまだ生きている． ◊ still としてもほぼ同意だが, yet の場合は he is dead なる状態が already でないとする発想が基底にある． / She may yet pass (= She could pass sometime). 彼女はいずれ合格するだろう． ◊〈まだ合格してないけれど〉なる発想が基底にある． / She could pass sometime. と言うほうが一般的である．

yield [jíːld]
屈する, 産出する
原 諦める
イメージ 殻が破られる(⇨殻の屈服)と芽が出てくる(⇨生産)
解 あるいは地殻が破られる(⇨地殻の屈服)とマグマが噴出する(⇨生産)とイメージすれば, yield の一見かけ離れた両義〈屈する〉と〈産出する〉の接点が把握できる．
例 Urashima yielded to curiosity and opened the box he had been given. 浦島太郎は好奇心に負けてもらった箱を開けてしまった． / He refused to yield to persuasion. 彼は説得を受け入れることを拒んだ． / This soil yields a good crop of potatoes. この土地はジャガイモがよくできる． ◊発芽のエネルギーが土の層を打ち破るイメージ． / The potato yield was excellent this year. 今

年はジャガイモのできがとてもよい． / You have to yield the road to emergency vehicles. 緊急車両には道を譲らないといけない．◇ YIELD という交通標識は「他車優先(⇨他路線の車に譲れ)」の意：Yield the right of way by slowing or stopping. 徐行あるいは停止して他車に道を譲りなさい．

young [jʌ́ŋ]
若い
原 若い
イメージ 若い⇨年月の経っていない⇨まだなりたての
解 名詞用法では young は「若者達」の意の他に「動物の子」を指す．◇集合的意味合いがあるので young は youngs とは言わない．
派 youth 若さ，青春期

例 The Internet is still a young technology, but it is certainly becoming an important one in our lives. インターネットはまだ歴史が浅いけれど，日常の生活において確実に重要な技術になってきている． / The dog is with young. その犬は子を孕んでいる． / Hamsters give birth to six or seven young. ハムスターは6～7匹子を産む． / Most cartilaginous fish give birth to live young. 大抵の軟骨魚は胎生である． / Some snakes bear live young, but others lay eggs (=Most snakes lay eggs, but some bear live young). 蛇の中には胎生のものがいるが他は卵生である．◇「胎生である」の意を示した英和辞典が知る限りではないので，ここに2例を記した．

Z

zeal [zíːl]
熱心
[原] 情熱
[イメージ] ことに向かって情熱を注ぐ
[解] passion(情熱)の特定版
[派] zealous 熱心である
[関] jealous 嫉妬深い
[例] He attacked every job given to him with zeal and earned a quick promotion. 彼はどんなしごとも熱心にやったのですぐに昇格した.

派生語・関連語索引

■本索引は，本文中に 派 関 で示した派生語・関連語約 4000 語を収録する．
⇨ の後に印す見出語を参照されたい．

A

abandonment ⇨ abandon
abbreviation ⇨ abbreviate
abdicate ⇨ condition
abdication ⇨ abdicate
abduction ⇨ abduct
abetment ⇨ abet
abhorrence ⇨ abhor
abhorrent ⇨ abhor
abiding ⇨ abide
ability ⇨ able
abject ⇨ object
abjection ⇨ abject
ably ⇨ able
abnormality ⇨ abnormal
abode ⇨ abide
abolition ⇨ abolish
abominate ⇨ abominable
aboriginal ⇨ aborigine
abortion ⇨ abort
abortionist ⇨ abort
abortive ⇨ abort
abound ⇨ redundant
abridge ⇨ abbreviate
abruptly ⇨ abrupt
absence ⇨ absent
absentee ⇨ absent

absenteeism ⇨ absent
absolutely ⇨ absolute
absolution ⇨ absolve
absolve ⇨ absolute
absorbing ⇨ absorb
absorption ⇨ absorb
absorptive ⇨ absorb
abstention ⇨ abstain
abstinent ⇨ abstain
abstract ⇨ distract
abstraction ⇨ abstract
absurdity ⇨ absurd
abundance ⇨ abound
abundance ⇨ abundant
abundant ⇨ abound
abundantly ⇨ abundant
abusive ⇨ abuse
abysmal ⇨ abyss
accede ⇨ recede
accept ⇨ survive
acceptable ⇨ accept
acceptance ⇨ accept
accessible ⇨ access
accidental ⇨ accident
accidentally ⇨ accident
acclamation ⇨ acclaim
accommodating ⇨ accommodate
accommodation ⇨ accommodate
accompaniment ⇨ accompany
accomplishment ⇨ accomplish
accord ⇨ record

according ⇨ accord
accordingly ⇨ accord
account ⇨ count
accountable ⇨ account
accountant ⇨ account
accumulation ⇨ accumulate
accumulative ⇨ accumulate
accuracy ⇨ accurate
accurate ⇨ procure
accusation ⇨ accuse
accuser ⇨ accuse
accusingly ⇨ accuse
accustom ⇨ custom
accustomed ⇨ accustom
achievement ⇨ achieve
acid ⇨ acute
acidify ⇨ acid
acidity ⇨ acid
acknowledgment ⇨ acknowledge
acquaintance ⇨ acquaint
acquire ⇨ question
acquired ⇨ acquire
acquisition ⇨ acquire
acquisitive ⇨ acquire
acquit ⇨ quiet
acquittal ⇨ acquit
acquittance ⇨ acquit
act ⇨ interact
acting ⇨ act
active ⇨ act

activity ⇨ act
acumen ⇨ acute
acutely ⇨ acute
acuteness ⇨ acute
adamantly ⇨ adamant
adaptation ⇨ adapt
adapter ⇨ adapt
addicted ⇨ addict
addiction ⇨ addict
addictive ⇨ addict
addition ⇨ add
additional ⇨ add
additive ⇨ add
address ⇨ dress
adduce ⇨ subdue
adhere ⇨ hesitate
adherence ⇨ adhere
adherent ⇨ adhere
adhesive ⇨ adhere
adhesive ⇨ hesitate
adjective ⇨ adjacent
adjournment ⇨ adjourn
adjustment ⇨ adjust
administer ⇨ minister
admirable ⇨ admire
admiration ⇨ admire
admission ⇨ admit
admit ⇨ permit
admonish ⇨ monitor
admonish ⇨ summon
admonition ⇨ admonish
adolescence ⇨ adult
adolescent ⇨ adult
adoption ⇨ adopt
adorable ⇨ adore
adoration ⇨ adore
adornment ⇨ adorn
adulterate ⇨ adultery
advanced ⇨ advance
advancement ⇨ advance
advantaged ⇨ advantage
advantageous ⇨ advantage
advent ⇨ prevent
adventitious ⇨ advent
adventure ⇨ advent
adventure ⇨ invent
adventure ⇨ venture

adverse ⇨ advertise
adversity ⇨ adverse
adversity ⇨ advertise
advertisement ⇨ advertise
affect ⇨ affair
affect ⇨ infect
affectation ⇨ affect
affection ⇨ affect
affirmation ⇨ affirm
affirmative ⇨ affirm
affix ⇨ fix
affliction ⇨ afflict
affluence ⇨ affluent
affordable ⇨ afford
against ⇨ again
aggravation ⇨ aggravate
aggressive ⇨ congress
agility ⇨ agile
agonize ⇨ agony
agreeable ⇨ agree
agreement ⇨ agree
agriculture ⇨ culture
aground ⇨ ground
align ⇨ line
alive ⇨ life
allegation ⇨ allege
allegedly ⇨ allege
allergic ⇨ allergy
allied ⇨ ally
allot ⇨ lot
allotment ⇨ allot
allowable ⇨ allow
allowance ⇨ allow
alloy ⇨ ally
allusion ⇨ allude
ally ⇨ rely
alter ⇨ alternate
alternately ⇨ alternate
alternation ⇨ alternate
amaze ⇨ maze
ambiguity ⇨ ambiguous
ameliorate ⇨ deteriorate
amendment ⇨ amend
amiss ⇨ miss
amount ⇨ mountain
amount ⇨ paramount
amount ⇨ tantamount

amplify ⇨ ample
amplitude ⇨ ample
amply ⇨ ample
analysis ⇨ loose
angler ⇨ angle
animal ⇨ animate
animal ⇨ unanimous
animation ⇨ animate
annals ⇨ annual
anniversary ⇨ annual
announce ⇨ denounce
announce ⇨ pronounce
announcement ⇨ announce
announcer ⇨ announce
annoyance ⇨ annoy
annoying ⇨ annoy
annually ⇨ annual
annunciation ⇨ announce
anonymous ⇨ name
antagonist ⇨ agony
antonym ⇨ name
anxiety ⇨ anxious
apartment ⇨ apart
apathetic ⇨ apathy
apiculture ⇨ culture
aplenty ⇨ plenty
apologize ⇨ apology
apology ⇨ dialogue
apparatus ⇨ prepare
apparent ⇨ appear
apparition ⇨ appear
appear ⇨ transparent
appearance ⇨ appear
appease ⇨ peace
appetite ⇨ compete
appetite ⇨ impetus
applause ⇨ applaud
applicant ⇨ apply
application ⇨ apply
appoint ⇨ disappoint
appraise ⇨ appreciate
appreciation ⇨ appreciate
apprehend ⇨ surprise
apprehension ⇨ apprehend
apprehensive ⇨ apprehend

approach ⇨ proximity
approach ⇨ reproach
approval ⇨ approve
approve ⇨ prove
approximate ⇨ approach
approximate ⇨ proximity
approximately ⇨ proximity
apt ⇨ adapt
aptly ⇨ apt
aqueduct ⇨ abduct
argument ⇨ argue
armada ⇨ arm
armadillo ⇨ arm
armful ⇨ arm
armpit ⇨ arm
armrest ⇨ arm
arms ⇨ arm
arrange ⇨ range
arrangement ⇨ arrange
arrest ⇨ responsible
arrival ⇨ arrive
articulation ⇨ articulate
ascend ⇨ scan
ascent ⇨ ascend
ascription ⇨ ascribe
assail ⇨ assault
assault ⇨ insult
assemblage ⇨ assemble
assembly ⇨ assemble
assent ⇨ resent
assert ⇨ insert
assertion ⇨ assert
assertive ⇨ assert
assess ⇨ session
assessment ⇨ assess
assiduous ⇨ assess
assiduous ⇨ insidious
assignment ⇨ assign
assistance ⇨ assist
assistant ⇨ assist
association ⇨ associate
assume ⇨ resume
assumption ⇨ assume
asthmatic ⇨ asthma
astonishment ⇨ astonish

astound ⇨ astonish
athletic ⇨ athlete
athletics ⇨ athlete
atmosphere ⇨ sphere
atmospheric ⇨ atmosphere
attachment ⇨ attach
attainment ⇨ attain
attend ⇨ tend
attendance ⇨ attend
attendant ⇨ attend
attention ⇨ attend
attentive ⇨ attend
attract ⇨ distract
attraction ⇨ attract
attractive ⇨ attract
attune ⇨ tune
audience ⇨ obey
avail ⇨ available
availability ⇨ available
available ⇨ value
averse ⇨ avert
avoid ⇨ devoid
avoid ⇨ vacant
avoid ⇨ void
avoidable ⇨ avoid
avoidance ⇨ avoid
awake ⇨ wake
award ⇨ ward
awareness ⇨ award
awe ⇨ awful
awesome ⇨ awful
awfully ⇨ awful
awkwardly ⇨ awkward
awkwardness ⇨ awkward

B

backache ⇨ ache
badge ⇨ badger
badly ⇨ bad
baffling ⇨ baffle
bait ⇨ bite
balmy ⇨ balm
balsam ⇨ balm
ban ⇨ abandon
ban ⇨ bandit

bandage ⇨ band
banish ⇨ bandit
bankruptcy ⇨ bankrupt
barbarian ⇨ barbarous
barbarism ⇨ barbarous
barbarously ⇨ barbarous
barefooted ⇨ bare
bareheaded ⇨ bare
barely ⇨ bare
bark ⇨ break
basement ⇨ base
basic ⇨ base
bass ⇨ base
bear ⇨ burden
becoming ⇨ become
beetle ⇨ bite
behavior ⇨ behave
behind ⇨ hinder
behindhand ⇨ behind
beholder ⇨ behold
belief ⇨ believe
believe ⇨ leave
benediction ⇨ benefit
benefaction ⇨ benefit
benefactor ⇨ benefit
beneficial ⇨ benefit
bereavement ⇨ bereave
beseech ⇨ seek
betide ⇨ tide
betrayal ⇨ betray
betroth ⇨ true
beverage ⇨ imbue
bewilderment ⇨ bewilder
bid ⇨ forbid
binary ⇨ combine
binding ⇨ bind
birth ⇨ burden
bit ⇨ bite
bite ⇨ bitter
bitter ⇨ bite
bitterly ⇨ bitter
blade ⇨ blossom
blaspheme ⇨ blame
blast ⇨ bluster
bleach ⇨ bleak
blend ⇨ blind
blessed ⇨ bless
blessing ⇨ bless

- blight ⇨ bleak
- blind ⇨ blend
- blind ⇨ blunder
- blind ⇨ blunt
- blinding ⇨ blind
- blindly ⇨ blind
- blockade ⇨ block
- blood ⇨ bless
- bloom ⇨ blossom
- blunder ⇨ blind
- board ⇨ border
- boastful ⇨ boast
- bodily ⇨ body
- boiler ⇨ boil
- bombard ⇨ bomb
- bombardment ⇨ bomb
- bombshell ⇨ bomb
- bondage ⇨ bond
- bony ⇨ bone
- bookish ⇨ book
- boom ⇨ bomb
- boor ⇨ neighbor
- booster ⇨ boost
- border ⇨ board
- borderline ⇨ border
- boredom ⇨ bore
- boring ⇨ bore
- bouncing ⇨ grasp
- boxing ⇨ box
- brain drain ⇨ drain
- brake ⇨ break
- brand ⇨ burn
- breakable ⇨ break
- breakage ⇨ break
- breathe ⇨ breath
- breezy ⇨ breeze
- brewer ⇨ brew
- brewery ⇨ brew
- briefing ⇨ brief
- briefs ⇨ brief
- brighten ⇨ bright
- brightly ⇨ bright
- brilliant ⇨ bright
- briskly ⇨ brisk
- broad ⇨ abroad
- broadcast ⇨ broad
- broaden ⇨ broad
- broad-minded ⇨ broad
- brood ⇨ breed
- broth ⇨ brew
- buffalo ⇨ buff
- bulky ⇨ bulk
- bumper ⇨ bump
- bus shelter ⇨ shelter
- buxom ⇨ bow

C

- calcium ⇨ calculate
- calculating ⇨ calculate
- calculation ⇨ calculate
- callus ⇨ callous
- camp ⇨ campaign
- campus ⇨ campaign
- candid ⇨ candidate
- candle ⇨ candidate
- canny ⇨ can
- capability ⇨ capable
- capable ⇨ capacity
- capacious ⇨ capacity
- capacity ⇨ capable
- capital ⇨ cattle
- capitalism ⇨ capital
- capitalize ⇨ capital
- captive ⇨ capture
- captivity ⇨ capture
- captivity ⇨ recuperate
- capture ⇨ catch
- capture ⇨ recuperate
- careful ⇨ care
- careless ⇨ care
- carnage ⇨ carnal
- carnal desire ⇨ reincarnate
- carnation ⇨ carnal
- carnival ⇨ carnal
- carnival ⇨ reincarnate
- carnivorous ⇨ carnal
- carriage ⇨ carry
- case ⇨ casual
- casual ⇨ case
- cattle ⇨ capital
- caution ⇨ precaution
- cease ⇨ cede
- cease ⇨ decease
- cease-fire ⇨ cease
- ceaseless ⇨ cease
- cede ⇨ recede
- celebrated ⇨ celebrate
- certainly ⇨ certain
- certainty ⇨ certain
- certify ⇨ certificate
- cessation ⇨ cease
- chairperson ⇨ chair
- challenging ⇨ challenge
- changeable ⇨ chance
- characterize ⇨ character
- chase ⇨ catch
- chase ⇨ purchase
- chaste ⇨ incest
- chattel ⇨ cattle
- chatterbox ⇨ chatter
- cheeky ⇨ cheek
- cheerful ⇨ cheer
- cheering ⇨ cheer
- cheery ⇨ cheer
- chemistry ⇨ chemical
- chivalry ⇨ cavalier
- choice ⇨ choose
- choosy ⇨ choose
- circle ⇨ search
- circuit ⇨ circle
- circular ⇨ circle
- circulate ⇨ circle
- circulation ⇨ circle
- circumstance ⇨ distance
- circumstantial ⇨ circumstance
- circus ⇨ circle
- citation ⇨ cite
- claim ⇨ clear
- clarification ⇨ clarify
- clarify ⇨ clear
- clarity ⇨ clarify
- clarity ⇨ clear
- classification ⇨ classify
- classify ⇨ class
- claustrophobia ⇨ cloister
- cleanliness ⇨ clean
- cleanly ⇨ clean
- clearance ⇨ clear
- clearing ⇨ clear
- clearly ⇨ clear
- cleverly ⇨ clever

climber ⇨ climb
cloak ⇨ clock
clockwise ⇨ clock
clockwork ⇨ clock
close ⇨ clause
close ⇨ cloister
close ⇨ include
clothe ⇨ cloth
clothes ⇨ cloth
clothing ⇨ cloth
cloudy ⇨ cloud
cognition ⇨ recognize
coherence ⇨ cohere
coherent ⇨ cohere
coinage ⇨ coin
coincidence ⇨ coincide
coincident ⇨ accident
coitus ⇨ transient
collapse ⇨ lapse
colleague ⇨ college
collect ⇨ legible
collect ⇨ recollect
collected ⇨ collect
collision ⇨ collide
combatant ⇨ combat
combination ⇨ combine
comfortable ⇨ comfort
command ⇨ demand
commandant ⇨ command
commander ⇨ command
commandment ⇨ command
commemoration ⇨ commemorate
commend ⇨ recommend
commendable ⇨ commend
commentary ⇨ comment
commit ⇨ permit
committee ⇨ commit
commodore ⇨ command
commoner ⇨ common
communicable ⇨ communicate
communication ⇨ common
communication ⇨ communicate
community ⇨ common
community ⇨ communicate
commute ⇨ common
compact ⇨ impact
companion ⇨ accompany
companion ⇨ company
companionship ⇨ company
company ⇨ accompany
comparable ⇨ compare
comparative ⇨ compare
compassion ⇨ passion
compelling ⇨ compel
compensation ⇨ compensate
compensatory ⇨ compensate
compete ⇨ appetite
compete ⇨ impetus
competence ⇨ compete
competent ⇨ compete
complaint ⇨ complain
complement ⇨ complete
complement ⇨ compliment
completeness ⇨ complete
completion ⇨ complete
complexion ⇨ complex
complexion ⇨ implicate
compliance ⇨ comply
compliant ⇨ comply
complication ⇨ complicate
complimentary ⇨ compliment
comportment ⇨ comport
composed ⇨ compose
composer ⇨ compose
composite ⇨ compose
comprehend ⇨ prey
comprehend ⇨ surprise
comprehensible ⇨ comprehend
comprehension ⇨ comprehend
comprehensive ⇨ comprehend
compress ⇨ press
compulsion ⇨ compulsive
compulsive ⇨ compel
compulsory ⇨ compel
compute ⇨ dispute
compute ⇨ reputation
computer ⇨ reputation
concealment ⇨ conceal
concede ⇨ precede
concede ⇨ recede
conceive ⇨ perceive
concerning ⇨ concern
concession ⇨ concede
concise ⇨ decide
conclusion ⇨ conclude
conclusive ⇨ conclude
concoct ⇨ cook
concoction ⇨ concoct
concord ⇨ accord
concubine ⇨ incubate
concussion ⇨ discuss
concussion ⇨ repercussion
condemn ⇨ damn
condemnation ⇨ condemn
conditional ⇨ condition
conduce ⇨ subdue
conductor ⇨ conduct
conference ⇨ confer
confession ⇨ confess
confide ⇨ faith
confidence ⇨ confide
confident ⇨ confide
confidential ⇨ confide
confidential ⇨ confidence
confinement ⇨ confine
confirmation ⇨ confirm
confirmed ⇨ confirm
conflict ⇨ afflict
conflicting ⇨ conflict
conformable ⇨ conform
conformity ⇨ conform

- confront ⇨ front
- confrontation ⇨ confront
- confrontational ⇨ confront
- confuse ⇨ refuse
- confusing ⇨ confuse
- confusion ⇨ confuse
- congest ⇨ gesture
- congest ⇨ suggest
- congratulate ⇨ grateful
- conifer ⇨ fertile
- conjurer ⇨ conjure
- connection ⇨ connect
- conqueror ⇨ conquer
- conquest ⇨ conquer
- conscientious ⇨ conscience
- conscious ⇨ conscience
- consecrate ⇨ sacrifice
- consensus ⇨ consent
- consent ⇨ dissent
- consent ⇨ resent
- consequence ⇨ consecutive
- consequently ⇨ consequence
- conservation ⇨ conserve
- conservative ⇨ conserve
- conserve ⇨ observe
- consider ⇨ desire
- considerable ⇨ consider
- considerably ⇨ consider
- considerate ⇨ consider
- consideration ⇨ consider
- consign ⇨ assign
- consist ⇨ assist
- consistency ⇨ consist
- consistent ⇨ consist
- conspiracy ⇨ conspire
- constant ⇨ instant
- constantly ⇨ constant
- constipation ⇨ constipate
- constituent ⇨ constitute
- constitute ⇨ consist
- constitution ⇨ constitute
- construct ⇨ destroy
- construct ⇨ instruct
- construct ⇨ structure
- construe ⇨ construct
- construe ⇨ structure
- consul ⇨ consult
- consultant ⇨ consult
- consultation ⇨ consult
- consume ⇨ assume
- consume ⇨ sumptuous
- consumer ⇨ consume
- consummation ⇨ consume
- consumption ⇨ consume
- consumptive ⇨ consume
- contact ⇨ contaminate
- contact ⇨ tact
- contagion ⇨ contact
- contagion ⇨ tact
- contagion ⇨ tangible
- contagious ⇨ contact
- container ⇨ contain
- contaminate ⇨ tangible
- contamination ⇨ contaminate
- contemplation ⇨ contemplate
- contend ⇨ tend
- contension ⇨ contend
- content ⇨ contain
- contest ⇨ detest
- contestant ⇨ contest
- context ⇨ pretext
- context ⇨ text
- contextual ⇨ context
- continent ⇨ contain
- continent ⇨ continue
- continuation ⇨ continue
- continue ⇨ contain
- continuity ⇨ continue
- continuous ⇨ continue
- contort ⇨ distort
- contour ⇨ tour
- contraband ⇨ abandon
- contract ⇨ distract
- contraction ⇨ contract
- contradiction ⇨ contradict
- contribute ⇨ distribute
- contribute ⇨ tribe
- contribution ⇨ contribute
- contribution ⇨ distribute
- contributor ⇨ contribute
- contributory ⇨ contribute
- contrition ⇨ contrite
- controversy ⇨ reverse
- contusion ⇨ obtuse
- convenience ⇨ convenient
- conveniently ⇨ convenient
- conventional ⇨ convention
- conversational ⇨ conversation
- converse ⇨ adverse
- converse ⇨ conversation
- convert ⇨ conversation
- conveyance ⇨ convey
- convict ⇨ convince
- conviction ⇨ convict
- convincing ⇨ convince
- convoke ⇨ invoke
- convoke ⇨ revoke
- cooker ⇨ cook
- cookie ⇨ cook
- cooler ⇨ cool
- coolness ⇨ cool
- coordinate ⇨ order
- cordial ⇨ courage
- cordial ⇨ record
- core ⇨ record
- correction ⇨ correct
- corrective ⇨ correct
- correctness ⇨ correct
- correlation ⇨ relate
- corrupt ⇨ interrupt
- corruption ⇨ corrupt

costly ⇨ cost
could ⇨ uncouth
council ⇨ reconcile
counsel ⇨ consult
countable ⇨ count
countenance ⇨ contain
counteract ⇨ counter
countryside ⇨ country
courageous ⇨ courage
course ⇨ intercourse
courteous ⇨ court
courtesy ⇨ court
courtship ⇨ court
cover ⇨ discover
cover ⇨ uncover
coverage ⇨ cover
covert ⇨ overture
cram ⇨ cramp
create ⇨ increase
creation ⇨ create
creative ⇨ create
creature ⇨ create
credible ⇨ credit
crescent ⇨ concrete
crescent ⇨ decrease
crescent ⇨ increase
crescent ⇨ recover
criminal ⇨ crime
cripple ⇨ creep
critic ⇨ critical
crop ⇨ group
cross ⇨ across
crowded ⇨ crowd
crucifixion ⇨ crucial
crucify ⇨ crucial
crude ⇨ cruel
cruel ⇨ crude
cruelty ⇨ cruel
cue ⇨ queue
cull ⇨ collect
cult ⇨ cultivate
cultural ⇨ culture
culture ⇨ cultivate
cultured ⇨ culture
cunning ⇨ can
curious ⇨ accurate
current ⇨ occur
currently ⇨ current
curriculum ⇨ occur
curt ⇨ curtail

curve ⇨ curb
custom ⇨ accustom
customary ⇨ custom
cute ⇨ acute

D

dainty ⇨ disdain
damage ⇨ condemn
damn ⇨ condemn
damn ⇨ damage
dangerous ⇨ danger
data ⇨ date
daze ⇨ maze
dead ⇨ die
deal ⇨ ordeal
death ⇨ die
death-defying ⇨ defy
debit ⇨ duty
debt ⇨ duty
deceit ⇨ deceive
decency ⇨ decent
deception ⇨ deceive
deceptive ⇨ deceive
decided ⇨ decide
decidedly ⇨ decide
deciduous ⇨ decay
decision ⇨ decide
decisive ⇨ decide
declaration ⇨ declare
declare ⇨ clear
declination ⇨ decline
declining ⇨ decline
decoration ⇨ decorate
decorous ⇨ decorate
decrease ⇨ increase
decrement ⇨ increase
dedicated ⇨ dedicate
dedication ⇨ dedicate
deduce ⇨ induce
deduce ⇨ subdue
deduct ⇨ deduce
deduction ⇨ deduce
deem ⇨ doom
deepen ⇨ deep
defective ⇨ defect
defend ⇨ offend
defendant ⇨ defend

defense ⇨ defend
defensive ⇨ defend
defer ⇨ ferry
deferment ⇨ defer
defiant ⇨ defy
define ⇨ affinity
define ⇨ confine
define ⇨ finish
definite ⇨ define
definition ⇨ define
definitive ⇨ define
defy ⇨ faith
degeneration ⇨ degenerate
degenerative ⇨ degenerate
degrade ⇨ degree
deject ⇨ object
dejected ⇨ deject
dejection ⇨ deject
delegate ⇨ college
delegation ⇨ delegate
deliberately ⇨ deliberate
deliberation ⇨ deliberate
delicacy ⇨ delicate
delicately ⇨ delicate
delicious ⇨ delicate
delicious ⇨ luscious
delivery ⇨ deliver
delusion ⇨ illusion
demand ⇨ command
demanding ⇨ demand
demanding ⇨ grasp
demerit ⇨ merit
demonstrate ⇨ summon
denial ⇨ deny
denounce ⇨ announce
denounce ⇨ pronounce
dent ⇨ indent
dentist ⇨ indent
department ⇨ depart
department store ⇨ depart
departure ⇨ depart
depend ⇨ suspend
dependence ⇨ depend
dependent ⇨ depend
depict ⇨ picture

depletion ⇨ deplete
deplorable ⇨ deplore
deplore ⇨ implore
deployment ⇨ deploy
deportation ⇨ deport
depositor ⇨ deposit
depreciate ⇨ appreciate
depression ⇨ depress
deprivation ⇨ deprive
deprive ⇨ private
deprived ⇨ deprive
depth ⇨ deep
deputy ⇨ depute
derailment ⇨ derail
derivation ⇨ derive
derivative ⇨ derive
derive ⇨ arrive
descend ⇨ ascend
descend ⇨ scan
descendant ⇨ descend
descent ⇨ descend
description ⇨ describe
descriptive ⇨ describe
desertion ⇨ desert
deserve ⇨ serve
designate ⇨ design
designer ⇨ design
desirable ⇨ desire
desirous ⇨ desire
desist ⇨ resist
despair ⇨ desperate
desperate ⇨ despair
desperately ⇨ despair
desperately ⇨ desperate
desperation ⇨ desperate
despicable ⇨ despise
despise ⇨ despite
despoil ⇨ spoil
despondency ⇨ despondent
dessert ⇨ desert
destination ⇨ destined
destiny ⇨ destined
destruction ⇨ destroy
destruction ⇨ structure
destructive ⇨ destroy
destructive ⇨ destruction

detail ⇨ tailor
detect ⇨ protect
detection ⇨ detect
detective ⇨ detect
deterioration ⇨ deteriorate
determination ⇨ determine
determine ⇨ term
determined ⇨ determine
deterrent ⇨ deter
detestable ⇨ detest
detour ⇨ tour
detract ⇨ distract
development ⇨ develop
deviant ⇨ devious
device ⇨ divide
devoid ⇨ void
devolution ⇨ devolve
devoted ⇨ devote
devotion ⇨ devote
devout ⇨ devote
diabetes ⇨ diarrhea
diagnosis ⇨ diagnose
dialysis ⇨ loose
dictate ⇨ addict
dictation ⇨ addict
dictator ⇨ addict
dictator ⇨ dictate
diction ⇨ abdicate
diction ⇨ addict
diction ⇨ condition
diction ⇨ ditto
dictionary ⇨ abdicate
dictionary ⇨ addict
dictionary ⇨ dictate
dictum ⇨ addict
difference ⇨ differ
different ⇨ differ
difficulty ⇨ difficult
difficulty ⇨ feasible
diffusion ⇨ diffuse
digest ⇨ gesture
digest ⇨ suggest
dignify ⇨ dignity
dignitary ⇨ dignity
dignity ⇨ disdain
dignity ⇨ indignant

digress ⇨ congress
dilate ⇨ latitude
diligence ⇨ diligent
diminish ⇨ minute
diminution ⇨ diminish
diminutive ⇨ diminish
dip ⇨ deep
diplomacy ⇨ diploma
diplomat ⇨ diploma
diplomatic ⇨ diploma
dipper ⇨ dip
direction ⇨ direct
director ⇨ direct
dirty ⇨ dirt
disagree ⇨ agree
disappear ⇨ appear
disappointing ⇨ disappoint
disappointment ⇨ disappoint
disarmament ⇨ disarm
disastrous ⇨ disaster
discern ⇨ concern
discerning ⇨ discern
discharge ⇨ charge
disciple ⇨ discipline
disclosure ⇨ disclose
discomfort ⇨ comfort
discord ⇨ accord
discover ⇨ cover
discover ⇨ uncover
discretion ⇨ discreet
discretionary ⇨ discreet
discussion ⇨ discuss
disembark ⇨ embark
disengage ⇨ engage
disguise ⇨ guise
disgusting ⇨ disgust
dismay ⇨ may
dismember ⇨ member
dismissal ⇨ dismiss
disorder ⇨ order
disorderly ⇨ disorder
disorient ⇨ orient
dispensation ⇨ dispense
dispense ⇨ spend
dispersal ⇨ disperse
displacement ⇨ dis-

place
disposable ⇨ dispose
disposition ⇨ dispose
dissection ⇨ dissect
dissent ⇨ consent
dissipation ⇨ dissipate
dissolve ⇨ absolute
dissuade ⇨ persuade
dissuasion ⇨ dissuade
distant ⇨ distance
distant ⇨ instant
distend ⇨ contend
distill ⇨ instill
distinction ⇨ distinct
distinctive ⇨ distinct
distinguishable ⇨ distinguish
distinguished ⇨ distinguish
distort ⇨ torture
distortion ⇨ distort
distraction ⇨ distract
distribute ⇨ contribute
distribution ⇨ distribute
disturb ⇨ perturb
disturb ⇨ trouble
disturbance ⇨ disturb
diver ⇨ dive
diverse ⇨ reverse
diversion ⇨ divert
diversity ⇨ diverse
divide ⇨ devise
dividend ⇨ divide
diving ⇨ dive
divisible ⇨ divide
division ⇨ divide
dizziness ⇨ dizzy
dodge ball ⇨ dodge
dodgy ⇨ dodge
dole ⇨ deal
dolt ⇨ dull
domain ⇨ dominate
domain ⇨ predominant
dominant ⇨ danger
dominant ⇨ dominate
dominate ⇨ danger
domineering ⇨ dominate
dominion ⇨ dominate

dominion ⇨ predominant
donate ⇨ render
donation ⇨ donate
doomsday ⇨ doom
dormer ⇨ dormant
double ⇨ doubt
dough ⇨ dairy
drag ⇨ draft
drain ⇨ drought
drain ⇨ dry
drainage ⇨ drain
drama ⇨ drastic
drape ⇨ drab
drapery ⇨ drain
drapes ⇨ drab
draw ⇨ draft
dreadful ⇨ dread
drench ⇨ drown
drift ice ⇨ drift
drift wood ⇨ drift
driftage ⇨ drift
drifter ⇨ drift
drink ⇨ drench
drink ⇨ drown
drip ⇨ drop
drive ⇨ drift
droop ⇨ drop
drop of water, a ⇨ drop
drop of wine, a ⇨ drop
dropping ⇨ drop
drought ⇨ dry
droughty ⇨ drought
drove ⇨ drive
drown ⇨ drench
drowse ⇨ drowsy
drowsily ⇨ drowsy
drowsiness ⇨ drowsy
dry ⇨ drought
dry ⇨ drug
dubious ⇨ doubt
duckling ⇨ duck
duct ⇨ abduct
duct ⇨ reduce
due ⇨ duty
duke ⇨ abduct
duke ⇨ subdue
dullness ⇨ dull
dumper ⇨ dump
dumping ⇨ dump

duplication ⇨ duplicate

E

eagerly ⇨ eager
eagerness ⇨ eager
easily ⇨ easy
easy ⇨ ease
eatable ⇨ eat
eccentricity ⇨ eccentric
ecological ⇨ ecology
economic ⇨ economy
economics ⇨ economy
economize ⇨ economy
ecosystem ⇨ ecology
ecstatic ⇨ ecstasy
edible ⇨ eat
edition ⇨ edit
editor ⇨ edit
editorial ⇨ edit
educate ⇨ reduce
education ⇨ educate
educational ⇨ educate
effect ⇨ perfect
effective ⇨ effect
effectual ⇨ effect
effigy ⇨ figure
effort ⇨ comfortable
effortless ⇨ effort
eggshell ⇨ shell
eject ⇨ object
ejection ⇨ eject
elaborate ⇨ collaborate
elaborately ⇨ elaborate
elaboration ⇨ elaborate
elapse ⇨ lapse
elderly ⇨ elder
eldest ⇨ elder
elect ⇨ collect
election ⇨ elect
elective ⇨ elect
elegant ⇨ intelligent
elevate ⇨ relieve
eligibility ⇨ eligible
eligible ⇨ illegible
eligible ⇨ legible
elopement ⇨ elope
elude ⇨ illusion

elusive ⇨ elude
e-mail ⇨ mail
emancipation ⇨ emancipate
embarkation ⇨ embark
embarrassing ⇨ embarrass
embarrassment ⇨ embarrass
emblem ⇨ problem
embodiment ⇨ embody
emerge ⇨ merge
emerge ⇨ submerge
emergence ⇨ emerge
emergency ⇨ emerge
emergent ⇨ emerge
eminence ⇨ eminent
eminent ⇨ prominent
eminently ⇨ eminent
emotion ⇨ move
emotional ⇨ emotion
emperor ⇨ imperative
emphasis ⇨ emphasize
emphatic ⇨ emphasize
emphatically ⇨ emphasize
empire ⇨ imperative
employ ⇨ imply
employee ⇨ employ
employer ⇨ employ
employment ⇨ employ
emulation ⇨ emulate
encircle ⇨ circle
enclose ⇨ include
enclosure ⇨ enclose
encourage ⇨ courage
encouragement ⇨ encourage
endorsement ⇨ endorse
endowment ⇨ endow
endurance ⇨ endure
enduring ⇨ endure
energetic ⇨ energy
energy ⇨ allergy
engage ⇨ wage
engagement ⇨ engage
engaging ⇨ engage
engineer ⇨ engine
engineering ⇨ engine
enhancement ⇨ enhance
enigmatic ⇨ enigma
enjoyable ⇨ enjoy
enjoyment ⇨ enjoy
enlargement ⇨ enlarge
enlightenment ⇨ enlighten
enmity ⇨ enemy
enormity ⇨ enormous
enormously ⇨ enormous
enroll ⇨ control
enrollment ⇨ enroll
entertainer ⇨ entertain
entertaining ⇨ entertain
entertainment ⇨ entertain
enthralling ⇨ enthrall
enthrallment ⇨ enthrall
enthuse ⇨ enthusiasm
enthusiastic ⇨ enthusiasm
enthusiastically ⇨ enthusiasm
enticement ⇨ entice
enticing ⇨ entice
entirely ⇨ entire
entireness ⇨ entire
entirety ⇨ entire
entitlement ⇨ entitle
entrance ⇨ enter
entreaty ⇨ entreat
entry ⇨ enter
envelope ⇨ envelop
envelopment ⇨ envelop
enviable ⇨ envy
envious ⇨ envy
equanimity ⇨ equal
equate ⇨ equal
equation ⇨ equal
equator ⇨ equal
equinox ⇨ equal
equivalent ⇨ equal
eradication ⇨ eradicate
eraser ⇨ erase
erection ⇨ erect
erudite ⇨ rude
erudition ⇨ rude
eruption ⇨ erupt
establishment ⇨ establish
estate ⇨ state
estimation ⇨ estimate
euphemistic ⇨ euphemism
evaluate ⇨ value
evaporation ⇨ evaporate
evasion ⇨ evade
evasive ⇨ evade
event ⇨ invent
eventful ⇨ event
eventual ⇨ event
eventuality ⇨ event
eventually ⇨ event
eviction ⇨ evict
evident ⇨ evidence
evidently ⇨ evidence
evocative ⇨ evoke
evoke ⇨ invoke
evoke ⇨ provoke
evoke ⇨ revoke
evolution ⇨ evolve
exacting ⇨ exact
exactly ⇨ exact
exaggeration ⇨ exaggerate
exaltation ⇨ exalt
exalted ⇨ exalt
examination ⇨ examine
example ⇨ sample
exceedingly ⇨ excel
excellence ⇨ excel
excellent ⇨ excel
exception ⇨ except
exceptional ⇨ except
excess ⇨ exceed
excessive ⇨ exceed
excise ⇨ decide
excite ⇨ cite
excited ⇨ excite
excitement ⇨ excite
exciting ⇨ excite
exclamation ⇨ exclaim
exclamatory ⇨ exclaim
excluding ⇨ exclude
exclusive ⇨ exclude
exclusively ⇨ exclude
excrete ⇨ secrete

excusable ⇨ excuse
excuse ⇨ accuse
execution ⇨ execute
executive ⇨ execute
exertion ⇨ exert
exhausted ⇨ exhaust
exhausting ⇨ exhaust
exhaustion ⇨ exhaust
exhibit ⇨ inhibit
exhibition ⇨ exhibit
exhibitionism ⇨ exhibit
exhibitionism ⇨ inhibit
exhortation ⇨ exhort
existence ⇨ exhort
existent ⇨ exhort
exit ⇨ transient
expansion ⇨ expand
expect ⇨ suspect
expectancy ⇨ expect
expectant ⇨ expect
expectation ⇨ expect
expend ⇨ spend
expenditure ⇨ expend
expense ⇨ expend
expensive ⇨ expend
expensive ⇨ spend
experienced ⇨ experience
experimental ⇨ experience
expiration ⇨ expire
explanation ⇨ explain
exploitation ⇨ exploit
exploration ⇨ explore
explorer ⇨ explore
export ⇨ import
exposition ⇨ expose
expression ⇨ express
expressive ⇨ express
expressly ⇨ express
expulsion ⇨ expel
expulsive ⇨ expel
extension ⇨ extend
extensive ⇨ extend
extent ⇨ extend
exterior ⇨ interior
extinction ⇨ extinct
extinguish ⇨ distinguish
extinguisher ⇨ extinguish
extol ⇨ relate
extort ⇨ distort
extortion ⇨ extort
extract ⇨ distract
extraordinary ⇨ ordinary
extremely ⇨ extreme
extremity ⇨ extreme
extricate ⇨ intricate
extricate ⇨ trick
extrovert ⇨ introvert
eye drops ⇨ drop

F

fable ⇨ fabulous
fabulist ⇨ fabulous
facade ⇨ face
facet ⇨ face
facile ⇨ facilitate
facility ⇨ facilitate
fact ⇨ affair
fact ⇨ feature
fact ⇨ infect
factitious ⇨ fact
factor ⇨ fact
factory ⇨ manufacture
factory ⇨ perfect
fadeless ⇨ fade
fail ⇨ fault
failing ⇨ fault
failure ⇨ fail
faintly ⇨ faint
fair ⇨ fake
fairly ⇨ fair
faith ⇨ confide
faith ⇨ defy
faithful ⇨ faith
fallacy ⇨ fail
fallacy ⇨ false
fallible ⇨ fail
fallible ⇨ false
fallout shelter ⇨ shelter
false ⇨ fault
falsehood ⇨ false
famed ⇨ fame
familiarity ⇨ familiar

familiarize ⇨ familiar
famous ⇨ fame
fantastic ⇨ fantasy
farmer ⇨ farm
fascination ⇨ fascinate
fashion ⇨ perfect
fashionable ⇨ fashion
fastener ⇨ fasten
fatal ⇨ fate
fatalism ⇨ fatal
fatalist ⇨ fatal
fatalistic ⇨ fatal
fatality ⇨ fatal
fatally ⇨ fatal
fate ⇨ fatal
fateful ⇨ fate
fault ⇨ false
faulty ⇨ fault
favor ⇨ fever
favorable ⇨ favor
favorite ⇨ favor
fearful ⇨ fear
fearless ⇨ fear
fearsome ⇨ fear
feasible ⇨ feature
feat ⇨ feasible
feat ⇨ feature
feature ⇨ feasible
fed ⇨ feed
feed ⇨ food
feeder ⇨ feed
feign ⇨ faint
feint ⇨ faint
fell ⇨ fall
feminine ⇨ female
fend ⇨ defend
feral ⇨ fierce
ferment ⇨ fervent
ferocity ⇨ fierce
ferry ⇨ fertile
ferry ⇨ offer
fertility ⇨ fertile
fertilize ⇨ fertile
fertilizer ⇨ fertile
fervently ⇨ fervent
fetch ⇨ far-fetched
fetter ⇨ foot
feverishly ⇨ fever
fictional ⇨ fiction
fictitious ⇨ fiction

fidelity ⇨ confide
fidelity ⇨ confidence
fidelity ⇨ defy
fielder ⇨ field
fiercely ⇨ fierce
figment ⇨ figure
figurative ⇨ figure
file ⇨ profile
filth ⇨ foul
final ⇨ fine
final ⇨ finish
finalize ⇨ final
finance ⇨ confine
finding ⇨ find
fine ⇨ fine
finish ⇨ affinity
finish ⇨ fine
finite ⇨ finish
fireplace ⇨ fire
firework ⇨ fire
firm ⇨ affirm
firmly ⇨ firm
fitful ⇨ fit
fitness ⇨ fit
fitting ⇨ fit
fixture ⇨ fix
flap ⇨ lap
flatten ⇨ flat
flattery ⇨ flatter
flavoring ⇨ flavor
flawless ⇨ flaw
flea ⇨ flee
fleet ⇨ float
flex ⇨ flexible
flexibility ⇨ flexible
flexible ⇨ reflect
flick ⇨ afflict
flight ⇨ fly
flippant ⇨ flip
flipper ⇨ flip
float ⇨ flood
floppy ⇨ flop
flour ⇨ flower
flourish ⇨ flower
flow ⇨ affluent
flow ⇨ flood
flowering ⇨ flower
flowery ⇨ flower
fluctuate ⇨ affluent
fluctuation ⇨ fluctuate

fluency ⇨ fluent
fluent ⇨ affluent
fluently ⇨ fluent
fluid ⇨ affluent
fly ⇨ flee
flying ⇨ fly
foamy ⇨ foam
fodder ⇨ food
folder ⇨ fold
follower ⇨ follow
following ⇨ follow
folly ⇨ fool
foment ⇨ fever
fond ⇨ fondle
fondle ⇨ fond
fondly ⇨ fond
fondness ⇨ fond
food ⇨ foster
fool ⇨ folly
foolish ⇨ fool
forage ⇨ food
forbidding ⇨ forbid
force ⇨ comfortable
force ⇨ forge
forceful ⇨ force
forcible ⇨ force
forcibly ⇨ force
foreigner ⇨ foreign
forger ⇨ forge
forgery ⇨ forge
forgetful ⇨ forget
forgiveness ⇨ forgive
forgiving ⇨ forgive
formal ⇨ form
formally ⇨ form
formation ⇨ form
formerly ⇨ former
formula ⇨ form
forsake ⇨ sake
fort ⇨ comfort
fort ⇨ comfortable
fort ⇨ force
forth ⇨ afford
forthcoming ⇨ forth
fortification ⇨ comfort
fortify ⇨ force
fortissimo ⇨ force
fortuitous ⇨ fortune
fortunate ⇨ fortune
foster ⇨ food

found ⇨ fund
found ⇨ profound
foundation ⇨ profound
founder ⇨ found
founder ⇨ found
fractional ⇨ fraction
frail ⇨ fragile
framework ⇨ frame
frankly ⇨ frank
frankness ⇨ frank
frantically ⇨ frantic
freedom ⇨ free
freely ⇨ free
frenzy ⇨ frantic
frequency ⇨ frequent
freshen ⇨ fresh
friendly ⇨ friend
friendship ⇨ friend
frighten ⇨ fright
frightful ⇨ fright
front ⇨ affront
frontier ⇨ front
frustrating ⇨ frustrate
frustration ⇨ frustrate
fugitive ⇨ refuge
fulfillment ⇨ fulfill
full ⇨ fill
fully ⇨ full
fume ⇨ perfume
function ⇨ perfunctory
fund ⇨ found
fundamental ⇨ found
fundamental ⇨ fund
funny ⇨ fun
furnishings ⇨ furnish
furniture ⇨ furnish
fussy ⇨ fuss
futility ⇨ futile

G

gap ⇨ yawn
gape ⇨ gap
gape ⇨ yawn
gather ⇨ together
gender ⇨ genre
gene ⇨ indigenous

general ⇨ generous
generality ⇨ general
generalize ⇨ general
generosity ⇨ generous
genetic ⇨ generate
gentleman ⇨ gentle
genuinely ⇨ genuine
gesture ⇨ suggest
gift ⇨ give
gifted ⇨ gift
give ⇨ gift
gladden ⇨ glad
gladly ⇨ glad
gladness ⇨ glad
glamorous ⇨ glamour
global ⇨ globe
globalism ⇨ globe
globally ⇨ globe
gloomy ⇨ gloom
glorify ⇨ glory
glorious ⇨ glory
glossy ⇨ gloss
gnash ⇨ gnaw
gob ⇨ gobble
goods ⇨ good
government ⇨ govern
grab ⇨ grasp
gradation ⇨ grade
grade ⇨ degree
gradient ⇨ grade
gradual ⇨ degree
gradual ⇨ grade
gradually ⇨ gradual
graduate ⇨ grade
graduation ⇨ graduate
grandeur ⇨ grand
grasping ⇨ grasp
grassy ⇨ grass
grateful ⇨ agree
grateful ⇨ congratulation
grateful ⇨ grace
gratify ⇨ grateful
gratitude ⇨ congratulation
gratitude ⇨ grateful
grave ⇨ grief
grave ⇨ groove
gravity ⇨ grief
greatly ⇨ great

greatness ⇨ great
greedy ⇨ greed
greeting ⇨ greet
grief ⇨ aggrieved
grieve ⇨ grief
grievous ⇨ grieve
grinder ⇨ grind
gripping ⇨ grip
grist ⇨ grind
grower ⇨ grow
growth ⇨ grow
grub ⇨ groove
guarantor ⇨ guarantee
guard ⇨ regard
guardian ⇨ guard
guilty ⇨ guilt
guise ⇨ disguise
gusto ⇨ disgust

H

habitat ⇨ habit
habitation ⇨ habit
habitual ⇨ habit
hale ⇨ haul
halve ⇨ half
hand ⇨ handy
handful ⇨ hand
handily ⇨ handy
handle ⇨ hand
handsomely ⇨ handsome
happen ⇨ happy
happen ⇨ perhaps
happening ⇨ happen
happiness ⇨ happy
happy ⇨ perhaps
harden ⇨ hard
hardship ⇨ hard
hardy ⇨ hard
harmful ⇨ harm
harmless ⇨ harm
harmonious ⇨ harmony
harmonize ⇨ harmony
harshly ⇨ harsh
hateful ⇨ hate
hatred ⇨ hate
haulage ⇨ haul

haunted ⇨ haunt
head ⇨ ahead
headache ⇨ ache
headlong ⇨ head
health ⇨ heal
healthful ⇨ heal
healthy ⇨ heal
hearten ⇨ heart
heartily ⇨ heart
hearty ⇨ heart
heat ⇨ hot
heating ⇨ heat
heave ⇨ heavy
height ⇨ high
heir ⇨ heredity
heir ⇨ inherit
helpful ⇨ help
hemisphere ⇨ sphere
hereditary ⇨ heredity
heredity ⇨ inherit
heritage ⇨ heredity
hesitant ⇨ hesitate
hesitate ⇨ adhere
hesitation ⇨ hesitate
hiccup ⇨ cough
hide ⇨ hoard
hide-and-seek ⇨ hide
hideout ⇨ hide
highly ⇨ high
hind ⇨ behind
hind ⇨ hinder
hinder ⇨ behind
hinder ⇨ behind
hindrance ⇨ hinder
historic ⇨ history
historical ⇨ history
history ⇨ story
hole ⇨ hollow
hollow ⇨ hole
holy ⇨ hallow
honesty ⇨ honest
honor ⇨ honest
honorable ⇨ honor
hopeful ⇨ hope
hopeless ⇨ hope
horizontal ⇨ horizon
horrid ⇨ abhor
horticulture ⇨ culture
hospitable ⇨ hospital
hospitality ⇨ hospital

- hospitalize ⇨ hospital
- host ⇨ hospital
- host ⇨ hostile
- hostility ⇨ hostile
- hot ⇨ heat
- humane ⇨ human
- humanity ⇨ human
- humidity ⇨ humid
- humiliate ⇨ humble
- humiliating ⇨ humble
- humiliation ⇨ humiliate
- humorous ⇨ humor
- hungry ⇨ hunger
- hurtful ⇨ hurt
- hurtle ⇨ hurt
- hypothetical ⇨ hypothesis

I

- ideal ⇨ idea
- identical ⇨ identify
- identification ⇨ identify
- identity ⇨ identify
- idiomatic ⇨ idiom
- idiosyncratic ⇨ idiosyncrasy
- ignoble ⇨ noble
- ignorance ⇨ ignore
- ignorant ⇨ ignore
- illegal ⇨ legal
- illegality ⇨ illegal
- illegitimate ⇨ legitimate
- illness ⇨ ill
- illuminate ⇨ illustrate
- illuminating ⇨ illustrate
- illustration ⇨ illustrate
- imaginable ⇨ image
- imaginary ⇨ image
- imagination ⇨ image
- imagine ⇨ image
- imitate ⇨ image
- imitation ⇨ imitate
- immaculately ⇨ immaculate
- immense ⇨ measure
- immensely ⇨ immense
- immerse ⇨ merge
- immersion ⇨ immerse
- immigrant ⇨ immigrate
- imminence ⇨ imminent
- imminent ⇨ prominent
- imminently ⇨ imminent
- immortal ⇨ mortal
- immunity ⇨ immune
- immunize ⇨ immune
- impairment ⇨ impair
- impassive ⇨ passion
- impassively ⇨ impassive
- impatience ⇨ impatient
- impeachment ⇨ impeach
- impede ⇨ pedal
- impediment ⇨ impede
- impetuous ⇨ impetus
- impetus ⇨ compete
- implicate ⇨ imply
- implication ⇨ implicate
- implication ⇨ imply
- implicitly ⇨ implicit
- import ⇨ important
- importance ⇨ important
- important ⇨ import
- importunate ⇨ importune
- imposing ⇨ impose
- imposition ⇨ impose
- impossible ⇨ possible
- impostor ⇨ impose
- impotent ⇨ potential
- impression ⇨ impress
- impressive ⇨ impress
- improvement ⇨ improve
- improvident ⇨ improvise
- improvise ⇨ provide
- impudence ⇨ impudent
- impulsive ⇨ impulse
- incarnation ⇨ incarnate
- incident ⇨ accident
- incident ⇨ coincide
- incidental ⇨ incident
- incidentally ⇨ incident
- incise ⇨ concise
- incise ⇨ decide
- incite ⇨ cite
- inclination ⇨ incline
- inclusion ⇨ include
- inclusive ⇨ include
- incoherent ⇨ cohere
- inconvenience ⇨ convenient
- increase ⇨ concrete
- increase ⇨ recover
- increasing ⇨ increase
- increasingly ⇨ increase
- incredible ⇨ credit
- increment ⇨ increase
- incubation ⇨ incubate
- incubator ⇨ incubate
- incumbent ⇨ incubate
- indecent ⇨ decent
- indefatigable ⇨ fatigue
- indention ⇨ indent
- independence ⇨ independent
- index ⇨ indicate
- indication ⇨ indicate
- indicative ⇨ indicate
- indict ⇨ indicate
- indictment ⇨ indict
- indifference ⇨ indifferent
- indignation ⇨ indignant
- induce ⇨ reduce
- inducement ⇨ induce
- inductive ⇨ induce
- indulgence ⇨ indulge
- indulgent ⇨ indulge
- industrial ⇨ industry
- industrialize ⇨ industry
- industrious ⇨ industry
- inevitably ⇨ inevitable
- infamous ⇨ fame
- infanticide ⇨ infant
- infantile ⇨ infant
- infantility ⇨ infant
- infantry ⇨ infant
- infection ⇨ infect
- infectious ⇨ infect
- infer ⇨ ferry

inferable ⇨ infer
inference ⇨ infer
infirm ⇨ confirm
inflict ⇨ afflict
infliction ⇨ inflict
influential ⇨ influence
information ⇨ inform
informative ⇨ inform
ingeniously ⇨ ingenious
ingenuity ⇨ ingenious
inhabit ⇨ habit
inhabitant ⇨ inhabit
inherit ⇨ heredity
inheritance ⇨ inherit
initial ⇨ initiate
initially ⇨ initiate
initiation ⇨ initiate
initiative ⇨ initiate
inject ⇨ abject
inject ⇨ object
inject ⇨ project
injure ⇨ injury
injury ⇨ injure
inn ⇨ in
innate ⇨ native
inner ⇨ in
innocence ⇨ innocent
innocuous ⇨ obnoxious
inquiry ⇨ inquire
inquisitive ⇨ inquire
insanity ⇨ sane
insert ⇨ assert
insertion ⇨ insert
insist ⇨ resist
insistence ⇨ insist
insistent ⇨ insist
insolvent ⇨ solve
inspect ⇨ suspect
inspection ⇨ inspect
inspector ⇨ inspect
inspiration ⇨ inspire
inspiring ⇨ inspire
installment ⇨ install
instance ⇨ instant
instantly ⇨ instant
instillation ⇨ instill
instinctive ⇨ instinct
instinctively ⇨ instinct
instruction ⇨ instruct

instructive ⇨ instruct
instrument ⇨ instrumental
insular ⇨ insulate
insulation ⇨ insulate
insulator ⇨ insulate
insurance ⇨ insure
intact ⇨ integral
integrate ⇨ integral
integration ⇨ integral
integrity ⇨ integral
intellect ⇨ intelligent
intellectual ⇨ intelligent
intelligence ⇨ intelligent
intelligent ⇨ diligent
intention ⇨ intend
intentional ⇨ intend
intentionally ⇨ intend
interaction ⇨ interact
interactive ⇨ interact
interference ⇨ interfere
intermittently ⇨ intermittent
interpretation ⇨ interpret
interruption ⇨ interrupt
intervention ⇨ intervene
intimacy ⇨ intimate
intimately ⇨ intimate
intimation ⇨ intimate
intimidating ⇨ intimidate
intimidation ⇨ intimidate
intricacy ⇨ intricate
intricate ⇨ intrigue
intricate ⇨ trick
intriguing ⇨ intrigue
introduce ⇨ reduce
intrude ⇨ thrust
intrusion ⇨ intrude
intrusive ⇨ intrude
intuit ⇨ intuition
intuitive ⇨ intuition
inundate ⇨ abound

inundation ⇨ inundate
invader ⇨ invade
invalid ⇨ valid
invalid ⇨ value
invasion ⇨ invade
invent ⇨ prevent
invention ⇨ invent
inventory ⇨ invent
investigation ⇨ investigate
investment ⇨ invest
invitation ⇨ invite
inviting ⇨ invite
invocation ⇨ advocate
invoke ⇨ advocate
invoke ⇨ revoke
involved ⇨ involve
involvement ⇨ involve
irksome ⇨ irk
ironical ⇨ irony
irritable ⇨ irritate
irritation ⇨ irritate
isolate ⇨ insulate
isolation ⇨ isolate
itemize ⇨ item
itinerary ⇨ obituary

J

jailer ⇨ jail
jailor ⇨ jail
jealous ⇨ zeal
jealousy ⇨ jealous
jeopardize ⇨ jeopardy
jetsam ⇨ project
jettison ⇨ project
joiner ⇨ join
joint ⇨ join
journal ⇨ adjourn
journey ⇨ adjourn
judicial ⇨ judge
judicious ⇨ judge
junction ⇨ join
juncture ⇨ join
juror ⇨ conjure
jury ⇨ judge
just ⇨ injure
justice ⇨ just

justify ⇨ just

K

keenly ⇨ keen
keenness ⇨ keen
keepsake ⇨ keep
keepsake ⇨ sake
kidnap(p)er ⇨ kidnap
kind ⇨ kin
kindred ⇨ kin
kneel ⇨ knee
knit ⇨ knot
knob ⇨ knot
knotty ⇨ knot
know ⇨ diagnose
knowledge ⇨ acknowledge
knowledge ⇨ know
knowledgeable ⇨ know

L

laboratory ⇨ labor
laborer ⇨ labor
lackluster ⇨ luster
lamely ⇨ lame
lameness ⇨ lame
lamentable ⇨ lament
lance ⇨ launch
landing ⇨ land
languish ⇨ release
languish ⇨ slack
lantern ⇨ lamp
lashing ⇨ lash
lasso ⇨ lace
lasting ⇨ last
latency ⇨ latent
laughter ⇨ laugh
lavishly ⇨ lavish
lawful ⇨ law
lawfully ⇨ law
lawless ⇨ law
lawlessly ⇨ law
lawyer ⇨ law
lax ⇨ relax

lax ⇨ release
lax ⇨ slack
laxative ⇨ relax
laxative ⇨ release
lay ⇨ lazy
layer ⇨ lay
layout ⇨ lay
lazily ⇨ lazy
leader ⇨ lead
leadership ⇨ lead
leading ⇨ grasp
leading ⇨ lead
leaflet ⇨ leaf
leafy ⇨ leaf
leak ⇨ lack
lean ⇨ decline
lease ⇨ release
least ⇨ less
lecture ⇨ intelligent
lecture ⇨ legible
lecture ⇨ lesson
ledger ⇨ lay
legal ⇨ privilege
legalize ⇨ legal
legend ⇨ legible
legibility ⇨ legible
legible ⇨ intelligent
legible ⇨ lesson
legibly ⇨ legible
leisure ⇨ license
length ⇨ long
lengthen ⇨ long
leniency ⇨ lenient
lessen ⇨ less
letter ⇨ illiterate
letter of attorney, a ⇨ attorney
liable ⇨ rely
liaison ⇨ liable
liar ⇨ lie
libelous ⇨ libel
liberalism ⇨ liberal
liberality ⇨ liberal
librarian ⇨ library
library ⇨ libel
licentious ⇨ license
lie ⇨ low
lifter ⇨ lift
ligament ⇨ liable
lighten ⇨ light

lightly ⇨ light
lightning ⇨ light
likelihood ⇨ likely
like-minded ⇨ like
liken ⇨ like
likeness ⇨ like
likewise ⇨ like
liking ⇨ like
limit ⇨ preliminary
limitation ⇨ limit
limited ⇨ limit
line ⇨ line
lineage ⇨ line
lineal ⇨ line
lineament ⇨ line
linear ⇨ line
linen ⇨ line
liner ⇨ line
linguistics ⇨ language
literally ⇨ literal
literary ⇨ literal
literature ⇨ illiterate
live ⇨ life
livelihood ⇨ live
lively ⇨ live
livestock ⇨ live
loan ⇨ lend
local ⇨ allow
localize ⇨ local
locate ⇨ allow
locate ⇨ local
location ⇨ local
locker ⇨ lock
locomotive ⇨ local
lofty ⇨ lift
logbook ⇨ log
logical ⇨ logic
lonesome ⇨ lonely
longing ⇨ long
loosen ⇨ loose
lope ⇨ leap
lot ⇨ allot
lottery ⇨ lot
love ⇨ leave
lovely ⇨ love
lower ⇨ low
lowly ⇨ low
lowness ⇨ low
loyalty ⇨ loyal
lucid ⇨ light

luckily ⇨ luck
lucky ⇨ luck
lucy ⇨ light
ludicrous ⇨ allude
luminous ⇨ light
lunar ⇨ light
lung ⇨ light
luster ⇨ illustrate
luster ⇨ light
lustful ⇨ lust
lustrous ⇨ luster
luxurious ⇨ luxury

M

machinery ⇨ machine
madness ⇨ mad
mainly ⇨ main
maintain ⇨ abstain
maintenance ⇨ maintain
major ⇨ mayor
majority ⇨ major
make-shift ⇨ shift
malaise ⇨ disease
malignant ⇨ benign
malignant ⇨ malign
mamma ⇨ mammal
mammary ⇨ mammal
mammy ⇨ mammal
manage ⇨ manner
management ⇨ manage
manager ⇨ manage
mandatory ⇨ command
mandatory ⇨ mandate
manhandle ⇨ handle
manicure ⇨ cure
manifestation ⇨ manifest
manifesto ⇨ manifest
mannered ⇨ manner
mannerism ⇨ manner
manor ⇨ remain
manual ⇨ demand
manufacture ⇨ perfect
manufacturer ⇨ manufacture
March ⇨ martial

marginal ⇨ margin
marine ⇨ maritime
mariner ⇨ maritime
mark ⇨ margin
marketable ⇨ market
marriage ⇨ marry
Mars ⇨ martial
marvel ⇨ admire
marvelous ⇨ marvel
masculinity ⇨ masculine
mash ⇨ smash
masque ⇨ mask
masquerade ⇨ mask
mass ⇨ amass
massive ⇨ mass
masterpiece ⇨ master
mastery ⇨ master
matchless ⇨ match
mate ⇨ match
material ⇨ matter
matter ⇨ material
maturity ⇨ mature
max ⇨ maximize
maxim ⇨ maximize
may ⇨ main
mealtime ⇨ meal
measure ⇨ immense
measurement ⇨ measure
meddlesome ⇨ meddle
mediation ⇨ mediate
mediator ⇨ mediate
medium ⇨ immediate
medley ⇨ meddle
melt ⇨ mild
membership ⇨ member
membrane ⇨ member
memory ⇨ memoir
memory ⇨ remember
menace ⇨ prominent
menopause ⇨ menstruation
menses ⇨ menstruation
menstrual ⇨ menstruation
menstruate ⇨ menstruation
mental ⇨ comment
mental ⇨ mind

mention ⇨ comment
mercy ⇨ merit
merely ⇨ mere
merge ⇨ immerse
merge ⇨ submerge
merger ⇨ merge
meritorious ⇨ merit
merriment ⇨ merrily
merry ⇨ merrily
messenger ⇨ message
messy ⇨ mess
meticulously ⇨ meticulous
metropolitan ⇨ metropolis
might ⇨ dismay
might ⇨ main
might ⇨ may
mighty ⇨ dismay
mighty ⇨ main
migrant ⇨ migrate
migration ⇨ migrate
migratory ⇨ migrate
migratory bird ⇨ immigrate
mildly ⇨ mild
mildness ⇨ mild
mime ⇨ mimic
mimeograph ⇨ mimic
mimicry ⇨ mimic
mimosa ⇨ mimic
mince ⇨ minute
mind ⇨ remember
mine ⇨ undermine
miner ⇨ mine
mineral ⇨ mine
mingle ⇨ among
minimal ⇨ minimize
minimize ⇨ minor
minimum ⇨ minimize
minimum ⇨ minor
mining ⇨ mine
ministry ⇨ minister
minority ⇨ minor
minus ⇨ minute
miracle ⇨ admire
mischievous ⇨ mischief
miser ⇨ misery
miserable ⇨ misery
misleading ⇨ mislead

missing ⇨ miss
mission ⇨ admit
mission ⇨ commit
mission ⇨ message
missionary ⇨ mission
mistaken ⇨ mistake
misuse ⇨ abuse
mitigation ⇨ mitigate
mixer ⇨ mix
mixture ⇨ mix
mobile ⇨ mob
mobility ⇨ mobile
mobilize ⇨ mobile
mobster ⇨ mob
mode ⇨ accommodate
mode ⇨ moderate
model ⇨ accommodate
model ⇨ moderate
moderate ⇨ accommodate
moderation ⇨ moderate
moderator ⇨ moderate
modern ⇨ moderate
modest ⇨ moderate
modestly ⇨ modest
modesty ⇨ modest
modification ⇨ modify
moisten ⇨ moist
moisture ⇨ moist
molecule ⇨ mole
molestation ⇨ molest
mollify ⇨ mild
moment ⇨ move
momentary ⇨ moment
momentous ⇨ moment
monition ⇨ summon
monologue ⇨ dialogue
monopoly ⇨ monopolize
moodiness ⇨ mood
moody ⇨ mood
morality ⇨ moral
moralize ⇨ moral
morsel ⇨ remorse
mortality ⇨ mortal
mortgage ⇨ mortal
mortify ⇨ mortal
mortuary ⇨ mortal
mostly ⇨ most
motion ⇨ move

motor ⇨ move
motor ⇨ promote
motor ⇨ remote
mound ⇨ mountain
mount ⇨ amount
mount ⇨ mountain
mount ⇨ paramount
mountain ⇨ amount
mountain ⇨ paramount
mountain ⇨ prominent
mountaineer ⇨ mountain
mountainous ⇨ mountain
mourner ⇨ mourn
mournful ⇨ mourn
mourning ⇨ mourn
move ⇨ mob
move ⇨ promote
movie ⇨ move
moving ⇨ move
muddle ⇨ mud
muddy ⇨ mud
multiple ⇨ multiply
multiplication ⇨ multiply
multitude ⇨ multiply
mumps ⇨ mumble
municipality ⇨ municipal
mutate ⇨ commute
mutate ⇨ mad
mutation ⇨ commute
mutual ⇨ common
mutual ⇨ immune
mythical ⇨ myth
mythology ⇨ myth

N

naivety ⇨ naive
name ⇨ nominate
namely ⇨ name
narration ⇨ narrate
narrative ⇨ narrate
narrowly ⇨ narrow
nation ⇨ international
nation ⇨ native

nation ⇨ nature
naturalize ⇨ nature
nature ⇨ native
navigate ⇨ navy
nearby ⇨ near
nearly ⇨ near
necessitate ⇨ necessary
necessities ⇨ necessary
necessity ⇨ necessary
needless ⇨ need
needlessly ⇨ need
negative ⇨ deny
neglect ⇨ collect
neglectful ⇨ neglect
negligence ⇨ neglect
negligent ⇨ neglect
negligible ⇨ neglect
negotiable ⇨ negotiate
negotiation ⇨ negotiate
neighborhood ⇨ neighbor
neighboring ⇨ neighbor
nervous ⇨ nerve
nest ⇨ nestle
Netherlands ⇨ beneath
nettle ⇨ net
network ⇨ net
neutrality ⇨ neutral
neutralize ⇨ neutral
neutron ⇨ neutral
newly ⇨ new
news ⇨ new
nexus ⇨ connect
nobility ⇨ noble
noisy ⇨ noise
nominally ⇨ nominal
nominate ⇨ name
nominate ⇨ renown
nomination ⇨ nominate
normal ⇨ abnormal
nosedive ⇨ dive
nosiness ⇨ nosy
notable ⇨ note
noted ⇨ note
noticeable ⇨ notice
notion ⇨ notice
noun ⇨ name
noun ⇨ renown

nourishing ⇨ nourish
nourishment ⇨ nourish
noxious ⇨ obnoxious
nucleus ⇨ nuclear
nude ⇨ naked
numerous ⇨ number
nursery ⇨ nurse
nurture ⇨ nurse
nutrition ⇨ nurse
nutshell ⇨ shell

O

obedience ⇨ obey
obedient ⇨ obey
obesity ⇨ obese
objection ⇨ object
objectively ⇨ objective
obligation ⇨ liable
obligation ⇨ oblige
obligatory ⇨ oblige
obliteration ⇨ obliterate
oblivion ⇨ oblivious
obscurity ⇨ obscure
observation ⇨ observe
observe ⇨ preserve
observer ⇨ observe
obsession ⇨ obsess
obsessive ⇨ obsess
obsolescent ⇨ obsolete
obstetrics ⇨ obstacle
obstinacy ⇨ obstinate
obstinate ⇨ destined
obstruct ⇨ structure
obstruction ⇨ obstruct
obtrude ⇨ thrust
obtrusive ⇨ obtrude
obvious ⇨ previous
obviously ⇨ obvious
occasional ⇨ occasion
occasionally ⇨ occasion
Occident ⇨ accident
offend ⇨ defend
offense ⇨ offend
offensive ⇨ offend
offer ⇨ ferry

offering ⇨ offer
offhanded ⇨ offhand
officer ⇨ office
official ⇨ office
officious ⇨ office
omen ⇨ abominable
ominous ⇨ abominable
omission ⇨ omit
omnipotent ⇨ omnibus
once ⇨ twice
operation ⇨ operate
opinionated ⇨ opinion
opportune ⇨ opportunity
opportunism ⇨ opportunity
oppress ⇨ press
oppression ⇨ oppress
oppressive ⇨ oppress
oppressor ⇨ oppress
opt ⇨ adopt
opt ⇨ opinion
optimal ⇨ optimistic
optimism ⇨ optimistic
option ⇨ adopt
option ⇨ opinion
optional ⇨ option
oracle ⇨ adore
oracle ⇨ inexorable
oral ⇨ adore
oration ⇨ adore
orator ⇨ adore
ordeal ⇨ deal
order ⇨ ordinary
orderly ⇨ order
ordinarily ⇨ ordinary
ordinary ⇨ order
organic ⇨ organ
orient ⇨ origin
oriental ⇨ orient
orientation ⇨ orient
original ⇨ origin
originality ⇨ origin
originate ⇨ origin
ornament ⇨ adorn
otiose ⇨ negotiate
ought ⇨ owe
outdistance ⇨ distance
outlast ⇨ last
outrageous ⇨ outrage

outskirts ⇨ skirt
overburden ⇨ burden
overlap ⇨ lap
overt ⇨ overture
oviduct ⇨ abduct
owner ⇨ own
ownership ⇨ own

P

pacify ⇨ pacific
pacify ⇨ peace
package ⇨ pack
packet ⇨ pack
packing ⇨ pack
pain ⇨ penalize
painful ⇨ pain
paint ⇨ picture
pair ⇨ par
pair ⇨ peer
palatable ⇨ palate
palmist ⇨ palm
palmistry ⇨ palm
pantomime ⇨ mimic
par ⇨ compare
par ⇨ pair
par ⇨ peer
paradoxical ⇨ paradox
paralysis ⇨ paralyze
paramount ⇨ mountain
paramount ⇨ tantamount
parity ⇨ peer
parking lot ⇨ park
part ⇨ apart
partiality ⇨ partial
partially ⇨ partial
participation ⇨ participate
particularly ⇨ particular
partly ⇨ part
passable ⇨ pass
passage ⇨ pass
passenger ⇨ pass
passion ⇨ impassive
passionate ⇨ passion
passive ⇨ passion

pathetic ⇨ sympathize	periodical ⇨ period	plangen ⇨ complain
pathology ⇨ pathetic	perishable ⇨ perish	plasterer ⇨ plaster
pathos ⇨ apathy	permanent ⇨ remain	plate ⇨ place
pathos ⇨ pathetic	permission ⇨ permit	plaudit ⇨ applaud
pathos ⇨ sympathize	perpetual ⇨ impetus	playful ⇨ play
patient ⇨ patience	perpetually ⇨ perpetual	plaza ⇨ place
patronage ⇨ patron	perpetuate ⇨ perpetual	plea ⇨ plead
patronize ⇨ patron	perpetuation ⇨ perpetual	plea ⇨ please
pauper ⇨ poor		plead ⇨ please
pause ⇨ pose	perplexity ⇨ perplex	pleasant ⇨ please
pause ⇨ repose	persecution ⇨ persecute	please ⇨ complacent
pay ⇨ peace		please ⇨ plead
payment ⇨ pay	perseverance ⇨ persevere	pleasure ⇨ please
peace ⇨ pacific		plenty ⇨ replenish
peace ⇨ pay	persist ⇨ assist	plight ⇨ pledge
peaceful ⇨ peace	persist ⇨ resist	plural ⇨ plus
peculiarity ⇨ peculiar	persistent ⇨ persist	ply ⇨ apply
pedicure ⇨ pedal	persistently ⇨ persist	ply ⇨ imply
peer ⇨ compare	personable ⇨ pension	ply ⇨ reply
peerless ⇨ peer	personality ⇨ personal	poacher ⇨ poach
penal ⇨ penalize	personally ⇨ personal	poignant ⇨ point
penalty ⇨ penalize	perspiration ⇨ perspire	pointed ⇨ point
penance ⇨ penalize	persuade ⇨ dissuade	pointedly ⇨ point
pencil ⇨ penis	persuasion ⇨ persuade	poise ⇨ ponder
pendant ⇨ pending	persuasive ⇨ persuade	poisonous ⇨ poison
pendant ⇨ spend	pertinent ⇨ pertain	polarization ⇨ polar
pendant ⇨ suspend	perusal ⇨ peruse	polarize ⇨ polar
pendulum ⇨ pending	pervert ⇨ perverse	police ⇨ policy
pendulum ⇨ suspend	petition ⇨ appetite	policy ⇨ police
penicillin ⇨ penis	petition ⇨ compete	polish ⇨ polite
penile ⇨ penis	petition ⇨ impetus	politely ⇨ polite
pension ⇨ compensate	petition ⇨ perpetual	pollutant ⇨ pollute
pensioner ⇨ pension	petrifaction ⇨ petrify	pollution ⇨ pollute
pensive ⇨ compensate	petroleum ⇨ petrify	ponder ⇨ compensate
pensive ⇨ ponder	petulant ⇨ impetus	ponderous ⇨ ponder
people ⇨ popular	phantom ⇨ phenomenon	popular ⇨ people
people ⇨ population		popularity ⇨ popular
perception ⇨ perceive	phenomenal ⇨ phenomenon	populate ⇨ population
percussion ⇨ discuss		population ⇨ people
percussion ⇨ repercussion	photograph ⇨ program	population ⇨ popular
	picky ⇨ pick	populous ⇨ people
percussion ⇨ rescue	pictorial ⇨ picture	populous ⇨ population
perennial ⇨ annual	picturesque ⇨ picture	porch ⇨ port
perfection ⇨ perfect	piercing ⇨ grasp	portable ⇨ import
perfectly ⇨ perfect	pigment ⇨ picture	portable ⇨ support
performance ⇨ perform	pine ⇨ penalize	portentous ⇨ portend
perfunctorily ⇨ perfunctory	plague ⇨ complain	porter ⇨ support
	plaice ⇨ place	portion ⇨ proportion
perhaps ⇨ happen	plaint ⇨ complain	portray ⇨ portrait
perilous ⇨ peril	plane ⇨ plain	pose ⇨ pause

pose ⇨ positive
position ⇨ positive
possession ⇨ possess
possibility ⇨ possible
postage ⇨ post
postal ⇨ post
postponement ⇨ postpone
potent ⇨ potential
potentiality ⇨ potential
pouch ⇨ poach
pound ⇨ ponder
poverty ⇨ poor
power ⇨ potential
powerful ⇨ power
practical ⇨ practice
praise ⇨ prize
praiseworthy ⇨ praise
pray ⇨ precarious
prayer ⇨ pray
preacher ⇨ preach
precarious ⇨ pray
precariously ⇨ precarious
precautionary ⇨ precaution
precede ⇨ recede
precedent ⇨ precede
precept ⇨ survive
precise ⇨ concise
precise ⇨ decide
precision ⇨ precise
predecessor ⇨ precede
prediction ⇨ predict
predominantly ⇨ predominant
predominate ⇨ predominant
prefer ⇨ ferry
preference ⇨ prefer
prefix ⇨ fix
pregnable ⇨ impregnable
pregnant ⇨ malign
prejudicial ⇨ prejudice
premonition ⇨ monitor
premonition ⇨ summon
preparation ⇨ prepare
preparatory ⇨ prepare
prepare ⇨ repair

prescribe ⇨ describe
prescription ⇨ prescribe
prescriptive ⇨ describe
present ⇨ represent
presentable ⇨ present
presentation ⇨ present
presently ⇨ present
preservation ⇨ preserve
preservative ⇨ preserve
preserve ⇨ observe
presidency ⇨ preside
president ⇨ preside
press ⇨ oppress
pressure ⇨ press
presume ⇨ assume
presumption ⇨ presume
presumptuous ⇨ presume
pretend ⇨ contend
pretended ⇨ pretend
pretense ⇨ pretend
pretension ⇨ pretend
pretentious ⇨ pretend
pretext ⇨ context
pretext ⇨ text
prevail ⇨ available
prevail ⇨ value
prevailing ⇨ prevail
prevalence ⇨ prevail
prevalent ⇨ prevail
preventable ⇨ prevent
prevention ⇨ prevent
preventive ⇨ prevent
previously ⇨ previous
price ⇨ precious
prickle ⇨ prick
prickly ⇨ prick
prime ⇨ primary
primitive ⇨ primary
prince ⇨ primary
prince ⇨ principal
principal ⇨ primary
principle ⇨ primary
print ⇨ press
priority ⇨ prior
prison ⇨ prey
prison ⇨ prisoner
prison ⇨ surprise

privacy ⇨ private
privation ⇨ private
privy ⇨ private
prize ⇨ prey
probability ⇨ probable
probable ⇨ probation
probable ⇨ prove
probably ⇨ probable
probation ⇨ probe
probe ⇨ approve
probe ⇨ probable
probe ⇨ probation
probe ⇨ prove
problematical ⇨ problem
procedure ⇨ proceed
proceed ⇨ precede
proceedings ⇨ proceed
proceeds ⇨ proceed
process ⇨ proceed
procession ⇨ proceed
proclamation ⇨ proclaim
procure ⇨ accurate
product ⇨ produce
production ⇨ produce
productive ⇨ produce
productivity ⇨ produce
profanity ⇨ profane
professed ⇨ profess
professional ⇨ profession
professor ⇨ profess
proffer ⇨ ferry
proffer ⇨ offer
proficiency ⇨ proficient
proficient ⇨ profit
profitable ⇨ profit
profound ⇨ found
profoundly ⇨ profound
profusely ⇨ profuse
profusion ⇨ profuse
programmer ⇨ program
progress ⇨ congress
progression ⇨ progress
progressive ⇨ progress
prohibition ⇨ prohibit
prohibitive ⇨ prohibit

- projection ⇨ project
- projector ⇨ project
- proletarian ⇨ prolific
- proliferate ⇨ prolific
- prominent ⇨ imminent
- promiscuous ⇨ miscellaneous
- promise ⇨ compromise
- promising ⇨ promise
- promoter ⇨ promote
- promotion ⇨ promote
- prompter ⇨ prompt
- promptly ⇨ prompt
- pronounce ⇨ announce
- pronounce ⇨ denounce
- pronouncement ⇨ pronounce
- pronunciation ⇨ pronounce
- proofread ⇨ proof
- proper ⇨ appropriate
- property ⇨ proper
- prophecy ⇨ prophesy
- prophet ⇨ prophesy
- propinquity ⇨ approach
- proponent ⇨ purpose
- proportional ⇨ proportion
- proposal ⇨ propose
- propose ⇨ purpose
- proposition ⇨ propose
- propound ⇨ purpose
- propriety ⇨ proper
- prosecute ⇨ pursue
- prosecution ⇨ prosecute
- prospective ⇨ prospect
- prospector ⇨ prospect
- prosperity ⇨ prosper
- prosperous ⇨ prosper
- prostitution ⇨ prostitute
- protect ⇨ detect
- protection ⇨ protect
- protective ⇨ protect
- protector ⇨ protect
- protest ⇨ detest
- protract ⇨ distract
- proud ⇨ pride
- prove ⇨ approve
- prove ⇨ probable
- proverbial ⇨ proverb
- provide ⇨ improvise
- provident ⇨ provide
- provision ⇨ provide
- proviso ⇨ provide
- provocation ⇨ provoke
- provoke ⇨ invoke
- provoke ⇨ revoke
- provoking ⇨ provoke
- proximity ⇨ approach
- prudence ⇨ prudent
- prudent ⇨ provide
- prudently ⇨ prudent
- pubic ⇨ puberty
- publication ⇨ public
- publicity ⇨ public
- publicly ⇨ public
- publish ⇨ public
- publisher ⇨ publish
- pulsate ⇨ pulse
- pulsation ⇨ pulse
- pulse ⇨ push
- punctual ⇨ point
- punctuality ⇨ punctual
- punish ⇨ penalize
- punishment ⇨ punish
- punitive ⇨ punish
- purchase ⇨ chase
- purge ⇨ pure
- purify ⇨ pure
- purposeful ⇨ purpose
- purposely ⇨ purpose
- pursue ⇨ prosecute
- pursuit ⇨ pursue
- purvey ⇨ provide
- putative ⇨ compute
- putative ⇨ dispute
- pyorrhea ⇨ diarrhea

Q

- quality ⇨ qualify
- quarrelsome ⇨ quarrel
- query ⇨ acquire
- quest ⇨ acquire
- quest ⇨ question
- question ⇨ acquire
- question ⇨ request
- quicken ⇨ quick
- quickly ⇨ quick
- quietly ⇨ quiet
- quietness ⇨ quiet
- quitter ⇨ quit
- quotation ⇨ quote

R

- rabies ⇨ rage
- racer ⇨ race 1
- radiant ⇨ ray
- radicalism ⇨ race 1
- radio ⇨ ray
- radius ⇨ ray
- rag ⇨ ragged
- raging ⇨ rage
- rail ⇨ rule
- ram ⇨ ramble
- range ⇨ arrange
- range ⇨ rank
- ranger ⇨ range
- rank ⇨ range
- rape ⇨ rapid
- rape ⇨ rapture
- rapidity ⇨ rapid
- rapidly ⇨ rapid
- rapt ⇨ rapture
- rapturous ⇨ rapture
- rarely ⇨ rare
- rarity ⇨ rare
- rate ⇨ reason
- rating ⇨ rate
- ratio ⇨ rate
- ratio ⇨ reason
- ration ⇨ rate
- ration ⇨ reason
- rational ⇨ rate
- rationalization ⇨ rational
- rationalize ⇨ rational
- rattle ⇨ race 1
- ravish ⇨ ravage
- ray ⇨ radius
- rayon ⇨ ray
- reaction ⇨ react
- readable ⇨ read

readily ⇨ ready	reference ⇨ refer	remind ⇨ mind
readiness ⇨ ready	referendum ⇨ refer	reminder ⇨ remind
reality ⇨ real	refine ⇨ fine	reminisce ⇨ mind
realize ⇨ real	refinement ⇨ refine	remnant ⇨ remain
really ⇨ real	refinery ⇨ refine	remonstrate ⇨ summon
reap ⇨ ripe	reflection ⇨ reflect	remote ⇨ remove
rear ⇨ raise	reformation ⇨ reform	remote control ⇨ remote
reasonable ⇨ reason	refreshment ⇨ refresh	render ⇨ rent
rebellion ⇨ rebel	refugee ⇨ refuge	render ⇨ surrender
rebellious ⇨ rebel	refusal ⇨ refuse	renounce ⇨ announce
receipt ⇨ receive	refuse ⇨ confuse	renounce ⇨ denounce
receive ⇨ deceive	refute ⇨ refuse	renounce ⇨ pronounce
reception ⇨ receive	regarding ⇨ regard	rent ⇨ render
recession ⇨ recess	regardless ⇨ regard	repeat ⇨ compete
recipe ⇨ receive	regent ⇨ reign	repeat ⇨ impetus
recipient ⇨ receive	regress ⇨ congress	repetition ⇨ repeat
recitation ⇨ recite	regretful ⇨ regret	repetitious ⇨ repeat
recline ⇨ decline	regrettable ⇨ regret	replaceable ⇨ replace
recognition ⇨ recognize	regular ⇨ regulate	replacement ⇨ replace
recollect ⇨ collect	regulation ⇨ regulate	replicate ⇨ reply
recollection ⇨ recollect	rehabilitation ⇨ rehabilitate	repository ⇨ repose
recommend ⇨ commend	reinforcement ⇨ reinforce	reprehensible ⇨ surprise
recommendation ⇨ recommend	reject ⇨ abject	representation ⇨ represent
reconciliation ⇨ reconcile	reject ⇨ adjacent	repress ⇨ press
reconnaissance ⇨ recognize	reject ⇨ object	reproachful ⇨ reproach
reconstruct ⇨ construct	rejection ⇨ reject	reproduction ⇨ reproduce
record ⇨ accord	relapse ⇨ lapse	reproof ⇨ reprove
recount ⇨ count	relate ⇨ translate	reputable ⇨ reputation
recover ⇨ cover	relation ⇨ relate	request ⇨ prerequisite
recover ⇨ discover	relative ⇨ relate	request ⇨ question
recover ⇨ uncover	relax ⇨ release	require ⇨ request
recovery ⇨ recover	relaxation ⇨ relax	requirement ⇨ require
recuperation ⇨ recuperate	relay ⇨ delay	requisite ⇨ require
recurrence ⇨ recur	release ⇨ lease	resemblance ⇨ resemble
recurrent ⇨ recur	release ⇨ relish	resentful ⇨ resent
redeemable ⇨ redeem	reliability ⇨ rely	resentment ⇨ resent
Redeemer ⇨ redeem	reliable ⇨ rely	reservation ⇨ reserve
redeeming ⇨ redeem	reliance ⇨ rely	reserve ⇨ observe
redemption ⇨ redeem	reliant ⇨ rely	reserve ⇨ preserve
reduce ⇨ subdue	relief ⇨ relieve	reserved ⇨ reserve
redundancy ⇨ redundant	religion ⇨ rely	reservoir ⇨ reserve
refer ⇨ ferry	relish ⇨ release	reside ⇨ preside
referee ⇨ refer	reluctance ⇨ reluctant	residence ⇨ reside
	reluctantly ⇨ reluctant	resident ⇨ reside
	remainder ⇨ remain	resignation ⇨ resign
	remarkable ⇨ remark	
	remembrance ⇨ remember	

- **resist** ⇨ assist
- **resistance** ⇨ resist
- **resistant** ⇨ resist
- **resolute** ⇨ absolute
- **resolution** ⇨ resolve
- **resolved** ⇨ resolve
- **resource** ⇨ surge
- **resourceful** ⇨ resource
- **respect** ⇨ inspect
- **respect** ⇨ suspect
- **respectability** ⇨ respect
- **respectable** ⇨ respect
- **respectful** ⇨ respect
- **respecting** ⇨ respect
- **respectively** ⇨ respective
- **respond** ⇨ despondent
- **respond** ⇨ sponsor
- **response** ⇨ respond
- **responsibility** ⇨ responsible
- **responsive** ⇨ respond
- **rest** ⇨ arrest
- **restive** ⇨ responsible
- **restoration** ⇨ restore
- **restraint** ⇨ restrain
- **restriction** ⇨ restrict
- **resultant** ⇨ result
- **resultant force** ⇨ result
- **resume** ⇨ assume
- **resumption** ⇨ resume
- **resurrect** ⇨ surge
- **retail** ⇨ tailor
- **retailer** ⇨ retail
- **retain** ⇨ abstain
- **retain** ⇨ rein
- **retaliation** ⇨ retaliate
- **reticence** ⇨ reticent
- **retinue** ⇨ rein
- **retirement** ⇨ retire
- **retiring** ⇨ retire
- **retort** ⇨ distort
- **retort** ⇨ torture
- **retreat** ⇨ treat
- **retrograde** ⇨ grade
- **retrogress** ⇨ congress
- **reverence** ⇨ revere
- **reverend** ⇨ revere
- **reversible** ⇨ reverse
- **revoke** ⇨ advocate
- **revoke** ⇨ invoke
- **revoke** ⇨ provoke
- **revolting** ⇨ revolt
- **revolution** ⇨ revolt
- **revolutionary** ⇨ revolution
- **riddle** ⇨ read
- **rider** ⇨ ride
- **righteous** ⇨ right
- **rigor** ⇨ rigid
- **rigorous** ⇨ rigid
- **rim** ⇨ brim
- **riotous** ⇨ riot
- **rip** ⇨ ripe
- **ripe** ⇨ reap
- **ripen** ⇨ ripe
- **rise** ⇨ raise
- **risky** ⇨ risk
- **rival** ⇨ arrive
- **rivalry** ⇨ rival
- **robber** ⇨ rob
- **robbery** ⇨ rob
- **robe** ⇨ rob
- **role** ⇨ roll
- **roll** ⇨ role
- **rolling** ⇨ roll
- **roomy** ⇨ room
- **rotate** ⇨ roll
- **rotund** ⇨ roll
- **roughage** ⇨ rough
- **round** ⇨ roll
- **rout** ⇨ rob
- **route** ⇨ rob
- **rubber** ⇨ rub
- **rubber band** ⇨ band
- **rubbery** ⇨ rub
- **rudeness** ⇨ rude
- **rudiment** ⇨ rude
- **rudimentary** ⇨ rude
- **rug** ⇨ rugged
- **ruling** ⇨ rule
- **rumble** ⇨ rumor
- **rummage** ⇨ room
- **rumored** ⇨ rumor
- **rupture** ⇨ abrupt
- **rupture** ⇨ corrupt
- **rupture** ⇨ interrupt
- **rural** ⇨ room
- **rush** ⇨ race 1
- **rustic** ⇨ rural

S

- **sacred** ⇨ sacrifice
- **sadden** ⇨ sad
- **saddle** ⇨ settle
- **safe** ⇨ save
- **sailor** ⇨ sail
- **salvage** ⇨ save
- **salvation** ⇨ save
- **sanatorium** ⇨ sane
- **sanitary** ⇨ sane
- **sanity** ⇨ sane
- **sarcastic** ⇨ sarcasm
- **sarcastically** ⇨ sarcasm
- **sarcoma** ⇨ sarcasm
- **sate** ⇨ satisfy
- **sated** ⇨ sad
- **satiate** ⇨ satisfy
- **satisfaction** ⇨ satisfy
- **satisfactory** ⇨ satisfy
- **satisfy** ⇨ sad
- **saturate** ⇨ sad
- **saturate** ⇨ satisfy
- **savior** ⇨ save
- **scab** ⇨ shabby
- **scandalize** ⇨ scandal
- **scandalous** ⇨ scandal
- **scanties** ⇨ scant
- **scantily** ⇨ scant
- **scanty** ⇨ scant
- **scarcely** ⇨ scarce
- **scarcity** ⇨ scarce
- **scary** ⇨ scare
- **scatter** ⇨ shatter
- **scenery** ⇨ scene
- **scenic** ⇨ scene
- **schism** ⇨ shit
- **schizo** ⇨ shit
- **scholar** ⇨ school
- **scholastic** ⇨ school
- **screech** ⇨ shriek
- **script** ⇨ describe
- **scrub** ⇨ rub
- **scrubby** ⇨ scrub
- **scrupulous** ⇨ scruple
- **scrutiny** ⇨ scrutinize
- **scum** ⇨ skim

scurry ⇨ hurry
search ⇨ research
searching ⇨ search
seashell ⇨ shell
secede ⇨ recede
secluded ⇨ seclude
seclusion ⇨ seclude
secretary ⇨ secret
secretive ⇨ secret
section ⇨ dissect
sectional ⇨ section
sectionalism ⇨ section
sector ⇨ section
security ⇨ secure
sedentary ⇨ supersede
sediment ⇨ supersede
seduce ⇨ subdue
seduction ⇨ seduce
seductive ⇨ seduce
seed ⇨ season
seed ⇨ season
seedy ⇨ seed
seemingly ⇨ seem
seemly ⇨ seem
segregation ⇨ segregate
seizure ⇨ seize
select ⇨ collect
selection ⇨ select
selective ⇨ select
semen ⇨ disseminate
semen ⇨ season
seminar ⇨ disseminate
senile ⇨ senior
seniority ⇨ senior
sensation ⇨ sentence
sense ⇨ resent
sense ⇨ sentence
sensible ⇨ sense
sensitive ⇨ sense
sententious ⇨ sentence
separate ⇨ prepare
separate ⇨ sever
separation ⇨ separate
sequence ⇨ consecutive
sequence ⇨ persecute
sequence ⇨ prosecute
serf ⇨ serve
sergeant ⇨ serve
serial ⇨ insert

series ⇨ assert
series ⇨ insert
servant ⇨ serve
serve ⇨ deserve
service ⇨ serve
serviceable ⇨ serve
servile ⇨ serve
session ⇨ assess
session ⇨ supersede
set ⇨ seat
settle ⇨ soot
settlement ⇨ settle
settler ⇨ settle
sever ⇨ several
several ⇨ sever
severance ⇨ sever
severe ⇨ persevere
severely ⇨ severe
severity ⇨ severe
sewer ⇨ sewage
shadowy ⇨ shadow
shady ⇨ shade
shaky ⇨ shake
shamefaced ⇨ shame
shameful ⇨ shame
shape ⇨ scoop
shape ⇨ ship
share ⇨ score
share ⇨ shed
share ⇨ shore
shear ⇨ shed
shed ⇨ shade
shelter ⇨ shield
shelve ⇨ shelf
shield ⇨ shelter
shiny ⇨ shine
shipbuilding ⇨ ship
shipment ⇨ ship
shipyard ⇨ ship
shirt ⇨ short
shod ⇨ shoe
shoplift ⇨ shop
shopping ⇨ shop
shorten ⇨ short
shovel ⇨ shove
showy ⇨ show
shredder ⇨ shred
shrew ⇨ shrewd
shutter ⇨ shut
sidereal ⇨ consider

sightseeing ⇨ sight
sign ⇨ assign
sign ⇨ design
sign ⇨ signal
significance ⇨ signify
significant ⇨ signify
silence ⇨ silent
silencer ⇨ silent
similar ⇨ resemble
similarity ⇨ similar
simpleton ⇨ simple
simplicity ⇨ simple
simplistic ⇨ simple
simulation ⇨ simulate
simultaneously ⇨ simultaneous
sincerely ⇨ sincere
sincerity ⇨ sincere
sit ⇨ seat
sit ⇨ soot
skepticism ⇨ skeptical
skilled ⇨ skill
skillful ⇨ skill
skin diving ⇨ skin
skirt ⇨ outskirts
skirt ⇨ short
slacken ⇨ slack
slave ⇨ serve
slippery ⇨ slip
sloppy ⇨ slope
slowly ⇨ slow
smack ⇨ smash
smoker's cough ⇨ cough
snack ⇨ snatch
snake ⇨ snail
snowy ⇨ cloud
soberly ⇨ sober
sobriety ⇨ sober
socialism ⇨ social
socialize ⇨ social
society ⇨ associate
society ⇨ sociable
sole ⇨ sullen
solely ⇨ sole
solemnity ⇨ solemn
solemnly ⇨ solemn
solicitous ⇨ solicit
solidarity ⇨ solid
solidify ⇨ solid

solitary ⇨ sole
solitude ⇨ sole
solo ⇨ sole
solo ⇨ sullen
solution ⇨ solve
solve ⇨ absolute
solve ⇨ absolve
solve ⇨ resolve
solvent ⇨ solve
solvent ⇨ solve
somersault ⇨ assault
sonance ⇨ unison
sonar ⇨ consonant
sonic ⇨ unison
sonorous ⇨ consonant
sonorous ⇨ unison
sooty ⇨ soot
sore ⇨ sorry
sound ⇨ consonant
sound ⇨ unison
source ⇨ resource
sow ⇨ season
spacious ⇨ space
sparkle ⇨ spark
spasmodic ⇨ spasm
specific ⇨ specify
specifically ⇨ specify
specimen ⇨ specify
spectacle ⇨ inspect
spectacles ⇨ inspect
speculation ⇨ speculate
speechless ⇨ speech
speedy ⇨ speed
spherical ⇨ sphere
spices ⇨ specify
spider ⇨ spin
spindle ⇨ spin
spirit ⇨ inspire
spirited ⇨ spirit
spiritual ⇨ spirit
spiteful ⇨ spite
splendor ⇨ splendid
sponsor ⇨ despondent
sponsor ⇨ respond
spontaneity ⇨ spontaneous
spontaneous ⇨ despondent
spontaneously ⇨ spontaneous

spore ⇨ spread
spouse ⇨ despondent
spree ⇨ spread
sprinkle ⇨ spread
spy ⇨ despise
stability ⇨ stable
stabilize ⇨ stable
stable ⇨ stable
stable ⇨ stall
stable ⇨ stand
stagnate ⇨ stagnant
stagnation ⇨ stagnant
staid ⇨ stay
stained glass ⇨ stain
stainless ⇨ stain
stalemate ⇨ stale
stall ⇨ install
stall ⇨ stale
stall ⇨ still
stand ⇨ assist
stand ⇨ constant
stand ⇨ responsible
stand ⇨ stale
stand ⇨ stall
stand ⇨ station
stand ⇨ stay
stand ⇨ stool
stand ⇨ system
standardize ⇨ standard
startle ⇨ start
stately ⇨ state
statement ⇨ state
station ⇨ stall
station ⇨ stand
station ⇨ state
stationary ⇨ stand
statue ⇨ stay
steadfast ⇨ stead
steady ⇨ stead
steeple ⇨ steep
stereophonic ⇨ stereo
stereophony ⇨ stereo
stereoscope ⇨ stereo
stereotype ⇨ stereo
stern ⇨ steer
stick ⇨ distinct
stick ⇨ distinguish
sticky ⇨ stick
stiffen ⇨ stiff
stimulation ⇨ stimulate

sting ⇨ distinct
sting ⇨ stingy
stoppage ⇨ stop
stopping ⇨ stop
story ⇨ history
straighten ⇨ straight
strainer ⇨ strain
strategic ⇨ strategy
stray ⇨ astray
streaking ⇨ streak
streaky ⇨ streak
streamer ⇨ stream
streamline ⇨ stream
stretch ⇨ straight
strict ⇨ restrict
strictly ⇨ strict
string ⇨ restrict
stringent ⇨ restrict
structure ⇨ construct
structure ⇨ destroy
studious ⇨ study
stuff ⇨ stifle
stuff ⇨ stop
stuffy ⇨ stuff
stun ⇨ astonish
stupefy ⇨ stupid
stupidity ⇨ stupid
stupor ⇨ stupid
suave ⇨ persuade
subdued ⇨ subdue
subject ⇨ object
sublet ⇨ let
submerge ⇨ immerse
submerge ⇨ merge
submission ⇨ submit
submissive ⇨ submit
suborn ⇨ adorn
subscription ⇨ subscribe
subsequently ⇨ subsequent
subside ⇨ preside
subsidiary ⇨ subsidy
subsist ⇨ resist
substantial ⇨ substance
substantiate ⇨ substance
subsume ⇨ assume
subtlety ⇨ subtle
subtly ⇨ subtle

subtract ⇨ distract
succeeding ⇨ succeed
successive ⇨ succeed
successor ⇨ succeed
succumb ⇨ incubate
suck ⇨ soak
sue ⇨ pursue
sufficient ⇨ suffice
suffix ⇨ fix
suggest ⇨ gesture
suggestive ⇨ suggest
suitable ⇨ suit
summons ⇨ summon
sumptuous ⇨ assume
sunny ⇨ cloud
superficial ⇨ surface
superstitious ⇨ superstition
supervision ⇨ supervise
supervisor ⇨ supervise
supervisory ⇨ supervise
supplement ⇨ complete
supplementary ⇨ supplement
supply ⇨ supplement
supporter ⇨ support
supportive ⇨ support
supposition ⇨ suppose
suppository ⇨ suppose
suppress ⇨ press
surely ⇨ sure
surface ⇨ face
surge ⇨ resource
surge ⇨ source
surprise ⇨ comprise
survival ⇨ survive
suspect ⇨ inspect
suspense ⇨ suspend
suspicion ⇨ suspect
suspicious ⇨ suspect
sustain ⇨ abstain
sustainable ⇨ sustain
swear ⇨ answer
sweeten ⇨ sweet
sweetener ⇨ sweet
sweetly ⇨ sweet
sympathetic ⇨ sympathize
sympathy ⇨ sympathize

synonym ⇨ name

T

tablet ⇨ table
tabloid ⇨ table
tabulate ⇨ table
tacit ⇨ reticent
taciturn ⇨ reticent
tack ⇨ attack
tactile ⇨ contact
tactile ⇨ tact
tailor ⇨ retail
tale ⇨ tell
talk ⇨ tale
tally ⇨ retaliate
tamely ⇨ tame
tangent ⇨ contact
tangent ⇨ tact
tangent ⇨ tangible
tangible ⇨ attain
tangible ⇨ contact
tangible ⇨ tact
tantamount ⇨ mountain
tasteful ⇨ taste
tasty ⇨ taste
tax ⇨ task
team ⇨ tie
teem ⇨ tie
teethe ⇨ tooth
tell ⇨ tale
temper ⇨ tamper
temper ⇨ temperature
temperament ⇨ temper
temperance ⇨ temper
temperate ⇨ temper
tempt ⇨ attempt
temptation ⇨ tempt
tempting ⇨ attempt
tenable ⇨ tenacious
tenacious ⇨ tenor
tenaciously ⇨ tenacious
tenacity ⇨ tenacious
tenant ⇨ tenacious
tenant ⇨ tenor
tend ⇨ pretend

tendency ⇨ tend
tenderly ⇨ tender
tenderness ⇨ tender
tendril ⇨ tend
tense ⇨ pretend
tension ⇨ contend
tension ⇨ tense
tent ⇨ tend
tentacle ⇨ tentative
tenure ⇨ tenacious
tenure ⇨ tenor
term ⇨ determine
terminate ⇨ determine
terrible ⇨ terrify
territory ⇨ terrace
terror ⇨ terrify
terror ⇨ tremble
testicle ⇨ testament
testify ⇨ contest
testify ⇨ detest
testimony ⇨ contest
text ⇨ context
textbook ⇨ pretext
textile ⇨ context
textile ⇨ subtle
textile ⇨ text
texture ⇨ context
texture ⇨ text
thankful ⇨ thank
thankfully ⇨ thank
the accused ⇨ accuse
the Allies ⇨ ally
the lamented ⇨ lament
thesis ⇨ hypothesis
thicken ⇨ thick
thicket ⇨ thick
thickness ⇨ thick
thinner ⇨ thin
thoroughbred ⇨ breed
thoroughbred ⇨ thorough
thoroughly ⇨ thorough
thoughtful ⇨ thought
threaten ⇨ threat
threatening ⇨ threat
thriller ⇨ thrill
thrilling ⇨ thrill
through ⇨ thrill
throughout ⇨ through
thumbtack ⇨ attach

thumbtack ⇨ attack
thundery ⇨ cloud
tidy ⇨ tide
tighten ⇨ tight
timid ⇨ intimidate
tiresome ⇨ tire
tocsin ⇨ touch
together ⇨ gather
toil ⇨ obtuse
tolerate ⇨ relate
toothache ⇨ ache
toothache ⇨ tooth
top ⇨ topple
topnotch ⇨ notch
topple ⇨ top
torment ⇨ distort
torment ⇨ torture
torsion ⇨ distort
torture ⇨ distort
touch ⇨ taste
touched ⇨ touch
touchy ⇨ touch
tour ⇨ detour
tournament ⇨ tour
tourniquet ⇨ tour
tow ⇨ tie
towering ⇨ tower
tracing ⇨ trace
tractor ⇨ abstract
tractor ⇨ attract
trade ⇨ track
traditional ⇨ tradition
trafficker ⇨ traffic
trailer ⇨ trail
training ⇨ train
traitor ⇨ betray
transfer ⇨ ferry
transfer ⇨ fertile
transfix ⇨ fix
transgress ⇨ congress
transit ⇨ transient
transition ⇨ transient
translation ⇨ translate
transmit ⇨ admit
transparency ⇨ transparent
transportation ⇨ transport
travail ⇨ travel
traveled ⇨ travel

treacherous ⇨ trick
tread ⇨ trade
treason ⇨ betray
treatment ⇨ treat
treaty ⇨ treat
tremendous ⇨ tremble
tremor ⇨ tremble
trendy ⇨ trend
trial ⇨ try
tribal ⇨ tribe
tribune ⇨ tribe
tribute ⇨ contribute
tribute ⇨ distribute
tribute ⇨ tribe
trick ⇨ intricate
tricky ⇨ trick
trifling ⇨ trifle
trite ⇨ contrite
triviality ⇨ trivial
trooper ⇨ troop
trot ⇨ trade
trouble-shoot ⇨ trouble
troubleshooter ⇨ shoot
troublesome ⇨ trouble
troupe ⇨ troop
truly ⇨ true
trust ⇨ true
trustee ⇨ trust
trusty ⇨ trust
truth ⇨ true
trying ⇨ try
tug ⇨ tie
tug ⇨ tow
tuneful ⇨ tune
tuneless ⇨ tune
tuner ⇨ tune
tuning ⇨ tune
turbid ⇨ disturb
turbid ⇨ perturb
turbid ⇨ trouble
turbulent ⇨ disturb
turbulent ⇨ trouble
turn ⇨ return
turn ⇨ tour

U

ultimate ⇨ ulterior

ultimatum ⇨ ulterior
ultra ⇨ ulterior
unanimously ⇨ unanimous
unaware ⇨ award
unconditional ⇨ condition
uncouth ⇨ can
uncover ⇨ cover
uncover ⇨ discover
underscore ⇨ score
understandable ⇨ understand
understandably ⇨ understand
understanding ⇨ understand
underwrite ⇨ write
undulate ⇨ abound
undulate ⇨ inundate
undulation ⇨ undulate
undulatory ⇨ inundate
uneasy ⇨ ease
unequivocal ⇨ equivocal
unfair ⇨ fair
unfaithful ⇨ faithful
unification ⇨ unify
uniformity ⇨ uniform
uniformly ⇨ uniform
unionize ⇨ union
united ⇨ unite
universal ⇨ universe
university ⇨ universe
unlikely ⇨ likely
unload ⇨ load
unlock ⇨ lock
unlucky ⇨ luck
unobtrusive ⇨ obtrude
unscrupulous ⇨ scruple
unsettle ⇨ settle
untie ⇨ tie
unwary ⇨ wary
unwittingly ⇨ wit
upheaval ⇨ heavy
upper ⇨ up
uproar ⇨ riot
upsetting ⇨ upset
up-to-date ⇨ update
urban ⇨ suburb

派生語・関連語索引 **521**

urgency ⇨ urge
urgency ⇨ urgent
urgent ⇨ urge
usage ⇨ use
useful ⇨ use
usually ⇨ usual
usury ⇨ usurp
utensil ⇨ use
utility ⇨ use
utilize ⇨ use
utterance ⇨ utter
utterly ⇨ utter

V

vacancy ⇨ vacant
vaccinate ⇨ vaccine
vaccination ⇨ vaccine
vacuum ⇨ vacant
vacuum ⇨ void
vale ⇨ valley
valiant ⇨ valid
valid ⇨ value
validate ⇨ valid
validity ⇨ valid
valor ⇨ valid
valor ⇨ value
valuable ⇨ value
value ⇨ available
value ⇨ valid
vanish ⇨ vain
vanity ⇨ vain
variable ⇨ vary
variant ⇨ vary
variation ⇨ vary
varied ⇨ vary
variety ⇨ vary
various ⇨ vary
veil ⇨ reveal
venture ⇨ advent
verb ⇨ proverb
verbal ⇨ proverb
verbal ⇨ verb
verbose ⇨ verb
verdict ⇨ addict
versatility ⇨ versatile
verse ⇨ versatile
versed ⇨ verse

version ⇨ diverse
vest ⇨ invest
vestige ⇨ investigate
vestment ⇨ invest
vexation ⇨ vex
vexatious ⇨ vex
vicar ⇨ vicissitude
vice ⇨ vicissitude
victory ⇨ convince
vie ⇨ invite
vigorous ⇨ vigor
village ⇨ villain
villainous ⇨ villain
viniculture ⇨ culture
virtuous ⇨ virtue
visibility ⇨ visible
vision ⇨ provide
vision ⇨ view
visitation ⇨ visit
vocal ⇨ revoke
vocal ⇨ voice
vocation ⇨ advocate
vocational ⇨ vocation
voice ⇨ advocate
voice ⇨ revoke
voice ⇨ vote
void ⇨ avoid
void ⇨ devoid
void ⇨ vacant
vow ⇨ vote
vowel ⇨ vote

W

waggle ⇨ wag
waif ⇨ waive
wail ⇨ weep
waiter ⇨ wait
waitress ⇨ wait
wake ⇨ wait
waken ⇨ wake
wanderlust ⇨ wander
wane ⇨ want
wanton ⇨ want
ward ⇨ award
warden ⇨ ward
wardrobe ⇨ reward
wardrobe ⇨ ward

wariness ⇨ wary
warn ⇨ ward
warning ⇨ warn
warrant ⇨ guarantee
warranty ⇨ warrant
wary ⇨ warrant
washing ⇨ wash
wasteful ⇨ waste
watch ⇨ wait
watchful ⇨ watch
water ⇨ wash
wave ⇨ waver
waver ⇨ wave
wavy ⇨ wave
wealthy ⇨ wealth
weather ⇨ wither
weave ⇨ wobble
web ⇨ weave
wedded ⇨ wed
wedding ⇨ wed
weight ⇨ weigh
weighty ⇨ weigh
wend ⇨ wander
wet blanket ⇨ blanket
whimper ⇨ whine
whiner ⇨ whine
wholesome ⇨ whole
wholly ⇨ whole
widespread ⇨ spread
widow ⇨ divide
wilderness ⇨ wild
wildly ⇨ wild
wildness ⇨ wild
windy ⇨ wind
wisdom ⇨ wise
wise ⇨ witness
wise ⇨ wizard
wishful ⇨ wish
wit ⇨ witness
witch ⇨ wit
withdrawal ⇨ withdraw
wither ⇨ weather
witty ⇨ witness
wizard ⇨ wit
wizardry ⇨ wizard
wobble ⇨ wag
wobbly ⇨ wobble
wonderful ⇨ wonder
wormy ⇨ worm
worship ⇨ worth

- **worthless** ⇨ worth
- **worthy** ⇨ worth
- **wrapper** ⇨ wrap
- **wreak** ⇨ wreck
- **wreathe** ⇨ wreath
- **wreckage** ⇨ wreck
- **wrench** ⇨ wrinkle
- **wrestling** ⇨ wrestle
- **wretch** ⇨ wreck
- **wretched** ⇨ wreck
- **wring** ⇨ worry
- **wring** ⇨ wrong
- **wrinkle** ⇨ wriggle
- **wrist** ⇨ wreath
- **writ** ⇨ write
- **writhe** ⇨ wreath
- **wrongly** ⇨ wrong
- **wry** ⇨ wrong

Y

- **youth** ⇨ young

Z

- **zealous** ⇨ zeal

[著 者]
政村　秀實（まさむら・ひでみ）
1944年　山口県周防大島町に生まれる
1972年　大阪教育大学大学院修士課程英語科教育修了
元　県立広島女子大学教授
主な編著書『図解 英語基本語義辞典』（桐原書店，国際語学社），『イメージ活用英和辞典』（小学館），『[図解] 英単語イメージ辞典』（大修館書店），『イメージでつかむ英語基本動詞100』（くろしお出版），『ブライト和英辞典』（小学館，分担執筆），『ヤング ジーニアス英和辞典』（大修館書店，編集委員），『ベーシック ジーニアス英和辞典』（大修館書店，編集委員）
E-mail：hidemi@kvision.ne.jp

英語語義イメージ辞典
Ⓒ Hidemi MASAMURA, 2002　　　NDC833／iii, 522p／20cm

初版第1刷──2002年5月1日
　第11刷──2021年9月1日

著　　者──政村秀實
発 行 者──鈴木一行
発 行 所──株式会社大修館書店
　　　　　〒113-8541 東京都文京区湯島2-1-1
　　　　　電話　03-3868-2651（販売部）
　　　　　　　　03-3868-2293（編集部）
　　　　　振替　00190-7-40504
　　　　　[出版情報] https://www.taishukan.co.jp

装 丁 者──下川雅敏
カバーイラスト──高野謙二
印 刷 所──壮光舎印刷
製 本 所──牧製本印刷

ISBN 978-4-469-04160-6　　　Printed in Japan
Ⓡ本書のコピー，スキャン，デジタル化等の無断複製は著作権法上での例外を除き禁じられています。本書を代行業者等の第三者に依頼してスキャンやデジタル化することは，たとえ個人や家庭内での利用であっても著作権法上認められておりません。

大修館の辞典類

［図解］英単語イメージ辞典

政村秀實 著
B6判・並製・738頁　定価3,520円

メモリー英語語源辞典

中島節 編
四六判・上製・354頁　定価3,520円

カッセル英語俗信・迷信事典

デービッド・ピカリング 著　青木義孝, 中名生登美子 訳
菊判・上製・418頁　定価6,270円

ヨーロッパ人名語源事典

梅田修 著
菊判・上製・418頁　定価5,940円

イギリス祭事・民俗事典

チャールズ・カイトリー 著　澁谷勉 訳
菊判・上製・函入・478頁　定価6,050円

ブルーワー英語故事成語大辞典

E.C.ブルーワー 著　主幹 加島祥造　編集 鮎沢乗光
菊判・上製・函入・1,926頁　定価25,300円

定価は税10%込み　　　　　　　　　　　　　　　　　大修館書店